Renate Wagner · FERDINAND RAIMUND

Ferdinand Raimund, 1829. Lithographie von Joseph Kriebhuber

Renate Wagner

FERDINAND RAIMUND

Eine Biographie

KREMAYR & SCHERIAU

Für meine Mutter

CIP-Kurztitelaufnahme der Deutschen Bibliothek
Wagner, Renate:
Ferdinand Raimund: e. Biographie / Renate Wagner.
– Wien: Kremayr und Scheriau, 1985.
ISBN 3-218-00425-X

Schutzumschlag: G. Langthaler
Druck und Bindung: Wiener Verlag, Himberg bei Wien
ISBN 3 218 00425 X

Inhaltsverzeichnis

FERDINAND RAIMUND

Wissenschaft, Dichtung und Wahrheit

Wer im Hinblick auf das Jahr 1986, in dem sich Raimunds Todestag zum 150. Male jährt, darangeht, eine Biographie über ihn zu schreiben, hat entdeckt, daß es eine solche im eigentlichen Sinn des Wortes noch nicht gibt. Zwei große Werke über Raimund, aus der Feder von Heinz Kindermann und Walter Erdmann, sind beide 1943 erschienen, beide mit biographischen Ansätzen, in der Hauptsache aber der Interpretation seiner acht Dramen gewidmet, sie in die geistesgeschichtlichen (Kindermann) bzw. literarischen (Erdmann) Zusammenhänge einordnend. Vordringlich um die Stücke geht es auch in Kurt Kahls Buch über Raimund (Friedrichs Dramatiker des Welttheaters, 1967), desgleichen in der Darstellung von Jürgen Hein (Metzler 1970). Fast unübersehbar sind die wissenschaftlichen Untersuchungen zu Einzelaspekten des Raimundschen Werkes.

Biographisches in übersichtlicher, geraffter, Details überspringender Form wurde jenseits der Großartikel in den Nachschlagewerken (Wurzbach, Allgemeine deutsche Biographie usw.) etwa von Wilhelm Börner (1905) dargeboten, ausführlich ist auch das Vorwort von Eduard Castle zur Raimund-Werkausgabe von 1903. Doch überall dort wurde der Lebensweg nur in relativ großen Zügen nachgezeichnet.

Wer wirklich Raimunds Leben rekonstruieren will, muß sich erst zu den Quellen begeben, wie sie so großartig in der sechsbändigen historisch-kritischen Gesamtausgabe gesammelt sind, die neben den Stücken alle Briefe, Lebensdokumente, ungemein reichhaltiges Zeitungsmaterial zu Raimunds Leben (vor allem Kritiken) enthält, sowie auch schon aus der zeitgenössischen Literatur über ihn ausgewählt hat. Zu diesem Material ist mittlerweile manches hinzugekommen. So haben Forscher Einzelheiten zu Raimunds Vorfahren oder über seine Frühzeit in Ungarn ans Licht geholt, die für die Wissenschaft bis nach dem Zweiten Weltkrieg im Dunkeln lagen. Vieles davon ist in den Almanachen der im Moment eher ruhenden, aber zur Zeit von Hofrat Gustav Pichler so rührigen Raimund-Gesellschaft veröffentlicht worden.

Quellenmaterial sucht der heutige Biograph auch bei den Zeitgenossen, und Raimund lebte in einer schreibfrohen Epoche, viele von ihnen haben ihre Memoiren hinterlassen, Tagebücher, Aufzeichnungen – er selbst war einer der wenigen, der offenbar nur Stücke und Briefe schrieb, sonst aber keinerlei Bedürfnis zeigte, sich zu allem Möglichen zu äußern.

Unter diesen Zeitgenossen ist allerdings zwischen Spreu und Weizen genau zu scheiden. Es gibt Gottesgeschenke für den Biographen – nicht nur die Tatsache, daß ein Teil der Raimund-Briefe durch Zufall nicht als Einwickelpapier im Wurstladen endete, sondern auch der Glücksfall, daß ein Mann wie Burgschauspieler Karl Ludwig Costenoble, ein Raimund-Freund und Verehrer, penibel zahlreiche Erlebnisse mit ihm ebenso aufzeichnete, wie er immer wieder versuchte, die offensichtlich ungeheure Wirkung des Schauspielers Raimund in Worte zu fassen. Wunderbar auch, daß der Schauspieler Josef Schmidt, Raimunds Reisegefährte in einem entscheidenden Augenblick seines Lebens, ein aufschlußreiches Tagebuch geführt hat, desgleichen der mit Raimund gut bekannte Theatermaler Michael Mayr. Weitere Tagebücher stammen von den Zeitgenossen Wenzel Müller, der mehrere Stücke Raimunds vertonte, und dem damals in Theaterkreisen sehr bekannten Sekretär des Grafen Karl Esterhazy, Karl Josef Rosenbaum (der in die Affäre um den Diebstahl von Haydns Schädel verwickelt war – was hier nur erwähnt wird, weil auch Raimunds Schädeldecke das Schicksal erleiden sollte, „abhanden" zu kommen).

Der Rest ist nicht Schweigen, sondern vielfach Geschwätz, der Rest ist üppigste, wuchernde „Raimund-Legende". Der Biograph kann sie nicht ausschalten, weil durchaus anzunehmen ist, daß zum Beispiel ein Zeitgenosse wie Adolf Bäuerle, wenn er später einen „Raimund-Roman" schrieb, neben dem Erfundenen auch so manches Wahre hat einfließen lassen, und sei es nur aus Bequemlichkeit. Hier gilt, nicht nur in diesem Fall, sondern vor allem auch bei den Aufzeichnungen des bekannten Literaten Ludwig August Frankl, auf das sorgfältigste zu werten. Wo immer die Autorin glaubte, an der Raimund-Legende nicht vorübergehen zu können, weil sie manches erhellt, so wird ausdrücklich darauf aufmerksam gemacht, wo die Informationen zumindest cum grano salis zu genießen sind. Die „Memoiren" von Raimunds geschiedener Frau z. B. bestimmt.

Anekdotisches Rankenwerk gibt immer Farbe, auch Wissenschaftler haben sich nicht gescheut, Anekdoten anzuführen. Es geschieht, wenn es typisch erscheint. Auch aus den Nachrufen wird gelegentlich geschöpft, obzwar schon da jenes Spintisieren anfängt, das sich dann in den Memoiren so vieler Zeitgenossen findet (Bauernfeld, Börnstein, Seyfried u. a.).

Was der Nachwelt bei Raimund geradezu gänzlich abgeht, ist Selbstbespiegelung und Selbstreflexion. Dabei lebt er in einer Zeit, in der es von Selbstzeugnissen nur so wimmelt. Grillparzer führt Tagebuch und verfaßt seine Selbstbiographie; Castelli, Bauernfeld und zahlreiche Literaten und Theaterschreiber zweiter Ordnung beglücken die Welt mit ihren Memoiren; es ist einfach üblich, lang und breit zu notieren, was man tat, empfand und schrieb. Fakten und Lebensgefühl des Biedermeier kann sich die Nachwelt „erlesen". Nicht so bei Raimund. Die kurze „Selbstbiographie" bringt nur wenige zu Leben und Werk erhellende Sätze. Dabei hat es Zweifel gegeben, ob sie – von Raimund offenbar auf Aufforderung einer Zeitschrift 1830 verfaßt – überhaupt echt sei. Ich neige dazu, es anzunehmen, des Stils ebenso wie des Inhalts wegen. Auch hätte Raimund es vermutlich nicht geduldet, wenn zu seinen Lebzeiten etwas unter seinem Namen erschienen wäre, das nicht von ihm stammte. Die Selbstbiographie wird folglich als solche zitiert.

Raimund dürfte nie Tagebuch geführt haben, sonst hätte sich irgendwo eine diesbezügliche Andeutung gefunden. Wir besitzen ein Notizbuch aus seinen letzten Lebensjahren – es enthält Anmerkungen des täglichen Lebens: Miete zahlen, Stiefelputzer einstellen, gewisse Leute einladen.

Bleiben die Briefe, soweit sie erhalten sind, vor allem jene an Toni Wagner. Weniges ist hieraus zu seinen Werken zu filtern, immerhin gibt es Anmerkungen dazu. Breiter geht er auf seine Stimmungen ein, aber vor allem reflektieren diese Briefe sein Umkreisen der gemeinsamen, so problembeladenen Beziehung, die sich mit dieser Hilfe überzeugend darstellen läßt, was aber doch nur einen Teilaspekt seines Lebens und seines Wesens preisgibt.

Auf dieses relativ geringe Material gestützt, muß man, will man gar nach Raimunds „Weltanschauung" fragen, am ehesten noch die Werke heranziehen, um festzustellen, wie erstaunlich unpolitisch er war, wie sehr seine Sicht der Welt mit dem konform ging, was im Biedermeier staatlicherseits verordnet war – und von dem man sich schließlich fragen muß, ob es nicht einem Bedürfnis vieler Menschen entsprochen hat.

Die Quellen, wie sie also vorliegen, sind die Basis dieses Buches, erweitert um Recherchen, wie etwa zu Raimunds Zeiten der Stellenwert jener Tollwut war, an deren Schreckgespenst er zugrunde ging, wie finanzielle Verhältnisse, Theaterzustände, Tagesgeschehen, die aus der Geschichte des Biedermeier zu recherchieren sind, auf sein Leben einwirkten.

Bei der Interpretation von Raimunds Werken ging es nicht darum, die schier unübersichtliche germanistische Sekundärliteratur zu bewerten oder auch nur einzubringen, da viele der dabei angestellten Überlegungen im Zusammenhang mit der Biographie irrelevant sind.

KINDHEIT UND JUGEND

Der Vorsatz, Komödiant zu werden

Wir müssen uns Ferdinand Jakob Raimann, der am 1. Juni 1790 im Haus Maria Hilf Nr. 10 zur Welt kommt, als rechtes Kind der Vorstadt vorstellen. Sein Vater, Jakob Raimann, wird im Taufbuch der Barnabiten als „bürgl. Drechsler" geführt, auch die Mutter, Katharina, geborene Merz, ist eine „Drechslers Tochter". Die Raimund-Forschung war weitgehend erfolgreich darin, dem Dichter – der sich vermutlich selbst „Raimund" nannte – Vorfahren aus dem Niederösterreichischen, dem Sudetenland, Oberbayern und der Pfalz nachzuweisen, deren Nachkommen es in Wien zusammengeführt hatte.

Als besondere Pointe hat man es empfunden, daß Raimunds Großvater väterlicherseits, Leopold Raimann, am 15. 11. 1700 als Sohn eines einheimischen Pächters in Gutenstein geboren wurde – jenem Gutenstein, das in Raimunds Leben eine so besondere Rolle spielen sollte, obwohl nicht anzunehmen ist, daß er von seiner diesbezüglichen Herkunft wußte. Diesen Leopold Raimann hatte es irgendwie nach Prag verschlagen, wo er 1740 Maria Magdalena Steiner heiratete, die vermutlich aus dem Sudetenland stammte. Ihr Sohn Jakob, am 11. Juli 1745 in Prag geboren, wurde in der Pfarre St. Wenzel getauft, der Beruf seines Vaters als „Torschütze" angegeben.

Jakob Raimann, der sich auch „Raymond", „Reymann" oder „Raimond" schrieb, je nachdem, wie das fragliche „ei" eben phonetisch niedergelegt wurde (noch schrieb man amtlicherseits mit der Hand, kein Computerausdruck hielt fehlerfrei die Daten fest), zog von Prag fort. Von Beruf Kunstdrechsler, kam er als wandernder Handwerksgeselle nach Wien und fand bei dem Meister Merz (auch „März" oder„Marz" geschrieben) Aufnahme. Dieser hatte eine Tochter Katharina, die um 1753 geboren sein mußte. Sie wurde die Frau von Jakob Raimann.

Auch von Seiten der Merz haben Raimund-Forscher Vorfahren nachweisen können. Andreas März war am 28. 11. 1706 in Oberbayern geboren worden und von dort nach Wien zugewandert. Er selbst war schon Drechsler, sein Vater und dessen Vorfahren jedoch Klosterfischer gewesen. März, vielleicht einer jener Handwerker, die mit ihren Waren von Berchtesgaden nach Wien zogen, hatte eine Werkstatt im Vorort Windmühle. In der Pfarre Maria Treu wurde seine Ehe mit Anna Maria Decker geschlossen, einer in Wien geborenen Drechslerstochter, deren Vorfahren wiederum aus der Pfalz stammten. Drei Kinder des Paares Andreas Merz / Anna Maria Decker sind bekannt, der Sohn Josef, der seinerseits die Werkstatt weiterführte, die Tochter Sophie, die einen Goldschmied namens Buchmayr heiratete und deren Sohn Hans später unter dem Namen Buchner Schauspieler wurde – ein echter Cousin von Ferdinand Raimund und in späteren Jahren ein wenig dessen Sorgenkind.

Jakob Raimann, der eine zeitlang bei Merz gearbeitet hatte, heiratete dessen Tochter Katharina und richtete sich eine Werkstatt ein. Sie befand sich in dem Durchhaus, das heute auf der Mariahilfer Straße 45 gelegen ist und das in der Raimund-Forschung wilde Wellen geschlagen hat. Denn ursprünglich war eine Gedenktafel am Haus Nr. 41 angebracht worden, und das beschäftigte ebenso das Bundesdenkmalamt wie auch den Raimund-Forscher Carl Glossy. Schließlich stellte sich definitiv heraus, daß das „Hirschenhaus", das zu Raimunds Geburt die Nummer 10 führte, 1795 die Orientierungsnummer 12, 1830 die Nummer 15 zugeteilt bekam und schließlich 1863 die endgültige Nummer Mariahilfer Straße 45/Windmühlgasse 14 erhielt. Das Haus führte (und führt noch immer) einen Hirschen im Schild, und folglich wurde schließlich hier die Gedenktafel angebracht, die 1913 wegen Renovierung vom Haus 41 abgenommen worden war, was den ganzen Streit erst in Bewegung setzte.[1]

Jakob und Katharina Raimann hatten zwölf, nach anderen Quellen dreizehn Kinder, von denen Ferdinand der Nachzügler war, schon der dritte Knabe dieses Namens, die zwei Brüder waren gestorben. Überhaupt waren neun der Kinder, die Katharina seit 1770 geboren hatte, schon tot, als Ferdinand 1790 zur Welt kam, und er wächst mit zwei Schwestern auf, mit Katharina, die 1797 im Alter von 19 Jahren stirbt, und Anna. Sie muß

Eintragung in das Geburtenbuch

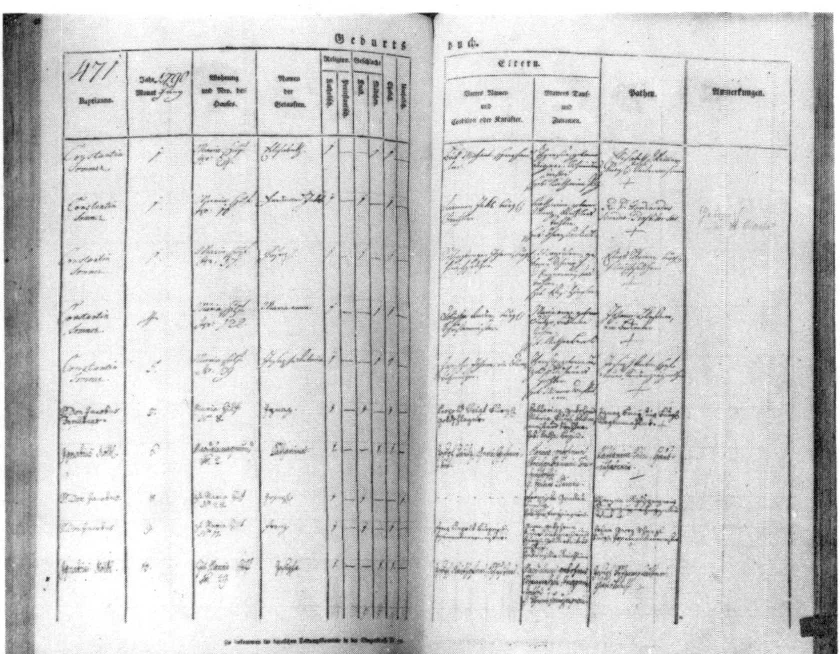

Raimunds Ahnentafel, zusammengestellt von Dr. Robert Hampel

Vitus MÄRZ ∞ Agatha ABERTSHAUSER
∞ Seeshaupt, 1. 10. 1674 (1. 11. ?)

Matthias MÄRZ
Seeseiten 30. 1. 1654

Maria Zach
aus Hepberg (? Happberg, Pfarre Bernried)
† 8. 7. 1618, Seeseiten

Georg STEIGENBERGER aus Berg bei Huglfing, Raum Polling ∞ Anna . . .?

Martin DÖCKER (lebt noch 1715) ∞ Anna Martha . . .?

Jakob WOLF, Bäcker in Waidhaus (lebt noch 1715)

Barbara . . .? (lebt noch 1715)

Christian RAIMANN
1695–1700 Pächter des Hoyos'schen Hofwirtshauses a. d. Mariahilferberg zu Gutenstein

Christina

Matthäus (Matthias) MÄRZ
Klosterfischer in Polling
* um 1691 in Seeseiten
(Pfarre Seeshaupt, Starnbergersee)
† Polling 14. 3. 1746 (Apoplexie)

∞ 27. 5. 1704 Polling

Elisabeth Steigenberger
(Witwe nach dem Klosterfischer Matthias Fischer [Vischer])
† Polling 7. 7. 1728

Johann Georg DECKER
Drechslergeselle
* etwa 1673 Ellingen (wohl Ehlingen, Pfalz)
† Wien, Barmherzige Brüder 13. 6. 1751 (Wassersucht)

∞ Wien, St. Stephan 14. 1. 1715

Anna Dorothea WOLF
* Waidhaus (Oberpfalz) 28. 8. 1685
† Wien, St. Ulrich, 13. 6. 1749 (Lungenbrand)

Leopold RAIMANN (Drechsler, 1745 Torschütz a. d. Kgl. Burg in Prag, ab 1770 als Hofbefreiter Drechsler in Wien nachweisbar)
* Gutenstein, NÖ., 15. 11. 1700
† Wien, Barmh. Brüder, 25. 11. 1786

Maria Magdalena STEINER
(Cleopha bei der Taufe des Kindes)
* etwa 1718
† Prag 6. 1. 1769 (als Eva)

Andrea MERZ (MÄRZ), Drechsler
* Polling b. Weilheim, Oberbayern 28. 11. 1706
† Wien, 21. 4. 1771
(Brustwassersucht)

— ∞ Wien, Maria Treu 20. 1. 1737

Maria Anna DECKER (Töcker)
* Wien, St. Ulrich, 11. 5. 1720
† Wien, 11. 3. 1777
(Leberverhärtung)

Jakob RAIMANN (Drechsler)
* Prag, St. Wenzel 11. 7. 1745
† Wien, Bürgerspital 29. 11. 1804
(Innerer Brand)
(Pfarre St. Augustin)

——— ∞ Wien, St. Ulrich 27. 5. 1770 ———

Katharina MARZ
* Wien, St. Ulrich, 14. 7. 1749
† Wien, Bürgerspital, 26. 3. 1802 (Lungenbrand)
Pfarre St. Augustin

Josef

Sophie ∞ Buchmayr

Hans (Buchner)

F e r d i n a n d R a i m u n d (R a i m a n n)
* Wien (Barnabiten) 1. 6. 1790, † Pottenstein, NÖ., 1. 9. 1836 (Selbstmord), Grab in Gutenstein

∞ 8. 4. 1820 Luise Gleich (Tochter Josef Alois Gleich)
geschieden 22. 1. 1882

Lebensgefährtin Antonia Wagner

Amalie Reimann
Wien, St. Nepomuk 7. 10. 1820, † Wien, Schotten, 10. 1. 1821

etwa 1776 geboren sein (laut Totenschein verstirbt sie am 13. Juni 1826 im Alter von 50 Jahren)[2]. Von den übrigen Kindern des Paares wissen wir nur zum Teil die Namen – Johann Nepomuk, Josef Ferdinand, Anna Katharina, Josefa, Franziska, Vincenzia und Therese– und daß sie zwischen dem ersten und siebenten Lebensjahr verstarben; fünf von ihnen hatte man zu fremden Leuten in Kost gegeben, vermutlich weil die Mutter durch die schnelle Folge von Schwangerschaften und Kindbetten überfordert war.[3] Immerhin kann man sich vorstellen, wie die Familie Raimund durch die vielen Kinder und deren Sterben psychisch und finanziell belastet war.

Ferdinand, der jüngste, blieb bei seinen Eltern. Seine Herkunft, seine Jugend in der Vorstadt, hätten ihm ein ganz gewöhnliches Wiener Kleinbürgerschicksal vorgezeichnet. So viele seiner Ahnen waren Drechsler – warum sollte nicht auch er einer werden? Aber nur als Valentin im „Verschwender“ hat Ferdinand Raimund den Hobel in die Hand genommen. Er strebte aus den vorgegebenen Grenzen hinaus.

Da man im allgemeinen geneigt ist, das große Wiener Dichter-Dreigestirn des Vormärz/Biedermeier im Konnex zu sehen, so zeigt sich ganz deutlich, daß Raimund die schlechteste Ausgangsposition hatte. Der um ein Jahr jüngere Franz Grillparzer und der um elf Jahre jüngere Johann Nestroy waren beide Söhne von Hof- und Gerichtsadvokaten, wurden beide im großbürgerlichen Ambiente der Inneren Stadt geboren und aufgezogen. Daß es in beider Familien keine verläßlich stabilen finanziellen Verhältnisse gab, schließt deren entschieden bessere Möglichkeiten und Voraussetzungen, schon in Bezug auf die Ausbildung (Gymnasium und Universität), nicht aus.

Apropos Schulen: Wir wissen nicht, was die Raimanns bewogen hat, für ihren Ferdinand mehr als das durch die allgemeine Schulpflicht vorgesehene Bildungsminimum der Vorstadt vorzusehen – wie schlecht es beim Durchschnittsbürger mit dem Schreiben bestellt war, können wir später aus den Tagebüchern der Toni Wagner, der Lebensgefährtin Raimunds, entnehmen, die als reiche Kaffeehausbesitzerstochter sicher eine ordentliche Schule besucht hat und deren Orthographie und Ausdrucksmöglichkeiten äußerst bescheiden waren.

Ferdinand Raimund jedenfalls wurde nach St. Anna geschickt. In der heutigen Annagasse gelegen, befand sich dort seit 1775 eine Normalschule, die einen besonders guten Ruf genoß, obwohl sie zu Raimunds Zeiten schon nicht mehr von den von Josef II. vorübergehend kaltgestellten Jesuiten geleitet wurde. Das damals den Schotten zugeteilte Gymnasium hat Ferdinand Raimund nie von innen gesehen, aber in St. Anna doch mehr gelernt, als es üblich war – und einiges, das er für sein späteres Bühnenleben brauchen sollte. Ein bißchen Französisch, von dem ein paar ironische Brocken in sein Stück „Der Barometermacher auf der Zauberinsel“ einflossen, und Geige spielen, was ihm später zu seinem ersten großen Bühnenerfolg als Adam Kratzerl verhelfen sollte. Sicher hat dieser Bildungsanspruch der Schule bei dem Jungen den Hang zum Größeren und Höheren wachgerufen. Ob die tiefe Frömmigkeit, die man aus Details der Raimundschen Biographie herauslesen kann, durch die Klosterschule geweckt wurde, ist möglich, aber nicht zu beweisen. In sein Werk hat diese Frömmigkeit übrigens nie Eingang gefunden – wobei allerdings auch die Angst vor der Zensur mitgespielt haben mochte: Religiöses schnitt man am besten gar nicht an.

Offen bleibt auch die Frage, warum die Familie Raimann vermutlich im Jahre 1796 in die Innere Stadt übersiedelt ist, in das sogenannte „Bürgerspital", ein Zinshaus, das sich auf dem Gebiet zwischen Maysedergasse, Augustinerstraße, Spiegel- und Gluckgasse sowie Kärntnerstraße befand, wenn man die heutigen Straßennamen zur Orientierung heranziehen will. Es handelte sich dabei um ein früheres Exempel eines Riesenzinshauses, in dem 220 Wohnparteien Unterkunft fanden. Die Raimanns wohnten auf der Nummer 1166, und hier sind beide Eltern auch gestorben. Wovon der Vater gelebt hat, nachdem er die eigene Drechslerwerkstatt aufgegeben hatte, ist nicht mehr zu klären. Wie seine Verlassenschaft später zeigt, ist die finanzielle Lage der Familie sehr bescheiden. Dabei wohnten im Bürgerspital nicht nur – wie heute etwa in den „Gemeindebauten" – einfachere Leute von kleinem und mittlerem Einkommen, sondern damals auch viele Künstler, Sänger, Komponisten, Tänzer, nicht zuletzt wegen der unmittelbaren Nähe zum Kärntnertortheater, das damals Wiens Opernhaus war. Auch Schikaneder und Franz Grillparzer wohnen später hier, letzterer allerdings nur kurzfristig.

In die andere Richtung, zum Michaelerplatz, führt der Weg nur ein paar hundert Schritte weit zum k. k. Hofburgtheater, das für den jungen Ferdinand Raimund eine so entscheidende, prägende Rolle spielt wie später für so viele Dichter, Schauspieler, Regisseure (wenn man nur Arthur Schnitzler oder Max Reinhardt nennt), die hier gleichfalls Eindrücke empfangen, die ihr ganzes Leben lang nachwirken.

Der erste Satz der Raimundschen „Selbstbiographie" lautet ganz lapidar (und gleich mit einer falschen Angabe bezüglich des Datums): „Ich bin der Sohn eines Kunstdrechslers in Wien und wurde im Jahre 1791 geboren." Aber schon der zweite Satz verweist auf das Wesentliche: „Die Neigung zur Schauspielkunst, durch den Besuch des k. k. Hofburgtheaters geweckt, erwachte schon sehr früh und mit solcher Heftigkeit in mir, daß ich schon als Knabe beschloß, nie einen anderen Stand zu wählen."

Schon als Knabe – wir können also annehmen, daß Raimund schon in seiner Schulzeit die heiligen Hallen des kleinen, finsteren Gebäudes erstürmte, für ein paar Kreuzer auf die Vierte Galerie ging und dort die Wunder der Klassik in sich aufnahm. Sein Sinn war, wie es in der Selbstbiographie hieß, „vorzugsweise dem Trauerspiele zugewandt, das Lustspiel begeisterte mich weniger, die Posse war mir gleichgültig." Welch eine Diskrepanz zu Grillparzer! Für den vornehmen Buben aus der Beamtenwelt war es das höchste Vergnügen, sich an den „Geister- und Feen-Märchen" des Leopoldstädter Theaters zu ergötzen.[4] Der Bub aus der Vorstadt dagegen verschmähte das billige Vergnügen, er muß die enorme prägende Kraft dieses Burgtheaters gespürt haben, von dem Kollege Grillparzer schrieb: „Als Leute gehen sie hinein, und kommen, wenn auch nur für kurze Zeit, als Menschen heraus."

Dieses Burgtheater, das Raimund später als Schauspieler wie als Dich-

Das alte Burgtheater am Michaelerplatz

ter verschlossen sein wird, dem seine stete Sehnsucht gilt, wohin er pilgert, um sich wenigstens als Zuschauer von der „Possenreißerei" zu erholen[5], ist 1741 im Hofballhaus, am Rand der kaiserlichen Burg, erbaut worden. 1756 hatte das Gebäude seine Fassade erhalten. Von Kaiser Joseph II. als „deutsches Nationaltheater" begründet, hatte man längere Zeit hier Musik- und Sprechstücke abwechselnd gespielt, dann langsam die Trennung vorgenommen, die Opern ins Kärntnertortheater verbannt und sich im Burgtheater auf die Dichtung erster und zweiter Güte verlegt.

Wenn wir annehmen, daß Raimund vielleicht schon ab seinem zehnten Lebensjahr hier Besucher war – was konnte er dann zwischen 1800 und 1808, als er Wien verläßt, hier sehen?

Vielleicht hat ihn Goethes „Iphigenie" begeistert, Schillers „Fiesko" und „Jungfrau von Orleans", er konnte in dieser Zeit den „Tollen Tag" von Beaumarchais und Voltaires „Tancred" sehen, Goldoni und Molière, Shakespeares „Macbeth" und, wenn auch in der bekannt verstümmelten Version, 1808 Schillers „Kabale und Liebe". (1809 folgte der „Don Karlos" ohne den von der Zensur gestrichenen Großinquisitor.) Allerdings waren diese Klassiker, selbst wenn er sie sich mehrmals ansah, in der Minderheit. Den Spielplan beherrschten die deutschen Salon- und Rührstücke eines August von Kotzebue, der von dem damaligen Pächter, Baron Peter von Braun, als Mitarbeiter an das Haus geholt worden war – das Burgtheater spielte zwischen 1794 und 1806 nicht weniger als 50(!) von dessen Stücken.[6] Ein anderer Vielgespielter war August Wilhelm Iffland, seines Zeichens auch Schauspieler und als solcher von legendärem Ruhm. Stücke, von denen wir heute die Titel nicht mehr kennen, Autoren, die gerade noch vage ihrem Namen nach bekannt sind (etwa die fruchtbare Schreiberin Johanna Franul von Weissenthurn), unendlich viel französische und englische Durchschnittsware gab es da auf dem Spielplan. Mit Ausnahme der Wiener Volksstücke, die hier fehlten, konnte man übrigens viele der am Burgtheater gespielten Stücke genauso in der Vorstadt sehen – Ferdinand Raimund sollte später manchem von ihnen dort wieder begegnen.

Jedenfalls unterschied sich das Burgtheater von allen anderen Bühnen durch die Qualität seiner Schauspieler. Zwei beherrschten damals als Tragöden das Repertoire – Franz Brockmann, der in Hamburg und Berlin zum großen Darsteller gereift war und nun, alternd, am Burgtheater seine Kunst der Natürlichkeit sehen ließ, während Mozarts Schwager, Joseph Lange, der in den Heldenrollen brillierende Abgott der Wiener, nach dem Urteil des Theaterdichters Castelli alle Rollen pathetisch und gleich spielte[7] – aber offensichtlich ungeheuer wirkte. Und das Publikum Wiens war damals nicht nur in der Vorstadt auf Schauspieler versessen. Der Schriftsteller Friedrich Schreyvogl schildert die verschworene Gemeinde der Burgtheater-Besucher so:

„Man ging nicht nur in die Premieren, auch in die Wiederholungen der Stücke, jedenfalls, so oft es eine neue Besetzung gab. Man besuchte das Burgtheater, so wie man noch heute in die Oper geht, nicht bloß, damit man ein neues Werk oder eine neue Inszenierung kennen lernte, sondern ebenso, um die Schauspieler zu beobachten, wie sie in der Beherrschung ihrer Rolle fortschritten, oder wie sich das Bild einer Vorstellung änderte, sobald eine große Rolle umbesetzt wurde."

Sicher gehörte der junge Ferdinand Raimund zu dieser verschworenen Gemeinde und besuchte das Theater so oft er es möglich machen konnte. Bald sollte er Gelegenheit bekommen, noch viel öfter, gleichsam „beruflich", hier zu verweilen. Zweifellos war das Burgtheater für ihn in jeder Beziehung eine Schule – gewiß die einzige Schauspielschule, die ihm je zuteil wurde. Sie sollte ihn lebenslang prägen, in seinen Ansprüchen, Ambitionen und Träumen.

Das Theater ist es also, das den jungen Raimund beherrscht. Wollen wir einen Sprung in die Raimund-Legende wagen, mit all ihrem Pathos, ihrer Verlogenheit, so stoßen wir auf einige Episoden, die sich mit dem Wunsch des jungen Ferdinand beschäftigen, um jeden Preis Schauspieler zu werden. Vielleicht ist es nichts als Erfindung, was da bei Frankl zu lesen steht, aber es schmückt jedenfalls (wenn auch auf das fürchterlichste) aus, was Tatsache gewesen sein dürfte, nämlich, daß ein bürgerlicher Drechslermeister vermutlich nur entsetzt gewesen sein kann, wenn sein Sohn mit dem Berufswunsch „Schauspieler" zu ihm kam. So soll nun Raimund selbst in einem (natürlich fiktiven, gar nicht seinem Stil entsprechenden) Brief die Sache dargestellt haben:[8]

„Ich sehe ihn vor mir, den gutmüthigen Greis mit den Silberlocken, wie er mit rastlosem Fleiße schafft und sich müht um die Existenz seiner Familie: An einem Sonntage, das einfache Mahl war verzehrt, das Tischgebet gesprochen, fragte er mich mit herzlichen Worten: welchen Stand ich mir zu wählen gedenke? Und als ich hierauf mit scheuer Stimme antwortete, ich wolle Schauspieler werden: da wurde der alte Mann bleich wie der Tod, die gutmüthigen Augen umzogen sich mit einem hervorquellenden Thränenflor; nach langer Pause entrangen sich den bebenden Lippen meines armen Vaters die beinahe unhörbaren Worte: ‚Ferdinand, das kann dein Ernst nicht sein. Du wirst deine unglücklichen Eltern nicht vor der Zeit ins Grab bringen wollen!‘ Da trat auch die Mutter an mich heran und beschwor mich mit heißen Thränen, von meinem Vorsatze abzustehen, und meine liebliche Schwester Gertrude [eine Schwester dieses Namens ist nicht bekannt, Anm.] ergriff meine Hand und vereinigte ihre Bitte mit denen meiner theuren Erzeuger. Erschüttert gab ich den Meinen das Wort, nie mehr an die vorübergehende Idee zu denken, Schauspieler zu werden. Dankbar drückte mich der Alte ans treue Herz, Jubel scholl durch die Räume unserer sonst stillen Wohnung, ein Fest wurde improvisiert, es war, als sei ich meiner Familie zum zweiten Male geboren worden. Nochmals mußte ich meinem Vater das feierliche Wort geben, dem unseligen Vorsatze, ‚Komödiant‘ zu werden, zu entsagen. Ich habe mein Wort nicht gehalten.“

Daran konnte die Nachwelt dann gleich die Vermutung knüpfen, Raimunds durch Ehe- und Kinderlosigkeit tatsächlich tragisches Privatleben (denn die Ehe mit Luise Gleich ist nur als „Unfall“ in seiner Biographie zu betrachten) sei eine Folge des gebrochenen Versprechens ... Ob Raimunds in seinen Stücken manifestierte, im allgemeinen nicht eben positive Haltung zum Thema Familie darauf zurückzuführen ist, daß er selbst schon in jungen Jahren keine mehr hatte, wäre zu überlegen. Tatsächlich findet sich in seinem Werk nirgends die intakte, alle Mitglieder glücklich machende Familie, wie sie dem Biedermeierideal entsprach. Wenn eine komplette Familie bei ihm überhaupt aufscheint wie im „Alpenkönig“, so wird sie durch einen bösen Vater, oder wie im „Verschwender“, durch eine zänkische Mutter (Rosa im letzten Akt) zu einem sehr zweifelhaften Vergnügen.

Die Raimund-Familie zerbricht für das Kind tatsächlich tragisch früh. Ferdinand ist noch nicht 12 Jahre alt, als die Mutter am 26. März 1802 an „Lungenbrand“ stirbt. Die beiden Kinder, die schon großjährige Anna und Ferdinand, sind beim Vater. Dieser gibt das Vermögen der verstorbenen Gattin mit 105 Gulden und 8 Kreuzern an. Krankenkosten und Leichenbegängnis werden mit 130 Gulden, 20 Kreuzern in Rechnung gestellt, womit amtlicherseits „der Todesfall armutshalber abgetan ist“.

Der Vater folgt bald darauf. Für die Todesstunde tradiert die Raimund-Legende hartnäckig einen Fluch, der immer wieder als Erklärung für das düstere Gemüt des Dichters herangezogen wird. Die Geschichte kann es an Drastik mit der vorangegangenen aufnehmen. Reiberstorffer, Raimunds erster „Biograph“, berichtet, wie Ferdinand vor dem Spiegel die eindrucksvollen Grimassen des Burgschauspielers Ochsenheimer nachahmte, was dem Vater ein Greuel war (und schon deshalb nicht stimmen konnte, weil Jakob Raimann 1804 starb und Ochsenheimer erst 1807 an das Burgtheater kam ...). Die Geschichte liest sich jedenfalls so:[9]

„So oft er seinen Sohn in Deklamations- oder Gebärdenübungen überraschte, und dies geschah nicht selten, gab es stets derbe Verweise und Drohungen, ihn aus dem Hause zu jagen. Wie sehr solche Auftritte das für die Kunst glühende Gemüt des Jünglings schmerzlich berühren mußten, läßt sich leicht ermessen.

Nun war der alte Vater erkrankt und infolge seines Siechtums immer finsterer und mürrischer gegen den Sohn geworden. Oft hatte er Gelegenheit, durch die halb geöffnete Tür die mimischen und plastischen Übungen des Unermüdlichen mit Ingrimm zu beobachten, und eine Flut von Scheltworten setzte dann immer diesen Exerzitien auf einige Zeit Schranken.

Endlich nahte die Stunde des Todes; grämlich und ungeduldig erwartete der Leidende den Augenblick der Erlösung; da gewahrte er im anstoßenden Gemach den Sohn eben wieder mit der gewohnten Mundoperation beschäftigt und hierin den strafwürdigsten Leichtsinn, die ärgste Gottesvergessenheit erblickend, schleuderte er den Vaterfluch auf seines Sohnes Haupt, wenn er es wagen sollte, eine Laufbahn zu betreten, auf der kein Segen des Himmels ruhen könne – und verschied!“

An all dem stimmt wahrscheinlich nur, daß Jakob Raimann zu früh gestorben ist, um seinem Sohn eine weitere Schulbildung angedeihen zu lassen, aber dennoch vielleicht dessen Weg zur Schauspielerkarriere freimachend. „Wenn“-Spekulationen, so einladend sie sein mögen, bewegen sich auf schwankendem Boden. Hätte Raimund einem lebenden Vater Widerstand geleistet, um zur Bühne gehen zu können? Indirekt hat ihn dessen Tod jedenfalls (durch die Zuckerbäckerlehre und den damit verbundenen Nebenjob) dem ersehnten Theater nähergebracht.

Jakob Raimann stirbt also am 4. Dezember 1804 im Alter von 62 Jahren wie seine Frau am „Lungenbrand“ (wobei die Lungenentzündung damals in Wien eine so häufige Todesart ist, daß man sie „Morbus viennensis“ nennt) und hinterläßt kein Testament. Das „Vermögen“ wird zuerst auf 385 Gulden und 53 Kreuzer geschätzt, aber die endgültige Rechnung fällt etwas anders aus. Auf Ferdinand und Anna würden je 201,35 und ein halber Gulden entfallen, nähmen es die Beamten nicht ganz genau und reduzierten Ferdinands Anteil auf 186,55 einhalb Gulden, mit dem Hinweis, daß er aus dem Nachlaß schließlich eine altsilberne Sackuhr, einen tuchenen Mantel und einen harten Schubladkasten erhalte.[10]

Ausgezahlt wird die Erbschaft übrigens erst drei Jahre später – so steht jedenfalls fest, daß Ferdinand, das halbe Kind, bitterarm ist und im Moment ganz auf seine Schwester angewiesen, die sich natürlich seine Schulausbildung nicht mehr leisten kann. Der Bruder wird für sie zur Last.

Wir wissen nichts darüber, wie das Leben von Ferdinand und seiner doppelt so alten Schwester Anna weiterverläuft und wann sie den bürgerlichen Schneidermeister Benesch heiratet.

Diese Anna kommt in den Lebenszeugnissen über Raimund erst wieder vor, als Toni Wagner am 25. April 1826 in ihrem Tagebuch notiert: „ist Seine Schwester ins Spietheil gekommen die ganze Zeit im nicht gesehn.“[11] Anna Benesch stirbt laut Totenprotokoll am 13. Juni 1826 im

Allgemeinen Krankenhaus an der „Lungensucht" und wird am Tag nach ihrem Tod begraben. Ob und wie Raimund zu diesem Zeitpunkt den Tod der Schwester aufnimmt, ist nicht einmal zu erahnen. Ihre Kinder wird er in seinem Testament mit kleinen Summen bedenken. Vermutlich aber hat sie selbst sich schon gänzlich aus seinem Leben begeben, als sie ihn zu Meister Jung auf der Freyung in die Zuckerbäckerlehre steckt. Vermutlich hat Ferdinand ziemlich bald Sack und Pack genommen und ist umgezogen, in ein neues Leben, für den 14jährigen sicher kein Honiglekken, auch wenn er mit süßen Sachen umgeben ist.

In seiner Lebensgeschichte finden wir keinen Hinweis darauf, ob Essen im allgemeinen oder Süßigkeiten im besonderen eine Rolle für ihn gespielt haben. In späteren Jahren klagt Raimund über Magenschmerzen und ißt meist Suppe. Gefräßigkeit hat er nur des öfteren auf der Bühne vorgegeben – sie ist eine Grundeigenschaft der komischen Figuren, nicht nur wienerischer Prägung (man denke an den dauernden Hunger, den Goldonis „Diener zweier Herren" empfindet). Wir sind also, was den Zuckerbäckerlehrling Ferdinand Raimund betrifft, ganz auf unsere Phantasie angewiesen, wenn man sich auch vorstellen kann, daß er bei der Idee, nun in einen ihm völlig fremden Beruf gepreßt zu werden, ein paar heiße Kindertränen geweint hat.

Aber der Trost winkt bald, denn unverhofft findet sich Raimund dem geliebten Theater näher. Der Theaterbesuch ging damals unbefangener, unzeremonieller vor sich als später, zur Unterhaltung gehörte auch, daß in der Pause (wie heute nur bei Sportveranstaltungen die Popcornverkäufer) die „Numeros" im Zuschauerraum umhergingen und ihre Waren anpriesen. Eine zeitgenössische Abbildung zeigt, wie diese Süßigkeitsverkäufer – Lehrlinge des Meisters, der die Lizenz dafür erworben hatte – aussahen: Man hatte sie in Livree gesteckt, sie trugen einen federgeschmückten Tschako auf dem Kopf und balancierten Tabletts mit Getränken und Kuchenstücken in den Händen. Jeder dieser Verkäufer hatte eine Nummer, mit der man ihn rufen konnte – daher die Bezeichnung „Numero".

Ferdinand Raimund wird also imTheater eingesetzt, vielleicht auch in der Josefstadt, wie manche Quellen sagen, gewiß aber in seinem geliebten Burgtheater. Was bedeutet schon die lästige Tätigkeit des Süßigkeitenverkaufs in den Pausen, wenn sich vorher und nachher für ihn der Himmel öffnete?

1807 kam dann auch jener Schauspieler an das Burgtheater, den sich Raimund zum Idol erkor – der damals 42jährige Ferdinand Ochsenheimer. Geboren in Mainz, wo er auch studierte und zum Doktor der Philosophie promovierte, war er über Dresden und Leipzig nach Wien gekommen, ein schmächtiger Mann mit nachlässiger Haltung und etwas hohler Stimme, nicht für die großen Heldenrollen geeignet, wohl aber für die Intriganten und diffizilen Charaktere wie etwa Molières „Geizigen", den er 1807 in Wien spielte und der für Raimund das Vorbild war, wann immer (und aus wessen Feder auch immer) er Geizige zu spielen hatte. Die Intriganten der bürgerlichen Schau- und Lustspiele waren Ochsenheimers Spezialität, vor allem sein Wurm in „Kabale und Liebe" errang

Idol des jungen Raimund:
der Schauspieler Ferdinand Ochsenheimer

legendären Ruhm.[12] An diesen Ochsenheimer hält sich Raimund, er wird ihm Vorbild, er kopiert ihn später so unverkennbar in jedem Detail, daß man sich gut vorstellen kann, wie oft er ihn gesehen – und wie oft er ihn auch tatsächlich vor dem Spiegel nachgeahmt hat.

Als Meister Jung 1808 die Vertretung des Süßigkeitenverkaufs im Burgtheater zurücklegt – was soll Raimund noch bei dem Handwerk, für das er nicht geschaffen ist, halten? Er ist knapp 18 Jahre alt, als er sich auf französisch empfiehlt. Man hatte ihm aufgetragen, Nüsse zu vergolden. Er erledigt es als letzte Aufgabe und hinterläßt die Nüsse mit einem Zettel: „Diese 30 Nuß sind meine letzte Buß'". Der Spruch wird auch mit 40 Nüssen überliefert und ist gleichfalls unter die hübschen Raimund-Legenden zu verweisen – ebenfalls nicht mehr als eine Vermutung so wie die Annahme, Raimund habe bei seinem schwäbischen Meister entdeckt, wie anheimelnd sich das „Schwäbeln" in unseren Ohren ausnimmt, weshalb er es dann dem Zauberer Ajaxerle im „Bauer als Millionär" in den Mund gelegt hat ...

Bevor wir aber mit dem Abgang von Jung eine deutliche Zäsur zwischen Raimunds Kindheit und Jugend einerseits, seinen Wanderjahren andererseits setzen, sollten wir uns fragen, wieviel Raimund wohl von dem verspürt hat, was sich in seiner Jugend politisch zugetragen hat. Interessant ist, betrachtet man seine Biographie als Ganzes, jedenfalls die Feststellung, daß seine Lebenszeit bis auf drei Jahre deckungsgleich mit der Regierung von Franz II., der sich als Kaiser von Österreich Franz I. nannte, verläuft. Kurz vor Raimunds Geburt ist Kaiser Joseph II. gestorben, dessen Bruder und Nachfolger Leopold II. stirbt, als Raimund rund eineinhalb Jahre alt ist, und der 24jährige Franz wird sein Nachfolger – als Erzherzog von Österreich, König von Ungarn und schließlich als römisch-deutscher Kaiser. Er regiert und regiert, an Beharrlichkeit der (im Lauf der Zeit von vier Gattinnen begleiteten) Präsenz später nur noch von Franz Joseph übertroffen. Franz I. stirbt rund eineinhalb Jahre vor Raimunds Tod. Beide erleben vieles nicht mehr mit, was ihre Zeitgenossen verkraften müssen – die beginnende Industrialisierung, die Revolution von 1848, ja, nicht einmal die Erfindung der Fotografie, die uns von Raimund (im Gegensatz zu Grillparzer und Nestroy) kein Bild vermittelt hat, so daß wir uns fragen müssen, wieviel bei den Gemälden und Zeichnungen, die wir einzig von ihm besitzen, von des Malers romantischem Überschwang oder Stil abzuziehen sei, um zum wahren Menschen vorzudringen.

Raimunds Leben ist also die Epoche des Kaisers Franz, seine Jugend die der Napoleonischen Kriege, seine schauspielerischen Anfänge in Wien fallen in die Jahre des Wiener Kongresses, der Rest seines Lebens steht unter dem Zeichen des Metternichschen Systems, ohne daß er Metternich je begegnen wird – im Gegensatz zu dem Kaiser, der einige Male, wenn auch nie wirklich erfreulich, seine Wege kreuzt. Allerdings, so schlimm wie Grillparzer trifft er es mit dem seltsamen Monarchen auch wieder nicht.

Wir können annehmen, daß Raimund von den bewegten Kriegszeiten nicht viel mitbekommen hat. Sein Vater mußte offenbar nicht einrücken, und Raimund selbst hat eindeutig nur das Theater im Kopf. Und als Napoleon 1809 erstmals in Wien einmarschiert, da tingelt Ferdinand Raimund längst durch die Provinz ...

WANDERJAHRE

„Herr Raimund spielt alles"

Wohin wendet sich ein Anfänger, der einem Theaterdirektor nichts zu bieten hat als den entschlossenen Willen, Schauspieler zu werden, und im Fall Raimunds noch dazu einen geradezu unglaublichen Fleiß und die ehrgeizige Bereitschaft, an sich zu arbeiten? In seiner Aufopferung an den Beruf ist er tatsächlich schonungslos gegen sich selbst – aber wie soll das ein Direktor wissen?

Raimund versucht es zuerst in Wien. Natürlich nicht am Hofburgtheater und auch an keinem der „großen" Vorstadttheater, nicht in der „Leopoldstadt", wo die berühmten „Kasperln" von Wien wirken, nicht an der Wieden, wo einst (im Vorläufertheater der nunmehrigen Bühne) die „Zauberflöte" und nun, vor einem Jahr erst, der „Fidelio" uraufgeführt wurde, und nicht an der Josefstadt.

Aber auch die anderen Vorstädte haben Theater, allerdings kleinere, wie etwa Döbling, Penzing, Hietzing oder Meidling, wohin sich Raimund zuerst wendet. Seit etwa einem Jahr (die Eröffnung hatte am 26. Juli 1807 stattgefunden) gibt es dort im Theresienbad, einem ehemaligen Jagdschloß von Joseph I., ein kleines Theaterchen mit Logen und sogar zwei Galerien, das der Freiherr von Ehrenfels einrichten ließ.[1] Hier wirken, was Raimund sicher erfragt hat, auch Dilettanten, und darum wagt er es, dort vorzusprechen. Und er erfährt gleich einen tiefgreifenden Schock: Denn Direktor Kralitschek weist ihn gnadenlos auf seinen „R"-Fehler hin und wirft ihn hinaus.

Wenn auch die Kralitschek-Geschichte nicht sicher verbürgt ist, der „R"-Fehler existiert und besteht noch jahrelang, ja, möglicherweise ist er nie ganz verschwunden, sondern wurde nur später, abgeschliffen, als Besonderheit des großen Schauspielers Raimund akzeptiert. Noch 1821 notiert Karl Ludwig Costenoble, der immer nur Positives über Raimunds Kunst zu sagen weiß, daß er einen „Sprachfehler" habe – und ohne das „falsche R" und mit einem „metallreichen Sprachorgan" könnte Raimund, so Costenoble, alles spielen und alles erreichen.[2] Es ist, wie man weiß, nicht dazu gekommen, Raimunds Sehnsucht nach der Tragödie soll sich nicht erfüllen, aber möglicherweise hat ihn gerade die erzwungene Beschränkung auf sein Fach in diesem zu so ungeahnten Höhen geführt . . .

Aber davon ahnt der Abgewiesene noch nichts, er hat vielmehr seine Achillesferse gefunden, die Stimme, und diese Sorge begleitet ihn bis an sein Lebensende, ja, er wird in steter Furcht leben, sie ganz zu verlieren[3], ganz abgesehen von dem ständigen Kummer, daß sie nicht besser sei.

Und viel später wird er das Gefühl haben, daß seine Stimme ihn zurückwirft, als ein Schauspieler namens Nestroy auftaucht, der als Bassist immerhin den Sarastro gesungen hat und auf grenzenlose Ressourcen zurückgreifen kann, wo Raimund mit täglichen Stimmübungen kaum je Besserung erreichte – im Gegenteil relativ oft eine Vorstellung absagen muß, weil er „heiser" ist.

In Meidling hat es also nicht geklappt. Was nun? Es ist unendlich schade, daß wir fast nichts Konkretes über Raimunds Frühzeit wissen und, beinahe wie die Romanautoren, unsere Phantasie benützen müssen. Raimund war also mit Sicherheit bei Jung ausgezogen. Wo wohnte er? Konnte er bei der Schwester unterschlüpfen? Sie wird von ihm kaum mehr erwähnt – sind die Brücken zu ihr nicht abgebrochen? Zur Frau Anna Benesch ist er also vermutlich nicht gegangen. Aber wovon lebt er, wie lange können die Ersparnisse eines 18jährigen anhalten? Kurz, Raimund mußte um jeden Preis etwas unternehmen – aber was er tat, wissen wir nicht.

Wenn wir hier nicht wieder die Raimund-Legende zu Hilfe nehmen, müßten wir die sechs Jahre bis zu seinem Engagement an das Theater in der Josefstadt in Wien streichen. In der Hoffnung, daß wenigstens ein Teil des Berichteten auf wahren Begebenheiten beruht, muß man sich also Informationen aus dem reichen Anekdotenwerk holen, das hier rund um die dunkle Frühzeit sprießt.

Wir wollen also annehmen, daß tatsächlich ein Theaterdirektor aus Preßburg nach Wien kam, um einen Komiker zu engagieren, und daß Raimund davon hörte. Daß man eigentlich Tragiker sein will, spielt mit Sicherheit keine Rolle mehr, wenn man nichts zu beißen hat. Hauptsache Schauspieler! Wenn es wahr ist, dann hat Raimund in irgendeinem Zimmer, vermutlich dem Logis des angereisten Direktors, eine Ariette vorgetragen – „in Hasenhut Manier"[4] heißt es, und das ist nicht einmal so unglaublich. Denn viele Jahre lang wird von dem Schauspieler Raimund nichts anderes zu erzählen sein, als daß er berühmte Vorbilder kopiert. Warum sollte er also nicht Hasenhut nachahmen, der am Leopoldstädter Theater als Nachfolger von Stranitzkys Hanswurst und von Laroches Kasperl den „Thaddädl" geschaffen hatte. Dieser dumme Junge, den Hasenhut nach wie vor spielt (bis er sich 1819 zurückzieht), wirkt unwiderstehlich auf die Lachmuskeln.

Auf diese Art soll Raimund also nach Preßburg, 60 Kilometer nördlich von seiner Heimatstadt Wien, gekommen sein. Es ist dies der Beginn seiner Wanderungen durch die Provinzorte der k. k. Monarchie. Der Preßburger Adel will sehen, was der Direktor da mitgebracht hat, und verlangt eine Privatvorstellung, die gut ausfällt. Dann soll Raimund in der Rolle des Omphrius in Ludwig von Holbergs damals vielgespieltem Lustspiel „Der politische Zinngießer" auftreten. Aber er versagt – aus Nervosität vielleicht, sicher aus Mangel an Erfahrung, denn er steht schließlich das erste Mal auf einer „richtigen" Bühne (immer noch vorausgesetzt, daß diese Episode, für die es keinen Beleg gibt, wahr ist). Angeblich war der Direktor, der ihn engagiert hat, wenigstens nobel genug, ihm das Reisegeld für die Rückfahrt nach Wien zu geben.

Das Theater in Preßburg

Aber ein Berufener – und ein solcher war Raimund zweifellos – läßt sich nicht so leicht entmutigen, auch nicht, wenn der zweite Versuch gleichfalls fehlschlägt. Er soll angeblich bei Direktor Scherzer in Wiener Neustadt erfolgt sein. Nach dieser Version begibt sich Raimund also in die andere Richtung, diesmal südlich von Wien, und auch hier wird er (nun wegen seines „R“-Sprachfehlers) nach seinem Debut in einem Ritterschinken wieder weggeschickt.[5] Ob hier oder anderswo: Das Gastieren auf Engagement war damals üblich, gefiel man, wurde man in das Ensemble aufgenommen, wenn nicht, so suchte sich die Direktion eben jemand anderen. Etwas Wahres kann an diesen Schilderungen frustrierender Erfahrungen schon dran sein.

Die nächste Station war Steinamanger, heute der ungarische Grenzort Szombathely. Hier wird Raimund von der Hainschen Gesellschaft engagiert – und darf endlich längere Zeit bleiben. Die Lehrzeit beginnt. Theater in der Provinz bedeutet, alles zu spielen, heute den Kasperl und morgen Schiller, heute Singspiele und morgen Ritterstücke. „Herr Raimund spielt alles“[6], wird es wenig später von ihm heißen, und das ist im Moment genau das Richtige für ihn. Er, der nie Gelegenheit hatte, das Handwerkliche seines Berufs zu erlernen, erwirbt es, indem er in die Praxis hinausgestoßen wird. Das ist freilich keine Vorbildung, um später am Burgtheater den Hamlet zu spielen, wie er es sich erträumt, aber er lernt alles, um mit dem Alltag der damaligen Theatergepflogenheiten fertigzuwerden: Gedächtnistraining, Flexibilität, Vielseitigkeit.

Was diese Art von Praxis allerdings nicht befriedigen kann, ist der hohe Anspruch, den Raimund an das Theater stellt. Selbst die tägliche Schmiere, die er mitmachen und mitansehen muß, läßt ihn nicht zynisch oder abgebrüht werden, sondern bringt ihn dazu, noch stärker um das Edle am Theater zu kämpfen. Wenn er in dummen Possen und Volksstükken die trivialsten Rollen spielen muß, verdichtet das nur noch seine

Sehnsucht nach der hohen Welt der Klassik. Man sagt ihm den Ausspruch nach: „Ich bin zum Tragiker geboren, mir fehlt dazu nix als die G'stalt und 's Organ"[7], und selbst wenn er es nicht so gesagt hat, so drückt er doch vollendet aus, was Raimund empfindet. Noch Jahrzehnte später reagiert er wütend, wenn man ihn für seine Verdienste um das Volkstheater und die Lokalkomik lobt. „Lokalkomik? Volkstheater?" fährt er auf. „Ich will gar keine Lokalstücke schreiben und nichts wissen vom Volkstheater!"[8] Und doch ist es seine Bestimmung, der er nicht entgeht.

Die Hainsche Gruppe löst sich auf, und Raimunds nächste Station ist Ödenburg (das heutige Sopron), wo er bei der Gruppe Frasel unterkommt. Hier gewinnt die Biographie festen Boden unter den Füßen, denn im Archiv der Stadt Ödenburg haben die Raimundforscher in den dreißiger Jahren den zeitlich ersten Theaterzettel gefunden, der seinen Namen trägt.[9] Er besagt, daß die Ödenburger Schauspielergesellschaft unter der Leitung des Herrn Felix Frasel „Der eiserne Mann, oder: Die Drudenhöhle im Wienerwalde" gespielt hat, „ein großes, mit vielem Beifall aufgenommenes österreichisches Volksmärchen mit Gesang in 3 Akten. Für das k. k. priv. Theater in der Leopoldstadt in Wien verfaßt von Herrn Leopold Huber, die Musik ist von Herr Wenzel Müller, Kapellmeister des Nationaltheaters in Prag."

Den „Schloßmeister Hammerling" gibt Herr Raimund, ahnungslos, daß Leopold Huber und Wenzel Müller in seinem Leben noch eine bedeutende Rolle spielen werden . . .

Bei der Gruppe Frasel muß ein Alltag, der mit Sicherheit schäbig und würdelos war, Raimund ziemlich an den Rand seiner Kräfte gebracht haben. Immer wieder wird ein bestimmter Satz aus seiner Autobiographie zitiert: „Diese Art von Kunstleben kontrastierte so sehr mit dem Ideale, das in meinem Innern lebte, daß es beinahe meinen Entschluß ins Wanken gebracht hätte, wenn mich nicht ein glücklicher Zufall in das Engagement des sehr rechtlichen Direktors Kunz gebracht hätte, wo ich durch vier Jahre das Fach des Intriganten und komischen Alten bekleidete."

Der „rechtliche" Kunz, früher ein Militär und offenbar nicht ganz jener Striese, die damals die volle Kläglichkeit ihres Gewerbes repräsentierten, leitete je ein halbes Jahr in Ödenburg und in Raab das Theater (das heißt, er zog mit seiner Truppe zwischen beiden Häusern hin und her, denn in Raab konnte er mangels einer Heizung des Theaters nur im Sommer spielen, in Ödenburg hingegen im Winter). Es wäre übrigens möglich, daß Raimund gleich von der Hainschen Gruppe zu Kunz gekommen ist, denn neuere ungarische Forscher meinen, das Ödenburger Theater sei in der Abwesenheit von Kunz von Regisseur Frasel geleitet worden.

Wie dem auch war – Christoph Kunz (auch „Kuntz" geschrieben), von dem keine Daten bekannt sind, war um 1786 als Schauspieler in Wien gewesen und wird von da an als Direktor einer Schauspielergesellschaft geführt, die Ungarn und das Banat bereiste. Seine letzte Station nach Ödenburg und Raab wird von 1822 bis 1825 das Theater in Agram sein.[10] Und bei ihm unterzuschlüpfen, bedeutet damals, um 1810, 1811, für Raimund ein Glück. Nicht zuletzt, weil er dort spielen durfte, was man

Zauber-Oper.

Einnahme.

Mit Obrigkeitlicher Bewilligung

wird heute Montag den 5ten März 1810 von der hiesigen Schauspieler-Gesellschaft unter der Leitung des Herrn Felix Frasel Regisseur die Ehre haben aufzuführen:

Zum Vortheil des Franz Sallinger

unter Beleuchtung des äußern Schauplatzes

Der eiserne Mann,

oder:

Die Drudenhöhle im Wienerwalde.

Ein großes mit vielen Beyfall aufgenohmenes österreichisches Volksmärchen mit Gesang in drey Aufzügen, für das k. k. priv. Theater in der Leopoldstadt zu Wien verfaßt von Hrn. Leopold Huber, die Musick ist von Hrn. Wenzel Müller, Kapellmeister des Nationaltheaters in Prag.

Personen.

Theater-Auszug.

Hohe, Gnädige, Verehrungswürdige!

Noch keiner meiner Vorgänger setzte vergebens auf Ihre Großmuth einzig nur vertrauend, seine ganze, stolze Hoffnung auf Ihre Güte. — Sollte ich der Einzige seyn, dem Sie Ihre Gewogenheit versagten??? zwar weiß ich wohl, daß ich keineswegs auf mein Verdienst vertrauen darf, noch zu schwach ist meine Kraft; denn erst in Ihrer Mitte hab ich die steile ... und mich der schweren Kunst geweiht. — — — In Ihrer Mitte??? o seliger Gedanke — er ist es, der der Hoffnung Keim in meine Brust gestreut; Sie werden Ihren Zögling Ihre nachsichtsvolle Güte nicht versagen.

Hochschätzbarste Ihr

ergebenster Franz Sallinger, Schauspieler.

NB. Jene (P. T.) Herrn Abonenten, welche die Logen nicht zu behalten gedenken, werden höflichst gebetten am Tage der Vorstellung bis 11 Uhr die Schlüssel in die Wohnung des Herrn Schmidmayers in der Georgi-Gasse, der Domkirche gegenüber Nro 102, im 1ten Stock zu senden.

Es wird höchlichst ersucht von Dutzendbilleten keinen Gebrauch zu machen. Die Preise sind bekannt.

Der Anfang ist um 6, das Ende um 9 Uhr.

Erster bekannter Theaterzettel, der Raimunds Auftreten bezeugt

grob gesprochen als „Charakterrollen" bezeichnen kann. Ein „komischer Alter" gespielt von einem Zwanzigjährigen? Das war auch Generationen später noch nichts Besonderes – auch Max Reinhardt hat so angefangen.

Raimunds Debutrolle war der Sir Kocke in dem Stück „Parteiwut oder Die Kraft des Glaubens" von Friedrich Wilhelm Ziegler. Dieser Sir Gottlieb Kocke, Parlamentsmitglied und Oberrichter des hohen Kriminalgerichts, ist ein kalter, tückischer Schleicher[11], ein typischer Theaterbösewicht von verwässerter Schiller-Natur, wie er beim Publikum Schauer und Abscheu erregen soll. Endlich eine Aufgabe, in die Raimund sich hineinknien kann, wo er anbringt, was er einem Ochsenheimer an Nuancen abgeschaut hat – und er hat Erfolg, das Publikum ruft ihn sechsmal hervor.

Man kann sich Raimunds Hochgefühl vorstellen, in einem Theater, das er als solches anerkennt, in einer Rolle, wie er sie sich wünscht, angenommen worden zu sein. Dieser Sir Kocke bleibt eine Lieblingspartie von ihm (er findet wenige von der Art), er spielt ihn 1816 an der Josefstadt, 1819 an der Leopoldstadt, und noch nach seinem Tod wird sein Freund Costenoble gerade diese Rolle als Beispiel für Raimunds verfehlte Ambitionen

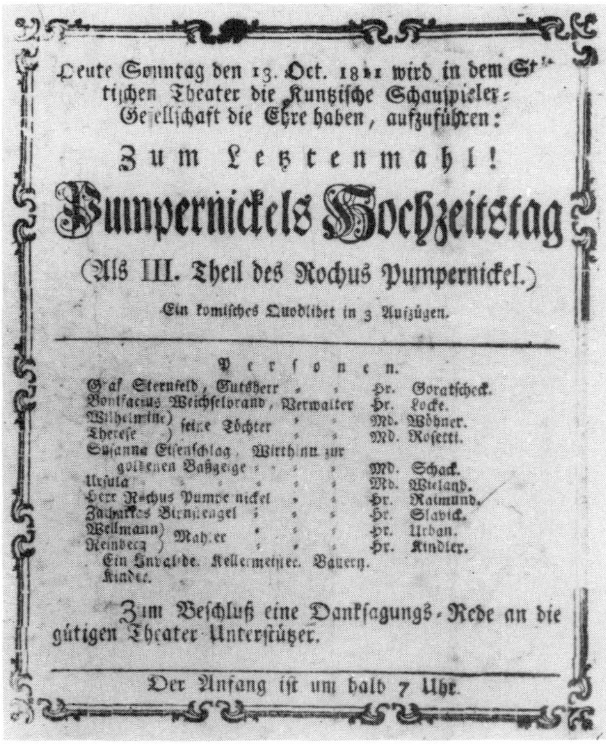

Heute Sonntag den 13. Oct. 1811 wird in dem St... tischen Theater die Kuntzische Schauspieler-Gesellschaft die Ehre haben, aufzuführen:

Zum Letztenmahl!

Pumpernickels Hochzeitstag

(Als III. Theil des Rochus Pumpernickel.)

Ein komisches Quodlibet in 3 Aufzügen.

Personen.

Graf Sternfeld, Gutsherr	Hr. Goratscheck.
Bonifacius Weichselprand, Verwalter	Hr. Locke.
Wilhelmine, seine Töchter	Md. Wöhner.
Therese, seine Töchter	Md. Rosetti.
Susanna Eisenschlag, Wirthinn zur goldenen Baßgeige	Md. Schack.
Ursula	Md. Wieland.
Herr Rochus Pumpernickel	Hr. Raimund.
Zacharias Birnzengel	Hr. Slavick.
Wellmann, Mahler	Hr. Urban.
Reinberg, Mahler	Hr. Kindler.

Ein Invalide. Kellermeister. Bauern. Kinder.

Zum Beschluß eine Danksagungs-Rede an die gütigen Theater-Unterstützer.

Der Anfang ist um halb 7 Uhr.

Einer der frühen Theaterzettel mit Raimunds Namen

hinstellen, wenn er schreibt: „Dieser Hochausgestattete kannte kein höheres Vergnügen, als den Gottlieb Kocke in Zieglers ‚Parteiwut' spielen zu können, den er nicht einmal mit starrer, tonloser Kälte, sondern irriger Weise in steter Bezeichnung des geflissentlichen Intriganten hinzustellen pflegte."[12]

Aus Raimunds Zeit bei Kunz ist übrigens ein interessantes Dokument aus dem Jahre 1812 aufgetaucht. Es geht darin um eine „Olympische Maschine", einen Flugapparat, den die Theater für die damals zahlreichen Zauberstücke dringend brauchen (auch Raimund wird seine Figuren später durch die Lüfte rauschen lassen, noch in seinem letzten Stück, dem „Verschwender", schwebt Cheristane mit Hilfe einer Flugmaschine in Feengefilde zurück). Kunz allerdings meinte, der Apparat käme ihm zu teuer, er könne sich ihn nicht leisten. Vier junge Schauspieler des Ensembles jedoch, unter ihnen Raimund, setzen sich in einem ausführlichen Brief dafür ein, daß diese Maschine von dem Maschinisten Johann Suszky zu dem Preis von 150 bis 160 Gulden „in banco Zetteln", also einer vertretbaren Summe, hergestellt werden könne – was die Unterzeichneten dem Direktor nahelegen.[13] Als Beispiel für Raimunds umfassenden

Einsatz für das Theater ist dieser Brief ein bemerkenswertes Zeugnis – nie hat er sich solistisch als Schauspieler verstanden, stets pflegt er sich um so viel wie möglich zu kümmern: Diesem Ferdinand Raimund geht es nicht in erster Linie um Ferdinand Raimund, sondern um das Theater. Damals schon – und immer.

Raab und Ödenburg liefern uns nicht nur weitere Theaterzettel mit Raimunds Namen darauf, sondern auch seine ersten „literarischen" Produkte. Theater bedeutete damals in einem Ausmaß, wie wir es uns gar nicht mehr vorstellen können, Kommunikation zwischen dem einzelnen Schauspieler und dem Publikum. Man spielt – wenn man nicht gerade Burgschauspieler und sich folglich zu gut dafür ist – mit der ausgesprochenen Absicht, zu gefallen, geradewegs ins Parkett hinunter. Und es ist völlig legitim, das Publikum anzureden, wobei man nur pro forma in seiner Rolle verharrt, tatsächlich aber dann als man selbst, als Schauspieler X oder aber eben als Raimund, vor die Zuschauer hintritt.

Am Ende des Stücks ist dergleichen vorgesehen, in einem Epilog, den sich der Hauptdarsteller selbst schreibt (oder improvisiert). Dann dankt er möglichst artig und witzig und unmittelbar situationsbezogen für die erhaltene Gunst. Handelt es sich bei dem Epilog um die Einladung zu einer „Einnahme", dann muß er dem Publikum möglichst Lust darauf machen, am Abend darauf zur „Benefiz-Vorstellung" zu erscheinen.

Diese ist für die Schauspieler ungemein wichtig, Bestandteil jedes Vertrags, ein Versprechen, wenn die Gage im übrigen nicht allzu hoch ausfällt. Die Benefizvorstellung bringt dem Benefizianten je nach Abmachung einen Teil der Einnahmen des Abends, zu Raimunds Zeiten noch vielfach die ganze (nur knausrige Direktoren wir beispielsweise Carl Carl werden den Anteil mit Gewalt herunterdrücken). Mehr noch: Der Schauspieler kann an diesem Abend die Eintrittspreise selbst bestimmen. Ist er beliebt, wird das Publikum auch kommen, wenn die Karten teuer sind, nicht zuletzt, um ausgesprochen Gunst und Huld auszudrücken. Überschätzt sich ein Schauspieler und verlangt zu hohe Eintrittspreise, dann spielt er vor halbleerem Haus und weiß, wie weit es mit seiner Popularität her ist.

Die „Einladung" am Vorabend ist von großer Bedeutung. Sie muß ein paar Worte über das Benefizstück sagen, über den Benefizianten (das kann dieser selbst, das kann ein Kollege sein), und sie muß den Zuschauern schön schmeicheln. Sein Leben lang wird Raimund sein Publikum mit passenden Reden und Liedstrophen verwöhnen. Als er nach Wien kommt, verfügt er, nach der Provinzschule, bereits über die nötige Routine. Wie drastisch-komisch versteht er sich schon in den Anfängen auszudrücken:

„Ich weiß, wenn Phoebus seinen Wagen in das Meer will senken,
So werden gütig Sie den Schritt nach diesem Tempel lenken:
O würd' es wahr! Dann sollt' mir nichts den Freudentag verhunzen,
Dann, ihr neun Musen, freßt's Leberwürst' und Blunzen!"[14]

Gänzlich unbeachtet bleibt Raimunds Wirken bei der Kunz'schen Truppe nicht mehr. Die „Wiener Theaterzeitung", die ihre Korrespondenten überall hat, läßt sich auch aus Raab berichten. Am 24. Juli 1813 erscheint eine Situationsschilderung, die darauf hinweist, daß Raimunds bisheriger Olymp an Theatererfahrung dem geübten, vergleichenden Auge eines Rezensenten recht kläglich vorkommt.[15] Die Darsteller werden als schwach, bestenfalls brauchbar bezeichnet und bilden nach Ansicht des Schreibers kein Ensemble. Besonders in der Oper werde nur Mittelmäßiges geleistet. Als der Berichterstatter die einzelnen Mitglieder der Truppe namentlich nennt, gibt er ihr „Fach" an („erster und einziger Liebhaber") – wir befinden uns in Zeiten, wo Schauspieler noch für Rollenfächer engagiert werden, was heute nicht einmal mehr auf dem Gebiet der Oper möglich ist, wo jede Soubrette auch noch anderes singt.

Hier ist nun die vorhin schon zitierte Bemerkung „Hr. Raimund spielt alles!" zu finden, die darauf hinweist, daß es doch nicht nur die Intriganten und komischen Alten waren, die man ihm zuwies, sondern auch fast schon klassische komische Figuren, etwa den Rochus Pumpernickel, den der Schriftsteller Matthäus Stegmayer für Anton Hasenhut kreiert hat. In der Oper muß Raimund gleichfalls mitwirken, was wegen seiner mäßigen stimmlichen Qualitäten sicher kein Vergnügen für ihn ist.

Wesentlich ist für uns auch der Hinweis, die Dekorationen und die Garderobe der Gesellschaft seien ärmlich (wozu sich der Rezensent die Pointe erlaubt, sie stünden folglich im genauesten Verhältnis zur Darstellung): Daran läßt sich nämlich eine Raimund-Anekdote knüpfen, die, wenn auch sie vielleicht nicht wahr ist, doch wahr gewesen sein könnte und einen guten Einblick in die dürftigen Verhältnisse gibt, unter denen er damals gelebt hat.

Stichwort: Garderobe. Daß diese ein Schauspieler selbst zu stellen hatte, war an manchen Theatern bis in die zwanziger Jahre unseres Jahrhunderts üblich, zu Raimunds Zeiten in der Provinz jedoch selbstverständlich. Die Kosten der Toiletten konnten die Einkünfte der Schauspieler leicht übersteigen, und manche Dame ruinierte sich dafür, auf der Bühne im Prunkkleid erscheinen zu können. Bei den Herren gehörte der Frack einfach dazu. Raimund besitzt damals einen, so lautet die Geschichte, aber er ist schon recht schäbig. Eines Tages kommt ein Schauspieler, der einen Bettler zu spielen hat, zu Raimund, um sich das Kleidungsstück auszuleihen. Seither wird es in der Requisite als „Ein Bettlerrock – Herr Raimunds Frack" geführt.[16]

Und da wir, wie erwähnt, für diese Frühzeit auf Geschichten angewiesen sind, sei auch erwähnt, daß er einmal den Prinzen Schnudi (in Perinets „Evakathel und Schnudi", ein Stück, in dem er noch ungezählte Male auf der Bühne stehen sollte) spielte – und dabei hat er auf offener Bühne vor aller Augen die Hose verloren und stand in der Unterwäsche da. Ein guter Grund für einen Menschen wie Raimund, Selbstmordabsichten zu hegen. Diese begleiten allerdings seine Provinzjahre, wobei der Anlaß meist unglückliche Liebe war.

Lange Zeit herrschten berechtigte Zweifel, ob die Geschichten, die über Raimunds Liebespech in der Provinz im Umlauf waren, auch nur ein Körnchen Wahrheit enthielten. Neue Ergebnisse ungarischer Forscher ermöglichen es nun, hier sogar einige Namen zu fixieren. So hat er in

Wieselburg ein Mädchen namens Hedwig Keller kennengelernt. Er wirbt um sie, die Eltern weisen den armen Schauspieler ab. Hedwig hat sich, wie berichtet wird, das so zu Herzen genommen, daß sie erkrankte und starb.

Von seiner nächsten Liebe, einem Mädchen in Raab, kennt man nur den Vornamen: Lisbeth. Sie ist es, mit der Raimund fliehen will, um sie heimlich in Preßburg zu heiraten. Er bittet seinen Freund Kovacs, einen Kaufmann aus Pesth, ihm bei der Flucht behilflich zu sein – er soll Lisbeth in einem Wagen abholen und dann auf Raimund warten, der nach der Abendvorstellung mit ihr die Flucht nach Preßburg antreten will. Als Raimund sich allerdings nach dem Wagen umsieht, ist dieser nicht da: Lisbeth hat den Kaufmann dem Schauspieler vorgezogen ... Zu Raimunds grenzenloser seelischer Verwirrung kommt noch, daß sich die Sache natürlich herumspricht und er zum Gespött aller wird.

Raimund-Forscher Geza Staud weiß noch ein Nachspiel zu dieser Episode:[17]

„Das Spießrutenlaufen war aber noch nicht zu Ende. Als die treulose Geliebte und der betrügerische Freund als glückliches Ehepaar nach Raab zurückkehrten, spielte man im Theater eben Perinets berühmte Posse ‚Das neue Sonntagskind', dessen Hauptrolle Raimund bekleidete. Als der verquälte Schauspieler im Stück den folgenden Text zu singen hatte ‚Wer's Glück hat, führt die Braut nach Haus, der führt die Braut nach Haus', erklang ein von hämischer Heiterkeit begleiteter Beifallssturm im Zuschauerraum – erneute Qual für Raimund. Aber er verlor den Kopf nicht mehr, sondern sah dem Publikum mit groteskem Grinsen – was als Selbstironie gelten mochte – entgegen, wie es sein Vorbild am Burgtheater, Ochsenheimer, getan hätte, und dies brachte ihm nunmehr den Beifall der Anerkennung ein."

Noch eine dritte unglückliche Liebe aus Raimunds Wanderjahren ist bekannt, obwohl man im Falle dieser jungen Dame den Namen nicht kennt, wohl aber, daß sie nicht Raimund allein beglückt hat. Das zerstört wieder einmal völlig seinen Glauben an die Weiblichkeit. Ihretwegen stürzt er sich in die Raab und wird nur gerettet, weil sein zugeknöpfter Mantel sich ballonförmig aufbläht und ihn über Wasser hält. Raimund handelt sich „nur" eine Lugenentzündung ein.

In Wien sind Raimunds heftige Leidenschaften, sein aufbrausendes Temperament und sein Toben über falsche Frauen und unglückselige Liebschaften lange Zeit Gegenstand der Unterhaltung. Bauernfeld neckt ihn einmal, daß er bei so viel Kummer schließlich doch am Leben geblieben sei.

„Man kann sich nicht in einem fort umbringen", soll Raimund gesagt haben – ein vielzitierter Satz.

Hat er den Selbstmordversuch tatsächlich unternommen? Man kann da nur alles, was man über Raimund und seine Jugendjahre weiß, in die Waagschale werfen und mit Ibsen sagen: „Zuzutrauen wär's ihm."

Provinzjahre sind als Übergangsjahre gedacht. Das Ziel der Wünsche kann für einen österreichischen Schauspieler damals nur Wien sein. An die sechs Jahre hat es Raimund durch die Provinz getrieben. Dann findet er es an der Zeit, es in seiner Heimatstadt zu versuchen.

Die Wiener sind theatersüchtig wie wenige. Das Theater ist ihre liebste Unterhaltung – kein Fernsehapparat hält sie abends in den Wohnzimmern fest, Hausmusik betreiben zwar die nobleren Kreise, aber auch sie gehen oft und gern ins Theater – die Lust daran hat alle Schichten des Volkes erfaßt, selbst Mitglieder des Hofes und der kaiserlichen Familie sind nicht nur in den Logen des Burgtheaters, sondern auch in jenen der Vorstadttheater zu sehen.

Schauspieler erfüllen auch das Bedürfnis des Publikums nach Klatsch und Tratsch. Keine internationale Regenbogenpresse berichtet bunt über die Ereignisse in diversen Königshäusern; die eigene kaiserliche Familie ist so bürgerlich, daß es kaum etwas zu erzählen gibt – aber am Privatleben der Schauspieler kann man Anteil nehmen, es klatscht sich in Windeseile durch den Bezirk, wenn der Raimund nicht heiraten will oder die Krones ein neues Verhältnis (gar mit einem Räuber?) hat, und da kann man dann auch abends in der Vorstellung terroristisch zischen, ungeachtet dessen, daß derselbe Schauspieler gestern als Liebling des Publikums in den Himmel gehoben wurde. Die Wiener brauchten (und brauchen?) das Theater um der Schauspieler willen, und Ferdinand Raimund wird ihnen vieles zu schauen, zu reden und am Ende auch zu denken geben.

Als er im Frühjahr des Jahres 1814 nach Wien kommt, ist eine turbulente Epoche zu Ende gegangen, Napoleon hat seine Niederlagen erlitten, Wien wird der Schauplatz eines Kongresses zur Neuordnung Europas sein. Die Stadt ist bereit für alle Vergnügungen. Ferdinand Raimund, noch nicht 24, kehrt in seine Heimat zurück.

Diese Stadt Wien ist übrigens nicht erst in der zweiten Hälfte des 19. Jahrhunderts zum Mythos geworden – sie ist es schon damals. Immer wieder hat man sich um Definitionen bemüht, sei es um das Flair, sei es um die Geisteshaltung der Stadt einzufangen. Der Literaturwissenschaftler Martin Greiner versucht Wien, wie Raimund es vorfindet, so zu umreißen: „Das wienerische Gemüt empfängt seinen besonderen Charakter durch die Nachbarschaft und das Zwischeninnesein zwischen Metternich und der Musik; es vereint in sich Beengtheit und Weite, es verbindet geistige Servilität und Devotion, ja fast Geducktheit mit Freimütigkeit, Schwung und Weltoffenheit, und es verbindet sie wirklich zu einem höchst eigentümlichen Lebensstil“.[18]

Der Mythos „Wien“ allerdings wirkt nur auf Ausländer. Raimund hingegen ist Wiener. Und folglich ist er, wie nahezu alle Künstler, dazu prädestiniert, an dieser Stadt, genauer: an ihren Menschen, zu leiden.

AN DIE JOSEFSTADT

„Der Kopist ist ein untergeordneter Mensch"

Ferdinand Raimund wird – sieht man von seinen Auftritten am Theater in Meidling ab – im Laufe seines Lebens an den drei großen Vorstadtbühnen Wiens tätig sein. Ihrem Alter und auch der Bedeutung nach sind das das Theater in der Leopoldstadt, das Theater an der Wien und das Theater in der Josefstadt, das jüngste und bis dato unbedeutendste. Dort beginnt Raimund seine Karriere.

Das Theater in der Josefstadt ist 1788 von dem Schauspieler Karl Mayer begründet worden, der sich als geschickter Unternehmer erwies: Immerhin fand er Geldgeber, um das Haus erst einmal zu errichten. Es fiel allerdings eher bescheiden aus – ein eckig-länglicher Saal, wenig Schmuck, drei Ränge, Bühne und Zuschauerraum etwa halb so groß wie Burg- oder Leopoldstädter-Theater. Auch der Spielplan der ersten Jahre war nicht recht überzeugend – bunt durcheinander gab es Ballett und Ritterspektakel, Singspiele, Possen, Zauberstücke.

1812 verpachtete Mayer das Theater an Josef Huber. Die Brüder Huber waren in Wiens Theatergeschichte eine interessante Erscheinung – allein, daß Josef die Josefstadt und Leopold die Leopoldstadt leitete, gab Gesprächsstoff genug.[1] Josef Huber ließ das Theater 1812 von dem berühmten Biedermeier-Architekten Kornhäusel (um anachronistisch den Begriff des „Biedermeier" vorwegzunehmen) umbauen, und er holte, da er offenbar merkte, daß es ihm selbst an Fähigkeiten ermangelte, den Theaterschriftsteller Joseph Alois Gleich als Vizedirektor an sein Haus. Derartige Doppelfunktionen waren damals nichts Seltenes – Bäuerle schaffte es später, nicht nur Theaterdichter und Theatersekretär, sondern immer auch noch gleichzeitig ein über das Theater schreibender Journalist zu sein. Was einen Hinweis auf die recht unsauberen Verstrickungen, Vercliqueungen und Bestechlichkeiten des Wiener Theateralltags von damals gibt.

Der Versuch, den Prestigewert des Theaters in der Josefstadt zu erhöhen, war Huber allerdings noch nicht auf Anhieb geglückt, und als er das Theater in der Karwoche 1814 (zu dieser Zeit waren die Wiener Bühnen traditionellerweise geschlossen) neu dekorieren ließ, nahm er das auch als Anlaß für Veränderungen im Ensemble. Neuengagements wurden getätigt – darunter das Ferdinand Raimunds. Bäuerles „Theaterzeitung" vermerkt Mitte April[2], daß das in neurenoviertem Glanze erstrahlende Theater in der Josefstadt neben anderen Künstlern auch Herrn „Reimund" (mit „ei") für „das intrigante Fach und für die zweiten komischen Rollen" vorgesehen habe.

Vermutlich hat Josef Kindler, Raimunds um vier Jahre jüngerer Freund, der damals schon am Theater in der Josefstadt tätig war (später, von 1838 bis 1842, sollte er dann am Burgtheater spielen), ihn empfohlen. Es gibt auch noch eine andere Version, wie dieses Engagement zustandekam.[3] Demnach soll Raimund an einem Herbstabend des Jahre 1813 in einem Wirtshaus den nicht näher identifizierbaren späteren Feldkriegskommissär Lotzky kennengelernt haben, der angeblich einer seiner besten Freunde wurde. Lotzky war mit Huber befreundet, und Raimund bat ihn um seine Fürsprache.

Entscheidend für das Engagement war allerdings die Zustimmung von Gleich, der in diesem Raimund bestimmt nicht den künftigen unrühmlichen Schwiegersohn geahnt hat. Gleichs Tochter Luise war zwar damals noch ein halbes Kind, aber jedenfalls war sie Jahrzehnte später, bei der Niederschrift von ansatzweisen Erinnerungen, davon überzeugt, daß ihr damals Raimund so erschienen ist:[4]

„Seine reichen blonden Haare waren zerwühlt und schlecht gepflegt, sein Gesicht blaß, seine großen blauen Augen hatten einen unruhigen und dabei düsteren, melancholischen Blick, der Mund, schön geformt, einen spöttischen, beinahe höhnischen Zug, sein Anzug war ärmlich und mehr als nachlässig."

Worauf dann nur die Frage offen bleibt, warum sie ihn unbedingt zum Ehemann wollte. Aber wie noch darzustellen sein wird, hatte Luise ihre guten Gründe.

Am 13. April 1814 – selbst die Wiener sprechen damals noch von der vor wenigen Tagen erfolgten Abdankung Napoleons in Fontainebleau – debu-

Das Innere des Theaters in der Josefstadt

tiert Ferdinand Raimund am Theater in der Josefstadt. Als erste Rolle ist eine komische vorgesehen, der Pachter Feldkümmel in dem Kotzebueschen Lustspiel mit dem umständlichen Titel: „Die Belagerung von Saragossa oder Pachter Feldkümmels Hochzeitstag." Eine Haupt- und Titelrolle immerhin, wenn das auch nicht viel besagt, aber er erntet Beifall und das freundliche Lob in der „Theaterzeitung", brav, richtig und „in allen Teilen der Rolle (...) erschöpfend" gespielt zu haben.

Das ist für den jungen Mann jedenfalls nur Versprechen auf Größeres, denn zwei Tage später steht er mit drei weiteren Debutanten (die Karl Moor, Amalie und Kosinsky spielen) in seiner Traumrolle auf der Bühne: als Franz, die Kanaille, in Schillers „Räubern".

Hier heißt es nun die Karten auf den Tisch legen, und indem Raimund tut, was er zu diesem Zeitpunkt einzig kann, nämlich kopieren, offenbart er, daß es den eigenschöpferischen Schauspieler Raimund noch nicht gibt. Hier in Wien kommt er nicht so einfach damit durch, Ochsenheimer nachzumachen. In Ödenburg oder Raab hat ein Großteil des Publikums diesen nie gesehen, aber ein Kritiker der „Theaterzeitung" weiß natürlich, wieviel es geschlagen hat. Der Rezensent (er ist nicht unterzeichnet) spöttelt sogar über Raimund, wenn er meint, man müsse ihn für diese „in jeder kleinen Nuance bis zur Täuschung"[5] genauen Kopie beinahe loben, fügt aber belehrend hinzu, „wenn wir nicht befürchteten, ihm zu schaden, denn der Kopist ist immer ein untergeordneter Mensch im Gebiet der Kunst und wird es nie zur Meisterschaft bringen, wenn er das Große nicht aus sich selbst zu schöpfen gelernt hat."

Immerhin, das Vorstadtpublikum verirrte sich möglicherweise nicht so oft in andere Theater, und wenn man Raimunds Leistung nicht als Abziehbild nahm, sondern an sich, so war sein Franz Moor vielleicht gar nicht so schlecht. Jedenfalls wurde er vor den Vorhang gerufen und war so von seinem Vorbild Ochsenheimer durchdrungen, daß er sogar mit denselben Worten für den Applaus dankte, wie dieser es in dieser Rolle getan hatte.

Nun gibt es eine ausführliche Darstellung[6], wie Ochsenheimer den Franz Moor gespielt hat, und man gewinnt daraus den Eindruck, daß er seine Effekte höchst absichtsvoll setzte, wobei er auf den Kontrast von Mimik und Gesprochenem baute und das Heuchlerische der Figur vordergründig plastisch machte. Franzens Entsetzen am Schluß äußerte sich in Körpersprache, in „gräßlich" rollendem Auge, Zittern, Hinstürzen, unterbrochen von wildem Gestammel. Im Wissen um eine gewisse innere Naivität Raimunds dem hehren klassischen Theater gegenüber, zu dem es ihn so hinzieht, kann man sich gut vorstellen, daß ihm eine solche Darstellung als Gipfel erschienen sein muß, den er nicht anders erreichen konnte, als sein Ideal einfach nachzuahmen. Immerhin war es eine Gedächtnisleistung über Jahre hinaus – Ochsenheimer hatte den Franz Moor 1809 im Theater an der Wien gespielt. Raimund muß ihn „studiert" haben, als er zwischen seinen Engagements in Wien gewesen war.

Nun besteht aber ein Unterschied zwischen dem „geborenen" Tragöden, wie Ochsenheimer einer war, und einem Raimund, der gegen sein eigenes Wesen anspielen mußte und damals außerdem wahrscheinlich noch gar nicht genug für eine solche Rolle konnte. Kein Wunder, daß man ihn auch, „überladen, abscheulich" nannte, „nichts als Grimasse".[7]

Wie war aber, so fragt man sich, damals der Spielstil, falls man dergleichen überhaupt rekonstruieren kann? Adolf Bäuerles Raimund-Roman, diese mit Vorsicht zu genießende „Quelle", schildert manches plastischer als der sachliche Bericht. Und er beschreibt etwa den Spielstil von Raimunds Freund Josef Kindler so:[8]

„Als Schauspieler produzierte er die größte Unnatur. Wenn er nur sechs Worte zu sagen hatte, so zerhackte er diese in drei Teile; nach jedem Absatz holte er hörbar Atem und glaubte, wenn er wie einer, der Dampf hat, spräche, so sei er unwiderstehlich. Dabei tänzelte er in einem fort, zupfte sich nach jedem Komma seiner Rede am Jabot und spielte nie einen Liebhaber in Possen und Konversationsstücken, ohne einen weißen Hut und ein Foulard in der Hand."

All das klingt nach einem Schauspieler, der ohne viel Begabung nachzumachen versucht, was seit Konrad Ekhof, dem „Vater der deutschen Schauspielkunst", bei Wissenden als verbindlich gilt . . . Kurz, die Unnatur, die Raimund in klassischen Werken produzierte, war offenbar auch Kindler zur Selbstverständlichkeit geworden. Aber – dem Publikum gefiel er.

Raimund hat also debutiert und allen Einwänden einer „gebildeteren" Kritik zum Trotz Erfolg gehabt. Das bedeutet aber noch lange nicht, daß die Direktion des Theaters ihm jetzt besondere Aufmerksamkeit schenkt. Weder das Kotzebue- noch das Schiller-Stück finden eine Wiederholung, und Raimund hat vorläufig spielfrei. Erst knapp zwei Monate später wird er wieder eingesetzt. Joseph Alois Gleich hat mit jenem Tempo auf aktuelle Ereignisse reagiert, wie es für das Wiener Volkstheater typisch ist: Am 30. Mai ist der Erste Friede von Paris geschlossen worden, man darf hoffen, daß die jahrelangen Kriege, die man der Einfachheit halber die „napoleonischen" nennt, zu Ende sind, die Soldaten kehren heim. Gleich hat, als die Zeiten noch kriegerisch waren, schon den „Kampf ums Vaterland" geschrieben, nun folgt als Fortsetzung „Die Heimkehr ins Vaterland". Aus der Sorglosigkeit, mit der solche Stücke zusammengeschustert werden, erklärt sich die kabaretthafte Attitüde zeitgemäßer Anspielungen – und die Tatsache, daß jeder dieser Wiener Vorstadtdichter mühelos auf an die hundert Werke und mehr kommt.

Raimund spielt den Simperl, und da er dafür kein Vorbild ausmachen kann, versucht er es einmal aus sich selbst, was ihm prompt Lob einträgt. Trotzdem wagt er „Eigenständigkeit" damals nur bei komischen Rollen, die seinem Naturell entgegenkommen, nicht auch im ernsten Fach, wenn man ein historisch-romantisches Schauspiel wie „Jolantha, Königin von Jerusalem" von Friedrich Wilhelm Ziegler so bezeichnen will. In der Rolle des Ordensmarschalls Raimund von Tyrus zeigt er wieder, daß er sich auf fremdem Terrain nur mit Hilfe von Nachahmung zu behaupten vermag.[9]

Die Vorwürfe verstummen noch jahrelang nicht, und sie dürften den Schilderungen nach teilweise auch zurecht bestehen. Nicht nur, daß Raimund zahlreiche berühmte Zeitgenossen einfach nachmacht (was bei

Kenntnis des Vorbilds auf den Zuseher entweder parodistisch oder verärgernd gewirkt haben muß), er scheut sich nicht einmal, evidente Schwächen anderer in seine Kopie einzubeziehen. So ahmt er in Josef Ferdinand Kringsteiners „Hans in Wien" den Starkomiker der Leopoldstadt, Ignaz Schuster (der in seinem Leben noch eine große Rolle spielen soll), nach und stopft sich zu diesem Zweck den Rücken aus, um auch Schusters Buckel nachzubilden. Da kann die Kritik ja nur spotten: „Wir sind der Meinung, wenn ein berühmtes Vorbild des Herrn Raimund ungewöhnlich große Ohren hätte, dieser immer von andern borgende Schauspieler würde sich die seinen aus Imitationswut sichtbar verlängern lassen."[10]

Wir, die körperlichen Schwächen und deren Verulkung gegenüber empfindlicher sind (im Altwiener Volkstheater war man da allerdings, es muß zu Raimunds Entschuldigung gesagt sein, brutaler), verstehen auch nicht, wie er in der berühmten Rolle des Schnudi (bei der er in der Provinz die Hosen verloren hat) die Kopie von Anton Baumann – einem der Spitzenkomiker Wiens, der damals am Burgtheater wirkte – so weit treiben konnte, daß er dessen Naturfehler, das „Zähnegemurmel", mitspielte ...[11]

Man kommt nicht darum herum: Ferdinand Raimund ist in seinen Anfängen als Schauspieler nicht sonderlich vielversprechend. Nicht Talent und Originalität sprechen zu diesem Zeitpunkt für ihn, sondern nur sein eiserner Wille, es zu etwas zu bringen. Als er (am 26. Juni 1814) wieder eine Schiller-Rolle, den Geßler in „Wilhelm Tell", verkörpern darf, vermerkt die Kritik: „schon wieder Kopie"[12] – aber wieviel Mühe nimmt er sich nicht! Er, der später seine Mitspieler geradezu damit quälen wird, jedes Detail einer Rolle auszuarbeiten, feilt an einem Effekt der Geßler-Partie, der auf jeden Fall wirkt, wenn auch nicht eben als „schauspielerische" Leistung. Aber er muß den Sturz vom Pferd mit wahrem Fanatismus erarbeitet haben, sonst hätte er bestimmt bei der Kritik keine besondere Erwähnung gefunden ...

Auf den Geßler folgen ein Ritter, ein Arlequin in einer komischen Pantomime, ein Wiener Hausmeister, wie sie nachgerade Raimunds Spezialität werden – der Not gehorchend bewegt sich Raimund, wie es ihm abgefordert wird, in allen Rollenfächern, und Direktor Josef Huber ist mit ihm so weit zufrieden. Jedenfalls setzt er ihn auch im Sommer ein, als er mit seinem Ensemble Gastspiele in Vororten gibt, in „dem im Badhaus zu Meidling bestehenden Schauspielhause". Huber ist in diesem Sommer erstmals um das Privileg eingekommen, weil er eine Verdienstmöglichkeit wittert, und ohne daß deshalb im Haupthaus Vorstellungen ausfallen, finden an Montagen, Donnerstagen, Sonntagen und Feiertagen hier Aufführungen statt.[13]

In der Folge wird Raimund viel eingesetzt, und er spielt mit wachsender Eigenwilligkeit und größerem Selbstbewußtsein. So wird man auf ihn aufmerksam, und das hat nicht nur seine angenehmen Seiten. Es kommt zu Fehden mit den Zeitungen, und da legt er sich mit einer Macht an – vor allem mit Adolf Bäuerle.

Dieser ist eine Erscheinung im Wiener Vormärz, die man guten Gewissens als „schillernd" bezeichnen kann. Johannes Andreas Bäuerle, der

Adolf Bäuerle

sich den Vornamen Adolf zulegt und auch unter dem Pseudonym Otto Horn schrieb, war am 9. April 1786 in Wien geboren worden, ist also vier Jahre älter als Raimund. Er trat in den österreichischen Staatsdienst (als Praktikant bei der Bankaladministration[14]), betrachtete aber den Journalismus als seine Lebensaufgabe. 1806 gründete er die „Theaterzeitung", die unter wechselnden Titeln erschien: „Wiener Theaterzeitung", „Allgemeine Theaterzeitung und Unterhaltungsblatt für Freunde der Kunst, Literatur und des geselligen Lebens" oder auch „Allgemeine Theaterzeitung und Originalblatt für Kunst, Literatur und geselliges Leben". Die Zeitung schaffte es, über 50 Jahre lang (bis 1856) zu existieren, stets mit Bäuerle als Chef. Daß dieser seine Stellung nicht „sauber" gebrauchte, sondern im Gegenteil Meinungsterror und Manipulation betrieb und außerdem bestechlich war, ist erwiesen. So wurde etwa klargestellt, daß das Theater in der Josefstadt, das unter Karl Mayer in der „Theaterzeitung" immer verheerend weggekommen war, seit dem Amtsantritt von Josef Huber ausgesprochen wohlwollende Beachtung erfuhr: Da stand zweifellos eine finanzielle Spende dahinter ... Auch Burgschauspieler Karl Ludwig Costenoble spricht damals offen über die Bestechlichkeit der Kritik: „Sämtliche Herren Rezensenten (...) sind wahre Hungerleider; schreiben aus Angst und Not, und sind folglich um billige Preise zu gewinnen. Aber ich für meinen Teil habe zu viel Stolz, um auf desgleichen komödiantischen Wegen meinem Namen einen falschen Schimmer zu geben."[15] Doch nicht jeder Künstler hält so rein.

Bäuerles „Theaterzeitung", die drei-, viermal wöchentlich erscheint, ist nicht nur eine Macht, sondern auch eine Börse. Sie bringt Korrespondentenberichte aus ganz Europa, sie druckt auch Berichte anderer Blätter nach (manchmal in meinungsfälschenden Auszügen). Und sie ist auch, Raimund wird es bald erfahren, bereit, sich in langen Auseinandersetzungen mit einzelnen Personen anzulegen. Bäuerle schreibt viele Artikel selbst, aber er hat auch einen Kritikerstab, darunter jenen brillantbösartigen Moritz Gottlieb Saphir, dessen „Wiener Spaziergänge" noch die Nachwelt ergötzen.

Um noch ein wenig bei Bäuerle zu bleiben: Er begnügt sich nicht damit, ein einflußreicher Journalist zu sein, er hat auch Ambitionen als Autor. Seinen ersten Roman hat er schon mit 16 geschrieben, 1806 wurde (in der Josefstadt übrigens) sein erstes Theaterstück aufgeführt, an die 70 oder gar 80 sollten es im Lauf seines Lebens werden, Lokalstücke, Volksstücke, Zauberstücke, Parodien, Sittenstücke und immer wieder Gelegenheitsstücke auf Alltagsereignisse. Damals, als er 1814 den jungen Schauspieler Raimund aufs Korn nimmt, kann der über alle Maßen erfolgreiche Mann noch nicht ahnen, daß er einst nobel als der „von den drei Vorgängern Raimunds bedeutendste"[16] im Lexikon stehen wird ... Und das vor allem wegen seines „Staberl".

Am 23. Oktober 1813 war im Theater in der Leopoldstadt sein Stück „Die Bürger in Wien" erstmals in Szene gegangen, am selben Tag zu Mittag waren die Eilkuriere eingetroffen, um den Sieg über Napoleon in der Völkerschlacht zu Leipzig zu melden.[17] Das Stück partizipierte an dem Triumph, und Ignaz Schuster, der die Rolle des „Staberl" kreierte, schuf damit eine lustige Person, die in der besten Tradition der Wiener Spaßmacher stand. Von da an wird Bäuerle „Staberliaden" schreiben (wie Gleich später „Kratzerliaden"), denn das Wiener Volkstheater arbeitet wie der Hollywoodfilm, jeder Erfolg braucht seine Fortsetzungen, um wieder und wieder ausgequetscht zu werden.

Vorausgreifend ist noch zu sagen, daß Bäuerle als Dramatiker, Kritiker und nicht zuletzt noch artistischer Sekretär des Theaters in der Leopoldstadt die Wege dieses Ferdinand Raimund noch öfter kreuzen wird, als beide es damals vermutlich annehmen. Im Moment macht Raimund nur Ärger. Was bildet sich dieser Anfänger ein? Warum spielt er einen alten Mann, von dem es ausdrücklich heißt, er habe weiße Haare, als ungestümen Schwarzköpfigen?[18] Warum fährt er, aller Einwände ungeachtet, mit dem Kopieren fort?[19] Wie kann er es wagen, fortgesetzt zu tun, was er für richtig hält – da muß ein Rezensent ja bezüglich der eigenen Macht und Herrlichkeit irre werden! Immer schärfer werden die Angriffe: „Wo ist der Scharfblick in die Tiefen eines Charakters, den Herr Raimund sich anmaßt?" heißt es da in der „Theaterzeitung". „Lernen, lernen und wieder lernen muß man, um zu wissen, was das Wesen einer theatralischen Aufgabe sei", wird er belehrt. Und es folgt die leere Behauptung, der Referent kenne „keinen Personalhaß, ihm liegt die Kunst am Herzen – und wer ihm darüber gram werden kann, ist ein Stümper und kein Freund dieser schönen Kunst."[20]

Raimund ist dem Kritiker also eindeutig zu selbstbewußt. Statt den Rezensenten zu schmieren, hält er sich an das Publikum, ja, möglicherweise extemporiert er sogar Anspielungen auf über ihn erschienene Kritiken, denn die Reaktionen in der „Theaterzeitung", der er gar nichts

„Die Theaterliebhaber". (Von J. Lanzedelly)

mehr recht machen kann, werden immer heftiger. So erklärt man, er solle die Worte nicht so herausstoßen und endlich mit dem Kopieren aufhören – aber „freilich wird Hr. Raimund hierauf nicht achten, weil er sich für unfehlbar hält, und sonach die Kritik zu verschmähen dünkt, insofern sie ihn nicht lobt, aber was sollte sie auch an einem Schauspieler loben, der sich ihren Beifall ertrotzen, und durch Pöbelreden zu erzwingen wähnt", schreibt der beleidigte Rezensent.[21]

Das Ansprechen des Publikums ist, wie erwähnt, eine Raimundsche Spezialität. Wenigen Künstlern dürfte es geglückt sein, so wie er die Zuschauer zu elektrisieren. Hilflos wütend muß die Theaterzeitung mitansehen, wie er unermüdlich mit neuen Texten vor das Publikum tritt, „wovon Herr Raimund einen ziemlichen Vorrat zu haben scheint", wie der Rezensent wettert, „und in welchen allzeit gleich für den nächsten Auftritt um einen handfesten Applaus gebeten wird."[22]

Es ist nicht zu leugnen, daß sich Raimund nicht scheut, mit Devotionsgesten zu liebedienern, um sich bei der reißenden Bestie Publikum, die noch oft genug in sein Leben eingreifen wird, einzuschmeicheln. Mit seinen Extempores, Einlagen und Abdankungen bewegt er sich auf einer gewissen emotionellen, außerkünstlerischen Ebene, ist er der Ferdinand Raimund, der seinen lieben Wienern, zu dieser Zeit speziell den Josefstädtern, gefallen will.

Dieses Gefallenwollen, Geliebtseinwollen geht allerdings im Lauf der Jahre mit immer größerer Misanthropie Hand in Hand. Nicht anecken wollend, aber durch sein stürmisches Wesen zutiefst unangepaßt – diese Spannung ist von Anfang an durch Raimunds Leben und Werk zu verfolgen.

ADAM KRATZERL – DER DURCHBRUCH

Auf der Suche nach einem „Bröckel Natur“

Ein knappes Jahr nach seinem Josefstädter Debut hat es Ferdinand Raimund immerhin so weit gebracht, daß Hausdichter Alois Gleich – neben dessen Töchterchen Luise Raimund oft auf der Bühne steht – ihm ein Stück auf den Leib schreibt. Das passiert sonst im allgemeinen nur den Komiker-Stars, aber Gleich wird schon erkannt haben, was die darstellerisch nicht eben übermäßig gut versorgte Josefstadt an Raimund besitzt.

Tatsächlich gelingt mit dem Stück „Die Musikanten am Hohen Markt“, das am 28. März 1815 Premiere hat, ein Wurf, der das Theater in der Josefstadt auch für jene Besucher des Wiener Kongresses interessant macht, die sich sonst nur in die Leopoldstadt (wo Ignaz Schuster, u. a. ungebrochen in den „Bürgern von Wien“, waltet) oder ins Theater an der Wien mit seinem vielfältigen Spielplan („Die Zauberflöte“ ist noch immer darunter) verirren.

Ferdinand Raimund als geigenspielender Adam Kratzerl wird das Stadtgespräch. So schlichte Fertigkeiten wie die Tatsache, daß jemand auf der Bühne selbst Geige spielt (wie Raimund es laut Bäuerle in der „Theaterzeitung“ im ersten Akt „niedlich und humoristisch“ tut[1]), erringen ja immer Beifall. Für den Interpreten bedeutet dieser Abend retrospektiv einen Einschnitt für Raimund, nicht, weil Gleich ihm etwa eine großartige Charakterrolle geschrieben hätte, sondern weil hier, wie Raimund-Kenner Heinz Kindermann analysiert[2], Raimund für sich das Tragische in seiner Komik entdeckt, weil er hier gemütsbedingt agiert. Raimund gibt den von seiner Frau dauernd an der Nase herumgeführten Adam Kratzerl nicht einfach dem Spott und Hohn des Publikums preis, sondern läßt es bei aller äußeren Heiterkeit auch einen Blick in das leidende Innere dieses Mannes tun. Und damit hat er in seinem ureigensten Milieu einen entscheidenden Schritt getan. Wenn er später als Schauspieler im ganzen deutschen Sprachraum bewundert wird, dann vor allem, weil – wie man mancherorts beinahe erstaunt feststellt – seiner Komik untrennbar die Tragik innewohnt.

„Die erste Rolle, in welcher ich das Glück hatte, die allgemeine Aufmerksamkeit des Wiener Publikums zu erregen, war der eifersüchtige Musikant Adam Kratzerl in einer Lokalposse von Gleich“, schreibt Raimund in der schon öfter zitierten Selbstbiographie. Dabei sind seine schauspielerischen Möglichkeiten hier gar nicht übertrieben groß. Kratzerl, der krankhaft eifersüchtig ist, soll von einem ehrlichen Vetter von dieser Krankheit geheilt werden. Die Gattin spielt dabei mit, sie hat in vier

Verkleidungen zu erscheinen, um den armen Mann zu foppen. (Daß ausgerechnet Luise Gleich, die ihren späteren Gatten Raimund oft genug foppen wird, die Rolle spielt, ist eine Marginalie, die sich erst der Nachwelt enthüllt.) Der arme Kratzerl wird dauernd in Unsicherheit versetzt, will immer wieder aufbegehren, aber immer wieder erhält er unrecht und wird mundtot gemacht. Und wie Raimund die Verstörtheit spielt, das erntet, wie erwähnt, mehr Mitleid als Spott.

Es geschieht hier zum ersten Mal, daß der Schauspieler Ferdinand Raimund zum Gegenstand bildlicher Darstellung gemacht wird – wir sehen einen etwas korpulenten, eigentlich nicht jung wirkenden Mann, der mit allen Anzeichen der Erzürntheit mit der Geige in der linken, dem Bogen in der rechten Hand auf jemanden weist (es ist die nicht im Bild aufscheinende Gattin, die Kratzerl unvermutet auf einem Fest erblickt). Raimund, später oft abgebildet, auf den Porträts zunehmend biedermeierlich „verschönt", zeigt sich hier als ausdrucksstarker Choleriker, den er auch im Leben – neben Anfällen schwerer Melancholie – sehr wohl hervorzukehren wußte.

Kratzerls Gattin Katharina hat im Grunde die effektvollere Rolle als er, sie darf sich nicht nur verkleiden, sie soll auch außer in wienerischem Tonfall mit italienischem, ungarischem und französischem Akzent sprechen – Kunst- und Virtuosenstückchen dieser Art sind damals bei Schauspielern und Schauspielerinnen sehr beliebt, man muß nur eine Menge dabei können. Für Luise Gleich, so bildhübsch sie anzusehen ist, so nett sie (vor allem im Vergleich zu Raimunds Gekrächze) singt, ist das offensichtlich zu schwer. Dabei hat Raimund sich zweifellos Mühe mit ihr gegeben. Jahrzehnte später, als sie ihre Memoiren schreibt, denkt Luise Gleich daran zurück, wie lästig sie nach dem allgemeinen Schlendrian Raimunds Gewissenhaftigkeit bei den Proben empfunden hat:

„Die Proben der Stücke, in welchen Raimund spielte, wurden mit strengem Ernste und pünktlichster Genauigkeit abgehalten; nicht die kleinste Kleinigkeit unbeachtet gelassen. Wir jungen Mädchen waren trostlos darüber, denn wir durften keine Späße mehr bei den Proben machen, der Inspicient rief uns nicht mehr auf die Scene, wir durften nicht mehr plaudern und kichern zwischen den Coulissen, mit einem Worte, unsere Freiheit hatte ein Ende, wir waren Sklaven, wenn dieser junge Mensch Raimund auf der Bühne zu thun hatte."

Die Raimund-Forscher nehmen an, daß er schon bei diesem Stück begonnen hat, eigenständig in die Vorlage einzugreifen und sich allerlei Monologe selbst zu dichten. Tatsache ist jedenfalls, daß er sich später die so beliebten „Quodlibets" einrichtet (darunter verstand man einen Theaterabend aus verschiedenen Einzelszenen, die möglichst verschieden und vielfältig sein sollten und dem Darsteller, der alle Hauptrollen spielte, ermöglichten, alle Register zu ziehen) und daß darin auch eine Kratzerl-Szene zu finden ist.[3]

Das ist es also, was man einen „Durchbruch" nennt, ein ganz persönlicher Triumph Raimunds, denn Gleichs Stück unterscheidet sich durch nichts weiter von seinen übrigen Werken, auch hat die Josefstadt nicht plötzlich eine glänzend ausstaffierte Aufführung herausgebracht – nein, es ist ausschließlich Raimund, der den Erfolg entscheidet. Dieser ist nicht allein am Spielplan abzulesen, denn die „Musikanten am Hohen Markt" werden zwar häufiger gespielt als die anderen Stücke, aber wiederum nicht so oft, wie man vermuten sollte, obwohl die damaligen Spielpläne doch flexibel genug gewesen sind, auf einen Kassenerfolg zu reagieren. Für die Popularität des Kratzerl spricht vor allem die Tatsache, daß es mehrere Fortsetzungen gibt, in denen der Held nun auch im Titel vorkommt. Noch im gleichen Jahr geht am 29. August 1815 „Herr Adam Kratzerl von Kratzersfeld" und im Dezember „Herr Adam Kratzerl und sein Pudel" in Szene. Selbst zwei Jahre später erweist sich die Figur in Raimunds Gestalt als so kassenträchtig, daß Gleich am 20. Jänner 1817 „Herr Kratzerl und seine Familie" und am 15. Juli 1817 den „Herr Adam Kratzerl als Dorfrichter" nachschickt.

Entscheidend ist aber für Ferdinand Raimund auch, daß er nach dem ersten Adam Kratzerl für Wiens nobleres Vorstadttheater, jenes in der Leopoldstadt, interessant geworden ist. Im August 1815 engagiert man ihn für ein Gastspiel, als Kratzerl natürlich, und als Schnudi in „Evakathel und Schnudi". In diesem Stück hat er mit Luise Gleich als Evakathel an seiner Seite am 5. Jänner 1815 in der Josefstadt viel Erfolg gehabt. Die beiden sind sicher perplex, als sie merken, daß sie für das Publikum der Leopoldstadt nicht gut genug sind. Dort erwartet man einen schauspielerischen Feinschliff, angesichts dessen sie „zu frei und übertrieben"[4] wirken. Wenn sie glaubten, daß sie dem für sie fremden Publikum mit derselben Selbstverständlichkeit entgegenkommen könnten wie dem vertrauten in der Josefstadt, so stoßen sie unvermutet auf Distanz, möglicherweise auf Hochmut, man vermißt bei ihnen die devote Bescheidenheit. Und auch Raimunds Kratzerl kommt hier – obwohl er und Luise von „Gönnern" hervorgerufen werden, wie es in der „Theaterzeitung" etwas anzüglich heißt[5] – nicht richtig an. Plötzlich bemäkelt man den Hang zum Virtuosen, der Raimunds Spiel durchaus zueigen ist, hier aber offenbar noch zu „trainiert" herauskommt, wenn er etwa das Zusammenraffen, Einpacken, Aufladen, Fallenlassen, Wiedereinstecken usw. der Musiknoten zu einer komischen Soloszene gestaltet.

Kurz, zumindest die „Theaterzeitung", die dieses referiert, will ihn wissen lassen, daß er noch nicht Leopoldstadt-reif sei. Es gibt übrigens Anzeichen dafür, daß Raimund sich wieder einmal über die ständigen schlechten Kritiken und die Stänkerei von Bäuerles Blatt beschwert hat. Nun kann er, und mit ihm ganz Wien, die Zurechtweisung lesen – wobei ohnedies niemand den eigenen Lobgesang über die Unbestechlichkeit dieses Blättchens geglaubt haben dürfte ...[6]

„Übrigens diene ihm zur Notiz, daß wir, sobald er originell ist, nie anstehen werden, seinem Eifer und seinem Willen Gerechtigkeit widerfahren [zu] lassen, daß wir aber außer unserer Einsicht keiner andern Einsicht zu gehorchen in der Lage sind, welche auf seine Vorstellungen, Bitten und Klagen uns etwa bestimmen sollte, ihn auch dort zu loben, wo er es nicht verdient. Die Redaktion dieser Blätter ist unabhängig, nur das Talent und das Verdienst kann uns Beifall abzwingen, Nebenverhältnisse kennen wir nicht, und haben gar keine Verbindlichkeit auf sie zu achten.

Raimund in der Rolle des Adam Kratzerl

So geht es auch mit der Pränumeration auf diese Blätter, da gibt es einige, die sich die Theaterzeitung darum halten, um darin gelobt zu werden; wie irren sie sich! denn nicht selten kaufen sie sich ihren eigenen Tadel, weil die Kritik keine Notiz von ihrer Absicht nimmt."

1815 begegnen wir in Raimunds Biographie erstmals einem für sein späteres Leben tragischen Leitmotiv: einem Hund. Damals handelt es sich um einen dressierten Pudel, der im dritten Kratzerl-Stück mit auf die Bühne kommt. Das Publikum liebt solche Scherze schon seit den noch derberen Vorstadt-Zeiten des Barocks, und wenn sich ein Tier possierlich genug aufführt, kann es einem Menschen mühelos die Show stehlen. Damals sind dressierte Hunde in Mode: Im Theater an der Wien gastieren eben Herr Karsten und sein Pudel (als er später mit dem Hund auch in Weimar auftritt, empört dies Goethe so, daß er die Leitung des Theaters zurücklegt), und da die Wiener Vorstadttheater einander ununterbrochen alles nachmachen, einander kopieren (oder parodieren), bietet die Josefstadt nun dieses Hundestück auf.

Von Raimunds Pudel heißt es, er sei besser als der berühmte von Karsten, und der Schauspieler versteht sich mit dem Tier so gut, daß die Theaterdirektion es ihm zum Geschenk macht. Es mag ein tiefgreifender

Schock für Raimund gewesen sein, als dieser Hund nun tollwütig („wütend", wie es in der „Theaterzeitung" heißt[7]) wird, aber das ist für einen Theaterdirektor noch lang kein Grund, ein Erfolgsstück abzusetzen. Es gibt gleich einen neuen dressierten Pudel, von dem es heißt, daß er seine Sache noch weit hübscher mache als der alte. Mit diesem Stück und dem neuen Pudel gastiert Raimund 1816 auch im Theater in der Leopoldstadt, und da das Tier offenbar immer lautstarkes Aufsehen erregt, sieht man sich genötigt, schon auf den Theaterzettel zu schreiben: „Das verehrte Publikum wird höflichst gebeten, bei Erscheinung des Hundes ruhig zu bleiben . . ."[8]

Kein Zweifel, daß Raimund Hunde liebt, daß er Zeit seines Lebens Hunde hat, daß aber die Angst vor der Tollwut sehr tief in ihm sitzt. Angesichts des herzigen kleinen Pudels, den er offensichtlich mag, muß er schockartig erfahren haben, wie sich ein Tier in eine schäumende, reißende, lebensbedrohende Bestie verwandeln kann, die den Tod bringt.

Das Theater in der Josefstadt, das glücklich sein muß, Raimund noch in seinen Reihen zu haben, schenkt ihm aber nicht nur einen Hund, es ehrt ihn auch mit dem Titel und der Funktion eines Regisseurs. Damit kommt man einem tiefen Bedürfnis Raimunds entgegen. Wenn's ums Theater geht, versteht er keinen Spaß – bei seinen eigenen Stücken später wird er schlechtweg unausstehlich werden –, und nun kann er gleichsam in offizieller Funktion für alles sorgen. Im Gegensatz zu den meisten Schauspielern gehört er nämlich nicht zu jenen, die sich nur um die eigene Rolle kümmern, sondern er träumt von einem sinnvollen Zusammenspiel und einem glaubwürdigen Ganzen.

Vor allem die Wahrhaftigkeit geht ihm über alles. Eine bekannte Anekdote besagt, Raimund habe einen Kollegen, der ihn schlagen sollte, das aber nur ganz sanft getan hatte, getadelt: „Aber was machen S' denn? Heißt denn das schlagen? Das heißt ja mit dem Stock karessieren – da drin ist ja kein Bröckel Natur!" Worauf der Gescholtene fester zuschlägt und Raimund zufrieden bemerkt: „Der Hieb hat infam wehgetan; aber es ist doch Wahrheit drin!"[9]

Viel Wahrheit kann er in den Rollen, die er an der Josefstadt vorfindet, nicht entwickeln, er muß sie schon selbst einbringen. Meist steht er in Stücken von Gleich auf der Bühne, denn Karl Meisl und Adolf Bäuerle, die beiden anderen Paradedramatiker dieser Tage, schreiben meist für das Theater in der Leopoldstadt, nur in Ausnahmefällen spielt die Josefstadt eines ihrer Stücke nach. In „Die Ostinder vom Spittelberg" gibt Raimund eine Rolle, die der Autor des Stücks, Emanuel Schikaneder (Wiens erster Papageno) einst selbst verkörpert hat. Die Charakterrollen, nach denen er sich sehnt, haben sich beinahe aus dem Spielplan verloren, der Sir Kocke ist eine Ausnahme, und da Raimund mehr und mehr aufs Komödiantische festgelegt wird, will ihm das Publikum den Ernst nicht mehr glauben – und lacht.[10]

Aber er arbeitet sich offenbar unermüdlich durch das Repertoire uninteressanter Aufgaben, und nach dem Urteil der „Theaterzeitung" scheint er sich zu ändern, zu wandeln – oder hat nicht vielleicht die Tatsache, daß er 1817 in einem Lokallustspiel von Bäuerle spielt, ihm dessen Gunst erworben?[11] Grotesk, daß er in „Das Jahr 1817" (einem Gelegenheitsstück zum Jahresanfang, immer wieder zu brauchen, egal, mit welcher Jahreszahl) einen „Ignaz Schuster" spielt, der in der Leopoldstadt vom echten Ignaz Schuster verkörpert wird. Tatsächlich versucht er sogar den Staberl, Schusters Domäne – aber nur in der Josefstadt. Später, in Schusters Haustheater, der Leopoldstadt, wagt er es nicht, auch als man ihm viel Geld bietet, dem großen Vorbild die Rolle nachzuspielen ...

Nun, jedenfalls gibt es zunehmend mehr Lob für den Schauspieler Raimund, seine Komik wird als „ruhig" und „wahrhaftig" gepriesen[12], nun gesteht man ihm zu, auch den „Beifall der Gebildeten" zu finden, nun wird er als „Schatz für jede Bühne" bezeichnet, und „wo er spielt, kann kein Stück ganz fallen", heißt es, „das Publikum kann das Stück auszischen, wird aber ihn hervorrufen."[14]

Wir schreiben Mitte 1817, als die „Theaterzeitung" meldet, Raimund werde das Theater in der Josefstadt verlassen, was er mit Ende Oktober auch tut. Daran sind gewiß nicht nur die Angebote anderer Häuser schuld, sondern auch die schlichte Tatsache, daß Direktor Josef Huber die Gagen wiederholt schuldig bleiben muß.[15]. Nur Raimund hat die Endkatastrophe verzögert, nach seinem Abgang schlittert das Theater in ein finanzielles Debakel, das in der Flucht des Direktors gipfelt. Hier entkommt Raimund persönlich einem Zusammenbruch – später wird er eine ähnliche Katastrophe des Theaters in der Leopoldstadt, dem seine glanzvollsten Jahre dank ihm noch bevorstehen, schwer mittragen müssen.

Raimund ist nun, drei Jahre nach seinem Wiener Debut, so weit, sich allseits begehrt zu sehen. Er gastiert nicht nur im Sommertheater von Hietzing und in jenem von Baden (rund 30 Kilometer südlich von Wien), sondern auch im traditionsreichen Theater an der Wien. Auch hier muß er vor einem glanzvolleren Publikum bestehen, als es jenes der Josefstadt ist, und er reüssiert im September in zwei Gastrollen: als jener Feldkümmel, als der er sich den Wienern einst vorgestellt hat, und in dem Stück „Modetorheiten", und kann „auf einer Bühne ... gefallen, welche ein so schwer zu befriedigendes Publikum dirigiert."[16]

Damit ist er nun wirklich reif für die legendäre Leopoldstadt.

AN DER LEOPOLDSTADT

Durch „originelle Laune das Ganze beleben“

Direktor Leopold Huber, der Bruder des unglückseligen Josefstadt-Direktors (und auf die Dauer auch nicht viel erfolgreicher), führt ein traditionsreiches Haus. 1781 von Karl von Marinelli begründet, hieß es bald allseits das „Kasperl-Theater“, erhielt seinen Spitznamen nach der von Johann Laroche geschaffenen Figur des „Kasperl“. Er war nicht der einzige bedeutende Schauspieler, der die Geschichte des Hauses prägte: Anton Baumann, die Familie Sartory, Joachim Perinet (auch als Dramatiker fruchtbar), Anton Hasenhut, der „Thaddädl“, und schließlich Ignaz Schuster, der „Staberl“, wirkten hier, Theaterkapellmeister war der ungemein fähige Wenzel Müller. Friedrich Hensler, als Verfasser von Volksmärchen, Ritter- und Gespensterstücken gleichfalls einer der produktiven Schreiber der Epoche, hatte nach Marinellis Tod (1803) das Niveau des Hauses gehalten, vor allem Perinet, Bäuerle und Meisl, aber auch Gleich als Hausdichter engagiert, die laufend neue Stücke produzierten – man stelle sich heute den vergleichbaren Fall vor! Erst das Fernsehen hat Schriftsteller wieder unter das Diktat von – oft wöchentlichen – Serienproduktionen gestellt.

Als Raimund 1817 an das Theater in der Leopoldstadt kommt, in jenen über die Schlagbrücke zu erreichenden lebhaften Vorort Wiens, der zwischen Donaukanal und Donau liegt, ist Leopold Huber seit 1814 Pächter des Hauses, während Hensler, der ihm noch bis Jänner 1817 zur Seite gestanden ist, nun das Theater an der Wien leitet.

Welchen Stellenwert das Theater in der Leopoldstadt, das auch vom Adel und vom Kaiserhaus oft besucht wird, im Theaterleben Wiens einnimmt, schildert der Journalist Heinrich Börnstein in seinen Memoiren so:[1]

„Das Leopoldstädter Theater, in seiner damaligen Gestalt, war eine Kunstanstalt ureigenster Art, die ihres Gleichen nirgends hatte und die wohl auch nie mehr wiederkehren wird. Es war eine echte Volksbühne, ein offener Markt des Scherzes und der Satire, wo die Gebrechen und Schwächen aller Klassen mit derbem Humor gegeißelt wurden, wo das Volk praktisch lernte, was es im praktischen Leben brauchte und wo manche sonst verpönte Wahrheit gesagt werden durfte, da die sonst so strenge Wiener Censur in diesem Theater ausnehmend nachsichtig und tolerant war. Jeder Fremde, der nach Wien kam, ging zuerst in's Leopoldstädter Theater, – zum ‚Kasperl‘, wie das Volk noch immer sagte, wiewohl der alte lustige Kasperl schon längst abgeschafft, gestorben und begraben war.“

Raimund tritt hier in ein Ensemble ein, das im Gegensatz zu dem schmächtigen der Josefstadt mit einigen bedeutenden Persönlichkeiten bestückt ist, bei den Damen vor allem mit Katharina Ennöckl, bei den Herren mit Ignaz Schuster. Mit ihr wird er häufig, mit ihm bis 1830 nie auf der Bühne stehen.

Katharina Ennöckl ist eine erstaunliche Erscheinung auf einer Vorstadtbühne, nicht, weil sie so groß, schlank und attraktiv ist (Kritiker schwärmen von ihren ausdrucksvollen Gesichtszügen, den dunklen Augen und den Locken[2]), sondern auch wegen ihrer Bildung und ihrer vornehmen Art, wie sie auf einer Vorstadtbühne nicht eben erfolgversprechend scheinen mag – und es dennoch ist. Sie ist nur etwas mehr als ein halbes Jahr älter als Raimund und schon seit ihrem 14. Lebensjahr Schauspielerin an der Leopoldstadt. Sie hat das Theater zweimal verlassen, ist wiedergekehrt und nun eines der meistbeschäftigten und beliebtesten Mitglieder dieser Bühne. Besonders in ernsten Stücken – das bedeutet im damaligen Spielplan historische und Ritterschauspiele oder gehobene bürgerliche Lustspiele – ist sie exzellent, und man bringt manches Werk dieser Art nur ihretwegen. Raimund hat, als er ihm Dezember 1816 als Sir Kocke in „Parteiwut" während seines Josefstädter Engagements in der Leopoldstadt gastierte, schon an ihrer Seite gespielt.[3]

In letzter Zeit ist die Ennöckl mehr und mehr in den sogenannten „Lokalstücken" aufgetreten, vor allem in solchen aus der Feder Bäuerles (den sie später heiratet), und so wird sie in den Leopoldstädter Anfängen Raimunds eine seiner wichtigsten Partnerinnen, wenngleich sie auch oft mit Ignaz Schuster auf der Bühne steht.

Schuster (1779–1835), elf Jahre älter als Raimund, seit 1801 am Leo-

Das Innere des Theaters in der Leopoldstadt

poldstädter Theater engagiert und Abgott des Publikums, sieht sich als ungekrönter König des Hauses nun mit einem Neuankömmling konfrontiert, der ihm möglicherweise seinen Rang als Komiker streitig machen will. Dabei sind sie grundverschieden. Raimund scheint auf den ersten Blick ohne besondere Kennzeichen, „nicht groß, nicht schlank, nicht dick, nicht verwachsen, er besaß keine vorteilhafte Theaterfigur", wie Raimund-Forscher Franz Hadamowsky[4] ihn schildert, und er wirkt auch nicht durch besondere körperliche Eigenarten wie später der lange dürre Korntheuer (oder auch der dürre, schlaksige Nestroy) oder der kugelrunde Wenzel Scholz. Die neutrale Erscheinung mit der problematischen Stimme hat ihm die Karriere nicht erleichtert, aber sie läßt ihm viele Möglichkeiten offen.

Ignaz Schuster hingegen ist optisch unverkennbar, ein kleiner Mann mit einem merklichen Höcker, den er mit Selbstverständlichkeit, ja sogar einer gewissen Grazie trägt[5], lebhaftem Augen- und Mienenspiel; dazu kommt eine angenehme Baßstimme. Er ist ein Meister trockener Komik, hat sich über Travestien und Parodien (vor allem als Jupiter brilliert er) bis zum „Staberl" Bäuerles hinaufgearbeitet, und das Publikum kann sich an dessen stehenden Redewendungen (sie sind von Stück zu Stück verschieden – „Wenn i nur was davon hätt'", „Wenn's Ihnen recht ist" oder „Merken S' was?") nicht satthören und flicht sie selbst ins Gespräch.

So wie Staberl, wenn auch in komischer Verzerrung, der Wiener Kleinbürger schlechthin ist, ist Schuster privat ein durch und durch bürgerlicher Mensch, keiner, den man als „Komödianten" hinauswerfen kann, wie es Raimund bei seiner Werbung um Toni Wagner geschehen wird. Privat ausgeglichen und ruhig, wird Schuster nicht von inneren Dämonen gehetzt wie Raimund; wenngleich auch außerhalb der Bühne witzig, ist er doch kein lauter Possenreißer, er gilt als vorzüglicher Familienvater und kluger Rechner, der seine Schäfchen ins Trockene bringt. Für Raimund ist er, wenn auf die Dauer schon nicht als Schauspieler, so doch privat Vorbild, ein Exempel dafür, daß seinem Stand bürgerliche Behaglichkeit nicht versagt sein muß – nur daß Raimund sie weitgehend vergeblich anstrebt.

Als Raimund an die Leopoldstadt kommt, ist er dem unangefochtenen Lokalhelden Ignaz Schuster nur in einem Punkt überlegen: Er ist ein witziger Extemporierer – Schuster vermag das nicht. Im übrigen muß er all seine Kräfte einsetzen, um sich an diesem Haus den Platz zu erobern, den er in der Josefstadt schon hatte. Das Publikum weiß das genau, wittert Rivalität, Kampf, Gaudi. Direktor Leopold Huber rechnet richtig, wenn er die beiden nie zusammen ansetzt, denn er weiß, daß jeder für sich das Haus füllt. Aber damit gibt er dem Konkurrenzstreit Nahrung. Das Publikum spaltet sich in zwei Parteien, und es dauert mehr als ein Jahrzehnt, bis Raimund und Schuster miteinander friedlich im Kaffeehaus sitzen und nicht mehr in jedem von ihnen der Wurm des Neides auf den anderen nagt.

Bäuerle schildert in seinem Raimund-Roman, wie die Anhänger des jeweiligen Künstlers die Vorstellungen des anderen stören, wie sie es nie zu reinem Applaus kommen lassen, wie es immer Zischer gibt. Aber, um

Raimund als Sandelholz

Ignaz Schuster als Staberl

die Rivalität der beiden weiter zu verfolgen, so sehr Raimund als Darsteller an Terrain gewinnt, so scheint es doch, daß er den Vorsprung Schusters lange Zeit nicht einholen kann – selbst wenn sich später der Dramatiker Raimund vorsagen mag, vor dem „Komponisten" Schuster zu liegen, der immerhin die Musik zu etwa 30 Theaterstücken, eine Menge komischer und ernster Gesänge und eine vierstimmige Orchestermesse verfaßt hat.[6]

Schuster besitzt außerdem etwas, was Raimund nie erringen kann, und das ist die Gunst des Kaisers. Franz holt Schuster nach Laxenburg, Schönbrunn und in andere Lustschlösser, damit er dort vor ihm spiele, er nimmt ihn zu den Kongressen nach Troppau, Aachen und Laibach mit.[7] Der preußische und der bayerische König laden Schuster zu Gastspielen ein, und laut Bäuerles Roman erhält Schuster von „den sämtlichen deutschen Monarchen kostbare Ringe, Dosen, Brillantnadeln usw. als Zeichen ihrer besonderen Huld und Zufriedenheit mit seinen ‚eminenten' Leistungen."[8]

Wie sollte der andere, der dabei immer nur zusehen muß, ohne daß je ein wenig auf ihn käme, nicht neidig werden? Raimund, selbst so großzügig mit seinem Geld, kennt doch jenen anderen Neid, der aus seinem ungeheuren Ehrgeiz geboren wird, er ist ja oft auf sich selbst und seine Erfolge eifersüchtig, wenn er sie gegen andere seiner Triumphe ausspielt – ein Zerrissener, ein vom Theater Zerfressener, der, gäbe es da nicht noch die Frauen und die Natur, lebenslang überhaupt nichts anderes im Kopf hätte.

Aber Schuster ist ihm zweifellos ein Stachel im Fleisch. Und vielleicht hat Bäuerle recht, wenn er meint, daß Raimund auch in Äußerlichkeiten den Rivalen erreichen wollte – eine ebenso prachtvoll eingerichtete Wohnung haben wollte wie dieser (denn „Wohnen" war eine ideale

Beschäftigung des Biedermeier); ein offenes Haus führen wie er; Pferd und Wagen besitzen, obwohl das schon einen Luxus darstellt; und wohlhabend werden, an das von keiner Sozialversicherung gedeckte Alter denken. Schuster macht es vor, Raimund strebt alles an und erreicht es auch. Was er erntet? Neid.

Am 11. Oktober 1817 tritt Ferdinand Raimund erstmals als Ensemblemitglied im Theater in der Leopoldstadt auf. Es ist keine besondere Rolle, die er in „Herrn von Weisvogels Witwenstand" gibt, zumal eine, die er – unter anderem Titel – schon in der Josefstadt gespielt hat. Aber er behauptet sich, wie es so schön heißt, „ehrenvoll", und die „Theaterzeitung" spitzt die Tatsache, daß die Leopoldstadt nun wohl zwei Starkomiker hat, zu – Raimund habe bewiesen, heißt es „daß originelle Komiker, ohne sich zu beirren, recht wohl nebeneinander bestehen können . . ."[9]

Raimund agiert auf Anhieb eher vorsichtig, er will sich nicht noch einmal sagen lassen, ein derber Josefstadt-Schauspieler wie er passe eben nicht in die „bessere" Leopoldstadt. Dabei ist die Posse von Gleich wirklich kein Musterstück an gutem Geschmack. Raimund spielt darin einen scheinbar tief betrübten Witwer, der im innersten Herzen hochfroh über diese seine Witwenschaft und äußerst heiratslustig ist – eine unzweifelhafte Möglichkeit, komische Nuancen durch die Verstellung zu gewinnen. Vor allem hat er darin, wie Costenoble, der das Stück vier Jahre später sieht, amüsiert vermerkt[10], eine Szene von herzzerreißender Komik, wenn er im Trauerflor auftritt. Raimund ist jedenfalls klug genug, den Verlockungen der Übertreibung nicht nachzugeben. Nur eines kann er sich einfach nicht abgewöhnen – sich mit dem Publikum zu unterhalten . . .[11]

Man sollte nun meinen, daß die Direktion den neuengagierten Schauspieler häufig einsetzte, aber wie die Spielpläne der Leopoldstadt zeigen, ist dem keinesfalls so. Bis zum Jahresende erhält Raimund nur noch drei Rollen, von denen er zwei schon früher gespielt hat. In Gleichs romantischer Volkssage „Die Schreckensnacht am Kreuzwege oder Der Freischütze" ist er der Verwalter Beißzange und gibt sich Mühe, „durch seine originelle Laune das Ganze zu beleben".[12] In Kotzebues Singspiel „Die gefährliche Nachbarschaft" verkörpert er den Schneider Fips, und in „Domestikenstreiche" von Castelli ist er der Bediente Johann – Aufgaben, zu denen nichts zu sagen ist, als daß Raimund keineswegs versucht, den Konkurrenten Ignaz Schuster, den „besonnenen Komiker", durch Brillanz zu übertrumpfen. Im Gegenteil. Nicht, daß er ihn kopiert hätte, darüber ist er hinaus, aber er will offenbar im gleichen Stil des Hauses agieren und legt daher, bei allem Humor, nicht übersprudelndes Temperament, sondern „Ruhe und Besonnenheit"[13] an den Tag – ein Schauspieler, der weiß, was er will, und sich überlegt, was er tut.

Nun kommen neben den alten Erfolgen – seinetwegen spielt man die „Musikanten am Hohen Markt" und „Kratzerl und seine Familie" – auch zunehmend die erfolgreichen Stücke von Meisl und Bäuerle auf ihn zu, die neben jenen von Gleich das Repertoire beherrschen. Die Produktivität dieser Herren ist schlechtweg unglaublich: Gleich hinterläßt an die 300, Meisl etwa 200 und Bäuerle wie erwähnt immerhin noch rund 70 bis 80

Stücke. Aber die meisten sind auch danach, und die Raimund-Forschung ist sicher, daß Raimund auch hier schon feilte, besserte, zurechtbog, um manches schwache Werk zu einem Erfolg zu führen oder wenigstens vor einem Mißerfolg zu bewahren. Daß der Augenblick kommen wird, wo einem Menschen mit seinem Ehrgeiz und seinen Ansprüchen dergleichen nicht mehr gut genug ist, kann man voraussehen.

Um diese Zeit etwa setzen die Tagebuchnotizen eines Mannes ein, der nicht nur Raimunds größter Bewunderer, sondern auch sein besonderer Freund wird: von Karl Ludwig Costenoble. Er ist 21 Jahre älter als Raimund, wurde 1769 in Westfalen geboren und wird ihn nur um ein Jahr überleben. Auch ihn hat ein gewundener Weg zum Theater geführt, er war Bäckerlehrling, bevor er Schmierenkomödiant wurde, begann in Hamburg als Sänger und Komiker, entwickelte sich zum Charakterschauspieler. Seit 1818 ist er am Wiener Burgtheater engagiert, wo er bis zu seinem Tode bleibt. Auch er ist ein Schauspieler, der selbst Stücke schreibt, die Wissenschaft und Nachwelt aber muß ihm für seine Tagebücher dankbar sein, die nicht nur zum Thema Raimund, sondern zum gesamten Theaterleben der Zeit die denkbar besten Aufschlüsse geben.

Costenoble verdanken wir auch Detailschilderungen von Raimunds Leistungen, und sie kommen von einem Fachmann mit gediegenem Sachverstand, mit bei aller Liebe zu Raimund doch großer Ausgewogenheit des Urteils. So schildert er den Freund als Sandelholz, den abgewirtschafteten Waderlmacher (Fächererzeuger), in Bäuerles Opernparodie „Der verwunschene Prinz“, die am 3. März 1818 Premiere hat. Costenoble ist sich durchaus dessen bewußt, daß das Stück „dummes, ungewaschenes Zeug“ ist, das eher „in eine Hanswurstbude“ gehörte.[14] Und dennoch kann sich Costenoble – und mit ihm wohl das gesamte Publikum – vor Vergnügen nicht halten, wenn der 28jährige Raimund in einer Vaterrolle seinen drei Töchtern im bittersten Ernste Vorwürfe macht: „Ihr undankbaren Kreaturen! Hab ich euch darum mit Schmerzen geboren?“

Dazu kommt noch Raimunds Selbstironie. Der Gesang ist, er weiß es, nach wie vor sein Problem, und wenn er erzählt: „Ma hab'n sogar mit'nanda g'sungen – infam hat's g'klungen!“[15], dann wiehert das Publikum vor Vergnügen. Vor allem geht es Raimund aber darum, auch die schablonisierteste und albernste Rolle mit einer gewissen Glaubwürdigkeit auszustatten.

Eine seiner Partnerinnen in „Der verwunschene Prinz“ ist Therese Grünthal, und hier muß nun die Geschichte des Schauspielers Raimund unterbrochen werden, weil sie sich in Kürze mit seinem Privatleben hoffnungslos verstrickt. Überhaupt ist ein Rückblick auf das Kapitel Raimund und die Frauen fällig, denn die Liebe spielt als eine der ihn damals beherrschenden Leidenschaften schon seit seinen Wanderjahren eine große Rolle in seinem Leben.

RAIMUND UND DIE FRAUEN

„Mit dem Stock zwey Hiebe versetzte“

In Anbetracht dessen, daß Raimund die letzten 15 Jahre seines Lebens in Gewissensehe mit Toni Wagner verbringt und sich mit Ausnahme einer ihm angedichteten Affäre mit Therese Krones nichts über seine Beziehung zu Frauen erzählen läßt, mußte die Raimund-Legende in die Frühzeiten ausweichen. Aus den Wanderjahren gibt es mehrere Geschichten, die schon berichtet wurden. Sie kehren in Variationen in der Literatur über Raimund wieder, wobei bemerkenswert ist, daß Luise Gleich von einem der ungarischen Abenteuer mit einem Mädchen namens „Fanny“ erzählt.

Nun ist Fanny ein Stichwort. Ein „Fanny-Brief“ geistert nicht durch die Legende, sondern durch die Wissenschaft. Carl Glossy erwähnt ihn, aber gesehen hat ihn niemand, bis es der Raimund-Gesellschaft 1979 gelang, ihn aus dem Nachlaß des Dichters Paul Anton Keller zu erwerben. Es besteht nun kein Zweifel daran, daß die Adresse tatsächlich lautet:

An Herrn.

Herrn Raimund
Abzugeben in der Josefstadt

Kaiserstraße alten Bleyfabrik No 127

2. Stock bey Herrn Lichtmayer

Der „Fanny-Brief“

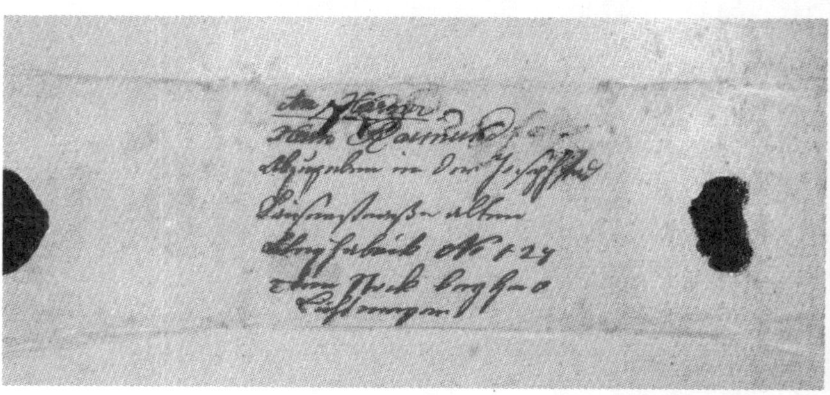

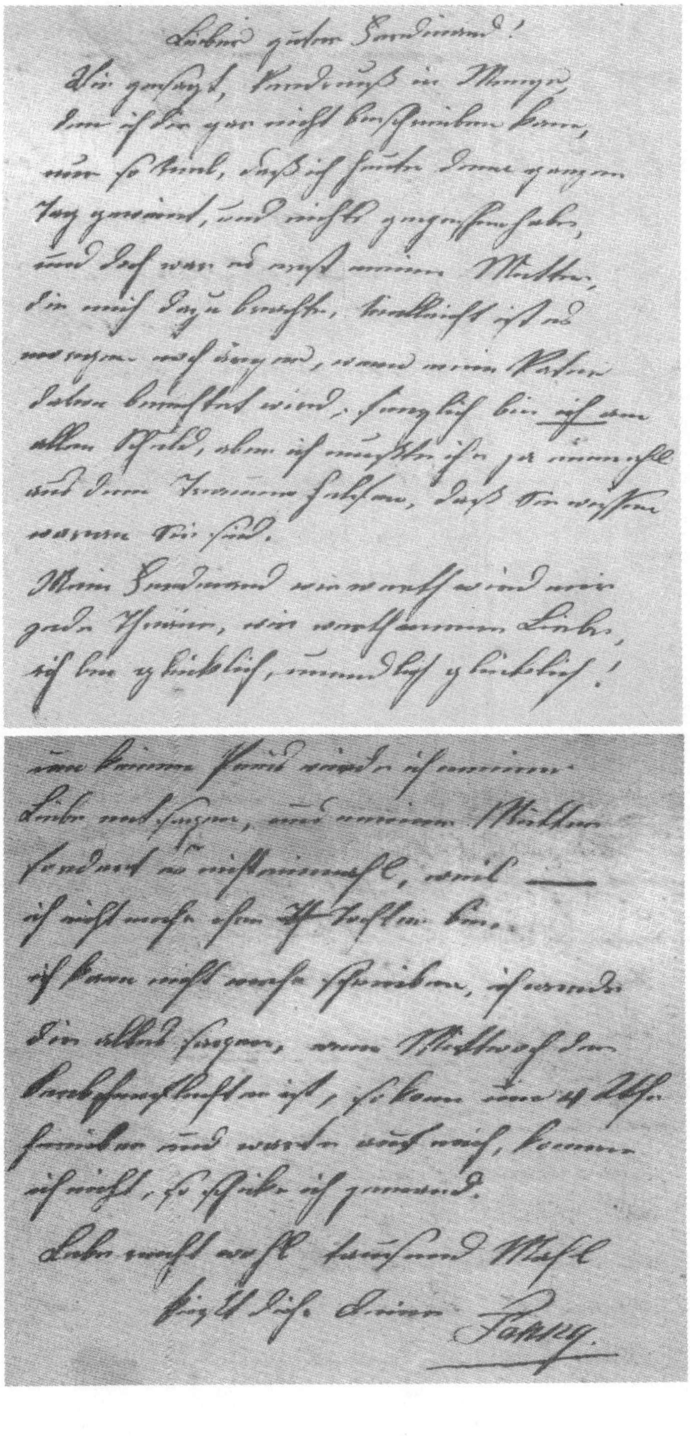

Lieber guter Ferdinand!

Wie gesagt, Verdruß in Menge, den ich Dir gar nicht beschreiben kann, nur so viel, daß ich heute den ganzen Tag geweint, und nichts gegessen habe, und doch war es nicht meine Mutter, die mich dazu brachte, vielleicht ist es morgen noch ärger, wenn mein Vater davon benachrichtet wird; herzlich bin ich dem alten [illegible], aber ich möchte ihr ja [illegible] und dem [illegible] [illegible], daß Du wissen [illegible] Du [illegible].

Mein Ferdinand wie [illegible] und wie gute Schwüre, wie [illegible] Liebe, ich bin glücklich, unendlich glücklich!

um keinen Preis würde ich meiner Liebe entsagen, und meinen [illegible] [illegible] es nicht einmahl, weil — ich nicht mehr ihre Tochter bin.

ich kann nicht mehr schreiben, ich werde Dir alles sagen, wenn Mittwoch der [illegible] ist, so komme um 4 Uhr früher und warte auf mich, komme ich nicht, so schicke ich jemand.

Lebe wohl recht tausend Mahl

küßt dich Deine

Fanny.

Und der Inhalt besagt Folgendes:

Lieber guter Ferdinand!
Wie gesagt, Verdruß in Menge, den ich gar nicht beschreiben kann, nur so viel, daß ich heute den ganzen Tag geweint und nichts gegessen habe und doch war es erst meine Mutter, die mich dazu brachte, vielleicht ist es morgen noch viel ärger, wenn mein Vater davon berichtet wird; freylich bin ich an allem Schuld, aber ich mußte ihn ja einmahl aus dem Traume helfen, daß sie wissen woran sie sind.
Mein Ferdinand, wie werth wird mir jede Träne, wie werth meine Liebe, ich bin glücklich, unendlich glücklich! Um keinen Preis werde ich meiner Liebe entsagen, und meine Mutter fordert es nicht einmahl, weil – ich nicht mehr ihre Tochter bin. Ich kann nicht mehr schreiben, ich werde dir alles sagen, wenn Mittwoch das Körbchenflechten ist, so komm um 4 Uhr herüber und warte auf mich, komme ich nicht, so schicke ich jemand.

Lebe recht wohl tausend Mahl
küßt Dich Deine Fanny

Die Fanny dürfte es also in den Josefstadt-Zeiten des Dichters gegeben haben, und glücklich hört sich die Geschichte nicht an. Sie ist jedenfalls glaubwürdiger als jene, die von einer „Wäscher-Toni" berichtet, die ihren leichtsinnigen Lebenswandel nicht aufgab, weshalb er sie verlassen hat.[1] Und nur in Bäuerles Roman, in dem so vieles erfunden ist, lesen wir, daß Raimund eine Affäre mit Julie Walla gehabt haben soll. Diese gibt es wenigstens, sie ist Schauspielerin am Theater in der Josefstadt, als Raimund dort engagiert ist, und kommt dann bald nach ihm an die Leopoldstadt. In beiden Häusern ist sie oft seine Partnerin, in der Leopoldstadt spielt sie jene Rollen, die Luise Gleich in der Josefstadt innehatte, nämlich die Evakathel und die Katharina Kratzerl. Aber Julie Walla, die überdies mit einem Kollegen, einem beliebten Komiker verheiratet ist, verläßt die Leopoldstadt schon wieder 1819, und außer bei Bäuerle findet sich nirgends ein Hinweis darauf, daß Raimund mit ihr, die als außerordentlich schöne Frau gilt, in näherer Beziehung gestanden ist.

Mit Sicherheit stimmt auch die Geschichte nicht, die Bauernfeld in seinen Memoiren überliefert und die voll von Fehlern steckt. Da heißt es:[2]

„Auch Raimunds erstes Auftreten im Leopoldstädter Theater, nach seinem Rücktritt von der Josefstadt, wurde uns geschildert. Er spielte für seine Existenz, für seine ganze Zukunft, von dem heutigen Erfolg oder Mißerfolg hing alles ab. Er war bereits als ‚Hamlet, Prinz von Tandelmarkt'[!] angekleidet, die Lampen waren angezündet, das Orchester stimmte – da wurde dem Gastspieler ein Brief mit schwarzem Siegel überbracht, der ihm den plötzlichen Tod einer damals heiß Geliebten meldete. ‚Ich fing an zu zittern', – erzählte Raimund ‚die Kulissen drehten sich wie im Kreise herum, ich konnte kein Wort hervorbringen. Da, als der Regisseur das Zeichen zum Aufziehen gab, schluckte ich ein Glas Limonade hinunter. Wie ich dann auftrat, anfangs verwirrtes Zeug schwatzte, statt der Knittelverse, das Publikum schon anfing, unruhig zu werden, ich endlich doch in Zug kam, applaudiert wurde, hervorgerufen –

es war mir alles wie ein Traum, ist mir's noch! So war nun der miserable Hamlet als erster Komiker engagiert – aber seine arme Ophelia war tot, blieb tot!' – So schloß der gemütliche Raimund schmerzlich-lächelnd seine Erzählung."

All das ist nicht beweisbar. Aber als Raimund an das Theater in der Leopoldstadt kommt und auch in diesen Vorort übersiedelt (er nimmt in dem direkt beim Theater gelegenen Haus „Zur Weintraube" Quartier, wo später auch Therese Krones wohnt), da tritt eine Frau in sein Leben, die für seine Biographie sogar aktenmäßig zu belegen ist – ihretwegen muß er nämlich ins Gefängnis.

Sie heißt Therese Grünthal, ist 1799 in Linz geboren und übersiedelt noch als Kind nach Wien. Dort erfährt sie ein Schicksal, das in der nunmehrigen österreichischen „Kaiserstadt" gar nicht so selten ist. Therese wird von ihrer Mutter, einer geborenen Schmied, im Alter von 11 Jahren an den berüchtigtsten Wüstling der Stadt, den Fürsten Alois Wenzel Kaunitz von Rietberg (der uns im Zusammenhang mit Raimunds Gattin Luise Gleich noch begegnen wird) verkuppelt. Es ist eine besonders unappetitliche Geschichte, wie hier dem alten Lebemann Kinder für seine perversen Lüste zugeführt werden. Nachdem sie von der Krätze geheilt ist, bezahlt der Fürst, ein Enkel Metternichs, für die Gunst des Kindes Therese in den Jahren 1810 und 1811. Dann wird sie ausgetauscht – um Nachschub ist man nicht verlegen, bis die ganze Geschichte 1822 auffliegt.

Als 15jährige beginnt Therese Grünthal ihre Karriere als Schauspielerin. Sie ist von 1813 bis 1816 am Königlich Städtischen Theater in Pesth engagiert.[3] Sie beginnt als Pantomimin und erobert sich das Fach der sogenannten naiven und jugendlichen Liebhaberinnen. Mit dem Pesther Theater gastiert sie 1816 in Wien, gefällt und wird an das Leopoldstädter Theater engagiert. Am 27. November 1816 tritt sie ihr Engagement an, ist aber, wie sich bald herausstellt, vor allem im sogenannten „Lokallustspiel" zu verwenden – für tragische Rollen reichen ihre Fähigkeiten nicht. Sie bekommt nicht viel zu spielen und überlegt sich, ob sie nicht ein Engagement in Preßburg antreten soll, als Bäuerle sich für sie einsetzt, nicht nur, indem er in der „Theaterzeitung" gegen ihre Unterbeschäftigung wettert, sondern auch, indem er ihr in seinen Stücken Rollen auf den Leib schneidert, wie es damals üblich ist. Es dient schließlich gleichermaßen dem Stück wie den Schauspielern, wenn man deren Stärken herausstreicht und deren Schwächen nicht provoziert.

Erstmals steht Therese Grünthal mit Ferdinand Raimund im Februar 1818 in Karl Meisls „Die Damenhüte im Theater" auf der Bühne. Er gibt den phlegmatischen Diener Jak, sie ein putzsüchtiges junges Mädchen. In „Der verwunschene Prinz" ist sie eine von Raimunds, Sandelholz', Töchtern.

Die enge Beziehung zwischen den beiden muß bald begonnen haben, da sie schon im Mai 1818 ihrem stürmischen Finale zustrebt. Zuvor ist Therese, weil Raimund ihr die Ehe versprochen hat (so gibt sie es später zu den Akten), zu ihm in die Wohnung gezogen, nicht ohne dafür die Einwilligung von Direktor Huber eingeholt zu haben. Während des

Zusammenlebens lernt sie ihn, nach eigener Aussage, als „aufbrausenden, groben Charakter“ kennen. Zweifellos quält er sie mit seiner Eifersucht, und man begeht wohl kaum posthumen Rufmord, wenn man annimmt, daß er Grund dazu hatte. Am 20. Mai jedenfalls kommt es zu einem Eklat, der umso peinlicher ist, als er in aller Öffentlichkeit, nämlich im Zuschauerraum des Theaters in der Leopoldstadt, stattfindet. Eine Woche davor hat Therese Raimund verlassen.[4]

Was Therese Grünthal am 20. Mai 1818 im Zuschauerraum des Theaters zu tun hatte, haben die Raimund-Forscher mit Hilfe alter Polizeiberichte aufgedeckt. Sicher will sie nicht die Premiere des Stücks „Robinson Crusoes Rückkehr ins Vaterland“ von Rosenau sehen, zumal der Star des Theaters und somit ihre unüberwindliche Rivalin, Katharina Ennöckl, den Freytag spielt. Nein, der Zuschauerraum des Theaters in der Leopoldstadt dient auch einem anderen Zweck als dem, ein Stück zu sehen. Er ist in wohlerwogener Absicht von der Direktion dunkel gehalten, um dadurch zu einem beliebten Rendezvousplatz für Liebespaare zu werden. „Hätte ein Direktor den Einfall, eine glänzende Beleuchtung des Parterres und der Galerien zu veranstalten, ich glaube, er würde seine Einnahmen um ein Drittel schmälern“, heißt es in besagtem Polizeibericht.[5]

Die Polizeibezirksdirektion Leopoldstadt hat ein Protokoll über die Einvernahme von Therese Grünthal geführt. Ihrer Aussage nach ist sie „als Zuseherin ins Parterre, und Reymann zu ihr gekommen, dem sie kein Gehör gab; darauf sprach sie aber mit einem andern Herrn, nach dessen Entfernung sie Reymann fragte, wer selber gewesen sey. Auf ihre Weigerung gerieth Reymund in Wuth, nannte sie eine Hure, und drohte ihr mit Ohrfeigen. Grünthal wollte sich entfernen, er lief ihr nach und schlug sie.“[6] Im Bericht der Polizeidirektion an die Polizeihofstelle heißt es ergänzend, daß der Zank zwischen Raimund und Therese Grünthal „dahin ausartete, daß Raimund der sich vom Parterre entfernenden Grünthal nacheilte, und beym Einhohlen auf der zu den Logen führenden Stiege mit dem Stocke zwey Hiebe versetzte.“[7]

Völlig kommt durch die geschraubte Amtssprache nicht eben Licht in die Sache. Raimund-Forscher Eduard Castle vermutete, Raimund habe Therese durch Zufall im Parkett des Theaters getroffen, was immerhin möglich ist, da er bekannterweise auch Interesse an Stücken nahm, in denen er nicht beschäftigt war. Es war also anzunehmen, daß er sich eine hauseigene Premiere angesehen hat. Raimund könnte versucht haben, Therese zur Rückkehr zu ihm zu bewegen, aber sie kehrt ihm stolz den Rücken und wendet sich einem anderen Mann zu. Ist es sein Rivale, am Ende gar jener Hofsekretär Karl Ritter von Schloißnigg, Beamter des Oberstkämmereramtes, der von der Nachwelt für den neuen Freund Thereses gehalten wird? Die Eifersucht, ein hervorstechender Charakterzug des jungen Raimund, geht jedenfalls mit ihm durch, und in seinem Zorn muß der knapp 28jährige erschreckend gewesen sein. Wenn er seine Therese nun als „Hure“ beschimpft und ihr Ohrfeigen androht, tut er es sicher nicht leise. Da mit ihm, wie sie mittlerweile aus Erfahrung weiß, nicht gut Kirschen essen ist, erscheint es ihr klüger, die Flucht zu ergreifen – das Kleid gerafft, läuft sie auf die Treppen zu, die zu den Logen führen, aber Raimund setzt ihr nach, erwischt sie und macht von dem Stock, den er offensichtlich trägt, Gebrauch: Zwei Hiebe, treppenaufwärts versetzt, werden Therese Grünthal wohl keinen schweren körperlichen Schaden zugefügt haben. Immerhin – das ganze Parkett ist Zeuge, und vielleicht nicht zuletzt, um diesen Raimund endgültig loszuwerden, läuft Therese Grünthal zur Polizei.

Drei Tage später stehen die beiden im „Verwunschenen Prinzen" wieder gemeinsam auf der Bühne – man kann sich vorstellen, mit welcher Wut im Bauch und welchem Groll im Herzen. Und bei dieser Gelegenheit extemporiert Raimund über den Vorfall und über seinen Rivalen – und das hätte er besser nicht getan. Denn erstens hat er „ohne vorläufige Anfrage und Bewilligung" extemporiert, was in Metternichs Polizeistaat ein Verbrechen ist, für das später Kollege Nestroy des öfteren hinter Gitter wandern wird; und zweitens entschuldigt er sich zwar bei dem lieben Publikum, benützt aber die Gelegenheit zu einem „neuen groben Exzeß", wie es im Polizeibericht heißt, gegen besagten Schloißnigg.

Dieser läßt daraufhin zweifellos seine Beziehungen spielen, denn das Urteil fällt verhältnismäßig saftig aus: „Unnachsichtlich" (nach heutiger Terminologie also „unbedingt") wird er zu dreitägigem Arrest verurteilt, der durch Eisen und einmaliges Fasten verschärft ist. Raimund muß ihn zwischen dem 2. und 9. Juni abgesessen haben, denn er steht am 31. Mai (in den „Damenhüten") letztmals und dann erst wieder am 10. Juni (in den „Musikanten vom Hohen Markt") auf der Bühne.

Aus dem Urteil geht nicht hervor, wo Raimund die Strafe abbüßen mußte. Im vormärzlichen Wien hatte die Gerichtsbarkeit hier mehrere Möglichkeiten. Das Schrannengebäude auf dem Hohen Markt war für Schwerverbrecher bestimmt (dort wird später der Räuber Jaroszynski bis zu seiner Hinrichtung eingesperrt); Schuldner und Bankrottmacher kamen in das Polizeihaus in der Sterngasse; „Criminal-Verbrecher" hatten im Criminal-Gerichtshaus in der Alservorstadt ihre Bleibe; für Verbrecher aus dem Militär-Stande gab es das k. k. Militär-Stockhaus am neuen Thore; und müßiges bettelndes Gesindel kam in die Arbeits- und Besserungs-Anstalt auf der Laimgrube; auf Abgeurteilte schließlich wartete das k. k. Provinzial-Strafhaus, kurz „Zuchthaus" genannt, wo die Arrestanten mit Spinnen, Flachs- und Wollekrämpeln, Weben usw. beschäftigt wurden.[8] Für Schauspieler, die ihre Freundinnen prügeln oder extemporieren, ist offenbar nichts Bestimmtes vorgesehen.

In den Memoiren von Karl Meisl heißt es, Raimund „mußte in der Leopoldstadt im Gemeindehause, wo er ein eigenes Zimmer bekam, durch volle 8 Tage brummen."[9] Da aber vor diesen Meisl-Memoiren in der Literatur regelrecht gewarnt wird und er außerdem die Geschichte als mit einer gewissen „Louise Grünbaum" und gänzlich falsch erzählt, wird man auf diese Information vielleicht nicht zu viel geben können. Bäuerle, der in seinem Raimund-Roman der Gefängnis-Episode breiten Raum gibt, schildert den dortigen Aufenthalt im „Polizeihaus" (wo immer es sich befunden haben mag) als eher gemütlich, als habe es sich um ein „fideles Gefängnis" gehandelt.[10] Da wird das Essen auf Bestellung gebracht, da gibt's Besuch und interessante Gespräche mit Mitgefangenen – ganz so wird es bestimmt nicht gewesen sein. Johann Nestroy, der in Raimunds Todesjahr wegen Extemporierens im Gefängnis sitzt, vergeht das Lachen vor lauter Galle darüber, daß man ihn dabei tatsächlich wie einen Schwerverbrecher behandelt. So schreibt er an einen Freund:[11]

„Mein Arrest ist vollkommen den Grundsätzen der Kerkeretiquette gemäß. Die Schlösser an meiner Türe haben die Größe derer, die man gewöhnlich vor den Kerkertüren der Hochverräter antrifft. Die Bewachung vor einem möglichen Echappieren ist so sorgfältig, als ob ich um zwei Millionen Obligationen verfälscht, sieben Jungfern, à 13 Jahre alt, genothzüchtigt, einige Kinder und diverse Erwachsene umgebracht hätte.

Vor meinem Gitterfenster ist ein hölzerner Kübel, damit die Lichte nur von oben eindringen kann, aus Vorsicht, daß ich mit andern Missetätern, Genossen meiner Freveltaten, nicht vielleicht durch Zeichensprache korrespondieren kann. Ich schreibe Dir diese Miserabilitäten nur, damit Du siehst, wie sehr man in Wien Kunst und Künstler achtet und mit welcher ausgezeichneten Humanität man sie bei geringen Vergehungen behandelt."

Raimund, nicht minder cholerisch und misanthropisch, dürfte ähnlich empfunden haben, „in Eisen" und bei „Fasten" . . .

Ein Gutes aber hat die Sache zweifellos: Von Therese Grünthal ist er geheilt. Sie ist zwar noch im gleichen Jahr in drei weiteren Stücken seine Partnerin, aber je mehr sich seine Stellung festigt, umso größeren Einfluß kann er auch auf die Wahl seiner Partner nehmen – und von 1819 an ist Therese Grünthal in keinem Stück mehr, in dem Raimund spielt, eingesetzt. Im Juli 1819 bekommt sie ihre letzte Rolle, wenig später wird sie gekündigt.

Vielleicht hat Raimund gar nichts damit zu tun, vielleicht ist es Zufall, daß sich ihr Schicksal und das von Luise Gleich diesbezüglich wiederholt. Auch Luise verliert nach der Trennung von Raimund ihre Stellung in Wien, auch bei ihr erweist er sich, hat man ihn in der Tiefe seiner Seele getroffen, als unversöhnlich.

LUISE

„Aber beißen – am Hochzeitstage!"

Als Therese Grünthal das Theater in der Leopoldstadt verlassen muß, kommt man nicht in Verlegenheit. Raimund selbst weiß Ersatz: Luise Gleich, mit der er in der Josefstadt gespielt hat und deren Vater er sich verpflichtet fühlt. Am 17. September 1819 tritt sie erstmals als Ensemblemitglied im „Kasperltheater" auf – und soll, weit mehr als Therese Grünthal, ein Nagel zu Raimunds Sarg werden. Gerechterweise muß man sagen, daß die ganze Angelegenheit auch für sie nicht sehr gut ausgegangen ist. In ihren kruden Memoiren nennt sie Raimund den „Herrn ihres Schicksals", der „je höher er stieg, desto tiefer mich hinabdrückte; der, je strahlender er in der Sonne des Ruhmes stand, einen desto finstereren Schatten auf mich warf; der mich meinen Freunden und Gönnern entfremdete und der Meute der Verleumdung und Bosheit preisgab; der mir meine Vaterstadt unmöglich machte und mich in die Wüste des Komödiantenlebens stieß."[1] Wie man sieht, hat das Paar einander so einiges vorzuwerfen.

Luise ist die Tochter von „Joseph Alois Gleich, Accesist bey der N.Ö. Staatsbuchhalterei", wie im Taufbuch der Pfarre zum hl. Ulrich vermerkt steht, und der Elisabeth, geb. Englin. Sie kommt am 6. Jänner 1798 zur Welt, ist also knapp acht Jahre jünger als Raimund. Wir kennen ihren Vater weniger als Beamten, denn als den rastlosen Theatermenschen, über den Luise in ihren Memoiren schreibt: „Mein Vater war ein merkwürdiger Mann, nicht eine Minute des Tages war er müßig. Bedenkt man, daß er die größere Hälfte des Tages dem Staatsdienste weihte, nebenbei vierzig bis fünfzig Bände Romane und eben so viele Possen und Schauspiele schrieb, und sich jetzt noch dazu die wenig dankbare, mit so vielen Sorgen und Widerwärtigkeiten verbundene Würde eines Theater-Direktors beilegte, so muß man diese Tätigkeit bewundern!"[2] (Dabei bezieht sie sich auf die Zeit, da Gleich in der Josefstadt die Geschäfte führte und, nach ihrer Schilderung, Raimund engagierte.)

Gleich, 1772 geboren, war zwar nur der Sohn eines Kanzleidieners (nach anderer Aussage: Türstehers beim Fürsten Kaunitz), aber ein Mann mit Background. Er hatte die Piaristenschule besucht, Philosophie und Staatsrechnungswissenschaft studiert und machte im Staatsdienst beharrlich Karriere, die er trotz seiner zahlreichen anderen Tätigkeiten nie aufgab. Nachdem er 1814 bis 1816 als Vizedirektor an der Josefstadt gewirkt hat, ist er nun besoldeter Theaterdichter für die Josefstadt und die Leopoldstadt.[3] Infolge einer Pockenerkrankung war er auf einem Auge blind. Sein Leben ist durch stete Überarbeitung gekennzeichnet. Immerhin, die Stücke, die er in Massenproduktion herausstößt, füttern den steten Bedarf des Wiener Theaterlebens mit ein paar nicht ungeschickten Produkten.

Daß dieser Joseph Alois Gleich nicht unbedingt ein Ehrenmann ist, geht aus den Recherchen hervor, die Gustav Gugitz über Raimunds Ehetragödie angestellt hat. Gleich hat eine hübsche Tochter, Luise, die schon als Achtjährige auf der Bühne der Leopoldstadt gestanden ist. Sie spielt Kinderrollen und fällt schon damals durch ihr Stimmchen und ihr couragiertes Wesen auf. Sie besucht dort die Singschule, und der Papa schreibt wohl auch die Stücke, die von Kindern zu spielen sind, vor allem, damit sie brillieren kann. In diesen Jahren ist Gleich selbst noch an der Leopoldstadt engagiert, aber als er 1812 an die Josefstadt geht, kommt Luise mit.[4]

1812 beginnt die nun 14jährige ihre zweite Karriere, und dabei muß das hübsche Kind dem Fürsten Kaunitz ins Auge gestochen sein. Von diesem Roué mit der sexuellen Lust auf Halbwüchsige war schon im Zusammenhang mit Therese Grünthal die Rede. Er rekrutierte den Nachschub seiner Lüste aus den Kindern des Horschelt-Balletts im Theater an der Wien (fast wäre auch Fanny Elßler in seine Falle gegangen, ihrer Schwester blieb es nicht erspart) und den übrigen Dienerinnen der Künste, wenn sie nur jung genug waren. „Personal-Probleme" hatte der Fürst nie. Gugitz schreibt – und das gibt einen guten Blick auf die Kehrseite der ach so moralischen Biedermeier-Medaille, die einen geschiedenen Mann zu lebenslangem Unglück verurteilte –, daß das Vorzimmer von Kaunitz „mit Händlerinnen verlockender Ware derart überlaufen und gedrängt voll war, so daß der Fürst gezwungen war, Eintrittskarten auszugeben, um sich dieses Angebotes zu erwehren."[5]

Die Kinder bzw. die Kuppler und Kupplerinnen wurden gut bezahlt, es gab größere Summen für die Defloration, nachher Geschenke, Geld für Möbel oder Quartier, manchmal auch eine zeitlang monatliche Zuschüsse. Die Schauspielerin Katharina Schätzl, die Luise Gleich in ihren Memoiren ihre dicke Freundin nennt, erhielt für ihre Gunst von dem Fürsten sofort 800 Gulden, eine Pensionsverschreibung von 1000 Gulden jährlich, die Einrichtung eines Quartiers und eine monatliche Unterstützung von 300 Gulden.[6]

Ähnlich wie die junge Schätzl ist dem Fürsten nun Luise einschlägig aufgefallen. Als man das Vater Gleich meldet, lehnt dieser nicht etwa empört ab, sondern schreibt „mit schuldigster Hochachtung" ein Briefchen, in dem es heißt, daß man tatsächlich etwas zu besprechen habe.[7] Wenig später, man schreibt den April 1813, erhält der Kupplerpapa einen regelrechten Vertrag, der sich auf den ersten Blick nur wie eine gönnerhafte, edle Spende eines reichen Herren ausnimmt:

24. April 1813

Versorgungs-Urkunde

Nachdem Uns Unterzeichneten (so!) Herr Joseph Aloys von Gleich, Kais. königl. n. ö. Provinzial-Staathaltungs-Rechnungs-Offizial sehr wesentliche Dienste geleistet hat, so glaube ich denselben durch gegenwärtige Urkunde am besten belehnen zu können. Ich sichere demnach

Luise Raimund, geborene Gleich

freywillig für mich und meine Erben seiner Tochter Aloisia v. Gleich zu ihrer besseren Bildung und Existenz hiemit einen lebenslänglichen Unterhalt von jährlichen 800 fl. – sage acht-hundert Gulden Wiener Währung – zum freyen Genusse zu, und zwar will ich diese Schenkung durch gegenwärtige Versorgungsurkunde dergestalt versichern und bekräftigen, daß für mich und nach meinem Ableben für unsere Erben keine was immer für Namen habende gerichtliche oder außergerichtliche Ausnahmen oder Vorkehrung zur Verhinderung oder Verkürzung dieser Schenkung statt haben könne noch dürfe, sondern zu jeder Zeit und unter jeden Umständen diese Urkunde in ihrer vollen Gültigkeit erhalten werden müsse. Ich habe daher diese gegenwärtige Urkunde auf zwey gleichlautenden Exemplaren eigenhändig und freywillig unterschrieben und mit Beydrückung unseres fürstlichen Kammerwappens für mich und meine Erben bekräftigt.

Wien, den 24ten April 1813 Fürst zu Kaunitz-Rietberg

Was es tatsächlich damit auf sich hat, steht in dem beiliegenden Brief. Außer der harmlos klingenden, aber wertvollen Versorgungsurkunde, die Luise lebenslang jährlich 800 Gulden Wiener Währung sichert, bekommt Gleich zwei Jahre lang freie Wohnung und Holz, außerdem monatlich 200 Gulden Wiener Währung – allerdings nur so lange, als Kaunitz der Liebhaber von Luise ist. Nachher tritt die Versorgungsurkunde in Kraft. Ein interessanter Paragraph des Briefes bezieht sich darauf, daß Gleich seine Schuldscheine, die sich in Kaunitz' Händen befinden, zurückerhält – ein kleines bißchen Erpressung war also auch dabei. Kaunitz erklärt sich bereit, auch zu Luises Erziehung beizutragen – aber der Papa hat dafür zu sorgen, daß die Tochter, so lange Kaunitz ihr Liebhaber zu sein beliebt,

„nie von der ihr eingeprägten Sittsamkeit abweiche und mir mit untadelhaftem Benehmen zugetan bleibe."[8]

So sieht ein Töchter-Verkuppelungsabkommen anno 1813 in Wien aus. Grotesk, daß die beiden Ehrenmänner, die Gugitz als „Halunken" bezeichnet, einen so hochgeschraubten Briefwechsel führen, als handle es sich tatsächlich um eine Ware, die hier verkauft wird ... Gleich sieht sich sofort nach einer neuen Wohnung um und trägt nur Sorge, daß seine Frau von dem Abkommen nichts erfährt, denn er vermutet, sie könne vielleicht nicht ganz einverstanden sein. Welche Mutter mit normalen, noch nicht pervertierten Empfindungen kann schließlich die Idee gutheißen, ihre 15jährige, noch unschuldige Tochter einem berüchtigten alten Roué auszuliefern? Und tatsächlich, die „altmodische" Mutter, der Geld offenbar nicht über alles geht, wehrt sich, als sie notgedrungen von dem Handel erfährt, und Luise ist auch nicht begeistert. Mit Bracchialgewalt will man sie doch nicht zwingen, und der Fürst und Gleich sind in einer peinlichen Lage, haben doch beide schon Vorinvestitionen in dieses nun platzende Geschäft gesteckt.

Unsere Luise ist dennoch nicht ganz sauber aus der Geschichte hervorgegangen, der Fürst kommt schließlich doch noch bei ihr zum Ziel – und das kurz vor ihrer Heirat mit Raimund ...

Zurück in das Jahr 1819, als Raimund Luise an das Theater in der Leopoldstadt holt. Die 21jährige gilt als eine der schönsten Schauspielerinnen Wiens, mit einer „guten, etwas üppigen Figur", einem „feinen, ebenmäßigen Gesicht mit großen, ausdrucksvollen Augen und einer langen, schmalen Nase."[9] Ihr Aussehen steht allerdings im Widerspruch zu ihrem Temperament, das als recht unliebenswürdig gilt, und wohl auch zu ihrem Lebenswandel.

In der Josefstadt war sie oft Raimunds Partnerin, obwohl sie ihn, nach eigener Aussage in ihren Memoiren, gar nicht recht leiden konnte und ihm zusammen mit ihren Freundinnen manchen Streich spielte. Luise verläßt die Josefstadt aber früher als Raimund und geht 1816 an das Theater an der Wien, wo sie allerdings auch Opern singen muß, und dazu reicht ihre Stimme nicht aus. In neu erwachtem Ehrgeiz spielt sie, was sie bekommen kann, auch beispielsweise die Hosenrolle des Buben Georg im „Götz von Berlichingen".[10] Die schönste Aufgabe für sie ist zweifellos Mozarts Papagena. Trotzdem ist Luise froh, vom Theater an der Wien wegzukommen, weil sie ihre Hübschheit, ihre beschränkte Begabung und ihre Stimme in einem Haus wie dem Theater in der Leopoldstadt zweifellos am besten einsetzen kann. Am 19. September 1819 steht sie dort erstmals auf der Bühne, an der Seite von Ferdinand Raimund.

Von Liebe ist zwischen den beiden damals keine Spur. Raimund seinerseits ist verliebt, das stimmt, er hat sich im Frühjahr dieses Jahres in Toni Wagner verguckt, die Tochter des reichen Kaffeesieders, dessen Kaffeehaus eine Art von geselligem Zentrum der Leopoldstadt ist. Toni gelten Raimunds Träume und Hoffnungen, und Luise ist nur eine Partnerin, vielleicht sogar weniger um ihrer selbst willen geschätzt als aus Dankbarkeit ihrem Vater gegenüber.

Luise gefällt an der Leopoldstadt, wird vom Publikum bald akzeptiert, spielt oft mit Raimund zusammen, ist möglicherweise vor der Krones seine beste Partnerin. Und Vater Gleich schreibt ihr auch Rollen auf den hübschen Leib. Für Luise scheint also alles bestens zu verlaufen, auch wenn sie sich vielleicht ihres Wesens wegen nicht eben beliebt macht. Laut Bäuerles Schilderung verträgt sie keinen Widerspruch: „. . . was sie sich einbildete, mußte geschehen. Wer immer vom Theater mit ihr in einen Zank geriet, dem spielte sie übel mit durch ihren Jähzorn. Das letzte Wort gönnte sie keinem, welcher mit ihr stritt, geschah aber alles nach ihrem Sinne, so war sie auch das beste Wesen von der Welt."[11]

Ihre liebenswürdigen Seiten muß Luise, aus welchem Grund auch immer, hervorgeholt haben, als es Raimund schlecht geht. Er hat um die Hand von Toni Wagner angehalten und ist abgewiesen worden.

Im Jänner 1820 wird Raimund, wie die „Theaterzeitung" vermerkt, „bedeutend krank"[12], und man kann annehmen, daß sich die Leiden seiner Seele hier psychosomatisch ihren Weg bahnen. Toni soll er nicht mehr sehen – und am Krankenbett steht die bildschöne Luise und pflegt ihn aufopfernd. Warum?

Will man ihr reine Berechnung unterstellen, kommt man im Moment nicht weit, es sei denn, sie hätte einen Liebhaber im Hintergrund und muß um die Folgen fürchten. Luises Tochter wird am 7. Oktober dieses Jahres geboren, kann also sehr gut von Raimund in jenen Tagen zwischen dem 7. und 18. Jänner gezeugt worden sein, da er krank zu Bett liegt. In den März (oder April) fällt aber die nun (wenn auch ohne Deflorationsgratifikation) vollzogene Affäre mit dem Fürsten Kaunitz. Gugitz vermutet, daß Luise sich dem „adeligen Wüstling"[13] nun hingegeben hat, weil dieser von Papa Gleich noch immer einen Schuldschein über 500 Gulden besitzt. Ein ergreifender Akt von Tochterliebe also, nun, wo die Sache Luise offensichtlich nicht mehr so viel ausmacht?

Kaunitz schildert später vor Gericht den Vorfall so:

„Erst als ich von Rom zurückgekommen war und neuerdings den Wunsch äußerte, die Louise Gleich, die damals schon die Braut des Schauspielers Raymund war, und seitdem seine Frau geworden ist, zu besitzen, war ich mit dem Herrn v. Gleich dahin einig, an diesen Genuss 500 fl. W. W. zu wenden, und ich habe sie damals, das heisst, beiläufig im März oder April 1820 gegen Erlag der 500 fl, und mehrerer anderer Präsente in meinem Monatquartier auf der Seilerstatt genossen. Da jedoch Hr. Raymund Unrath merkte, so zerbrach sich diese Bekanntschaft wieder und ist seitdem zwischen mir und der Frau von Raymund nichts vorgegangen."

Ein Kind, das im Oktober zur Welt kommt, kann natürlich auch eine Frühgeburt und im März gezeugt worden sein. Ein Ehemann für Luise muß jedenfalls her (wobei Raimund-Forscher Castle auch noch das Interesse, das Fürst Khevenhüller-Metsch an der Sache nimmt, verdächtig findet – vielleicht noch ein Liebhaber Luises, der sie lieber unter der Haube weiß?).[14] Ein Ehemann – und dazu eignet sich offenbar niemand besser als Ferdinand Raimund.

Aber der will nicht. Bald genug dürfte er erkannt haben, daß mit dieser Luise nicht gut Kirschen essen ist, daß er sie eigentlich gar nicht liebt, daß die Affäre mit ihr nur ein ebenso verzweifelter wie vergeblicher Versuch war, Toni aus seinem Herzen zu verdrängen. Aber da kommt Vater Gleich und spricht von Ehre, und Toni kann Raimund, scheint es, ja ohnedies nie gewinnen, so schreibt er ihr einen, wie er meint, endgültigen traurigen Abschiedsbrief: „Ich opfere die letzten Reste meiner Zufriedenheit dem Verhältnisse meiner Ehre und meines zu rasch gegebenen Wortes auf."[15]

Immerhin versucht er sich noch zu wehren: Die Groteske dieser Hochzeit ist in Raimunds Freundeskreis vielfach erzählt worden, man hat sich offenbar auf seine Kosten weidlich amüsiert, und wie so manches im Leben Raimunds erscheint auch dies wie eine Tragödie im Possengewand. Humoristisch genug, aber infolge der Seriosität des Berichterstatters glaubhaft (wenn auch aus Raimunds Sicht, wie er selbst die Geschichte Costenoble erzählt hat) ist diese Version des Hochzeitstages:

„Der Hochzeitstag wurde anberaumt. Die Kopulation sollte um 12 Uhr in der Mittagsstunde vor sich gehen. Zwischen neun und zehn Uhr erhob sich, wie oft schon geschehen, ein Wortwechsel und Streit zwischen den Ehestandskandidaten, wobei die liebliche Braut dergestalt aus den Schranken der Weiblichkeit fiel, daß sie ihren souveränen Gebieter voll Wut in die Finger biß. Plötzlich wurde der Bräutigam still und sagte: ‚Beißen auch noch?!' – Er begab sich hinweg. Die Braut, als ob nichts Ungebührliches geschehen wäre, schmückte sich festlich zum Ehrentage, und ließ sich in ihres Vaters Wohnung fahren, wo die Hochzeitgäste bereits versammelt waren. Als Papa nun fragte: ‚Wo ist denn dein Bräutigam?' erwiederte die Kecke gelassen: ‚O der wird gleich nachkommen; i bin derweil vorausg'fahr'n.' – Man wartete eine Stunde, zwei Stunden und drei Stunden – wer aber nicht gleich zur Dlle. Gleich kam, das war der gebissene Raimund."

Nun wurde von allen bösen Zungen Alarm geschlagen! Dies ist wiederum ergötzlich und nicht ganz unglaubwürdig bei Bäuerle nachzulesen:[16]

„Was jetzt geschah, ist schwer aufzuzeichnen.

Wie ein Lauffeuer durchflog es die Kirche, daß Raimund seine Braut habe sitzen gelassen!

Die alten Klatschschwestern fielen über diese Nachricht her, wie heißhungrige Hyänen über Leichname.

Sie sprachen in der Kirche Nichts über diese Hiobspost. Sie sahen sich nur bedeutungsvoll an. Es war, als hätten sie sich Zeichen gegeben, den eben vernommenen ‚Scandal' allen zweiunddreißig Winden mitzutheilen.

Um acht Uhr abends wußten ihn bereits Gumpendorf, Margarethen, Hungelbrunn, der Lorenzer- und Magdalenengrund, die alte und neue Wieden, die Alservorstadt, der Thury, Alt- und Neulerchenfeld.

Damals gab es noch keine Telegraphen, aber die alten Weiber waren schneller, als die elektrischen Funken. Das Wort, welches die Schmähsucht verkündet, eilt und zündet wie der Blitz.

Die sechs Dutzend Giftmischerinnen, die schon um zwei Uhr in die Kirche gedrängt, bedauerten nur, Raimund nicht augenblicklich ergreifen und zerfleischen zu können."

Das Zerfleischen besorgt dann das Publikum. Am 4. April hätte die Hochzeit stattfinden sollen, bei der der Bräutigam weggeblieben ist. Am

Den Ferdinand **Raimund** habn's ausgepfiffen, weil er das Fräulein **Gleich** nicht hat heiraten wollen;

5. April steht Raimund in „Die Gunst des Kleinen“ von Rosenau als Barbier auf der Bühne, und hier muß das Publikum losgetobt haben. Raimund wehrt sich, laut Costenoble, mit humoristischer Selbstironie[17], ist aber durchaus nicht bereit, auf Anhieb klein beizugeben. Allgemein ist man der Ansicht, er habe sich dem Terror des Publikums gebeugt, aber laut Raimunds eigener Erzählung, wie Costenoble sie überliefert, hat er schließlich dem guten Zureden von Leuten nachgegeben, die interveniert haben:

„Raimund wurde, nachdem das Leopoldstädter Parterre der Insulten müde geworden, zu einem angesehenen Bürger gebeten. Kaum hatte der Eingetretene Platz genommen, so hub der Bürger an, den Vermittler zwischen Raimund und der Verlassenen zu machen. Raimund fing an zu wanken und wußte nichts mehr zu sagen, als: ‚Aber beißen – am Hochzeitstage! I bitt' Ihna – das kann jo a Viech umbringen! Was wird mir erst g'schehn nach der Kopulation?!‘ – Der Vermittler fuhr fort mit kräftiger Zusprache, und als Raimund nichts mehr entgegnen konnte, ging der Bürgersmann und öffnete die Tür eines Nebenzimmers. Heraus trat die hoffnungsvolle Dido nebst ihrem Erzeuger. Erstere fiel ihrem Schöpfungsherrn in spe um den Hals und bat weinend um Pardon. Papa setzte dem Gerührten von der andern Seite zu, und als Ferdinand Raimund kaum die Worte gesprochen hatte: ‚In Gott's Namen – i bin halt wieder gut; 's bleibt schon beim Alten mit uns‘ – so öffnete der Ehestandsminister eine zweite Türe, und heraus trat der Geistliche des Kirchsprengels im vollen Ornate. Der Kirchendiener trug alle Requisiten herbei, die zur katholischen Vermählung erforderlich sind, und Raimund sagte tragikomisch: ‚Schaut's so aus? Da haaßt's ja, friß Vogel, oder stirb! In Gott's Namen – i will halt nur fressen, vielleicht stirb i mit eins.‘“

Die Groteske wird amtlich gesiegelt. Die Trauungsurkunde bestätigt die vollzogene Heirat:

„Den 8ten April 1820 Copulans Josef Gorbach, Pfarrer, Bräutigam: H. Ferdinand Reimann vulgo: Raimund, Schauspieler im K. K. priv. Theater i. d. Leopoldstadt, gebürtig von Wien zu Maria Hilf; des H. Jakob Reimann, gewes. Bürger u. Drechslermeisters allda und seiner Ehegattin Katharina gebohrene März, beider sel. Eltern Sohn. – Wohnung: Leopoldstadt in der Praterstrasse No. 510, röm. kath. Alter laut Taufschein 29 J. – Braut: Aloysia Gleich, Sängerin in eben diesem Theater, gebürtig von Wien in der Josefstadt, des H. Aloys Gleich, Rechnungsoffizial bey der K. K. n. ö. Prov. Staatsbuchhalt. u. seiner Gemahlin Elisabeth, gebohrene Engel, beider annoch lebender Aeltern ehel. Tochter. – Wohnung: Leopoldstadt in der Praterstrasse No. 415. Der H. Vater der minderjährigen Braut bat sich eigenhändig im Rapular eingeschrieben nach Angabe 21 Jahre alt, röm. kath. – Beistände: Se. Durchlaucht Fürst Karl zu Khevenhüller-Metsch, wohnhaft in der Leopoldstadt (keine Nummer). – H. Franz Pfennigbauer, Medicinae Doktor, wohnhaft in der Leopoldstadt Nro. 518. – Anmerkung: Magistratische und herrschaftliche Heurathsbewilligung Reg. Dispens vom 3ten. Aufgeboth dto 29ten März 820 Consist. in tempore vet. befindet sich hier. Der Taufschein des Bräutigam ist zurückgegeben worden."

Drei Tage später, am 11. April, steht Raimund in „Das Gespenst auf der Bastei" an der Seite seiner nunmehrigen Gattin, die auf dem Theaterzettel groß als „Madame Raimund, geb. Gleich"[18] gedruckt ist, wieder auf der Bühne. Sie wird brillant empfangen, die Siegerin, der man zujubelt, und auch er bekommt „Bravo"-Rufe dafür, daß er sich gefügt hat – „gekuscht" ja doch nicht zuletzt vor dem Publikum, der anonymen und doch so lebendigen Bestie, der er in unzähligen „Abdankungen" und Einladungen Zucker gegeben hat (so wie ihm in der nächsten Generation Nestroy Saures geben und doch genauso umjubelt werden wird wie Raimund ...). Aber wie er schon im Fall Grünthal nicht bereit war, erlittenes Unrecht völlig schweigend auf sich sitzen zu lassen, greift Raimund auch hier zur Möglichkeit des Extempore. „Ich weiß schon, daß die Weiber mehr Beistände als die Männer haben", stößt er nicht ohne Grimm hervor, als ihm Partner Josef Fermier in einer Szene Pantoffel anbietet.

Die trägt er allerdings in seiner Ehe nicht. Gegen seinen Willen zu einer Beziehung erniedrigt, zu einem Zeitpunkt, wo er sich des Fehlers, den er begeht, schon völlig bewußt ist, bietet er Luise sicher kein Honiglecken. Vorderhand ist sie erst einmal schwanger: Am 7. Oktober wird eine Tochter geboren, und Raimund erkennt sie als sein Kind an. „Amalia Reimann vulgo Raimund"[19] hat immerhin einen so illustren Paten wie den Hofschauspieler Heinrich Anschütz, einen großen Bewunderer von Raimunds Kunst. Die Mutterrolle liegt Luise allerdings gar nicht – sie gibt das Kind zu der Schneiderin Mikoschky, die auf der Schottenbastei Nr. 132 wohnt, in Kost. Sie selbst steht schon am 6. November, einen Monat nach der Geburt des Kindes, wieder auf der Bühne und wird mit rauschendem Beifall empfangen.[20] Die Tochter stirbt schon wenig später, am 10. Jänner 1821, am „inneren Wasserkopf".

Sie war, so viel wir wissen, Raimunds einziges Kind. Luise versucht später, nach der Scheidung, ihre diversen unehelich geborenen Kinder

Raimund unterzuschieben, wogegen er sich stets heftig wehrt. Von Toni Wagner geht das Gerücht, sie habe zwei Söhne von Raimund gehabt, aber de facto blieb diese Beziehung kinderlos. Mit der drei Monate alten Amalie stirbt Raimunds einziges Kind, falls sie es überhaupt war, und mit ihr auch der Grund, mit dem man ihn „um der Ehre willen" in diese Ehe getreten hat.

Schon während Luises Schwangerschaft hat sich die Misere der Raimund-Ehe herumgesprochen, und die verletzte Toni entschließt sich, Raimund die Hand zur Versöhnung entgegenzustrecken. Er ist selig – vielleicht zu sehr, als daß es unbemerkt bleiben könnte. Denn im Juli 1820 (Luise ist schon beachtlich schwanger) setzt die nunmehr verärgerte Ehegattin, Frau Raimund, einen bewußten Affront. Sie wählt das Stück „Maranterl oder die drei Rätsel" zu ihrem bevorstehenden Benefiz, eine Parodie auf Schillers „Turandot", die, wie der Anschlagzettel verspricht, als neuangefertigte Dekoration das Innere des Wagnerschen Kaffeehauses zeigen soll.

Diese Provokation soll natürlich Toni und ihrer Familie gelten, und Tonis Mutter, Frau Therese Wagner, eine „graue Eminenz" in Raimunds Leben, läuft zur Polizei- und Zensur-Hofstelle. Dort gibt sie die Vermutung an, „daß dieses angekündigte Stück ... eine Satire auf die zwischen ihrer Tochter und dem Schauspieler Raymund früher bestandenen Verhältnisse sein dürfte"[21] und beantragt das Verbot. Die Vorstellung wird vorläufig verschoben. Der Leidtragende ist, und das wird Luise schon recht gewesen sein, Raimund, der sich Toni gegenüber in einer dummen Situation befindet und den Behörden, nach der Grünthal-Affäre und der verweigerten Heirat, nun abermals unliebsam auffällt. Man spricht nämlich den Verdacht aus, er selbst habe seiner Frau zu diesem Benefizstück geraten, um die Familie Wagner lächerlich zu machen, und der Präsident der Polizeihofstelle findet sich „bestimmt, hiermit anzuordnen, daß die P.O.D. [Polizei-Oberdirektion] sowohl diesen Schauspieler als die Theaterdirektion vor ähnlichen ahndungswürdigen Versuchen, Privatabsichten auf der Schaubühne geltend zu machen, nachdrücklichst warne."[22]

Doch nach der Geburt von Luises Kind wird „Maranterl" am 7. November 1820 doch gespielt, und Raimund, der mit ihr auf der Bühne steht, mag der Gattin den Mißerfolg des Werks von Herzen gegönnt haben. Wenig wahrscheinlich scheint die Annahme von Raimund-Forscher Castle, Raimund als „Maulaff" und Luise als „Zoberl" hätten hier selbstironisch ihre eigene Geschichte gespielt, denn „Maulaff" bedeutet „dummer Lapp" und „Zoberl" auf gut altwienerisch „Hure" – aber wer wird sich, und wenn es noch so wahr wäre, freiwillig so darstellen?

Die Raimundsche Ehe galoppiert ihrem Ende zu. Die beiden können und wollen offenbar miteinander nicht auskommen. Luise gibt Raimund, wie er an Toni schreibt, die „gerechtesten Ansprüche auf seine Nichtachtung"[23], er nennt sie sogar „Metze", und am 16. Juli schlägt er sie, was offenbar damals tatsächlich zu seinen schlechten Gewohnheiten gehört – wobei es aber natürlich auf die Partnerin ankommt. Auch in Perioden der größten Mißverständnisse mit Toni deutet nichts auch nur im entferntesten darauf hin, daß es zwischen ihnen je zu Handgreiflichkeiten gekommen sei ... Luise jedenfalls hat er „auf eine wahrhaft unmenschliche Art" (wie es später im Gesuch um die Ehescheidung heißt) mit Schlägen mißhandelt, und da müssen wir uns vor Augen halten, daß Raimund ja doch ein Kind der Vorstadt war, wo man seinem – gerechten – Zorn eben noch handfest Luft machte ...

Luise verläßt das Haus und verhält sich wie eine Frau, die vorausdenkt, indem sie schnurstracks zum Wundarzt geht und sich die Prügel bestätigen läßt. Dann zieht sie bei ihrem Vater ein und besteht amtlicherseits auf einer Trennung von Tisch und Bett. Das wird ihr und Raimund (der darüber vermutlich noch viel glücklicher ist als sie) am 17. August 1821 vom Pfarramt bestätigt. Betrübt vermerkt der Pfarrer Josef Gorbach von der Pfarre St. Johann in der Praterstraße, der das Paar einst getraut hat, daß drei Versöhnungsversuche erfolglos geblieben seien, „daß trotz der nachdrücklichsten Vorstellungen ihrer Gewissenspflicht und aller möglichen Mittel der Überredung die Eheleute von ihrem Vorhaben nicht abzubringen waren."[24]

Am 1. Dezember 1821 reicht Joseph Alois Gleich im Namen seiner Tochter Luise, die sich bei der Hochzeit um zwei Jahre jünger gemacht hat – sie hat ihren Taufschein nicht vorgelegt – und deshalb nun als minderjährig gilt, ein Gesuch beim Magistrat Wien ein. Es lautet:

„Am 8. April 1820 habe ich mich mit Hr. Ferdinand Raimund, Schauspieler und Regisseur des k. k. pr. Theaters in der Leopoldstadt, verehlicht. Die kurze Zeit unserer ehlichen Zusammenwohnung war eine Reihe von den empfindlichsten Kränkungen und Mishandlungen, welche er sich gegen mich erlaubte, und nur die Hoffnung, daß derselbe doch einmal zu einer gesitteten und den Pflichten eines Ehegatten entsprechenden Lebensweise gelangen werde, bestimmte mich zur Ausdauer. Doch seine Treulosigkeit, sein Schwelgen, und die Mishandlungen gegen mich, vermehrten sich mit jeden Tage, und so wie er mich schon früher zu wiederholten Mahlen thätlich mishandelt hatte, so vergaß er sich auch am 16. July d. J. so sehr, daß er mich auf eine wahrhaft unmenschliche Art, mit Schlägen mishandelte. Diese grobe Mishandlung nöthigte mich, wegen meiner Sicherheit zu meinem Hrn. Vater mich zu begeben, bei welchem ich seit dieser Zeit mich aufhalte. Ein unordentlicher Lebenswandel, Treulosigkeit, Mishandlungen, und empfindliche wiederholte Kränkungen, sind nach dem 109. §. des G. B. Gründe zur Ehescheidung.

Sollte mein Hr. Ehegatte die mehreren Kränkungen und Mishandlungen läugnen, die er mir zugefügt hat, so halte ich mir die Beweise hierüber beizubringen bevor, die aber um so weniger nöthig sein werden, als obiger Beweis genügt und mein Hr. Ehgatte, selbst die Ehscheidung wünscht, nur so widerrechtlich denkt, daß er mich für die Ehre, seine mishandelte Frau gewesen zu sein, ohne Unterhalt lassen will."

Das ist also das Ansuchen zur endgültigen Scheidung. Luise muß sich damals in einem ziemlich aufgewühlten Zustand befinden, wie ein Eklat vom 14. Dezember 1821 zeigt. Joseph Alois Gleich hat Luise zu ihrem Benefiz das Stück „Die drei Abenteuer" geschrieben, und sie wählt, vielleicht um dem fast schon Ex-Gatten eines auszuwischen, Ignaz Schuster als Partner. Aber der erhoffte Erfolg stellt sich nicht ein, im Gegenteil.

Luise reagiert zumindest ungewöhnlich. „Wenn nämlich diese oder jene Szene oder ein Liedchen, welches von ihr gesungen wurde, mißfiel, so lächelte sie mitleidig auf's Parterre herab, oder sie drehte sich um, oder fletschte gar die Zähne", schildert die Dresdner Abendzeitung ihr Verhalten.[25] Das Publikum, an mehr Devotion gewöhnt, schäumt, und man spricht davon, daß sie öffentlich Abbitte leisten muß. Aber Luise denkt nicht daran. Das Stück verschwindet nach der einen Aufführung vom Spielplan, und die Hauptdarstellerin nach einiger Zeit auch. Sie will zwar sofort kündigen, aber die Direktion nimmt das – noch – nicht an. Die folgenden Tage läßt sie sich „krank" melden, und erst ab 30. Dezember tritt sie wieder auf.

Und zwei Wochen später haben die beiden den Bescheid des Magistrats in der Hand, der sie per 14. Jänner scheidet. Es kostet Raimund wöchentlich sechs Gulden Wiener Währung Alimente – lebenslang. Ob er wirklich bis zum Ende gezahlt hat, ist zu bezweifeln, schon weil Luises Aufenthaltsorte dauernd wechseln und er sich gewiß nicht die Mühe gemacht hat, sie jeweils wieder auszuforschen – im Gegenteil. Wenn sie ihm auch nur indirekt über den Weg läuft, ist er wütend.

Nun ist er also geschieden, muß das Aufatmen aber wieder einmal büßen. Während das Publikum das schlechte Benehmen der Madame Raimund offenbar vergessen hat und die „arme" Geschiedene mit Sympathiekundgebungen überhäuft, wenn sie auftritt, muß Raimund sich auszischen lassen.[26] Ex-Schwiegervater Gleich hat nicht den Anstand, in seinem nächsten Stück, „Amor, der Heiratsstifter", das am 1. März 1822 Premiere hat, Raimund die Begegnung mit Luise zu ersparen – sie als böhmische Dienstmagd, Raimund nur in einer Nebenrolle(!) als Brautvater, stehen miteinander auf der Bühne. Nun sollte man meinen, daß die beiden mit eisigem Schweigen aneinander vorbeigehen, aber wenn man Ludwig August Frankl trauen darf (dessen Auskünfte allerdings, wie erwähnt, mit einiger Vorsicht zu genießen sind), dann hat Luise die gemeinsamen Auftritte zu allerlei Schikanen mißbraucht, vor allem, wenn sie Liebesszenen zu spielen hatten.

„Sie benützte", schreibt Frankl[27], „da er sich nicht wehren konnte, in boshaftester Weise die Gelegenheit, zwickte ihn in den Arm, biß ihn, wenn er sie zu küssen hatte, in die Wange und raunte ihm die entsetzlichsten Schmähungen und Beleidigungen ins Ohr." Man wäre geneigt, das für übertrieben zu halten, würde sich Luise nicht später selbst in ihren Memoiren als wahrer Bosheitsteufel entpuppen.

Nach wie vor stehen Raimund und Luise nebeneinander auf der Bühne, und als sie ab Oktober 1822 in Bäuerles Erfolgsstück „Aline oder Wien in einem anderen Weltteile" zusammen das Duett „Ja nur a Kaiserstadt, ja nur a Wien" singen, werden sie so enthusiastisch hervorgerufen, daß Toni Wagner meint, Grund zur Eifersucht zu haben.

Darüber ist Raimund ehrlich erschüttert[28], denn Luise ist ihm, wie er Toni schriftlich versichert, unendlich fern. Er schwört Toni (und man glaubt es ihm gern), daß er von sich aus nie wieder ein vertrautes Wort mit der Exgattin gewechselt hat. Aber er weiß natürlich, daß von einem Teil des Publikums ein Druck ausgeht, daß man es, bei der weitverbreiteten Lust, sich in das Privatleben der Schauspieler einzumischen, gern sehen würde, wenn er mit Luise wieder zusammenkäme ... Der Teil des Publikums, der ihn so hasse wie der andere ihn liebe, resümiert Raimund, wolle einfach sein Unglück im bürgerlichen Leben.[29]

Ist es der Druck, den Toni ausübt, ist es sein eigener Wunsch, einen Monat später wird Raimund Dr. Manquet (der als Verwalter der Konkursmasse des Theaters – vom Huberschen Untergang wird noch zu berichten sein – für Personalentscheidungen zuständig ist) ersuchen, Luise von der Bühne abgehen zu lassen, „besser ist besser".[30] Raimund macht sich, eingedenk ihres Verhaltens ihm gegenüber, vermutlich kein Gewissen daraus, sie aus seiner Nähe zu entfernen, jetzt wo es in seiner Macht steht. Auch ist Luise noch jung, sehr hübsch und bereits sehr arriviert, so daß sie auch auf der Stelle (im Februar 1823) an das Theater an der Wien überwechseln kann. Erst später wird sich herausstellen, daß sie mit dem Verlust der Leopoldstadt auch den Boden unter den Füßen verloren hat, ihre künstlerische Heimat, die Bühne, auf der sie sich am besten entfalten konnte, und daß ihr Abgang von dem Hause der, damals natürlich noch nicht erkennbare, Anfang vom Ende ist.

Bis dahin macht Luise Raimund aber als Zilly in Bäuerles „Aline" solche Furore, daß sie das Stück für ihr letztes Benefiz am 9. Jänner 1823 wählt (und eine „brillante Einnahme" erzielt[31]), und auch als Abschiedsvorstellung bietet, als sie am 7. Februar 1823 letztmals auf den Brettern der Leopoldstadt steht (und später nur noch zu vereinzelten Gastspielen hierher zurückkehren wird – wenn Raimund auf Urlaub ist). Dann kann Raimund gelassen an Toni melden, daß „diese Person" zum letzten Mal an seiner Seite gespielt hat.[32]

Damit ist Luises Rolle in Raimunds Biographie weitgehend beendet. Von da an geht sie von Theater zu Theater – und von Hand zu Hand. Vorerst bringt sie am 18. Oktober 1823 in Prag auf der Durchreise nach Karlsbad einen Knaben zur Welt. Er erhält die Namen Jakob Karl und wird im Taufschein als unehelich geführt, was zweifellos den Tatsachen entspricht. Später wird Luise versuchen, ihn als Raimunds Kind auszugeben, um 1837 – erfolglos – dessen Testament zugunsten dieses Sohnes anzufechten.[33]

Luise ist dann im Theater an der Wien engagiert, wo sie sich wieder im Genre der Oper versuchen muß und etwa das Blondchen in Mozarts „Entführung aus dem Serail" singt[34]; 1825 tritt sie wieder im Theater in der Josefstadt auf. Dort bleibt sie bis 1827, dann löst sie im Königlich Städtischen Theater in Pesth Julie Walla ab. Hier bringt sie wieder ein Kind zur Welt, für das sie Raimund als Vater namhaft machen möchte.

Als sie dort nach einem Jahr weggeht, findet sie kein dauerndes Engagement mehr, nirgends bleibt sie länger als ein Jahr. Sie tritt in Brünn, Prag, Laibach und Lemberg auf (wo sie eine zeitlang neben Nestroy engagiert ist). Von dort schreibt sie 1831 einen Brief an Raimund, sie wolle so gerne nach Wien zurückkehren – aber er reagiert nicht darauf. Preßburg und Baden, Salzburg und Agram sind ihre weiteren Stationen. 1844 ist sie kurz in Wien, 1855 wieder. Am 12. August dieses Jahres stirbt sie in ihrer Heimatstadt an Cholera.

Wiener Zeitschrift

für Wissenschaft, Kunst, Literatur und Mode.

Nr. 1. Montag den 4. Juni. 1855.

Ferdinand Raimund wie er war.

Humoristische Blätter der Ergänzung und Berichtigung

von

Louise Raimund, geborne Gleich.

Luise Raimunds „Memoiren“

Bei ihrer zweiten Heimkehr versucht sie, zweifellos unterstützt von einem geschickten Journalisten, aus dem Namen Raimund noch Kapital zu schlagen. Vom 5. Juli 1855 an erscheint in der „Illustrierten Wiener Zeitschrift für Wissenschaft, Kunst, Literatur und Mode“ in Fortsetzungen der Bericht „Ferdinand Raimund wie er war. Humoristische Blätter der Ergänzung und Berichtigung von Louise Raimund, geborene Gleich“. Sie erzählt von ihrer Kindheit, ihrem Vater, der französischen Besetzung Wiens, von Lappalien aus dem Theateralltag. Raimund taucht in ihren Blättern kaum auf. Dann bricht die Serie nach 15 Folgen plötzlich ab. Es war wohl der Tod, der Luise Raimund die Feder aus der Hand genommen hat. Doch sie hätte, dem vorliegenden Bericht nach zu schließen, über den ehemaligen Gatten wohl nichts Wesentliches zu sagen gehabt.

TONI I

„Meine Seele liebt dich“

Es gibt nichts in Raimunds Leben, was annähernd so bekannt, so reich interpretiert und – durch die Existenz wenigstens eines Teils seiner Briefe – so gut dokumentiert ist wie seine Beziehung zu Toni Wagner. Dabei mußte sich diese Tochter eines reichen Wiener Kaffeehausbesitzers wohl einer kritischen Prüfung durch die Nachwelt unterziehen lassen.

In idealistischeren Zeiten wollte man dem hehren Dichter auch gern das hehre Frauenbild zur Seite stellen, das Raimund zweifellos selbst in seiner Toni zu sehen wünschte. Relativ bald stellte sich heraus, daß sich zwischen Ideal und Wirklichkeit eine Kluft auftat, die dann wieder zu gegenteiliger Beurteilung führte: Toni wurde eine Constanze Mozart, die Vielgeschmähte. Wie diese ist sie dem liebenden Mann geistig nicht ebenbürtig, und außerdem hat sie, die Briefe lassen keinen Zweifel darüber, ihm den Alltag mindestens so vergällt wie verschönt.

Raimund aber benötigte ein Ideal, er schrieb Briefe an eine nicht existierende Muse und adressierte sie an Toni, weil sie da war und sich nach all den schlimmen Liebeserfahrungen, die er schon durchgemacht hatte, wenigstens einigermaßen bewährte. Ein großer Charakter war sie freilich nicht, keine Frau, die gegen ihre Familie um ihre Liebe gekämpft hätte, die sich stolz gegen die Konvention gestellt haben würde. Aber mit Abstrichen, die sich auf ein zweifellos sekkantes Wesen beziehen, war sie wohl ein anständiger Kerl.

Von seinen Dichtungen hat sie vermutlich tatsächlich nicht viel begriffen, ihr Metier war das Kaffeehaus, aber man muß bedenken, daß der Ferdinand, den sie so quälte, ja nicht der der Nachwelt teure Dichter war, sondern ein Schauspieler, der sie anbetete und sich von ihr unendlich viel gefallen ließ, seiner cholerischen Natur zum Trotz.

Sie hat es natürlich auch nicht leicht mit ihm gehabt und hat seinetwegen auf die ehrbar-bürgerliche Existenz verzichtet, die für sie richtig gewesen wäre. Nicht allein der Dichter, schon der Künstler, der Schauspieler Raimund überforderte sie – aber Raimund hatte einen Hang zum Leiden, zur Unzufriedenheit, schließlich zur Selbstzerstörung, den sie, unbewußt, wohl mitbefriedigte.

Die Romanze beginnt so romantisch, wie man es sich nur denken kann. Raimund muß an dem pompösen, dreistöckigen Eckhaus, das an der Schlagbrücke – der heutigen Schwedenbrücke – liegt und in dem sich die luxuriösen Kaffeehaussäle des „Wagnerschen Kaffeehauses“ befinden, schon oft vorbeigegangen sein. Eines Tages aber schaut ein junges Mädchen aus einem der Fenster, und will man Raimunds leidenschaftlichen Liebesbriefen glauben, so ist es auf seiner Seite Liebe auf den ersten Blick gewesen: „... Liebe ist ein fremder Strahl, der unser Herz berührt, und wir wissen nicht, von wannen er kommt“, wird Raimund später Toni schreiben und ihr seine Empfindungen schildern: „So war es mir, als ich dich das erstemal am Fenster sah, mir war, als hätte ich dein Bild schon lange, lange, durchs ganze Leben schon gesucht und plötzlich nun gefunden.“[1]

Daß Toni ihn erkennt, ist mehr als wahrscheinlich. Toni geht, wie jedermann in Wien, der sich's nur einigermaßen leisten kann, von Zeit zu Zeit ins Theater, und das Leopoldstädter ist wirklich nah. Sie muß diesen Raimund schon gesehen haben – ganz abgesehen davon, daß gerade eine Serie mit seinen Rollenbildern erschienen ist, die man in jeder Buchhandlungsauslage der Stadt sehen kann. Hier wirft kein Unbekannter den glühenden Blick zu ihr.

Und Raimund erfragt wohl, wer sie ist – oder sieht es demnächst, wenn er in das Wagnersche Kaffeehaus geht, denn dort sitzt die Angebetete (abwechselnd mit Mutter und Schwestern) hinter der „Kredenz“: Auf vielen Bildern der Zeit ist die „Sitzkassiererin“ abgebildet, nicht selten von einer galanten Herrenrunde umlagert, distanziert und charmant zugleich ihres Amtes waltend.

Toni Wagner ist es also, von den 15 Kindern des Ehepaares Ignaz Wagner und seiner Gattin Theresia, geborene Schweiger, das älteste, das damals am Leben ist, geboren am 30. Dezember 1799. Zu diesem Zeitpunkt gibt es noch ihre jüngeren Schwestern Karoline, die Lotte genannt wird und in der Romanze zwischen Toni und Raimund eine gute, treue Rolle spielt, Aloisa, Maria, Theresia und Leopoldina, sowie den Sohn Ignaz.

Ignaz Wagner senior ist ein wohlhabender Mann, der immer im Kaffeehausgeschäft war und sich, wenn auch unter großen Schulden, schließlich eines der prächtigsten Etablissements an der Schlagbrücke

Die Schlagbrücke führte in die Leopoldstadt

gebaut hat. Außerdem besitzt er eines der Praterkaffeehäuser. Hier herrscht satter Wiener Bürgerstolz, der von einem Komödianten nichts wissen will – Raimund soll es erfahren.

Die 19jährige Toni allerdings findet an dem um neuneinhalb Jahre älteren Schauspieler, der sie so offensichtlich anhimmelt, Gefallen. Raimund-Forscher Castle hat mit Spürsinn versucht, aus Raimunds hymnisch-anbetenden Briefen winzige Hinweise auf ein paar Fakten zu gewinnen, und die besagen, daß sich ein romantisches Einverständnis der Herzen sehr bald einstellte. Allerdings ist Raimund durchaus imstande, einen Blick oder einen Druck von Tonis Hand überzubewerten. Immerhin gelingt es ihm einmal, mit ihr in die Stadt zu gehen, sie aus dem Kaffeehaus wegzulocken, ihr unter vier Augen seine Liebe zu gestehen.

Er nimmt, in romantisch-leidenschaftlichem Überschwang, die Sache von Anfang an zweifellos viel ernster als sie. Toni weiß genau, daß für eine reiche Bürgerstochter, wie sie es ist, ein Komödiant nicht in Frage kommt. Raimund in seiner überschwenglichen Liebe will solche Einwände jedoch nicht hören, er geht von der richtigen Annahme aus, daß eine Frau, die ihn liebe, das Ihre dazutun muß, diese Verbindung zu ermöglichen. Es wird eine der großen Ernüchterungen seines Lebens sein, daß Toni ihrerseits zur Realisierung ihrer Beziehung nichts beiträgt. Hätte sie dem bald folgenden „Nein" der Eltern entschiedenen Widerstand entgegengesetzt, Raimund Hoffnung gemacht, statt ihm das Gefühl der gänzlichen Vergeblichkeit seiner Werbung zu geben – wer weiß, ob er in die Ehe mit Luise geschlittert wäre. Aber Toni war keine Kämpferin.

Nein, sie ist von kleinmütiger und zaghafter Natur. Daß sie ihm so selten schreibt, versteht man aus unserer Sicht noch am besten, wenn man an ihre Tagebücher denkt: Sie kann nicht sehr gut schreiben, kaum formulieren, und sie hat nicht viel zu sagen. Was sollte sie Raimunds eloquentem Überschwang entgegensetzen? Sie versucht ihn ohnedies von Anfang an zu bremsen, auch mit der Mitteilung, daß sie wahrscheinlich einen anderen heiraten muß, während er sein ganzes Lebensglück und seine Ruhe in ihre Hände legen möchte.[2] Das sei nicht die Sprache der ersten Liebe, beklagt er ihr sachliches Wesen, wohl in der Hoffnung, sie auch zu einem solchen Ausdruck von Liebe, Zärtlichkeit und Leidenschaft zu bewegen, wie er ihn aufbringt – aber vergebens. Toni vermag nicht mehr zu geben, als sie in sich hat.

Raimund findet in seinen Briefen an sie ein Ventil. In schönen, gehobenen, „dichterischen" Worten, die sein Streben nach Höherem ausdrücken (wie er es später in seinen Werken nur teilweise verwirklichen kann), schwärmt er sie an. Daneben gibt er aber auch sachlichen Erwägungen Raum. Er weiß, daß er ihr, rein äußerlich betrachtet, noch nichts zu bieten hat – sein Vermögen, so erklärt er, bestehe vorerst nur aus seinem Talent, aber er wird alles aufbieten, um die gemeinsame Zukunft zu sichern. Er schickt ihr, wie er es bescheiden ausdrückt, zu ihrem Namenstag einen „kleinen Ring ohne Wert"[3] – und den Widerstand der Eltern wird sie schon brechen, hofft er.

Im Spätherbst oder Winter 1890 wagt er es dann, bei Ignaz Wagner um Toni zu werben. Kein Roman, der um die Person Raimunds geschrieben wird, der diese Szene der Abfuhr nicht auf das farbigste ausmalte. Bei Bäuerle ist es die Mutter Wagner, die Raimund immerhin noch in aller Höflichkeit sagt – „Wir – nehmen Sie es aber nicht übel – geben unser Kind keinem Schauspieler zur Frau!"[4]

Clemens von Bernau, Autor des Romans „Brüderlein fein", läßt Ignaz Wagner schon gröber werden: „I bin a rechtschaffener Bürger vom Grund und hab' mei Lebtag mit dö Theaterleut' nix z'tuan g'habt. Gott sei Dank! Als b'sonders solid hat' i die Komödianten nia rühmen g'hört, wann unten im Kaffeeschank von ihnen g'sprochen worden is. Ender 's Gegenteil. Und Sö werden a kan Ausnahm' net machen."[5]

Wie immer es formuliert worden ist – laut Costenoble wies der Kaffeewirt „die Anträge Raimunds sehr schnöde zurück und verbot dem Bewerber seiner Tochter sogar das Haus"[6] –, ob Vater oder Mutter der entscheidende Widerpart Raimunds waren (wobei man allgemein annimmt, daß die dominierende Mutter dahintersteckte), Tatsache ist, daß Raimund krank wird und das zweifellos als Folge dieses Affronts. Wie nun Luise Gleich in sein Schicksal eingreift, wurde schon erzählt, und vor seiner Heirat schreibt er Toni einen verzweifelten Brief über die „bösen Mächte des Schicksals", die ihn lenken, und nennt sich einen „Unwürdigen", der verzweifelt ist, sie so zu kränken.[7] Es ist immerhin rührend, wie sehr er sich Toni, die ja streng genommen nichts getan hat, um zu ihm zu stehen, noch verpflichtet fühlt.

Daß die Geschichte Toni dann doch sehr nahegeht, entnimmt man wiederum der Tatsache, daß auch sie daraufhin krank wird und zwar nach Aussage ihrer Schwestern für Monate.[8] Das einzige, was sie getröstet haben mag, wird der Klatsch über seine schlechte Ehe gewesen sein. Daß sie ihm am 1. Juni 1820, knapp zwei Monate nach seiner Hochzeit, einen Brief zu seinem Geburtstag schreibt, ist eine Versöhnungsgeste, die man ihr hoch anrechnen muß und die Raimund jubelnd annimmt.

Man kann menschliches Verhalten nicht immer logisch erklären: Toni, die sich den ledigen Raimund nicht erkämpft hat, geht nun sehr schnell mit dem verheirateten Mann ein Verhältnis ein. Statt sich diesen Schauspieler aus dem Kopf zu schlagen und einen anderen zu heiraten – an Kandidaten hätte es, bei der Betuchtheit des Vaters, nicht gefehlt –, kettet sie sich nun an Raimund. Aus dieser Situation können ihr nur seelische und faktische Nachteile erwachsen, und so gibt es wohl nur eine plausible Erklärung: daß sie Raimund wirklich geliebt hat. Und das Bewußtsein dieses Geliebtwerdens ist es vermutlich auch, das Raimund allen Schwierigkeiten zum Trotz (die großteils von ihr kommen) für den Rest seines Lebens an ihrer Seite hält.

Anna Mekko, Witwe des Theaterfriseurs Räuschl, hat sich wohl einmal aus Mitleid – oder für harte Münze? – bereit erklärt, dem Paar für ein heimliches Rendezvous ein Zimmer in ihrer Wohnung in der Ankergasse C. Nr. 25 (heute Hollandstraße, also auch im 2. Bezirk, in der Leopoldstadt gelegen) zur Verfügung zu stellen. Es wird eine ständige Einrichtung, Raimund und Toni haben dort ihr Liebesnest, wo er zweifellos seine Ehe bricht, als Luise noch seine angetraute Gattin ist. Die „Mekko", klatschsüchtig und intrigant, wird teils Raimunds Vertraute, bei der er sich ausweint, teils Gegenstand seines Ärgers, wenn sie als Botin zwischen den Liebenden allerlei herumtratscht, was zu Mißverständnissen führt. Auch Tonis Schwestern Lotte und Luise sind bald Mitwisserinnen.

Als im Frühjahr 1821 das Leopoldstädter Theater in Konkurs gerät, wäre Raimund frei – und er ist als Schauspieler schon bekannt und beliebt genug, um an andere Theater, auch außerhalb Wiens, gehen zu können. Aber er will nicht, „denn meine Heimat ist dort, wo meine Toni ist"[9], wie er ihr versichert.

Im Herbst 1821, Luise hat die gemeinsame Wohnung mit Krach verlassen, schwören Raimund und Toni vor der Mariensäule in Neustift einander ewige Treue. Raimund-Forscher Hadamowsky versetzt diesen Schwur in den September des Jahres 1822, mit dem Hinweis, Toni hätte wohl kaum einem verheirateten Mann Treue geschworen – aber da sie immerhin die Geliebte dieses verheirateten Mannes geworden ist, kann man den früheren Termin ruhig annehmen, zumal die Scheidung ja nur eine Frage der Zeit war.

Für Raimund ist dieser Schwur ein wichiger Akt. Er, der von Reue über den „unverzeihlichen Fehler meiner Heirat" zerrissen wird[10], versucht durch diesen Akt der „beiderseitigen Beruhigung"[11], den man unbedingt als „Gewissensehe" ansehen muß, Toni die Sicherheit zu geben, daß er sie nie verlassen wird – und umgekehrt sich selbst zu versichern, daß sie nicht eines Tages doch dem Drängen der Eltern nachgibt und irgendeine bürgerliche Ehe eingeht. Er will diese Toni behalten, auch wenn sie es ihm oft nicht leicht macht.

Grund zu Unzufriedenhit mit der Beziehung bietet sich ihm reichlich. Oft sieht er ihre Schwestern öfter als sie, die sich angeblich nicht freimachen kann, während er mit Lotte unbefangen spazierengeht. Wenn sie bald anfängt, ihn mit ihrer Eifersucht wegen Luise zu quälen, so tut er es ihr gleich, wenn ihn der Gedanke foltert, daß sie im väterlichen Kaffeehaus von zahlreichen Gästen umschwärmt und belagert wird und natürlich immer freundlich sein muß (und es offensichtlich auch sein will). Immer wieder läßt sie ihn auch beim vereinbarten Rendezvous sitzen.

All das wissen wir nur aus seinen Briefen, die teilweise erhalten sind. Es sind wahrlich rührende Zeugnisse der Hingabe, und bisweilen erstaunt es tatsächlich, wie demütig er sich alles von ihr gefallen läßt, wie selig er das kleinste Zeichen ihrer Huld entgegennimmt, wie sie „Mein Leben, mein Alles!" ist[12], wenn sie ihm den kleinen Finger reicht. Immerhin, der Schwur an der Mariensäule beruhigt, jedes Jahr, so versichert er, will er dorthin pilgern, um das erste und einzige heilige Gelübde seines Lebens[13], wie er es nennt, zu erneuern. Und wenn immer wieder von Raimunds tiefer Frömmigkeit die Rede ist, so finden wir sie wohl am ehesten in seiner inbrünstigen Hoffnung, die Mutter Gottes möge den gemeinsamen Schwur annehmen und seiner Toni Kraft geben – an seiner eigenen zweifelt er nicht. [14]

Noch bevor er endgültig geschieden ist, wirbt Raimund um die Gunst der Mutter Wagner, bittet Toni immer wieder, sich für ihn einzusetzen, schreibt der Frau, die nie wirklich seine Schwiegermutter sein wird,

Bei der Mariensäule in Neustift schworen sich Raimund und Toni Wagner (rechts) ewige Treue

demutsvolle und ehrfurchtsvolle Briefe. Wenn er aber mit künftigem Leiden rechnet[15], so ist er realistischer als in der Hoffnung, sein Glück könne sich wenden, denn in der Monarchie kann ein geschiedener Mann nicht mehr heiraten, die Gesetze der Kirche sind ehern, und mit dem Tod der um so viel jüngeren Luise kann (und darf) er ja wohl nicht rechnen. Das lebenslange Debakel einer Beziehung, die nach außen hin nie realisiert werden darf, ist programmiert. Raimund, schon damals zunehmend von Melancholien befallen, stilisiert in einer Hochsprache, die für uns fast den Hauch des Lächerlichen hat, Toni zum Engel seines Trostes:

„Ich habe ja niemand in dieser Welt, dem ich die Hand durch dieses arme Leben reichen möchte, als dich meine Toni, und wenn ich oft einsam sitzend, käue an den Hülsen meiner süßen und meiner bittern Träume die durch dieses Leben mich befallen, da stehen mir die gemüthlichen Stunden unserer Liebe vor allen, klar und diamantenhell vor meinen naßen Blicken und troknen mit himmlischer Gluth mir die Thräne von der Wange. Die Traurigkeit meiner Seele hat sich heute Morgens um ein großes vermehrt als ich die trüben Wolken am Himmel und die nassen Zinnen des mir gegenüberstehenden Hauses sah, und ein Engel vom Himmel war mir der Glanz der Sonne, der mir das Glück, verkündete, dich mein größtes Kleinod, heute sehen zu können."

Der Engel, das Kleinod, kann aber auch ganz schön toben. Was immer man Toni von Raimund erzählt, und der Klatsch brandet hoch, wird bedingungslos geglaubt. Sie macht ihm Szenen, er ist fassungslos über ihr Mißtrauen. Einmal besucht ihn eine Dame, die auch die eifrigste Raimund-Forschung nicht identifizieren konnte, mit ihrer verlobten Tochter[16], und das, als Schauspielerkollege Friedrich Korntheuer bei ihm zu Tisch ist – eine völlig harmlose Situation, von ihr offenbar durchs Fenster erblickt, die zum Krach hochgespielt wird. Immerhin, die Versöhnungen folgen.

Andererseits aber hat Raimund konkreten Grund zur Eifersucht: Anton Collet, k. k. kontrollierender Offizial des Hauptpostamtes, ist jahrelang Tonis gleichsam offizieller Verehrer, mit dem sie Spaziergänge und Praterfahrten unternimmt, während sie zur gleichen Zeit ihre weit tiefere Beziehung zu Raimund ängstlich verbirgt. Ob sie Collet nur als Tarnung benützt, den Eltern und der Welt gegenüber, oder auch ein wenig, um Raimund zu quälen, weil sie seine Eifersucht genießt – so genau können wir in diese Frau, die wir durch Raimunds Briefe ja nur indirekt kennen, nicht hineinschauen. Und wenn Raimund gar gerüchteweise hört, daß es im Kaffeehaus einen Engländer geben soll, der Toni ganz ungehindert die Cour schneidet, dann überprüft er auch nicht, sondern verlangt brieflich gekränkt eine Erklärung, bevor er „Mittel anwendet".[17] Kurz, das Liebespaar quält sich, wobei er nie das (wahrscheinlich richtige) Gefühl los wird, daß sie ihn nicht so sehr liebt wie er sie.

Da wir allerdings nur seine Sicht der Beziehung kennen, seine in ihrem Überschwang, aber auch in ihrem Kummer so überzeugenden Briefe, sind wir vermutlich geneigt, sie einseitig von seinem Standpunkt aus zu beurteilen. Sein heftiges und eiferndes Wesen, das am Theater immer wieder hervortritt, kann er ja bei Toni nicht gänzlich abgelegt haben, auch wenn er ihr verspricht, sich gerade diesbezüglich zu bemühen und ein „eingezogenes Benehmen"[18] an den Tag zu legen, aber ein Satz wie „Ich bin nur geboren, um mich und andere zu quälen"[19] gibt Einblick nicht nur in seine gelegentliche Selbsteinsicht, sondern auch in die Fakten: Toni, die ganz schön schmollen und zürnen kann, und ihr Ferdinand sind Meisterquäler, einander ebenbürtig. Von Biedermeier-Idylle ist bei diesem Paar keine Spur.

„Jetzt ist es noch Zeit, wenn du mich aufgeben willst"[20], sagt sie, obwohl (oder weil?) sie weiß, daß sie ihn damit verletzt, und daß er mit Schwüren, die er nicht nur ihr, sondern auch brieflich ihrer Mutter geleistet hat, schon viel zu weit gegangen ist, um als anständiger Mann ein solches Anerbieten annehmen zu können. Daß Grundanständigkeit zu Raimunds elementaren Wesenszügen gehört, zeigt sich gerade an der Toni-Beziehung. Behandelt ihn jemand schlecht, wie Luise es tut, kann er gnadenlos zurückschlagen (auch in des Wortes handgreiflichster Bedeutung). Wenn sich aber ein Mensch von einigem inneren Wert, wie es Toni doch ist (und unschuldig hat sie sich ihm jedenfalls hingegeben, was bei den anderen Damen nicht eben der Fall war), an ihn hängt, dann ist Raimund immer wieder geneigt, Bagatellvergehen zu verzeihen.

In diesen ersten Jahren bessert sich die Beziehung der beiden kaum. Es gibt flüchtige Hinweise darauf, daß Toni Raimund nicht nur bei der Mekko sieht, sondern vielleicht auch einmal zu ihm hinaufschleicht – das Bild von der Mariensäule in Neustift, das sie gestickt hat, hängt sie allerdings in seiner Abwesenheit über seinem Bett auf, er findet es, als er nach dem Theater nach Hause kommt.[21] Über solche Zeichen ist er sehr glücklich, dann kann er im Wechselbad seiner Gefühle wieder von tiefer Verzweiflungskälte zu glühender Liebe emporsteigen. Aber als er bald nach seiner Scheidung an einem „Gallfieber" erkrankt, ist es die Mekko, die den Kranken besucht, und nicht Toni. Sie nützt den Fasching, geht allein auf Bälle und Redouten[22], aber wenn sie auch nur vernimmt, daß er im Wirtshaus war, zankt sie ihn aus. Stundenlang läuft er auf der Bastei herum, auf sie wartend, und sie kommt nicht.[23] Manchmal läßt sie ihn wochenlang in Ungewißheit, was eigentlich los ist (schwer vorstellbar bei zwei Menschen, die schließlich in unmittelbarer Nähe wohnen), er zermartert sich das Hirn, macht ihr heftige Vorwürfe – und schwört dann doch wieder, er wolle niemanden als sie, „und wenn es eine Göttin wäre."[24] Er ist wahrlich ein tragisch-romantischer Held: „Oh weh mir Elenden – was ist aus mir geworden", klagt er. In einer guten Stunde hofft sie, er möge sie nicht verlassen: „Du mich auch nicht, liebe Toni –? Nicht?"[25]

Daß Toni „etwas Besseres" ist als er, hat natürlich seine Folgen für Raimunds Psyche. Höheren Idealen in Bezug auf die Kunst ist er schon immer angehangen, nun stehen die bürgerlichen Ideale des gehobenen Mittelstandes von damals vor seinem Auge. Das bezieht sich auf Äußerlichkeiten verschiedener Art – nicht nur auf die elegante Wohnung, die er sich einrichtet, auch auf sein Benehmen. Aus Bemerkungen seiner Briefe geht hervor, daß Toni Raimund seine Vorstadt-Abkunft fühlen läßt und ihm schlechtes Benehmen vorwirft, andernfalls würde er sich nicht genötigt fühlen, zu versichern, er könne so höflich sein wie jeder andere, „und meine Erziehung, mein Denken und Betragen sind nicht pöbelhaft."[26] Die Gattin von Costenoble wird allerdings anderer Meinung gewesen sein, wenn sie entsetzt und natürlich hilflos ansehen muß, wie Raimund ungeniert in der Öffentlichkeit ausspuckt, ohne weiteres auch auf ihren sauberen Fußboden ...[27]

Zum ständigen, leitmotivisch wiederkehrenden Thema der gegenseitigen Qual wird es, daß Raimund als Katholik in einem streng katholischen Staat als Geschiedener nie die Möglichkeit hat, Toni zu heiraten. Sie wird sich nun, spöttisch oder bitter, als sein „Verhältnis" bezeichnen, um immer wieder zu hören, daß er einzig den Wunsch hat, sie „als meine Gattin zu umarmen."[28] Immerhin ist er hilflos angesichts dieses Einwandes, da die Ursache dazu für beide lebenslang nicht außer Kraft gesetzt werden kann.

Dann aber gewinnt er wieder Boden unter den Füßen. Als er im April 1822 einen günstigen neuen Vertrag mit dem Theater abschließt, legt er Toni brieflich dar, wie er jährlich eine Summe von 4000 Gulden zu sparen und anzulegen gedenkt. Die dafür gekauften Papiere will er ihr geben, für ein gemeinsames Leben, „denn vereinen muß uns das Schicksal, wenn wir nicht voneinander lassen."[29] Er hofft natürlich auch, sie durch diese bürgerliche Überlegung finanzieller Sicherstellung enger zu binden und zu verbinden, er will ihr klarmachen, daß er langsam kein armer Schlukker mehr ist, sondern ein Mann, der seine Schäfchen ins Trockene bringt, kein leichtfertiger Komödiant, der sein Geld verjuxt, sondern jemand, der für sie zu sorgen wünscht. Tatsächlich hegt Raimund intensiv diesen Wunsch nach geordneten Verhältnissen, der ihn so typisch macht für die Zeit, in der er lebt – nur daß er ihn nie gänzlich realisieren kann.

Wann hat Raimund zu entdecken begonnen, daß Toni wohl doch nicht die Gefährtin ist, die er braucht? Seinen brieflichen Klagen entnimmt man, daß ihr Verständnis für alles, was ihn betrifft, eher beschränkt ist. Wenn er Trost sucht, sitzt sie im väterlichen Kaffeehaus und läßt sich umschwärmen. Während sie sich auch anderwärts unterhält, zwingt sie ihn, sein gesellschaftliches Leben auf den Umgang mit Männern zu beschränken – verheiratete wie Costenoble sind da ideal. Raimund würde es gar nicht wagen, sich unbefangen unter Menschen zu bewegen, aus Angst, es könnte ihr hinterbracht werden. Hier ist zweifellos ein Element seiner Verdüsterung zu suchen, obzwar sich sein gesellschaftlicher Umgang später einpendelt. Aber stets wird er gleichsam als Junggeselle auftreten.

Das „heftige Temperament"[30], das er in den Anfangszeiten der Beziehung zu Toni zugesteht und von dem er selbst weiß, daß er diesem „auf der anderen Seite die Geburten seiner Kunst" verdankt, wird mehr und mehr in Richtung dieser Kunst gelenkt, später auch in Richtung seiner Naturliebe, einfach weil Raimund seine Gefühle in keiner befriedigenden Form ausagieren kann. Wenn sie später dann doch zu einem Zusammenleben kommen, ist es zu spät, da sind Raimund und Toni schon ein zänkisches Paar, das vor allem die Gewohnheit bindet. Seine leidenschaftliche Fähigkeit zu lieben, zu geben, sich zu verströmen, die bei den anderen Frauen enttäuscht wurde, versickert bei Toni nahezu spurlos ...

Immerhin, im Juli 1823 gelingt es Raimund, zusammen mit Toni eine Wallfahrt nach Mariazell zu unternehmen (wir wissen nicht, wie sie das ihren Eltern beigebracht hat), und er benützt das gewiß, um vor dem Gnadenbild der Muttergottes eine glückliche gemeinsame Zukunft zu erflehen, die allerdings nicht vorgesehen ist. Vielmehr wird Raimund zusammen mit den Kollegen Grillparzer und Nestroy, mit denen ihn so viel verbindet, als Beispiel für das „abgründige" Biedermeier in die Zeitgeschichte eingehen, und die Beziehung, die alle drei zu Frauen hegen, wird man sowohl für die persönliche Problematik ihrer Charaktere wie für eine ganz auf den Schein gerichtete und die Menschen in ihrer Konvention erstickende Gesellschaft für typisch erachten. Alle drei leidenschaftliche Liehaber von Frauen, alle drei schließlich in unbefriedigende Beziehungen verbannt: Raimund, der Geschiedene, kann seine Toni nicht heiraten, wird um bürgerliches Eheglück geprellt, lebenslangem, verdüsterndem Streß ausgesetzt; Nestroy, der Geschiedene, kann seine Lebensgefährtin Marie Weiler nicht heiraten, verzichtet aber lebenslang auf flüchtige Abenteuer nicht, zu denen Raimund infolge seines tiefen Gemüts weitgehend unfähig ist; und Grillparzer, nach unglücklichen, leidenschaftlichen Liebesbeziehungen, verdüstert an der Seite einer „ewigen Braut" und hält sich das Zusammenleben aus Berührungsängsten selbst vom Leib.

Drei Dichter, zu privatem Unglück programmiert, reagieren ihre Zwänge und Bedürfnisse mit der Feder ab.

THEATERGESCHICHTEN I

„Die albernen Machwerke"

Die wilden Jahre ab 1818 – Grünthal-Affäre, Toni, Ehe, Scheidung –, dieses ununterbrochene seelische Auf und Ab, sind andererseits jene Zeit, wo Raimund schauspielerisch die bisher größten Erfolge erringt. Kurz nachdem er seine Gefängnistage wegen Therese Grünthal abgesessen hat, gibt es eine neue Premiere für Raimund: „Der lustige Fritz" von Karl Meisl enthält eine Paraderolle für ihn und bringt ihm schlagartig die Gunst des Publikums zurück. Es ist ein klassisches Besserungsstück. Meisl hat eine Parodie auf eine längst unbekannte Vorlage, auf „Schlummre, träume und erkenne" von K. Franz van der Velde, geschrieben und sein Stück „Der lustige Fritz oder Schlafe, träume, steh auf, kleide dich an, und bessere dich" genannt. Es geht am 17. Juni 1818 erstmals an der Leopoldstadt in Szene.

Titelheld Fritz, der von Schuldnern verfolgt wird, sieht ihm Traum die Folgen seines Leichtsinns und Müßigganges, worauf er sich nach dem Erwachen bessert – das klingt nicht aufregend, bietet Raimund aber zahlreiche schauspielerische Möglichkeiten, eine „erzählende Arie", eine „Wahnsinnsszene"[1], viele Variationen des Charakters, den Bonvivant, den verarmten Verschwender, den büßenden Bettler – man denkt unwillkürlich an die Typen in Raimunds späteren Stücken.

Eine Szene erregt immer viel Beifall. Raimund trägt darin einen erbsengrünen Rock, worauf es regelmäßig fürchterlich zu regnen beginnt. „Ich möchte doch nur die Ursache wissen", sagt der lustige Fritz, „warum es denn immer regnet, wenn ich den grünen Laubfroschrock anziehe? Ich muß doch einmal nachsehen."

Daraufhin untersucht er sorgfältig das Futter und entdeckt, daß im Rockkragen ein Feuerwerkszettel von Stuwer – der damals im Prater die Wiener mit seinen prächtigen Feuerwerken entzückt – eingenäht ist. Der lustige Fritz nimmt den verhängnisvollen Zettel heraus und will denselben verbrennen, aber das Papier fängt nicht einmal Feuer.

„Nun so seg'n 's", sagt Fritz/Raimund, „es brennt nicht einmal, weil so viel Regenwasser darin ist."[3]

Und in den Memoiren von Karl Meisl, wo diese Szene mitgeteilt ist, heißt es, daß daraufhin immer viel Heiterkeit und ein Applaussturm einsetzt – Stuwers Feuerwerke waren nämlich berüchtigt oft verregnet. Die Situationskomik der Szene mutet dennoch eher bescheiden an, und so kann man sich vorstellen, wie überzeugend die von Raimund investierte Schauspielkunst gewirkt haben muß.

Das Stück enthält auch ein Lied, das heute noch von Wiener Komikern

Raimund als Gespenst auf der Bastei (links) und Wastel in der „Travestierten Zauberflöte“

gesungen wird und sogar zu einer Art Volkslied geworden ist. Mit dem Refrain „Uns ist's alles eins, Ob wir ein Geld haben oder keins“, kann der Anfang, „Wer ein Geld hat . . .“, in zahllosen Variationen durchgespielt werden. Für den begnadeten Exptemporierer Raimund ist das eine ununterbrochene Herausforderung. In nahezu jeder Vorstellung weiß er eine aktuelle Strophe einzufügen. Es kann vorkommen, daß die ihm noch immer etwas mißgünstig gesinnte „Theaterzeitung“ ein „G'stanzl“ als zu zynisch abqualifiziert, etwa, wenn Raimund singt:

„Wer a Geld hat, kann ins Theater fahren,
und wer keins hat, macht sich z'Haus ein Narren“ . . .

Nach diesem „Lustigen Fritz“ – Raimund ist nun gerade ein Dreivierteljahr an der Leopoldstadt – findet die Kritik, Raimund fange an, „dem allbeliebten Schuster den Kranz der Komik streitig zu machen“.[4] Und wenn es daneben, fast ein wenig tadelnd, heißt, das Publikum erlaube seinem beliebten Komiker alles, so bedeutet das nur, daß die Zuschauer an Raimunds Gewohnheit, an die Rampe zu treten und sie direkt anzusprechen, längst Gefallen gefunden haben, wenn die Kritik das auch noch immer als unerlaubte Anbiederung empfindet.

Mehr und mehr stellt man als Wesenszug des Raimundschen Humors fest, daß er alle Späße mit solcher Ernsthaftigkeit und Wichtigkeit vorbringt, daß man lachen muß.[5] Bewußt setzt er also auf das Mißverhältnis zwischen geringem Anlaß und gewaltigem Aufwand. Costenoble versteigt sich anhand dieses „lustigen Fritz“ zu der Feststellung, Raimund sei ein „göttlicher Schauspieler“[6] und analysiert bei dieser Gelegenheit, daß die trockene Wahrheit, die Schuster seinen Figuren gäbe, mit Raimunds Vielschichtigkeit, die „von Alltagsseelen gar nicht einmal geahnt“ wird[7],

Raimund als „lustiger Fritz" (links) und rosenroter Geist

gar nicht zu vergleichen sei. Er prophezeit, daß Raimund einer Berühmtheit entgegengehe, die Schuster verschwinden lassen wird – und so kommt es ja auch.

Der nächste große Erfolg stellt sich ziemlich bald ein: Schon am 13. August 1818 hat wieder ein Karl-Meisl-Stück an der Leopoldstadt Premiere. Es ist eine Travestie auf Mozarts „Zauberflöte", die sich unter gar keinem anderen Titel versteckt, sondern offen „Die travestierte Zauberflöte" heißt. Papageno wird zu einem „Wastel", und Raimund steigt hier tief in die alte Hanswurst-Komik mit ihrer drastischen Derbheit hinab. Die Zeitungen sind zu vornehm, es expressis verbis auszusprechen, aber schon aus den Andeutungen wird sonnenklar, was Raimund da spielt. Wenn Papageno/Wastel anstelle der Mozartschen Wasserprobe sich hier einer „Brunnenkur" unterzieht, indem er Eger- und Marienbader-Wasser gemischt zu sich nimmt, dann spielt er offenbar in aller Drastik die Tatsache aus, Bauchweh zu haben – es ist nicht ausgeschlossen, daß er die Notwendigkeit, schnell sein Geschäft verrichten zu müssen, allzu augenfällig ausdrückt. Seine Pantomine bei der Brunnenkur zeige, schreibt der Raimund wohlgeneigte „Sammler", seinen „körperlichen Zustand nur gar zu deutlich".[8] Als eine Kupferstichserie mit Raimunds berühmtesten Rollen im März 1819 erscheint, ist auch der Wastel darunter, und Raimund hält sich mit unmißverständlicher Gebärde den Bauch . . .

Scheinbar findet Raimund Geschmack an Übermut solcher Art, und als er im Sommer neun Abende lang im Theater von Baden gastiert, hat er als Adam Kratzerl wegen „Derbheiten", die man ihm nachsagt[9], wider Erwarten keinen Erfolg und wird vom Publikum nicht hervorgerufen. Das ist er nun wahrlich nicht gewohnt, und daraufhin spielt er die erste Vorstellung des „Verwunschenen Prinzen“ in Baden nicht. Dabei hatte sich das Gastspiel so gut angelassen – Raimund war ein paar Tage nach Ignaz Schuster aufgetreten und hatte besonders viel Erfolg geerntet. Und nun die „Derbheiten“ ... Offenbar muß man mit vornehmen Kurgästen anders umgehen als mit seinem Vorstadtpublikum.

Daß Raimund in kurzer Zeit Ignaz Schuster offensichtlich überflügelt hat, veranlaßt die Direktion des Theaters zu einem begreiflichen, wenn auch psychologisch ungeschickten Schritt:[10] Vom 26. August an wird der Name Raimunds auf den Programmen des Theaters größer gedruckt als der aller anderen Schauspieler. Damit kommt man bei der „Theaterzeitung“ schlecht an, und es entwickelt sich eine heftige, in den Journalen ausgetragene Fehde. Man weiß ja, wie sehr das Wiener Publikum (bis heute) solche Unwichtigkeiten schätzt und zu verfolgen pflegt.

Es ist bekannt, daß Bäuerle in seiner „Theaterzeitung“ fingierte Briefe veröffentlicht, wenn er ein Thema anschneiden will (aber diese Gewohnheit ist bis in unsere Tage zu allgemein, um ihm einen besonderen Vorwurf daraus zu machen). Unschuldsvoll steht da also die Frage, warum Raimunds Name eigentlich größer gedruckt werde, damit die boshafte Antwort erfolgen könne, man wisse keine Erklärung, warum Raimund vor allen anderen ausgezeichnet werde: „Er ist ja nicht der beste Schauspieler dieser Bühne.“[11] Vielleicht sei es, mutmaßt man (vielmehr zweifellos Bäuerle) tückisch, nur ein Druckfehler gewesen ...

Aber die „Theaterzeitung“ ist ja nicht das einzige Blatt Wiens. Da gibt es beispielsweise noch das Unterhaltungsblatt „Der Sammler“, für das Ignaz Franz Castelli häufig schreibt und das sich in Zweifelsfällen immer auf Raimunds Seite schlagen wird. Hier findet sich nun, als Antwort, eine Erklärung von Direktor Leopold Huber abgedruckt:

„Hr. Raimund, dieser so brave als ausgezeichnete Komiker, hat sich seit längerer Zeit schon des ungeteilten Wohlwollens eines hohen Adels und kunstliebenden Publikums dergestalt zu erfreuen, daß es hierüber keines weiteren Kommentars bedarf. Da nun dieser ausgezeichnete Schauspieler in mehreren Blättern der Bäuerleschen Theaterzeitung unwürdig herabgezogen und ungebührlichen Angriffen bloßgestellt wird, so hielt es die Theaterdirektion für Pflicht, den Namen Raimund mit größeren Lettern abdrucken zu lassen, um das verehrte Publikum auf sein Auftreten aufmerksamer zu machen, damit es sich die Überzeugung verschaffen möge, ob Raimunds Spiel mit jenen rachsüchtigen Kritiken und boshaften Ausfällen im Verhältnis stehe.

Leopold Huber.“

Bäuerle schägt mit der Bemerkung zurück, Raimund sei in seinem Blatt eher zu viel als zu wenig gelobt worden[12], der „Sammler“ habe ihn weit öfter getadelt. Daraufhin antwortet wiederum der „Sammler“, worauf Bäuerle, wohl in die Ecke getrieben, die Sache für beendet erklärt – was immer Herr Huber, Herr Raimund und der Redakteur des „Sammler“ noch gegen ihn drucken würden, meint er, „ich antworte nicht mehr darauf.“[13]

Raimund, unendlich empfindlich, vor allem auch der Kritik gegenüber, regt sich über all das zweifellos sehr auf. Wenn er sich lebenslang vor „Neidern“ und „Auszischern“ fürchten wird, so deshalb, weil er mit dem Erfolg zugleich dessen Milchschwester, den Neid, kennenlernt, der ihn sein Leben lang begleiten wird.

Verfolgt man die Stücke, die Raimund spielen muß, so versteht man, daß er nach und nach an den „albernen Machwerken“[14], wie Costenoble eines davon nennt, verzweifelt. Er muß unglaubliche komödiantische Kraftakte setzen, um das Publikum zufriedenzustellen, zumal wenn man ihm solchen Mist (wie etwa Meisls „Halb Fisch, halb Mensch“) als Benefiz anbietet. Manchmal steht Raimund inmitten einer für das Stück verdienten Zischkanonade und muß ausbaden, was andere verschuldeten. Bäuerle (über dessen Stücke die „Theaterzeitung“ ganz unbefangen lobend berichtet) schreibt ihm mit „Tischl deck dich“ eine Rolle, die dem lustigen Fritz ähnlich ist, denn Wiens Stückeschnellfabrikanten sind nicht sehr innovativ – was einmal Erfolg hatte, wird immer wieder präsentiert. Wieviele eifersüchtige Ehemänner muß Raimund im Anschluß an den Kratzerl nicht spielen und wieviele brummige Wiener Hausmeister, weil er einmal als solcher gefallen hat?

Die Anzeichen von Raimunds Popularität allerdings häufen sich – die Wiener gehen ja nicht wegen der Stücke, sondern wegen der Schauspieler ins Theater. Zu Beginn des Jahres 1819 erscheinen sieben Kupferstiche, die Raimund in seinen berühmtesten Rollen zeigen, zweimal als lustiger Fritz, je einmal als Kratzerl, Sandelholz, travestierter Papageno und travestierter Hamlet. Dazu kommt noch ein Porträt im Profil, nach rechts sehend, wo er mit Locken und klassischer Nase ernst und auf die damaligen Schönheitsbegriffe zurechtgerichtet zu sehen ist, während die Rollenbilder durchaus das Groteske seiner Erscheinung reflektieren. Dabei wird die auffallende Ähnlichkeit dieser Bilder, die man um 8 Gulden erwerben kann, gelobt.

Inzwischen haben auch die Theaterdichter erkannt, worin eine evidente Stärke des Schauspielers Raimund besteht: Er ist ein absolut brillanter Verwandlungskünstler. Dem trägt Karl Meisl Rechnung, wenn er unter dem Titel „Die beiden Spadifankerln“ ein paar Quodlibets zusammenstellt, die Raimund in fünf Rollen zeigen – als Hamlet, Prinz vom Tandelmarkt, als Herr von Schneeweiß, als Wastel/Pagageno, als Hausherr Steinvogel (aus den „Modetorheiten“) und als Hausmeister (aus dem „Neusonntagskind“). „Spadifankerln“ ist nicht erst für uns ein weitgehend fremdes Wort, auch der aus Deutschland stammende Costenoble muß es in seinem Tagebuch erst erklären: „Spadifankerl ist ein Provinzialism und bedeutet so viel als ein kleiner Teufel oder böser Geist – Poltergeist“, schreibt er[15], und später interpretiert er, „Die beiden Spadifankerln“ heiße auf Hochdeutsch „Die beiden kleinen Wunderteufel“. Eine Beziehung zu den fünf in sich geschlossenen Szenen hat der Titel jedenfalls nicht.

Vier der Rollen hat Raimund schon gespielt, die fünfte ist eine Travestie auf „Hamlet“ aus dem „Zettelträger Papp“ (den Nestroy einmal unbedenklich stehlen wird). Raimund mag da schon ein wenig das Herz geblutet haben, daß es für ihn nie der echte Hamlet sein durfte. Costenoble hat später, quasi in einer „Privatvorstellung" im Freundeskreis erlebt, wie Raimund aus Laune die Szene des Zettelträgers, der den Hamlet-Monolog vorspielt, gestaltet, und man muß ihm dankbar sein, daß er den Spaß in aller Ausführlichkeit schildert, denn so gewinnt man doch einen guten Eindruck der Raimundschen Komik:

„Vielleicht ist es künftigen Lesern meiner Tagesblätter nicht unangenehm, wenn ich versuche, den travestierten Monolog, wie ich ihn von Raimund empfing, wiederzugeben. Ich habe schon oft bemerkt, daß der österreichische Dialekt in allen seinen unzähligen Biegungen und Zungenverschleifungen [sich] nur schwer bezeichnen läßt. Aber wie ist es möglich, den Raimundschen Geist auf das Papier zu bringen, ohne zu verzweifeln? Jeder Leser vergegenwärtige sich mit eigener Phantasie den kräftigsten Komiker seiner Zeit, wenn er Folgendes in sich aufnimmt; stelle sich jedoch immer dabei vor, daß sein Original weit, weit hinter Raimunds Kraftgebilde zurückbleibe. Um verständlicher zu werden, muß ich vorausschicken, daß Raimund den Zettelträger einer ambulanten Schauspielertruppe vorstellt. Dieser Zettelträger genannt: Papp, gibt sich das air, als ob von ihm alles Kunstwesen abhänge, und er selbst mit den größten Künstlern hinsichtlich seines Talentes zu vergleichen sei. Er steht vor einem Theaterliebhaber, der Kieselbach heißt, und entfaltet diesem die Schätze seines Kunstvermögens. Unter andern dichterischen Stellen, erwähnt er einer Travestie des Hamletschen Monologes, den er, Papp, selbst verfaßt habe. Also Raimund-Papp spricht zum Kieselbach folgendes:

Raimund-Papp: Jetzt geben's fein Obacht, und merken's auf mein mimilisches G'spüll! (setzt sich in Positur) ‚Sein oder nicht sein – das ist die Frag'! – Ist edler die Seele dessen – (sich unterbrechend) Schauen's, das ist d'Seel' dessen – (fingeriert in der Luft umher) ist all'weil unruhig – all'weil wudeln! – (fährt fort zu deklamieren) die Seele dessen, der alle Pfeile des Schicksales mit Geduld aushält – (unterbricht sich und macht eine phlegmatisch-dumme Miene) Sehen's! Das ist halt die Geduld; er macht si nix draus – es liegt ihm gar nix daran. (fährt fort) Mit Geduld aushält, oder dessen, der sich gegen alle Heere des Elends – (wie oben) Sehen's, das sind d'Heere – (er marschiert) sehen 's, wie sie anmarschiert kommen? (marschiert deklamierend weiter) – gegen alle Heere des Elends mit Gewalt ausrüstet – (hebt den Arm zum Prügeln) Sehen 's – das ist die Gewalt! Nur einer herkommen – hat gleich eine drein! – (deklamiert weiter) Mit Gewalt ausrüstet, und widerstrebend endigt?! (er fällt heftig nieder)

Kieselbach (ihm zurufend). Sie – Sie! Was treiben's denn?

Raimund-Papp (stößt Kieselbach auf die Brust). Haben S' das g'sehen? Nu, was sagen S' da?

Kieselbach. Daß mir meine Brust weh tut. Sie stoßen ja auf d'Leut!

Raimund-Papp. Das mueß i ja, wenn i widerstrebend endigen soll. Eigentli, wüll i Ihne sag'n, hätt' i Sie a weni mit Fueßen treten sollen; aber i wüll nit so stark auftrag'n, wei i den Hamlet solid geb. Hjetzt gengen S' weg! I spüll weiter. (fährt fort in der Rolle) Sterben! (gähnt) Schlafen! (setzt eine Schlafhaube auf) Schlafen! (unterbricht sich) Segen S' das is der Schlaf! Da macht ma noch a paar Schnarcher, so ist der Schlaf firtig. (fährt fort). Schlafen – vielleicht auch träumen? (unterbricht sich, indem er wieder in der Luft mit den Fingern spielt) Segen S' – hjetzt traumt ihm. (fingeriert) Das sind die Träume – die gehn an ihm vorüber – einer nach dem andern! (fortfahrend) Da! da liegt's – da liegt's. (zu Kieselbach) No – legen S' wos hin!

Kieselbach. Ja, was denn?

Raimund-Papp. Einen Fünfguldenzettel, oder so was.

Kieselbach. Da ist meine Brieftasche.

Raimund-Papp. So legen Sie 's hin!

Kieselbach. Nu – da! (legt sie hin)

Raimund-Papp. Wie vüll ist denn drinn?

Kieselbach. Siebenzig Gulden.

Raimund-Papp. Da liegts. – Wie vüll ist drinn?

Kieselbach. Siebenzig Gulden oder achtzig.

Raimund-Papp. Das verdient Erwägung! – (hebt die Brieftasche auf und wägt sie auf der Hand) Segen S' – Hjetzt wägt er's! (wägt fort) Hjetzt steckt er's ein. (steckt die Brieftasche in den Busen)

Kieselbach. Ja ist denn das im Hamlet drinn?

Raimund-Papp. In meiner Auflag' ists drinn.

Kieselbach. Aber das ist ja kein Monolog – es gehören ja ihrer zwei dazu!

Raimund-Papp. Versteht sich! Einer der 's hergibt, und einer, der 's einsteckt. Und so bleibt's; davon wird keine Silbe gestrichen. Da heißts, statt: Da liegt's –: da steckt's. Das, wüll i Ihne sag'n, ist halt eine freie Bearbeitung des Schakespirs. Das nennt ma einen Theatakuh; ode wenns recht künstli ist, so heißt's: Ein Theattaochs."

Die „Spadifanklern" haben also Premiere, haben Erfolg – und am nächsten Tag ist Raimund krank. Hängt es mit seinem aufgewühlten Seelenleben zusammen? Erst seit kurzer Zeit kennt er Toni Wagner, erst fünf Tage vorher, am 10. April 1819, ist er erstmals mit ihr spazierengegangen – vielleicht hat sein Organismus wieder einmal (wie später noch so oft) auf alle Aufregungen nachteilig reagiert. Kurz, Raimund ist krank, und Leopold Huber weiß, daß das Publikum auch an diesem Abend die „Spadifankerln" sehen will. Nun hat es ja ein Quodlibet-Abend an sich, daß er im Grunde auch aus gänzlich anderen Szenen bestehen kann, und vor diese Tatsache sieht sich das Publikum gestellt, das abends gekommen ist, um Raimund zu sehen – und Ignaz Schuster spielt an dessen Stelle.

Die Raimund-Anhänger haben sich an diesem Abend höchst ungebührlich aufgeführt, statt dem Einspringer Schuster zu huldigen, der sich noch dazu eine besonders sympathische „Abdankung" ausgedacht hat, die ihm als Menschen eigentlich das beste Zeugnis ausstellt. Er sagt nämlich:

„Verehrungswürdigste! Da sieht man, wie gut es ist, daß in einem so großen Hause, wo jahraus, jahrein, so viele Inwohner sind, zwei Hausmeister angestellt wurden. Wie einer krank wird, gleich ist der andere bei der Hand, hier zu erscheinen, damit Sie ja nur immer zufrieden sein sollen! Gestern hat nun der junge aufgesperrt, und Sie haben, wie ich gut weiß, alle Ursache gehabt, mit ihm zufrieden zu sein; heute sperrt der alte auf, und Sie entziehen ihm auch Ihre Gnade nicht. Ich danke Ihnen: Schenken Sie uns beiden stets Ihre Huld und Nachsicht, und Sie sollen in diesem Hause noch oft gut bedient werden!"

Geholfen hat die schöne Rede allerdings nicht.

Nachdem im Juni Karl Meisls „Der Esel des Timon" sich als so dumm erweist, daß das Haus trotz Raimund leer bleibt (dabei hat er als Diener Midas eine sehr komische Szene, wenn ihm der Verstand mit Hilfe eines Nürnberger Trichters eingegossen werden soll), schlägt Joseph Alois Gleich wieder zu. Raimund hat als „Herr von Mißmut" in „Der Berggeist oder Die drei Wünsche" Erfolg – ein Stück, in dem man einen vagen Vorläufer von Raimunds „Alpenkönig und Menschenfeind" sehen kann, im Berggeist einen Verwandten des Alpenkönigs, im Mißmut den des Menschenfeindes Rappelkopf. Und wenige Wochen später reagiert Gleich spontan auf ein lokales Ereignis, nämlich auf die Erbauung einer Holzbrücke über den Donaukanal. In „Die alte und die neue Schlagbrücke" spielt Raimund wieder einmal einen Hausmeister und „erwarb sich größere Verdienste um die Unterhaltung als der Verfasser"[16], wie es in der „Wiener Zeitschrift für Kunst, Literatur, Theater und Mode" heißt. Nur in der „Theaterzeitung" wieder wieder rund um Raimund gebellt.

In all diesen schlechten Stücken, die Raimund spielt, lohnen sich oft nur einzelne Szenen, die er mit seiner Kunst vergoldet. So ist er in Meisls „Der Kirchtag in Petersdorf" ein Nachtwächter, der die Tochter des Trompeters im nächsten Dorf liebt, aber deren Vater erlaubt die Ehe nicht, worauf er melancholisch wird – das ist nahezu ein Vorgriff auf Raimunds eigenes Schicksal, wenig später wird ihm Herr Wagner „nein" sagen, wenn er um Tonis Hand anhält, und Raimund wird (wenn auch nicht allein deswegen) melancholisch sein. Costenoble genoß die Szene, wo Raimund als Nachtwächter in einen sentimentalen Rausch gerät, seinen Kollegen auf der Bühne weinend umarmt und immer wieder ausruft: „Franzel – i bin melancholisch – bleib mein Freund, Franzel!" Diese Szene sei, so Costenoble, „rein aus dem Leben gegriffen und ein wahres Meisterstück."[17]

Das Theater in der Leopoldstadt hat einen echten Erfolg mehr als nötig, und er stellt sich im Oktober mit Karl Meisls „Das Gespenst auf der Bastei" ein. Das Stück ist ganz auf Raimunds Wandlungsfähigkeit hin geschrieben, setzt aber auch auf den komischen Kostümeffekt, wenn er etwa als Gespenst von Kopf bis Fuß in Weiß auftritt, weißer dreieckiger Hut, selbst Haarbeutel, Tabaksdose und Brieftasche in weiß, das wirkt höchst spaßig. Weiters erscheint Raimund als Berliner Stutzer und darf die damals so beliebte Einlage eines „Tirolerliedes" singen – man kann sich das Gemisch von Dialekten vorstellen, in das er sich dabei verstrickt, und zu Costenobles Bewunderung trifft er den Berliner Tonfall gut, was für Wiener bekanntermaßen nicht leicht ist[18]. Dann spielt er noch einen Dichter, wobei er eine Parodie auf Schillers „Glocke" rezitiert. Besonders komisch muß es gewesen sein, wenn er als Geist eine Arie singt, die immer wieder unterbrochen wird, worauf er in alle möglichen Richtungen verschwindet und in Windeseile von einer anderen Seite mit einer gänzlich neuen Strophe kommt – solche Virtuosenstückchen, die nicht

Karl Ludwig Costenoble

zuletzt auf Schnelligkeit beruhen (Raimund kann sich gegebenenenfalls ebenso schnell umziehen, wie er mit einem Schlag von der Körpersprache her als gänzlich anderer Mensch erscheinen mag), liebt das Publikum, sie werden nachgerade eine Raimundsche Spezialität.

Dieses „Gespenst auf der Bastei" wird ein Riesenerfolg, und Raimund tritt jahrelang darin auf, er spielt das Stück sogar bei seinen Gastspielen, wobei aus dem Bastei-Gespenst in München dann ein „Gespenst im Englischen Garten" wird.

Das „Gespenst auf der Bastei" ist die erste Premiere von Luise Gleich als Mitglied des Theaters in der Leopoldstadt, wo sie Therese Grünthal und Julie Walla ersetzt. Raimund hat die Rolle mit ihr einstudiert[19], gewiß nicht aus übertriebener Sympathie, sondern weil er sich immer um Kollegen bemüht und offenbar der geborene Regisseur ist. Auch weiß er als kluger Schauspieler, der sein Handwerk mittlerweile bis in die Fingerspitzen beherrscht, daß ein Star durch schlechte Partner nicht besser wird, sondern daß es vielmehr die guten Partner sind, die einander nur steigern. So wird sich später auch erklären, daß er in seinen Stücken seinen Kollegen so exzellente Rollen auf den Leib schreibt.

Damals schon läßt sich feststellen, und Costenobles Tagebücher sind uns dafür die verläßlichsten Zeugnisse, daß Raimund seiner Erfolge nicht recht froh wird, daß der Wurm der Unzufriedenheit an ihm nagt. Zu dieser Zeit ist es noch die Rivalität zu Ignaz Schuster, an der er schwer trägt – während ihn die einen längst über diesen stellen, empört es „sein

Selbstgefühl, daß ein großer Teil des Publikums ihn dem Schuster nachsetze", notiert Costenoble.

„Es heißt immer", sagt Raimund, „der Ignaz Schuster spielt feiner und ist vielseitiger als Raimund. Ja, so zeigt mir doch, wo die Vielseitigkeit sitzt und worin die Feinheit besteht! Aber da stehen d'Viecher am Berge!"[20]

Schon damals hat Costenoble die Idee, Raimund solle sich doch selbst Stücke schreiben, dann käme er leichter ans Ziel, aber er erhält die berühmt gewordene Antwort:

„Das is nix, da krieg i no mehr Feind und Auszischer!"[21]

Wie sehr es aber nötig wäre, gute Stücke zu schreiben, das sieht er, als er wenig später in „Der Hölle Zaubergaben" von Gleich auf der Bühne steht, einem allegorischen Gemälde, das vom Publikum zurecht gnadenlos ausgezischt wird, wobei nicht einmal Raimunds „unerschöpflicher Born von fruchtbarem Humor"[22] etwas retten kann. Gleich hat übrigens seiner Tochter Luise eine Rolle auf den Leib geschrieben, sie spielt, was sie in einem halben Jahr sein wird, nämlich Raimunds Frau, und sie macht ihre Sache sehr gut[23]. Das Publikum mag schon damals konstatiert haben, daß die beiden ein schönes Paar sind, das gut zusammenpaßt.

Wenn Theodor Hells Dresdner Abendzeitung, die reichlich aus Wien berichtet, damals, im Dezember 1819, feststellt, daß Raimund derzeit Schuster eindeutig überflügelt, daß dessen neue Stücke kaum Beifall erregen, während „Produktionen, worin Raimund die Hauptfigur ist, zwanzigmal nacheinander das Haus füllen", so gibt der ungenannte Rezensent auch einen guten Grund dafür an, nämlich „daß Raimund zu allen seinen Rollen selbst hinzudichtet, was er für effektvoll erkennt und was dem Publikum behagt. Leute, welche davon genauere Kenntnis haben, behaupten, Raimund überarbeite sich auf diese Art alle seine Rollen und sage auf diese Art oft nicht zehn Worte so, wie die Verfasser sie schreiben. Diese lassen sich das gerne gefallen, weil sie dabei gut fahren, und weil die guten Gedanken des Schauspielers nicht selten auf ihre Rechnung kommen."[24]

Es ist also nicht nur in Theaterkreisen bekannt, wie kreativ der Schauspieler Raimund damals schon zur Selbsthilfe schreitet, aber es sollen dennoch mehr als drei weitere Jahre vergehen, bis ihm die Geduld ausgeht und er sich tatsächlich dazu entschließt, selbst Stücke zu schreiben.

Damals reißt Raimund das Publikum mit seinen Späßen zu Lachsalven hin und ist selbst sterbenstraurig, denn man hat ihm Tonis Hand verweigert. Bald nach der Premiere von Meisls „Die Buschmenschen in Krähwinkel" (eines dieser Schnellschuß-Stücke auf aktuelle Wiener Lokalereignisse, diesmal auf die Ankunft von Brasilianern in Wien) wird Raimund im Jänner 1820 krank, und nun rollt die private Misere an, die aus der „Trösterin" Luise die ungeliebte Ehefrau machen wird.

Für das Theater in der Leopoldstadt ist Raimunds Ausfall, auch wenn er nur knapp zwei Wochen währt, ein ziemlicher Schaden, da man einige, ganz auf ihn abgestellte Stücke aus dem Spielplan nehmen muß, und die neu angesetzten mit Ignaz Schuster haben nicht denselben Erfolg. Zwischen dem 7. und dem 18. Jänner 1820 muß das Haus also ohne ihn auskommen, dann tritt Raimund am 19. als „Bastei"-Geist wieder auf und wird vom Publikum „rauschend" empfangen. An seiner Seite steht Luise als seine Partnerin. Es ist durchaus nicht anzunehmen, daß sie und ihr Papa Diskretion geübt haben, vermutlich wissen schon viele, daß sich hier etwas privat angesponnen hat, und man kann dem polizeibekannten Herrn Raimund nur gut raten, sich diesmal besser zu benehmen als im Fall Grünthal ...

Bei allen privaten Erörterungen, so unterhaltsam sie auch sein mögen, muß die Show doch weitergehen, die Kasse klingeln, und da Raimund, der Verwandlungskünstler, jetzt so hoch im Kurs steht, wird im Sinne des modernen Typecasting gleich ein weiteres Stück dieser Art für ihn geschrieben. Schon arbeitet der Schwiegervater in spe, Alois Gleich, an „Ydor, der Wanderer aus dem Wasserreiche", worin Raimund als Ydor in fünf Gestalten wandern darf. Costenoble bewundert als Fachmann Raimunds Fähigkeit, Charaktere von einander abzugrenzen, so daß sich in dem Geizhals keine Spur des polternden Amtmannes findet, daß in dem dummen Bauernjungen, dem gutmütigen Verschwender und dem lebenslustigen Musikanten jeweils ganz andere Menschen auf der Bühne stehen, gepaart wieder mit blitzschnellen Verwandlungen seiner Person. Dabei sorgt Gleich geschickt für zusätzliche Kontraste, wenn er Raimund als Geizhals unmittelbar nach dem Verschwender kommen läßt und die Gegensätze damit noch verstärkt. „Psychologische Korrektheit"[25] erkennt man in Raimunds Darstellung, wenn man auch hier einen Rückfall in frühere Zeiten registriert: Raimunds Geizhals hat sich sehr viel von Ochsenheimer geborgt, der den Molièreschen „Geizigen" am Burgtheater gespielt hat ...

Dennoch, er ist brillant, seine das übliche „Vorstadtniveau" bereits sprengende Qualität hat sich so herumgesprochen, daß sich in den Logen des Leopoldstädter Theaters bereits „anderes" Publikum einfindet, ein besseres, das sonst vielleicht nur ins Burgtheater geht. Costenoble, ein begeisterter Diskutierer von Raimunds Vorzügen, sieht mit dem geschulten Kollegenauge manches, was dem Normalpublikum vom vordergründigen „G'spaß" überdeckt wird, nämlich wie Raimund in einer solchen Typengalerie „mit gewaltig durchdringender Ironie seine Peitschenhiebe den Torheiten der Menschen austeilt."[26] Kritische Charakterstudien sind also seine Domäne, und da das Wesen des erst 30jährigen durch die sich nun ballenden negativen menschlichen Erfahrungen zunehmend galliger wird, gewinnt die Costenoble-Analyse an Glaubwürdigkeit. Noch sind die Vorlagen, die Raimund ja nicht gänzlich retten kann, zu schwach, um ihm die großen Menschenporträts zu ermöglichen, die er sich am Ende ja dann doch selbst schreiben muß.

Auf den „Ydor" folgt eine Premiere nach der anderen, in jener wildbewegten Zeit, als man ihn unter Druck setzt, Luise Gleich zu heiraten, und er es nach dem verweigerten ersten Anlauf schließlich tut. Die Gewitterstürme seines Privatlebens hindern Raimund erstaunlicherweise nicht, seinem Beruf nachzugehen, mit Routine, ja, offensichtlich mit einer inneren Gelassenheit, die Kollege Costenoble kaum begreifen kann, der Raimund einmal zuhause abholt und ihn noch eine halbe Stunde vor der

Abendvorstellung ruhig schlafend vorfindet.[27] Dazu muß man allerdings sagen, daß er zu seiner „Arbeitsstätte“ nur über die Straße gehen muß – aber dennoch, dieser Mangel an Nervosität und Lampenfieber ist bemerkenswert und läßt darauf schließen, daß Raimund, wenn er auf die Bühne geht, erst in sein eigentliches Lebenselement eintritt, indem er den Stromkreis zwischen sich und dem Publikum schließen kann. Für diese Selbstverständlichkeit und zugleich monomanische Besessenheit seinem Beruf gegenüber spricht auch Bäuerles Aussage, Raimund habe über nichts anderes reden können und wollen als über das Theater ...[28]

Abgesehen von den privaten Ehemiseren wird auch das Berufsleben in diesem Jahr 1820 für Raimund immer öder. Groteske Abwechslung, wenn seine Sehnsucht nach den ernsten Rollen, die er längst begraben wähnen muß, auf Umwegen aufflackern darf. In Perinets „Hamlet, Prinz vom Tandelmarkt“ spielt er Shakespeares grüblerischen Helden, und manchmal scheint er zu vergessen, daß er nicht diesen spielt, sondern die wienerisch-possenhafte Verzerrung: „Wahrhaftes Studium des Originals lag in seiner Darstellung“, muß der Rezensent der „Theaterzeitung“ denn auch feststellen.[29]

Aber sonst? Verwandlungsstücke, Dutzendware und das Bestreben der Direktion, Raimund so oft wie irgend möglich auf die Bühne zu jagen, weil er das Geld bringt, unter Umständen auch in Ignaz-Schuster-Stücken, wenn dieser nicht da ist. Begeistert ist Raimund allerdings nicht, wenn er in solchen Produkten dann in einer Nebenrolle als Publikumsmagnet auftreten muß, und wir finden einen der seltenen Hinweise darauf, daß er sich diesmal nicht eben angestrengt habe – passive Resistenz, die man ihm nachfühlen kann.[30]

„Hat Ignaz Schuster oder Raimund zu tun?“ fragt das Publikum bei jedem neuen Stück, das in der Leopoldstadt herauskommt[31]. 16 Raimund-Premieren in diesem einem Jahr, das bedeutet durchschnittlich mehr als eine pro Monat, dabei halten sich alte Stücke oft über Jahre auf dem Spielplan oder werden nach langen Pausen plötzlich wieder aufgenommen – die Gedächtnisleistung, all dies untereinander oft so Ähnliche auseinanderzuhalten, die Kraft, immer dieselben alten Witze Abend für Abend so zu bringen, daß sie wie neu wirken und das Publikum immer wieder lacht, statt zu gähnen – das zeigt, daß an die Schauspieler von damals (durchaus nicht nur an Raimund, obwohl er extrem viel spielt) ungewöhnliche Anforderungen gestellt werden.

Alois Gleich versucht im März 1821, seinen eigenen „Ydor“ zu kopieren, indem er Raimund in „Der Eheteufel auf Reisen“ wieder in fünferlei Gestalt erscheinen läßt, aber es fallen ihm nur die „alten und abgenützten Charaktere“ ein[32], die ihm seine Routine diktiert, und nicht einmal Raimund kann genügend Nuancen für schon wieder einen Hausmeister aufbringen. Und wieder drängt Costenoble, Raimund möge sich seine Stücke selbst schreiben, und wieder lehnt er ab:

„Hab i nit Feinde genug? Soll i ma die Dichter auch noch zu Feinden machen?“[33]

THEATERGESCHICHTEN II

Bankrott, Zensur und ein Konkurrent

Im April 1821 ändert sich einiges an den administrativen Verhältnissen des Theaters in der Leopoldstadt. Leopold Huber hat sich mehr und mehr als unfähig erwiesen, das Haus zu führen. Dabei schien sich sein Engagement einst so gut anzulassen – Huber, wohlhabender Mann, selbst Stückeschreiber, bekannt als Theaterenthusiast[1], hatte schon 1814 den Vertrag geschlossen, wonach er 1817 das Haus endgültig übernehmen sollte. Damals kann man mit einem Theater noch wohlhabend werden – oder auch in Konkurs gehen. Keine Subvention kommt herein, die Kasseneinnahme zählt, darum ist es so wichtig, daß Schauspieler auf der Bühne stehen, die ein volles Haus garantieren, denn um des Stücks willen geht man in Wien kaum ins Theater, am allerwenigsten in der Vorstadt.

Huber, der sich selbst als Dramatiker nicht in den Vordergrund schiebt (obwohl man ihm bescheinigte, seine „Teufelsmühle auf dem Wienerberg“ sei ein gelungenes Volksmärchen), läßt seine drei Hausdramatiker walten, setzt auf seine Schauspieler, und das Geschäft geht glänzend. Warum muß er dennoch Konkurs anmelden?

Die Verhältnisse sind, wie sie heute aus den Akten rekonstruiert werden können, in hohem Maße undurchsichtig. Es muß zwischen Privilegieninhaber und Pächter des Theaters – beides Privatpersonen – unterschieden werden. Das Privilegium hatte Karl von Marinelli, der Sohn des Theatergründers, geerbt. Der Pächter, der auch Direktor war, mußte große Summen an den Privilegieninhaber zahlen – der junge Marinelli, der nicht im besten Ruf stand, dürfte Huber hier weidlich ausgebeutet haben. Pantomimenmeister Rainoldi bestätigte Huber „leichtgläubige Herzensgüte“, die offensichtlich schmählich mißbraucht worden war. Trotz großer Einkünfte machte Huber Schulden, konnte seinen finanziellen Verpflichtungen nicht nachkommen und erwarb sich so Feinde im eigenen Haus. Bäuerle und Meisl, beide nicht eben hohe Charaktere, beklagten sich bei der Polizei-Oberdirektion.[2] Andere Mitglieder drohen, das Haus zu verlassen. Huber verschwindet unehrenhaft, erst 55jährig, aus Wiens Theaterleben, in dem er kurz eine glanzvolle Rolle gespielt hat. Er wird achtzig. Als er stirbt, wird Bäuerle einen dreizeiligen Nachruf in der „Theaterzeitung“ für ihn haben, nicht mehr.[3]

Am 12. Mai 1821 meldet Huber also den Konkurs an, und nun geht das Chaos erst richtig los. Schon am 16. April sind Johann Sartory, einer der altgedienten Schauspieler des Hauses, der Kapellmeister Wenzel Müller und der Regisseur Wenzel Swoboda mit der provisorischen Leitung des Theaters betraut worden. Ein Dr. David Manquet wird als Verwalter der

Huberschen Konkursmasse eingesetzt, auch der Ökonom Leopold Nußböck befaßt sich mit den zerrütteten Finanzen des Hauses, und beide wollen Sartory nun auf weiteres als Direktor eingesetzt wissen. Aber Karl von Marinelli hofft, doch noch Geld herauszuschlagen, wenn er das Haus wieder an Hubers Vorgänger Hensler verpachtet. Dagegen sprechen sich die Behörden aus, und Sartory wird in dem Amt des provisorischen Direktors belassen.

Die vielen Streitigkeiten, die sich an die Sache knüpfen, sind im ermüdenden Detail in der Geschichte des Leopoldstädter Theaters nachzulesen und für das Schicksal Raimunds unmittelbar nicht von Belang. Man kann mit Sicherheit annehmen, daß er sich in die allgemeinen Rechtsstreitigkeiten nicht eingemischt hat, zumal er für Intrige wie für Administratives gleich unbegabt war. Für ihn stellt sich nur als wichtig heraus, daß Sartory, der Bäuerle als „Theatersekretär" anstellt, im Jahr darauf mit ihm (und dem mittlerweile engagierten Friedrich Korntheuer) neue Verträge ausarbeitet.[4]

Raimund hat sowohl Angebote, an die Josefstadt zu gehen – und das ist jetzt, nach dem Umbau durch Kornhäusel, nach der Eröffnung mit Beethovens „Weihe des Hauses", nicht mehr der zweitklassige Vorstadtschuppen von einst –, wie auch an das Theater an der Wien, wo er schon so erfolgreich gastiert hat. Wir wissen, daß er Tonis wegen an der Leopoldstadt bleibt, denn jede räumliche Veränderung hätte ihm, der bislang gleichsam nur ein paar Schritte vom Ziel seine Wünsche entfernt ist, sein Liebesleben erschwert. Und da er ja zu diesem Zeitpunkt nur seine Toni im Kopf hat, ist die Entscheidung im Grunde keine.

Dabei stellt sich heraus, daß der ganze Wirbel für Raimund persönlich eine Verbesserung bringt, denn er schließt einen günstigen Vertrag über zehn Jahre ab, der ihm 100 Gulden Wochengage garantiert, 600 Gulden Quartiergeld im Jahr, vier Wochen Urlaub, in denen er gastieren kann, die ganze Einnahme einer Benefizvorstellung und 250 Gulden Regiegeld.

Hier ist nun eine grundsätzliche Bemerkung angebracht: Nach Auskunft des Statistischen Zentralamtes gibt es einigermaßen verläßliche „Umrechnungskurse" für Geld erst ab dem Revolutionsjahr 1848. Das heißt, daß man für Raimunds gesamte Lebenszeit keine Vergleichszahlen erstellen kann, wieviel er jeweils verdient hat – ja, es herrscht in dieser Epoche auch ein heilloses Durcheinander einzelner, nebeneinander bestehender Währungen.

Dazu heißt es in einer offiziellen Publikation:

„Seit dem 16. Jahrhundert ist der Kreuzer (kr) und sein Vielfaches, der Gulden (fl) bevorzugt, dann alleinige Rechnungseinheit (1 fl = 60 kr). Silber war bis 1878 der Träger der offiziellen Währung; Papiergeld wurde erstmals im Siebenjährigen Krieg ausgegeben. Als sich bis 1797 der Umlauf dieser ‚Bankozettel' vervielfachte, verfiel ihr Wert gegenüber dem Silber immer mehr. 1811 wurde der Kurs der Bankozettel auf ein Fünftel ihres Nennwertes festgesetzt. Zu diesem Wert waren sie als Wiener Währung (W. W.) ab 1. 2. 1812 das alleinige Zahlungsmittel im Inland. Der Kurs gegenüber dem Silber verfiel aber nach Ende der Napoleonischen Kriege zunehmend rascher, erst nach Gründung der Oesterreichischen Nationalbank 1816 gelang 1819 eine Stabilisierung auf der Höhe 250 : 100. 250 fl W. W. galten von da an als der rechnungsmäßige Gleichwert von 100 fl Konventionsmünze (C. M.)."

Zwischen der W. W. (Wiener Währung)und der C. M. (Konventionsmünze) wäre also jeweils zu unterscheiden, da aber oft nur der Begriff „Gulden" angegeben ist, steigt die Verwirrung. Eines steht jedoch fest: Wenn ein Beethoven von den Fürsten Lichnowsky und Kinsky jährlich 4000 Gulden garantiert bekam und sich Kaunitz wohl auch nicht lumpen ließ, wenn er Luise Gleich 800 Gulden Jahrespension versprochen hatte, so ist Raimund mit 100 Gulden wöchentlich ein gut betuchter Mann. Er wird es im Lauf seines Lebens zu respektablem Wohlstand bringen, der ihm Großzügigkeit bei seinen Reisen ebenso erlaubt wie den Kauf eines Landhauses und eine exquisite Wohnungseinrichtung.

Raimund ist jedenfalls über die neue Gage froh, vor allem Tonis wegen, da diese Summe es ihm ermöglicht, einiges davon wegzulegen und für die gemeinsame Zukunft zu sparen. Er würde zwar im Theater an der Wien noch mehr verdienen, einfach, weil des größeren Fassungsraumes wegen eine Benefizvorstellung mehr einbrächte, aber solange Toni keine „Anträge von einem andern Theater annimmt", das ihr „mehr Sicherheit geben kann, weil sich der Priester als Zeuge unterschreibt"[5], ist Raimund alles recht.

Nach außen hin bleiben die Verhältnisse am Theater in der Leopoldstadt bis 1826 weitgehend stabil. Sartory selbst kümmert sich um wenig, überläßt alles Finanzielle Dr. Manquet, der damit zum eigentlichen entscheidenden Faktor wird, und das Künstlerische dürfen die Regisseure besorgen, zu denen auch Raimund gehört.

In diesem bewegten April 1821 passiert auch, was längst einmal fällig war, wenn man die Wiener Theaterzustände kennt: Raimund gerät mit der Zensur in Konflikt. Daß diese Institution, die später etwa Nestroys Theaterleben stetig kontrapunktieren wird, bei Raimund fast keine Rolle spielt, wird noch zu erklären sein (und nicht allein mit seinem treuen Staatsbürgersinn). Daß die Zensur in Gleichs „Der Pächter und der Tod" eingreift, hat nur mittelbar mit Raimund zu tun und nichts mit seiner Gewohnheit, so gut wie jeden Abend neu zu improvisieren – gegen Kaiser, Staat und Vaterland, Metternich, die Polizei und die Zensur geht er dabei ohnedies nie vor. In diesem Fall stößt man sich an einem Kostüm, Raimund erscheint nämlich in einer seiner obligaten Verwandlungen in der Kleidung eines Klosterbruders.

Ein Hauptbestreben der Zensur ist es, die Wirklichkeit vom Theater fernzuhalten (und ein Hauptbestreben des Theaters, diese auf Umwegen erst recht einzubringen). Der Schriftsteller Willibald Alexis schildert in seinen 1833 in Leipzig erschienenen „Wiener Bildern", wie man die Hofräte in Ifflands Stücken zu Justizräten macht, egal, ob es sie hier gibt oder nicht[6] oder vielleicht gerade, weil es sie hier nicht gibt. Der Hofmarschall von Kalb in „Kabale und Liebe" ist zum Obergarderobemeister geworden. Nicht nur Blutschande, Kindes- und Vatermord sind von der Bühne verbannt (weil nicht sein kann, was nicht sein darf), sondern auch Geistliche, Pfarrer – wohl zu ehrwürdig für Bühnenfiguren – und böse Väter, denn solche Individuen entsprechen den biedermeierlichen Wunschvorstellungen nicht. Die Jungfrau Maria darf nicht genannt werden, eventuell jedoch eine Heilige. Nicht nur das eigene Kaiserhaus ist sakrosankt, man läßt selbst eine Formulierung wie „der rauhe Norden“ verschwinden, in der Erwägung, der russische Zar könne sie übel nehmen . . .

Solche satirische Schilderung läßt durch ihre grotesken Details den Ernst der Situation übersehen, die Tatsache, daß hier geistiges Leben und freie Meinungsäußerung andauernd überwacht und geknebelt werden. Man weiß am Beispiel Grillparzers, wie Künstler durch die Zensoren in schlechtes Licht gerückt werden, wie man ihnen Staatsfeindlichkeit nachsagt, wie man sie bei dem kleinlichen Kaiser Franz diffamiert. Daß es um Lappalien geht, macht die Sache nicht lustiger, sondern nur schlimmer.

Imerhin, man ist in Österreich nur fallweise wirklich rigoros. Laut Willibald Alexis' Schilderung ist in Österreich „de jure alles verboten und de facto alles erlaubt“, und innerhalb dieses Spielraums bewegen sich vor allem die Vorstadttheater. Im konkreten Fall von „Der Pächter und der Tod“ geht es darum, daß es damals in Wien einen allgemein bekannten Bruder aus dem Kapuzinerorden gibt[7], der für seine Fähigkeit im Almosensammeln offenbar berühmt-berüchtigt ist. Schon einige Schauspieler in der Vorstadt – und unter ihnen offenbar dann auch Raimund im Eremitengewand – haben aus dessen Talent zur Bettelei kaltblütig Lacheffekte geschlagen. Jetzt ist es der Polizei, die ja nicht nur über die Unantastbarkeit von Kaiserhaus und Adel, sondern auch von Kirche und Klerus zu wachen hat, offenbar zu viel geworden, und sie verbietet rigoros von nun an ausnahmslos jegliche Kostümierung als Eremit oder Waldbruder.

Und weil man schon beim Tadeln ist, wird das Extemporieren grundsätzlich wieder einmal angeprangert. Die Theaterzensurkommissäre erhalten Anweisung, nicht nur die Premieren der Stücke, sondern auch die Reprisen zu besuchen, um allein durch ihre bedrohliche Anwesenheit das zu verhindern, was in Wien Kasse macht – nämlich daß auch „bei den wiederholten Vorstellungen eines beliebten oder alternden Theaterstücks“ extemporiert wurde, „um demselben durch neue Späße neuen Reiz zu geben.“ Die Interessenkollision zwischen den Zensurbehörden und den Theaterdirektoren ist demgemäß geradezu klassisch zu nennen.

„Der Pächter und der Tod“ hat am 27. April 1821 Premiere. Am 5. Mai erfolgt die Beschwerde über die Kapuziner-Parodie. Dabei wird das Stück, laut Spielplänen, an diesem Abend noch gegeben, wenn auch schon in modifiziertem Gewand für Raimund, und die Direktion ersucht des Kassenerfolgs wegen ganz dringend um die Freigabe. Man bietet an, Herr Raimund könne in dieser Rolle ja die Kleidung eines alten Landmannes mit Bart und Stock tragen[8], und so wird das Stück am 10. und 12. nochmals gespielt. Dann allerdings verschwindet es, um erst im Jahr darauf (am 24. Jänner 1822) unter dem Titel „Pächter Valentin“ wieder aufgenommen zu werden. Dann ist auch die allegorische Figur des Todes in einen „Portier des Pluto“ verwandelt, denn mittlerweile hat man Bedenken bekommen,

Friedrich Joseph Korntheuer

Ignaz Franz Castelli

den Tod als dummen Kerl zu zeigen, der sich hereinlegen läßt – in den Augen der Zensur eine blasphemische Vorstellung, wo es doch den Wünschen der Kirche näherliegen mußte, daß man sich vor ihm fürchtet.

Im Sommer 1821 – Gattin Luise verläßt Raimund damals, Toni hat er wiedergewonnen – gastiert Raimund in Baden bei Wien und im Theater an der Wien. Wenig später zeichnet sich an der Leopoldstadt eine weitere Veränderung ab. Ein neuer Komiker wird engagiert, der sich als große Acquisition und enorme Potenz erweist, nämlich Friedrich Joseph Korntheuer. 1779 in Wien geboren, also um elf Jahre älter als Raimund, ist er ein Künstler, der schon durch die Physignomie wirkt. Ignaz Franz Castelli charakterisiert ihn so:

„An Korntheuers Körper war alles lang: Gesicht, Nase, Füße, Arme, Hände, und er verstand es besonders, das erste und die letzteren durch Ausdehnung noch länger zu machen, als sie waren. In seinem Vortrage lag etwas Langsames, Schleppendes, Faules, in seinen Bewegungen ein unbeschreibliches Phlegma, und er ließ sich immer gehen, wie es ihm eben behagte. Man hätte glauben können, Korntheuer spiele gar nicht für die Zuseher, sondern für sich selbst. Daher geschah es öfters, daß er, während die anderen Schauspieler auf der Bühne sprachen, ganz ruhig in einer Ecke stand und sich einen aparten Spaß machte. Seinen Mitschauspielern mag das wohl nicht recht gewesen sein, da er dadurch die Aufmerksamkeit von ihnen ab auf sich lenkte; aber dem Publikum, welches sich nur mit ihm unterhielt, war es sehr willkommen, und auch die mit ihm Beschäftigten mußten oft mitlachen. Er stand z. B. in einer Ecke der Bühne, hielt sich seine beiden Hände vor die Augen und schien erraten zu wollen, wer ihm das tue; oder er foppte sich selbst, indem er sich mit der rechten Hand auf die linke Schulter tippte, sich dann umsah und sich nicht wenig verwundert zeigte, niemand hinter sich zu erblikken. Ich habe gesehen, wie er während einer Liebesszene alle Knöpfe seines ganzen Anzuges, an Rock, Beinkleid und Weste, zusammenzählen wollte und damit nicht zu Ende kommen konnte."

Diese Unkollegialität, den Mitspielern durch eigenes stummes Spiel die Show zu stehlen, soll Raimund gelegentlich sehr zornig machen, wenn auch er sie zu spüren bekommt. Darüber hinaus teilt Korntheuer mit Raimund einige Fähigkeiten, die Schuster abgehen – er ist ein brillanter Extemporierer, und da er seit längerem selbst schon Stücke schreibt (wenn es oft auch nur schwache Bearbeitungen französischer Originale sind), versteht er es wie Raimund, sich vorgegebene Rollen zuzuschneiden, mit Witzen zu würzen und zu verbessern. Da ist also ein höchst ernstzunehmender Konkurrent.

Korntheuer hat, als er an die Leopoldstadt kommt, bereits eine abwechslungsreiche Karriere hinter sich, die ihn nach seinem Debut in Klagenfurt schon 1804 erstmals an das Burgtheater geführt hat. 1807 in Brünn, dann wieder am Burgtheater, 1813 bis 1815 in Brünn gar Direktor des Theaters, hatte er anschließend in Pesth, am Theater an der Wien, in Stuttgart, Graz und Preßburg gastiert. Nun nimmt er ein festes Engagement an der Leopoldstadt an und wird als großer Komiker, der er zweifelsfrei ist, Raimund so vor die Nase gesetzt wie dieser einst Schuster. Nur daß Raimund und Korntheuer oft gemeinsam auf der Bühne stehen, sich gegenseitig Rollen schreiben und anfangs auch recht harmonisch miteinander verkehren. So ist Korntheuer regelmäßig Raimunds Mittagsgast, bis es zu häßlichen Intrigen kommt und Raimund die Beziehung kurzerhand abbricht. Gerade Korntheuer wird in den folgenden Jahren dann Raimunds Menschenfeindlichkeit nähren.

Neben Korntheuer erhält das Haus eine neue Lokalschauspielerin, die hervorragend zu ihm paßt: Johanna Huber. Nicht nur, daß sie bildschön ist, die besseren Herren bewundern auch ihr fröhliches, anziehendes Wesen. Sie ist etwa so alt wie Raimund (die Angaben widersprechen sich)[9], ist schon als Kind auf der Bühne gestanden, kommt über Baden und Pesth (nach einem Gastieren am Hofburgtheater, das zu keinem Engagement führt) nach Preßburg. 1816 wird sie an das Theater an der Wien, wo Korntheuer oft ihr Partner ist, engagiert, und dort spielt sie auch schon mit Raimund zusammen, als dieser an der Wien ein Gastspiel gibt. Für das Theater in der Leopoldstadt bedeutet sie einen Gewinn, eine Schauspielerin, die ähnlich wie Katharina Ennöckl eher die feinere als die gröbere Komik pflegt.

Allerdings hat sie Anfangsschwierigkeiten, schon rein technischer Natur. Die Bühne des Theaters an der Wien, an die sie gewöhnt ist, ist doppelt so groß wie jene der Leopoldstadt. So muß Johanna Huber lernen, ihr Spiel gleichsam zu reduzieren, ihre Sprechweise den geringeren Entfernungen anzupassen, um nicht, wie es anfangs geschieht, aufdringlich zu wirken. Außerdem muß sie in das recht homogene Leopoldstädter Ensemble hineinwachsen, von dem ihr nur der ebenfalls neue Korntheuer vertraut ist.

Möglicherweise war Ferdinand Raimund ihr dabei behilflich, sich erst einzufügen, dann zu entfalten, denn er wird im September 1821 zum „Regisseur" des Theaters ernannt. Denselben Titel erhält auch Ignaz

Schuster, dem man die Opern zuteilt, und als Dritter der Schauspieler Josef Fermier. Es gibt keine Hinweise darauf, in welchem Ausmaß sich Raimund um Stücke kümmert, in denen er selbst nicht mitwirkt, aber wenn es später darum geht, seine eigenen Werke einzustudieren, wird er mit einer Akribie bei der Sache sein, die der eines heutigen Regisseurs vermutlich um nichts nachsteht.

Die Arbeit des Regisseurs sieht man nicht, wohl aber die, welche der Schauspieler Raimund auf die schlechten Stücke verwendet, die er zu spielen hat, elf neue im Jahr 1821. Wenn Raimund in der Leopoldstadt nicht auf der Bühne steht, schläft Costenobles Frau unweigerlich ein[10], und dem Rest des Publikums mag es ebenso ergehen. Raimund hingegen läßt nicht locker. Es gibt Stücke, da muß er das Publikum direkt um Entschuldigung bitten und sagen: „Es gibt Augenblicke, wo mir Ihre gütige Nachsicht doppelt erfreulich und teuer sein muß."[11] Und doch spielt er, als ob er nicht dafür bezahlt würde, sondern weil es ihm Vergnügen macht.[12] Er bietet alles auf, um „in seinen Rollen ja keinen Punkt zu übersehen, der ihm Gelegenheit geben kann, die Lachlust zu erregen, während er Erzählungen, Witzworte, Rätsel und dergleichen aus dem Leben aufgreift und in seine Rollen mischt, um immer Neues und Spaßiges zu bringen", stellt die Kritik zum tausendsten Mal fest.[13]

Wenn Karl Meisl zu Raimunds Benefiz im November 1821 das Stück „Die Fee aus Frankreich" liefert (wobei die Titelrolle darauf berechnet ist, daß Katharina Ennöckl so gut französisch spricht), so fällt ihm wiederum nichts dazu ein, als daß sich Raimund als alter Hagestolz verwandeln darf, einmal als Geist, allerdings als rosafarbener, außerdem als komischer Schwärmer, als eifersüchtiger Friseur und als alter Pächter. Er brilliert – wieder – durch schnellen Kostümwechsel, er beeindruckt – wieder – durch ausgefeilte Charakteristik der Figuren. Es wäre also alles beim alten, wenn da nicht ein bereichertes Ensemble nun auch Korntheuer, Johanna Huber (sehr komisch als alte Jungfer) und, in einer Folgevorstellung noch im Dezember, nach plötzlicher Erkrankung der Huber, in deren Rolle ein neues Gesicht zeigte: Therese Krones.

Sie hat ihre Tätigkeit in der Leopoldstadt vier Tage nach ihrem 20. Geburtstag aufgenommen und am 11. Oktober 1821 an Raimunds Seite als Evakathel in dem Dauerbrenner „Evakathel und Schnudi" debutiert. Sie hat zwar allerlei Provinzerfahrung, aber an einem Haus der komödiantischen Spitzenkräfte des Wiener Volkstheaters vermag sie sich auf Anhieb noch nicht zu behaupten. Sie spielt in den „Spadifankerln", sie übernimmt von der Huber die Frau von Flinserl in der „Fee aus Frankreich", aber noch sind da mehr Fleiß und Eifer als Überzeugungskraft. Therese Krones siegt nicht über Nacht, sie hat noch ein paar Jahre harter Arbeit vor sich, bevor Ferdinand Raimund in ihr seine beste Partnerin findet und Rollen für sie schreibt, mit denen sie in der Theatergeschichte unsterblich wird.

Die folgenden Jahre bedeuten für Raimund, sich langsam, aber sicher auf die Tatsache einzustellen, daß er aktiv werden muß, um die Zustände auf dem Theater zu verbessern, nicht, was die Interpretation angeht, sondern in Bezug auf die Stücke. Costenoble konstatiert, daß der Freund täglich hypochondrischer und unzufriedener wird[14], was zum Teil gewiß auf Tonis Konto geht, weil die Beziehung chancenlos auf der Stelle tritt; teilweise auch auf den Neid, der ihm überall begegnet, nun, weil sich herumspricht, daß er seine Wohnung im Weintrauben-Haus so schön eingerichtet hat, mit kostbaren Tischen, Stühlen und Leuchtern, einmal, weil es ihm Freude macht, dann auch, weil er sich von diesem großbürgerlichen Anstrich und Lebenswandel sicher bessere Chancen für die Zukunft mit Toni erhofft.

Aber mühevoll ist, was das Theater betrifft, vor allem der Spielplan, die Dutzendware, mit der sich Raimund herumquält. Ein Stück wie Bäuerles „Aline", das am 9. Oktober 1822 erstmals in Szene geht, ist da eine Ausnahme, sein Erfolg wird bis weit über Raimunds Tod anhalten. Das ist vielleicht darauf zurückzuführen, daß das Publikum nicht wieder mit einer Parodie oder Travestie überfüttert wird, sondern einmal ein schlichtes Zauberspiel zu sehen bekommt, natürlich, frisch, voll Frohsinn. Es ist nicht unwahrscheinlich, daß Raimund, als er später seinen „Barometermacher" schreibt, sich an dieses Erfolgsrezept erinnert. Daß neben Katharina Ennöckl und Therese Krones noch Luise Gleich seine Partnerin ist, dürfte seinen Spaß an der Sache allerdings beeinträchtigt haben.

Daß aber auch ein so außerordentlich beliebter Schauspieler wie Raimund nicht auf jeden Fall völlig sicher in der Publikumsgunst ruht, zeigt sich anläßlich seines Benefizes am 28. November 1822. Einmal im Jahr steht einem Schauspieler diese Möglichkeit offen, also fühlt man sich gerade an einem solchen Abend persönlich verantwortlich, dem Publikum Außerordentliches zu bieten. Aber was findet Raimund auf der Suche nach neuen Stücken? Nichts Besseres als zwei Einakter. Der erste stammt von Franz von Kurländer, einem Schwager der bekannten Schriftstellerin Karoline Pichler. Er ist einer der Beamten dieser Zeit, die gleichsam nebenbei ihre Stücke schreiben (was nicht immer so bedeutend ausfällt wie im Falle von Grillparzer). Die Liste seiner Werke ist in den Lexika dreimal so lang wie die Geschichte seines Lebens, von dem wenig zu erzählen ist. Die Nachwelt hat seine Bearbeitung von meist französischen Vorlagen gänzlich vergessen, die Mitwelt öffnete ihm mit seinen Werkchen das Burgtheater, was ein so origineller Dichter wie Raimund nicht schaffen wird.[15]

Kurländer also schreibt „Die große Reise von der Jägerzeile in die Rossau", worin Raimund den Gewürzkrämer Hans Purzel gibt, der glaubt, daß er in dem neuerfundenen Dampfwagen nach Triest gereist ist, während er nur bis in die Rossau kam. Im zweiten Stück, „Die Heirat durch die Pferdekomödie oder: Die Räuber in den Abruzzen" von Hermann Herzenskron[16], gleichfalls einem lokalen Vielschreibermatador dieser Tage, dessen „Dramatische Kleinigkeiten" sechs Bände füllen, ist Raimund wieder einmal der schon bekannte Zettelträger Papp (der schon als Hamlet-Travestierer vertraut ist). Katharina Ennöckl gibt erst eine schwäbische Magd, dann eine Böhmin, weil die Nachahmung verschiedener Dialekte ihre Spezialität ist, aber es nützt nichts. Selbst wenn dieser Abend nicht schlechter ist als vieles andere, was da allabendlich an der Leopoldstadt gespielt wird, so gerät er doch zu lärmendem Mißerfolg. Ein

Teil des Publikums benimmt sich ausgesprochen feindselig, zischt, randaliert, bis sich eine gerechtigkeitsliebende Frauenstimme erhebt, die von der Galerie herab ruft: „Gebt's Ruhe, Mistkerln!“[17] So rapportiert es jedenfalls der feine Costenoble, während sie nach anderer Quelle „Halt's ös dö Goschn, ös Vicha“[18] gerufen haben soll, was auch nicht gänzlich von der Hand zu weisen ist. Aber wie immer der zurecht empörte Widerspruch exakt gelautet haben mag, er reflektiert bloß die Tatsache, daß es an diesem Abend darum ging, Raimunds Benefiz zu stören, einen Wirbel zu verursachen. Warum?

Über Neider klagt er immer. Natürlich können es, wie so oft, die Anhänger von Ignaz Schuster sein, die ihm das Leben sauer machen, obwohl kein aktueller Grund besteht – Schuster hat seine Premieren, hat seine Erfolge. Gab es außerdem nicht kurz davor eine Auseinandersetzung zwischen Raimund und Korntheuer, ein Konflikt, der sich später noch vertiefen wird? Wenn Raimund an Toni schreibt, Korntheuer sei kein böser, aber ein gewöhnlicher Mensch[19], so wissen wir nicht, ob wir diesem Mann die Bosheit zutrauen dürfen, Raimunds Benefiz stören zu lassen; daß er im Zweifelsfall eine starke Neigung dazu gehabt hätte, dürfte jedoch feststehen. Es besteht allerdings die Möglichkeit, daß Luise Gleich, die damals von Raimunds Wunsch erfahren haben muß, sie gekündigt zu wissen[20], auf diese Art Rache nahm. Kurz, obwohl das Publikum oft schlechte Stücke auszischt, ist es diesmal wohl nicht um „Künstlerisches“ gegangen. Nein, hier kühlt jemand an Raimund sein Mütchen.

Und er weiß es. Er steht auf der Bühne, inneren Grimm auf der Miene und aus seinem Flammenauge sprühend, wie der treue Freund Costenoble beobachtet, der Raimunds Gefühle teilt, „zorngereizt über die Ungerechtigkeit der Wiener, die sonst viel Schlechteres bejauchzen.“[21] Raimund, reizbar, kämpferisch, nimmt den Fehdehandschuh auf, spielt gegen einen Sturm an[22] und erreicht am Ende doch noch einstimmigen Applaus[23] – aber um welchen Preis, wieviel Nerven mag ihn dieser Kraftakt gekostet haben! Nachher äußert er, er würde gerne auf die Einnahme verzichtet haben, wenn er und die Stücke dem Publikum nur besser gefallen hätten ...[24] Und sein Berufsethos macht diese Aussage unbedingt glaubwürdig.

Gerade ein sensibler Mensch wie Raimund, der damals noch dazu darunter leidet, daß er Toni wochenlang nicht sieht[25]) wird von solchen Zwischenfällen sehr getroffen. Aber es ist nur ein Sturm im Wasserglas. Schon die nächste Premiere am 19. Dezember 1822 bringt zwar wieder keine wirklich gute Rolle für ihn, aber den obligaten Erfolg. In Karl Meisls „Die Witwe aus Ungarn“ spielt er den alten, reichen, geizigen Herrn von Wisthofen, der in eine ungarische Witwe verliebt ist. Die Rolle wurde wiederum nur geschrieben, damit Katharina Ennöckl, die bis dahin schon als Französin, Preußin, Schwäbin, Italienerin, Tirolerin, Engländerin und Böhmin aufgetreten war, nun als Ungarin brillieren kann.[26] Korntheuer gibt einen ungarischen Edelmann, weil auch er darauf spezialisiert ist, die Dialekte aller möglichen Nationen „bis zur höchsten Täuschung“ nachzuahmen, wie es in der „Theaterzeitung“ heißt.[27] Raimund wird dieser

Tatsache Rechnung tragen, wenn er ihm im „Bauer als Millionär“ den ungarischen Zauberer Bustorius auf den Leib schreibt . . .

Als Stubenmädchen spielt sich Therese Krones nach oben, wobei man ihr noch sagt, sie solle „nicht singen und fleißig an der Ausbildung ihres bedeutenden Darstellungstalents arbeiten, dann wird sie bald der Liebling des kunstsinnigen Publikums sein.“[28] Auch Johanna Huber, Raimunds Intimus Johann Landner und andere hochqualifizierte Mitglieder des Ensembles sind eingesetzt, womit Meisl gezeigt hat, daß ein auf die Schauspieler genau zugeschnittenes Stück seine Wirkung kaum verfehlen kann – auch das merkt sich Raimund, wenn er später zur Feder greift.

Der Theateralltag wird für Raimund immer anstrengender. Er beginnt das Jahr 1823 mit einem Gastspiel in Preßburg, wo er in „Das Gespenst auf der Bastei“ und „Der Eheteufel auf Reisen“ auftritt[29], außerdem steht er, von diesem Abstecher abgesehen, allein im Jänner in Wien 15mal auf der Bühne. Es kommt so weit, daß er froh ist, ein paar Tage unpäßlich zu sein und nicht spielen zu müssen – wieder einmal die für ihn typische Flucht in die Krankheit, mit der er nicht zuletzt auf seelische Überlastung (mit Toni kommt er um diese Zeit auch schlecht aus) reagiert.

Dazu der stete, immer gleiche Ärger: schlechte Stücke, das Gezische der Schuster-Anhänger, die Tendenz von Korntheuer, sich auf Raimunds Kosten rücksichtslos in den Vordergrund zu spielen und den Abend an sich zu reißen[30], was Costenoble bei einer Vorstellung von Bäuerles „Wien, Paris, London“ notiert – mit der fachkundigen Feststellung, daß er das gar nicht nötig hätte, da er auch ohne Outrage komisch genug oder noch komischer wäre. Korntheuer, der vielseitig Talentierte, macht Raimund vor, daß Schauspieler sich ihre Stücke sehr wohl selbst schreiben können. Am 21. Juni 1823 hat seine Komödie „Alle sind verliebt“ Premiere. Raimund, der 33jährige, gibt wieder einmal einen alten Mann, reich, geschäftig, verliebt. Korntheuer bedenkt die Ennöckl mit einem jener naiv-sentimentalen Mädchen, die ihr am besten stehen, Johanna Huber mit einer gutgelaunten Witwe, dem Ideal einer nicht ordinären Wienerin, und sich selbst mit einem alten Braumeister aus Böhmen, den das junge Mädchen heiraten soll, was natürlich verhindert wird.[31]

So besehen, ist das alles zwar nur Schablone und gewiß nicht zu schwierig herzustellen – aber ein riesiger Erfolg. Raimund mag sich seine Gedanken darüber gemacht haben. Korntheuer läßt dem Stück ein anderes, die Komödie „Alle sind verheiratet“ (am 6. November 1823) folgen, in dem der Titel die falsche Assoziation erweckt, es handle sich um eine Fortsetzung. Das ist thematisch überhaupt nicht der Fall, aber dasselbe Schauspielerquartett findet Beschäftigung, und darauf kommt es an. Korntheuer hat sich hier, wie es durchaus üblich ist (und von Nestroy später zur Perfektion erhoben wird) ein französisches Vorbild hergenommen, und in Zeiten, da kein Copyright geistiges Eigentum schützt, einfach die Grundzüge der Handlung nachgeahmt. „Originaldramen“, die auf der Erfindung des Autors beruhen, sind zu dieser Zeit eine Seltenheit, auch Raimund wird erst später solche schreiben.

Im Sommer 1823 hat Raimund Gastspiele in Baden absolviert, was durch das dauernde Hin- und Herfahren (das er oft nur auf sich nimmt, um Toni zu sehen) sehr anstrengend ist. Mit gutem Grund gibt er ein paar bittere Äußerungen über seine „so beneidete Kunst“[32] von sich, an der alle Welt nur den Applaus und Jubel sehen will, nicht aber die enervierende Knochenarbeit, die dahintersteckt. Immerhin – wenn man trotz des schönen Wetters, das sonst aus einem potentiellen Theaterpublikum Frischluftfanatiker macht, immer das Haus füllt, kann man sich schon freuen. Raimund spielt alternierend mit Ignaz Schuster, und es ist bekannt, daß der Kaiser bisher immer nur in das Theater kam, wenn Schuster spielte. Raimund genießt durch die Grünthal-Affäre und seine Scheidung einen so schlechten Ruf, daß ihn der moralinsaure, kleinliche, an privatem Klatsch durchaus interessierte Kaiser durch Nichtachtung straft, was sehr wohl bemerkt und kommentiert wird.

Nun aber führt vielleicht der Zufall das Kaiserpaar in eine Raimund-Vorstellung, vielleicht ist es auch die Langeweile, aber jedenfalls unterhalten sich alle, inklusive Hofstaat, sehr gut über ihn[33] (ob als Ydor oder als Gespenst auf der Bastei), Kaiser und Kaiserin sind „außerordentlich vergnügt“[34]; und nur wenn man sich die enorme meinungsbildende Kraft vor Augen hält, die damals vom Hof und vor allem von der Person des Kaisers ausgeht, weiß man, was diese Aufhebung des Bannes der Ignoranz bedeutet (wenn sie auch in diesem Fall keinerlei Folgen hat).

Raimunds Bericht an Toni klingt nüchtern und beinahe despektierlich: „Ich darf also dem Glück dankbare Blumen streuen“, schreibt er, „daß eine glückliche Verdauung mir vielleicht den Sieg über die ernste Miene Sr. Majestät erleichtert hat. Von solchen Dingen hängt oft leider das Glück eines Künstlers ab.“[35]

Selbst Raimund, der ewig mit sich und der Welt Unzufriedene, muß eingestehen, daß er als Schauspieler einen Gipfel erreicht hat. Wie fühlt er sich, wenn die Zeitungen ihn „genial“ nennen und der enthusiastische Beifall des Publikum auf ihn niederprasselt, wenn er mit nie nachlassender Intensität um die Gunst dieser unbeständigen, brodelnden Masse wirbt? Er kann, wie Moritz Saphir schreibt (der später entschieden böser mit ihm umspringt) als „Polarstern der Beweglichkeit“ neben Schuster, dem „Polarstern der Ruhe“ glänzen[36], kann aber auch einen grenzenlosen Phlegmatiker spielen, der die Hände nie aus der Tasche bringt, träge in Gang und Sprache, ganz behagliche Ruhe, also durchaus das Gegenteil von dem, was man von ihm erwartet[37], und wenn Saphir ihm einen „inneren Genius“[38] zugesteht, so stellt er fest, was alle wissen: Daß dieser Raimund auf der Höhe seines spezifischen Könnens angelangt ist, daß ihm die vorhandenen und von den derzeitigen Routiniers zu produzierenden Stücke des Altwiener Volkstheaters nichts mehr zu bieten haben, daß er Rollen braucht, wie keiner sie ihm schreibt, wenn er noch weiterkommen will. Er wird dazu übergehen müssen, sie sich selbst zu verfassen, und schon beim dritten Anlauf – nach dem „Barometermacher auf der Zauberinsel“ und dem „Diamanten des Geisterkönigs“ – wird er mit dem „Bauer als Millionär“ nicht nur das Theater seiner Zeit, sondern auch seine eigenen Fähigkeiten auf eine neue Ebene stellen. Die Zeit für den Dichter ist gekommen.

„DER BAROMETERMACHER AUF DER ZAUBERINSEL

„. . . als Zauberspiel sehr gediegen“

„Könnte man ihn nur bewegen, selbst Lokalstücke zu schreiben – da würden wir erst ganz kennen lernen, was er in sich trägt!“[1] Es ist nicht das erste Mal, daß Costenoble diesen Seufzer ausstößt, der nur beweist, wie gut er den Freund kennt, wie sehr er aufgrund des intensiven Umgangs mit ihm spürt, daß in Raimund Phantasie, Sprachgewalt, Humor nicht nur nachschöpferisch, im Dienst kaum akzeptabler Machwerke, sondern eigenschöpferisch vorhanden sind.

Immerhin, man bedenke – welch eine Idee, heute etwa einem Schauspieler, der über schlechte Stücke und Rollen klagt, zu sagen, er solle sich doch selbst etwas schreiben (nicht jeder ist ein Noël Coward). Damals ist die Situation grundlegend anders. Nicht nur ein Korntheuer schwingt mit Selbstverständlichkeit die Feder, um einem Ensemble flugs ein Stück auf den Leib zu schneidern, wenn es auch nicht mehr ist als die Adaption einer Vorlage. Auch Costenoble selbst meint, das, was er Raimund hier vorschlägt, sei wohl nicht so schwer, ist er doch selbst nicht nur ein fingerfertiger Übersetzer französischer Vorlagen[2], sondern produziert auch tüchtig für den Tagesbedarf. Und er ist nicht der einzige. Ein paar Jahre später wird die „Theaterzeitung“ eine Statistik über die Schauspieler Wiens aufstellen, die sich ihre Benefizstücke selbst schreiben, und dabei zu folgendem Ergebnis kommen:[3]

K. k. Hoftheater nächst der Burg besitzt Schauspieler, welche zugleich Dichter sind als: Die Herrn Costenoble, Lembert und Veit und Mad. Weissenthurn	4
K. k. Hoftheater nächst dem Kärnthnerthor Herr Grünbaum	1
K. k. priv. Theater an der Wien Die Herrn Carl, Rott, Kunst, Scholz . . .	4
K. k. priv. Theater in der Leopoldstadt Die Herrn Raimund, Ign. Schuster, Korntheuer u. Dem. Krones	4
K. k. priv. Theater in der Josefstadt Herr Hopp . . .	1
	Summa 14

Die Bedeutung des Benefizstücks wurde schon erläutert, und mit Sicherheit sitzt Raimund noch der Schock seines letzten Benefizes in den Knochen. Hätte er damals ein besseres Stück vorweisen können, es wäre seinen Gegnern nicht so leicht gefallen, ihn auszupfeifen. Und nun ist es

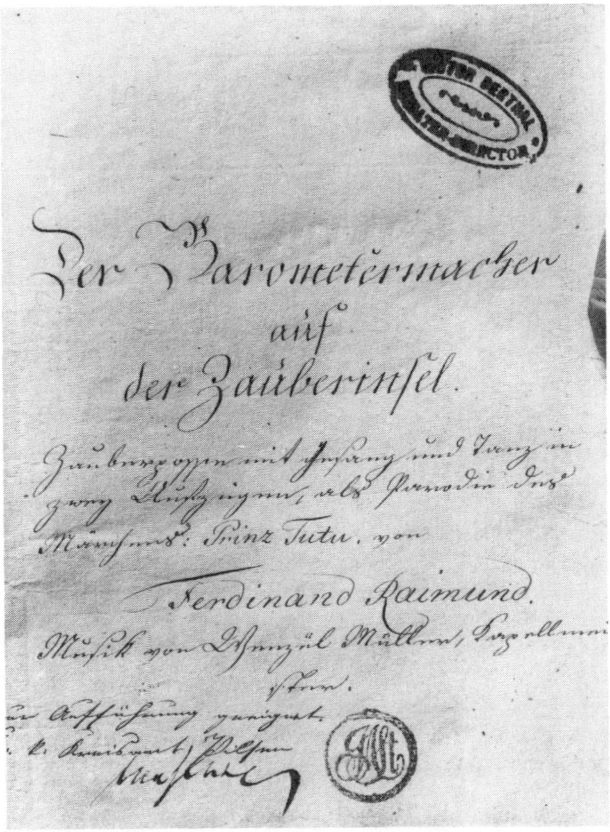

Handschrift des „Barometermachers auf der Zauberinsel"

wieder so weit, daß sein Benefizabend ansteht: Am 11. Oktober 1823 meldet die „Theaterzeitung", daß Karl Meisl zu diesem Anlaß ein Stück für Raimund schreibt.

In seiner Selbstbiographie wird Raimund später den bisher wichtigsten Entschluß seines Lebens kurz so beschreiben: „Im Jahre 1823 machte ich als Autor den ersten Versuch mit der Bearbeitung des Märchens ‚Die Prinzessin mit der langen Nase'. Ich nannte es: ‚der Barometermacher auf der Zauberinsel'."

Dahinter steckt erst einmal viel Ärger. Wie hat er nicht einst an Toni geschrieben? „Mit unseren Dichtern geht es immer miserabler, sie betreiben ihre Kunst bloß, um Geld herauszulocken, nicht um Ehre zu ernten, und es ist zum Verzweifeln, was man für Schmierereien lesen muß."[4] Und Costenoble hat recht drastisch ein Gespräch mit Raimund geschildert, in dem sich dieser über die Lokaldichter von damals äußerte. „Da ist erstlich", sagte Raimund, „der Esel, mein Schwiegervater, der Gleich, und dann der Beamte Meisl; die Kerls übergeben mir ihren Mist zur Durchsicht, und ich muß zwei Akte kassieren, eh' ich einen halben von ihrem Geschmiere brauchen kann. Und wenn ihre Pastete fertig ist, so muß ich sie erst anfüllen mit meinen Ingredienzien, wenn sie genießbar sein soll."[5]

Was Meisl nun liefert, ist ihm auch diesmal nicht gut genug, „Das ist nichts als Mist!" wiederholt Raimund das eine ums andere Mal.[6] Das kann Meisl später, als 1868 seine Memoiren erscheinen, natürlich nicht auf sich sitzen lassen. Bei ihm liest sich – in der dritten Person geschildert – die Geschichte für ihn weniger unrühmlich:[7]

„Meisl dachte in längstens 14 Tagen mit der Komödie fertig zu sein, doch der Dichter denkt und Gott lenkt. In Meisl's Hause brach der Scharlach aus und seine ganze Familie wurde damit behaftet; die Krankheit trat so energisch auf, daß die Kinder alle in Lebensgefahr schwebten und Meisl das Schreiben einstellen mußte. Doch Raimund war ein eigener Mensch, wenn er sich einmal etwas in den Kopf gesetzt, so mußte es auch geschehen; er verlangte von der Direction mit Ungestüm seine Einnahme. Der Director konnte es nicht verschieben, er schickte deshalb zu Meisl und ließ ihn ersuchen, das Stück fertig zu machen, da Raimund dasselbe zu seiner Einnahme bis zum bestimmten Tag haben müsse. Da Meisl das Stück nicht fertig machen konnte, so erbot sich Raimund, den zweiten Act selbst zu schreiben. Der Director bezahlte Meisl das ganze Stück, übergab es Raimund und dieser machte es richtig fertig. Im Verlaufe von 14 Tagen war das Stück vollendet und zu Raimund's Benefice gegeben. Auf dem Zettel stand mit großen Buchstaben Ferdinand Raimund als Verfasser. Das Publicum traute kaum seinen Augen. Raimund ist auch ein Dichter geworden, so wurde überall in den Kaffee- und Gasthäusern gesprochen. Das spannte die Neugierde der Wiener auf das Höchste."

Rundum allerdings stimmt wieder so vieles nicht – Raimunds Name stand nicht am Premierenabend auf dem Theaterzettel, er spielte im „Barometermacher" nicht den Schiffsbarbier Bims, wie weiter zu lesen steht, die Musik stammte nicht von „Carl Drechsler" –, daß man, wie schon erwähnt, vor der Unzuverlässigkeit dieses Buches doch besser den Rückzug antritt.

Jedenfalls: Raimunds Entschluß, lieber selbst etwas zu schreiben, bevor er umschreiben und ohnedies einen großen Teil der Arbeit selber machen muß, erwächst sicher aus Ärger. Toni meldet er, daß er mit seinem Benefizstück viel Verdruß habe und unsicher sei, wie die Sache ausfallen würde. (Noch mehr Ärger wird er nach den ersten Aufführungen haben, wenn Meisl sich als Autor ausgibt – davon später.) Wie sehr das ganze Werk von ihm selbst stammt, geht nicht zuletzt aus der geäußerten Absicht hervor, Kapellmeister Wenzel Müller die Musikstücke „aus meinem Kopf"[8] vorzusingen.

Der frischgebackene Dichter hofft, in Toni die zumindest mitfühlende, aber auch urteilende Gefährtin zu finden, wenn er ihr das Stück zur Lektüre sendet, zusammen mit dem „elenden Schmarrn von 1. Akt", den ihm Meisl geliefert hat, damit sie den Unterschied sieht[9] – aber wo sollte Toni plötzlich die hier benötigte Urteilskraft und auch das Fachwissen hernehmen, wo sie sich doch kaum je für seine Arbeit interessiert hat? Sie läßt Raimund, wie bisher fast immer, auch in dieser Sache im Stich – aus seinem nächsten Brief geht hervor, daß sie sein Stück zwar gelesen, es aber nicht der Mühe wert gefunden hat, ihm auch nur ein Wort dazu zu sagen. Andere haben sich hingegen offenbar schon positiv dazu geäußert, da er ihr mit einem Anflug von Beleidigtsein erklärt, daß sein Werk „nach dem Ausspruche von Kennern als Zauberspiel sehr gediegen ist."[10]

Raimunds Originalmanuskript in Großfolio und im Umfang von 56 Seiten ist erhalten. Es hat weder Titel noch Personenverzeichnis, und es fehlt die erste Szene sowie der Anfang der zweiten – das bedeutet, daß Raimund das Stück so weit von Meisl vorgelegt bekam und von da an einfach selbst weitergeschrieben hat. Erst das Theatermanuskript von 126 Seiten beinhaltet das ganze Stück – und wir können beurteilen, auf welch lächerlichen Beinen später Meisls Behauptung stehen soll, er habe den „Barometermacher" verfaßt, wo doch evident ist, daß er über den Anfang nicht hinauskam.

Wenn Raimund nun zum ersten Mal daran geht, ein Stück zu schreiben, dann hegt er in diesem Fall (und nur diesmal, schon beim nächsten Stück sieht die Situation ganz anders aus) noch keinen anderen Ehrgeiz als den, sich und seinen Kollegen eine wirkungsvolle Spielvorlage zu schaffen, die den Geschmack des ihm bestens vertrauten Publikums treffen müßte. So wie er als Schauspieler imitierte, so wandelt er zunächst auch hier auf den Spuren der Vorbilder. Bloß – er tut es so, daß seine Begabung wirklich augenfällig wird.

Die Vorlage stand fest, Raimund selbst hatte sie Meisl angegeben, also ist anzunehmen, daß er das Märchen von der „Prinzessin mit der langen Nase" gut kennt. Es stammt von Friedrich Hildebrandt Freiherrn von Einsiedel und wurde von Christoph Martin Wieland in seine Märchensammlung „Dschinnistan" aufgenommen. Wieland, der Aufklärer, der auch im Kreise Goethes zu finden war, vielseitig auf allen Gebieten literarisch tätig, hat auch auf die Romantik vorgegriffen und ihre Neigung zum Märchen entdeckt. Für Raimund ist die Geschichte, die Meisl „Prinz Tutu" bzw. „Horn, Beutel und Kappe" genannt hätte, eine ziemlich ideale Vorlage – nachdem er sie sich zurechtgebogen hat.

Raimund mußte eine grundlegende Entscheidung treffen. Der Held des Märchens, Prinz Tutu (ein Name, den Raimund dann dem König zugeteilt hat, der im Märchen Abukaf heißt), ist ein Königssohn, würde also, brächte man ihn auf die Bühne, keine Raimund-Rolle darstellen. Für sich selbst wird Raimund (und so wird er es immer halten, wenn auch – Wurzel, Rappelkopf – mit Modifikationen) stets nur die lustige Person als Rolle wählen. Diese kann entweder allein im Mittelpunkt stehen oder der ersten Figur als Diener beigegeben sein – eine Lösung, die Raimund im „Diamanten des Geisterkönigs" wählen wird, wenn er seinem Helden den Diener Florian hinzuerfindet. Natürlich hätte er auch dem Prinzen Tutu einen Begleiter geben können – aber das will er nicht. Er eliminiert den Helden zugunsten des Narren, er läßt Bartholomäus Quecksilber die im Märchen vorgesehenen Abenteuer erleben. Nun kann aber ein heruntergekommener Barometermacher nicht von einem königlichen Vater die

Zaubergaben, um die es geht (Beutel, Horn und Kappe in einem Kästchen aus Ebenholz), bekommen. Auf diese Art wird die Geisterwelt, auf die Raimund nie, selbst bei zunehmender Reife nicht und auch nicht als vollendeter Meister seiner Kunst, verzichten wird, in das Geschehen eingebracht: Quecksilber bekommt von einer Fee, die eine recht lustig-raunzige Person ist, per Zufall die Gaben, die hier in Stab, Horn und Gürtel modifiziert sind. Damit kann er alles in Gold verwandeln, ein Heer herbeizaubern und sich selbst an einen anderen Ort wünschen.

Wenn nun statt eines Prinzen ein wienerischer Barometermacher auf einen König und dessen böse Tochter stößt, dann bekommt das Märchen wie von selbst den Charakter eines Wiener Volksstücks, da schon allein aus der Sprache der nötige komische Kontrast erwachsen kann. Im Märchen knöpft die böse Prinzessin Zenomide dem Prinzen Tutu seine drei Gaben ab, und er kann sie nur wiedergewinnen, indem er sich einer Entdeckung bedient, die ihm durch Zufall zur Kenntnis gelangte: Die Feigen eines gewissen Baumes verursachen dem, der sie ißt, eine große Nase, und nur, wer das Wasser einer bestimmten Quelle trinkt, erhält sein früheres Aussehen wieder. So bekommt Tutu als Arzt verkleidet durch List seine Gaben zurück – und läßt die Prinzessin mit ihrer großen Nase unglücklich werden.

Ein Happyend ist im Märchen also nicht vorgesehen – aber so hat man im Altwiener Volkstheater nicht gewettet. Quecksilber verfährt wie Tutu, verliert seine Gaben, entdeckt das Geheimnis der Feigen und des Wassers, verkleidet sich als Quacksalber, bekommt seine Gaben zurück und hinterläßt der Prinzessin, die bei ihm Zoraide heißt, die Nase, die sie wahrlich verdient. Aber sich nur umzudrehen und abzugehen, das wäre zu wenig – Quecksilber muß natürlich sein Mädchen finden. Theoretisch bestünde die Möglichkeit (denn mit vorliegenden Stoffen kann man ja verfahren, wie man will), daß die von ihrer Nase wieder befreite Prinzessin geläutert wird und dem Barometermacher die Hand reicht. Aber das wollte Raimund keinesfalls – Zoraide muß böse bleiben und bestraft werden, warum, davon soll noch die Rede sein.

Die Partner der lustigen Personen kommen am besten aus dem dienenden Stand, was also liegt näher, als Zoraide eine Zofe beizugeben. Sie heißt Linda, ist eine reine Erfindung Raimunds und eignet sich prächtig zur Gefährtin des Helden. Tatsächlich ist sie ein Wunschbild: Sie geht mit ihm durch dick und dünn, so wie er es sich wohl von seiner Toni erwünschte, und was er sich im Leben ersehnt, erschafft er sich nun auf der Bühne. Ist es nicht zauberhaft, wie sie Quecksilber über den Verlust des Hornes tröstet? „Ich will Ihnen mein Herz dafür geben", sagt sie. „Sie können freilich keine Armee damit herblasen – aber einen einzelnen Verteidiger werden S' ewig an ihm haben. Tausend Getreue werden Ihnen nimmermehr zu Diensten stehen, aber wenn Sie an das Herzenstürl da anklopfen, so wird Ihnen eine treue Person entgegenkommen, und Sie werden sehen, wenn Sie mich heiraten, so werden Sie recht glücklich werden, und Sie werden auf alle Hörner vergessen."

Worte wie diese haben auch heute noch ihren Zauber, sie sind das, was sich ein Romantiker wie Raimund vorstellt, sie sind der Wunschtraum

Szenenbild aus „Der Barometermacher auf der Zauberinsel“

Toni, so wie Zoraide ganz ohne Zweifel den Alptraum Luise darstellt: Kaum je wird später (außer vielleicht im „Alpenkönig“ die Figur des Rappelkopf) so Allerpersönlichstes aus Raimunds unmittelbarem Dasein in ein Stück eingehen wie hier. Luise und Toni auf der Bühne, die eine wird bestraft für das, was sie Raimund angetan hat, der anderen wird ein Happyend verheißen, wenn sie sich als die Gefährtin erweist, die sie nach seiner Hoffnung (damals noch) vielleicht einmal sein kann ... Es sind übrigens zwei gute Rollen, angesichts derer sich die Frage aufdrängt, warum Raimund eigentlich in der Folge brillante Männerrollen und nur sehr wenige starke, farbige Frauenrollen schreiben wird. Zoraide hat zwar die Züge einer „Bösewichtin“ auf dem Theater, aber vieles an ihrer Tücke, ihrer Bösartigkeit ist dem Leben abgeschaut: So wie diese Zoraide mit Quecksilber umspringt, hat Luise immer wieder Raimunds Vertrauen erschlichen und getäuscht. Und die Vitalität, mit der Linda an dem Schicksal Quecksilbers Anteil nimmt, verschafft ihr starke, bühnenwirksame Momente.

Die beiden sind ein Versprechen, das nicht eingelöst wird. Das Mariandl und die Jugend, kaum noch die „Phantasie“ – das sind Rollen, die der Krones viel verdanken, die von großen Schauspielerinnen zur Wirkung gebracht werden können. Aber die Amine im „Diamant“? Das Lottchen im „Bauer als Millionär“? Hermione und Alzinda, die fernen Königinnen, sowie allerlei Feen in den diversen Stücken? Würde bei Rappelkopf neben einer gequälten Gattin und einer verschüchterten Tochter nicht das resolute Lieschen in die Reihe der kecken Zöfchen von Molières Dorine bis Lessings Franziska springen, ohne sich gänzlich würdig einzureihen, wo fände man überhaupt eine wirkungsvolle Frauenrolle? Denkanstöße geben einzig die Figuren der Göttin Lucina und schließlich die Rosa im „Verschwender“ mit ihrer erschütternden Wandlung vom herzigen Mäderl zur böse-verbitterten Frau – nochmals ein Bild Tonis?

Doch diese Aufzählung beweist eher die Dürftigkeit von Raimunds weiblichem Personal als das Gegenteil, stellt man ihnen Figuren wie Wurzel, Rappelkopf, Valentin gegenüber, aber auch die mehr negativen Helden wie Nachtigall oder vor allem Gluthahn – da können die Frauen in keiner Weise nicht mithalten.

Auch das hat Raimund – neben manchem anderen, wovon noch zu sprechen sein wird – übrigens mit Nestroy gemeinsam. Auch dieser schrieb faszinierende Männerrollen, viele seiner Gestalten – um nur Titus Feuerfuchs, den Herrn von Lips oder Knieriem zu nennen – sind von Ewigkeitscharakter, aber unter den Frauen ist seine Salome Pockerl ein einsamer Wurf (und ein Geschöpf, das zugegebenermaßen alle Raimund-Damen in die Tasche steckt).

Nein, der Meister der Frauengestalten war jener, dessen Beziehung zum anderen Geschlecht am komplexbeladensten war: Gewiß, auch Raimund und Nestroy wurde bezüglich der Weiblichkeit ein nicht alltägliches Schicksal auferlegt, aber Grillparzer leistete sich doch die meisten Komplexe. Und er war es dann, der Sappho und Medea, Hero und Kunigunde von Massovien, Libussa und die Jüdin von Toledo erdachte, dem schließlich mit der Edrita ein köstliches Lustspielgeschöpf gelang und der sogar mit den Nebengestalten – Melitta, Kreusa oder Erny – fesselnde Studien schuf. Daß neben den starken Grillparzer-Frauen schwache Männer stehen, hindert allerdings nicht, daß diese Schwäche meisterhaft getroffen wurde, daß also auch die Männerfiguren scharf gezeichnete Charaktere sind.

War das zum Thema der Raimundschen Frauengeschalten ein Vorgriff auf die Zukunft, so kann man diesen auch auf die Frage nach der „Moral" der Geschichte ausdehnen. Alle Stücke Raimunds haben eine Moral, immer kann sie als „biedermeierlich" eingestuft werden, da sie ihre Helden lehrt, sich nicht zu überheben, sondern zu bescheiden. Materielle Güter werden grundsätzlich hintangestellt, menschliche Werte in den Vordergrund gerückt. Man hat Raimund vorgeworfen, ein ideologischer Duckmäuser zu sein, der, den Mächtigen zupaß, mit Grillparzer in das Horn des „innern Frieden" blies, um jede staatsbürgerliche Hybris zu besänftigen. Aber kann man positive Moral, wie sie Raimund immer aus tiefster Überzeugung verkündet, ehrlicherweise so negativ interpretieren? Quecksilber ist bereit, auf die Zaubergaben, die Reichtum und Macht bedeuten würden, zu verzichten, weil ihm das wahre Glück mit Linda lieber ist. Eduard wird Amine höher schätzen als alle Diamanten und allen Reichtum. Der Fischer Karl wird für sein Lottchen gleichfalls auf Materielles verzichten. Und der Verschwender Flottwell wird erfahren, daß ihm nichts von seinem Vermögen geblieben ist, aber er wird das Herz eines ehrlichen Menschen wie Valentin als unvergleichlich höheren Wert erkennen.

Nur Biedermeier-Moral? Raimund, in dessen Charakterbild materialistische Beweggründe wirklich nur peripher anklingen, hat ein klares Weltbild, weiß genau, wo er Werte ansetzt (nämlich im hohen, idealistischen Sinn), und er hält schon im „Barometermacher", der wirklich noch kein bedeutendes Werk ist, die Bühne für den rechten Ort, das zu verkünden. Im Grunde werden seine Helden – in verschiedenen graduellen Abstufungen – immer geprüft und geläutert. Selbst ein wienerischer Barometermacher ist ihm nicht zu gering, Erkenntnisse zu proklamieren. Erst später wird ein zunehmend verbitterter Raimund zu Gestalten fortschreiten, die nicht zu läutern sind (Gluthahn) – aber den Höhepunkt seiner Kunst erreicht er dann, wenn es wieder um Erkenntnis geht, wenn Rappelkopf sich selbst mit den Augen eines anderen sieht...

Im Moment ist dieser „Barometermacher" für Raimund wichtig und richtig. Daß er ihn später nicht allzu hoch einschätzt, beweist die Tatsache, daß er dieses Stück nicht in sein Gastspielrepertoire aufnimmt. Mit seinem nächsten Werk, dem „Diamant des Geisterkönigs", wird er bis ans Ende seines Lebens gastieren. Dieses Stück wird er dann aber schon aus eigenem Schöpferwillen und nicht, wie den „Barometermacher", einfach der Not gehorchend schreiben...

Vieles an dem Stück ist noch als Anfängerwerk zu erkennen. Die Handlung wird Szene um Szene aufgefädelt, eines folgt dem anderen – nie wieder wird es Raimund so billig geben, später wird er mehrere Handlungsstränge verschränken und verflechten. Ganz devot verbeugt er sich vor seinem Publikum – aber wenn's bei Bäuerle hymnisch „'s gibt nur a Kaiserstadt, gibt nur a Wien" geheißen hat, warum soll sich Raimund dann nicht das Wohlwollen mit „Im Österreicher Landel, Da bin ich zu Haus, Da geht mir das Glück Und die Freude nie aus" erwerben? Schließlich schreibt er den „Barometermacher" für sein Benefiz. Und für dieses sein erstes Stück gilt auch für Raimund die spätere Nestroy-Moral, daß die Sachen gefallen sollen, die Leute lachen und ihm Geld bringen... aber nur für den „Barometermacher". Und daß er sich schnell mit Inbrunst für dieses sein Stück engagiert, beweist dann die Tatsache, mit welcher Leidenschaft er die Proben leitet...

Eine Frage muß sich die Nachwelt angesicht des „Barometermachers" stellen, denn immer wieder wurde König Tutu – ebenso wie König Longimanus im „Diamanten des Geisterkönigs" – als Ebenbild des Kaisers Franz betrachtet, so deutlich zu erkennen, daß sich Costenoble wunderte, daß die Zensur nicht eingeschritten sei.[11] Ist Tutu, konstitutionell faul, schläfrig und gefräßig, wirklich nicht nur der Märchenkönig, sondern der echte Kaiser, dessen seelisches Kleinformat, trockene Pflichterfüllung und persönliche Bescheidenheit es schwer machten, ihm irgendwelche menschlichen Laster nachzusagen (mit Ausnahme von Neugier oder engstirniger Pedanterie)? Ein Raimund, der die Zustände am Kaiserhof bewußt und bösartig parodiert, ist trotz der Galle, die er möglicherweise gegen Franz empfand, nicht leicht denkbar.

Angesichts dieses Erstlingswerks ist nun auch, vorgreifend, ein grundsätzlicher Hinweis auf die Musik in Raimunds Stücken und deren Komponisten angebracht. Es ist erwiesen, daß Raimund, höchst musikalisch, im Lauf seines Lebens für die meisten Erfolgsmelodien seiner Werke selbst verantwortlich zeichnet, daß er den Komponisten das „Brüderlein fein", das „So leb denn wohl, du liebes Haus", das „Hobellied" und vieles andere mehr vorgesungen hat. Das bedeutet nicht, daß die Komponisten bei ihm nichts zu tun bekommen, im Gegenteil: Raimund ist als Vollender des Altwiener Volkstheaters Erbe des Barocks genug, um Theater als Gesamtkunstwerk zu begreifen und der Musik eine wichtige Rolle zuzuteilen. Er hat nicht nur die Sologesangsnummern und die Duette der lustigen Personen vorgesehen, sondern auch Chöre, Tanz- und Balletteinlagen, Ouvertüren, Vor- und Zwischenspiele (bei den Verwandlungen), außerdem Quodlibets, die (zu Nestroys Zeiten dann noch in höherem Ausmaße) gern zu Opernparodien ausgestaltet werden.

Raimund ist es, der erstmals Auftrittslied und darauffolgenden Monolog der Figur koppelt[12], was Nestroy später zur unübertroffenen Meisterschaft bringt. Bei ihm erst werden die „Theaterlieder", die früher eher solistische lustige Einlagen waren, fest ins Geschehen eingebunden, als Charakteristik einer Figur oder einer Situation. Musik hat also in Raimunds Stücken eine große und mindestens doppelte Funktion, sie wird atmosphärisch und dramaturgisch zugleich eingesetzt.

Dabei hat er zeitlebens das Glück, auf begabte Komponisten zu treffen. Wenzel Müller (1767–1835), der ihm die Musik zum „Barometermacher", dann zur „Gefesselten Phantasie" und „Der Alpenkönig und der Menschenfeind" schreibt, gilt als Meister seines Faches, der sich nicht nur in volkstümlicher Melodik versuchte (wenn er darin auch seine berühmtesten Werke schrieb), sondern auch Sinfonien, Kantaten und Messen komponiert. Als „Bänkelsänger" ist der Schöpfer von Singspielen, von denen einige („Die Schwestern von Prag") noch nicht ganz vergessen sind, in die Musikgeschichte eingegangen, Mozart äußerte sich freundlich über den Humor in Müllers Musik, manches wie „Kommt ein Vogerl geflogen" ist so sehr Volkslied geworden, daß man den Schöpfer nicht mehr kennt. Kurz, in Müller findet Raimund einen Mann, der „Volkstümlichkeit" auf derselben hohen Ebene versteht wie er.

Aber Raimund wird auch später mit seinen Komponisten Glück haben: Josef Drechsler (1782–1852), der ihm die Musik zum „Diamant des Geisterkönigs", „Der Bauer als Millionär" und „Die unheilbringende Krone" schreiben wird, ist auch ein über das Volkstümliche hinaus geschätzter Komponist, und Konradin Kreutzer (1780–1849), der den „Verschwender" vertont, ist ja bis heute mit seiner Oper „Das Nachtlager von Granada" ein Begriff geblieben und hat auch Grillparzers ernste „Melusine" mit Musik bereichert. Am wenigstens bekannt wurde Philipp Jakob Riotte (1776–1856), der u. a. Kapellmeister im Theater an der Wien war und als solcher Raimunds dort uraufgeführtes Stück „Moisasurs Zauberfluch" zur Komposition erhielt, was er – wie Kreutzer, wie stellenweise auch schon Drechsler bei Raimund-Stücken – mit stärker betonter „opernhafter" Attitüde tat. Riotte hat selbst fünf Opern, darunter eine auf Shakespeares „Sturm", komponiert, die allerdings vergessen sind.[13]

Schnell hat es sich herumgesprochen, daß Wien nun „einen neuen Dichter erhalten" hat[14]: Am 27. November 1823 meldet die „Theaterzeitung", daß sich Herr Raimund sein Benefizstück selbst geschrieben hat und daß es den Titel „Der Barometermacher auf der Zauberinsel" trägt.

Josef Drechsler

Wenzel Müller

Ferner wird berichtet, daß außer ihm noch Korntheuer und Johanna Huber mitwirken werden. Toni hingegen hat in ihrer unversiegbaren Eifersucht nun ein anderes Zielobjekt gefunden: Sie beschuldigt Raimund, sich heimlich mit der Schauspielerin Luise Kupfer in der Theaterloge zu treffen.[15]

Luise Kupfer ist seit Februar 1823 als Ersatz für eine andere Luise, die – nicht zuletzt Tonis wegen – entfernte Madame Raimund-Gleich, engagiert. Sie übernimmt die Rollen ihrer Vorgängerin, ohne besonders zu gefallen, jedenfalls erreicht sie die hübsche andere Luise nicht. Trotzdem schreibt Raimund, und das ist vielleicht der Grund für Tonis Argwohn, Luise Kupfer die Rolle seiner Partnerin Linda auf den Leib. Das zeugt aber keineswegs von besonderer privater Sympathie, sondern nur von einer Notlage in Bezug auf das Personal des Leopoldstädter Theaters: Ganz offensichtlich sieht Raimund derzeit noch keine andere Besetzungsmöglichkeit für die Rolle, was bedeutet, daß Therese Krones noch nicht zu voller Überzeugungskraft erblüht ist. Ihr „Durchbruch" wird dann im Februar 1824 erfolgen, wenn sie statt der Kupfer bzw. statt der Gleich die Zilly und die Lindane spielen wird. Dann ist sie auch für Raimund interessant.

Luise Kupfer wird Toni jedoch nicht lange stören, denn obzwar sie eine gute Sängerin ist, wird sie beim Publikum im Theater in der Leopoldstadt nie richtig beliebt. Sie verläßt das Theater folglich schon wieder 1824, geht erst nach Breslau und dann an das Königstädtische Theater in Berlin, wo auch Raimund später gastieren wird.

Raimund, der geborene Regisseur, stürzt sich natürlich auf die Inszenierung seines Stücks. Aussagen über seinen bei dieser Gelegenheit bekundeten Übereifer stammen zwar aus der Raimund-Legende, stimmen aber überein und sind völlig glaubhaft, da es über sein ganzes Leben lang Berichte geben wird, die davon künden.

„Proben dieser Art“ hatte man noch nicht erlebt, heißt es in Bäuerles Raimund-Roman:[16]

„Zwei Tage vor der ersten Probe begab sich Raimund zu allen, welche in seinem Stücke beschäftigt waren, und gab ihnen zu verstehen, daß sie ihre Rollen vollkommen auswendig wissen müßten, weil mit Rollen, die auf der Bühne noch ‚herausgelesen‘ werden, keine Probe möglich sei.

Die Herren und Damen wußten auch ihre Rollen perfect, aber Raimund hatte tausend Dinge auszusetzen.

Die Schauspielerin und Sängerin Louise Kupfer, welche das Fach, das seine Frau spielte, bekleidete, hatte einen besonders schweren Stand.

Louise Kupfer war keine Wienerin, und es ärgerte Raimund, daß sie gar zu rein deutsch sprach.

Wenn ich mich schon darüber hinaussetze, sagte Raimund, daß Sie, weil Sie nicht anders sprechen können, hochdeutsch statt wienerisch reden, da es den Norddeutschen nie gelingen wird, ein ‚österreichisches‘ Wort wie es sich gehört zu sagen, so kann ich doch nicht zugeben, daß Sie die Rolle so kalt, so gemessen, so abgezirkelt vortragen, als spielte mein Stück in Berlin. Diese Zofe ist ein lustiges, schelmisches, schnackisches Ding; sie muß mit Humor und Feuer dargestellt werden. Haben Sie denn keinen Humor, kein Leben, kein Feuer? Es ist nicht wahrscheinlich. Sie sind schön, jung, sind immer heiter! Seien Sie es doch auch in Ihrer Rolle!

Raimund spielte ihr die Rolle vor.

Ich werde es treffen! sagte Louise Kupfer – und sie traf es sehr gut.

Nun wendete sich Raimund an Johanna Huber, welche die Prinzessin darstellte.

Die Rolle war schlecht, das heißt, sie war nicht dankbar.

Johanna Huber ließ dies den Dichter fühlen und spielte deshalb so ohne Geist und Lust, daß Raimund erschrak.

Fräulein, sagte Raimund zu Johanna Huber, wenn Sie bei der Vorstellung auf diese Weise spielen, so führen wir mein Stück lieber gar nicht auf.

Ich werde schon gut spielen, versicherte Johanna, wenn es dazu kommt.

O, darauf lasse ich mich nicht ein! eiferte Raimund. Heute müssen Sie sehr gut spielen. Ich verlasse mich nicht auf Ihre Discretion.

Soll ich mich heute schon plagen mit einem Charakter, denn Sie so vernachlässigen?

So spricht eine Huber? So spricht die Schröder der Localstücke, wie Sie sich gerne nennen hören? Eine Künstlerin, welche applaudirt wird, wenn sie auch gar Nichts zu sprechen hat? Wenn die Rolle sich selbst spielte, hätte ich sie der Mamsel Kicker zugetheilt und nicht Ihnen.

In Gottes Namen, so will ich denn loslegen.

Nicht loslegen, nicht übertreiben, sondern einfach das aus der Rolle machen, was daraus zu machen ist. Ich werde es Ihnen zeigen.

Sie werden mir die Prinzessin vorspielen? Mir? – Erlauben Sie, daß ich Ihnen die Prinzessin vorspiele.

Und nun spielte Johanna Huber die Prinzessin, daß Raimund sie nicht besser hätte wünschen können.

Korntheuer, welcher unter allen Schauspielern, die je einem Theater angehörten, der empfindlichste, dabei für seine Ansichten und seine Darstellungsweise so eingenommen war, daß er es als ein Attentat auf seine Person ansah, wenn man ihn tadelte – ging während der Verhandlungen Raimund's mit Louise Kupfer und Johanna Huber auf dem Theater mit Sartory ganz aufgeregt herum und sagte zu dem Director:

Geben Sie nur Acht! Er kommt auch über mich! – Ich habe es ihm schon angemerkt, daß ihm mein Spiel in meinen beiden ersten Scenen nicht gefiel – er soll mir aber nur Etwas sagen, wie ich ihm dann über's Maul fahren werde! – Es ginge mir gerade noch ab, daß ich mich, der ich Hofschauspieler, Director des Brünner Theaters und dreimal Regisseur bei großen Bühnen war, dann so beliebt in Wien bin, wie Herr Raimund, daß ich mich noch hofmeistern lassen sollte.

Aha! fuhr Korntheuer fort, jetzt kommt meine dritte Scene! – Jetzt wird's angehen!

Korntheuer spielte mit seltener Laune.

Wie bekannt, lag seine Hauptforce in einem überaus glücklichen Extemporiren. Er extemporirte auch hier wieder und setzte so viele komische und witzige Einfälle zu, daß alle Schauspieler vor Lachen laut aufschrien und sogar der Souffleur lachen mußte.

Raimund schnitt ein finsteres Gesicht und sagte unwillig: Das ist ja ganz etwas Anderes, als ich geschrieben! – Lieber Korntheuer, wäre es nicht besser, wenn Du Dir diese Spässe für Deine eigenen Stücke aufheben möchtest?

Ei, sagte Korntheuer bissig, Spässe habe ich genug und ich kann Dir damit noch für ein Dutzend Stücke aushelfen.

Aushelfen? fuhr Raimund auf. Mir aushelfen? Habe ich Dich angesprochen, daß Du mir aushelfen sollst? – Wenn ohne Dein Extemporiren mein Stück Nichts taugen sollte – so braucht es gar nicht aufgeführt zu werden!

Ich spiele diesen Prinzen Tutu nicht anders als mit meinen Zusätzen! Die Rolle ist trocken wie ein Erdapfel – wenn ein Salat daraus werden soll, so muß mein Essig und mein Oel dazu kommen.

Ich brauche Deinen Salat nicht! Mache meinen Erdapfel nur genießbar.

Dann wird ein Erdapfelschmarrn daraus! Es ist eigentlich ohnehin nichts Anderes, als ein Schmarrn!

Ein Schmarrn! Danke für das aufrichtige Urtheil. Was ein Schmarrn ist, soll dem Publicum auch nicht vorgesetzt werden.

Schack, rief Raimund dem Souffleur zu, gieb Er mir mein Manuscript!

Meine Herren und Damen, wendete sich Raimund an die Gesellschaft, die Probe ist zu Ende! – Mein Stück wird nicht aufgeführt! Ich empfehle mich Ihnen!

Raimund nahm sein Manuscript unter den Arm und wollte damit forteilen.

Sartory trat ihm in den Weg.

Hoho! sagte Sartory, wer wird denn deshalb gleich solche Entrüstung zeigen. Ihr Stück ist an allen Ecken und Enden der ganzen Stadt annoncirt! – Was würde das Publicum dazu sagen, wenn es nicht gegeben würde?

Dem Publicum werde ich die Ursache mittheilen.

Und ich werde die Ursache ebenfalls mittheilen, sagte Korntheuer.

Gut, erwiderte Raimund, eröffnen wir eine Polemik in den Zeitungen, so Etwas unterhält das Publicum ebenfalls.

So versöhnt Euch doch! bat Sartory, zwei Freunde, zwei Kameraden, zwei beliebte Schauspieler, zwei Dichter.

Das ist's eben, versetzte Raimund. – Für die Keckheit, die ich mir herausgenommen, auch ein Stück zu schreiben, wozu ich förmlich gedrängt wurde, weil mich Meisl sitzen ließ, für diese Keckheit soll ich von Herrn Korntheuer gedemüthigt werden. Ich dulde es aber nicht und werfe mein Stück lieber in's Feuer, als daß ich mir Zusätze gefallen lasse, die ich nicht goutire. – Wie würde es denn Dir gefallen haben, sagte Raimund zu Korntheuer, wenn ich in Deiner Posse ‚Alle sind verliebt!' eine ganze Separatkomödie extemporirt hätte! Du bist ja noch weit empfindlicher, als ich. – Ich hätte in der gewissen ‚Kußscene' einen sehr lustigen Einfall anbringen können; ich theilte ihn Dir mit und Du sagtest ganz entrüstet: ‚Nein, nein, lassen wir die Scene nur, wie ich sie geschrieben!' Und ich soll mir jetzt ein ganzes ‚Postbüchel' hinzudichten lassen, damit Du am Ende noch sagen könntest: ‚Das Ding von Raimund hat zwar angesprochen, aber ich, Korntheuer, mußte wie in einer Stegreifkomödie meine Lazzi anbringen!' – Lieber will ich mein ganzes Leben hindurch keine Feder mehr anrühren, als einem Anderen, und wenn er Schiller hieße, einen Effect verdanken.

Korntheuer zog den erhitzten und erzürnten Raimund das Manuscript unter dem Arm hervor, legte es dem Souffleur Schack hin und sagte: Setzen wir die Probe fort, ich werde Nichts extemporiren, ich füge mich.

Die Probe wurde fortgesetzt.

Am Schluß des ersten Actes kommt ein Gefecht, ein Sturm einer Festung vor. Gefecht und Sturm gingen schlecht zusammen.

Raimund ließ diese Scene viermal probiren.

Es schlug drei Uhr.

Die Probe war noch nicht zu Ende.

Die armen Choristen, von welchen die meisten in den entferntesten Vorstädten wohnten, wollten zu ihrer Familie nach Hause, der Hunger maltraitirte sie. Sie wendeten sich an den Director.

Herr Sartory, sagte Wieser, der älteste Chorist, welcher in Matzleinsdorf wohnte, ich habe eine Meile zu gehen, bis ich eine warme Suppe erhalte; Leithner wohnt noch weiter als ich, Weger gar in Gaudenzdorf – um 6 Uhr Abends sollen wir wieder in der Garderobe sein; wir bitten, daß die Probe endlich aufhören möge. Wir haben ja noch fünf Tage vor uns und alle Tage Proben.

Ich bin selbst schon hungrig und säße gerne beim ‚Lampel' im Gasthaus, antwortete Sartory; ich werde sogleich ein Ende machen.

Aber der Herr Director kam übel an.

Aufhören? schrie Raimund, jetzt aufhören? Weil Sie und die Choristen hungrig sind? – Ich befehle meinem Magen zu schweigen, wenn es sich um etwas Anderes handelt, als um eine Portion Rindfleisch; dieser Actschluß wird so lange fortprobirt, bis er zusammengeht. Wollen die Herren zum Essen, so sollen sie ihre Schuldigkeit thun. Wenn sie genau befolgen, was ich anordne, so können sie schon in einer Viertelstunde bei ihren ‚Knödeln' sitzen.

Dies wirkte. Der Actschluß wurde noch einmal vorgenommen und siehe da, er ging so gut, daß Raimund freudig ausrief: Ich bin zufrieden, jetzt wollen wir zu Tische gehen!"

Und Frankl fügt dieser Schilderung noch eine Anekdote hinzu, die zeigen soll, daß Raimund in seiner Leidenschaftlichkeit völlig die Distanz verlor:

„Im ersten Stücke Raimund's: ‚Der Barometermacher auf der Zauberinsel' hat er am Schlusse des ersten Actes zum Zeichen des Sieges auf dem Rücken eines sich niedersenkenden Sclaven zu stehen. Bei der Generalprobe hatte Raimund noch vollauf anzuordnen, damit Alles klappe. Es wollte nicht recht von Statten gehen. Voll Aerger stampfte er auf den unter ihm liegenden Sclaven, als stünde er auf festem Boden. Als der zu schreien anfing, äußerte Raimund ganz erstaunt über das Erdbeben, das ihn herabgeworfen: ‚Ja so! An den da unten hab' ich gar nicht mehr gedacht. Mir ist wirklich leid!' Als er seine vorige Stellung wieder eingenommen hatte, ereignete sich das Fußstampfen noch einmal. Nach der Vorstellung beschenkte Raimund großmüthig den getretenen Statisten."

So sehr die Mitwelt über dergleichen auch lächeln mochte, so erkannte man doch, daß sich hier Besonderes begab, etwas für die damalige Zeit gänzlich Ungewohntes: Regie, der Wille zum Gesamtwerk.

„Das kam so: Raimund studirte mit Jedem, der in seinen Stücken zu spielen hatte, dessen Rolle ein. Er sprach, er spielte sie ihm vor, unermüdet, bis das richtige Wort, Mimik und Bewegung zu lebendigem Ausdrucke kam. Einer solchen Dressur mußten sich auch die ersten Schauspieler und Schauspielerinnen unterwerfen. Dazu kam eine wahrhaft Meininger'sche Sorgfalt bezüglich der Decorationen, der häufig vorkommenden Flugwerke, der Costüme, und unbarmherzig viele Proben. Es waren aber dann auch Mustervorstellungen, wie sie seit jener Zeit kaum wieder erreicht worden sind", heißt es bei Frankl[17]. Vom Standpunkt der Theatergeschichte, nicht nur dem der Biographie, sollte man den Regisseur Raimund nach dem Dichter und dem Schauspieler unbedingt in den Vordergrund rücken.

Am 17. Dezember 1823 tut Raimund nach „Alle sind verheiratet" in der „Einladung" kund, daß tags darauf die Zauberposse mit Gesang in zwei Aufzügen „Der Barometermacher auf der Zauberinsel" stattfinden wird. Sehr launig zählt er auf, die Musik sei von Wenzel Müller, „Tableaux und Gruppierungen" von Rainoldi, die Dekorationen von Herrn Dolliner, „und das übrige ist auch von jemand", fügt er hinzu. Da es ja schon in der Zeitung stand, von wem das übrige, nämlich das Stück, stammt, kann man sich vorstellen, daß das ein applaudierter Gag ist.

Dann pointiert Raimund in der Hoffnung auf ein volles Haus:

„Den andern Tag darauf, hat's mir geträumt, hab' ich die Einnahme gehabt. Hören Sie, das war eine Völle, das kann ich Ihnen nicht sagen; in den vierten Stock hat gar kein Mensch hinaufkönnen; der dritte war so voll, daß er sich auf den ersten hinaufgelehnt hat, daß man den zweiten gar nicht gesehen hat, und ich hab' mich mit dem vielen Geldzählen so ruiniert, daß ich den Arm sechs Wochen in der Schlingen getragen hab'."

Ganz so weit von der Wirklichkeit ist diese Vorstellung dann nicht entfernt. Viele haben offensichtlich davon Gebrauch gemacht, daß, wie auf dem Theaterzettel der Premiere extra vermerkt, die Logen und gesperrten Sitze direkt in der Jägerzeile Haus zur Weintraube, „die Stiege unterm Thor im zweyten Stock rechts, in der Wohnung des Benefizianten", zu erhalten waren. Tatsächlich sind Logen und „Sperrsitze", die dem Besitzer vom Logenschließer geöffnet werden, die einzigen reservierten und im Vorverkauf zu erwerbenden Sitze für eine Vorstellung und entsprechend teuer. Für den Rest stellt sich das Publikum an der Abendkassa an – bei großen Raimund-Abenden später werden sie schon am Nachmittag stehen. Die Meute, die dann in den Zuschauerraum stürzt, findet teils auf Holzbänken Platz, der Rest muß stehen. Bei der Premiere des „Barometermachers" drängten sich die Menschen dermaßen, daß die Sperrsitz-Besitzer von den Billeteuren zu ihren Sitzen eskortiert, sprich wohl: durchgeboxt werden müssen. Viele Schauspielerkollegen Raimunds kommen, und Costenoble stellt zufrieden fest, der „geliebte Hypochonder" habe erfahren müssen, „daß das Publikum doch gerechter war, als die Phantasie es ihm geschildert."[18]

Auf Anhieb erkennt jedermann, daß Raimund die Rollen „auf die individuellen Talente der Schauspieler dieser Bühne mit großer Geschicklichkeit berechnet" hat[19]. Die Kritiker lassen uns allerdings im Stich, wenn wir nach genaueren Beschreibungen forschen, etwa wie Korntheuer wohl den unendlich faulen König Tutu dargestellt hat. Saphir spricht von einer „intensiven Lächerlichkeit", die er ohne zu karikieren erreicht.[20]

Das Ekel Zoraide zu verkörpern, ist für eine Darstellerin bestimmt kein Vergnügen, es sei denn, sie macht sich persönlich eines daraus, und das ist bei Johanna Huber offensichtlich nicht der Fall, auch nicht bei Katharina Ennöckl, die die Rolle schon am 26. Dezember übernimmt, weil die Huber erkrankt. Diese heiratet übrigens im Jänner 1824 und zieht sich ins Privatleben zurück – vom Publikum ohne Bedauern entlassen, war das ein gewiß betrübliches Ende für eine Karriere, denn die Huber muß eine besonders begabte Schauspielerin gewesen sein, wie man in Costenobles Tagebüchern nachlesen kann, der sich außer für Raimund nicht so leicht begeisterte.[21]

Mit dem Abgang der Huber allerdings wird dann endlich die Stunde der Therese Krones schlagen, und das soll für Raimund von großer Bedeutung sein. Etwa ein Jahr später wird die Krones als Einspringerin nicht etwa, wie oft zu lesen, die Linda (von der man meinen könnte, sie wäre für sie geschrieben), sondern die Zoraide spielen, als auch die Ennöckl erkrankt. Und bei dieser Gelegenheit wird Costenoble feststellen, wie gut das Paar zusammenpaßt: „Es war ein schöner Genuß, Raimund in seiner Sphäre mit der herrlichen Krones wirken zu sehen", schreibt er nieder

Freye Einnahme.

Heute Donnerstag den 18. December 1823,

wird in dem k. k. priv. Karl Edlen von Marinellischen Schauspielhause in der Leopoldstadt aufgeführt:

Zum Benefiz des Unterzeichneten:

Zum ersten Mahl:

Der Barometermacher auf der Zauberinsel.

Zauberposse mit Gesang in zwey Aufzügen, als Parodie des Zaubermährchens: Prinz Tutu.

Die Musik vom Herrn Kapellmeister Wenzel Müller.

Die Tableaux und Gruppirungen vom Herrn Pantomimenmeister Rainoldi.

Die neuen Decorationen von Herrn Dolliner und Institoris.

Personen:

Fee Rosalinde	Mad. Schack.	Ein Sclave	Hr. Freysinger.
Lidi, erste Nymphe	Mad. Haas.	Erster) Zwerg	Caroline Schadetzky.
Tutu, Beherrscher der Zauberinsel	Hr. Korntheuer.	Zweyter) Zwerg	Kl. Doderauer.
Zoraide, seine Tochter	Dem. Huber.	Dritter) Zwerg	Kl. Gärber.
Hassar, sein Leibdiener	Hr. Landner.	Vierter) Zwerg	Kl. Semmer.
Linda, Zoraidens Kammerzofe	Dem. Kupfer.	Anführer der Zaubermannschaft	Dem. König.
Der Leibarzt des Tutu	Hr. Nötzl.	Kanonier der Zaubermannschaft	Dem. Lenz. d. j.
Zumko, Anführer der Leibwache	Hr. Tacher.	Erste) Amazone	Dem. Seitzer.
Bartholomäus Quecksilber, Barometermacher aus Wien	Ferd. Raimund.	Zweyte) Amazone	Dem. Gärber.
Erster) Matrose	Hr. Kemetner.	Dritte) Amazone	Dem. Lenz, d. ä.
Zweyter) Matrose	Hr. Hodig.	Vierte) Amazone	Dem. Haas.
Dritter) Matrose	Hr. Eamayer.	Fünfte) Amazone	Dem. Rotosansky.
Fadl, ein Waldbewohner	Hr. Platzer.	Sechste) Amazone	Dem. Sperrer.
		Nymphen. Amazonen. Tutu's Dienerschaft. Volk. Matrosen. Soldaten der Zauberinsel. Genien.	

Der Unterzeichnete wagt es wiederholt, seine ergebenste Einladung zu machen, und empfiehlt sich dem Antheil und der Huld des verehrungswürdigen Publikums

Ferdinand Raimund,
Regisseur dieser Bühne.

Logen und gesperrte Sitze sind in der Jägerzeile zur Weintraube Nr. 503, die Stiege unterm Thor im zweyten Stocke rechts, in der Wohnung des Benefizianten, zu bekommen.

Die Freybillets sind heute ungiltig.

Der Anfang ist um 7 Uhr.

Theaterzettel der Uraufführung

und fügt prophetisch hinzu: „Was ist von diesem Künstlerpaare nicht noch alles zu erwarten!“[22] Und zu diesem Zeitpunkt muß er tatsächlich nicht mehr lange warten – schon wenige Tage später wird die Krones in der ersten ausgesprochenen Krones-Rolle (Mariandl) aus Raimunds Feder auf der Bühne stehen . . .

Aber zurück zur Premiere des „Barometermachers“, wo Luise Kupfer in der Rolle der Linda trotz Raimunds Bemühungen offenbar enttäuscht. Die Kritiker konstatieren, daß sie undeutlich[23] und falsch[24] singt.

So gewissenhaft Raimund auch die anderen Rollen bedacht hat – so hat Johann Landner, sein treuer Adlatus unter den Schauspielern des Theaters, als Leibdiener Hassan eine sehr komisch Aufgabe –, so ist es doch die Raimund-Rolle des Bartholomäus Quecksilber, die das Stück prägt und den Abend trägt. Saphir will an Raimund an diesem Premierenabend die „jovialste Stimmung“ konstatiert haben, und ganz ohne Zweifel ist es ein besonderes Gefühl – er ist über den eigenen Schatten gesprungen, er hat es gewagt, „sein“ Stück zu schreiben, und nun spürt er von Szene zu Szene, wie das Publikum mitgeht und immer durch Applaus zwischendurch seine Zustimmung erkennen läßt.

Es fällt übrigens auf, wie Raimund nun, da er alleinverantwortlich ist, sich jeder Zotigkeit, wie sie ihm die Kollegen schreiben, völlig enthält, und man wird dergleichen auch in Zukunft nie in seinen Stücken finden. Raimunds Humor basiert auf Selbstironie, auf den Brüchen zwischen dem Erhabenen und dem Trivialen und auf der herzerfrischenden Wirkung der Naivität.

Ganz offensichtlich wird das Publikum nicht nur von Raimund und Korntheuer darstellerisch ganz hervorragend bedient, es gibt auch viel zu schauen, und Saphir nimmt die „Gruppierungen“, worunter wohl das choreographische Arrangement zu verstehen ist, als neuen Beweis des „herrlichen Erfindungstalents, als Belege für die Zartheit seiner Ideen und die Eleganz der Ausführung“[25], wobei das Lob Pantomimenmeister Rainoldi gilt. Auch die prächtige Ausstattung gefällt, die Musik von Wenzel Müller desgleichen, die Aufführung ist ein voller Erfolg.

Und das Stück selbst? Saphir äußert sich in der „Theaterzeitung“ sehr von oben herab – Blatt-Chef Bäuerle kann ja keine Dramatiker-Konkurrenten brauchen, also ist es logisch, daß man hier schon versucht, den Anfängen zu wehren. Aber auch der wohlgesinnte „Sammler“ ist nur freundlich und vermerkt, Raimund habe das vorliegende Märchen mit Humor glücklich ausgestattet.[26] Die Dresdner Abendzeitung wünscht Raimund zu seinem Debut als Lokaldichter immerhin Glück[27], doch es steht fest, daß der rauschende Erfolg eher dem Stück als Vorlage denn als Selbstzweck gilt – und das ist auch durchaus nicht ungerechtfertigt.

Aber das Wiener Publikum will ja ohnedies nur Schauspieler und gelungene Aufführungen sehen, und folglich setzt ein wahrer Sturm auf die Plätze ein. Raimund, der sonst leicht Krankheiten als willkommene Theaterpause empfunden hat, ist es diesmal unangenehm, daß er drei Tage nach der Premiere wegen Heiserkeit absagen muß. Dafür erlebt er die Genugtuung, daß sein Stück so glänzend läuft, während das Theater bei dem als Ersatz eingeschobenen Werk „Der blöde Ritter“ leer bleibt.

Seine Enttäuschung erlebt Raimund wieder einmal mit Toni, die vorderhand keinerlei Neugierde zeigt und auch keine Anstalten macht, das Stück des Geliebten zu sehen – ein Akt der Gleichgültigkeit und Indolenz, der umso schwerer zu verstehen ist, als der Erfolg des „Barometermachers“ natürlich auch im Kaffeehaus bei Toni das Tagesgespräch gewesen sein muß, selbst wenn die großen Neider das Wort führen sollten. Immerhin, zum Jahresende läßt sie sich dann von ihm Sperrsitze besorgen.

Man sollte meinen, der Erfolg des „Barometermachers“ müßte Raimund in Hochstimmung versetzen, aber das Gegenteil scheint der Fall, auf großen Streß, auf entscheidende Ereignisse, selbst wenn sie positiver Natur sind, folgt bei ihm depressive Erschlaffung. Wieder danken wir Costenoble, dem liebevollen Beobachter, einen Blick in das Seelenleben des Freundes. Als Raimund ihm seinen Neujahresbesuch macht, stellt Costenoble fest, wie gealtert er wirkt – mit 33 Jahren! Die „innere Unzufriedenheit“ zerrt ebenso an ihm wie alle äußeren Schikanen, gegen die er zu kämpfen hat. Im Freundeskreis ist er, wenn man ihm zuhört, nur zu gern bereit, sein Herz auszuschütten: „Er klagte wiederholt, daß ihn

Raimund als Quecksilber

Therese Krones als Zoraide

die Lokaldichter verfolgen, weil sie sein Glück beneiden."[28]

So oft Raimund auch klassische Symptome des Verfolgungswahns zeigt und geneigt ist, alles negativ auf sich zu beziehen, in diesem Fall hat er recht, und das Nachspiel läßt nicht auf sich warten. Es rächt sich, daß er auf Anhieb nicht die volle Courage hatte, sich zu seinem Stück zu bekennen. Auf dem Theaterzettel der Premiere figurierte er, der Benefiziant, nicht als Autor des Stücks, sondern nur als „Regisseur dieser Bühne". Gewiß hat er sein erstes dramatisches Kind nicht verleugnet, jeder wußte längst, daß es von ihm stammte – aber die seltsame Scheu, sich gleich als Autor zu nennen, bringt ihm nun Ärger, als Karl Meisl aufsteht und behauptet, den „Barometermacher" geschrieben zu haben.

Meisl, 17 Jahre älter als Raimund, in Laibach geboren, auch er nebenbei Beamter (und bis zu seinem Tod 1841 in der Hofkriegsbuchhaltung tätig)[29], mag den Anspruch auf das Erfolgsstück nur teilweise aus Ehrgeiz erheben. Er hat ja schon genug Volksstücke, Parodien, Zauberspiele und dergleichen geschrieben, um den „Barometermacher", der zwar sorgfältiger gearbeitet, aber doch kein Meisterwerk ist, unbedingt beanspruchen zu müssen. Bloß – Meisl ist geradezu permanent in Geldverlegenheiten und bei Theaterdirektoren berüchtigt dafür, dauernd um Vorschüsse einzukommen, mitunter auch für Stücke, die er nie schreibt. Ein Autor kann, je nach Geschicklichkeit (und Raimund wird später ganz klug dabei verfahren), mehr oder weniger Geld aus einem Stück holen, meist weniger, da man ihn im Durchschnitt mit einer nicht allzu hohen Pauschalsumme abspeist. Immerhin, wird ein Stück nachgespielt, was bei Erfolgen der Fall ist, gibt es günstigenfalls wieder etwas Geld – und der „Barometermacher" wird bei solchem Erfolg sicher auch noch auf anderen Bühnen gezeigt werden.

Man kann sich Raimunds Zorn vorstellen, wenn in der Zeitschrift „Berliner Gesellschafter" die Behauptung von Karl Meisl zu lesen ist, er wäre eigentlich der Verfasser des „Barometermachers". Das nährt in diesem Fall den Menschenhaß Raimunds, der schließlich seit der dritten Vorstellung unangefochten als Autor des Stücks auf dem Theaterzettel erscheint. Nun muß er sich gegen einen solchen Angriff verteidigen, wobei es allerdings als „sonderbarer Zug, der damals durch die literarische Gesellschaft Wiens ging", bezeichnet wird, daß man den Poeten nicht glaubte, sie hätten die unter ihrem Namen herausgegebenen Werke auch selbst verfaßt.[30] Bei Karoline Pichler vermutete man einen Pfarrer als Autor ihrer Romane (auch in der Raimund-Legende taucht später ein Pfarrer als Verfasser auf), bei Friedrich Halm nahm man einen Freund als federführend an. Und nun sollte sich also Raimund mit fremden Federn geschmückt haben.

Er zieht in den Kampf, indem er eine „Nothgedrungene Erklärung" abgibt, die in der „Theaterzeitung" und im „Sammler" abgedruckt wird.

Nothgedrungene Erklärung.

Der „Gesellschafter" vom 2. Februar d. J. enthält eine Correspondenz-Nachricht aus Wien mit der Bemerkung: „Ein neues Zugstück mit einer brillanten Rolle für den Komiker Raimund ist: „Der Barometermacher auf der Zauberinsel", nach einem Mährchen Wielands, bearbeitet von Meisl; von Raimund mit Späßen ausgestattet, und von Müller mit guter Musik versehen." Da diese Anzeige nur durch eine fälschliche Ausstreuung entstanden seyn kann, und ich durch solche beschuldigt werden könnte, als hätte ich meinen Nahmen einer Sache beygegeben, die nicht mein Werk ist, so sehe ich mich genöthiget, meine Ehre folgenderweise zu vertheidigen: Herr Meisl hat zu meiner Einnahme wirklich das Mährchen „Prinz Tutu" nach unseren gemeinschaftlichen Ideen angefangen zu bearbeiten, und mir einen Akt dieses Zauberspieles, welches den Titel: „Horn, Beutel und Kappe" führen sollte, übergeben.

Geschäfte verhinderten ihn an der Fortsetzung, und da die Direktion die Zeit meiner Einnahme schon festgesetzt hatte, so übernahm ich mit der Einwilligung des Herrn Meisl selbst die Bearbeitung dieses Mährchens.

Es befindet sich demnach in meinem Stücke nichts aus dem mir überlieferten ersten Act, als die Eingangsscene der Nymphen mit dem darauffolgenden Ariettchen, und die fünfte Scene, welche das erste Erscheinen des Tutu und der Zoraide in sich faßt. Alles andere, was diese Posse enthält, es sey nun mehr oder weniger tadelnswerth, ist von mir ohne der Beyhülfe irgend eines Andern verfaßt, auch ist in der zweyten Hälfte des ersten Actes nicht nur ein anderer Dialog, sondern auch ein anderer Gang der Handlung. Das verehrungswürdige Publikum nahm diese Posse mit Rücksicht auf, wofür ich bey dieser Gelegenheit meinen innigsten Dank abstatte, und dieß sind ungefähr die Ursachen, warum ich es wagte, meinen Nahmen bey der dritten Vorstellung auf den Zettel drucken zu lassen. Herrn Meisl's Verdienste um die Bühne sind übrigens zu bekannt, als daß er es nöthig hätte, seinen Nahmen fremden Stücken beygelegt zu sehen. Doch sollte der mir unbekannte Einsender oberwähnter Notiz im „Gesellschafter", einen eben so großen Zweifel in die

Beweise der Wahrheit meiner Vertheidigung setzen, wie er ihn in die Beurtheilungen der Wiener-Blätter über diese Posse, in welchen ich als Verfasser genannt bin, zu setzen scheint, so steht ihm die Durchlesung beyder Manuscripte, welche sich in meinen Händen befinden, jeden Augenblick zu Diensten. Mir aber bleibt nun nichts mehr übrig, als die verehrten Leser dieser Zeilen aufmerksam zu machen, daß mich nur eine, meiner Ehre so nachtheilige Aufforderung bestimmen konnte, eine Leistung so breit zu besprechen, von der ich vollkommen überzeugt bin, daß sie zu geringfügig ist, als daß sie in irgend einem andern Falle einer solchen Auseinandersetzung werth wäre.

Ferdinand Raimund.

Und wenig später gedenkt sich Raimund, der hier recht geschickt polemisiert, auch vor dem geistigen Diebstahl, der damals an der Tagesordnung ist, dadurch zu schützen, daß er am 9. März 1824 – gleichfalls in der „Theaterzeitung" und im „Sammler" – eine Anzeige einrückt:[31]

„Anzeige.

Das Zauberspiel: ‚Der Barometermacher auf der Zauberinsel', von dem Unterzeichneten, ist rechtmäßiger Weise nur bey ihm selbst, als seinem Verfasser, zu beziehen, welches hiemit allen Bühnen-Directoren zur gefälligen Notiz angezeigt wird.

Wien den 4. März 1824.

Ferdinand Raimund,
Regisseur des k. k. pr. Theaters in der Leopoldstadt.
Jägerzeile, Weintraube Nr. 503, 2. Stock."

Indem er von da an bis zu seinem Lebensende keines seiner Stücke in Druck gibt, müssen die Direktoren von ihm eine Abschrift, die Raimund herstellen läßt, anfordern – und bezahlen. Natürlich ist auch damit die Möglichkeit, ihn zu bestehlen, nicht ausgeschaltet, denn wo es Abschriften gibt, kann man sie wieder abschreiben, aber durch die Tatsache, daß die Werke nicht im Druck zirkulieren, hält er doch fest seine Hand darauf.

Die ersten Bühnen, die von Raimunds Angebot Gebrauch machen, sind Prag (am 2. September 1824) und Ofen (gleichfalls Anfang September 1824). Im Jänner 1825 wiederholt Raimund die Bekanntmachung, das Stück sei nur bei ihm zu beziehen, und warnt „die Herren Theater-Direktoren vor unerlaubtem Ankauf." Aufführungen in Brünn und Graz folgen.

Von da an fühlt sich Raimund als Dichter, lebenslang wird er sich um sein Copyright kümmern und nur zähneknirschend akzeptieren, daß Geistes- und Kunstprodukte damals weitgehend Freiwild sind.

FLUCHT IN DIE NATUR

„Die himmlischen Thäler meiner Brühl durchwandeln"

Ungeachtet des großen Erfolges, den der „Barometermacher" mit sich gebracht hat, geht Raimunds Leben weiter wie zuvor. Als Schauspieler stellen sich ihm nur die üblichen Aufgaben. Im Jänner 1824 spielt er in zwei Einaktern von Korntheuer, „Wein und Wasser" und „Der Bauchredner", und erlebt, daß zumindest das erste der beiden Lustspiele gänzlich durchfällt – freut er sich? Das Publikum pfeift die sentimentale Geschichte gnadenlos aus und akklamiert nur Raimund.

Das zweite Stück zeigt wieder die im Wiener Volkstheater verbreitete Tendenz, der sich Raimund kaum je anschließt, schnell auf aktuelle Ereignisse zu reagieren. Damals erregt in Wien ein „Ventiloquist" namens Schremser Aufsehen, der meisterlich Stimmen und Geräusche nachahmen kann und dessen Auftritt vom Publikum gestürmt wird. Korntheuers Stück handelt von einem solchen Künstler, der allerdings ein Betrüger ist und die Geräusche von seinem Gehilfen erzeugen läßt. Das Stück kommt kaum besser an als das erste, und selbst Bäuerle, der zu Korntheuer immer freundlich ist (vielleicht weil er, im Gegensatz zu Raimund, wirklich keine Konkurrenz bedeutet), äußert sich skeptisch-kritisch.

Raimund kann und will natürlich nicht alle Karl-Meisl-Stücke um- oder gar neu schreiben, also rettet er dessen „Die Fee und der Ritter" (am 21. Februar 1824) nur in seiner Eigenschaft als Schauspieler: Die Kritik bestätigt ihm, daß der Abend nur dank seines unermüdlichen Einsatzes überhaupt über die Runden kommt. Auch Katharina Ennöckl als Fee Viviane muß alles aufbieten, um Interesse zu erwecken[1] – ermüdende Kraftakte für Schauspieler, die Besseres verdienten.

Das stellt sich dann so einigermaßen mit Bäuerles „Die Fee Lindane" am 27. März 1824 ein. Der Autor hat das Stück als Benefiz für die Ennöckl geschrieben, an der sein Herz auch privat hängt (später heiraten die beiden). Kein Wunder also, daß er sich Mühe nimmt – und Erfolg hat, wie nicht nur die Bäuerle-eigene „Theaterzeitung" vermerkt.[2] In der Titelrolle spielt die Ennöckl eine verführerische Fee, an der kein Mann vorüberdarf, ohne sich in sie zu verlieben, andernfalls gerät sie in höchsten Zorn. Obwohl diesmal keine Verwandlungsrolle, hat die Schauspielerin dennoch viele komische Möglichkeiten.

Neben ihr besteht Therese Krones, mehr noch, sie kann nun nach Jahren braver Arbeit den Durchbruch feiern. Durch Zufall übrigens, denn wie schon erwähnt, springt sie innerhalb von zwei Tagen für die erkrankte Luise Kupfer ein, die für die Rolle der Rosamunde vorgesehen war.[3] Die Krones spielt also die Tochter eines Schlafrockschneiders

(Korntheuer) und die Verlobte von Schmierpamperl, womit sie Ferdinand Raimunds unmittelbare Partnerin ist. Fee Lindane, die nicht glauben will, daß ein Mann treu sein kann, stellt Schmierpamperl auf die Probe und lockt ihn von Rosamunde weg, worauf diese in eine Art von sanftem Wahnsinn verfällt. Dann allerdings verkleidet sie sich in einen reichen Engländer (eine Hosenrolle wie später die Jugend im „Bauer als Millionär!), um als Rivale Schmierpamperls bei der Fee aufzutauchen, und sie hat Erfolg. Später darf Rosamunde auch noch in einem Turnier als Ritter auftreten, bevor sie mit ihrem Schmierpamperl im Happyend vereint wird.

Erzählt man die Inhalte der Stücke dieser Zeit nach, kommt man oft um das Staunen nicht herum, womit ein breites Publikum damals unterhalten werden konnte. Vergleiche mit Raimunds späteren Stücken – etwa vom „Bauer als Millionär" an – signalisieren zweifelsfrei, um wieviel höher seine Ansprüche an ein Theaterstück, nicht nur an die äußere Handlung, sondern auch an den inneren Gehalt bald waren, wie sehr er über seine Vorgänger hinausragte, sobald er Boden unter den Füßen gewann. Und dabei war „Lindane", wohl auch der darstellerischen Möglichkeiten wegen, immer noch ein Stück, das den Durchschnitt überragte!

Wichtig jedenfalls, daß die Krones ihre Persönlichkeit, die von den Adjektiven „drollig, lieblich, natürlich"[4] geprägt wird, bestens einsetzen kann. Sie hat, wie man bemerkt, einiges von der inzwischen abgegangenen Johanna Huber gelernt, und das ist ja kein Fehler, im Gegenteil: Wo soll in einer Theaterwelt ohne „Schauspielschule" und ohne „Regisseure" (Raimund ist wirklich die einsame Ausnahme) ein auf die Bühne gestoßenes Talent denn lernen, wenn nicht von begabten Kollegen? Dabei hat die Krones anfangs genau dasselbe getan wie Raimund in seinen Anfängerjahren, nämlich kopiert.[5] Noch einige Zeit wird man beanstanden, daß sie dem Nuancenreichtum Raimunds noch nicht ebenbürtig ist[6], aber sie wächst (wie vor ihr etwas auch Luise Gleich) im Zusammenspiel mit ihm, weil sie auch mehr und mehr als seine Partnerin eingesetzt wird, vielfach in Rollen, die Kolleginnen kreiiert haben. Kurz, die Krones hat sich durchgesetzt, sie gefällt, wenngleich sie offenbar nicht eben auf Dezenz setzt, sondern sich auch – zum Hallo des Publikums – Effekte aus dem Bereich des „Gemeinen" und „Anstößigen" holt, wie Costenoble aufzeichnet.[7] Auf diese Ebene der sexuellen Anspielung folgt ihr Raimund nie.

An ihrer Seite ist also Raimund der Schmierpamperl, der der koketten Fee verfällt, und er ist wieder unermüdlich im Einsatz. In einem Tanz mit acht Nymphen kopiert er den bekannten Tänzer Rozier, und er setzt auch ganz persönliche Pointen, wenn er sich von der Fee Lindane wünscht, er wolle einen Bekannten sehen – und selbst als Bartholomäus Quecksilber erscheint.

Costenoble hat wieder allen Grund, von Raimund begeistert zu sein, ihn gegen die Krones einerseits, gegen die Übertreibungen von Korntheuer andererseits abzugrenzen, ihm hingegen „lautere Natur" zuzugestehen, „und dennoch sehr komisch, und seine mutwilligste Laune verstößt nie gegen die Schicklichkeit. Das macht, weil mit seiner komischen Kraft, ich möchte sagen, eine erhabene Wehmut verbunden ist, die in seinem

Munde eine ganz eigene Wirkung tut, so, daß man den Komiker nicht, wie einen Lustigmacher, sondern wie einen leidenden Humoristen betrachtet und liebt, der sein Herzweh lindern möchte durch Mitteilung."[8]

Die Hinweise des subtilen Beobachters Costenoble auf eine Überschattung von Raimunds Spiel durch tragische Nuancen häufen sich – und das hängt zweifellos auch mit seinem Privatleben zusammen.

Für Toni ist der „Dichter" Raimund nicht mehr, als es früher der Komödiant war. Es gibt kein Zeichen, daß sie ihn besser behandelt hätte – nach wie vor sehen sie sich höchstens alle acht Tage für eine Stunde, und das am Sonntag (vermutlich vor oder nach ihrem Kirchgang), und läßt Toni dieses Rendezvous ausfallen, was des öfteren geschieht, so sehen sie sich überhaupt nur alle zwei Wochen, und das ist wenig für ein liebendes Herz wie jenes Raimunds.

Daß das Paar die seltenen Zusammenkünfte zu intimen Begegnungen benützt, steht außer Zweifel, wenngleich es in Raimunds Briefen nie andere Bemerkungen gibt als jene, die die „Liebe" betreffen, kaum solche, die das Thema „Eros" auch nur streifen. Wenn er einmal, als sie beide ein wenig krank sind, schreibt: „Legen wir uns zusammen und halten wir uns recht warm, ich wette darauf, es wird bald gut"[9], so ist das eine der wenigen Ausnahmen, die man zählen kann – und als Anspielung immer noch harmlos genug.

Jedenfalls scheint es nicht ausgeschlossen, daß Raimunds Unruhe und Unzufriedenheit nicht zuletzt daher rühren, daß Toni ihn sexuell kurz hält, daß er in ihr also nicht nur die Frau entbehrt, bei der er geistige Ansprache und seelischen Zuspruch finden würde, sondern auch das regelmäßige Geschlechtsleben. Es gibt in seiner ganzen Biographie keinerlei Anzeichen, keinen Hinweis darauf, daß Raimund Toni je betrogen hätte (die Geschichte einer Romanze mit der Krones beruht vor allem auf belletristischen Werken der Nachwelt, die die beiden bedeutendsten Gestalten ihrer Epoche einfach zusammenspannen wollte). Diese seine Treue zu ihr, die sie zwar immer bezweifelte und letztlich doch wohl kannte, gab ihr jede Möglichkeit, ihn unter Druck zu setzen, zumal Raimund viel zu anständig war, als daß er die Bindung zu Toni je in Frage gestellt hätte, nachdem sie schon so weit gediehen war.

Es versteht sich, daß ein Mann wie Raimund, in dem ungeachtet seiner Jugend damals ohnedies nicht mehr viel Lebenslust wohnt, unter dem ständigen Druck einer solchen Beziehung, die sich nie wirklich verbessert (ungeachtet der Tatsache, daß sie natürlich ihre guten Momente hat), zunehmend verdüstert. Und wenn er sich selbst damit tröstet (welch ein Trost!), „zum Dulden geboren" zu sein[10], dann vergräbt er sich damit ja noch tiefer in seine selbstzerstörerische Attitüde.

Immerhin, ein Ausgleich findet sich in seiner Beziehung zur Natur, die bald über jene Naturschwärmerei hinausgeht, wie sie das Biedermeier auf sein Banner geschrieben hat und wie sie viele Maler in anmutigen Ausflügen ins Freie, in „Fahrten aufs Land", verewigt haben. Bei Raimund wird die Natur Bedürfnis, Ausgleich, Fluchtmöglichkeit, sie tritt neben Toni und der Arbeit als dritte Kraft in seine Existenz.

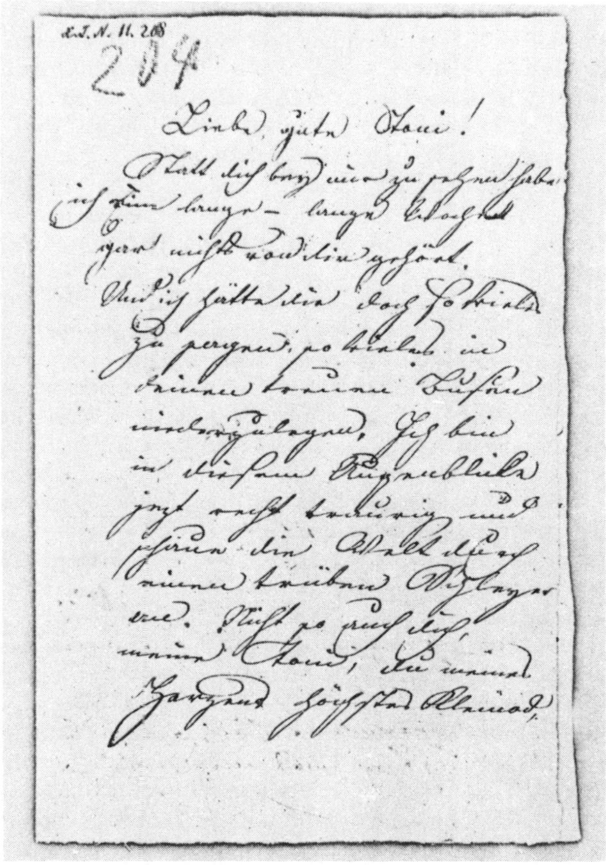

Brief Raimunds an Toni Wagner

Schon im vorigen Jahr hat Toni feststellen müssen – und sie wird auf die abstrakte „Natur“ zurecht immer eifersüchtiger –, daß Raimund ohne sie Trost sucht, indem er allein oder mit männlichen Freunden in die Umgebung Wiens fährt und dort wandert. Neben dem realen Wohlgefühl, aus der Stadt draußen zu sein – und damit aus dem Theateralltag mit seinem Streß und seinen Intrigen –, findet er hier wieder Nahrung für seine lebenslang nach Idealen hungernde Seele, hier baut er sich als Gegenentwurf ein „reines Reich“ auf. Und wenn er davon schwärmt, mit Toni „die himmlischen Thäler meiner Brühl (zu) durchwandeln“[11], dann ist das vermutlich nur Lippenbekenntnis, denn er tut es auch ganz gern allein und weiß doch zu genau, daß sie ein Stadtfräulein ist, daß sie sich inmitten der verräucherten Luft und inmitten des Tratsches und Klatsches des Kaffeehauses am wohlsten fühlt. Nein, Toni ist nicht das Naturkind, mit dem man Hand in Hand über sonnige Wiesen laufen könnte . . .

Immer, wenn es Frühling wird, muß Toni nun damit rechnen, daß Raimund so viel Zeit wie irgend möglich auf Landpartien verwendet, damals vor allem oft in Richtung der Brühl. Natürlich mutmaßt sie auch, daß er sich bei solchen Gelegenheiten mit Frauen ein Rendezvous gibt, und darum nimmt Raimund immer öfter – vielleicht als Alibi – Freunde (wie etwa Landner) auf seine kleinen Ausflüge mit.[12] Tonis Argumenten kann er nur bittend und beschwörend entgegenhalten, was ihm die Natur bedeutet:[13]

„Über deine Unzufriedenheit mit meinen Landparthien muß ich mündlich ausführlich mit dir sprechen, denn ich kann nicht glauben, daß das edle Herz meiner Toni mir diese unschuldigen meiner Gesundheit nothwendigen Zerstreuungen mißgönnen sollte. Nirgends bin ich dir sicherer und besser verwahrt als an den reinen Herzen unserer Mutter Natur, meine Gedanken sind gewieß reiner und öfter bey dir als wenn ich mich in dem bunten Gewühl neidischer und scheelsüchtiger Menschen herumwälzte. Ich wenn ich sage da geh ich hin, oder da war ich so weißt du daß es wahr ist, denn ich lüge nicht."

Wie sehr sich Raimund vor ihr bzw. vor den Auseinandersetzungen mit ihr, fürchtet, zeigt sich, als er sich Pferd und Wagen kauft. Er ist mittlerweile wohlhabend genug, es sich leisten zu können, und er tut es zweifelsohne, um sich die eigenen Landpartien zu erleichtern, um nicht immer auf die „Zeiserlwagen", die in die Vororte fahren, oder die Mietkutschen angewiesen zu sein. Diese Erklärung würde Toni vermutlich nicht akzeptieren, folglich argumentiert er beredt, wie billig ihn das Gefährt gekommen sei und wie er das Geld anderswo einspare.[14] Für Bäuerle wird die Kutsche in seinem Raimund-Roman ein ausführliches Thema, zweifellos, weil es ungewöhnlich genug war, daß sich Privatleute dergleichen leisteten, aber auch weil er – unüberprüfbar – Anekdotisches einbringen kann, etwa, wie gern Raimund auf dem Kutschbock sitzt und wie gefährlich für die Mitfahrer seine Versuche sind, selbst zu kutschieren. Tatsache ist, daß Raimund bald, entgegen seiner früheren Absicht, einen Kutscher anstellt – und das Toni gegenüber damit zu begründen sucht, daß er sich nun einen Stiefelputzer spare(!), seine alten Kleider an diesen weitergeben könne usw.[15] – kurz, „ich bin gewiß kein Verschwender"[16], beeilt er sich zu versichern, denn Toni soll nicht glauben, sie könne sich im Zweifelsfall finanziell nicht auf ihn verlassen, weil er alles Geld hinauswerfe.

Das Gefährt macht Raimund übrigens kindliche Freude, er läßt anfragen, wie Tonis Schwester Lotte sein „Fuhrwerk" gefalle[17] – es ist geradezu rührend, wie bescheiden die Freuden eines Mannes sind, der sich jeder Art rauschhaften Vergnügens hätte hingeben können. Aber selbst, wenn er gewollt hätte, er hätte sich ja doch nicht getraut, mit Toni im Hintergrund, stets bereit, ihn anzuklagen, zu beschuldigen, zu quälen.

In diesen Frühlingstagen 1824 pendelt Raimund zwischen Wien und der Brühl, übernachtet nicht nur gelegentlich dort, sondern nimmt sich zu Tonis Ärger sogar ein festes Quartier (seine Stadtflucht zeichnet sich immer deutlicher ab), und im April bricht er zu einer Reise auf, nachdem sein Unwillen dem Theater gegenüber immer größer geworden ist. Mit dem Vorwand, er sei hoch bezahlt, jagt man ihn bei jeder Gelegenheit auf die Bühne, da er allein garantiert die Kasse füllt. In dem Dutzend Jahren, die er noch zu leben hat, verschlechtert sich Raimunds Gesundheit zunehmend. Die Überanstrengungen, die das Theater mit sich bringt, haben da sicher ihren Anteil.

Wenn Raimund sich recht schlecht fühlt, dann sagt er ein paar Vorstellungen ab, in dem Bewußtsein, daß er ohnedies bald wieder spielen muß, „sie nehmen ja gar nichts ein", wenn er nicht auf der Bühne steht, aber er fühlt sich ohnedies „zu gutmütig gegen diese falschen, undankbaren Menschen" und meint, „es schadet nichts, wenn sie sehen, durch wen das Geld hereinkommt."[18] Bemerkenswert bereits die kritische, fast resignative Distanz zu seinem Beruf, der sich nach außen hin so glänzend ausnimmt. Und doch ist Raimund bereits in einem Stadium, wo er zumindest erwägt – wenngleich Briefe natürlich auch von Stimmungen diktiert werden, die vorübergehen –, wie gern er „dieser geräuschvollen Ehre entsagen" würde, „die nur auf Augenblicke belohnend hervortritt, und so vielen Aufwand von Fleiß erfordert, um nicht von diesem geflügelten Steckenpferd herabzustürzen."[19]

Raimund verläßt Wien mit einem Reisegefährten, den wir nicht kennen, am 11. April, um die theaterfreie Osterwoche auszunützen. Er reist in trüber Laune ab, aber in Zukunft wird – mit wenigen Ausnahmen – die Entfernung von Wien positive Auswirkungen auf sein Gemüt haben, er wird sich leichter, freier, fröhlicher fühlen. Am ersten Tag kommt Raimund bis Gloggnitz, von wo aus er die Ruine Wartenstein besichtigt. Er fährt weiter nach Mürzzuschlag, wo er im Gasthof zum Adler übernachtet und sentimental der Tatsache gedenkt, daß er hier im Vorjahr, bei der Rückfahrt von Mariazell, mit Toni Station gemacht hat. Er wandert über den Semmering und erreicht am 13. April Graz. Raimund ist ein wacher, interessierter Reisender, der überall hin ausschwärmt, dem es Spaß macht, auf der Fahrt in die Steiermark sechs Ritterburgen zu besteigen[20], der aber nach eigener Aussage vor allem „eine sehr vergnügte Woche an dem treuen Busen der Natur verjubelt."[21]

Es ist nur ein kurzer Ausflug in den Frühling, aber zweifellos kehrt Raimund nicht zuletzt auch seelisch gestärkt zurück und steht am 19. April wieder in „Lindane" auf der Bühne. Im Mai wird der „Barometermacher", der einen Moat lang vom „Lindane"-Erfolg verdrängt worden war, wieder in den Spielplan aufgenommen, nun mit Therese Krones als Zoraide, und sogar Bäuerles „Theaterzeitung" bestätigt, „daß wir diesen ‚Barometermacher' als eines der gelungensten Lokalstücke im Zaubergebiete anerkennen"[22], während die Novitäten, in denen Raimund zu spielen hat, die gewohnten Nichtigkeiten sind.

Frustrationen durchziehen die Biographie des Künstlers, nicht nur die beruflichen, sich in Albernheiten auf der Bühne zerreißen zu müssen, sondern auch die privaten. Toni macht sich offenbar eine Aufgabe daraus, Raimund kalt, herabsetzend und kränkend zu behandeln[23], und er vermag sich ihre Motive nicht zu erklären. Versucht sie einfach, Ärger abzureagieren und auszuprobieren, wie weit sie gehen kann, wieviel er sich gefallen läßt? Er muß sich fragen, ob sie ihn nicht verachtet, wenn er eine solche Behandlung duldet[24] – aber was kann er schließlich tun? Es sind bald fünf Jahre, die sie zwar nicht gemeinsam verbracht haben, aber leidvoll genug aneinander gebunden sind. „In was besteht denn am Ende unsere Liebe“, fragt er ziemlich zermürbt, „wenn wir wie gemeine Leute ewig zanken, muß man denn nicht zur Verzweiflung gebracht werden?“[25]

Am 30. Juni tritt Raimund seinen einmonatigen Theaterurlaub an und hat mehrere Gründe, Wien zu verlassen. Ein guter besteht darin, daß Exgattin Luise in diesem Monat am Theater in der Leopoldstadt gastiert und er nicht die geringste Lust hat, ihr zu begegnen. Auch hofft er, Toni in bessere Stimmung zu versetzen, wenn sie ihre Fahrt nach Mariazell wiederholen. Wir wissen nicht, ob diese gemeinsame „Wallfahrt“ mit Zustimmung ihrer Eltern vor sich geht, ob Toni in Raimunds Wagen mitfährt oder ihn dort trifft. Für Raimunds Gemüt ist es wichtig, daß er sich aus diesem Zusammensein für Toni Seelenruhe, Sicherheit und Beständigkeit der Beziehung erhofft, hier erneuern sie ihren Schwur, hier ist sie, selten genug, seine „gute Toni“.[26]

Sie sind vom 1. bis 5. Juli in Mariazell zusammen, er blickt ihr nach, als sie abfährt, und schlägt nachher selbst die Richtung nach Graz ein. Dort hat es ihm schon im April gut gefallen, und er freut sich seiner Popularität, als man ihn auffordert, doch hier zu gastieren. Schließlich würde er damit auf den Spuren berühmter Burgschauspieler wandeln – derzeit ist sein ihm wohlbekannter Kollege Heinrich Anschütz hier zu Gast, und Raimund betrachtet mit freundschaftlicher Sorge dessen Experiment, Mozarts Don Juan zu singen . . .

Raimund muß schon am 10. Juli wieder in Wien sein, wo ihn Toni nach alter Gewohnheit mit einem veritablen Krach empfängt und es ihm, wie immer, übel nimmt, daß er nun sein Gastspiel in Baden beginnt. Dabei pendelt er alle paar Tage zwischen Wien und der für damalige Verhältnisse nicht besonders nahegelegenen Kurstadt. Und er versucht überdies, seine Auftritte so zu legen, daß er jeweils am Sonntag das gemeinsame Rendezvous einhalten kann.[27]

Wien verstärkt den privaten Druck auf Raimund enorm: Hier muß er der Tatsache ins Auge sehen, daß er in der Gestalt von Tonis beharrlichem Verehrer Collet einen Rivalen hat, hier weiß er, daß er immer wieder Gegenstand des Kaffeehausklatsches ist – und daß Toni stets ungeprüft alles Schlechte, das sie über ihn hört, glaubt, als ob sie ihn nicht schon seit Jahren kennte: „Denn es ist ordentlich in Wien zur Mode geworden“, bemerkt er misanthropisch, „mich ebenso sehr als Mensch zu verkennen und zu verleumden, als mich meine Freunde als Schauspieler loben.“[28] Und so sieht sich Raimund selbst als Patienten, „der schon jahrelang an der Erlernung der Imagination studiert, ein krankes Leben für ein gesundes zu halten . . .“[29]

„DER DIAMANT DES GEISTERKÖNIGS“

„Der Geschmack des Publikums war zu fürchten“

Wann hat Raimund sein zweites Theaterstück, den „Diamant des Geisterkönigs“, begonnen? Die „Theaterzeitung“ meldet am 2. Oktober 1824, Raimund habe sich wieder sein Benefizstück geschrieben, und nennt auch den Titel.[1] Vielleicht hat er daran in seinem kleinen Gärtchen in der Brühl gearbeitet, das er sich gemietet hat[2], zwischen den Ausflügen auf Ritterschlösser, wie er sie an spielfreien Tagen gern unternimmt?[3] Oder erst in Wien, wo er Toni am 9. August 1824 meldet: „Ich sitze seit vier Tagen und schreibe immer an meinem Stück?“

Es ist für ihn jedenfalls keine Frage mehr, daß er keinen der vorhandenen Schreiberlinge braucht, wenn er ein Benefizstück benötigt, er kann es selbst, das hat er, nicht zuletzt auch sich selbst, bewiesen. Er scheint im August zum Schreiben zu kommen, obwohl er sich offensichtlich nicht sehr wohl fühlt, sonst würde er nicht das Pfannsche Bad in Meidling aufsuchen. Es ist stark schwefelhaltig und genießt der Ordnung, Bequemlichkeit und Reinlichkeit wegen einen guten Ruf und wird viel besucht. Von der Mehlgrube fährt ein eigener Stellwagen dorthin ab[5], aber den hat der Wagen-Besitzer Raimund nicht nötig. Typisch, daß er Bäder nimmt. Er wird zunehmend um seine Gesundheit besorgt, beschäftigt sich nachdrücklich damit und wird mehr und mehr ein Anhänger der Homöopathie, der Heilslehre durch Naturmittel, wozu ja Bäder zählen.

Keinesfall schreibt Raimund gänzlich ungestört an seinem Stück, denn ob er sich wohlfühlt oder nicht, interessiert die Direktion nicht, und er muß oft auf der Bühne stehen. Allerdings viel in alten Stücken, denn die einzige Novität der Zeit, „Das bezaubernde Goldstück“ von Exdirektor Leopold Huber, verursacht Raimund nach eigener Aussage mehr Verdruß, als das langweilige Machwerk wert ist[6], fällt gnadenlos durch und verschwindet, da kein Abonnementsystem Mißerfolge weiterschleppt, nach drei Aufführungen vom Spielplan. Warum auch nicht, man kann ja immer wieder die alten Sachen von und mit Raimund spielen, den „Barometermacher“, die „Lindane“, den „Eheteufel“.

Anfang Oktober schickt Raimund Toni sein Stück, und diesmal läßt sie es nicht kommentarlos passieren, sondern drückt ihre Zustimmung aus.[7] Obwohl Raimund Toni ärgerlich berichtet, daß er ein dummes Stück zu probieren hat[8], scheint es nicht zur Aufführung gekommen zu sein, denn bis zu seinem eigenen „Diamant“ ist er in keiner Novität zu sehen. Dafür hat er neben den Zänkereien, mit denen Toni ihm den Alltag vergällt, immer wieder Ärger im Theater – „Du glaubst nicht, was für schändliche Kabalen man gegen mich schmiedet und wie man meine Worte zu verdrehen sucht, die ich auf der Bühne spreche, um das Publikum gegen mich aufzubringen, doch es ist vergebens, denn mein Karackter ist zu redlich, um mich mit Erfolg zu verläumden ...“[9], mischt er Galle und Zuversicht.

Noch während der Proben ist Raimund damit beschäftigt, ernste Szenen aus dem „Diamant des Geisterkönigs“ herauszustreichen, um das Publikum ja nicht zu überfordern, und sich selbst ein neues Quodlibet hineinzukomponieren.[10] Dabei ist das Manuskript, das auf die Nachwelt gekommen ist, 60 Seiten Großfolio, mit nur wenigen Korrekturen versehen. Raimund wollte den Titel „Der Diamant des Geisterkönigs“ später in „Der Zauberschatz“ ändern, kam aber auf die erste Version zurück.

Im Land der Bescheidenheit sollte der König erst Modestius (endgültig dann: Veritatius) heißen, die Tochter war erst Sali (dann: Modestina) benannt. Raimund hat neben die Rollen gleich die Namen der Schauspieler geschrieben, denen er sie zugedacht hat – den Longimanus für Korntheuer, den Pamphilius für Johann Landner, den Eduard für Josef Schaffer, den Florian für sich selbst und das Mariandl für die Krones.

Noch glaubt Raimund an die Macht der Vorlage. Er hatte „die Ursache des Gefallens“ für den „Barometermacher“ in dem „glücklich gewählten Kindermärchen“ gesucht „und war um einen ähnlichen Stoff verlegen“, wie er in seiner rudimentären Selbstbiographie schreibt. „Ich durchlas die Märchen der ‚Tausend und eine Nacht‘ (und Raimund fügt an dieser Stelle hinzu, daß er das Werk Gozzis, der denselben Stoff gewählt hatte wie er, damals noch nicht gekannt habe) und unter allen schien mir nur das mit der rosenroten Statue zur Bearbeitung geeignet, obwohl der Stoff sehr einfach war.“

Eigentlich für Raimund zu einfach. Der Held ist wieder ein Prinz, diesmal sogar ein junger König. Dieser, Alasnam, führt nach dem Tod seines Vaters ein unwürdiges Leben, bis ihn drei Greise auf den rechten Weg zurückführen wollen. Sie zeigen ihm einen Schatz – acht diamantene Standbilder. Das neunte aber, kostbarer als die anderen, kann er nur erringen, wenn er den Geisterkönig darum bittet. Nachdem Alasnam ihn auf gefahrvollem Weg erreicht hat, stellt dieser die Bedingung, er müsse ihm ein keusches Mädchen bringen. Mit Hilfe eines Zauberspiegels findet er sie und bringt sie auch dem Geisterkönig, obwohl er selbst sich in sie verliebt hat. Keine Frage, daß die kostbarste Statue sich dann als das geliebte Mädchen herausstellt.

Das wäre also, wie der „Barometermacher“, eine schlichte lineare Geschichte, und nichts hätte Raimund gehindert, sie auch als solche für die Bühne umzusetzen, fühlte er sich nicht von seinem neuerwachten Ehrgeiz und seinen eigenen Ansprüchen getrieben: Er, der lange genug unter minderwertigen Produkten gelitten hat, die er sehr wohl zu beurteilen imstande war, spürt nun sozusagen die Verpflichtung in sich, das immer wieder postulierte „Bessere“ selbst zu liefern.

Auch diesmal scheut er vor einem königlichen Helden zurück, aber da es für diesen ein ausgesprochen edles Happyend geben muß, kann er nicht in die lustige Person verwandelt werden. Eduard, Raimunds Held, ist ein halber Bürgerlicher, der verarmt zurückgelassene Sohn eines Zaube-

Szene aus „Der Diamant des Geisterkönigs“

rers. Zu Beginn präsentiert er sich eigentlich nur als ein schlechtgelauntes Bürschchen – er tritt, nach szenischer Anmerkung, „verdrießlich“ auf, ein junger Mann, der kein Geld hat und nicht weiß, was er mit sich anfangen soll. Auch hier meinte mancher Interpret, Raimundsche Zeitkritik an Biedermeier-Söhnen zu erkennen, deren Väter vielleicht reiche Hausherren waren, die lustiges Leben gewöhnt waren, nichts gelernt hatten und dann, bei damals nicht seltenem plötzlichem Vermögensverlust, für das „wahre“ Leben nicht vorbereitet waren.

Das kann natürlich der Ansatz der Figur gewesen sein. Aber Raimund will seinen Helden ja prüfen und läutern, bevor er mit der wahren Liebe belohnt wird, und so wächst Eduard mit seiner Rolle, wird mehr und mehr zum Tamino, wie überhaupt in diesem Stück die Parallelen zur „Zauberflöte“ beabsichtigt und nicht einmal allzu parodistisch sind. So wie Mozart seine Menschen ihre Prüfungen durchschreiten läßt, um sie am Ende glücklich aus dem Seelensturm seiner Musik hervorgehen zu lassen, macht Raimund aus dem Eduard einen Ideenträger, der zuletzt mit wahrlich hoher Attitüde seine Amine empfängt.

Aber wo bliebe da die Raimund-Rolle, wo bliebe die ungeschriebene Forderung des Publikums? „Nun sollte aber damals in dem Theater der Leopoldstadt in solchen Stücken kein ernstes Liebesverhältnis mehr stattfinden, weil man in jeder Szene lachen wollte, und der Geschmack des Publikums war in dieser Hinsicht zu fürchten“, schreibt Raimund, und es ist fast eine Anklage. „Ich wollte aber meinem Märchen seine kindliche moralische Bedeutung nicht rauben, daher bemühte ich mich, es so viel als möglich mit komischen Szenen zu durchflechten.“

Dazu eignet sich das Dienerpaar, das Raimund für sich und die Krones dem Stück und dem Helden Eduard beigibt, auf das allerbeste. Florian Waschblau ist wirklich die Perle eines Dieners, lieb, gut, treu wie Gold, wenn auch nicht sehr gescheit und recht gefräßig – aber jedenfalls ein hochgradig menschlich veredeltes Stück Wiener Hanswurst-Tradition. Wie Papageno hinter Tamino, so schlottert Florian hinter Eduard durch die Prüfungen, die er natürlich nicht besteht. Mit seinem Mariandl ist dieser Florian so richtig glücklich, auch wenn sie von Liebe sprechen will und er von ihrem vorzüglichen Gugelhupf...

Ohne diesen Florian, dessen sind die Raimund-Interpreten sicher, gäbe es keinen Valentin. Von hier an verläuft eine sehr differenzierte Linie Raimundscher Dienergestalten – die menschlich großartigen, wo Raimund ganz deutlich zeigt, daß der Mensch nicht beim Herren beginnt; die schurkischen wie der Lorenz im „Bauer als Millionär" und, wesentlich stärker noch, der Wolf im „Verschwender"; und die komischen, vor allem der „Habakuk" im „Alpenkönig". Man ist geneigt zu fragen, wo hinter der dichterischen Intuition die reiche Erfahrung mit diesem Menschenschlag zu suchen ist. Raimund, der von seiner Herkunft her durchaus im dienenden Stande hätte landen können, war selbst ein Herr geworden, der sehr bald neben einer Köchin auch einen Diener als Personal beschäftigte. Falls diese Diener, die ja notgedrungen in einem Intimverhältnis mit ihrer Herrschaft lebten, von der sie nicht nur die Wäsche, sondern auch die persönlichen Lebensumstände im Detail kannten, für ihn privat eine Rolle gespielt haben, wird es jedenfalls aus den uns erhaltenen Lebenszeugnissen nicht deutlich. In einem erhaltenen Notizbuch notierte Raimund Lohn für Stiefelputzer und dergleichen. Mehr können wir aus seinem diesbezüglichen Erfahrungshorizont nicht schöpfen.

Aber Raimund begnügt sich nicht damit, die postulierte Heiterkeit einzubringen, indem er die Eduard-Handlung gleichsam durch die Florian-Existenz humoristisch ausschmückt. Er schafft rund um den Geisterkönig Longimanus eine wienerisch-komische Geisterwelt, die tatsächlich mancher satirischer Spitze gegen ein existierendes Beamten- und Hofschranzentum nicht entbehrt. Und Longimanus selbst (wobei wieder die Frage auftaucht, wie weit er „Kaiser Franz" war) ist ja nun wirklich ein gemütlich-komischer Herr. Die wahre Satire auf die Biedermeier-Umwelt und das Metternichsche Überwachungssystem findet aber stärker noch als im Geisterreich im „Land der Wahrheit" statt, wo tatsächlich diktatorische, ja, terroristische Verhaltensweisen aufgezeigt werden. Dieser Teil der Handlung ist, wie die Ausschmückung des Geisterreichs und die Einführung von Florian, Raimunds eigenste Leistung.

Es wird vermutet, Raimund habe das Märchen aus 1001 Nacht in der Kinderfassung von Grimm gekannt, denn schon in dessen Version sucht der Held nicht ein keusches, sondern ein wahrheitsliebendes Mädchen. Logisch, daß die Zensur, zumal in einer Kinderfassung, gar nicht die Frage aufgeworfen wissen wollte, was denn eigentlich „keusch" sei. Aber auch Raimund hat als Dichter lebenslang in Äußerungen über Sexuelles jede Zurückhaltung geübt. Er, der privat seine leidenschaftlichen Bezie-

Szene aus „Der Diamant des Geisterkönigs"

hungen zu Frauen in jeder Weise ausagiert hat, fügte sich hier nicht nur den Moralvorstellungen, daß es sich nicht schicke, über dergleichen zu sprechen, es war ihm zweifellos auch inneres Bedürfnis. Sonst hätte ihn ja niemand gehindert, etwa in den Briefen an Toni erotische Anspielungen zu machen, sonst müßte man in einem Zeugnis der Zeitgenossen wohl darauf stoßen, daß einmal ein schmutziger Männerwitz über seine Lippen gekommen sei – aber nichts dergleichen. Nur Bauernfeld erwähnt ein einziges Mal einen geselligen Abend, bei welchem Raimund die Schilderung seiner Luisen-Erlebnisse mit „wirklich erotischer Poesie"[10a] verbrämt habe. Im übrigen blieb für Raimund, der so lange an die ideale Liebe glaubte, das Thema des Sexuellen tabu.

Im Land der Wahrheit wird also das Mädchen gesucht, das noch nie gelogen hat. Kein Spiegel zeigt das an, sondern – wieder eine sehr spaßige Idee – Florian, der sich unter Qualen windet, wenn Eduard einem lügnerischen Mädchen die Hand drückt. Vernichtendes Urteil über das Wahrheits-Land, in dem vermutlich doch recht bewußt das von Metternich geknebelte Österreich mit seiner sittsamen Fassade steckt: daß gerade die von allen Verfolgte, Ausgestoßene, der echteste Mensch ist.

Sind all diese Erweiterungen des Märchens schon als sehr starke Leistung anzuerkennen, so geht Raimund in dem Stück noch weiter, als müßte er für sich auf einmal alles selbst erarbeiten, was er später noch zur Meisterschaft treiben wird: Die Allegorien werden bei ihm zu Menschen, was natürlich nicht seine Erfindung ist, aber hier in der Ausführung wirklich veredelt wird. So, wie die „Hoffnung", laut szenischer Anweisung „sehr lebhaft und munter" sprechend, also durchaus keine Statue, als „angenehme Erscheinung" vor Eduard hintritt, wird in Raimunds nächstem Stück die Jugend vor den Bauer Wurzel hintanzen, ebenfalls durch und durch ein liebenswertes Frauenzimmer. Auch andere

Allegorien hat Raimund auf die Bühne gebracht, dramaturgisch unnötig, aber wie reizvoll und wirksam, wenn Longimanus Frühling, Sommer, Herbst und Winter herbeizitiert und dabei ein typisches Wetter-Plauscherl veranstaltet. Die Nachwelt wird in diesen Vier Jahreszeiten die barocken Mythen beschworen finden, für Raimund bedeuten sie eine Erweiterung seines Ausdrucksradius. Er wird später, mit Haß und Neid, vor allem aber mit dem Tod auf der Bühne noch eindrucksvolle Effekte erzielen.

Heinz Kindermann hat wohl am schlüssigsten analysiert, was Raimund von diesem Stück an so positiv von seinen schreibenden Kollegen abhebt. Bis dahin waren die Spaßmacherstücke des Altwiener Volkstheaters Rollenstücke, die auf den jeweiligen Hauptdarsteller zugeschnitten wurden. Von der Persönlichkeit und der Erlebniswelt der Verfasser ging nichts in diese Stücke ein – bestenfalls kam die Persönlichkeit eines Darstellers zur Geltung. Natürlich ging auch Raimund von den Schauspielern aus – von sich selbst, Korntheuer und der Krones vor allem. Aber der „Diamant des Geisterkönigs“ wird darüber hinaus zu Raimunds persönlichem Erlebnisdrama, er gestaltet eine Problematik, die ihm am Herzen liegt, er gibt dem Stück seine Handschrift. Gerade weil der „Diamant des Geisterkönigs“ durch die Verschränkung der Handlungen, durch deren komische Überladung objektiv kein „perfektes“ Stück sein mag, reflektiert er eben dadurch den Anspruch der Raimundschen Persönlichkeit – alle seine schreibenden Zeitgenossen hätten es sich mit diesem Stoff entschieden leichter gemacht.

Schließlich sei noch eine Anmerkung zu einer Pointe getätigt, die berühmt, bei Kennern fast zum geflügelten Wort geworden ist. Wenn Eduards Vater Zephises die Erlaubnis erhält, dem Sohn noch einmal zu erscheinen, so könnte man sich vorstellen, daß dieser aus der Versenkung aufsteigende Geisterpapa seinem Sprößling nun viele gute Ratschläge und weise Lehren erteilen würde. Statt dessen sagt er zur Verblüffung aller nichts weiter als „Ich bin dein Vater Zephises und habe dir nichts zu sagen als dieses“ – rundum eine Pointe, weil alle Erwartungshaltungen getäuscht werden, weil der dumme Reim zusätzlich komisch ist. Ein Anflug von „absurdem“ Humor fast, sonstiger handgreiflicher Komik nicht verwandt.

Hans Weigel vermerkt in seinem sehr kritischen Artikel über Raimund[11], es sei nicht einzusehen, warum ein Dichter, der einmal so weit gekommen ist, dann wieder in die konventionelle Komik zurückgefallen sei. Vielleich war es tatsächlich – ein Zufall, einfach Geblödel, was uns als Geniestreich zum Lachen reizt?

Zum Thema Komik noch: In einem Stück wie diesem, für das Publikum des Leopoldstädter Theaters gedacht, versteht sich der Anspruch auf Heiterkeit noch von selbst. Gewiß, Raimund wird zu seinen Lebzeiten in Wien nie die Vorstadtbühnen verlassen, aber er wird Stücke schreiben, die so viel Ernst enthalten, daß sie („Moisasur“ jedenfalls) auch auf der Hofbühne denkbar wären. Dennoch – nie verzichtet er darauf, wienerisches oder österreichisches Milieu einzubringen, immer sind, wenn auch manchmal peripher, die lustigen Personen dabei. Ferdinand Raimund

Neues | Zauberspiel.

Heute Dienstag den 21. December 1824,
wird in dem k. k. priv. Karl Edlen von Marinellischen Schauspielhause in der Leopoldstadt aufgeführt:

Zum fünften Mahl:

Der Diamant des Geisterkönigs.

Zauberspiel in zwey Aufzügen, von Ferdinand Raimund.

Musik vom Herrn Kapellmeister Joseph Drechsler, Professor der Harmonie-Lehre bey St. Anna. — Die Tänze und Gruppirungen vom Herrn Pantomimenmeister Rainoldi. — Die neuen Decorationen mit Ausnahme des Stadt-Prospectes von Herrn Dolliner und Institoris. — Die Maschinen vom Herrn Winterhalter. — Das Kostüm neu.

Personen:

Longimanus, Geisterkönig	Hr. Korntheuer.
Die Hoffnung	Dem. Ennöckl.
Zephises, ein Magier, als Geist	Hr. Rößl
Eduard, sein Sohn	Hr. Schaffer.
Florian Waschblau, dessen Diener	Hr. Raimund.
Marianne, Köchinn	Dem. Krones.
Veritatius, Beherrscher der Insel der Wahrheit	Hr. Friedland.
Modestina, seine Tochter	Dem. Gärber.
Alacin, sein erster Höfling	Hr. Kemeiner.
Amine, eine Engländerinn	Mad. Haas.
Ein Herold	Hr. Grill.
Phyllis	Dem. Doberauer.
Amarilli	Dem. Jäger.
Lilla	Dem. Einweg.
Lira	Mad. Uram.
Pamphilius, erster Kammerdiener des Geisterkönigs	Hr. Landner.
Kolibri, ein Genius	Caroline Schadetzky.
Fee Apricosa	Mad. Schack.
Fee Amarillis	Dem. Böhm.
Zauberer Mazerzes	Hr. Reiber.
Zauberer Bumbosus	Hr. Krasneck
Vulcarius, Feuergeist	Hr. Jos. Schuster.
Kolifonius, Wächter des Zaubergartens	Hr. Cachée.
Der Frühling	Dem. See, d. ä.
Der Sommer	Hr. Kemetner.
Der Herbst	Hr. Einweg.
Der Winter	Hr. Rotter.
Ein Nachbar Eduards	Hr. Pohle.
Zwey Vorsteherinnen der Drudenzunft	(Dem. Gottlieb. (Dem. Ewitil.
Erster Feuergeist	Dem. Seitzer.
Zweyter Feuergeist	Dem. König.
Dritter Feuergeist	Hr. Fortner.
Vierter Feuergeist	Hr. Stiller.

Die Stimme des singenden Baumes. Mariannens Gestalt. Die Gestalt eines Kellners. Ein Grieche. Eine Griechinn. Feen. Zauberer. [illegible]. Genien. Bewohner des Landes der Wahrheit. Nachbarsleute.

Theaterzettel einer Aufführung im Theater in der Leopoldstadt

wird seine Nabelschnur zum Altwiener Volkstheater nie durchschneiden, wird Geisterwelt und Komik immer als integralen Teil seiner Stücke erachten – so „seriös" er später auch gestimmt sein mag.

Die Proben zu „Der Diamant des Geisterkönigs" werden infolge von Raimunds Temperament für die Beteiligten fast zur Katastrophe. Dabei bemerkt er selbst gar nicht, wie heftig und grob er zum Theaterpersonal ist und wie sehr er sich, nach Meinung von Beobachtern, selbst aufreibt.[12] Humorige Anekdoten, wie sie auf die Nachwelt gekommen sind, beschönigen die Sache eher ins Liebliche wie jene Geschichte mit den „Pudeln" – keine echten Hunde diesmal allerdings. Wenn Florian in einen Pudel verwandelt wird, verschwindet er in einer ganzen Schar, um nicht herausgefunden werden zu können. In diesen Pudelfellen stecken nun kleine Knirpse, Buben von sechs bis zehn Jahren[13], die bei den Proben allerlei Allotria treiben. Der alte Inspizient Prothke wußte sich nicht anders zu helfen, als die Rasselbande in ihren Pudelkostümen bis kurz vor ihrem Auftritt in einem Kämmerchen eingesperrt zu halten.

Die Geschichte mit dem losbrechenden Gewitter korrespondiert nun mit der ungewöhnlichen Tatsache, daß am Premierenabend, dem 17. Dezember, ein „fürchterliches Donnerwetter mit schrecklichen Blitzen begleitet" losbrach, wie Wenzel Müller in seinem Tagebuch festhielt.[14]

Die eingesperrten Pudel gerieten in Todesangst, knieten nieder und begannen inbrünstig zu beten. Als der alte Prothke sie aus dem Kämmerchen holte, um sie auf die Bühne zu schicken, hatte er den ergötzlichen Anblick dieser betenden Pudelschar vor sich... Raimund soll, laut Frankl[15], diese Episode selbst gern erzählt haben.

Weniger lustige Proben- und Aufführungsgeschichten berichten von Zusammenstößen Raimunds mit seinen Kollegen. Vermutlich ist es ihm völlig egal, wenn er sich noch mehr Feinde macht, als er ohnedies schon hat – aber wie soll denn ein so leidenschaftlich der Kunst ergebener Mensch wie er reagieren, wenn er auf die gelangweilte Indolenz eines Routiniers wie Korntheuer stößt?

Costenoble berichtet uns, daß Raimund nicht nur jede Rolle seines Stücks bis auf die kleinste Nuance auswendig wußte, er war auch imstande, es wegen eines Wortes zum Krach kommen zu lassen. So pflegte Korntheuer als Geisterkönig zu sagen:

„Jetzt hab' ich die Agnes Bernauerin schon zwanzigmal gelesen und weiß halt noch nicht, warum sie ins Wasser gestürzt worden ist."

Raimund aber wünschte, Korntheuer möge sagen: „... weiß halt noch immer nicht, warum ..."

Korntheuer meinte, das sei ja gleichgültig, aber Raimund bestand – natürlich zurecht! – darauf, daß das Wort „immer" den Spaß verstärke. Als Korntheuer auf seinen Einwendungen beharrte, äußerte sich Raimund zornig:

„Meinetwegen, wenn du aber das ‚immer' ausläßt, so bleibst du immer ein dummer Kerl!"[16]

Zur Premiere am 17. Dezember herrscht ungeheures Gedränge im Theater[17], die „Abendzeitung" meldet ein „gepreßt volles Haus"[18] – so sehr stachelt ein neues Stück von Raimund nun die Erwartungen der Wiener auf. Finanziell kommt er bei diesem Benefiz voll auf seine Rechnung, aber jeder weiß, daß es ihm nicht so sehr ums Geld als um den Erfolg und die Zufriedenheit des Pubikums geht. Und da vermerkt Costenoble, der verläßlichste Zeuge, daß Raimund am Schluß im Vergleich zu Korntheuer nur schwach hervorgerufen wird.[19] Dieser holt sich mit Bemerkungen wie „Ich bin a Wiener Kind" den speziellen Jubel des Publikums – und es verwundert nicht, daß die Spannungen zwischen ihm und Raimund gerade anläßlich dieses Stücks ungehemmt hervorbrechen werden.

Das Stück selbst findet Lob. Costenoble ist nicht der einzige, der den enormen Fortschritt seit dem „Barometermacher" erkennt[20], auch der „Sammler" bestätigt, daß dies „unbedenklich dem Besten angereihet werden" darf, „was in dieser Gattung auf der Leopoldstädter Bühne erschien."[21] Nur in der „Theaterzeitung" zieht der ungenannte Rezensent (ob Bäuerle, ob Saphir) den „Barometermacher" vor und meint huldvoll, Raimund habe eben wieder Glück gehabt, aber zumindest erkennt man die Qualität der Aufführung, deren Niveau man auf dem kleinen Raum des Hauses bisher für unausführbar hielt.[22] Lob auch für die „äußere Ausstattung" und für die Musik, die diesmal von Josef Drechsler stammt. Auf das

Lied „Mariandl, Zuckerkandl“ kann es kein Copyright geben – das singt jeder in kürzester Zeit nach.

Katharina Ennöckl in der einen Szene der Hoffnung, Josef Schaffer (für die verinnerlichten Liebhaber des Hauses zuständig) als Eduard, Louise Haas (die schon die Lidi im „Barometermacher“ gespielt hat) als Amine, Landner als Kammerdiener des Geisterkönigs erhalten ihr Lob. Korntheuer wird als „Zauberkönig der Lustigkeit“[23] hervorgehoben, nicht aber interessanterweise Therese Krones. Ihr Mariandl fällt unter die pauschale Freundlichkeit der Kritik, und es bedarf eines Urteils wie jenes von Grillparzer, der uns überliefert, daß man sich beim Lesen der Rolle keinesfalls vorstellen konnte, was die Krones daraus gemacht habe ...

Raimund, als Darsteller in den Premierenkritiken auch eher kurz behandelt, erregt jedoch in der Gestalt dieses so durch und durch lieben Florian, den er bis zu seinem Lebensende mit bedeutendem Erfolg spielen wird, zweifellos Begeisterung. Man käme in Verlegenheit zu entscheiden, heißt es nach 50 vollen Häusern im „Sammler“, „ob dem Vortrag, dem Mienenspiel oder der Haltung des Körpers der Vorzug gebühre; gewiß aber ist, daß unter den Komikern, die unser Zeitalter sah, der Verein dieser Eigenschaften bei keinem in solcher Vollkommenheit anzutreffen war.“[24] Der Erfolg des „Diamanten des Geisterkönigs“ beim Publikum ist enorm. Logen und Sperrsitze sind über Vorstellungen hinaus vergriffen. Das Publikum ist begeistert.

Und Raimund?

Er muß vor allem die Auseinandersetzung mit Korntheuer verkraften. Am 31. Dezember notiert Costenoble, Raimund klage über „den neidischen Korntheuer, der ihm alles verderbe im ‚Diamant des Geisterkönigs‘.“[25]

In diesem Zusamenhang muß erwähnt werden, was niemand richtig glauben kann, was aber immer wieder tradiert wird: Daß Korntheuer nämlich Bettnässer war. Möglich, daß die Wiener, nicht immer gerade feinfühlig, lustig gefunden haben, daß dieser baumlange Kerl mit einem Gebrechen behaftet sein sollte, das man an kleinen Kindern kennt.[26] Schon weit weniger wahrscheinlich kommt es uns vor, daß Raimund im ersten Akt des „Diamant“ geschmacklos darauf angespielt haben soll, wenn der Geisterkönig zu seinem Diener sagt:

„Daß Du mir keine so feuchten Wolken mehr einbettest! Ich will trocken liegen; ich glaub gar, du hast Regenwolken erwischt, weil ich heut' nacht so in die Nassigkeit geraten bin.“

Sollte Korntheuer tatsächlich, wie Karl Gladt in seiner Dissertation über den Künstler annimmt, gutmütig auf den Scherz eingegangen sein, um dem mit den intimen Angelegenheiten seiner Lieblinge vertrauten Publikum diese Pointe zu schenken? Oder wollen wir nicht eher annehmen, daß Raimund eine solche Taktlosigkeit nicht zuzutrauen war?[27] Oder ist von seiner Seite doch Bosheit im Spiel gewesen?

Tatsache ist, daß die Beziehung der beiden Männer immer schlechter wird, und mit einem gereizten Raimund ist zweifellos nicht gut Kirschen essen. Korntheuer, der in diesem Jahr 1824 von seiner Gattin Wilhelmine geschieden worden ist, versucht in der Folge seine Freundin, die Schauspielerin Katharina Böhm, die seit 1819 im Haus engagiert ist, dem Direktor für größere Rollen aufzuzwingen. Daß sie vermutlich kein bedeutendes Talent war, zeigt nicht zuletzt die Tatsache, daß man sie schon 1828, also noch vor Korntheuers Tod, in den Chor zurückversetzt. Raimund ist nun offenbar nicht bereit, wie Korntheuer es erwartet, sich für dessen Lebensgefährtin einzusetzen. Im März 1825 kommt es zwischen den beiden dann so weit zum Bruch, daß Raimund Korntheuer endgültig von seiner Tafel verbannt, wo dieser bis dahin ständiger Gast war.[28] Das ist die Folge einer ziemlich üblen Provokation, die sich Korntheuer geleistet hat:

„Dieser Mensch", schreibt Raimund an Toni[29], „treibt seine dankbare Achtung gegen mich so weit, daß er das letzte Mal, eines Streites mit der Direktion wegen das Kunsttalent der Mademoiselle Böhm betreffend, in meinem Stück bei sehr vollem Haus mir gegenüber durch die ganze Vorstellung so gesprochen hat, als wenn er mit seinem Stiefelputzer sich über die gleichgültigsten Dinge konversierte, so daß man allgemein glaubte, er müßte plötzlich erkrankt sein."

Persönliche Kalamitäten auf der Bühne auszutragen – das muß für Raimund, der seinen Beruf so ernst nimmt, einfach das Letzte gewesen sein: „Ich bin fertig mit ihm", schreibt er an Toni, und als sich diese in die Quereleien so weit einläßt, daß sie Korntheuer möglicherweise in Schutz nimmt, wird er ernsthaft böse. Offenbar versucht Katharina Böhm durch Gespräche mit Toni diese zu einer Fürsprache bei Raimund zu bewegen, was ihn noch böser macht – und als Korntheuer Toni sogar selbst aufsucht, wütet er: „Was hat dieser Heuchler bei Dir zu tun" und lehnt dessen Bemühungen, durch Toni Vermittlungsversuche einleiten zu lassen, entschieden ab.[30]

Hier ist Raimunds Misanthropie in einem konkreten Fall von Feindschaft aufgebrochen – aber auch hier weiß er, um Schillers Wort zu paraphrasieren, den Mann von seinem Talent zu unterscheiden: Er wird selbstverständlich weiter Rollen für Korntheuer schreiben, mit dem Bustorius und dem Hohen Alter im „Bauer als Millionär" sogar meisterliche, bis er ihn überfordert, wenn er einen Narren Shakespeare'schen Formats in der „Gefesselten Phantasie" für ihn vorsieht.

Der Fall Korntheuer zeigt jedenfalls, daß es für Raimund des Lebens ungeteilte Freude fast nicht geben kann, daß auch der Erfolg seines zweiten Stückes für ihn mit erheblicher Bitterkeit durchsetzt ist. Die Krise, zu der es früher oder später kommen muß, läßt auch nicht mehr lange auf sich warten.

BEGINN DER KRANKHEITEN

„Die Zerrüttung meiner körperlichen Maschine“

Der „Diamant des Geisterkönigs“ läuft und läuft, manchmal jeden zweiten Tag, aber das ist der Direktion noch nicht genug. Der Schauspieler Raimund wird weiter ausgepreßt. Mit ihm als Zugpferd versucht man, die mindere Tagesware durchzupeitschen. Im Februar 1825 heißt das Stück „Die schwarze See“[1], im März ist es Meisls „Die Wölfin um Mitternacht“ oder Korntheuers „Amosa“. Dabei wird sein Gesundheitszustand immer bedenklicher. An Toni schreibt er zwar, halb tröstend, seiner Gesundheit gehe es zwar übel, aber er wolle es lieber mit den Nerven als mit Magen oder Brust zu tun haben.[2] Später wird sich herausstellen, daß er sich damit nichts Wünschenswerteres ausgesucht hat.

Wie sehr seine Nerven durch die Zustände am Theater belastet sind, schildert er wiederum Toni:[3]

„In den jetzigen Zeiten, wo die unpartheyische Meynung und das richtige Gefühl des Publikums, durch Charletanerien wenigstens auf Augenblicke so sehr irre geleitet werden kann, daß manche Halbgenies ein ordentliches Handwerk mit diesen phantasmagorischen Trugbildern treiben, hat jeder Schauspieler der nicht den gänzlichen Reiz der Neuheit für sich hat, und der ohne Intrigue blos durch die Anwendung seines Talentes siegen will, es sehr nöthig alle Kräfte aufzubiethen, wenn er gegen die Kabalen dieser theatralischen Buschklepper aufkommen, und stehen bleiben will.“

Bisweilen spitzen sich seine Emotionen auf nihilistische Selbstmordgelüste zu,[4] „daß ich es nicht ertragen werde, dieses Leben, für den Undank der Welt, deren Verstand alle Tugenden an andern fordert, deren Herz aber alle Laster frey ausübt, länger zu fristen. Ich habe lang genug gelebt um einzusehen wie nichtig und eitel es auf dem Stern zu geht, auf den wir herumkriechen, als riesensinnige ungeflügelte, armselige Insekten“.

Ein Mann in solcher Geistes- und Seelenverfassung kann nicht ohne Ende auf der Bühne den Hanswurst machen. Im April ist es auch der Direktion klar, daß die Anforderungen für Raimund zu viel werden. Man engagiert Johann Baptist Lang, daß er einen Teil von Raimunds Rollen übernähme, und tatsächlich tritt ihm dieser sofort seine Partie in „Lindane“ ab. Langs großartiges Nachahmungstalent[5], das der Raimund-Legende zufolge später an der Entstehung von „Alpenkönig und Menschenfeind“ beteiligt sein soll, hat es ihm zweifellos ermöglicht, dem Publikum durch Kopie einen Ersatz-Raimund zu geben. Der Preis, den er in der Folge allerdings dafür zahlen wird, ist hoch, immer wird er trotz seines Fleißes, seiner Intelligenz und der im Vergleich zu Raimund besseren Stimme in dessen Schatten stehen, einer seiner epigonalen Nachahmer, nie mehr. Immerhin wird man ihm nachsagen, Raimunds Rollen in dessen Abwesenheit (und später nach dessen Abgang von der Leopoldstadt) so gut zu geben wie kein anderer ...

„Der Perückenmacher“, eine Posse nach Scribe, ist Ende April 1825 Raimunds letzte Premiere auf lange Zeit. Im Mai meldet die „Theaterzeitung“, Adolf Bäuerle habe ein Benefizstück für Katharina Ennöckl geschrieben, aber da „der geachtete Künstler Raimund, auf den die Hauptrolle berechnet ist, seine Gesundheit zu festigen demnächst eine Reise in ein Bad machen möchte, so unterbleibt die Produktion vorderhand.“[6] Tatsächlich wird Raimund in diesem Bäuerle-Stück, „Das Land der Erfindungen“, überhaupt nie auftreten.

Am 30. Mai 1825 verabschiedet sich Raimund nach einer Aufführung des „Diamant des Geisterkönigs“ mit folgenden Worten von seinem Publikum:[7]

„Weil ich durch das viele Reißen so zusammengerissen bin, daß mir die Krankheit aus allen Knopflöchern herausschaut, so hat mir der Arzt geraten, ich möchte in das Salzkammergut reisen und dort ein Eisen- oder Glasscherbenbad gebrauchen. Nehmen Sie daher meinen herzlichsten Dank für Ihren gnädigen Beifall, und wenn der Florian auch noch so fern ist, so wird seine Dankbarkeit sich doch nie aus diesen Mauern entfernen. – Kann ich auch nicht die unzähligen Beweise Ihrer Huld alle auf meine Reise mitnehmen, so erlauben Sie wenigstens, daß ich Ihren heutigen Beifall in eine Schatulle einpacken darf, um alle Abende am Fuße der Gletscher einige Klatscher davon einzunehmen. Denn wenn mir diese mich so langjährig stärkende Arznei plötzlich ganz entzogen würde, so müßt' ich zugrunde gehen, und wenn ich auch das ganze Salzburg auf einmal einnehmet'. – Ich will also die Hälfte mit auf die Reise nehmen, möchte mir doch Ihre Huld die andere Hälfte aufbewahren, wenn ich glücklich wiederkehren sollte.“

Das klingt harmloser, als es sich in der Folge herausstellt. Mehr als vier Monate werden vergehen, bis Raimund – am 7. Oktober – wieder vor sein Publikum treten wird. Seine bisherigen Krankheiten waren vergleichsweise Kleinigkeiten – diese greift tiefer, ist eine Nervenkrise ernster Art, die den Wienern Gelegenheit gibt, sich in allerlei Spekulationen zu ergehen und gar an Raimunds Aufkommen zu zweifeln – es gibt ja nichts Schöneres, als über das Unglück der anderen zu räsonieren ...

Dieses Jahr 1825 hat, ebenso wie 1826, für den Biographen etwas Besonderes bereit: Aus diesen Jahren sind uns die „Tagebücher“ von Toni Wagner erhalten. Das bedeutet nun nicht, daß wir profunden Aufschluß über ihr Seelenleben oder detaillierte Auskünfte über ihr Zusammensein mit Raimund erhielten. Ihre Notizen, die fast nur äußere Geschehnisse festhalten wie „in der Kirche gewesen“ oder daß man sich gezankt und versöhnt habe, reflektieren im Grunde nur die Ereignislosigkeit ihres Lebens und die ständige Spannung zwischen den Partnern.

Aber wir entnehmen den Aufzeichnungen doch, daß Toni – nun, nach sechs, sieben Jahren ihrer Beziehung zu Raimund wohl schon in Übereinkunft mit ihrer Mutter – sozusagen schrittweise nachgibt und Raimund bisweilen auch in seiner Wohnung besucht. Wir erfahren aber auch, in welch hohem Ausmaß sie ihm Gelegenheiten verschafft, sich über sie zu ärgern – ob sie die Benefizvorstellung von Ignaz Schuster besucht, worüber er begreiflicherweise „bös" ist[8], zumal sie kaum je ins Theater geht, wenn er spielt; oder ob sie in der ganzen unguten Geschichte mit Korntheuer bei weitem nicht so eindeutig auf seiner Seite steht, wie er meint, es verlangen zu können.

Immerhin entnimmt man einer Notiz vom 12. April 1825, daß sie das erste Mal mit Raimund ausgefahren ist[9], sich also in seinem Wagen in der Öffentlichkeit gezeigt hat und damit ein zweifellos allseits bekanntes „Geheimnis" nicht länger verbirgt; man liest, daß sie gemeinsam in den Augarten und in den Prater gehen; daß Toni Raimund in der Vorstadt besucht, als er zuerst nach Breitensee, dann nach Hietzing zieht, Orte, die damals noch den Charakter einer Sommerfrische haben. Man erkennt auch, daß Raimund durchaus imstande ist, von sich aus eine Verabredung nicht einzuhalten (was er Toni so oft vorgehalten hat), und, weil er böse auf sie ist, aufs Land flüchtet.

Tonis Tagebücher bzw. Aufzeichnungen handeln, obwohl sie so belanglos sind, ja doch vor allem von Raimund – er ist einfach das Wichtigste in ihrem Leben, und auch sie muß einiges an Ausdauer aufwenden, um die Beziehung durchzuhalten.

Gelegentlich sieht Raimund das auch ein und betrachtet die ganze Angelegenheit von ihrer Warte aus, etwa in dem Brief zur Jahreswende 1824/25, wo er ihr für den „Heroismus ihrer Anhänglichkeit" dankt, „für die Tugend deiner Nachsicht und Geduld, womit du manche Gemütsstimmung von mir ertrugest, die eine Folge des mich ewig verwundenden Schicksals war."[10]

Als Raimund im Juni 1825 seinen Urlaub nimmt, ohne zu ahnen, wie lange er dauern soll, ist er noch voll Optimismus: „... es ist ja keine unheilbare Krankheit", schreibt er an Toni, „da sie durch die Trauer meines Gemüts hervorgebracht ist und nur von da aus auf den Körper überging."[11] Der Körper allerdings ist recht stark in Mitleidenschaft gezogen. Seit einiger Zeit schläft er miserabel, wacht des Nachts um 2 Uhr auf und wälzt sich herum, ohne wieder einzuschlafen.[12] Der Doktor empfiehlt gegen Raimunds „Gemütskrankheit" Zerstreuung im Freundeskreis[13], aber dazu ist er nicht imstande. Erstens nimmt ihm Toni jedes Ausgehen so übel, daß er es nach Möglichkeit vermeidet, und zweitens fühlt sich Raimund in seinem Verfolgungswahn ohnedies nur von Heuchlern und Schmeichlern, jedenfalls von Feinden umgeben. Menschen können ihm nicht helfen, dessen ist er sicher.

So beschließt er, „die augenblickliche Zerrüttung meiner körperlichen Maschine"[14] auf die mittlerweile bewährte und ihm jedenfalls liebste Methode zu bekämpfen: indem er verreist. Das bedeutet zu Raimunds Zeiten, daß er sich in seinen Wagen setzt und innerhalb von dessen Reichweite der – damals noch vorwiegend unberührten – Natur nachspürt. Ganz ohne amtlichen Papierkram geht das allerdings auch damals nicht ab: Man benötigt Paßanweisungen des Wiener Magistrates[15]. Innerhalb der Erbländer der Monarchie brauchte man nämlich laut Erlaß der

Obrigkeit vom 10. August 1784 eine Reiseerlaubnis, sofern man seinen eigenen Kreis oder Bezirk verließ. Für Raimund findet sich in den Paßanweisungsprotokollen der Stadt Wien, die seit 1792 geführt werden, erstmals am 30. Mai 1825 eine Eintragung, wobei er sein Ziel mit Kufstein angibt. Das läßt erstens den Schluß zu, daß er sich bei seinen vorangegangenen Reisen – vielleicht mit dabei anfallenden Schwierigkeiten – um die Erlaubnis nicht gekümmert hat, und zweitens, daß er die Absicht hatte, bis Tirol zu kommen.

Im übrigen sind in diesen Paßanweisungsprotokollen durchaus nicht alle Reisen Raimunds verzeichnet: Am 27. 7. 1826 gibt es die Notiz, daß er angesucht habe, bis Innsbruck zu fahren, am 26. 6. 1829 bis Linz, am 27. 1. 1831 bis München, am 8. 3. 1832 bis Berlin, am 24. 8. 1835 wieder bis München.[16] Da liegen aber, wie man weiß, noch einige Reisen dazwischen. Interessant übrigens, daß es für Raimunds Gattin Luise, die ja nun wahrlich bewegt zwischen Wien und allen möglichen Städten herumgereist ist, gar keine Eintragungen gibt.

Am 31. Mai 1825 verabschiedet sich Raimund mit einem Blumenstrauß von Toni und drückt das übliche Bedauern aus, daß sie nicht bei ihm sein kann, damit er sich an ihrer Seite „doppelte Genesung erreisen" könnte.[17] „Ist er in der Frühe 6 abgereist", notiert Toni in ihrem Tagebuch.[18] Wir wissen nicht einmal, mit wem. Üblicherweise fährt Raimund nie allein, sucht sich meist unter seinen Kollegen vom Theater einen Gefährten. Diesmal scheint es aus einer Andeutung nicht unmöglich, daß er neben dem Kutscher, der ja quasi als sein Privatchauffeur fungiert, seine Köchin Karoline auf die Fahrt mitgenommen hat.

Diesmal wendet sich Raimund nicht in den Süden, zur Steiermark, sondern westlich in Richtung Salzkammergut. Der Zauber der Ortsveränderung funktioniert nicht auf Anhieb – vielleicht auch, weil wir uns das Sitzen in der Kutsche, das stunden- und stundenlange holprige Fahren vor allem als beschwerlich vorstellen müssen, was einen so überarbeiteten Menschen wie Raimund zweifellos nur noch mehr angestrengt hat. Jedenfalls ist der erste Tag der Reise ein fortgesetztes melancholisches Vorsichhinbrüten[19], und auch die nächsten Tage geht es ihm nur unwesentlich besser. Am 2. Juni abends kommt Raimund in Linz an, das sich ihm als liebe, freundliche Stadt präsentiert[20], von wo er aber dennoch bald in Richtung Ischl weiterfahren will, wo man ihm einen Badearzt empfohlen hat.

Zu diesem Zeitpunkt schildert er Toni in einem Brief sein Aussehen als bereits besser, und obwohl er mit seiner Reisegefährtin (wenn wir einmal annehmen, daß es die Köchin ist) nach eigener Versicherung jede Stunde über Toni spricht, so ist ihm doch, „als wäre Wien ganz aus meinem Gedächtnis entschwunden."[21] Und darum geht es ihm schließlich, das ist immer von heilsamer Wirkung auf ihn. Als Raimund am 5. Juni in Ischl eintrifft, scheint die Situation noch recht vielversprechend. Dr. Franz Wirer von Rettenbach soll mit einer Badekur Raimunds Nerven wohltätig beeinflussen.

Bald aber stellt sich heraus, daß zumindest der Wettergott sehr dagegen ist, Raimund Besserung zu bescheren. Die Berge sind verschneit, es regnet (wie es das im Salzkammergut so gern tut) fast ununterbrochen. Jeder, der dies einmal miterlebt hat, weiß, wie zermürbend es sich auf die Stimmung auswirkt, und Raimund geht es nicht besser. Außerdem ist die Saison in Ischl noch nicht angelaufen, außer ihm befindet sich kein Badegast hier, Ansprache fehlt, vor allem aber die Möglichkeit, in die freie Natur zu schweifen, woran Raimund vordringlich liegt.[22]

Ein Ausflug nach Salzburg bringt nur Ärger, weil er gleichfalls bei strömendem Regen stattfindet und nicht das gewünschte Ergebnis mit sich bringt, nämlich ein Geschenk für Toni zu kaufen. Gereizt schimpft Raimund über das Warenangebot der Stadt und nennt es elend und nicht geschmackvoll.[23] Und außerdem beschließt er, Ischl zu verlassen: nasse Stiefel und Schnupfen könne er sich auch in Wien holen, meint er, und Ferien in der Nähe der Großstadt täten am Ende denselben Dienst.

Kein Zweifel, daß damals Raimund selbst noch meint, er könne es mit dem üblichen Urlaub bewenden lassen und würde sich anschließend schon wieder irgendwie in das tägliche Joch des Spielens schicken – obwohl er andererseits überzeugt ist, daß die fünf Wochen Urlaub, die man ihn zugestanden hat, rein gar nichts sind, um ihn gänzlich wiederherzustellen.[24] Man ist geneigt, aus den schwankenden Selbstaussagen Raimunds im nachhinein seine „Nerven-“ und „Seelenkrankheit“ als klassische Depression zu diagnostizieren, und diese hat ja bekanntlich die grausame Eigenschaft, daß niemand, auch der beste Arzt nicht, sagen kann, wann sie vorbeigehen wird.

Jedenfalls reist Raimund in einem Zug von Ischl nach Wien zurück, wo er am 15. Juni 1825 ankommt und sich gleich nach Breitensee zurückzieht. Toni besucht ihn dort am Tag darauf und notiert, daß „er sehr traurig war“.[25] Das ist letztlich zu verstehen, denn die Reise nach Ischl, auf die er zweifellos große Hoffnungen gesetzt hat, hat ihn am Ende nur Kraft gekostet und ihm nichts gebracht, vielmehr seine Laune und Stimmung eher verschlechtert.

In der Folge treibt es ihn unstet rund um Wien hin und her. Toni notiert, er sei nach Hietzing gezogen, aber sie trifft ihn auch in Breitensee oder im „Schönbrunnergarten“. Gelegentlich fährt er nach Wien, um einen Arzt (Toni nennt einen Dr. Brey) zu konsultieren, er begleitet Toni zur Hochzeit einer gemeinsamen Bekannten, er besucht mit ihr das Rother Stadel, einen Belustigungsort, und Toni vermerkt auch, daß sie „zu ihm“ gegangen wären.[26] Aber das reicht Toni eigentlich nicht, sie hat das Gefühl, er bekümmere sich mehr um seine Gesundheit als um sie und ist oft böse auf ihn. Er entschuldigt sich brav, damals noch in der „schönste(n) Hoffnung, meine Gesundheit so ganz wieder zu erhalten, wie ich sie schon seit vielen Jahren entbehrte.“[27]

Toni tut wieder einmal wenig, um seinen Gemütszustand zu stabilisieren, im Gegenteil, sie geht keinem Streit aus dem Wege, und auch die Mekko trägt dazu bei, einmal, indem sie Raimund bei Toni anschwärzt, er habe ihr in einer finanziellen Notlage nicht geholfen. Das erfüllt ihn mit besonderem Ärger. Nach allem, was wir von ihm wissen, sind Neid (in finanziellen Belangen) und Geiz ihm fremd, er ist großzügig gegen sich und andere (und wenn er auf korrekteste Bezahlung der „Tantiemen“

seiner Werke besteht, so hat das mehr mit seinem Sinn für gerechte Forderungen als etwa mit Geldgier zu tun). Wenn Raimund erklärt, Geld besitze für ihn keine andere Notwendigkeit als jene, die seine Gesundheit und seine Ehre ihm auferlegten[28], so besteht überhaupt kein Grund, daran zu zweifeln. Und nun eine solche Beschuldigung! Außerdem stellt ihn die Mekko (die sicher auch unter seinen Launen zu leiden hat) als einen gänzlich unverträglichen Menschen hin, und ein kleiner Alltagszwischenfall wie dieser holt aus Raimund die ganze Galle hervor.

Kein Zweifel auch, daß andere Dinge, die uns ebenso als Kleinigkeiten, Mißverständnisse, Alltagsbosheiten ohne weiteres Gewicht erscheinen mögen, in Raimund ebensolche Reaktionen hervorgerufen haben. Tatsächlich verdichtet sich in ihm ein arger Fatalismus, und selbst wenn ein Quentchen Pose in der Behauptung sein sollte: „Ich bin zum Leiden geboren, so glücklich man mich preist, und kann meiner Bestimmung nicht entgehen"[29] (in Briefen an Toni unterstreicht er immer wieder ganz gern seine trübe Stimmung), so erweist doch die Zeit, wieviel Wahrheit in dieser Selbstdarstellung wohnt.

Das Leopoldstädter Theater muß sich jedenfalls damit abfinden, daß mit Raimunds Rückkehr Anfang August nicht zu rechnen ist. Die „Theaterzeitung" meldet am 30. Juli das „große Leid", das dem Haus widerfahren ist: „Der allerliebste Komiker Raimund ist dergestalt an seiner Gesundheit zerrüttet, daß er wohl noch ein paar Monate ohne Anstrengung und Spielbemühung in Ruhe wird zubringen müssen."[30] Die Direktion muß nun zu regelrechten Gewaltakten greifen, das Haus zu füllen, indem man etwa Ignaz Schuster in einer Raimund-Rolle, dem Schnudi in „Evakathel und Schnudi", ansetzt, um das Publikum ins Theater zu locken.

Raimunds „traurige Krankheit"[31], wie er sie Toni gegenüber selber bezeichnet, dauert fort. Am 8. August reist er allein für fünf Tage nach Mariazell – gewiß ist er enttäuscht, daß Toni die Wallfahrt diesmal nicht mitmacht. Anfang September fährt er nach Gaaden, einem Dorf bei Mödling, das später als Entstehungsort des „Verschwenders" in seinem Leben noch eine Rolle spielen wird. Hier, so hofft, er, wird das schöne Wetter zu seiner Genesung beitragen.[32] Er selbst erwartet schon mit Sehnsucht, daß der „unbegreifliche Nerventraum" seiner Krankheit endlich ende. Seit rund eineinhalb Jahren laboriert er daran, in den letzten Monaten, als er sich der Krise ganz hingegeben hat, besonders arg. Sein Versuch, sie nicht nur mit Bädern und Arzneien, sondern auch aus eigener Geisteskraft zu bewältigen, zeigt, daß sein Mißtrauen gegen die Menschen eigentlich noch schlimmer geworden ist, daß er zeitweise seinen Idealismus gänzlich eingebüßt hat:[33]

„Übrigens hat diese Epoche mir die bittersten aber auch die sichersten Mittel geliefert, meine Kenntniß über Freundschaft heuchelnde, Anhänglichkeit affektirende Herzen zu besigeln, und mit dem weisen Mißtrauen einen ewigen Bund zu schließen. Ich habe bey dieser Gelegenheit, in dem gefühlosen Betragen Anderer meinen eigenen höheren Werth der Seele kennen gelernt, und wenn ich wieder kräftig wie vorher das Welttheater betreten sollte, hat es nicht noch einmal zu hoffen daß ich wieder so ideal phantastisch hinopfern werde, was ich jezt so tief leidend wieder zu erringen strebe."

In diesem Sommer, wo Toni übrigens einen dreitägigen Ausflug Raimunds nach Gutenstein verzeichnet, das für ihn noch so wichtig werden soll, schreibt er das Gedicht „An die Dunkelheit". Es ist ein doppelter Versuch, gleichzeitig sich in hohe lyrische Gefilde zu erheben wie sich echten Schmerz von der Seele zu schreiben. Es ist ein Beispiel für einen Raimund, der der Mit- und Nachwelt weitgehend unbekannt bleiben wird, der – ebenso wie Grillparzer – kein wirklicher lyrischer Sprachkünstler ist, der aber stellenweise zu ergreifenden Formulierungen findet – am überzeugendsten gleich in der ersten, ganz persönlichen Strophe:

> Mich drängts mit Macht, die Leier zu erfassen.
> Dich zu beweinen, arme Dunkelheit;
> Es will mein Geist dein trübes Reich umfliegen,
> Und aus der Seele schwebt der Führer auf,
> Mein düstrer Sinn ists, der mit dir verwandt,
> Sich selbst in seine Zauberkreise bannt.

Das ganze, dreizehnstrophige Gedicht druckt die Zeitschrift „Sammler" am 6. Oktober 1825 ab, mit dem Hinweis: „Die Redaction des Notizenblattes darf wohl hoffen, daß dieser erste lyrische Versuch unseres allbeliebten Raimund, der von einer schweren Krankheit genesen, morgen der Bühne wieder geschenkt wird, auf gütige Nachsicht und Teilnahme Anspruch machen dürfe."[34]

Tatsächlich ist der 7. Oktober 1825 der Tag seines ersten Wiederauftretens nach mehr als viermonatiger Abwesenheit, und das Publikum beschert ihm einen „Beifallsjubel, der nicht verhallen zu wollen schien."[35] Nun vergessen die Wiener ihre Lieblinge tatsächlich nicht so schnell und gestalten Ereignisse wie Wiederauftritte nach längerer Trennung traditionsgemäß zu Applausorgien. Als Therese Krones beispielsweise im Juni 1826 schwer erkrankt und einen Monat in Marienbad bleiben muß, wird sie das Publikum bei ihrer Rückkehr ähnlich stürmisch empfangen.[36]

Aber Raimunds Beliebtheit nimmt tatsächlich ungewöhnliche Ausmaße an. So hatte beispielsweise während seiner Krankheit Bäuerle in das Stück „Lindane" einen aktuellen Dialog eingeschaltet, worin sich die Darsteller darüber unterhielten, wie's denn dem Raimund gehe, und das Publikum die Mitteilung, er werde bald wieder spielen, „enthusiastisch" aufnahm.[37] Als das Theater dann tatsächlich Raimunds Wiederauftreten annoncieren kann, wenn auch in keiner neuen Rolle, sondern bloß in dem alten Korntheuer-Stück „Alle sind veheiratet", setzt nichtsdestoweniger schon 14 Tage vor der Aufführung ein wahrer Run auf die Karten ein. Und als es dann am 7. Oktober so weit ist (wobei sogar Toni mit ihrer Mutter ins Theater geht), da wundert man sich, daß angesichts des mehr als überfüllten Hauses niemand zu Schaden kommt.[38]

Man stelle sich das vor: Ein Publikumsliebling, der auftritt und mit einem Beifallssturm empfangen wird, der ihn fast eine Viertelstunde nicht zu Wort kommen läßt – wir kennen das bestenfalls aus der Oper. Beifall nach jeder Szene, oft nach einzelnen Sätzen Raimunds, stürmisches Hervorrufen der Darsteller nach jedem Akt – und schließlich vermutlich allgemeine Rührung, als Raimund am Ende vor das Publikum tritt, um einen seiner beliebten Epiloge zu halten.

Raimund hat für diesen Sturm der Liebe wahrlich zu danken, und er tut es auf wundervoll-poetische Weise, das Unglück seiner Krankheit gleichnishaft verbrämend, noch einen von jedermann verstandenen Hinweis auf den Arzt einbringend, der ihn letztlich geheilt hat – Dr. Lichtenfels, der Homöopath, zu dem Raimund schließlich gefunden hat.

Dieser Epilog verdient es fast, unter Raimunds Dichtungen aufgenommen zu werden:[39]

„Ich befinde mich jetzt wieder auf dem Platze, an dem ich vor vier Monaten von meinen unendlich gütigen Herrschaften mit eben so großer Trauer Abschied nahm, als ich jetzt mit Freude wieder in ihre Dienste trete. Das Sprichwort sagt: Zu viel sei ungesund; bin ich auch nur ein armer Hausknecht in der Kunst, der das Holz bloß trägt zum Opferherd der Musen, so brauch' ich doch auch dazu Kraft, und wenn man den Parnaß zu oft auf und ab steigt, und jedesmal eine ganze Klafter auf ein Mal hinauf schleppt, so kann es auch einen Hausknecht umbringen.

Als nun eben vor vier Monaten, nach einem Musenfeste, bei dem ich sehr viel zu tun hatte, meine hausknechtischen Nerven plötzlich nachließen, verfiel ich in einen schweren Traum.

Es war mir, als befände ich mich plötzlich auf einem großen Turnierplatze, von schroffen Felsen umgeben, wovon nur einen mehr die untergehende Sonne beleuchtete.

Auf einem hohen Balkon stand eine sehr erhabene Person,und rings um die Schranken waren viele Hunderte der schönsten Herren und Damen vesammelt. Ich aber war dem Balkon gegenüber auf einem Postamente angeschmiedet, und auf meinem Rücken hing eine schwere bleierne Figur, von welcher ich hernach erfuhr, daß sie die Untätigkeit sei.

Ich wußte nicht, was dieses alles heißen sollte, doch plötzlich trat ein blonder Knabe mit Schmetterlingsflügeln zu mir, der sich anbietet, mir alles zu erklären. Erstens mußt du wissen, sprach er, alles, was hier vorgehen wird, geschieht um deinetwillen. Es wird sogleich ein großer Zweikampf statt finden, welcher über deine ganze Zukunft entscheiden soll. Die stattliche Person auf der Höhe des Balkons ist das Schicksal, es wird den Ausspruch tun, über dein künftiges Sein oder Nichtsein. Wem sehr kurios geworden ist, weil ihm die Worte aus dem ‚Hamlet' bekannt sind, das war ich. Aber, frage ich, wer sind denn die schönen Herren und Damen, die alle außer den Schranken versammelt sind? Das sind, antwortet er, lauter verehrte Gäste aus dem Einkehrhause, in welchem du acht Jahre als Hausknecht angestellt warst, und weil du dich immer bemüht hast, deine Pflicht zu erfüllen, so sind sie versammelt, Zeugen des Kampfes und seines Ausganges zu sein. Während ich mich verwundern will, geschieht ein Trompetenstoß, und es tritt in die Schranken ein rosenfarbner Ritter mit blauem Auge und purpurroten Lippen, ein leichtes Schwert, doch Helm und Schild von weißem Kieselstein; der sieht mich an und seufzt, und stellet sich zum Kampf; ich stutze; da bemerkt

Enthusiastisch und terroristisch: das Theaterpublikum Wiens

mein redender Papillion: Dies ist dein guter Genius, das heißt dein günstiges Geschick. Hör' auf! sag' ich – Trompetenstoß. Ein anderer Ritter kommt, das Antlitz bleich, ein mattes Auge, die Rüstung schierlingsfarb erglänzt, weil sie mit Galle gefirnißt war; Rabenfedern auf dem Helm, und in der Hand ein breites Schwert, ins Gift der Krankheit eingetaucht; der sieht ergrimmt auf mich, und fällt den Rosenroten an. Dies ist dein böser Genius, ruft schnell der Knabe, dein Mißgeschick! Nun begann der Kampf; – der Rosenrote weicht, er sinkt, und mit der größten Wut haut jetzt der grünliche Gesell mit seinem gift'gen Schwert auf meines Genius Kieselhelm, daß helle Funken davon sprühen, und alle Herrn und Damen ängstlich darnach sehen. Erfreue dich, sagt froh mein kleiner Freund, denn dies sind Funken der Erkenntnis deines höchsten Glücks, und während ich dies nicht begreifen kann, vermehren sich die Funken so, daß sie über den ganzen Kampfplatz einen brillantnen Regenbogen bilden, welcher die Worte enthält: Liebender Anteil des Publikums. Mein guter Genius, durch den Anblick dieser Worte neu gestärkt, rafft sich auf, dringt vor, und ruft das Schicksal an um Hilf', das Schicksal winkt, und es sprengt auf einem weißen Schimmel ein Ritter vom lichten Fels herab, stürzt auf den bösen Dämon los, und windet ihm mit gewandter Kraft das Schwert der Krankheit aus der gift'gen Faust; dieser stürzt zu Boden, mein günstiges Geschick setzt ihm den Fuß auf den Nacken, es erschmettern Trompeten und Pauken, ich erschreck' und nies', das Schicksal sagt: Zur Gesundheit, und der Traum ist aus. Alles ist verschwunden, die Untätigkeit von meinem Rücken fort; doch das gütige Publikum und die strahlenden Worte seiner Liebe stehen in diesem Augenblick noch lebhaft vor meinen Sinnen, und nie kann mein, dem höchsten Dank geweihtes, Herz, diesen unschätzbaren, alle Leiden ersetzenden, Anblick vergessen!"

Raimund war krank, tritt wieder auf, ist wieder gesund – die Nachwelt ist sich einig, daß man die Ereignisse dieses Sommers 1825 nicht auf einen so einfachen Nenner bringen kann. Nicht nur, daß er seinen bisherigen und späteren Arbeitsrhythmus durchbrochen hat, der, grob gesagt, jedes Jahr ein Stück von ihm bringt. Die Krise ist erstens noch nicht vorüber, und sie hat tiefgreifende Folgen. Was manche Kurzdarstellungen über Raimund in einer Erwähnung als Erkrankung subsummieren, wird von anderen Forschern nicht zu Unrecht als existenzielle Krise begriffen.

Der Alltag hat Raimund also wieder, wenn auch nicht völlig in der früheren Form. So gibt es für ihn bis zum Jänner 1826 kein neues Stück, und auch das bedingungslose Auspressen seiner schauspielerischen Potenz geht nicht im früheren Staccato weiter. Zwar spielt er noch immer jeden zweiten oder dritten Tag seine alten Rollen, aber er muß nicht alle wieder aufnehmen (die „Spadifankerln" etwa nicht), und selten verlangt man von ihm, zwei Tage hintereinander auf der Bühne zu stehen. Daß der „Barometermacher" und der „Diamant des Geisterkönigs" mit ihm als Darsteller wieder im Spielplan auftauchen, ist ihm sicher nicht unlieb.

Raimund setzt seine homöopathischen Behandlungen bei Dr. Lichtenfels fort, und einmal kann er sogar Toni berichten, er habe sich zwar den ganzen Morgen hindurch übel gefühlt, aber dann sei ihm „wie durch einen elektrischen Schlag" leichter geworden, und seither befinde er sich „ungewöhnlich wohl".[40]

An spielfreien Tagen trachtet er noch immer, aus Wien herauszukommen, etwa in die Brühl, und am 12. November fährt Toni mit ihm nach Neustift, um das Gelübde an der Mariensäule wieder zu erneuern. Dann ist Raimund gleich wieder tief beglückt und wünscht heftig, immer mit ihr zusammenzusein. Auch ist er fest davon überzeugt, daß seine Gesundheit „fester" wäre, wenn sie ihm ein zufriedenes Leben bereitete[41] – aber an dem heftigen Auf und Ab des beiderseitigen Stimmungsbarometers ist vorderhand noch lange nichts zu ändern.

Für Raimund naht sich wieder seine „Einnahme", die Benefizvorstellung, und heuer kann er kein neues Stück bieten. Also wählt er die 51. Vorstellung des „Diamanten des Geisterkönigs" am 30. November 1825. Es scheint regelrecht Tradition zu sein, daß sich rund um solche Vorstellungen für ihn „Kabalen und Verdruß" ergeben.[42] Diesmal geht es darum, daß eine Josefstadt-Premiere verschoben wird, damit man sich nicht Konkurrenz mache. Tatsache bleibt, daß schließlich am gleichen Tag, da Raimund als Florian Waschblau zum 51. Mal vor ausverkauftem Haus spielt, an der Josefstadt Exgattin Luise als Rosa in dem komischen Feenmärchen „Ismaans Grab oder Die Zauberinstrumente" auftritt. Ihre Anwesenheit dürfte ihm zu diesem Zeitpunkt schon ziemlich gleichgültig sein, sonst würde er nicht im Jahr darauf, bei dem Benefiz eines Kollegen, in der Josefstadt sogar am gleichen Abend wie sie – wenn auch nicht mit ihr zusammen – auftreten.

Der „Diamant des Geisterkönigs" begeistert auch beim 51. Mal. Die Kritiker, zum Jubiläums-Anlaß wieder im Theater, werden nicht müde, den neuerstandenen Raimund zu preisen. Er muß mehrere Lieder wiederholen und wird nach dem bereits letzten Fallen des Vorhangs vom Publikum noch zweimal gezwungen, sich zu zeigen.[43] Aber auch Korntheuer, der Ungeliebte, mit dem er so oft auf der Bühne stehen muß, und Therese Krones erhalten ihren Anteil am Lob.

Raimund weiß, was er dem Publikum nach solchem Beifallssturm schuldig ist, und produziert wieder eine seiner über alle Maßen „artigen" Abdankungen, die ungeachtet ihrer Devotion auch heute noch ihren Charme haben. Hier erzählt er die Geschichte von jenem Florian, der nach dem Haus der Nachsicht fragt, wo er seinen falschen Stein, den er im Wald gefunden hat, herzeigen kann. Man nennt ihm das Haus, und er zeigt den Stein:[44]

„Und siehe da, alles drängte sich den Stein zu sehen, belachte ihn und rief, es sei ein Diamant, der wahrhaft komische Farben spielt, und fünfzig Mal ward so das Haus der Nachsicht angefüllt, ja, zum ein und fünfzigsten Mal reichten sogar die Besucher dieses Hauses dem glücklichen Florian zum Geschenke einen unschätzbaren Brillant ihrer Huld. Da steht nun der gute Florian und blickt beschämt an einer steilen Wand hinauf, die sein Bewußtsein aufführt, zwischen der Größe seines Glückes und der Armseligkeit seines Verdienstes; er steht, und kann vor Dankbarkeit nicht reden, und weil's wie Blei an seinen Füßen hängt, nimmt er ein Stück davon herab und schreibet damit an die Wand: Verehrungswürdige! So lange ich leb', werd' all mein Wirken, Streben und Gefühl ich nur an Ihre Winke heften, und nie wird dieser Brillant durch seinen Glanz mein Aug zum Stolz verblenden; Nein! So oft der arme Florian ihn schaut, wird sich sein Auge dankbar stets befeuchten! Dies schreibt er hin, versucht noch mehr zu sagen, kann es nicht – verbeugt sich stumm – und geht gerührt fort.

(Nach dem abermaligen Rufen:)

Er kommt zurück, versucht's zum zweitenmal, kann's wieder nicht, verbeugt noch stummer sich und geht noch gerührter fort."

So geht für Raimund ein schweres Jahr zu Ende, wobei er Mitte Dezember in einem Brief an Toni eine aufschlußreiche Bemerkung macht. Er befinde sich, so heißt es da, besser, „indem ich das Dichten vemeide"[45] – ein unmißverständlicher Hinweis, wieviel Kraft ihn die Kreativität kostet. Und tatsächlich gesteht er sich selbst noch „Schonzeit" zu, bevor er wieder zur Feder greift . . .

DIE ZWANGSVORSTELLUNG EINES LEBENS

„Die gewisse Geschichte mit einem Hund“

1826 muß sich Raimund schließlich doch wieder bereit finden, in neuen Stücken zu spielen. Der Magister Calasantius in „Oskar und Tina oder der Kampf um die Schönheit im Reich der Lügen“ von Karl Meisl ist nur eine Nebenrolle, in der er neben Landner und Lang auf der Bühne steht. Der Abend ist das Benefiz von Therese Krones, die im Theater an der Leopoldstadt gewaltig an Boden gewonnen hat. In Bäuerles „Gisperl und Fisperl“ hat sie als Fisperl wahre Triumphe gefeiert – neben Korntheuer und Ignaz Schuster... In „Oskar und Tina“ zeigt sie schriftstellerische Ambitionen und verfaßt das Quodlibet im zweiten Akt selbst. Später wird sie Stücke schreiben – natürlich für sich selbst.

Auch Raimund schreibt wieder. In der zweiten März-Hälfte verkündet er Toni, daß er seit zehn Tagen in einem fort an seinem Stück arbeite, so intensiv, daß er sich kaum Zeit zum Essen nimmt: „Der Bauer als Millionär“ ist im Entstehen. Der Dichter in Raimund konnte durch die Dunkelheit in seiner Seele nicht ausgelöscht werden, Toni muß sich damit abfinden, seine Aufmerksamkeit mit seiner Kunst teilen zu müssen, und damit meint er nun nicht mehr die Schauspielerei, sondern das Schreiben. In einem Brief, den er mit „Ferdinand, Haus und Wirtschafts-dichter“ unterzeichnet, heißt es: „Ich lasse mich nie von einer Bahn abbringen, die ich freiwillig betrete, denn ich betrete sie nicht, wenn nicht mein Genius mich hingeleitet hat.“[2] Und zum „Bauer als Millionär“, seinem ersten Meisterwerk, hat ihn der Genius zweifellos an der Hand genommen.

Toni-Probleme begleiten Raimunds Alltag permanent. Kein Zweifel, daß er sich eine Zukunft an ihrer Seite ausmalt, sich vorstellt, wie sie eines Tages doch zusammenleben werden. Obwohl die Mutter Wagner jetzt schon recht freundlich zu ihm ist – er umwirbt sie beharrlich, und mittlerweile sprechen auch seine Erfolge laut und deutlich für ihn –, muß er in ihr doch die moralische Instanz repräsentiert sehen, die sogenannte öffentliche Meinung, die es nie dulden darf, daß er, ein nach katholischem Gesetz auf Lebenszeit verheirateter Mann, mit Toni zusammenlebt. Sicherlich hat sich Raimund, Gedankenexperimente ausspinnend, vorgestellt, wie es wohl sein würde, wenn Tonis Mutter stürbe. Aber als sie das Problem eines Tages besprechen, stellt sich zu seinem Entsetzen heraus, daß Toni dann keinesfalls die Gelegenheit wahrnehmen würde, ihm „halboffiziell“ ihr Leben zu weihen. Vielmehr hat sie dann vor, für ihren Vater zu sorgen – was Raimund keineswegs einsieht. Denn der Kaffee-hausbesitzer Wagner ist wohlhabend genug, um sich jede Menge von

Personal zu leisten, das seinen Alltag für ihn organisiert, und zweitens hat er noch eine Anzahl weiterer Töchter.

Der Verdacht, den Raimund immer schon gehegt hat, verdichtet sich: Es ist Toni selbst, die das größte Hindernis für ihre Beziehung darstellt, sie setzt sich nicht für ihrer beider Gemeinsamkeit ein, für die sie viel mehr erreichen könnte, sie liebt das Kaffeehaus und ihre Stellung dort viel zu sehr, um es aufzugeben. Kurz, sie will sich offensichtlich nicht definitiv an Raimund, dessen Ehefrau sie nie sein kann, binden. Ganz kühl und gleichgültig trägt sie Raimund ihre Überlegungen vor, jedenfalls bei ihrem Vater zu bleiben, und will offenbar nicht merken, daß damit für ihn seine Zukunftsvorstellungen zusammenbrechen. Illusionen, die er im Grunde längst nicht mehr hat, schwimmen endgültig davon. Er weiß wohl schon lange, daß er durch Anstand an eine Frau gebunden ist, die sich als die nicht Richtige herausgestellt hat.[3] Dazu kommen die Unvereinbarkeit ihrer Wünsche, ihr Unverständnis für seine Natursehnsucht, die Vorwürfe, die dauernd über ihn hereinprasseln, wenn der Frühling ihn wieder zu seinen Landausflügen lockt ...[4] Immer öfter zieht es ihn übrigens nach Gutenstein.

Am 14. April 1826 gibt es als Benefizvortellung für Katharina Ennöckl wieder einen Abend wie in der guten alten Zeit: Karl Meisls „Das grüne Männchen oder Der Vater von 13 Töchtern" vereinigt das Spitzenquartett des Hauses, Raimund und Korntheuer, die Krones und die Ennöckl, auf der Bühne. Korntheuer scheint sich wieder angestrengt zu haben, Raimund die Krone des Abends wegzuschnappen – jedenfalls verzeichnet er die meisten Hervorrufe.[5] Aber auch Raimund setzt als der Vater von den 13 Töchtern zu einem gewaltigen Sturm auf die Lachmuskeln an. Und zwei Tage später widerfährt ihm, was damals als große, vielleicht größte Ehre gilt: Bereits zum vierten Male besuchen Mitglieder des Kaiserhauses den „Diamanten", diesmal Erzherzog Karl (der Sieger von Aspern) mit Gemahlin, Erzherzog Anton und der Prinz von Salerno, der es privat mit Fanny Elßler hält. „Auf hohes Begehren" hätte er aufzutreten gehabt, notiert Toni.[6]

Am 1. Juli spielt Raimund noch in einem neuen Zauberschwank von Ex-Schwiegervater Gleich, „Der Zauberring", worin er als Pastetenbäcker Anselm wieder einmal retten muß, was zu retten ist. Man hat nach Tonis Aufzeichnungen den Eindruck, daß Raimund zu diesem Zeitpunkt nichts wichtiger ist, als wenigstens tageweise von Wien wegzukommen, und gelegentlich, selten genug, ist auch Toni dabei. Sie kann schon, wenn sie will – aber wann will sie schon? Und dann reißt ihm, wenn er ins Kaffeehaus kommt und sie umschwärmt sieht, so sehr die Geduld, daß er tatsächlich vor allen Leuten ein „Spektakel" macht und von Toni aus dem Lokal in den ersten Stock (wo die Familie Wagner wohnt) gelotst werden muß.[7]

Der Alltag ist ein ununterbrochener Zank, bis Raimund wieder einmal verreist. Nach Salzburg, Gastein, Innsbruck und Bozen soll es gehen. Wir sind über das Debakel dieser Reise, das aus heutiger Sicht so entscheidend ist, besonders gut orientiert, weil Raimunds Reisebegleiter, der Schauspieler Josef Schmidt, ein genaues Tagebuch geführt hat.[8]

Schmidt trifft Raimund am 31. Juli 1826 in Weidlingau in ziemlich übler Laune an. Sie fahren über den Riederberg, sind mittags in Kapelln und gelangen über St. Pölten nach Loosdorf, wo sie übernachten. An diesem ersten Abend schreibt Raimund noch einen Brief an Toni, voll der üblichen Liebes- und Treueschwüre, voll auch noch der Hoffnung, bald auf Tirols Alpenhöhen zu stehen. Aber die geliebten Berge soll er diesmal nicht erreichen.[9]

Am 1. August brechen sie um 5 Uhr auf, fahren am Stift Melk vorbei nach Kemmelbach und Amstetten, wo sie mittagessen. Sie verlassen die Poststraße und fahren auf der Kommerzialstraße weiter über Aschbach und das Stift Seitenstetten nach St. Peter. Mittlerweile hat Schmidt erfahren, warum Raimund so melancholischer Stimmung ist. Es handelt sich um eine „gewisse Geschichte ... mit seinem Hund."[10] Nun geht aus Tonis Tagebuch hervor, daß Raimund einen Hund besaß und ihn am 3. Juli bei einer Landpartie „verloren" hat – was immer das bedeutet. Möglich, daß er davongelaufen ist, möglich aber auch, daß Raimund ihn absichtlich zurückgelassen hat. Er hat nämlich gedankenverloren ein Stück Brot, an dem der Hund geleckt hat, genommen und gegessen. Nachher kommen ihm die Zweifel, ob sein Hund nicht vielleicht tollwütig gewesen sei. Seither lebt er in ständiger Angst, infiziert worden zu sein, obwohl Dr. Lichtenfels, den er um Rat fragte, alles aufgeboten hat, um ihn diesbezüglich zu beruhigen.

Am 2. August fahren Raimund und Schmidt auf Steyr zu, mittags kommen sie an Kremsmünster vorüber, besichtigen das Stift aber nicht, was gänzlich gegen Raimunds Gewohnheit ist, der immer trachtet, so viel wie möglich anzusehen. Aber diesmal treibt ihn die innere Unruhe, immer weiterzuhetzen, als ob er vor seiner Todesangst bezüglich der Tollwut davonlaufen wollte. Im Markt Lambach finden sie ihr drittes Nachtquartier.

Am 3. August brechen sie um halb sechs Uhr morgens auf und erreichen über Schwanenstadt und Vöcklabruck mittags Frankenmarkt. Es ist heiß, und Schmidt legt sich nach Tisch ein wenig in den Wagen, um auszuruhen.[11]

„Beim Erwachen stand Raimund vor mir mit starrem Blick, und kündigte mir an, daß unsere Reise nur bis Salzburg gehen würde. Er hatte nämlich zufällig in der Gaststube ein Buch gefunden, worin allgemeine Regeln für Unglücksfälle enthalten waren, und kam unter andern auch auf den Artikel: Über den Biß der tollen Hunde; und lebte in der Einbildung alle die angegebenen Symptome bereits in sich zu fühlen von dem Augenblick an hatte er weder Ruhe noch Rast und es war mit ihm kaum auszuhalten."

So ist es in Schmidts Tagebuch nachzulesen. Er hat dieses Erlebnis, das ihm offenbar unvergeßlich war, zehn Jahre später, nach Raimunds Tod aus Tollwutangst, offenbar Costenoble erzählt, und dieser hat es noch weit plastischer niedergelegt[12], inklusive der Bemerkung, daß Raimund schon bei jeder Gelegenheit aus seinem ledernen Reisebecher Wasser geschöpft habe, um sich zu überzeugen, daß er nicht wasserscheu sei:

„Vor dem Wirtshause schläft Schmidt ein; und als er nach einer Weile erwacht, steht Raimund vor dem Wagen mit aufgelehnten Armen und die Tränen strömen ihm über die Wangen. Schmidt fragt erschrocken: Was ihm denn fehle? Verzweifelnd sagt Raimund, daß er in einem Not- und Hilfsbüchlein, welches auf der Wirtstafel gelegen, die Anzeichen der Hundswut gelesen habe. ‚Ich fühle alle Symptome‘ – schloß er – ‚es braust mir im Gehirne – ich habe schreckliche Hitze – meine Gedanken verwirren sich – ich werde rasend werden!‘“

Es ist bemerkenswert, wie sehr Raimund schon damals von seiner Hunde- und Tollwutphobie in eine Art von Besessenheit hineingejagt wird. Wer weiß, hätte sich Schmidt nicht so verständnisvoll verhalten, vielleicht hätte Raimund unter dem unmittelbaren Eindruck der Tollwutschilderung schon damals dem inneren Druck nachgegeben, der ihn später zu seiner selbstmörderichen Verzweiflungstat getrieben hat?

Wir können heute ziemlich sicher sein, welches Buch Raimund damals in die Hand geraten ist, denn unter der zu dieser Zeit vorhandenen Literatur gibt es nur zwei Möglichkeiten. Die eine, „Ueber den tollen Hunds-Biß und die Schrecknisse seiner unglücklichen Folgen“ von Johann Wendt, erschienen in Breslau 1811, scheidet schon deshalb aus, weil das Buch eher beschwichtigenden Charakter hat. Da heißt es etwa, daß jene, die sich gewissenhaft, mit Ergebung und Vertrauen, ohne Furcht und Verzweiflung der wundärztlichen Behandlung unterwerfen, gute Überlebenschancen haben und sich nach 60 Tagen meist herausstellt, daß man seine Seelenruhe wiedergewinnen kann. Außerdem ist es unwahrscheinlich, daß in einer Wirtsstube ein Spezialwerk über Hundebisse herumliegt.

Vielmehr ist unter dem, was Schmidt und Costenoble ein Buch für „allgemeine Regeln für Unglücksfälle“ bzw. ein „Not- und Hilfsbüchlein“ nennen, zweifellos die „Anleitung für Landleute zu einer vernünftigen Gesundheitspflege“ von Dr. Heinrich Felix Paulizky zu verstehen, 1791 in Frankfurt erschienen, worin sich von Seite 418 an tatsächlich eine bewegende Schilderung „Von dem Biß toller Hunde“ und der folgenden Wasserscheu findet, die einen phantasievollen Menschen wie Raimund in die totale Panik jagen kann.

Man muß dabei auch bedenken, daß die Tollwut damals sehr verbreitet ist, daß es kein Serum dagegen gibt, und daß, wer davon befallen wird, tatsächlich einem schrecklichen Tod geweiht ist, wobei er noch höchste Ansteckungsgefahr für seine Umgebung bedeutet ... Es sind also keine sinnlosen, sondern sehr real begründete Ängste, denen sich Raimund – allerdings vielfach übersteigert durch seine lebhafte Vorstellungsgabe – hier hingibt.

An diesem verhängnisvollen 3. August beschließen Raimund und Schmidt jedoch, wie aus dessen Routenbeschreibung unzweifelhaft hervorgeht, noch weiterzufahren. Über Neumarkt und den Zeller See wenden sie sich in Richtung Salzburg und übernachten in Henndorf. In Costenobles Bericht, den er von Schmidt übernommen hat, heißt es:

„Schmidt suchte ihn zu beruhigen und sie fuhren ins Nachtquartier. Kaum hatten sie sich schlafen gelegt und Schmidt war entschlummert, so hört er ein ängstliches Stöhnen. Sich aufrichtend gewahrt er Raimund im

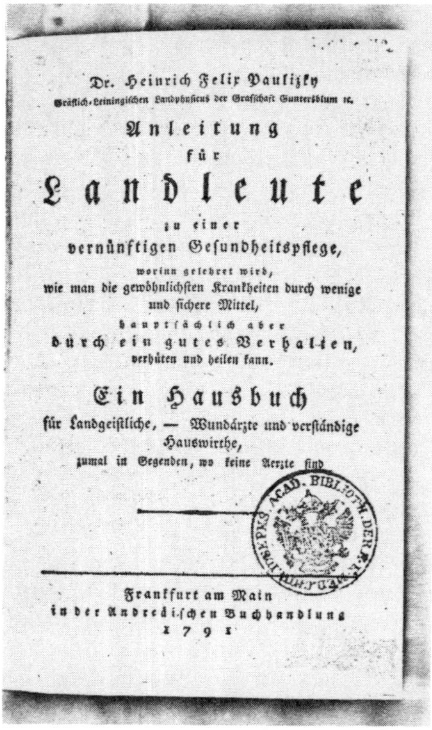
Dr. Heinrich Felix Paulizky
Gräflich-Leiningischen Landphysicus der Grafschaft Guntersblum rc.
Anleitung
für
Landleute
zu einer
vernünftigen Gesundheitspflege,
worinn gelehret wird,
wie man die gewöhnlichsten Krankheiten durch wenige
und sichere Mittel,
hauptsächlich aber
durch ein gutes Verhalten,
verhüten und heilen kann.
Ein Hausbuch
für Landgeistliche, — Wundärzte und verständige
Hauswirthe,
zumal in Gegenden, wo keine Aerzte sind
Frankfurt am Main
in der Andreäischen Buchhandlung
1791

Aus diesem Buch schöpfte Ferdinand Raimund seine Schreckensvisionen über die Folgen eines Hundebisses

Bette sitzend und mit den Zähnen klappernd vor Fieberfrost. Nun schlägt der umsichtige Freund dem Eingebildeten vor, morgen nach Wien zurück zu kehren, und den Arzt Ritter von Lichtenfels zu konsultieren. Raimund stürzt an den Hals des Ratenden; man kutschiert retour in die Residenz; der Arzt wird geholt; gibt dem Hypochonder Belladonna, und die Zeit überzeugt ihn von seinem Wahne. Damals schon hat Raimund stets eine geladene Pistole mit sich herumgetragen, um sich schnell zu erschießen, falls er wirklich den Keim der Tollheit in sich trüge.“

Tatsächlich fahren Raimund und Schmidt noch nach Salzburg, und Raimund ist auch noch imstande, ein wenig von der Stadt zu besichtigen, das Felsentor, Mirabell und Hellbrunn. Schmidt hofft, sie könnten vielleicht noch einen Tag hierbleiben. Aber dann erkennt er, „daß der Gemütszustand Raimunds immer bedenklicher“ wird[13] und vermutet richtig, daß nur eine Rückkehr nach Wien und zu Dr. Lichtenfels hier Hilfe schaffen kann. Also schlägt er vor, nach Tisch zurückzufahren. Raimund ist sehr erleichtert, und um 3 Uhr nachmittag brechen sie auf und kommen bis Frankenmarkt, wo sie wieder übernachten – vermutlich in dem Wirtshaus mit dem verhängnisvollen medizinischen Buch ... Hat es Raimund nochmals in die Hand genommen, um seine Ängste bestätigt zu sehen?

Tags darauf jedenfalls hetzen sie „so schnell, als es die armen Pferde

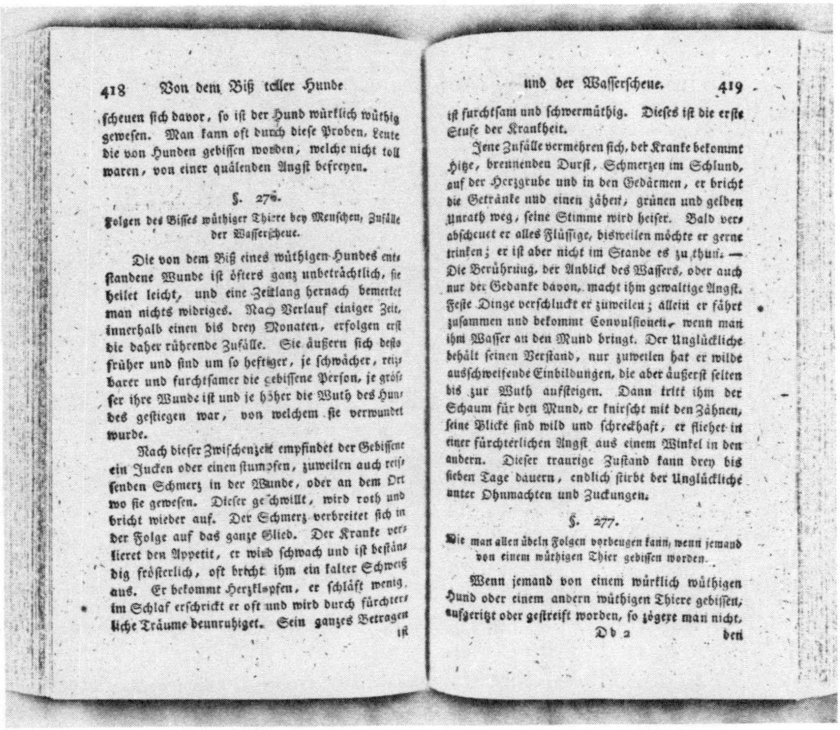

418 Von dem Biß toller Hunde

scheuen sich davor, so ist der Hund würklich wüthig gewesen. Man kann oft durch diese Proben, Leute die von Hunden gebissen worden, welche nicht toll waren, von einer quälenden Angst befreyen.

§. 276.

Folgen des Bisses wüthiger Thiere bey Menschen, Zufälle der Wasserscheue.

Die von dem Biß eines wüthigen Hundes entstandene Wunde ist öfters ganz unbeträchtlich, sie heilet leicht, und eine Zeitlang hernach bemerket man nichts widriges. Nach Verlauf einiger Zeit, innerhalb einen bis drey Monaten, erfolgen erst die daher rührende Zufälle. Sie äußern sich desto früher und sind um so heftiger, je schwächer, reizbarer und furchtsamer die gebissene Person, je grösser ihre Wunde ist und je höher die Wuth des Hundes gestiegen war, von welchem sie verwundet wurde.

Nach dieser Zwischenzeit empfindet der Gebissene ein Jucken oder einen stumpfen, zuweilen auch reissenden Schmerz in der Wunde, oder an dem Ort wo sie gewesen. Dieser geschwillt, wird roth und bricht wieder auf. Der Schmerz verbreitet sich in der Folge auf das ganze Glied. Der Kranke verlieret den Appetit, er wird schwach und ist beständig frösterlich, oft bricht ihm ein kalter Schweiß aus. Er bekommt Herzklopfen, er schläft wenig, im Schlaf erschrickt er oft und wird durch fürchterliche Träume beunruhiget. Sein ganzes Betragen ist

und der Wasserscheue. 419

ist furchtsam und schwermüthig. Dieses ist die erste Stufe der Krankheit.

Jene Zufälle vermehren sich, der Kranke bekommt Hitze, brennenden Durst, Schmerzen im Schlund, auf der Herzgrube und in den Gedärmen, er bricht die Getränke und einen zähen, grünen und gelben Unrath weg, seine Stimme wird heiser. Bald verabscheuet er alles Flüssige, bisweilen möchte er gerne trinken; er ist aber nicht im Stande es zu thun. — Die Berührung, der Anblick des Wassers, oder auch nur der Gedanke davon, macht ihm gewaltige Angst. Feste Dinge verschluckt er zuweilen; allein er fährt zusammen und bekommt Convulsionen, wenn man ihm Wasser an den Mund bringt. Der Unglückliche behält seinen Verstand, nur zuweilen hat er wilde ausschweifende Einbildungen, die aber äußerst selten bis zur Wuth aufsteigen. Dann tritt ihm der Schaum für den Mund, er knirscht mit den Zähnen, seine Blicke sind wild und schreckhaft, er fliehet in einer fürchterlichen Angst aus einem Winkel in den andern. Dieser traurige Zustand kann drey bis sieben Tage dauern, endlich stirbt der Unglückliche unter Ohnmachten und Zuckungen.

§. 277.

Wie man allen übeln Folgen vorbeugen kann, wenn jemand von einem wüthigen Thier gebissen worden.

Wenn jemand von einem würklich wüthigen Hund oder einem andern wüthigen Thiere gebissen, aufgeritzt oder gestreift worden, so zögere man nicht,

Dd 2 den

nur aushalten“ können über Lambach, Wels in Richtung Wien, kommen aber nur bis Enns, wo sie übernachten.

Am 6. August brechen sie schon um 5 Uhr früh auf und fahren über den Strengberg nach Amstetten. Abends um halb acht sind sie in Melk. Schmidt hat zusehen müssen, wie Raimunds melancholischer Zustand immer beängstigender wurde. Nun will Raimund nicht nochmals übernachten, er läßt Pferd und Wagen zurück, sie nehmen die Extrapost und fahren die ganze Nacht durch, um am Montag, den 7. August, „zum Erstaunen und Gespött aller Bekannten“ in Wien anzukommen.[14] „Da war ich auf den Abend bey ihm wo er sehr traurig war“, notiert Toni.[15]

Schmidt schluckt tapfer an seiner Enttäuschung über die so mißglückte Reise, und Raimund sucht sie ihm später zu entgelten, als er ihm im Oktober zu seiner, Schmidts, Benefizvorstellung im Theater an der Wien 100 fl. W. W. (hundert Gulden Wiener Währung) für einen Sperrsitz gibt.[16] Raimund selbst pflegt zwar seine Melancholien, aber nicht nur der Zuspruch des Arztes, sondern auch die Tatsache, daß er nicht erkrankt ist, lassen ihn früher oder später einsehen, daß seine Ängste unbegründet waren. Diesmal.

Der frühzeitig heimgekehrte Raimund steht schon am 18. August 1826 im „Diamant des Geisterkönigs“ wieder auf der Bühne – der Spielplan ist damals schnell nach den jeweiligen Bedürfnissen, aber auch nach den Möglichkeiten umzustellen. Raimund nimmt sich vor, mit seiner Gesund-

Medaille zu Ehren Raimunds, überreicht von Freunden

heit ein bißchen vorsichtiger umzugehen. Die Streitigkeiten mit Toni sind dieselben wie eh und je, aber er meint, inzwischen so „klug“ geworden zu sein, „meine Gesundheit nicht durch heftige Auftritte ganz zu zerstören und für dich und die theatralische Welt verlorenzugehen.“[17]

Immerhin gibt es ja genug Menschen, die ihn hoch schätzen und es ihm auch zeigen: Am 31. August 1826 stellen sich „Freunde mit einem Kranze“ bei ihm ein[18], die ihm folgendes Schreiben überreichen:

Verehrter Herr!

Über Ihren Werth als Künstler, und über die Art Ihrer Kunstleistungen hat sich das Publikum so oft, stets gleich, und für Sie ruhmvoll ausgesprochen.

Einige Ihrer Freunde, welche einen bleibenden Beweis dieser öffentlichen Anerkenung zu geben wünschen, ersuchen Sie, die Einlage nicht zu verschmähen, und die Versicherung anzunehmen, daß sie nicht blos als ein ausgezeichneter Künstler verehrt, sondern auch als Mensch hochgeachtet sind.

31ten August 1826.

Der Kranz besteht aus Moos und Moosrosen mit dem Monogramm „F“ und existiert ebenso noch wie die erwähnte Einlage, eine Medaille, die Joseph Lang geschaffen hat. Sie besteht aus Silber und Zink, zeigt auf der Vorderseite Raimunds Kopf im Profil, seinem Gesicht zugewandt den Namenszug „Ferdinand“, an seinem Hinterkopf „Raimund“. Die Rückseite zeigt Harfe, Maske, ein Barometer und offenbar einen Diamanten, von strahlender Sonne bekränzt und dem Schriftzug „In Wien 1826“ bekrönt.

Es sind nicht die einzigen Zeugnisse der Verehrung. Auch schlicht und einfach Liebe brandet dem Schauspieler Raimund entgegen, so, als er am 15. September 1826 in Bäuerles „Glück in Wien" wieder einmal eine Premiere spielt. Raimund ist darin der arme Tischler Badian und muß sich für einen von Bäuerle besonders penetrant konzipierten Akt der Devotion vor dem Herrscherhaus hergeben. Raimund als Badian steht zürnend auf der Bühne, als die Klänge von „Gott erhalte Franz, den Kaiser" aufrauschen. Daraufhin überkommt ihn die Sentimentalität und er muß sagen: „Wo dieses Lied ertönt, kann ich kein Unmensch bleiben."

Hier, wo sich die Rührung des Publikum über den geliebten Schauspieler mit der Rührung über das (geliebte?) Kaiserhaus mischt, zwei so starke Emotionen zusammentreffen, kann es dann auch zu Demonstrationen gewaltiger Huldigung kommen. Heinrich Börnstein, der in seinen Memoiren berichtet, wie Raimund in Wien „vergöttert, angebetet" wurde, erzählt von einem riesigen dicken Bierbrauer, der einmal angesichts von Raimunds Erscheinen auf der Bühne, das traditionellerweise von Applaus begleitet ist, mitten im Parterre auf eine Bank steigt, seinen Hut schwenkt und mit sonorer Stimme ausruft:

„Unser lieber Herr Raimund soll leben! – Hoch!"

Und Parterre und Galerie fallen mit „Vivat! Hoch"-Rufen ein, während jene, die der Autor als die „Gebildeteren" apostrophiert und die wohl in den Logen zuhause waren, über diese so herzlich gemeinte Ovation mitlachen und mitklatschen.

Denn dieser Ruf, so meint Börnstein, „ging aus dem innersten Gemüte des Volkes hervor", und er fügt dieser Behauptung das wahrhaft biedermeierliche Bild an: „. . . und wenn Raimund in seinem schlichten grauen Rocke durch die Straßen ging, grüßte ihn alles, jung und alt, hoch und nieder, in der ganzen Leopoldstadt mit liebevoller Achtung."[19]

Die Achtung gilt dem nun längst als solide, ja, übersolide bekannten Mann, der fast ein menschenscheuer Sonderling geworden ist, um ja nicht in schlechten Ruf und in das Schußfeld seiner stets mißtrauischen Toni zu geraten. Sie gilt dem Schauspieler, der noch immer mit unversiegter Kraft auf der Bühne steht und zahllose schwache Werke seiner Zeitgenossen vergoldet. Und sie gilt dem Volksdichter, der demnächst wieder mit einem großen Werk an die Öffentlichkeit tritt: mit „Das Mädchen aus der Feenwelt oder Der Bauer als Millionär". Und, was zu diesem Zeitpunkt noch niemand weiß: ein weiteres Theaterstück, „Die gefesselte Phantasie", hat er seit dem 26. September 1826 vollendet.

„DER BAUER ALS MILLIONÄR“

„Es ist ewig schad' um mich!“

„Doch jetzt ist alles glücklich abgelaufen, und ich bin recht in der Seele zufrieden.“[1]

Ein Satz wie dieser, den Raimund am Tag nach der „Bauer als Millionär“-Premiere an Toni schreibt, ist schon wegen seiner Seltenheit bemerkenswert: Zufriedenheit war eine Dame, die ihn nur sehr sporadisch besuchte. Hier schenkte sie ihm, wenn auch nur für kurze Zeit, ihr Lächeln.

„Das Mädchen aus der Feenwelt oder Der Bauer als Millionär“ ist im Lauf des Jahres 1826 entstanden: Außer dem schon erwähnten Hinweis in einem Brief an Toni im März gibt es keine Angabe, wann genau Raimund das Stück geschrieben hat (und wann, im Schaffensrausch, gleich das nächste begonnen wurde). Jedenfalls war es vor dem Sommer fertig, denn Raimund hat es seinem Theater eingereicht, und Mitte Juni nimmt Geschäftsführer Manquet es an und spricht ihm sein Lob aus.[2]

„Als dieses Stück“ – gemeint ist der „Diamant des Geisterkönigs“ – „so glücklichen Erfolg hatte, wie es ihn gewiß nicht verdient hat, wurde ich schon kühner und erfand mir selbst einen Stoff, und so entstand der ‚Bauer als Millionär‘, in dem sich viele läppische Kleinigkeiten befinden, welche ich nur angebracht habe, weil ich fürchtete, das Publikum möchte ihn zu ernsthaft finden“, heißt es in Raimunds Selbstbiographie.

Tatsächlich ist Raimund, abgesehen davon, daß er das Publikum der Leopoldstadt nie aus dem Blick verliert (wie er es später tun wird), hier so „kühn“, eine Geschichte selbst zu erdenken, weshalb er das Stück auch nicht ohne Stolz „romantisches Original-Zaubermärchen mit Gesang in drei Aufzügen“ nennt. Es ist damals die Ausnahme, wenn ein Dichter sich die Mühe nimmt, einen Stoff zu erfinden, sie sind meist nur Bearbeiter, bis zu Nestroy Zuschneider fremder Stoffe, die sie dann mit mehr oder weniger Meisterschaft dem Publikumsgeschmack anpassen. Raimund aber hat die Geschichte des Bauers Wurzel erfunden, desgleichen die Verschränkung mit der Feenhandlung (worauf der Doppeltitel hindeutet, dessen erster Teil uns gar nicht mehr geläufig ist), und seine Konzession an den herrschenden Geschmack besteht darin, daß er die „Feenwelt“ nie gänzlich außer Acht lassen wird, bis zum Ende seiner Karriere als Dramatiker nicht.

Die Geschichte beginnt in der Feenwelt. Lakrimosa ist eine bei aller Betrübtheit noch heitere Variation der späteren Cheristane im „Verschwender“: Auch sie hat sich in einen Menschen verliebt. Sie mußte ihr Töchterchen Lottchen auf Erden zurücklassen und gab es einem braven

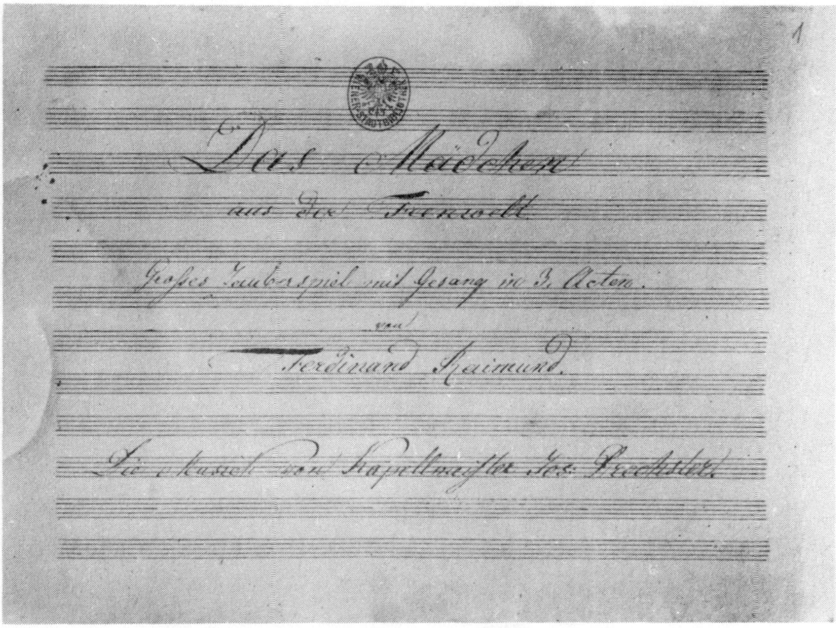

Paritur zu „Das Mädchen aus der Feenwelt oder Der Bauer als Millionär“

Bauern, Fortunatus Wurzel in Pflege. Sehr komisch, wie Raimund mit dieser Zauberwelt verfährt – eine allegorische Figur, der Neid, hat sich ausgerechnet in Lakrimosa verliebt, und weil er abgewiesen wurde, schwor er Rache. Lakrimosa ist, wenn sie dies alles einleitend erzählt, von einer Schar von Feen und Zauberern umgeben, unter denen sich die erheiterndsten Figuren und Dialekte finden – der ungarische Zauberer Bustorius, der schwäbische Magier Ajaxerle: Bis heute ist diese parodistisch gehaltene Introduktion im Feensaale auf der Bühne von unwiderstehlicher Wirkung. Sind das die „läppischen Kleinigkeiten“, die Raimund als Zugeständnisse betrachtet?

Die Szene wechselt zu Wurzel. Der Neid hat ihn reich gemacht, damit er die Bedingung der Fee – und bei Raimund werden immer Bedingungen gestellt! – nicht erfüllen soll, nämlich Lottchen einen armen Mann heiraten zu lassen. Wurzels Auftreten wird geschickt vorbereitet – mit Dienern, die ihn offensichtlich verachten, dem verschüchterten Lottchen, das mit der Welt der Reichen nichts zu tun haben will. Dann kommt Wurzel, der entwurzelte Bauer, Fortunatus mit Namen, in diesem Augenblick noch ein Glücklicher, der das Stadtleben lobt und kreuzfidel ist. Einen echten Bauern aus der Gegend um Gutenstein, Postiasi mit Namen[3], soll Raimund als Vorbild für die Gestalt genommen haben, und tatsächlich gibt es damals viele Bauern, die während der Napoleonischen Kriege als Lieferanten reich geworden sind und jetzt in der Stadt leben. Wenn dieser Bauer nun städtisch und gebildet sein will, gibt Raimund ihn

Raimund als Aschenmann

so der Lächerlichkeit preis wie Molière seinen Bürger als Edelmann, und man merkt wohl, daß an diesem Wurzel nicht alles Gold ist – er ist durchaus kein gänzlich sympathischer Zeitgenosse. Aber er ist die „Raimund-Rolle".

Mit diesem Wurzel hat er sich eine Figur geschaffen, wie er sie im Wiener Volkstheater so kraftvoll und dabei differenziert, reich an charakterlichen Möglichkeiten noch nie vorgefunden hat. Welch ein Schritt vom Bartolomäus Quecksilber und vom Florian Waschblau zum Fortunatus Wurzel, der den Ansatzpunkt für eine Reihe nahezu „negativer" Helden bildet, die Raimund sich in der Folge schreiben wird: den grob-ordinären Nachtigall in der „Gefesselten Phantasie", als Tiefpunkt den abgründig-bösen Gluthahn in „Moisasurs Zauberfluch", als Höhepunkt der Gestaltungskraft schließlich den Rappelkopf im „Alpenkönig", mit dem auch nicht gut Kirschen essen ist. Raimund verläßt die lieblichen, unverbindlichen Gefilde des Volksstücks, und er hat keine Angst, als Schauspieler von sich selbst mehr zu fordern als sympathisches, ansprechendes Wesen. Das Publikum muß ihm auf diesem Weg folgen und tut es, vor allem allerdings, weil er das Gewicht seiner außergewöhnlichen schauspielerischen Persönlichkeit einbringt. Vom Wurzel an sind die Raimund-Rollen

Therese Krones als Jugend

hohes Kaliber, „hoftheaterreif", um es im Kontrast zur Vorstadt auszudrücken, und gerade mit dem „Bauer als Millionär" wird auch der Dichter welttheaterreif. Dann nämlich, wenn die Jugend kommt und wieder geht und das hohe Alter auftritt...

Wurzel, von Lacrimosas Geistern angewiesen, Lottchen mit dem armen Fischer Karl zu verheiraten, erweist sich als wahrer Rabenvater und wirft sie hinaus – Geld verdirbt den Charakter, Raimund zeigt es deutlich und ungescheut, Wurzel benimmt sich widerlich. Höhnisch stellt er eine Bedingung für diese Ehe, und auch das ist bei Raimund ein immer wiederkehrendes Motiv: Scheinbar Unmögliches wird verlangt, damit etwas anderes möglich werde, und er verwendet dann stets viel Zeit für die Ausführung, die oft dramaturgisch holprig ausfällt.

Nicht so beim „Bauer als Millionär".

„Nicht eh verstehen Sie darf diese Verbindung vollzogen werden, bis aus dem Blut, das wie geschmolzenes Eisen glüht, ein Himbeergefrornes wird. Bis diese kräftigen Zwillingsbrüder, meine Fäust, so entnervt sind, daß ich nicht einmal einen Kapaunerflügel mehr transchieren kann – bis dieses kienrußschwarze Haupt sich in einen Gletscher verwandelt – kurz, bis ich so ausschau, daß ich auf den Aschenmarkt hinaus ghör!"

Das hat Wurzel gefordert, und Raimund braucht genau zwei Szenen, die zu den schönsten der Weltliteratur gehören, um dies möglich zu machen. Realistisch ist nicht zu zeigen, wie jemand auf einen Schlag altert – hier erweist sich das nie verschmähte Zauberspiel als hervorragende Hilfe. Zwei Allegorien erscheinen und vollziehen den symbolischen Akt – die Jugend geht, das Alter kommt. Und wie sie es tun, zeigt von vollendeter Meisterschaft. Selbst Heinrich Heine hat in dem Vorwort zu seinem „Buch der Lieder" diesen Szenen seine Bewunderung gezollt.

Die Jugend „hüpft" herein, wie es in der szenischen Anweisung steht. Sie trägt ein weißes Trikot, rosenrote Weste, am Kragen mit Rosen garniert. Grüner Frack, dreieckiger Hut mit einer Rosenschleife. Das Beinkleid ist mit rosenroten Bändern gebunden. Tausende Male wurde Therese Krones so als Jugend abgebildet, nur daß sie auch den Frack in rosa trug und der Hut nicht dreieckig, sondern rund mit Krempe war.

Der Zauber der Szene stellt zweifellos an die Interpretin die höchsten Anforderungen, nicht alle Nachfolgerinnen der Krones haben es geschafft, lustig und dabei sogar ein bißchen herzlos von Wurzel Abschied zu nehmen, bis hin zum „Brüderlein fein", das ein Volkslied geworden ist.

Die Jugend geht. Kalt wird es und dunkel. Der ungebetene Besucher aus „Eisgrub", der anklopft und auf einem beschneiten Wagen hereinfährt, ist das hohe Alter. Daß Wurzel unter seiner Berührung weißes Haar bekommt, ist einer der blitzschnellen Verwandlungscoups, die Raimund aus tausendfacher Übung beherrscht. Aber damit ist es für den Darsteller des Wurzel nicht getan – er muß in dieser Szene vom kraftstrotzenden Mann zu einem müden Greis werden: Ein Effekt, der gewiß auch aus der spezifischen Raimundschen Trickkiste kommt, vielleicht für heutige Darsteller schwieriger und interessanter zu bewältigen, da sie es ja nicht an minderen Produkten dauernd üben können. Und in dem Augenblick, wo der alte Wurzel erkennt, daß ihm sein Geld nicht mehr hilft, wird ihm auch das genommen – Raimund straft die Hybris gnadenlos.

Immer wieder haben die Wissenschafter festgestellt, daß zu den vielen Ähnlichkeiten zwischen Grillparzer und Raimund – im Äußeren, in der seelischen Disposition – auch eine Verwandtschaft der Themen kommt. Ist es Zufall, daß Grillparzer 1826 die Arbeit an „Der Traum ein Leben" wieder aufnimmt? Gibt es hier nicht eindeutig verwandte Züge? Später wird Raimund den „Traum ein Leben" im Burgtheater sehen und sagen:

„Sehen's, das hab' ich selbst immer wollen, und eigentlich hat mein ‚Bauer als Millionär' ganz denselben Gedanken. Hier träumt der Held, bei mir ist Zauberei im Spiel. Hier wird er reich und mächtig, bei mir auch. Nur muß er Galläpfel aufbeißen, in deren jedem ein Ducaten steckt, was volksthümlich ausdrücken will, daß es bitter ist, reich und mächtig zu werden. Hier reißt sich der Held von seiner Geliebten los, bei mir die Jugend vom Helden. Nur die schöne, schwungvolle Sprach' hab' ich nicht. Die möchten's auch in meiner Vorstadt nicht verstehen. Es ist ewig schad' um mich!"

Grillparzer wird des „Innern stillen Frieden" verkünden, Raimund läßt als „Moral" seines Stücks die Zufriedenheit preisen – im Endeffekt kommt es auf dasselbe hinaus. Wurzel überhebt sich, wird arg bestraft und dann, geläutert, begnadigt: Nachdem er als wirklich tragischer Aschenmann herumgezogen ist, darf er sich wieder in das zurückverwandeln, was er war: in einen Bauern: „Alloh! Jetzt bin ich wieder in meinem Element!“ verkündet er die zurückgewonnene Vitalität. „Meine Schönheit war beim Versatzamt, jetzt haben sie s' ausgelöst.“ Das ist lustig formuliert und bedeutet doch: „Ich habe falsch gelebt.“ Am Ende dürfen Wurzel und Rustan, ohne besonderen Schaden genommen zu haben, aber innerlich klüger, dort weitermachen, von wo sie ausgegangen sind – Gnade ergeht vor Recht.

Geistesgeschichtlich ordnet Claudio Magris in seinem Buch über den „Habsburgischen Mythos in der österreichischen Literatur“ Raimunds Stücke, besonders den „Bauer als Millionär“, so ein: In Raimund tritt zwar die Fortdauer der barocken Tradition klar zutage, „doch ist das Zauberspiel mit seinen magischen Verwandlungen und seinem Irrealismus kein abgenutztes literarisches Genre, kein äußerliches Spiel zur Unterhaltung der Zuschauer, kein fertiges Schema zur endlosen Abwandlung mehr. Das alte, abgegriffene Zauberspiel befreit sich hier zu echter Weltschau und zu einem echten Bedürfnis der Phantasie. Mit Raimund kristallisiert sich die Wirklichkeitsflucht, die Flucht in den Traum, vollendeter heraus, doch ist sie keine blinde Weltabkehr, sondern vielmehr ein Suchen nach dem wahren Gehalt des Lebens in der Vision: Es beginnt die Zufluchtnahme zu den Mysterien, diesem Wechselspiel von Traum, Enttäuschung und Verzicht, das in der österreichischen Literatur, von Grillparzer bis Hofmannsthal, von so großer Bedeutung ist und das geistige Abenteuer der habsburgischen Seele symbolisiert. (...) Der echteste Vormärzmensch ist weder der liberalismusfreundliche Literat noch der genießende Epikureer, sondern jener Wurzel aus dem Märchenstück „Der Bauer als Millionär, oder das Mädchen aus der Feenwelt“ (1826), der zwischen Traum und Wachen die Richtung seines Lebens sucht und am letzten Geheimnis der Dinge vorbeigeht. Am Ende der Illusion steht das Aschenlied, als das einzige, was bleibt.“

Am „Bauer als Millionär“ ist die Wurzel-Geschichte lebendig geblieben. Um ihretwillen löst die Nachwelt dieses Stück vom Altwiener Volkstheater ab und rechnet es dem neuen Volksstück zu, als Vorläufer des Realismus, des sozialen Dramas. Das „Besserungstück“, von Gleich und Meisl zu Dutzenden produziert, spielt wohl herein, aber nicht als Klischee, sondern weil Raimund hier noch an die Möglichkeit glauben will, daß Menschen Einsichten gewinnen und sich ändern können. Schon bei „Moisasur“ wird Gluthahn uneinsichtig und unverändert böse bleiben. Der „Bauer als Millionär“ harmonisiert das Geschehen noch, das Weltbild wird auf biedermeierlich zurechtgebügelt. Nicht als Buckerl vor Zensur und Zeitgeist, sondern als Ausdruck von Raimunds eigenem Geist.

Es ist aber neben der Wurzel-Handlung noch viel Gelungenes in dem Stück: Haben seine schreibenden Kollegen eigentlich die Szene beachtet, in der Wurzel von seinen Gästen mit den sprechenden Namen „Afterling“, „Musensohn“ und „Schmeichelfeld“ umgeben ist, eine Schmarotzer-Satire, wie sie Nestroy später im „Zerrissenen“ ähnlich ausführt? Von starker Wirkung sind auch die Figuren von Haß und Neid und die fast dämonische Szene mit der Geister-Kegelbahn. Hier wird auch der Fischer Karl „geprüft", bevor er sein Lottchen bekommt.

Und daß die „Zufriedenheit", eine reine Allegorie, so sehr vermenschlicht ist, zählt ebenfalls zu den Stärken des Stücks, das – wie oft bei Raimund – über ein blasses Liebespaar verfügt, an dem allerlei bewiesen wird, ohne daß man persönlichen Anteil daran nähme. Seltsam, daß er, anfangs ein so romantischer, stürmischer Anbeter seiner Toni, auf der Bühne die Liebe eines jungen Paares selten mit einigem Temperament und größerer Überzeugungskraft gestalten konnte.

Eine große Leistung des Stücks besteht jedenfalls darin, daß Raimund es auf der wirklichen Welt lokalisiert hat – keine Zauberinsel, kein allegorisches Märchen- und Geisterreich sind Schauplätze der wichtigsten Handlung, sondern die Welt, und Wurzel ist zwar gewissermaßen noch ein bißchen komische Figur, aber schon lange kein Hanswurst-Nachfahre mehr, sondern ein Bauer als Städter, der erkennt, daß Reichtum nicht glücklich macht. Idealismus überwindet Materialismus, und Heinz Kindermann hat auf etwas ganz Entscheidendes aufmerksam gemacht: Die Hütte der Zufriedenheit liegt in einem Alpental![4] Deutlicher hätte Raimund die ganz persönliche Aussage, wo für ihn die Zufriedenheit wohnt, gar nicht tätigen können.

Von allen Manuskripten Raimunds ist dieses, 70 Seiten Großfolio, das am meisten verbesserte und durchkorrigierte, so daß spätere Herausgeber seiner Werke damit Probleme haben werden, an welche Überarbeitung und Verbesserung man sich halten solle. (Interessenten können alle Varianten zwischen Urschrift und Theatermanuskripten in den Anhängen der dreibändigen Glossy/Sauer-Ausgabe von 1881 nachlesen.)

Raimund stürzt sich natürlich auch auf die Inszenierung dieses Stücks. In den letzten Probenwochen schläft er nie länger als drei, vier Stunden, so sehr ist er damit beschäftigt, sich um alles zu kümmern. Zwar wird unter dem Begriff der „Gruppierungen und Tableaux" noch immer Pantomimenmeister Rainoldi angeführt, und selbstverständlich wirkt dieser, ein Mann von hoher Kompetenz und bekanntem Geschmack, auch hier mit, aber Raimund entscheidet letztlich immer selbst. Zweifellos geht auch die besonders prächtige Ausstattung, die von der Kritik extra angeführt wird, auf seinen Einfluß zurück, wobei die Zeitungen meinen, diese Großzügigkeit werde sich „reich verzinsen"[5], was ja auch der Fall sein wird. Man hat sich sehr bemüht, die zahlreichen Schauplätze sowohl mit Licht- und Schatteneffekten wie auch mit perspektivischen Wirkungen auszustatten, wobei vor allem das Tal der Zufriedenheit, die Fischerhütte und die „täuschende Fernsicht über das Meer" am Schluß hervorgehoben werden.[6]

Wieder hat Raimund seinen Kollegen die Rollen auf den Leib geschrieben, das Lottchen der in letzter Zeit hervorgetretenen Elise Gärber, die vor allem versucht, durch das Kopieren der Krones zu gefallen. Ihre Besetzung hat Raimund schon während der Proben Ärger gemacht, weil Toni etwas „gehört habe wegen der Gerber"[7] und ihn nach allen Regeln der Kunst ausschimpft, weil ihre Eifersucht ja immer nach möglichen Objekten suchen muß.

Katharina Ennöckl als Zufriedenheit

Friedrich Korntheuer als Bustorius

Korntheuer bekommt gleich zwei Rollen, den ungarischen Zauberer Bustorius und das Hohe Alter, und wenn man seine Figurinen in diesen Rollen betrachtet, den prächtig aufgeputzten Ungarn mit Schnauzbart und das dürre, geknickte, an einem Stock wankende Alter, so wird rein bildlich klar, daß auch er ein Verwandlungskünstler war. Johann Landner spielt den lustigen Ajaxerle, und möglicherweise schwäbelt dieser nur, weil Landner diesen Dialekt besonders gut beherrscht und auch in anderen Stücken einsetzt.[8]

In Katharina Ennöckl wird die Zufriedenheit auf das schönste lebendig, durch ihre ganze Darstellung leuchtet (laut Ennöckl-verliebter „Theaterzeitung“) „mit sanfter Wärme der Geist der Milde und Zartheit“ und der „beseligenden Liebe und Seelenruhe“ hervor, „welche die Wesenheit der menschlichen Zufriedenheit bilden“.[9] Auch Louise Haas ist wieder beschäftigt, nach Lidi („Barometermacher“) und Amine („Diamant“) spielt sie nun die Lakrimosa.

Die Jugend, für Therese Krones geschrieben, wird von der „Theaterzeitung“ als „Quintessenz“ ihrer Leistungen und Möglichkeiten geschildert:[10] „Sie zeigte eine lebendige Regsamkeit, einen rosigen Frohsinn, einen unschuldigen Mutwillen und doch eine gewisse geschmeidige Feinheit, wodurch die Jugend ein blendendes und reizendes Kolorit empfängt.“

Die Krones wird, fast auf Anhieb, in dieser Rolle Legende, unzählige Male abgebildet, als Glückwunschkarte und Glasperlenstickerei, auf Gläser und Becher geätzt, auf Strickbeutel genäht, als Holzschnitt, Kupferstich, mit Bleistift oder Wachs verewigt, Ausschneidebild fürs Kindertheater und für viele Erinnerung bis ins hohe Alter. „Ich selbst sah sie noch, da ich ein 5jähriger Bube war", heißt es in den diesbezüglich immer wieder zitierten Erinnerungen von Friedrich Schlögl, einem Biographen des Altwiener Volkstheaters, „als weiß und rosafarben gekleidete ‚Jugend', das weiße Seidenhütchen mit Rosen geschmückt, und ich kann heute noch – es ist länger als ein halbes Jahrhundert – den Ton ihrer Stimme und das herzpackende, mit wehmütig schelmischem Frohsinn gesungene Abschiedslied ‚Brüderlein fein, es muß geschieden sein' nicht vergessen. Das ganze Haus jubelte, lachte und weinte, und ich jubelte und lachte und weinte mit . . ."[11]

Raimund hat hier ihre Individualität, die in Stücken minderer Qualität ausufert, in eine Szene gebannt und komprimiert, indem er ihr die Fesseln der Dichtung anlegt und damit das Beste aus ihr herausholt. Dichter und Interpretin leisten in diesem Augenblick Vollkommenes für einander.

Der Fortunatus Wurzel, so sehr er alle bisherigen Raimund-Rollen überragt, bietet Raimund natürlich wieder seine speziellen Möglichkeiten, an einem Abend mehrfach ein total anderer zu sein: „Mit scharf markierenden Umrissen zeichnete er die verderbliche, leichtsinnige Schwelgerei des Millionärs, die kontrastierende Kraftlosigkeit und Grämlichkeit im Greisenalter, und vor allem die bedauernswürdige Gestalt des lebensmüden Aschenmannes", heißt es in der „Theaterzeitung", die sich den Ausruf „Ein Aschen!" am liebsten weggewünscht hätte[12], nicht erkennend, wie wichtig er für das Lied ist – in diesem „Ein Aschen!" drückt sich die Erkenntnis von der Nichtigkeit des Irdischen aus, und nicht zuletzt deshalb stellen die Theaterhistoriker Raimund in eine Linie, die vom österreichischen Barocktheater heraufführt.

Das Publikum, in den bei Raimund-Stücken üblichen Massen hereingeströmt, füllt zur Premiere am 10. November 1826 schon eine Stunde vor Beginn das Haus so dicht, daß „die Inhaber von Sperrsitzen nur auf Nebenwegen dahin zu gelangen vermochten".[13] Und sie bewundern nicht nur seine Darstellung und den Abend als Ganzes, sie erkennen auch das Stück als etwas Besonderes an. Später wird die Kritik Raimunds Schriftstellerkollegen vorhalten, daß dessen „Diamant des Geisterkönigs", aber „weit mehr noch ‚Das Mädchen aus der Feenwelt' . . . freilich noch für lange Zeit Steine des Anstoßes für die Volksdichter dieser Bühne bleiben" werden.[14]

In der Begeisterung für das Stück findet sich das einfache Publikum des Theaters mit den sogenannten „Gebildeten", und jene Kollegen, die wie Costenoble von Mißgunst und Neid frei waren, anerkannten in Raimund einen ganz großen ihrer Profession. So Heinrich Anschütz, der in seinen Erinnerungen schildert, wie er mit Ludwig Devrient, dem Senior der berühmten Schauspielerfamilie und höchstgeschätzten Charakterschauspieler der Epoche (1828 wird sein Shylock am Burgtheater frenetischen Beifall auslösen), eine Aufführung des „Bauers als Millionär" besuchte:[15]

„Devrient war ganz Auge und Ohr und bei der Darstellung der Szene, wo das hohe Alter eintritt, war mein Nachbar so ergriffen, daß er in die

Aus der Uraufführung: Szene Wurzel/Jugend

Worte ausbrach: ‚Der Mann ist so wahr, daß ein so miserabler Mensch wie ich ordentlich mitfriert und leidet.'"

Höheres Lob und aus berufenerem Mund kann sich Raimund kaum wünschen ...

Bedenkt man, daß Tonis Tagebuch, das noch bis zum Ende des Jahres 1826 erhalten ist, bei Raimund nach wie vor vordringlich üble Laune verzeichnet, so hat er beruflich wahrlich keinen Grund dazu. Die 20. Vorstellung des „Bauer als Millionär" am 21. Dezember verzeichnet bereits Gesamteinnahmen von über 26.000 Gulden[16], Logen und Sperrsitze sind nach wie vor auf viele Vorstellungen hin vorausgebucht, und noch im Dezember bieten die Kunsthändler eine Serie mit sechs Lithographien an, die Figurinen aus dem „Bauer als Millionär" zeigen, Raimund als Aschenmann, die Krones als Jugend, Korntheuer zweimal, als Bustorius und Hohes Alter, die Ennöckl als Zufriedenheit und Landner als Ajaxerle. Moritz von Schwind hat die Darsteller gezeichnet, Kriehuber hat sie lithographiert.[17]

Die unvermeidliche Kopie, die sich an jedes Erfolgsstück so sicher anschließt wie die Parodie, folgt ein halbes Jahr später, stammt von Karl Meisl und nennt sich „Fee Sanftmut und Fee Gallsucht". Der Abend hat am 20. April 1827 als Benefizvorstellung für Katharina Ennöckl Premiere, und die Tatsache, daß man ihn kopiert, ist für Raimund kein Grund, nicht selbst für die Kollegin die Einladung auszusprechen, was er sogar für den Rivalen Ignaz Schuster tut, auch für Wenzel Müller, Rainoldi oder Fermier, einfach weil für das Publikum alles, was von Raimund kommt, besonderes Gewicht hat, und ihn kaum jemand je der Unkollegialität zeihen kann.

Während Raimunds erste beiden Stücke in der Provinz längst fleißig nachgespielt werden, treffen auch schon die ersten Anfragen nach dem

„Bauer als Millionär“ ein. Wenn Raimund am 7. Dezember 1826 das abgeschriebene Manuskript an Johann Nepomuk Stepanek in Prag schickt, den Direktor des dortigen Ständetheaters[18], und dafür samt Partitur 100 fl. Conventionalmünze in Rechnung stellt, so ist dieser Brief in zweifacher Hinsicht aufschlußreich. Zuerst gibt er einen interessanten Hinweis auf die nicht ohne Grund so konfliktfreie Beziehung Raimunds zur Zensur, wenn er darin ausdrücklich formuliert, welche „Vorsicht ... ich in meinen Stücken gegen die Wiener Censur“ beobachte. Es ist ihm klar, daß es an ihm liegt, seine Stücke vor Verstümmelung zu hüten, und folglich gibt er eben acht, um keinerlei Gründe für irgendwelche Eingriffe zu bieten. Gleiche Sorgfalt spricht aus seinem Entschluß, sein Stück nur an „feststehende“ Bühnen zu verkaufen.[19] Seine eigenen Erfahrungen mit herumwandernden Truppen haben ihn gelehrt, was dort vorgeht, wie hemmungslos man Stücke stiehlt oder untereinander austauscht, jedenfalls die Dichter prellt.

Raimund will mit dieser Vorsichtsmaßnahme bewirken, daß die Stücke „erstens nicht zum Nachteil meiner Ehre verstrichen und verstümmelt aufgeführt werden, und damit ich mich vor dem gemeinen Schleichhandel bewahre, der, wie mich die Erfahrung belehrt, mit beliebten Theaterstücken betrieben wird.“[20]

Zweifellos kommt ihm zu Ohren, daß seine Stücke unautorisiert und natürlich ohne Honorar zu zahlen vermutlich von Wanderbühnen gespielt werden, weshalb Raimund in der „Theaterzeitung“ vom 16. Dezember 1826 eine „Bekanntmachung und Warnung“ für die Theaterdirektoren setzen läßt:[21]

„Der Unterzeichnete sieht sich abermahls veranlaßt anzuzeigen, daß die drey, von ihm verfaßten Stücke: ‚der Barometermacher auf der Zauberinsel‘, ‚der Diamant des Geisterkönigs‘, und ‚das Mädchen aus der Feenwelt, oder: der Bauer als Millionär‘ rechtmäßiger Weise nur von ihm bezogen werden können, und warnt daher die Herren Theaterdirektoren vor unerlaubtem Ankaufe.

Wien, am 15. Dezember 1826. Ferdinand Raimund,
Regisseur des k. k. priv. Theaters
in der Leopoldstadt.“

Aber die Neider ruhen nicht. Wie Raimund in seiner Autobiographie schreibt, wollen sie ihn nach dem Erfolg des „Bauers als Millionär“ nicht als den Verfasser gelten lassen: „Da ich nun in dieser Hinsicht mit der gewissenhaftesten Strenge verfuhr, ja selbst bei der Verfassung vieler Lieder gleich die Melodien hinschrieb“, konnte er das – Ungerechtigkeit empört ihn besonders – nicht auf sich sitzen lassen. Irgendwann muß er also, mit Zorn im Herzen, folgende „Aufforderung“ verfaßt haben:[22]

„Da man sich bemüht, das falsche Gerücht zu verbreiten, daß ich nicht allein der Verfasser meiner Stücke wäre, so sehe ich mich gezwungen, diese gemeine Verläumdung zu widerlegen.

Ich behaupte daher öffentlich, daß alles, was bisher unter meinem Nahmen erschienen, es mag nun gemeinere oder höhere Ideen, lokale oder hochdeutsche Worte, Prosa oder Verse enthalten, ausschließlich durch mich allein, ohne der geringsten Beyhülfe eines andern, dem, von mir so hochverehrten Publicum von Wien gebothen wurde. Und stelle die öffentliche Frage: Ob sich Jemand findet, der das Gegentheil behaupten kann.? – ? – ?

Übrigens bin ich weit entfernt, von dem strafbaren Wahn, daß eine meiner geringen Leistungen werth wäre, ihr Eigenthumsrecht auf eine so eclatante Weise zu vertheidigen, und nur die hohe Achtung vor dem unschätzbaren Vertrauen, welches mir das gütige Publikum durch so viele Jahre schenkt, bestimmt mich, meine Ehre, vor derley neidischen Erfindungen für immer zu bewahren. Darum lasse ich diese Aufforderung auch für jedes meiner künftigen Producte gelten, weil ich das sichere Bewußtseyn in mir trage, daß ich es nie wagen werde, meinen Nahmen fremden Erzeugnissen beyzulegen, und dem verehrten Publicum stets nur das Wenige biethen werde, was ich selbst vermag.

Ferdinand Raimund
Regisseur des Theaters
der Leopoldstadt."

„Der Bauer als Millionär" wird im Februar 1827 in Budapest, im April in Prag nachgespielt, beide Male nicht allzu erfolgreich. Die Kritik in Ungarn nennt den poetischen Teil des Stücks abgedroschen, den heiteren unzureichend.[23] In Prag hält sich der Erfolg gleichfalls in engen Grenzen.[24] Warum? Vielleicht hat man den Wiener Enthusiasmus auf jeden Fall übertrieben gefunden und sich folglich auf Widerspruch eingestellt. Vielleicht auch sind die Darsteller mit einem Stück wie diesem überfordert – jeder, der einmal eine nur durchschnittliche Darstellung der „Jugend" oder des „Hohen Alters" gesehen hat, weiß, wie der poetische Zauber der Szenen in nichts zusammensinken, in Trivialität ausarten kann.

Brünn und Breslau haben bessere Ergebnisse für den „Bauern" vorzuweisen, in Leipzig wird das Stück 1829 gezeigt, und auch hier spricht man ihm den „inneren Wert" ab[25], anerkennt aber die Jugend-Szene und die Volksliedqualität von „Brüderlein fein", das überall bald auf der Straße nachgesungen wird – wie später in Italien neue Arien von Verdi.

In Preßburg tritt Johann Nestroy als Raimund-Darsteller an und spielt den Wurzel. Aufführungen des „Bauers als Millionär" in Berlin, Warschau, Hamburg, München, Frankfurt, Dresden und Prag folgen. Raimund selbst wird Zeit seines Lebens als Wurzel gastieren.

DIE KRONES UND DIE GESELLIGKEIT

„Die seynsollenden Freunde"

Toni Wagner hat einen neuen Grund gefunden, Raimund Vorwürfe zu machen. Er schreibt ihr – und das ist natürlich, wenn schon nicht Hohn, so doch blanke Ironie –: „Was für eine Krones?"[1]

Das ist im Jänner 1827, und ganz Wien spricht von der Krones als „Jugend". Natürlich kocht die Gerüchteküche über, es wäre einfach zu schön, aus dem Paar, das abends auf der Bühne nebeneinander steht und Triumphe einheimst, ein Liebespaar zu machen. Und überdies – die Krones wohnt im gleichen Haus wie Raimund. „Zu mir kommt niemand, und ich war nicht ein einziges Mal bei ihr", beteuert er Toni brieflich, „das kann ich schwören, die dummen Leute sprechen so viele infame und unbegründete Dinge seit Jahren von mir, daß es mich schon ekelt, davon zu hören . . ."[2]

Therese Krones, die man oft die „lustigste Person von Wien" nennt, steht damals, mit 25 (sie ist elf Jahre jünger als Raimund), auf dem Höhepunkt ihres Ruhms. Sie hat in dieser kurzen Zeit mehr erlebt als viele andere in vielen Leben. Als Tochter eines Kürschnermeisters am 7. Oktober 1801 in Freudenthal (dem heutigen Bruntal in der CSSR) geboren, lernt sie schon als Kind die Landstraße kennen. Den Vater hält es nämlich nicht zuhause und in der Bürgerlichkeit, er gründet eine Wandertruppe als Familienunternehmen: er, seine Frau, Sohn Josef und Tochter Therese, die auf diese Art nicht einmal eine Schulbildung erhält. Sie ziehen, meist unter den elendsten Bedingungen, durch Mähren, Niederösterreich und Ungarn. Wenn wir uns die Verhältnisse verschärft so vorstellen, wie sie in dem Schwank „Der Raub der Sabinerinnen" dargestellt werden, haben wir sicher nicht unrecht.

Als Achtjährige tritt Therese Krones erstmals in der Wiener Leopoldstadt auf, in Kinderrollen ist sie in Brünn engagiert, über Mähren kommt sie wieder nach Wien, diesmal an die Josefstadt, es folgen Engagements in Eisenstadt, Wiener Neustadt, Ödenburg, Agram, Graz – es ist fast unglaublich, wie es sie herumtreibt. Die Raimund-Legende will wissen, daß die beiden einander schon in diesen frühen Provinzjahren begegnet sind, daß er ihr versprochen hat, sie nach Wien zu holen, aber de facto deutet nichts darauf hin, daß Raimund sich je sonderlich um Therese Krones gekümmert hat.[3]

Als sie 1821 an das Theater in der Leopoldstadt engagiert wird, hat sie es schwer genug, und er nimmt sie nicht unter seine Fittiche. Tatsächlich möchte sie 1823 wieder kündigen und nach Graz gehen, als sich die Situation 1824, durch ihr Einspringen für Luise Kupfer, bessert. Der

Durchbruch läßt nicht lange auf sich warten, und Raimund nimmt die Krones offenbar erst zur Kenntnis, als sie künstlerisch reif für ihn ist: als Mariandl im „Diamanten“ die vollendete Partnerin seines Florian, im „Bauer als Millionär“ schließlich die Inkarnation der Jugend – und der Krones.

In die ist das Publikum mittlerweile so verliebt wie in Raimund auch, die beiden lassen alle anderen Darsteller des Hauses hinter sich. Die verhätschelte und darum immer übermütiger werdende Krones[4] darf sich bei ihrem Publikum fast alles erlauben, und sie tut es auch, immer wieder bis an die Grenze des Schicklichen, „keck-genial“, wie Bauernfeld sie nennt,[5] mit unverwüstlichem Humor und Sarkasmus, wie Karl Meisl sie beschreibt.[6]

Nur ein wirklich böses Porträt von ihr wurde der Nachwelt hinterlassen, und das stammt von Ignaz Franz Castelli. Man hat immer wieder angenommen, daß er einer jener war, die bei der Krones privat nicht zum Zug gekommen sind, und daß er ihr darum so viel Bosheit nachschleuderte, sie der Schamlosigkeit zieh und neben Julie Walla das „liederlichste Frauenzimmer in Wien“ nannte.[7] Karl Meisl sah das anders: „Ihr größter Fehler war, daß sie die schönen jungen Männer lieber gehabt hat als die alten Weiber.“[8]

Ziemlich sicher war Raimund nicht unter diesen Männern – nur die Raimund- und Krones-Legende wollte es so haben, ebenso wie die Mitwelt. Damals aber, als sie in der Rolle der Jugend ihre Triumphe feiert, hat die hinreißende Krones einen ganz anderen Mann im Sinn, und der soll sie, wenn überhaupt möglich, noch berühmter machen: den „Grafen“ Severin Jaroszynski.

Das ist eine der meisterzählten Geschichten aus dem alten Wien, darum sei sie hier nur gestreift – aber auch Raimund wurde eingebunden, einfach damit das herrliche Schauerdrama noch einen berühmten Akteur hat ... Jaroszynski, ein halbes Jahr älter als Raimund, Sohn begüterter polnischer Eltern, dürfte ein schwer erziehbares Kind gewesen sein. Mit 18 Jahren bringt man ihn in eine strenge Schule nach Wien, wo er u. a. bei Professor Blank Mathematikunterricht erhält. In Wien gefällt es Jaroszynski offensichtlich, denn als er in seiner polnischen Heimat, in die er zurückgekehrt ist, in undurchsichtige, illegale Finanzgeschichten verwikkelt wird, kehrt er 1826 unter dem Vorwand einer Kur in Baden nach Wien zurück. Dort führt er ein so aufwendiges Leben, daß der „polnische Graf“ bald stadtbekannt ist.

Er ist für die Krones, die, wie jedermann weiß, einen lockeren Lebenswandel führt, eine ebenso repräsentable Eroberung wie sie für ihn. Im Theater in der Leopoldstadt hat er regelmäßig einen Sperrsitz und macht durch großspuriges Benehmen auf sich aufmerksam. Von Anfang an ist er splendid, läßt gleich 100 Gulden als Zuschuß für den Zins und bei vielen anderen Gelegenheiten Geldgeschenke springen.

Das kann er sich jedoch bald nicht mehr leisten, und der Ausweg, den er findet, ist der des Raubmordes: Brutal sticht er seinen ehemaligen Lehrer Blank nieder und stiehlt dessen Obligationen. Er verkauft sie, und das kostet ihn den Kopf – denn bei Blank findet sich ein Testament, in dem die Nummern der Papiere verzeichnet sind, und so führt die Spur zu dem bekannten Polen, der als „Graf“ auftritt, obwohl er keinerlei Anspruch auf den Titel hat.

Am 16. Februar sind Therese Krones und ihre Kollegin von der Leopoldstadt, Antonie Jäger (die sie später in ihren Rollen „beerben“ soll), gemeinsam mit einem französichem Major namens Lebreux zum Diner geladen. Es klingt wie eine Szene aus einem Roman – und wurde in solchen oft ausgeschlachtet –, daß die Krones, wie aus ihrer Zeugenaussage vor der Polizei hervorgeht[9], von sich aus die Rede auf den vor drei Tagen erfolgten Mord an Blank bringt, wie man eben über die neueste Schauergeschichte klatscht, Jaroszynski dabei auffallend verstimmt wird – und wenig später steht die Polizei vor der Tür, um ihn wegen ebendieses Mordes zu verhaften ...

Das Verhältnis Jaroszynski/Krones war bekannt, und aus den Memoiren des Wiener Literaten Heinrich Börnstein geht hervor, daß das Publikum nun angeblich sehr böse auf seinen großen Liebling ist:[10]

„... Der Mord des geachteten Abbé ... hatte in Wien ungeheures Aufsehen hervorgerufen ... und als der Täter bekannt wurde, ... da stieg die Erbitterung der Bevölkerung auf das Höchste und ein Teil dieses Zorngefühls übertrug sich auch auf die arme Krones. Abgewiesene Anbeter, missgünstige Collegen, persönliche Feinde hetzten und schürten und bald war die öffentliche Meinung gegen die Krones so aufgeregt, daß bei ihrem Auftreten eine unliebsame Demonstration zu fürchten war. Sie selbst, sonst so heiter und lebenslustig, war ganz zerschmettert und wollte um keinen Preis mehr auf die Bühne. Vergebens sprachen Raimund, Bäuerle, Korntheuer ihr Mut ein; sie verzweifelte. Es war das ‚Mädchen in der Feenwelt‘ und sie hatte nur die eine Szene der Jugend. Ich stand hinter ihr hinter den Culissen, ehe sie auftrat. Sie zitterte so heftig, daß die Zähne klappernd aufeinander schlugen. Ich sprach ihr Mut ein. Sie murmelte nur immer in sich hinein: ‚Das ist mein Tod! Das ist mein Tod‘ – Endlich mußte sie hinaus. Es war ein fürchterlicher Moment. Sie war gewohnt, bei ihrem Auftreten stets mit jubelndem Beifall begrüßt zu werden. Diesmal empfing sie eine Totenstille. Sie blieb erschreckt im Eingang stehen und konnte kein Wort ihrer Rolle herausbringen. Raimund eilte ihr entgegen, ergriff sie bei der Hand, flüsterte ihr schnell zu: ‚Madl hab Courage!‘ und sie vorführend extemporierte er laut: ‚Komm nur, meine liebe Jugend, fürcht’ dich nicht, hier sind lauter gute Leut, die dir nichts tun werden.‘ Das Theaterpublikum blieb eisig kalt und still. Kein Laut ließ sich im ganzen Theater hören. Sie spielte zitternd ihre Rolle, sang ihr Duett mit versagendem Atem und als es aus war, brach ein allgemeines Zischen aus, in das sich einige gellende Pfiffe mischten. Sie wankte ab und stürzte in der Coulisse ohnmächtig zusammen. Kaum daß wir Umstehenden sie noch auffangen konnten. Man mußte sie im heftigen Fieber nach Hause tragen und mehrere Tage lag sie in Delirien. Als sie besser wurde, erklärte sie, die Bühne nicht mehr betreten zu können und die Direktion selbst sah ein, daß es besser wäre, wenn sie einige Zeit nicht auftrete ...“

Ganz so schlimm ist es wohl nicht, denn schon am 16. März 1827 haben

Raimund und die Krones ihre nächste gemeinsame, stürmisch aufgenommene Premiere: Sie spielen in Bäuerles Parodie und Zauberspiel „Kabale und Liebe“ nach Schiller, in dem sie die Luise und er den Vater Miller gibt. Es ist zudem das Benefiz der Krones, und wenn das Publikum in der letzten Zeit, wie der „Sammler“ vermerkt, tatsächlich „etwas strenge“ ist und sie „bei ihrem Erscheinen auf der Bühne Privat-Verhältnisse entgelten“ läßt[11], so ist damals der Bann gebrochen, und die Krones zieht mit Erfolg alle Register ihrer kostbaren parodistischen Begabung.

Jaroszynski wird am 30. August 1827 hingerichtet, und in diesem Zusammenhang leistet sich die Raimund-Legende, aus der Feder von Ludwig August Frankl, mit fingierten Briefen (zumindest gibt es keine Originale, die man in der kritischen Gesamtausgabe abgedruckt finden würde) den üblen Versuch, Raimund als moralinsauren Spießbürger hinzustellen. Darin beklagt er den „Leichtsinn dieser allerdings sehr talentvollen Person“[12], die sich gerade in einer Orgie mit Jaroszynski befunden haben soll, als man ihn verhaftete. „Die Krones setzt sich ans Klavier und trällert ein Modeliedchen.“ Sie soll beabsichtigt haben, als die Tat ihres Liebhabers eingestanden wurde, sich in ein Kloster zurückzuziehen, aber nun hat, so ereifert sich Raimund angeblich, „die Person die Frechheit, wieder vor die Augen des Publikums zu treten.“ Sich der allgemeinen Empörung anschließend, erwartet der fiktive Briefschreiber Raimund lustvoll den Skandal – um dann empört zu sein, daß die Krones vom Publikum ohne ein Zeichen des Mißfallens empfangen wurde. Während er selbst gezwungen worden sei, Luise Gleich zu heiraten, habe das dumme Volk „die gemeine Buhlerin, deren Verschwendung Mitursache an einem Morde gewesen“ bejubelt. Die Röte der Scham soll Raimund, laut Frankl, auf den Wangen gebrannt haben – und in demselben Buch, in dem Raimund diese üble Heuchelei nachgesagt wird, steht auch die sentimentale Geschichte vom Begräbnis der Krones:[13]

„Es war am 28. Dezember 1830. Ich ging mit dem zu früh geschiedenen jungen Lyriker Josef Pope, dessen ein an Ferdinand Raimund gerichtetes, veröffentlichtes Gedicht Aufsehen erregt hatte, durch die Jägerzeile, jetzt Praterstraße genannt. Es war an einem grauen, feuchtkalten Nachmittage. Ein Leichenwagen kam uns entgegen, dem nur wenige Gefährte folgten, auch ein Mann zu Fuß. Er war in einen dunkelblauen Carbonarimantel gehüllt. Mein Freund grüßte ihn und wollte ein Gespräch mit ihm anknüpfen. ‚Mir geht's schlecht!‘ sagte der Mann mit kläglichem Tone. ‚Sehen's, da führen sie meine Jugend. Jetzt is' sie todt!‘ Das Wasser trat ihm in die Augen, und ohne zu grüßen, ging er weiter. ‚Das ist Ferdinand Raimund‘, sagte stehenbleibend und dem Leichenzuge nachsehend mein Begleiter, ‚und die Leiche, der er die letzte Ehre erweist, ist die der Therese Krones, der ersten Darstellerin der Jugend im ›Bauer als Millionär‹.‘ Zwei Rappen zogen den Leichenwagen, in welchem, mit einem schwarzgelben Leichentuch, dem ein Tuchkreuz aufgenäht war, bedeckt, der Sarg lag. Ein Kutscher in schwarzem Mantel, an dessen zweigespitztem Hute ein schwarzer Flor hing, führte das Gespann. Kein Kranz schmückte den Sarg, keine Fackeln flammten, keine Musik, kein Gesang erscholl. So wurde die geniale, die ihrer Zeit beliebteste Schauspielerin

Sentimentale Darstellung von Raimund am Sarg der Krones

Wiens, die poetischere Vorgängerin der Josefine Gallmeyer zum Friedhofe geführt."

Die zahlreichen Versuche, die Schicksale von Therese Krones und Raimund ineinander zu verweben, lassen sich letztlich auch daraus erklären, daß es nach der Grünthal-Affäre und der turbulenten Ehegeschichte mit Luise über Raimund rein gar nichts mehr Privates zu berichten gibt. Die Beziehung zu Toni, so idealistisch sie begonnen hat, stellt sich in den erhaltenen Briefen als ewige Folge der immer gleichen Zänkereien dar, ohne besondere Ereignisse, ohne Höhepunkte. So blieb den Belletristik-Produzenten der Nachwelt wirklich nichts anderes als die Krones, deren Leben sich auch so wunderbar für Dreigroschenromane eignet. Denn nach Jaroszynski ist es fast nur noch tragisch weitergegangen. Wahrscheinlich hat das unstete Wanderleben ihrer Jugend sie mit jenem schweren Darmleiden bedacht, das sie immer öfter von der Bühne fernhält und sie schon 29jährig vom Leben abberuft. Raimund hat noch eine Rolle für sie geschrieben – die „Phantasie". Aber darin war sie für ihn eine Enttäuschung.

Wenn man also, bei bestem Willen, in Raimunds Leben seit Toni keine Frau mehr feststellen kann, so etabliert sich doch ein Freundes-, zumindest Bekanntenkreis, der den Selbstaussagen des Dichters zum Trotz existiert. Raimund fühlt sich zwar, wie er in Briefen an Toni klagt, von „Scheinfreunden" und „Heuchlern" umgeben[14], er findet auch die Formulierung von den „seynsollenden Freunden"[15], aber das bezieht sich vor allem auf die Leute vom Theater, mit denen er doch mehr oder minder notgedrungen Umgang pflegen muß, falls er ihn nicht, wie im Fall Korntheuer, rigoros abgebrochen hat.

Costenoble ist es, der Raimund in den Kreis eingeführt hat, den dieser ersehnt, zu den Schauspielern des Hofburgtheaters, zu den „besseren", gebildeteren Leuten. So tragisch das Ereignis war, so bedeutet es für Raimund doch einen Gradmesser der Anerkennung in höheren künstlerischen und gesellschaftlichen Kreisen, als er neben Männern wie Franz Grillparzer und Franz Schubert am 29. März 1827 bei Beethovens Begräbnis die Fackel trägt... Den Volksschauspieler aus der Leopoldstadt, egal, wie populär er gewesen sein mochte, hätte man dazu nicht ausersehen: Jetzt akzeptiert man in ihm den Dichter.

Es gibt kein genaues Datum, aufgrund dessen wir festsetzen können, wann etwa Raimunds Umgang mit Grillparzer begann. Mag er auch sporadisch gewesen sein, so ist das Verhältnis der beiden doch von besonderer gegenseitiger Achtung und Bewunderung geprägt. Raimund, überhaupt ein Stammgast am Hofburgtheater, findet sich bei Grillparzer-Stücken dort ein, Grillparzer bittet freundlich um Protektion, wenn es schwer ist, einen Sperrsitz zu einer überlaufenen Raimund-Vorstellung zu bekommen.

Zwei Anekdoten über die beiden Dichter werden immer wieder erzählt, möglicherweise nicht, weil sie wahr sind, aber weil sie offenbar das Wesen der beiden getroffen haben. Die eine besagt, daß Grillparzer Raimund einmal in Gutenstein besucht habe. Er fand ihn nicht zu Hause, und man schickte ihn in den Wald, wo er Raimund in einer harzverschmierten Bluse antraf, hinter jedem Ohr eine Feder steckend, eine weitere plus Tintenfaß und Papier in den Händen.

„Aber Raimund!" soll Grillparzer ausgerufen haben. „Wie schauen Sie denn aus?"

„Wie werd ich schon ausschauen, wenn ich am Baum sitz' und dicht'?" soll Raimund geantwortet haben.

In der anderen Anekdote kommt die prägnant-grantige Antwort von Grillparzer, als er mit Raimund in der Menagerie den gymnastischen Übungen eines lebhaften Affen zusieht, der sich mit allen Vieren an der Decke des Käfigs anhängt und die Zähne fletscht.

„Sie, Grillparzer, wissen S', das ist schwer", soll Raimund gesagt haben.

„Schafft's Ihnen wer an?" meinte Grillparzer.

Hat Raimund den fast gleichaltrigen Grillparzer beneidet? Was hat dieser, so kann man vergleichend aufzählen, doch erreicht! 1817, zu einem Zeitpunkt, als Raimund gerade seinen Übertritt von der Josefstadt zur Leopoldstadt erwägt, erlebt Grillparzer mit der „Ahnfrau" im Theater an der Wien seine erste Premiere – die Nachwelt muß über ein solches Stück lächeln, für Raimund ist ein tragisches Schauerdrama wie dieses gewiß auch ein Ziel eigener dramatischer Wünsche. Von da an steht Grillparzer das Burgtheater offen. Während Raimund durch die Turbulenzen der Grünthal-Episode geschleudert wird, hat 1818 Grillparzers „Sappho" Premiere, und mit welcher Besetzung! Nie werden die große Sophie Schröder, der große Maximilian Korn in Raimunds Stücken spie-

Franz Grillparzer

Therese Krones

len! 1821 ist sie die Medea im „Goldenen Vlies“, während Raimund sich durch seine Luise-Ehe kämpft. 1825, Raimund hat seine beiden Erstlingswerke vorgelegt, ist Grillparzer zur „Ottokar“-Tragödie und damit zum historisch-politischen Drama gelangt. So vieles davon möchte Raimund auch – es ist halt ewig schade um ihn . . .

Grillparzer hat es im Privatleben allerdings nicht besser getroffen als Raimund, wobei in seinem Fall jedoch er es ist, der vor der Behaglichkeit, wie sie die biedermeierliche Ehe verspricht, zurückscheut. Interessant, daß in einer Aufzeichnung des Lustspieldichters Eduard von Bauernfeld, der mit Grillparzer wie Raimund gleichermaßen verkehrt, eine Formulierung zu finden ist, wie man sie von Raimund und Toni bis zum Überdruß kennt: Auch Grillparzer und seine Kathi Fröhlich, ewige Braut wie Toni, haben „gezankt“ . . .

Charakteristisch für Raimunds Umgang ist es, daß offenbar nie jemand auf die Idee kam, auch ihn in die „Ludlamshöhle“ zu bitten. Das war, wenn auch im Grunde harmlos genug (nicht allerdings in den Augen des Metternichschen Systems), eine Art Künstlergesellschaft mit durchaus politischer Ausrichtung. Grillparzer ist Mitglied und wird dann auch in die lästigen Polizei-Aktionen und Verhöre hineingezogen, die sich aus der Teilnahme an diesem liberalen Männer-Diskutierclub ergeben. Von Raimund hingegen berichtet kaum eine Anekdote, daß er auch nur im Kaffeehaus politisiert hätte . . .

Jener Kreis der Burgschauspieler rund um Costenoble ist für Raimund zweifellos ein geschätzter Umgang, wenn er auch (zurecht) das Gefühl hat, ein Mann wie Ludwig Löwe wolle nicht unbedingt als Schauspieler in einem Atem mit ihm genannt werden, und die große Sophie Schröder behandle ihn mit leichter Herablassung. Costenoble wird für den Freund

Ludwig Löwe

Eduard von Bauernfeld

– in dessen Abwesenheit – jeden Kampf ausfechten, um seine Mitwelt von Raimunds außergewöhnlichen Qualitäten zu überzeugen ...

Laut Bauernfeld[16] ist Raimund auch Stammgast in dem Gasthaus „Zum Stern" auf der Brandstätte. Dort sitzen gleichfalls vor allem Künstler und Literaten beisammen (außer Saphir, gegen den Grillparzer sein Veto einlegt), und Bauernfeld benützt in seinen Memoiren die Gelegenheit, Raimund und Grillparzer nebeneinanderzustellen:[17]

„Ein häufiger Gast im ‚Stern' war Ferdinand Raimund, dessen Talent wie Charakter Grillparzer überaus hochhielt. Beide Dichter, auch in den feinen und nervös durchfurchten Gesichtszügen einander nicht unähnlich, waren zugleich echte Österreicher-Naturen, nichts Gemachtes an ihnen, alles einfach, wahr, Raimund mehr primitiv, ein wunderliches Gemisch von Naivem und Sentimentalem in seinem ganzen Wesen. Sein Humor war im Grunde harmlos, seine Scherze ab und zu kindlich; der tragische Grillparzer, weit schärfer in seiner Satire, hatte dagegen einen aufmerksamen Blick für alles Lächerliche und Verkehrte."

Wirklich zu betonen ist in dem Wiener Wespennest von Klatsch und Intrige die gegenseitige Achtung, die man sich zollt, und obzwar sie beide – Grillparzer noch mehr – nicht nur misanthropische, sondern auch höchst zurückhaltende Naturen sind, muß man diese Dichterbeziehung als eine der besten des Biedermeier erachten, nicht in vertraulichem Einander-auf-die-Schulter-Klopfen, sondern in der richtigen Einschätzung des anderen, wobei Grillparzer nie, wie manche Raimund-Interpreten aus seinen Äußerungen ablesen wollen, auf Raimund hinabgesehen hat.

Raimund verkehrt auch mit dem Adel. Tatsächlich sind die Wiener adeligen Herrschaften Künstlern gegenüber so jovial, daß Ausländer es kaum glauben wollen, wenn Fürst Dietrichstein Arm in Arm mit Raimund durch die Straßen promeniert. Raimund wird bei Hammer-Purgstall eingeführt, speist bei Gentz, ist für den Freiherrn von Dankelmann ein willkommener Reisebegleiter. Man liebt die Kunst, der Künstler, sobald er einen gewissen Rang erreicht hat, ist in Wien Liebling auch der guten Gesellschaft, und Karoline Pichler, die Raimund sehr sympathisch findet (und die natürlich auch auf Anhieb seine Ähnlichkeit mit Grillparzer konstatiert), hätte ihn liebend gern öfter in ihrem Salon gesehen. Aber so richtig gesellig ist Raimund doch nicht.

Wie er sich in Gesellschaft verhält – das „feine Benehmen" hat er natürlich längst gelernt –, hängt von seiner Stimmung ab. Wenn er sich von Freunden umgeben weiß, kann er ganz ausgelassen werden und für alle den Kasperl machen, indem er eine Privatvorstellung einer seiner Glanzszenen gibt. Glaubt er sich verstanden, kann er monoman von seinen Problemen sprechen. Aber er ist ebenso imstande, schroff, düster und unfreundlich zu erscheinen, egal, was man von ihm denkt.

Laut Frankl verkehrt Raimund häufig im sogenannten „Silbernen Kaffeehaus", Ecke Plankengasse/Spiegelgasse in der Inneren Stadt. Sein Besitzer, Ludwig Neuner, hat das Lokal 1824 so prunkvoll herrichten lassen, daß der Beiname „Silbern" sich zwanghaft einstellte, war doch alles aus Silber, Geschirr und Türschnallen, sogar Kleiderhaken, und man bekam statt gewöhnlicher Pfeifenköpfe luxuriöse Meerschaumpfeifen gereicht. Auch an das „Silberne Kaffeehaus" knüpft sich eine Raimund-Legende: Kaffee, damals weit mehr ein Luxusartikel als heute, wird eines Tages mit Zichorie versetzt serviert (wie es übrigens in Raimunds „Alpenkönig" vorkommt): Die Stammgäste wollen daraufhin auswandern, und es ist angeblich Raimund, der den Kaffeesieder mit der Bemerkung rettet:

„Wir können von hier nicht ausziehen. Nirgends wird es dem Pegasus so gut ergehen, aus silbernen Gefäßen gefüttert zu werden."[18]

Das „Neuner" bzw. „Silberne Kaffeehaus" ist ein Literatentreff, hier schaut Grillparzer immer wieder vorbei, Bauernfeld spielt Billard, Lenau erscheint ebenso wie die Schubertianer, Burgschauspieler Ludwig Löwe und der Schriftsteller Johann Nepomuk Vogl, später der erste Herausgeber von Raimunds Werken, finden sich ein. Raimund ist übrigens, laut Frankl, gleichfalls ein exzellenter Billardspieler.

Es gibt eine Lithographie, eines der berühmtesten Bilder zur Wiener Kaffeehauskultur überhaupt, mit dem Titel „Die Kassierin vom silbernen Kaffeehaus". Darin sind eine Menge Prominenter vereint – gleich als erster links ein etwas korpulenter Herr: Severin von Jaroszynski; neben ihm Johann Ludwig Deinhardstein, Schriftsteller und Bücherzensor (seltsame Doppelfunktion), später Vizedirektor des Burgtheaters; daneben, im Gespräch mit der titelgebenden Kassierin des Kaffeehauses, Ignaz Franz Castelli. Rechts von ihr zwei junge Männer: Josef Lanner und Johann Strauß, später als „der Vater" von dem berühmteren Sohn unterschieden; und rechts von den beiden, friedlich vereint an einem Kaffeehaustisch sitzend, Raimund, mit großer Geste, und unverkennbar, der bucklige Ignaz Schuster. Daß die beiden ganz freundschaftlich miteinander verkehren, ist zwar erst später nachzuweisen, aber möglicherweise sind die

Das berühmte Genrebild aus dem „Silbernen Kaffeehaus“

Differenzen aus einem sehr einfachen Grund längst begraben, weil nämlich Schuster durch Raimund, Korntheuer und die Krones im Gefüge der Leopoldstadt schon ziemlich in den Hintergrund gedrängt worden ist...

Frankl selbst ist erst 1830 zu Raimunds Kreis gestoßen: Angeblich wünschte der Dichter den jüngeren Kollegen aufgrund eines Gedichts, das dieser im „Sammler“ veröffentlicht hatte, kennenzulernen. Im Bierhaus „Zur goldenen Rose“ soll es dann zu einem echten Dichtergespräch gekommen sein, mit wohlwollenden Ratschlägen – und plötzlichem, abruptem Abschied Raimunds. So sei er immer, erfährt Frankl, wenn ihn die Melancholie überkomme.

Zu Raimunds Umgang gehört auch das Geschwisterpaar Karl und Therese Isenflamm, die ihn bei Karoline Pichler einführen. Von Karl Isenflamm, den Raimund um Rat in finanziellen Belangen bittet, heißt es, er sei das eigentliche Vorbild für Raimunds Rappekopf gewesen...[19]

„MOISASURS ZAUBERFLUCH“

„Im düstern Trauermantel zu erscheinen“

Es scheint, als ob die beinahe zweijährige Schaffenspause vor dem „Bauer als Millionär“ in Raimund die Produktivität aufgestaut hätte: Gleich nach diesem Stück ist „Die gefesselte Phantasie“ entstanden, jene Allegorie, in der es um sein ureigenstes Problem geht, um den Volksdichter und die hohe Muse. Er weiß noch nicht recht, was er damit anfangen soll, und behält das Manuskript in der Lade. Und schon am 19. März 1827 – während der „Bauer als Millionär“ bereits auf die 50. Vorstellung zugeht – beginnt er, ein neues Stück zu schreiben: „Moisasurs Zauberfluch“.

Diesmal handelt er bereits wie ein Dichter, der der Nachwelt Informationen schuldig ist, und notiert die Entstehungszeit: Den ersten Akt hat er am 19. März begonnen und meldet ihn am 30. Juni in Weidling am Bach als vollendet, den zweiten hat er schon davor, zwischen dem 12. und 20. Juni, ebendort geschrieben, und er vermerkt besonders die Anwesenheit seiner „guten Antonie“.

In diesem Jahr 1827, wo sich so vielerlei ergibt, macht Raimund seine üblichen Ausflüge in die Umgebung Wiens, schätzt Gaaden sehr, dürfte sich aber von allen Orten, die er immer wieder besucht, ziemlich endgültig für Gutenstein entschieden haben. Als er Anfang Mai seinen bereits siebenten Besuch dort macht, entsteht das Gedicht „An Gutenstein“, das für diesen kleinen Ort, in dem er heute begraben ist und wo man ihm ein schönes kleines Museum eingerichtet hat, eine Art Nationalhymne bedeutet...

Raimund braucht die Stärkung durch die Natur, denn er hat aufreibende Verhandlungen vor sich – schließlich geht es um gleich zwei unaufgeführte Stücke. Die Verhältnisse an seinem eigenen Haus, dem Theater in der Leopoldstadt, sind nach dem langen Provisorium so zerrüttet, daß man am 3. Jänner 1827 einen Kaufvertrag mit dem undurchsichtigen Polen Rudolf Steinkeller abgeschlossen hat. Damit hoffte man zu verhindern, daß Carl Carl sich ein Monopol auf die Vorstadttheater Wiens erwirbt. Denn dieser als durchaus suspekt eingestufte Allround-Tausendsassa des Theaters, Schauspieler, Schriftsteller, besessener Direktor, leitet seit 1825 das Theater an der Wien, seit 1826 das Theater in der Josefstadt, und zeigt Gelüste, sich auch des Theaters in der Leopoldstadt zu bemächtigen. Die Gläubiger von Leopold Huber waren durchaus bereit, Geld zu nehmen, wo sie es bekommen konnten, und schlossen mit Carl einen Vertrag.

Dagegen erhoben sich nun, unter der Führung von Karl Meisl, der mit Carl persönlich verfeindet war, Schauspieler und Autoren des Hauses:

Neben Raimund erklären sich noch Ignaz Schuster, Sartory, Rainoldi und Bäuerle bereit, je 2000 Gulden zu erlegen, um selbst einen Pachtvertrag abzuschließen.[1] Als aber ein anderer Käufer auftaucht, wendet sich alles begeistert diesem zu – ohne zu ahnen, daß man mit Rudolf Steinkeller vom Regen in die Traufe geraten wird.

Obwohl er sich also persönlich gegen Carl gewendet hat, ist dieser doch der Direktor, an den Raimund im Zusammenhang mit „Moisasurs Zauberfluch" denkt. In seiner Selbstbiographie schreibt er, daß er „die Vorsicht gebrauchte", das Stück „in dem Theater an der Wien aufführen zu lassen, wo man den Ernst gelten ließ", und es ist unzweifelhaft, daß die Überlegung, wo sein Stück am besten aufgehoben sein würde, für Raimund Vorrang hat. Im Theater an der Wien ist er mit seinem ernsten Anspruch dort, wo die „Ahnfrau" und „Fidelio" das Licht der Bühne erblickt haben. Im „Kasperltheater" Leopoldstadt hat es indische Fürstinnen bisher nur parodiert, nie ernst aufgefaßt gegeben.

Dennoch erwähnt die „Theaterzeitung", daß Raimund „in Hinsicht auf das Honorar mit der Bühne, wo er angestellt ist, nicht übereinkommen konnte."[2]

Mit Carl schließt Raimund sogar relativ gut ab, was für diesen Direktor durchaus nicht typisch ist. Raimund erhält bei der Übergabe des Stücks 600 Gulden Wiener Währung, nach der sechsten Vorstellung wiederum 600 und die zwölfte Aufführung als sein Benefiz.[3] Das ist, obwohl es keinen Schlüssel gibt, nach dem wir damalige Summen verläßlich umrechnen können, jedenfalls mehr als üblich.

Am 9. August übergibt Raimund dem Theater an der Wien seinen „Moisasur", und einen Monat später entschließt er sich, „Die gefesselte Phantasie" doch im Theater in der Leopoldstadt, zu seinem Benefiz,

Das Theater an der Wien

aufführen zu lassen.[4] Warum? Raimunds Überlegung geht vermutlich dahin, daß er im Theater an der Wien „seine" Rolle, den Gluthahn, nicht selbst spielen kann. Auch noch auf den Nachtigall in der „Gefesselten Phantasie" zu verzichten, wäre vermutlich zuviel verlangt gewesen. Vielleicht will er auch ausprobieren, wie weit er in der Leopoldstadt gehen kann.

Beide Stücke haben jedenfalls eines gemeinsam: Sie lassen Raimunds triumphale Erfolgsserie abreißen, auch wenn es bei „Moisasur" auf Anhieb nicht so aussieht.

„Moisasurs Zauberfluch" hat der Mitwelt und der Nachwelt viel Kopfschütteln abgerungen. Wie kann man indische Fürsten, Szenen aus dem Totenreich und einen bösen alpenländischen Bauern in einem Stück zusammenspannen, wie können Szenen hintereinander in den Wolken und in einer höchst irdischen Gerichtsstube spielen, wie kann man Mythisches, Phantastisch-Wunderbares und bösen Realismus derart vereinen?

Raimund ist nicht Grillparzer, er schreibt kein Tagebuch, keine große Selbstbiographie, er stellt sich nicht dar, sondern nur hin, folglich weiß man nicht, wie er auf seine Themen gekommen sein mag, was ihn inspiriert, was – außer seinen hohen Ansprüchen an eine Handlung und ihren inneren Wert – ihn bewegt hat. Zweifellos ist etwas, das er immer anstrebte, hier eingeflossen, nämlich Bildung. Raimund benützt das Burgtheater und die Weltliteratur für seine autodidakten Studien. Wenn er in seinem vorangegangenen Stück die „Zufriedenheit" oder den „Haß" auf die Bühne gebracht hat, so sind das einfache, für jeden verständliche Allegorien. Wenn er nun den bösen Geist „Moisasur" nennt, nimmt er eine Bezeichnung aus der indischen Mythologie, die „böser Dämon" bedeutet. Das Motiv des Triumphs der Liebe über den Tod ist aus der Alkestis-Sage geholt und auch dem „Fidelio" verwandt, daß ein Tugendgeist den Shakespeare-Namen „Ariel" trägt, kann kein Zufall sein, und wenn der „Genius der Vergänglichkeit", sprich: der Tod, sich mit folgenden Worten charakterisiert, dann läßt Freund Grillparzer grüßen:

Wer sagt, daß ich schrecklich bin?
Um sein Leben zu verbittern
Stellt der Mensch mit bangem Zittern
Düstre Bilder von mir hin.
Schrecklich bin ich nur den Bösen
Doch den Guten bin ichs nicht.
Bin ein Wort von ernstem Wesen
Das Bestimmung zu ihm spricht.

Überhaupt hat sich Raimund für das Reich der Vergänglichkeit geradezu magische Bilder ausgedacht. In diesem Fall ist es die szenische Anweisung, die fasziniert:

„Der Vordergrund ist eine ganz finstere Säulenhalle aus schwarzem Marmor. Rechts von der Bühne das kolossale eherne Eingangstor zum

Palaste des Genius der Vergänglichkeit. Im Hintergrunde wogt ein dunkelblaues Meer magisch erleuchtet. An seinem Ufer steht auf einem dunklen Felsstücke ein grauer Schatten und schaufelt Lorbeerkränze, Blumenkränze, Perlen, Schmuck, Geldsäcke, Poesien, etc. die auf einem Haufen liegen in das Meer. Quer über die Bühne begrenzen es als Hintergrund schwarze Zackenfelsen, und über diese leuchtet in der Ferne die Morgenröte der Ewigkeit hervor."

Raimunds Affinität zum Tod hat sich hier, düster umflort, in Poesie und Schönheit verklärt.

Die erste Szene des Stücks wirkt noch so, als habe Raimund sein Publikum nicht verschrecken wollen. Sie zeigt Ungewöhnliches, eine indische Landschaft, einen schönen neuen und einen zertrümmerten Tempel. Aber Omar, der Bote, der kommt, um König Hoanghus Sieg zu verkünden, hat durchaus seine komischen Momente, wie um das Befremden durch das Milieu zu neutralisieren. Doch dann setzt Raimund ganz auf Ernst: Alzinda, Hoanghus Gattin, weiht mit hohen Worten den neuen Tempel ein, denn sie hat jenen von Moisasur, dem bösen Dämon, zerstören lassen. Moisasur erscheint mit fürchterlichem Donnerschlag in Gestalt eines furchterregenden Drachen – das ist das Vorstadt-Maschinentheater, aber nicht mehr für den komischen, sondern den erhabenschaurigen Effekt. Er flucht Alzinda, verwandelt sie in ein altes Weib, erlegt ihr auf, daß sie diamantene Tränen weint, und versetzt sie – nein, nicht auf eine ferne Insel, in kein anderes Märchenland, sondern in eine Realität, die auf uns nach Indien und Drachengeist wie die Faust aufs Auge wirkt: in ein (österreichisches) heimatliches Alpental, vor das Haus des Bauern Gluthahn.

Raimunds schlimmste Figur erscheint, vom Dichter in der szenischen Bemerkung als „alter, heuchlerischer, mißgünstiger, höhnender, gemeiner Schurke" charakterisiert – mehr Böses auf einem Fleck kann man über einen Menschen wohl nicht sagen. Wo immer das Klischee vom biedermeierlich-lieblichen Raimund auftaucht, muß man ihm nur Gluthahn entgegenhalten. Hier setzt sich Raimund mit unglaublicher Intensität mit dem Bösen im Menschen auseinander, hier jagt eine beklemmende Gluthahn-Szene die andere, der Hohn, mit dem er seine kranke Frau und dann die alte, diamantene Tränen weinende Alzinda behandelt, schmerzt richtiggehend. Welch ein Kontrast, wenn Alzinda, sobald sie allein ist, die Sonne anruft, fast im Stil eines der klassischen Sonnengesänge – und danach Hans und Mirzel mit einem fröhlichen Liedchen herbeiträllern. Es ist das für Interpreten nahezu nicht zu lösende Problem der Unvereinbarkeit von Welten und Stilen, die „Moisasur" für die Realität der Bühne fast unmöglich machen.

Wenn Gluthahn schließlich die Diamanten weinende Alzinda durch eine List eingefangen hat, wagt Raimund dramaturgisch den noch gewaltigeren Sprung. Bevor die Handlung zu Huanghu kommt, der schließlich für die hohe Ehetragödie gebraucht wird, schiebt er noch ein „Wolkentheater" mit Ariel und dem Genius der Tugend ein. Hier gibt es wieder die grundsätzliche Forderung der Raimundschen Stücke, die als Leitmotiv sein gesamtes Schaffen durchziehen:

Szene aus „Moisasurs Zauberfluch"

Nur ein Kampfplatz ist die Welt,
Und das Böse hingestellt,
Daß es mit dem Guten streite
Und der Hölle werd zur Beute.
Beide treten in die Schranken
Dieser unruhvollen Welt
Tugend darf im Kampfe wanken
Eigne Schuld ists, wenn sie fällt.
Jedem ward die Kraft hienieden
Der Verführung Trotz zu bieten
Nur der Schwache sinkt im Krieg
Doch den Starken krönt der Sieg.
So ist es bestimmt auf Erden
Tugend muß geprüft dort werden.

Ja, Tugend muß geprüft werden, das ist Raimunds Anliegen, vielleicht, weil er sich selbst im Leben so vielfach geprüft vorkommt. Und auf dem Theater kann man siegen . . .

Über Szenen im Dorf Alpenmarkt, im Reich der Vergänglichkeit und im Gerichtssaal, wo Alzinda zur Hexe erklärt wird, führt die Handlung zu ihr in den Kerker, wo der Tod erscheint – und wieder spiegelt es die ausgereifte Vorstellungswelt Raimunds, daß der Genius der Vergänglichkeit nicht als Knochenmann mit Sense auftritt, wie die mittelalterlichen Holzschnitte die schaurige Gestalt geprägt haben, sondern als „grauer Mann mit langem, grauen Kleide, etwas kahlköpfig, und langem Bart.

Szene aus „Moisasurs Zauberfluch“

Seine Miene ist sanft, und seine Sprache gemütlich und tröstlich“ – wobei man hinzufügen muß, daß das Wort „gemütlich“, das oft auch in Raimunds Briefen an Toni vorkommt, mit unserem heutigen „gemütlich“ (es sich gemütlich machen) nichts zu tun hat. Dieses im Biedermeier geschaffene Wort geht auf das so hochgeschätzte „Gemüt“ zurück, bedeutet „gemüthaft“, „gemütsvoll“, ist ein durch und durch positiver Wert. So sorgt Raimund dafür, daß der Tod für die „Guten“ – und für diese steht Alzinda – keinen Schrecken hat. Aber Huanghu, durch Zauberkraft hierhergebracht, will sein eigenes Leben opfern, um das von Alzinda zu retten, und so wird am Ende doch wieder nur die Tugend gepriesen – und Gluthahn, der sechs Szenen davor für seine Bösartigkeit im Gefängnis gelandet ist, scheint vergessen. Aber er ist es nicht, er ist integraler Teil eines Stücks, das Raimunds Tragödienanspruch durch die Verbindung auseinanderklaffender Elemente gezeigt hat.

Wie vieles ist hier neu – und befremdlich. Man hat den bäuerlichen Realismus des Stücks, der den des „Bauer als Millionär“ bei weitem übertrifft, als Vorläufer von Anzengruber und Hauptmann angesehen.[5] Da hat sich die Allegorie des Todes zu barocker Grandiosität emporgehoben. Da ist Alzinda eine Heldin, die im Maßstab der Grillparzerschen Heroinnen konzipiert scheint. Da zeigt sich Raimund, indem er den Fernen Osten (Hammer-Purgstall hat ihn für Österreich entdeckt) als Schauplatz beschwört, auf den Spuren der Romantiker. Da denkt man an Shakespeares „Sturm“ und an das „Wintermärchen“, aber es wurde auch in der Gerichtsszene der Einfluß des bürgerlichen Dramas eines Iffland und Kotzebue nachgewiesen,[6] in der Gestalt des Amtmanns eine philiströse

Beamten-Figur erkannt, in der lustigen Szene des Kriegers Carambuco der Einfluß der Commedia dell'arte festgestellt.

Man kann nicht entscheiden, was Raimund selbst von all dem beabsichtigt hat. Aber es gibt Interpreten, die dies für Raimunds vollständigstes und vielseitigstes Stück halten, in dem sich die Komponenten seines Talents überlagern.[7]

Während im September 1827 Raimund in seinem heimatlichen Theater in der Leopoldstadt für einen Quodlibet-Abend wieder seinen alten Adam Kratzerl hervorholt und gewaltige Anstrengungen machen muß, um in einem schwachen Stück von Gleich, „Der Hahn im Korb", das Publikum mit dem schlechten Produkt zu versöhnen, laufen im Theater an der Wien die Vorbereitungen für die Aufführung von „Moisasurs Zauberfluch".

Die Rolle des Gluthahn hat sich Direktor Carl selbst zugeteilt, und sie stellt auch für ihn eine Herausforderung dar, ist er doch sonst vorrangig Komiker, hat er doch vor allem die Münchner – wie Schuster die Wiener – mit den „Staberliaden" unterhalten. Manche meinen, die Geldgier und Hartherzigkeit des Gluthahn seien Carls Charakter wie angemessen ... Josef Schmidt, Raimunds Reisegefährte bei der unglücklichen, seiner Tollwutangst wegen abgebrochenen Reise vom Sommer 1826, spielt den armen, aber lustigen Steinbrecher Hans. Als Alzinda ist die junge Anna Zeiner eingesetzt, die später am Hofburgtheater wirken wird. Und in der Rolle von Gluthahns armem Weib Traudl stolpert Raimund über seine Vergangenheit: Therese Grünthal ist es, vor neun Jahren die schöne Ursache seiner leidenschaftlichen Eifersucht und Wut, heute in Nebenrollen ihr Leben fristend, während Raimunds Stern aufgegangen ist ...

Die Kritik nennt die schauspielerischen Leistungen beeindruckend und erklärt auch, daß die Dekorationen im Theater an der Wien imposant ausgefallen seien.[8] Raimund hat also grundsätzlich gut daran getan, dieses sein Werk hierher zu transferieren, denn auch das Publikum des Hauses zeigt sich bereit, den ernsten Grundton des Stücks anzunehmen – was in der Leopoldstadt keinesfalls möglich gewesen wäre.

Für Raimund ist es eine gänzlich ungewohnte Situation, eine eigene Premiere nicht auf der Bühne selbst, mitgestaltend, mizuerleben, sondern als hilfloser Dichter vom Zuschauerraum aus. Bekannte sehen, wie er während der Vorstellung durch die Logen streicht. Aber schon während des Stücks ruft man ihn „unter beispiellosem Jubel"[9], und am Schluß, als er den Beifallsorkan entgegennimmt, hat er natürlich seinen Dank, „sehr gewählt in Versen"[10], bei der Hand, obzwar er ihn „vor Rührung und Bewegung kaum sprechen konnte."[11] Das beweist nur noch mehr, wie ihm dieses Stück, in dem er so entschlossen über alles hinausgegangen ist, was man bislang unter „Raimund" verstand, am Herzen liegt – und wie selig er sein muß, sich siegreich zu glauben.

Seltsam sein Epilog – statt den Erfolg triumphierend auszukosten, entschuldigt er sich fast für den „Trauermantel", den er hier angelegt hat, und verspricht, sich schleunigst zu bessern und wieder zum Frohsinn zurückzukehren ... schwer zu sagen, was ihn dazu bewegt, ob er diesen Rückzug schon für den Fall geplant hat, daß der „Moisasur" am Ende nicht so gut aufgenommen worden wäre.

So hat das Glück mich dennoch heut' begrüßt,
So hör' ich auch im fremden Hause hier
Des Beifalls Ruf so liebevoll ertönen,
Als ich ihn dankergriffen oft
In meines Wirkens Heimat hab' gehört,
So hab' ich – tätig, freundlich unterstützt
Von allen, die im heutigen Spiele sich bewegt,
Ein Ziel errungen, das
Ich zu erringen nie geträumt,
Und das ich nur erreicht,
Weil Ihre Liebe mir's
So nahe hat gerückt.
Was Sie an meinem Bild,
Das ein so großer Rahmen ziert,
Befriedigt hat, es ist Ihr eignes Werk.
Denn hab' ich heut' die Saiten kräft'ger angeschlagen,
Hab' ich's gewagt, im düstern Trauermantel zu erscheinen,
Der mit des Scherzes Flittergold nur leicht verbrämt,
So hab' ich diesen Mut
Ja Ihrer Güte nur zu danken,
Die ihn so groß gezogen hat,
Daß er schon frei sich zu bewegen wagt.
Und darum leg' ich meinen tiefgefühlten Dank
An dieses Tempels Stufen nieder,
Und tret' zurück in meinen vor'gen Kreis,
Um wieder dort des Frohsinns Fahne leicht zu schwingen
Und Ihres Beifalls Kranz durch Scherze zu erringen.

Auf Anhieb wird der Triumph des „Moisasur" von nichts beeinträchtigt. Die Kritiker sehen sich genötigt, auf Raimunds „strengere Anforderungen"[12] an sich selbst einzugehen. Einhellig ist der Versuch, den Charakter des Gluthahn – auch durch Carls offensichtlich mildernde Darstellung – nicht in seiner radikalen Bösheit begreifen zu wollen.[13] Man anerkennt sehr wohl, wie neu und originell[14] Raimund hier ist, wie er sich nicht – im Gegensatz zu seinen bequemen Dichterkollegen – eine Billigkeit hier und eine andere dort entlehnt hat. Immerhin, ein Mann wie der Schriftsteller Ernst von Feuchtersleben zeigt sich vom „Moisasur" tief beeindruckt: „. . . ist der Titel etwas burlesk, so ist das Werk umso erhabener", schreibt er.[15] „Die Allegorie des Stücks rührt an die geheimsten Töne des Daseins, und es erklingen welche, die noch nie gehört worden sind. Die tragische Wirkung, auch aufs nichtdenkende Publikum, ist wunderbar." Und der Zeitgenosse F. C. Weidmann veröffentlicht in der „Wiener Zeitschrift" anläßlich des „Moisasur" eine Hymne an Raimund[16] – aber das ist schon nichts Besonderes mehr, die Zeitgenossen ergreifen immer wieder die Feder, um ihm zu huldigen, mit Gedichten und Oden an Raimund hat man später ein ganzes Buch gefüllt.[17]

Freilich, langsam werden auch die Einwände laut, vor allem, daß die Komik zu trübe sei und das Stück geistige Gewalten und bürgerliches

Heute Mittwoch den

K. K. priv. Theater an der Wien

(gepachtet von Carl und Compagnie).

Unter der Leitung d

Zum zweyten Mahl:

Moisasur's Zauberfluch.

Großes tragisch-komisches Original-Zauberspiel in zwey Aufzügen,

von Ferdinand Raimund.

Die Musik ist von Hrn. Kapellmeister Riotte. — Die neuen Dekorationen von Hrn. Nipperdey. — Das Costüm ist neu.

Personen:

Der Genius der Tugend	Mad. Pann.	Gluthahn, ein wohlhabender Bauer	Carl.
Ariel, ein Tugendgeist	Dlle. Botgorschek	Trautel, sein Weib	Dlle. Grünthal.
Moisasur, Dämon des Uebels	Hr. Basson.	Hans, ein armer Steinbrecher	Hr. Schmidt.
Der Genius der Vergänglichkeit	Hr. Rott.	Mirzel, sein Weib	Mad. Kneisel.
Hoangbu, Beherrscher des Diamantenreichs	Hr. Kunst.	Der Amtmann von Alpenmarkt	Hr. Thyam.
Alcinde, seine Gemahlinn	Dlle. Zeiner.	Der Actuar	Hr. Grabow.
Mansor	Hr. Wessely.	Rossi, Juwelenhändler, Besitzer eines Landhauses bey Alpenmarkt	Hr. Karsten.
Omar, ein Bothe von Hoangbu's Heer	Hr. Bosard.	Hänfling, sein Aufseher	Hr. Haag.
Hassar, ein Mohr	Hr. Scotti.	Ein Diener bey Rossi	Hr. Weber d. ä.
Carambuco, ein Krieger	Hr. Kirchner.	Ein Kohlenbauer	Hr. Nebgal
Ossa, sein Weib	Mad. Flery.	Ein Kerkermeister	Hr. Baumgartner
Ein Häuptling von Hoangbu's Heer	Hr. Koller.	Erster Schatten Moisasur's	Hr. Reha.
		Zweyter Schatten Moisasur's.	
		Erster Schatten im Reiche der Vergänglichkeit.	
		Vier Amtsdiener.	

Tugendgeister. Alcindens Hofstaat. Hoangbu's Krieger. Indisches Volk. Schatten Moisasur's. Schatten im Reiche der Vergänglichkeit. Traumgestalten. Dienerschaft.

Sämmtliche Logen sind bereits für die heutige Vorstellung vergriffen.

Sperrsitze zur heutigen, und Bestellungen auf Logen und Sperrsitze für die nächsten Vorstellungen werden angenommen, in der Stadt, Annagasse, im Edlen v. Hönigsberg'schen Hause Nr. 1000 Vormittags von 9 bis 12, und Nachmittags von 3 bis 5 Uhr

NB. Freybillets sind heute ungiltig.

Die Casse wird um 4 Uhr eröffnet.
Der Anfang ist um 7 Uhr.

Theaterzettel aus dem Theater an der Wien

Leben unvereinbar mische.[18] Unschwer erkennt man die Wühlarbeit der Neider – an der Spitze gewiß Bäuerle und Meisl –, denen Raimund in seinen Schöpfungen „den Vorrang abgewonnen“ hat.[19] Und so verkehrt sich innerhalb kurzer Zeit auch hier die erste Freude in Ärger, und „Moisasur“ hat für Raimund einen bitteren Nachgeschmack.

Die Gegner belassen es nicht bei der hinterhältigen Propaganda. Schon nach wenigen Aufführungen des Stücks, das im Theater an der Wien lebhaften Publikumszuspruch findet, stürzt Raimund bleich, verstört und in heftigster Aufregung zu Direktor Carl. Zornbebend teilt er ihm mit, daß im Leopoldstädter Theater, „seinem“ Theater!, in aller Heimlichkeit eine „Moisasur“-Parodie von Karl Meisl vorbereitet werde. „Das sei eine Schändlichkeit – das werde er nicht dulden – er werde sich nicht in seinem Haus verhöhnen lassen“, protestiert Raimund laut Heinrich Börnstein, der dieses Ereignis in seinen Memoiren schildert.[20]

Möglicherweise hat Raimund erwartet, gehofft, Carl werde seinen Einfluß spielen lassen, um die Aufführung der Parodie zu verhindern. Aber da kennt er den berüchtigtsten Geschäftemacher schlecht. Wenn er der Leopoldstadt die Suppe versalzen will, so nicht, um Raimund einen Gefallen zu tun, sondern um selbst Geld herauszuschlagen.

Carl wendet sich also an Börnstein mit der Frage, ob er sich zutraue, innerhalb weniger Tage eine „Moisasur“-Parodie zu schreiben, die dann an Carls zweiter Bühne, dem Theater in der Josefstadt, zur Aufführung kommen sollte. Börnstein sagt mit dem Leichtsinn der Jugend ja – und gibt damit ein Beispiel für die totale Gewissenlosigkeit, mit der damals in Carls und nicht nur in dessen Theaterwelt agiert wird. Tatsächlich schreibt Börnstein zusammen mit Schriftstellerkollegen Adami in zwei Nächten die Parodie „Monsieur Asurs sauberer Fluch".

Und Carl wäre nicht Carl, wenn es ihm nicht gelänge, der Konkurrenz ein Schnippchen zu schlagen. Das Stück hat am 27. Oktober im Theater in der Josefstadt Premiere – und wird, womit er wahrscheinlich nicht gerechnet hat, nach allen Regeln der Kunst ausgepfiffen. Die Hauptrolle der Alzinda spielt Julie Walla, früher oft Raimunds Partnerin. Aufwendig ist übrigens auch die Besetzung der Alzinda dann in der Leopoldstadt: Dort muß keine Geringere als Therese Krones antreten, um Kollegen Raimund zu verhöhnen ...

Die Leopoldstadt läßt nach dem Josefstädter Mißerfolg natürlich nicht von der Absicht einer „Moisasur"-Parodie ab: „Moisasurs Hexenspruch" von Karl Meisl hat am 3. November Premiere, und eine der besonderen Gemeinheiten besteht darin, den Gluthahn hier mit Ignaz Schuster zu besetzen ... Was bei Raimund edel und hehr, hier ist's trivial, wie es im Wiener Volkstheater üblich ist. Raimunds Alzinda bekämpft das Böse schlechthin, die Meisls hingegen hat in ihrem Reich bloß den Kaffee verboten (eine Anspielung auf die Kaffeehausbesitzer-Tochter Toni Wagner?) und zieht darum die Rache der Fee Moisasura, der Beschützerin des Kaffees, auf sich. Aus dem Genius des Todes ist ein Kommissionär der Unterwelt geworden, und er wird von Korntheuer gespielt ... Man kann sich Raimunds Gift und Galle angesichts dessen, was ihm seine Kollegen da antun, gut vorstellen. Aber war deren Ärger geringer, als er mit seinem neuen Stück an ein anderes Theater ging?

Außerdem muß Raimund bald bemerken, daß der Erfolg, den „Moisasurs Zauberfluch" im Theater an der Wien geerntet hat, ohne Nachfolge bleibt: kein Beifall in Pesth[21], teilweise Ablehnung in Prag, teilweise verstümmelt in Preßburg dargeboten[22], nirgends wirklich reüssierend. Wichtig für die Beurteilung des Gluthahn ist, daß er später eine Rolle für Johann Nestroy wird und diesem, obwohl er ihn als Heuchler darstellt und seinen Vorgänger Carl angeblich nicht erreicht, natürlich exzellent paßt – könnte doch durchaus er sie geschrieben haben ...

„DIE GEFESSELTE PHANTASIE“

„Gelehrsamkeit allein verfasset kein Gedicht“

Als Raimund, gleich nach dem „Bauer als Millionär“, die „Gefesselte Phantasie“ schreibt, kennt die Mitwelt von ihm gerade den „Barometermacher“ und den „Diamant des Geisterkönigs“ und ahnt nicht, was in ihm vorgeht, womit er sich beschäftigt, wie hoch er hinauswill, wohin sein Ehrgeiz reicht. „Die gefesselte Phantasie“ ist nicht weniger als ein programmatisches Stück über das Wesen der Dichtkunst, und wenn sich Raimund in die Gefilde von Grillparzers „Sappho“ begibt, so sieht er das wiederum – wie später auch das Indien Moisasurs – nicht parodistisch, sondern es ist ihm mit der griechischen Insel ernst. Vorwürfe über Raimunds mangelnde Bildung gibt es immer (eine diesbezügliche Beurteilung Grillparzers kann er nicht gekannt haben) – hier unternimmt er erstmals den Versuch, ein hohes Thema in hoher Sprache zu behandeln und die Heiterkeit eher im Shakespeare'schen Sinn einzubringen, als ihr in altgewohnter Weise ausschließlich zu huldigen.

Nach eigener Aussage will Raimund mit der „Gefesselten Phantasie“ beweisen, „daß man auch, ohne ein Gelehrter zu sein, ein unschuldiges Gedicht ersinnen könne“. Und da ist man auch schon bei der tiefgehenden Problematik des Stoffs – und wohl auch dem Grund dafür, daß der Erfolg für die „Gefesselte Phantasie“ bis heute bescheiden geblieben ist. Das Stück zeigt Raimund gegen Raimund, als wollte er, wie Nestroys Holofernes, feststellen, wer stärker ist, ich oder ich – und er entscheidet sich nicht. Man weiß, daß sein Herz bei der hohen Kunst ist, aber die Kraft des Stücks geht von der – fast verächtlichen – Figur des Wiener Harfenisten Nachtigall aus. Man muß sich fragen, auf welcher Seite Raimund eigentlich steht, ob er hier nicht privaten Zwiespalt in ein zwiespältiges Stück gegossen hat, dessen Problematik unbewältigt bleibt, weil er kein Rechner und Dialektiker, sondern ein nicht zuletzt von den inneren Spannungen beflügelter Dichter ist.

Seine Titelfigur ist die allegorische Phantasie, die, nach Raimunds Aussage, frei sein muß, die man nicht fesseln und dann zur Produktion zwingen kann – ein schönes Bild und doch genau das Gegenteil dessen, was geschieht, wenn er dieses Stück schreibt: Er erlegt seiner persönlichen Phantasie alle möglichen Auflagen auf, er schreibt in Richtung eines Ideals, er wird das Opfer eines Fehlers, den er offenbar nur theoretisch erkennt, nicht aber, wenn er ihn selbst begeht.

Auf eine griechische Insel führt uns Raimund also zuerst. Königin Hermione hat einen Dichterwettbewerb ausgeschrieben, und es ist ihr innigster Wunsch, daß Amphio, Hirt der Lilienherde, den Preis und damit sie selbst erringen möge wie später Walther von Stolzing sein Evchen in Richard Wagners „Meistersingern". Aber ein häßlicher Beckmesser als Konkurrent muß offenbar immer dabei sein ... Dafür sorgen die bösen Zauberschwestern Vipria und Arrogantia, und diese beiden sind Raimund (im Gegensatz zur traditionell blassen Hermione mit ihrem traditionell noch blasseren Liebhaber Amphio) ganz köstlich gelungen – es scheint, daß Raimund Frauen satirisch besser in den Griff bekommt als seriös. Die beiden fesseln nun die Phantasie – auch sie nicht ohne liebevolle Ironie gezeichnet, wenn sie etwa bemerkt: „Wie wohl ist mir, wenn ich vom Versemachen ruh'n und in leichter Prosa sprechen kann" – und suchen nun nach einem Mann, der Hermione gewinnen und dabei eine rechte Strafe für sie sein soll.

Und so gibt es wieder einen jener Sprünge, die Raimund so locker unternimmt und die man nicht ganz leicht nachvollzieht, wenn er die Szene von der überromantisch gezeichneten griechischen Insel in ein Wiener Bierhaus versetzt. Und Nachtigall, der Harfenist, mag zwar geradezu ein klassischer Wiener Volkssänger sein, eine sympathische Figur ist er trotzdem nicht, grob auf der einen Seite, dann wiederum ein Feigling, kurz, mit dem Wasser des Wiener Volksstücks getauft, wenngleich gerade der Sperrigkeit und Unliebenswürdigkeit seines Charakters wegen um einiges intensiver als alle seine Vorgänger. Wenn Nachtigall und die für die hohe Muse zuständige Phantasie (die nun auf Wunsch der Zauberschwestern ihm dienen soll) aufeinandertreffen, gibt es unwiderstehliche Komik.

Ausgezeichnet ist es Raimund gelungen, verschiedene Typen von „Dichtern" in das Stück einzubringen. Leider jedoch ist Amphio, der die hohe Muse verkörpert und, von der Phantasie geküßt, am Ende Hermione natürlich ersingt und erringt, eine durch und durch schwächliche Gestalt, und sein „Preislied" zeigt nur, daß Raimund hier mit einer Sprache herumexperimentiert, die er nicht beherrscht. Dennoch soll man seine Leistung nicht geringschätzen – bedenkt man, woher er kommt und wo er lebt, so hat er die Annäherung an das Bildungsbürgertum des Biedermeier mit gewaltiger eigener Anstrengung geschafft.

Wenn man auch nicht sagen kann, wen Raimund mit der Figur des „Hofpoeten" Distichon gemeint hat, eine Satire ist er jedenfalls, und wenn er die Sprache malträtiert, dann weht uns der Geist der Travestien des Altwiener Volkstheaters an:

Dichtergeister!
Hört den Meister!
Spornt den Gaul,
Seid nicht faul,
Zieht vom Leder
Eure Feder,
Schreibt drauf los –
Der Preis ist groß!
Fortunens Blick
Verkündet Glück.

Dieser Distichon, der stolz verkündet „Mein Vaterland ist der Parnaß“, formuliert andernorts: „Die ganze Nacht hat meine Phantasie gerast, und den geflügelten Gaul beinahe zu Schanden geritten, bis Aurora 40 Schmähgedichte beleuchtete, die mein schöpferischer Geist in dieser Nacht gebar“, und droht den Feinden: „Ich werfe sie mit Knittelreimen tot.“ Distichon ist es, der sich in seinen Ansprüchen kühn überhebt („Wir sind Genies, der Welt zum Trotz, und wenn wir gar nichts wüßten, so wissen wir doch das.“) und dann nur Minderwertiges produziert. Und doch, noch ein Zwiespalt des an Zwiespältigem so reichen Stücks: Es ist Distichon, der Raimunds eigene „Moral“ ausspricht, die besagt: „Gelehrsamkeit allein verfasset kein Gedicht; Wissen ist ein goldner Schatz, der auf festem Grunde ruht, doch in das Reich der holden Lieder trägt uns nur der Phönix Phantasie.“

Unter den „Dichtern“ ist Nachtigall zweifellos auf der untersten Ebene angesiedelt. Der Poesie des Volks, seinem ureigensten Element, weiß Raimund wenig Gutes nachzusagen. Tatsächlich erinnert sein „Preislied“ in der Albernheit, den schrägen Bildern und verkrampften Versen an Beckmesser auf der Wiese im letzten Akt der „Meistersinger“:

Liebe Leutchen kommt zu mir
Will euch etwas singen
Ich will Hermionen hier
Schnell ein Loblied bringen.
Jeder, der sie nur erblickt
Liegt in Liebesbanden
Selbst der Weise wird berückt
Habt ihr mich verstanden?

Zeigt sie sich im Blumenreich
Atmet alles Wonne,
Alle Blümchen rufen gleich:
Servus, Hermione!
Wandelt auch in finst'rer Nacht
Ganz ohne Laterne
Ihre Äuglein voller Pracht
Leuchten wie zwei Sterne.

Und der lieben Vöglein Zahl
Ist ihr recht gewogen
Auch ein' alte Nachtigall
Kommt herbei geflogen.
Kurz ihr holder Nam' erschallt
Laut in jeder Zone;
Selbst die Bären in dem Wald
Brummen Hermione!

Und doch spielt Raimund diesen Nachtigall und kann folglich nicht verhindern, daß eine Art von Identifikation des Dichters mit dem Darstel-

Figurinen zu „Die gefesselte Phantasie"

ler der Rolle entsteht. Man ist geneigt, Nachtigall positiv zu sehen, weil ja die griechische Insel Flora, das Land der Poesie, nur auf Anhieb so ideal wirkt, bei näherer Betrachtung (ebenso wie die Insel der Wahrheit im „Diamant des Geisterkönigs" keine solche ist) aber keine idealen Dichter birgt. Die Interpreten haben nicht zu Unrecht darauf aufmerksam gemacht, daß Inseln bei Raimund immer problematische Orte sind ...[1] – führt der Gedankengang zu weit, daß auch die Leopoldstadt, in der er lebte, zwischen Donau und Donaukanal eine „Insel" war?

Wenn die Mitwelt später kein gutes Haar an dieser „Gefesselten Phantasie" läßt, so nicht zuletzt wegen der Figur des Narren, in der Raimund deutlich Shakespeare'sche Parallelen sucht und sich damit nach Meinung der Zeitgenossen unangemessen überhebt. Dieser Narr ist es übrigens auch, der die ideale Insel Flora in Frage stellt, wenn er sich, „geboren auf Österreichs fetten Triften, studiert bis an den Hals, dann Kammerdiener eines spanischen Lords" als „ausgespuckt an diesen Strand der Feigheit und Astenie!" bezeichnet. Im übrigen aber hat Raimund in diesem für Korntheuer geschriebenen Narren nicht zuletzt sein eigenes, problematisches Verhältnis zu diesem eingebracht, wenn er den Narren sagen läßt:

„So muß sogar ein Narr auf seiner Höhe zittern. O undankbare Welt! Da glaubt so mancher oft, er wär' allein der Narr im Haus, da kommt ein andrer her, und sticht ihn wieder 'naus, und dieser and're wird von einem andern Andern dann verdrängt, und so zerstreiten sich die armen Narren ums traur'ge Narrentum. Ein jeder möcht' der Größre sein, und jeder narrt sich selbst. O eitle Narretei, o närr'sche Eitelkeit, ich wollt', ich hätt' brav Geld, dann mach ein Narrn, wer will."

Man hat diesen Narren abgewertet, als bloßen Spaßmacher bezeichnet, aber wäre er das, dann hätte Korntheuer ihn sehr gut spielen können; daß

Raimund nie mit ihm zufrieden war, zeigt, daß er für die Rolle doch mehr wollte.

Und die Phantasie schließlich, die keinesfalls unproblematische Titelheldin? Als „Wesen leichter Art“ stellt sie sich vor, als „Kind mit tausend Launen, Die Niedr’es mit dem Höchsten paart, ’s ist wirklich zum Erstaunen.“ Sie also, die den Pegasus auch nach Lerchenfeld führt, wie Saphir Raimund später böse vorwerfen wird[2], ist auf rosigen Wolken, duftig geflügelt, ganz die Krones, das Wiener Kind, und zugleich „ein göttliches Genie, die ewig glüh’nde Phantasie“. Es paßt nicht recht zusammen, schon im Auftrittslied nicht, wenn sie sich die Sonne auf den Hut steckt, mit den Sternen würfelt – und sich gleich anschließend, Raimund vergißt es nicht, vor dem Beifall des Publikums tief verbeugt. Die Dame Phantasie ist ihm für alles zuständig, zeigt folglich vom Komischen bis zum erhaben-metaphysisch Tragischen alle Gesichter – „entsetzlich, wenn Phantasie so weit es bringt, daß sie ein Quodlibet gar singt“ bis „Ha, bin ich frei, hohen Dank, euch ihr Götter, ha, wie durchströmt mich dies freudige Sein!“ Vielleicht ist die Rolle deshalb nicht groß, weil sich Raimund ihrer eminenten Schwierigkeit bewußt war – und doch: Warum soll sie, wenn sein Dichterwille es befiehlt, denn nicht ein Geschöpf mit tausend Gesichtern sein?

Kurz, dies ist, in buntem Durcheinander, Raimunds Thesenstück, sein Glaube an die Vielfältigkeit der Dichtung, die nicht in Kategorien aufgeteilt werden muß, sondern zusammengewürfelt werden kann, zu einem wenn auch bizarr-bunten Bild. Es ist ein Stück, das Raimund – ein paar Kotaus zum Trotz – nur mehr für sich schreibt, nicht mehr für das Publikum. Und nun muß sein Publikum ihm sagen, was es davon hält. Und es wird sagen: Die Phantasie soll frei sein? Mitnichten! Du bist unser Angestellter! Schreib Stücke, wie wir sie mögen, nicht, wie du sie magst . . .

„Die gefesselte Phantasie“ hat am 8. Jänner 1828 im Theater in der Leopoldstadt Premiere, und der Mißerfolg zeigt sich sogleich deutlich. Das Haus ist selbstverständlich so überfüllt wie bei Raimund immer[3], die Erwartungen sind hochgespannt, aber am Premierenabend herrscht durchaus nicht die angenehme, wohlwollende Stimmung, wie er sie bisher erleben durfte, sondern ein Teil des Publikums gibt gleich zu erkennen, daß man diesmal nicht zufrieden ist. Es ist auch vielleicht nicht der beste Zeitpunkt, wie Raimund es tut, in das Publikum hineinzuextemporieren, um dem Gerücht entgegenzutreten, daß seine Werke gar nicht von ihm seien . . .[4]

Weil einem Großteil der Kritik diesmal gar nichts zu gefallen scheint, vermerkt man von der Ausstattung nur, daß sie „hübsch“ sei[5], „die wenigen Maschinen gingen exakt“, und die Musik von Wenzel Müller wird diesmal nur als „gewöhnliche Arbeit“ bezeichnet. Tatsächlich – „Schlager“ wie „Mariandl-Zuckerkandl“ oder „Brüderlein fein“ gibt es hier nicht.

Das Heil des Abends kommt vom Schauspieler Raimund als Nachtigall. Mit Enthusiasmus begrüßt[6], bietet offenbar er allein jene nicht abgegrif-

Freye Einnahme.

Heute Dienstag den 8. Jänner 1828,
wird im k. k. priv. Schauspielhause in der Leopoldstadt aufgeführt
(Zum Vortheile des Unterzeichneten:)

Zum ersten Mahle:

Die gefesselte Fantasie.

Original-Zauberspiel in zwey Aufzügen,
von dem Unterzeichneten.
Musik von Kapellmeister Wenzl Müller.
Gruppirungen von Pantomimenmeister Rainoldi.
Die neuen Decorationen von Dolliner und Mayer.
Die Maschinen von Lebesnier.
Das Costüm neu.

Personen:

Apollo	Hr. Schaffer.
Die Fantasie	Dem. Krones.
Hermione, Königinn der Halbinsel Flora	Dem. Heurteur.
Affriduro	Hr. Kemetner.
Vipria) Die Zauberschwestern	Dem. Ennökl.
Arogantia)	Dem. Gärber.
Distichon, Hofpoet	Hr. Fermier.
Der Narr	Hr. Korntheuer.
Odi, ein Höfling	Hr. Landner.
Amphio, Hirte der Lilienheerde	Hr Lang.
Nachtigall, Harfenist aus Wien	Ferdinand Raimund.
Der Wirth zum Hahn	Hr. Cachée.
Ein Dichter	Hr. Notzl.
Ein Schuster	Hr. Tomaselli.
Ein Spengler	Hr. Swoboda.
Ein Kellner	Hr. Reiber.

Hermionens Hofstaat, Opferdiener, Dichter, Inselbewohner, verschiedene Gäste, Volk.

Dem Antheile und der Huld des verehrungswürdigen Publikums empfiehlt sich

Ferdinand Raimund,
Regisseur dieser Bühne.

Logen und Sperrsitze sind in der Wohnung des Benefizianten, in der Praterstraße Nro. 503 zur Weintraube, im 2. Stocke, die Thür rechts zu erhalten.

Freybillete sind ungiltig. Der Anfang ist um 7 Uhr.

Theaterzettel der Uraufführung

fene, nicht aus Routine, sondern aus stets neuem inneren Anstoß geborene Komik, die das Publikum jedesmal mitreißt. Am Ende stürmisch gerufen, hat er seine Abdankung bereit, in der er sich wieder klein macht – als „Dichterwurm" bezeichnet er sich, „Und wenn's mich auch nach Höher'm reißt, Ist's nur ein flüchtiger Sturm", schränkt er ein, und verbeugt sich vor dem Publikum, dem der Preis geweiht sei – „Sie fesselten die Dankbarkeit – und nie wünscht sie sich frei."[7]

Raimund allein kann aber den Abend nicht retten. Was ist geschehen, daß die übrigen Darsteller kaum gefallen? Wahrscheinlich hat er diesmal nicht in erster Linie an sie gedacht. Ein Beispiel ist Katharina Ennöckl: Die giftspritzende Vipria liegt überhaupt nicht auf ihrer Linie, aber sie meistert die ungewöhnliche Aufgabe, die böse, heuchlerische Person zu spielen, höchst zufriedenstellend – vielleicht ist es sogar eine Abwechslung für sie.[8] Über viele andere – die Demoiselle Heurteur, die so kurz am Theater bleibt, daß sich nicht einmal ein Vorname feststellen läßt, als Hermione, Raimund-Ersatz Lang als Amphio, Elise Gärber als Arrogantia, Fermier als Distichon, Landner als Höfling – ist in den Kritiken gar nichts zu lesen, als daß die Darstellung im ganzen „nicht vorzüglich" gewesen

Szene Phantasie/Nachtigall aus „Die gefesselte Phantasie“

sei[9] – es verwundert, da man schließlich Raimunds Bemühungen um den Gesamteindruck kennt.

Und zwei ausgesprochene Publikumslieblinge mißfallen schlicht und einfach, da Raimund sie gröblich überfordert hat: Korntheuer als Narr und die Krones als Phantasie. Korntheuer gibt dem Narren „nicht die nötige Färbung“[10], hat offenbar Format nicht zur Verfügung, wenn man ihm keine Maßarbeit liefert. Und bei der Krones liegt der Fall ähnlich. Wenn Eduard von Bauernfeld, übrigens ein Bewunderer auch des Stücks, sie in seinem Tagebuch als „ausgezeichnet“[11] klassifiziert, so bleibt er mit seiner Meinung ziemlich allein. Dabei gilt es doch als ausgemacht, daß Raimund nach der Jugend der Krones nun die Phantasie auf den Leib geschrieben habe.

Der erste Auftritt des Wesens leichter Art ist tatsächlich dem der Jugend ähnlich. Aber wenn die Phantasie dann ein darstellerisches Register ziehen muß, in dem sich Stolz, Angst, Verzweiflung und Trauer finden, wenn sie neben Humor auch Hoheit und Würde zeigen soll und wenn die Allegorie der Phantasie am Schluß ohne jede ironische Brechung erscheint, dann ist das der Krones wesensmäßig zu fremd und wohl einfach zu schwer.[12] Außerdem fordert ihr Raimund das Hochdeutsche ab und bringt sie so um den Effekt ihres wienerisch-plappernden Göscherls. Vernichtend urteilt die Dresdner Abendzeitung, „Küchen-Naivität gehört nicht in den Salon.“[13]

Um diesen Abend entbrennt auch viel grundsätzlicher Zank, der sich mit den Aufgaben und Möglichkeiten, selbstgezogenen Grenzen und Billigkeiten der Vorstadttheater auseinandersetzt. Prinzipiell will es die Mitwelt nicht dulden, daß sich hier einer über sich selbst erhebt, in

Österreich liebt man das duckmäuserische Mittelmaß – Dichter, bleib in deiner Welt, will man Raimund die eigene Moral um die Ohren hauen.

Glücklicherweise argumentieren nicht alle so. „Der Sammler", meist auf Raimunds Seite, nimmt heftig für ihn Partei, während sich Bäuerles „Theaterzeitung" gar nicht vernehmen läßt. Die Einwände gegen das Stück werden aufgezählt: Die Tendenz sei zu ernst, die Komiker würden zu wenig beschäftigt, das Stück gehöre nicht in die Leopoldstadt, bewege sich „außer dem Kreise dieser Schaubühne".[14]

Dagegen setzt die Zeitung das Argument (wie alt solche auch uns vertrauten Diskussionen doch sind!), „daß eine allmähliche Fortschreitung und Veredelung unerläßliche Bedingung jedes Kunstinstituts sein müsse"[15], sonst gäbe es immer nur Kasperl und Evakathel. Kein Zweifel, daß man Raimund für seine Ambitionen lobt: „Dichter, welche Sinn für das Bessere hatten, verdrängten mit ihren Produktionen jene jämmerlichen Fratzen"[16]. Und solle Raimund, „voll Rücksicht auf Nebendinge, die Hauptsache aufopfern, seine schöne Originalität und den Funken des Genius, der seine Gebilde durchzuckt?"[17]

Eine solche Stellungnahme der Zeitgenossen in der zumindest zweitwichtigsten Theaterzeitschrift Wiens zeigt, daß Raimund in seinem Streben doch nicht ganz ein Verkannter ist (dazu neigt die Nachwelt viel eher, wenn sie ihm den Weg weg vom Realismus nur als Schwäche auslegt[18]), daß ein Teil seiner Bewunderer ihm durchaus dabei folgt, wenn er es plötzlich ablehnt, dem Affen Zucker zu geben.

Raimund selbst steht unerschütterlich zu dem Stück und schreibt später, es sei ihm „nicht in den Sinn gekommen, sie [‚Die gefesselte Phantasie'] umzuarbeiten und ihr durch eingelegte Narreteyen und episodische Szenen die Einfachheit zu rauben, welche ich bei ihrer Verfassung im Auge hatte."[19]

THEATERDIREKTOR

„Seine Nerven sind reizbar . . .“

Das Publikum läßt der „Gefesselten Phantasie“ die zugeschriebene mindere Qualität sofort entgelten. Bis 13. Februar schleppen sich 14 Aufführungen, dann wird das Stück abgesetzt – vorläufig. Da die neue Produktion nicht so zieht, wie erwartet, muß Raimund eben in anderen Stücken auftreten. So spielt er, was seit seiner Krankheit nicht mehr da war, im Februar innerhalb von zwei Wochen drei Premieren. Zuerst fällt Karl Meisls Zauberspiel „Das Feenkind“, in dem er den Haushofmeister Aradur gibt, durch – trotz der Mitwirkung des vollen Staraufgebotes Krones, Ennöckl, Korntheuer und seiner Person.[1] Als sich nach vier en suite gespielten Vorstellungen der Mißerfolg auch an der Kasse auswirkt, verschwindet das Werk, zumindest vorläufig.

Zur Feier des 60. Geburtstags von Kaiser Franz schickt Meisl einen Einakter mit dem schleimigen Titel „Die Heimat des Glücks“ auf die Bühne, der alle Darsteller des Hauses verpflichtet, als „Landleute“ zu statieren und am Schluß die Volkshymne zu singen.[2]

Und dann darf Therese Krones ihrem Ehrgeiz nachgeben und sich endlich auch als Dichterin präsentieren. „Sylphide, das Seefräulein“ heißt ihr Stück, das am 15. Februar 1828 Premiere hat und im Gegensatz zu Raimunds letztem Werk dem Publikum alles an Romantik und Komik bietet, was es verlangt. Übrigens will man auch die Krones nicht als Verfasserin gelten lassen und meint, ihr Bruder Josef habe das Stück geschrieben.[3] Immerhin erhält es genügend Lob, wird sogar mit dem „Barometermacher“ verglichen[4] und bietet eine Reihe von maßgeschneiderten Rollen. So hat die Krones, sicher ohne böse Gefühle wegen ihrer erfolglosen „Phantasie“, Raimund die Rolle des Verwalters Eustachius Wolferl auf den Leib geschrieben, eine Mischung aus dem Harfenisten und dem Aschenmann. Sie selbst als kluges, schalkhaftes Nettchen, die Ennöckl als Seefräulein mit Verwandlungsmöglichkeiten, Korntheuer als pedantischer, phlegmatischer, schwärmerischer Liebhaber[5], das bedeutet einen letzten Höhepunkt des typischen Lepoldstädter Stücks, wie Raimund selbst es nicht mehr schreiben will. Die Krones erringt jedenfalls einen stürmischen persönlichen Erfolg, und die Krones-Legende, die mindestens so hartnäckig ist wie die Raimund-Legende, will wissen, daß das übermütige Wiener Kind die nicht unbeträchtliche Einnahme ihres Premierenbenefizes nach der Vorstellung mit ihren Freunden in den verschiedenen Wiener Lokalen durchgebracht hat.[6] Wie dem auch gewesen sein mag – Raimund war sicher nicht dabei.

Er und die Krones sind jedenfalls Garanten für ein volles Haus, man spannt sie zusammen, so oft es geht, in „Sylphide“, immer wieder in der Schiller-Parodie „Kabale und Liebe“ und nach wie vor im „Bauer als Millionär“, der am 12. April 1828 seine hundertste Vorstellung erlebt. Das geschieht ein paar Tage vor einem Ereignis, das oft als Höhepunkt eines Theaterlebens betrachtet wird: Raimund wird Direktor, Direktor jenes Theaters in der Leopoldstadt, dem er seit so vielen Jahren angehört. Dennoch – Raimund als Direktor, das ist kein gutes Stück in seiner Biographie, das ist ein bitterer Abschnitt ohne Happyend.

Nun tritt endgültig Rudolf Steinkeller auf, ein Mann, dessen unebenem Lebenswandel die Raimund-Forscher akribisch nachgespürt haben. Rudolf Steinkeller, 1805 in Krakau geboren, damals also 23 Jahre jung (gegenüber einem Raimund, der sich mit 38 alt fühlt), hat von beiden begüterten Elternteilen reichlich geerbt. Als 15jähriger war er in seiner Heimat an Studententumulten beteiligt, später wandte er sich kaufmännischen Studien zu und kam 1824 nach Wien, wo er den Kurs der kommerziellen Abteilung am polytechnischen Institut besuchte. Anschließend macht er in seiner polnischen Heimat, teilweise mit einem seiner Brüder, diese und jene Geschäfte, ohne sich selbst als Kaufmann, Großhändler oder Bankier zu deklarieren. 1826 ist er auf Geschäftsreise in Wien, wo er sich niederlassen will, und hört, daß das Theater in der Leopoldstadt zu erwerben sei. Er macht die Gelder flüssig und schließt den Vertrag ab.

Hier findet sich ein interessantes Beispiel für das Spitzelsystem im Wiener Vormärz. Polizeiliche Recherchen schnüffeln dem Polen nach und stellen ihm das Zeugnis aus, daß gegen ihn sowohl in moralischer als politischer Beziehung nie etwas Widriges vorgekommen oder erhoben worden sei.[7] Er lebe still und zurückgezogen, sei in seinen Auslagen vielmehr karg als verschwenderisch. Für seine Wohnung Nr. 402 in der Praterstraße bezahle er eine jährliche Miete von 400 fl. C. M., auch halte er sich eine eigene Equipage, im übrigen beobachte er die größtmögliche Wirtschaftlichkeit, speise gewöhnlich im Bierhaus zum Füchsel in der Praterstraße, frequentiere keine Gesellschaften und besuche abends in der Regel das Theater in der Leopoldstadt. Seine Bildung sei zwar bis nun nicht von der Art, um die Leitung eines Theaters in den verschiedenen Beziehungen übernehmen zu können, allein abgesehen davon, daß er erst nach Ablauf der bis Ende Jänner 1834 dauernden Pachtzeit der Huberschen Konkursmasse in die wirkliche Ausübung des Schauspielprivilegiums treten und daher in diesem Zeitraum von sieben Jahren hierin noch vieles nachholen könne, sei er auch dann nur gesonnen, das Öconomicum des gedachten Theaters selbst zu besorgen, die Leitung des Kunstfaches aber einem Manne zu übergeben, der von den Behörden als vollkommen geeignet erkannt werden werde, unter welcher Bedingung ihm dann das Schauspielprivilegium auch übertragen werden dürfte.

Auf großen Widerstand stößt Steinkellers Kauf des Theaters vor allem bei Manquet, der seinen Einfluß auf die Leitung des Hauses, die er faktisch innehat, keinesfalls einbüßen will, aber er stirbt am 31. Juli 1827, und damit ist auch dieses Hindernis beseitigt. Steinkeller erhält das Theaterprivilegium durch ein Hofkanzleidekret vom 21. August 1827, darf es aber vorderhand noch nicht ausüben. Mit Ende des Jahres allerdings beschließen die Gläubiger des Hauses in Mehrheit, ihm das Theater zur freien Verfügung zu überstellen. Steinkeller ist also Herrscher über das Haus, mit der einzigen Einschränkung, daß er einen künstlerischen Direktor ernennen muß, der natürlich nur aus den Reihen der ersten Darsteller kommen kann. Gerüchte, daß Raimund dafür vorgesehen sei, hat es schon Ende des vorangegangenen Jahres gegeben, nicht allerdings ohne prophetisches Geunke. Zu dieser Direktion, hieß es damals in der „Abendzeitung", sei dem Theater und dem Publikum Glück zu wünschen, nicht aber Raimund selbst:[8]

„Alles, was Raimund ergreift, ergreift er mit Hast und Heftigkeit, alles, was in seiner Sphäre sich befindet, legt er sich auch ans Herz und sein Fleisch möchte vielleicht nicht so willig sein, als sein Geist. Er ist schwächlich, seine Nerven reizbar, somit läßt sich befürchten, daß bei einem Wust von – nicht immer angenehmen – Geschäften, wie sie bei einer Schaubühne vorkommen, der gute Mann vielleicht bald der Mühe unterliegen dürfte."

Man meint hier regelrecht, die heuchlerische Stimme Bäuerles zu vernehmen, der ja bekanntlich gelegentlich Theodor Hells Wiener Korrespondent für dieses in Dresden erscheinende Blatt ist . . .

Steinkeller ist trotzdem klug genug, um die aus seiner Sicht beste Lösung zu wählen: Raimund. Dessen Stern erstrahlt mit Abstand am leuchtendsten, und schließlich soll ein Direktor für Steinkeller ohnedies nur eine Marionette sein. Er hat nämlich die Absicht, ganz nach eigenem Gutdünken zu verfahren, was er auch in Zukunft tut. Mit dieser Methode braucht er nur weniger Jahre, um ein Haus zugrundezurichten, das den Höhepunkt des Altwiener Volkstheaters markiert hat.

So sehr man Raimund als Schauspieler, Dramatiker und längst als Mann von untadeliger Lebensführung achtet, so ist kurioserweise seine Ernennung zum Direktor nicht ohne weiteres durchzusetzen. Für den schwerfälligen Behördenapparat gilt dieser Mann nämlich durchaus nicht als unbescholten. Schon im Dezember 1827 hat Steinkeller bei der Niederösterreichischen Landesregierung angesucht, Raimund als Direktor des Hauses zu genehmigen.[9] Daraufhin beginnt der Amtsweg. Die Polizei-Oberdirektion fordert von der Polizeibezirksdirektion Leopoldstadt ein Gutachten über Raimund an, das zwar grundsätzlich sehr gut ausfällt[10], indem man seine „vorzüglichen theatralischen Kenntnisse" ebenso hervorhebt wie seinen „bewährten moralischen und staatsbürgerlichen Wert" und den „guten Ruf, in welchem der derselbst steht." Allerdings fehlt auch der Hinweis auf sein stadtbekanntes „heftiges Temperament" nicht – „Napoleon von der Praterstraße"[11] wird ihn Bäuerle in einem Haßanfall nennen –, „das er bei jeder Gelegenheit äußert und nicht unterdrücken kann", weshalb man empfiehlt, ihm vielleicht den bewährten Sartory als Co-Direktor beizugeben.

Diesen Bescheid leitet die Polizei-Oberdirektion an die Polizei-Hofstelle weiter, aber damit ist der Fall noch nicht erledigt. Während der Monate Jänner und Februar 1828 gehen beamtete Bescheide hin und her, da gegen Raimund schlechtweg „Bedenken" obwalten.[12] Der Fall Grünthal, der jetzt zehn Jahre zurückliegt, wird aus den Akten geholt, weiters fällt irgend jemandem wieder ein, daß Raimund damals des öfteren extemporiert habe, daß ihm schließlich der Eintritt in das Parkett des Theaters verboten worden sei. Immerhin will Aichner von Poßbach, der für diese Rapporte zuständig ist, dennoch die Hoffnung aussprechen, daß Raimund sein berüchtigtes Temperament wohl zähmen werde und daß der Unterzeichnete selbst zwar Gelegenheit gehabt habe, „die heftige Gemütsart des Ferdinand Raimund" bei Generalproben zu beobachten, „doch sind die Ausbrüche derselben nicht von der Art gewesen, daß sie zu ämtlichen Verhandlungen gekommen wären."[13]

Man kann sich den Nervenzustand des ohnedies leicht reizbaren Ferdinand Raimund in jenen Februartagen des Jahres 1828 gut vorstellen. Da hat er nun am 13. in seiner „Gefesselten Phantasie" gespielt, wieder ohne größeren Erfolg, worauf sie – gewiß zu seinem Ärger – vorläufig abgesetzt wird. Da steckt er in den letzten Proben zu dem Krones-Stück „Sylphide", das am 15. herauskommt, als man ihn – entweder am Premierentag oder am Tag davor – zur Polizei zitiert und zur alten Grünthal-Affäre vernimmt. Das Protokoll verzeichnet, Raimund habe sich „unverhohlen" dahingehend geäußert, daß die zehn Jahre zurückliegende Straftat im Rahmen seines Privatlebens erfolgt sei und daß er sie „durch die erfolgte Strafe sattsam gebüßt" habe.[14] Er gibt also keineswegs vor den Behörden klein bei. Auf seine Heftigkeit während der Proben angesprochen, erklärt er diese als Ausdruck des „erforderlichen Ernstes und benötigten Eifers" für seinen Beruf.

Demütig dürfte er sich bei diesem Gespäch nicht gegeben haben, das Ergebenheits-Image, das ihm aufgrund seiner (oberflächlich betrachtet) „braven" Stücke und Buckelchen vor dem Publikum anhaftet, stimmt weder mit seinem Temperament noch mit seinem Charakter überein. Die Polizei-Oberdirektion ist daher in ihrem Bericht an die Polizei-Hofstelle nicht ganz sicher, ob Raimunds „ausartender Heftigkeit" bzw. deren Mäßigung zu trauen sei[15], fügt aber hinzu, daß Informationen, die von anderen Leuten eingeholt wurden, größtenteil zu Raimunds Vorteil ausgefallen seien.

Es ist Steinkeller, der bei den Behörden die Beschleunigung der Angelegenheit urgiert und auf Raimund als alleinigem Direktor besteht. Die Sache droht auch in ein Kompetenzgerangel der einzelnen Stellen auszuarten, bis sie schließlich am 21. März mit dem Bescheid bereinigt wird, Raimund werde als Direktor genehmigt – unter den Bedingungen, daß er für die genaue Beachtung der Polizei- und Zensur-Vorschriften, für die „Befriedigung aller gerechten Anforderungen des Publikums" und für die Aufrechterhaltung von Ruhe und Ordnung in dem Theater verantwortlich zeichne. Am 3. April ergeht eine Note des Präsidenten der Niederösterreichischen Landesregierung an die Polizei-Oberdirektion mit dem Auftrag, die Bestellung Raimunds zum Direktor allen Beteiligten mitzuteilen.[16]

Zu Beginn scheint es, als wolle Steinkeller dem erkämpften Raimund zum Start die besten Bedingungen schaffen: Als das Haus während der Karwoche vom 1. bis zum 6. April traditionellerweise geschlossen ist, läßt der neue Besitzer es in den Farben blau und silber renovieren, auch der Vorhang erhält eine neue Bemalung.[17]

Nun gilt es nur noch, Raimunds Direktion offiziell zu machen. Am 17. April 1828 ziert erstmals der Hinweis „Unter der Direktion des Herrn Raimund“ den Theaterzettel des Hauses. An demselben Tag um 12 Uhr mittags wird er der ganzen Belegschaft in dieser Eigenschaft vorgestellt. Die Rede, die er bei dieser Gelegenheit hält, findet sich in der „Theaterzeitung“ abgedruckt und gibt zweifellos ehrlichen Aufschluß über die Motive, die Raimund bewogen haben mögen, diese Stellung anzunehmen, von der er sich ausrechnen kann, daß sie auf jeden Fall nicht nur viel Arbeit, sondern auch viel Ärger mit sich bringen wird.

Herrschsucht oder Eigennutz schließt Raimund als Motive aus, und man glaubt es ihm gern. Die „Ehre“, an der „Spitze einer Gesellschaft“ zu stehen, „welche sich die Zufriedenheit des Publikums in einem so bedeutenden Grade zu erringen wußte“, ist sicherlich geschmeichelt formuliert, wenn man weiß, wie gering er einen Großteil seiner Kollegen als Menschen einschätzt.

Dann aber gibt er einen Grundsatz bekannt, mit dem er damals noch ziemlich allein dasteht und von dem er vermutlich hofft, daß er ihn in der Eigenschaft als Direktor am erfolgreichsten durchsetzen kann. Es geht ihm um das „Ganze“, für das sich jeder einsetzen muß, weil auch dann nur der Vorteil des Einzelnen gewährleistet werden kann: „Und ich glaube“, sagt er, „daß für wahrhafte Künstler ein besonderer Stolz darin liegen müsse, in einem so mißgünstigen Zeitpunkte (der gegenwärtig für alle Bühnen eingetreten ist) die Ehre und Existenz der Ihrigen aufrecht zu erhalten und den Adel ihres Berufes dadurch zu bewähren.“

Würde diese „sittliche Forderung“ auf der Hofbühne ausgesprochen, wo dergleichen Aufwertung des Standes schon erfolgt ist – und die Arroganz der Mitglieder nach sich gezogen hat –, wäre es nicht weiter erstaunlich. Sie in der Vorstadt zu vernehmen, wo noch immer mit den billigsten Effekten operiert wird, um das Publikum billig zu unterhalten, überrascht. Raimund, so resigniert er im Grunde schon ist, erweist sich noch einmal als Idealist.

Sein Intermezzo als Direktor wird wenig länger als zwei Jahre währen, nur Bitterkeit mit sich bringen und ihn schließlich um brutale Erfahrungen reicher vor eine neue Lebenssituation stellen, die des „frei schaffenden“ Schauspielers, wie man es heute nennt. Wenn man Raimund heißt, kann man damit fertig werden. Viele andere, Steinkellers Opfer wie er, werden auf der Straße stehen.

Ferdinand Raimund ist also Direktor des Theaters in der Leopoldstadt. Kann er unmittelbar etwas unternehmen, verändert sich spürbar etwas durch diese Amtsübernahme?

Raimund-Forscher Carl Glossy überliefert eine Anekdote aus dieser Zeit, die sich auf die neue Funktion bezieht und überdies zeigt, wie sehr Raimund an seinen Freunden hängt, auch wenn ihre Unfähigkeit ziemlich deutlich zutage tritt, wie das schon seit längerem bei dem getreuen Landner der Fall ist. Glossy schreibt:[18]

„Mit beinahe krankhafter Hast schritt Raimund an die Direktionsgeschäfte. Kaum, daß er sich nur wenige Stunden Nachtruhe gönnte. Landner, sein Jugendfreund, im übrigen aber kein Kirchenlicht, sollte ihn in den Geschäften unterstützen und namentlich zur Nachtzeit einen Teil der eingelaufenen Stücke lesen. Aufführbare Komödien mußten dem Direktor zur Überprüfung vorgelegt werden. Landner, dem der sorgenbrechende Schlaf wahrscheinlich wohltätiger schien als die Lektüre langweiliger Zauberspiele, pflegte sein Pensum am nächsten Morgen dem Direktor mit den Worten zu übergeben: ‚Nix d'ran!' Raimund, den die oftmalige Wiederholung dieses Urteils stutzig machte und dem durch verschiedene an Landner gestellte Fragen schließlich Gewißheit wurde, daß alle Stücke wieder ungelesen an ihn kamen, übergab eines Tages seinem Freunde abermals mehrere Stücke zur Feststellung eines Gutachtens. Am nächsten Morgen erscheint Landner wieder mit dem stereotypen: ‚Nix d'ran!' ‚Diesmal, Landner', entgegnete Raimund, ‚schenke ich dir vollen Glauben und werde deinem Gutachten gemäß handeln'. Bei diesen Worten zog Raimund ein Manuskript aus den zurückgebrachten Stücken und händigte es Landner ein. ‚Ich habe', so fuhr Raimund fort, ‚den Freund Landner ersucht, das Stück des Dichters Landner: ›Fasching unter der Donau‹ zu lesen. Nachdem ich dem Freunde mehr glauben muß als dem Dichter, so bitte ich den letzteren, sein Manuskript gefälligst in Empfang zu nehmen.'"

Der Blick auf den Spielplan zeigt allerdings, daß vorerst und in der Folge alles in gewohntem Rhythmus weitergeht, daß Raimund sogar auf seinen alten Adam Kratzerl zurückgreifen muß, über den er tausendfach hinausgewachsen ist.[19]

Bäuerle schreibt sich für sein Benefiz – denn das gab es auch für die Dichter – „Die Giraffe in Wien", wieder eines jener Gelegenheitswerke, bei denen er offensichtlich glaubt, es genüge völlig, sich an ein Wiener Lokalereignis anzulehnen. Diesmal hat der Khedive von Ägypten dem Tiergarten von Schönbrunn eine Giraffe geschenkt, und da man dieses seltsame Tier mit dem überlangen Hals bis dato nicht kannte, ist es natürlich Stadtgespräch – aber doch nicht Sensation genug, um ein schwaches Stück zu retten. Es wird zwar fürchterlich gelacht, aber trotz Krones und Ennöckl, Raimund und Korntheuer zischt man den Unsinn am Ende gnadenlos aus. Raimund agiert nicht nur als Kollege, sondern gleichsam auch als Direktor, wenn er nach der Vorstellung vor das Publikum tritt und den Dichter quasi damit entschuldigt, dieser habe das Publikum schon bei anderen Gelegenheiten vielfach erfolgreich unterhalten ...[20]

Wenig später stellt sich der Direktion Raimund jedoch ein wirklich schwieriges Problem: Therese Krones erkrankt, und zwar schwer. Natürlich weiß man nicht, daß sie volle neun Monate nicht zur Verfügung stehen wird, aber im Moment ist klar, daß dadurch viele Stücke total aus dem Spielplan fallen und andere umbesetzt werden müssen. Mehrere junge Damen sind die Nutznießerinnen, so Elise Gärber und Antonie Jäger, die einen Teil ihrer Rollen übernehmen. Die Jäger, auch Gast bei Jaroszynskis letztem Abendessen in Freiheit, ist bei ihrem ersten Auftreten als „Jugend" so nervös, daß ihr die Stimme versagt. Die Raimund-Legende erzählt[21], daß Raimund daraufhin im Duett „Brüderlein fein" statt dem Wort „traurig" extemporiert: „Mußt nicht gar so furchtsam sein." Das Publikum bricht in minutenlangen Beifall aus und hilft der jungen Dame damit über ihre Verlegenheit. Und auch die Krones-Rolle in der „Sylphide" fällt ihr zu.

Fast gleichzeitig, es scheint wie verhext, erkrankt auch Friedrich Korntheuer, diese gewaltige Stütze des Repertoires.[22] Landner und Tomaselli übernehmen seine Rollen zum Teil, ohne natürlich seine komische Individualität durch etwas Adäquates zu ersetzen. Diese Krankheitsfälle haben jedoch für Raimund etwas Gutes: Damit sind die beiden Fehlbesetzungen der „Gefesselten Phantasie" ausgefallen. Er ist Direktor, er kann etwas für sich tun, und er tut es: Er will es nochmals mit diesem geliebten, in seinen Augen mißverstandenen Stück versuchen.

Am 23. Mai ist es so weit. Die Rolle der Phantasie wird nun von einer Schauspielerin verkörpert, die auch schon als „Jugend" für die Krones eingesprungen ist: Auguste Schreiber.[23] Sie hatte im Theater an der Wien und im Theater in der Josefstadt kleinere Rollen gespielt, bevor sie nach Brünn und Pesth ging. In Wien ist es dann ihr Glück, daß sie trotz des erdrückenden Krones-Vorbildes als Jugend gefallen kann und in der Zeitung lesen darf, daß ihr Talent zu den schönsten Hoffnungen berechtige.[24] Später wird sie auch das Lottchen im „Bauer als Millionär", die Hoffnung im „Diamanten des Geisterkönigs", die Linda im „Barometermacher" und, als die Phantasie in andere Hände übergeht, die Vipria in der „Gefesselten Phantasie" nachspielen und eigene Aufgaben in den nächsten Raimund-Stücken („Der Alpenkönig und der Menschenfeind", „Die unheilbringende Zauberkrone") erhalten.

Nun ist sie also die neue Phantasie und gefällt, ebenso wie der Schauspieler Karl Ludolph als Narr. Seit er die Rolle spielt, hat sie nach Raimunds eigener Meinung „dreifach gewonnen"[25], und tatsächlich kommt das Werk nun ein wenig besser an, wenn sich auch der Erfolg mit dem seiner ersten drei Stücke nicht messen läßt. Diese bleiben nach wie vor bei unvermindertem Publikumszuspruch im Repertoire.

Daß Raimund als Direktor die größten Schwierigkeiten bekommt, zeichnet sich bald ab. In einem Brief an Toni heißt es, die Umgebung, in der er zu leben gezwungen sei, werde „täglich abscheulicher, mir täglich verhaßter", und die Menschen am Theater kennzeichnet er durch „pöbelhaften Stolz, niedrigen Eigennutz, heuchlerische Kniffe".[26] Kein Zweifel, daß er damit in erster Linie Steinkeller meint, der ja als wahrer Teufel auf die Nachwelt gekommen ist. Selbst wenn man von dem Klatsch, den vor allem die Therese-Krones-Belletristik liefert, Abstriche macht, wäre das Bild noch immer abstoßend genug. Da heißt es etwa:[27]

„Zu seiner Kennzeichnung sei die Litanei seiner bösen Eigenschaften aufgezählt, die ihm seine Zeitgenossen nachsagten: er war dünkelhaft, barsch, brutal, borniert, selbstsüchtig, ein aufgeblasener Geldsack, ein eitler, protziger schikanöser Despot, unverträglich, rechthaberisch, zynisch, ein roher, rücksichtsloser Gewaltmensch; ein gefährlicher Sadist, der Choristinnen mit der Hundepeitsche schlug und der den Schauspieler Landner nur unter der Bedingung im Engagement behielt, wenn er sich beim Abholen der Gage sechs Schläge mit dem spanischen Rohr geben ließ. Und seine Verträge bekamen dadurch eine traurige Berühmtheit, daß ihnen zu Folge ein von ihm entlassenes Mitglied eineinhalb Jahre keine andere Anstellung annehmen durfte!"

Auf die Krones hat es Steinkeller, aus welchem Grund auch immer, besonders abgesehen, und es kommt zu heftigen, niedrigen Auseinandersetzungen zwischen ihnen. Sicher hat der skrupellose Direktor auch den frühen Tod von Korntheuer, den er nach allen Regeln der Kunst demütigt, auf dem Gewissen. Auch der Machtkampf mit Raimund trägt, wie dessen Briefe an Toni beweisen, Züge des Psychoterrors, aber den schlimmsten Schlag behält sich Steinkeller doch vor, als Raimund im Juli seinen Urlaub antritt und auf Reisen geht. Er tut es, wie dieser bitter vermerkt, auch, um einem seiner Neider ein volles Haus zu verschaffen – und tatsächlich übernimmt unverzüglich, am Tag von Raimunds Abreise, dem 1. Juli 1828, Ignaz Schuster Raimunds Rolle in „Sylphide das Seefräulein".[28] Dieser Affront zeigt, daß die volle Harmonie der beiden Rivalen doch noch nicht eingetreten ist.

Raimund ist während seiner Reise über die Zustände, die er am Theater zurückläßt, laufend erregt und macht sich offenbar auch um Korntheuers Gesundheit echte Sorgen.[29] Und am schlimmsten trifft ihn eine Nachricht, die ihn Mitte Juli in Innsbruck erreicht und die besagt, daß Steinkeller gleich nach seiner, Raimunds, Abreise einer großen Anzahl von Mitgliedern „den Laufpaß schrieb"[30], was ihn nicht zuletzt deshalb so aufbringt, weil es ja auch um seine Ehre und sein Ansehen bei den Kollegen geht. Er befürchtet, das Ensemble könnte meinen, daß er bei dieser schmutzigen Tat mit dem Besitzer unter einer Decke stecke, als hätte er „diese unsinnige Anordnung vor meiner Abreise mit ihm [Steinkeller, Anm.] ausgekocht und mich durch meine Entfernung den Klagen entziehen wollen."[31]

Und zu klagen haben viele, weil Steinkeller beispiellos brutal dabei vorgegangen ist:[32]

„... traurig, höchst traurig (...), wenn Künstler dreißig bis vierzig Jahre lang nach ihren besten Kräften zum Florieren des Institutes mitgewirkt haben und nun in ihren alten Tagen rücksichtslos entlassen, bei den bestandenen geringen Gehalten, ohne Notpfennig, brot- und heimatlos zum Tempel hinauswandern müssen", schreibt die Allgemeine Musikalische Zeitung. Die Sozialversicherung ist noch nicht erfunden, keine Arbeitslosenunterstützung, keine Pensionszahlung winkt, und nur die Gnade der Verwandten oder das Armenhaus stellen oft die letzte Station dar. Das weiß Raimund sehr wohl, den später in zunehmendem Maße auch Zukunfts- und Versorgungsängste für das Alter bewegen werden.

Raimund ist, in diesem Sinn ganz sein eigener „Rappelkopf", entschlossen, diese Sache durchzukämpfen, getragen von seinem mächtig angewachsenen Ekel:[33]

„... ich bin gewohnt, mit meinem wiederlich glücklichen Schicksal in die Schranken zu treten, und will es bis zum letzten Augenblick. Ich habe diese Welt bis zum Eckel durchschaut, und sie ist mir viel zu erbärmlich, als daß ich mir einen längern Aufenthalt auf ihr wünschen sollte. Darum kann ich Alles wagen weil ich nichts mehr zu verlieren habe."

Der sechs Seiten lange Brief, den Raimund an den Theatersekretär der Leopoldstadt, Joseph Ritter von Catharin, schreibt, ist nicht erhalten, aber zweifellos distanziert er sich darin aufs schärfste von Steinkellers Maßnahmen. Selbst wenn es ein wenig selbstgefällig klingen mag, muß sich Raimund doch sagen, daß er sich „unter diesen egoistischen, nur ihren gemeinen Freunden „lieben Menschen" vorkommt „wie ein Wesen aus einer anderen Welt, das nicht begreifen kann, wie Leuten zu Mute ist, die auf dieser geboren sind".[34]

Unter diesen Belastungen unternimmt Raimund seine sommerliche Reise mit dem um zehn Jahre jüngeren Franz Fitzinger, einem entfernten Verwandten Grillparzers, seines Zeichens Lyriker und Balladendichter. Immerhin gelangt er diesmal bis zu seinen geliebten Bergen, bis in die Alpenwelt, die er nicht umsonst als „positiven Gegenpol" zur menschlichen Unruhe in sein neues Stück einbaut. Tatsächlich ist der erste Akt des „Alpenkönigs" schon im Mai/Juni dieses Jahres entstanden – eine unglaubliche Leistung angesichts des Alltagsstresses, dem Raimund damals ausgesetzt war.

Der Abschied von Wien zu dieser Sommerreise von 1828 ist allerdings in ziemlich gereizter Stimmung erfolgt, denn Raimund entschuldigt sich bei Toni in einem Brief, den er ihr am 2. Juli aus Mariazell schreibt, dafür. Konkreten Ärger hatte er dabei mit der Mekko, die ihm in liebedienerischer Absicht die Hand küssen wollte, was in Raimund nur „unfreundliche Miene" erzeugt hat, denn er kann „es nicht leiden, wenn sich der Mensch zu sehr erniedrigt".[35] Aber jedenfalls ist er, noch nicht gewärtig, was Steinkeller an Tückischem vorhaben kann, schon genügend belastet weggefahren – das „freudig ungetrübte Herz"[36], mit dem er die Reise angetreten hätte, bleibt ihm diesmal versagt, und mit dem Schicksal steht er eindeutig auf Kriegsfuß: „Doch es hat mich durch seine ewigen Neckereien schon so abgehärtet, daß ich so manches mit Mut ertrage, das mich früher zur Verzweiflung gebracht hätte."[37]

Den Briefen an Toni ist es zu danken, daß wir über diese Reise einige Details wissen.[38] Am ersten Tag kommen er und Fitzinger bis Lilienfeld, wobei sie einen Teil des Weges zu Fuß zurücklegen, was zweifellos nur möglich ist, weil sie Raimunds Privatkutsche benützen. Bei Nestern besteigen sie den Pankratiusberg, auf dem Hafnerberg essen sie zu Mittag. Ganz wohl fühlt sich Raimund noch nicht.

Tags darauf brechen sie um 5 Uhr früh in Lilienfeld auf und treffen nachmittags um drei in Mariazell ein, wo ein großes Feuer gewütet hat. Raimund ist ehrlich betroffen über das, was er sieht: „Ach, liebe Toni, welch ein Anblick! Die wenigsten Häuser sind noch in bewohnbaren Stand gesetzt. Dachstühle sind bei den meisten zwar fertig, doch das Feuer hat hier so gewütet, daß es die Gemächer bis auf den Grund ausbrannte, und ich begreife gar nicht, wo diese armen Menschen Obdach finden."[39]

In Mariazell spaziert Raimund noch zum Erlaufsee, dann brechen sie bei heftigem Regen auf und fahren über den „wildromantischen" Weichselboden und die „grausigen" Gebirge der Wildalpen[40] nach Reifling, wo sie wiederum eine weite Strecke zu Fuß zurücklegen.

Die schmückenden Beiwörter, die Raimund in seinen Briefen an Toni verwendet, zeigen, daß die Natur, obwohl er ihr nun schon so lange nachspürt und auf so vertrautem Fuß mit ihr steht, für ihn nichts an Größe, Gewalt und Dämonie verloren hat. „Die Luft hier ist äußerst rauh, die Täler einsam und düster, von himmelhohen Bergen umschlossen", schreibt er[41], und dies scheint seiner Seele wohlzutun. Die Kehrseite der ersehnten Einsamkeit offenbart sich, als sie den Weg nach Reifling verfehlen (noch durchschneidet kein ausgeschildertes Straßennetz diese Teile der Welt) und in dem Dorf Dreschau übernachten.

Das dortige Wirtshaus gleicht einer Räuberherberge, das Verhalten des Wirtes wird, wie Raimund es beurteilt, von „Rausch und Rohheit"[42] geprägt. Fitzinger fürchtet sich und will weg, aber Raimund (der mit Sicherheit seine Pistolen im Gepäck hat) bewegt ihn zum Bleiben, was sie gänzlich unbeschadet tun. Das heißt – unbeschadet nur für das Leben, nicht ganz für den Leib, denn Fitzinger wird von der Ente, die man ihm hier vorsetzt, tags darauf recht übel . . .[43]

Am nächsten Morgen erreichen sie unter fortwährendem Regen Reifling, von wo sie den Wagen nach Admont schicken, während sie selbst zu Fuß hinwandern: „Du hättest mich sehen sollen mit meinem wachstaftenen Regenmantel, der mir das Wasser auf die Knie hinableitet, weil er zu kurz ist, und meinen schweren, juchtenen Stiefeln, wie ich durch dick und dünn dahinwade", schreibt Raimund an Toni, und man entnimmt diesen Worten etwas von dem Glück des Menschen, der die Lasten der Stadt hinter sich gelassen hat und die Regenluft einatmet, den Wald und die Berge genießt und sich wie in einer anderen, besseren Welt fühlt.

Raimund leistet Tüchtiges: In zwei Stunden von Reifling über das Gebirge nach Hieflau, dort Mittagessen, dann weiter durch das Gesäuse, „einen sehr beschwerlichen Weg, auf dem man kaum eine Quelle findet"[44], vier Stunden nach Admont. Dort entzückt ihn der Anblick des Benediktinerstifts inmitten einer lieblichen Landschaft und der „ungeheuer beschneiten Alpen".[45] Sie übernachten angenehm im reinlichen Gasthaus zum Friedel und besichtigen tags darauf das Kloster, dessen Bibliothek und Marmorsaal „in großartigem Stil"[46] ihn sehr beeindrucken. In der Kirche spielt der Organist Franz Traunbauer[47] – in Admont eine lokale Berühmtheit – Mozart und entlockt Raimund damit Tränen der Ergriffenheit.

Als nächstes beschließt Raimund, der bei einem gröberen Fahrplan, wohin die Reise führen soll, an Ort und Stelle doch sichtlich improvisiert, den nördlich von Admont gelegenen Berg Naterriegel zu besteigen. Man rät ihm zwar, mit dem Hinweis, es sei gefährlich, ab, aber Raimund läßt sich nicht abschrecken und findet das Unternehmen ungemein befriedigend. Ausführlich schildert er Toni:[48]

„Wir giengen Nachmittags um 4 Uhr mit langen Alpenstöcken versehen, von Admont mit unserm Führer, einen sehr steilen Weg 3 Stunden hoch bis zur Alpenhütte, nahmen unser mitgenommenes Nachtmahl ein, und legten uns um 9 Uhr unter dem Dach der Sennhütte ins Heu. Um 3 Uhr weckte uns der herrlichste Morgen, wir tranken Milch, und bestiegen nun den steinigten Gipfel der Alpe, den wir in anderthalb Stunden erreichten, eine herrliche Aussicht genoßen und eine etwas kalte aber kräftige Bergluft einathmeten. 2 Stunden blieben wir auf dem Gipfel, von welchen man die höchsten Berge Salzburgs und einen ganzen Theil von Böhmen erblickt. Dann stiegen wir nach Admont zurück."

Um 4 Uhr Nachmittag verlassen sie Admont. Es ist jezt sehr heiß geworden, und als sie nachts um 10 in Gröbming Quartier nehmen, geht bald ein heftiges Gewitter nieder.

Tags darauf fahren sie bis Werfen und besichtigen die Burg Hohenwerfen. Am nächsten Tag geht es über die „unbedeutende" Tropfsteinhöhle von Scheukofen, die Felsenschlucht von Golling und den „herrlichen" Wasserfall Schwarzbach[49] nach Kuchl, wo Raimund seiner Toni gegenüber die „Knödel mit Zimt bestreut" für erwähnenswert hält.[50] Hallein, der Salzberg und schließlich über der bayrischen Grenze das „reizende" Berchtesgaden sind ihre nächsten Ziele.

Von da an, dem 8. Juli, fehlen detaillierte Zeugnisse über die weitere Reiseroute. Gastein, die Gerlosplatte und Zell am Ziller sind die nächsten Stationen, wobei es wirklich zu einem abenteuerlichen Reiseverlauf kommt. Raimund, durchaus nicht zu Dramatisierungen neigend, schildert ihn Toni so:[51]

„Meine Reise hatte bis jezt große Beschwerlichkeiten, mitunter auch Gefahren, weil ich Wege befuhr deren Befahrung mit 2 Pferden man bis jetzt für unmöglich hielt. ZB Über die wilde Gerlos Wand nach Zell am Zillerthale. 11 Stunden einen schändlichen Weg über steile Bergklippen unter heftigen Regen. Ich mußte diesen Weg nicht nur zu Fuße machen, was mich auch nicht ermüdete sondern den Wagen oft viertel Stunden lang zurückhalten, daß er nicht über die Felsen wegstürzte, Zäune ausreissen, wo der Weg zu schmal war, einen großen Baum den der Wind quer über den Weg geworfen hatten [!], über denselben hinabschaffen und so gelangten wir doch glücklich in Zell an, wo man uns nicht glauben wollte, daß es wahr sey, daß wir allein herüber gekommen wären."

Am 16. Juli erreicht ihn in Innsbruck die Katastrophennachricht von Steinkellers Entlassungen, und von da an bewegt er sich in Richtung Heimat, von Innsbruck über Graz, von dort über Wiener Neustadt nach Wien, wo er am 31. Juli im „Diamanten des Geisterkönigs" wieder auf der Bühne steht.

Nach Raimunds Rückkehr nach Wien muß er sich gegen die Behauptung zur Wehr setzen, der Vater von Luise Raimund-Gleichs neugeborenem Kind zu sein[52], aber das macht ihm, bei allem Ärger, zweifellos weniger zu schaffen als die Korntheuer-Tragödie, die nun dank Steinkeller ihrem tragischen Höhepunkt zustrebt und die ihn, aller privaten Animosität ungeachtet, tief berühren muß. Korntheuer ist seit über drei Monaten schwer krank, als ihn Steinkeller vor die Alternative stellt, entweder wieder aufzutreten oder gekündigt zu werden. Der Bedauernswerte gibt unter diesem Druck nach, tritt am 2. September 1828 auf – und bricht während der Vorstellung auf offener Bühne zusammen.

Etwa zum gleichen Zeitpunkt versucht Steinkeller, die Bezüge der besten und beliebtesten Darsteller des Hauses, darunter Katharina Ennöckl, zu kürzen. Sie versucht, sich zu wehren, aber die Schauspieler sind rechtlos, sie zieht den kürzeren.[53] Und Raimund kann ganz offensichtlich nichts tun, um diesen bösartigen Amokläufer zu bremsen, von dem keiner weiß, wo der Grund für seine Zerstörungswut liegt.

Raimund spielt in den folgenden Monaten nur Repertoire und ist quasi zu allem bereit, um die während seiner Abwesenheit und durch die Erkrankungen von Krones und Korntheuer ins Wanken geratenen Finanzen aufzubessern. Sogar in den offenbar unverwüstlichen „Spadifankerln", diesen alten, auf rein artistisches Raffinement gestellten Szenen tritt er wieder auf, um als populäres Vehikel für eine junge Schauspielerin zu fungieren, die an diesem Abend – noch in ihrer Eigenschaft als Mitglied des Landesfürstlichen Theaters in Baden – erstmals in der Leopoldstadt gastiert: für die 25jährige Elise Rohrbeck. Es ist ein Glück, daß sie auf Anhieb gefällt, denn das Theater braucht nach dem Ausfall der Krones dringend weitere hübsche Schauspielerinnen ihrer Art, gewandt im Spiel, mit angenehmer Stimme, „Lebhaftigkeit und Grazie", wie die Kritik schreibt.[54] Als erste Rolle als „engagiertes Mitglied" des Leopoldstädter Theaters wird sie das Lieschen in Raimunds „Alpenkönig" spielen, die Krones-Rolle, zu der die Krones nicht mehr kommt. In der Folge übernimmt sie dann weitere Partien in Raimund-Stücken, die Zoraide im „Barometermacher", die Zufriedenheit im „Bauer als Millionär" und mit besonderem Erfolg die Phantasie. Sie wird, lang über Raimund hinaus, am Theater bleiben, unter Carl Carl im Ensemble um Nestroy und Scholz spielen, später die erste Salome Pockerl im „Talisman" sein. Aber das liegt noch in weiter, weiter Ferne.

Bei aller Aufmerksamkeit aber, die man der angenehmen Neuerwerbung an diesem „Spadifankerl"-Abend zollt, ist Raimund selbst doch wieder einmal die Sensation des Abends: Die Kritik gesteht ihm bewundernd zu, „daß ihm neben der Darstellungsgabe eines Garrick die Phantasie eines Hogarth" zukomme, indem er seine verschiedenen Figuren als „so wahre Lebensbilder hinstelle, als sie uns nur die Natur, schwerlich aber die Kunst eines anderen Schauspielers wird zeigen können. Ja, wahrlich, der ärgste Kopfhänger muß bei seiner Darstellung warm werden und lachen, und man könnte ihn die Nießwurz für Melancholiker nennen"[55] – und das über einen Mann gesagt, der damals in den ärgsten Problemen watet und selbst der klassische Fall eines – cholerischen – Melancholikers ist. Leider kann er sich selbst nicht in den „Spadifankerln" zuschauen ...

Und während Raimund, wie Costenoble später schreibt, „in stetem Kampfe lag mit dem heillosen Steinkeller"[56], bereitet er sein neuestes Stück zur Uraufführung vor, wohl wissend, daß es Böswillige gibt, die die Mißwirtschaft am Theater, die er nicht verhindern kann, ihm anlasten. Und man beschuldigt ihn auch, er benütze seine Stellung als Direktor nur, um seine eigenen Werke zur Aufführung zu bringen.[57]

„DER ALPENKÖNIG UND DER MENSCHENFEIND“

„... von der Seele schreiben“

Im Frühsommer 1828, als Raimund vor den Anspannungen seiner direktorialen Tätigkeit immer wieder in die Natur flüchtete, ist der erste Akt des „romantisch-komischen Original-Zauberspiels in zwei Aufzügen“ mit dem Titel „Der Alpenkönig und der Menschenfeind“ entstanden. Möglicherweise findet er die Kraft zu diesem Stück aus einem Akt der Seelenhygiene – man kommt an dem Satz von Heinz Politzer nicht vorbei, der formulierte: „Raimund hatte damit begonnen, sich seine Komödien auf den Leib, er endete damit, sie sich von der Seele zu schreiben.“[1]

Es gibt keine Angaben, wann der zweite Akt entstanden ist, aber er war möglicherweise auch schon fertig, als Raimund seine Sommerreise antritt, denn am 2. Juli schreibt er Toni aus Mariazell, auf dem Weg zu seinen geliebten Bergen, in Bezug auf seine Gesundheit hoffe er, „die Alpenluft wird wieder reparieren, was die Verfassung meines Alpenkönigs fast zugrundegerichtet hätte.“[2]

Die Raimund-Legende, diesmal aus der Feder des Schauspielers Rudolf Tyrolt, hat eine Art „Erklärung“ geliefert, woher der Anstoß für die Idee des Stücks gekommen sein mag – jener Genieblitz, Rappelkopf zu heilen, indem er gleichsam aus sich selbst herausgenommen wird und sich, Rappelkopf, in seinem Verhalten zusehen muß. Johann Baptist Lang, der Schauspieler, der nicht zuletzt engagiert worden war, weil er Raimund so trefflich kopieren konnte, soll einmal diesem den zwiespältigen, weltabgewandten Raimund „vorgespielt“ haben. Die Geschichte ist nicht hundertprozentig von der Hand zu weisen[3], denn schließlich hat Raimund auch die Rolle des Alpenkönigs Astragalus für Lang vorgesehen ...

Es ist üblich geworden, Raimund mit der Figur des Rappelkopf gleichzusetzen, nicht zuletzt durch die Tatsache verführt, daß Raimund an den Schluß der Handschrift den Satz gestellt hat: „Nur einer Zauberei hat es gelingen können, mich von meinem Menschenhaß zu heilen.“ Interpreten haben aber zurecht darauf hingewiesen, daß das ebenso ein Ausspruch Rappelkopfs sein könnte, den Raimund notiert, aber dann nicht in das Stück aufgenommen hat.[4] Schließlich wurde Raimund ja nicht von seiner Menschenfeindlichkeit geheilt, im Gegenteil, sie soll immer ärger werden. Raimund mag zwar versuchen, sein eigener Astragalus (aus unserer Sicht also: sein Psychiater) zu sein, indem er sich seine eigene Problematik „von der Seele“ schreibt – und das in einer Form, wie sie ihm zur Verfügung steht, nach Motiven, die er teils übernommen, teils erfunden hat –, aber im Leben bleibt ihm solche Heilung versagt. Der ungeheure Erfolg des Stücks hat ihm auch die trüben Monate seiner Direktion, die noch folgen, nicht wirklich erhellt.

Raimund. Gemälde von Franz Rechenberger

Der „Menschenfeind“ ist eine klassische Figur der dramatischen Literatur, er ist Shakespeares „Timon von Athen“, er ist der „Misanthrope“ des Molière, ist Philipp II. im „Don Carlos“ von Schiller. Raimund hat eine Fingerübung zum Thema in dem Gedicht „Der Menschenfeind“ geliefert, das am 5. Mai 1828 in Weidling am Bach entsteht und sich im Untertitel „Monolog eines ungerecht Verfolgten“ nennt.[5] Dieser Monolog ist eine Haßorgie, vor der man erschrecken kann, denn darin denkt er sich nicht weniger als die Vernichtung der Menschheit aus – das ist der Raimund, der, wie er Toni schrieb, die Welt „bis zum Eckel durchschaut“ haben will.[6] Schrecken, Hölle, Rache, Ungeheuer – nichts, was er den „Bösen“ nicht wünschen würde: „Könnt vollführen ich den Plan, ausgedacht in Hasses Wahn: Wo die Welt verwandelt wär In ein unermeßnes Meer ...“ Gegen diese Menschenfeindlichkeit ist Rappelkopf, so schlimm er sich benimmt, vergleichsweise fast noch harmlos.

Dieser Rappelkopf, offenbar ein reicher Privatier, wird als Menschenfeind vor den Zuseher hingestellt, ohne daß – wie Interpreten oft festgestellt haben – seine Misanthropie ausreichend begründet würde. Denn daß er einst, während seiner Tätigkeit als Buchhändler, auch schlechte Erfahrungen mit Menschen machen mußte (wer, in welcher Stellung auch immer, machte sie nicht?), begründet ja noch keineswegs, daß er sich seiner Familie und seiner Dienerschaft gegenüber wie ein Verfolgungswahnsinniger benimmt und tatsächlich imstande ist, Menschen, die ihm allesamt offensichtlich noch nie etwas getan haben, alles Böse zuzutrauen. Es steckt Absicht dahinter, daß Raimund Rappelkopfs Menschenfeindlichkeit nicht motiviert, denn sein Verhalten ist krankhaft, pathologisch, muß folglich aus ihm selbst kommen und kann nicht gerechtfertigte Reaktion auf die Umwelt sein. Man soll also wohl davon ausgehen, daß dieser Rappelkopf ein Kranker ist, der Heilung braucht.

Raimund läßt sie Rappelkopf zuteilwerden. Astragalus, der Alpenkönig, gehört noch immer der Zauberwelt an, und selbstverständlich kann man die Handlung des Stücks auf das schlichte Element des „Besserungsstücks“ im Altwiener Volkstheater bringen, wie Raimund es (vor allem in den Werken von Gleich, der darauf spezialisiert war) so oft gespielt hat. Aber Rappelkopf soll eben nicht bloß „gebessert“ werden, weil er ein böser Kerl ist, sondern von seiner seelischen Krankheit geheilt. Der Alpenkönig, ein so strenger Menschenfreund, daß hinter ihm schon wieder, wie zwanghaft, das Porträt des Kaisers Franz aufzutauchen scheint, verhilft ihm dazu durch den Doppelgänger-Effekt.

Kein Geringerer als der Psychoanalytiker Erwin Ringel hat aus seiner wissenschaftlichen Basis Raimund bestätigt, aus Intuition vollkommen richtig alle Stadien einer modernen Psychotherapie geschildert zu haben, wobei er Astragalus als „wohl den ersten Psychotherapeuten“ bezeichnet, „der in einem Theaterstück auftritt:[7]

„Da ist der Widerstand des Patienten, der sich der Behandlung entziehen will (‚Und ich tu doch was ich will!‘), der sich aber unter dem Leidensdruck der Symptome doch zu ihr entschließt (‚Ich will mich bessern, ich seh's ein, weil mir das Wasser schon ins Maul nein lauft‘), da ist das liebevolle Ringen des Therapeuten um die Selbsterkenntnis des Neurotikers (‚Du trägst die größte Schuld, denn du kennst dich selber nicht‘ – vielleicht der Kernsatz des ‚Zauberspiels‘), da ist der Rollentausch, das ‚In-eine-andere-Haut-Schlüpfen‘, die Begegnung mit dem eigenen Doppelgänger, Techniken, die wesentliche Bestandteile jener modernen Psychotherapieform sind, die Moreno unter dem Namen ‚Psychodrama‘ aufgebaut hat, da ist die zunehmende Einsicht des Kranken, daß er alles einseitig – verzerrt interpretiert hat, die Wirklichkeit anders ist, als er sie erlebte, da ist aber auch der Kampf gegen diese neue Erkenntnis (‚Ich trete in nichts zurück, wenn ich nicht muß‘), und schließlich ist da der Beginn einer neuer Existenz, der gute Ausgang, wohl mit der Heilung identisch (‚Ich weiß, wer ich bin‘ und, so könnte man hinzufügen, will es von nun an versuchen, anders zu sein).“

So wie Freud, führt Ringel aus, später an Schnitzler bewundert hat, wie dieser aus Intuition gewußt habe, was sich Freud durch „mühselige Erforschung des Objekts erwarb“, so kann sich die Nachwelt fragen, woher Raimund das alles gewußt hat, alles über die Krankheit und alles über die Therapie? (Und man muß hinzufügen, daß Grillparzer absolut ein ähnlicher Meister im Durchleuchten seelischer Dunkelstellen war.) Es hängt gewiß mit den so leicht in beide Extreme ausschlagenden Eigenschaften der sogenannten „österreichischen Seele“ zusammen, die sowohl in Selbstzerstörung wie in Kreativität so Außerordentliches leisten

Szene aus „Der Alpenkönig und der Menschenfeind“

kann, wofür Grillparzer und Raimund für ihre Epoche nur zwei bedeutende Beispiele unter vielen sind.

Man steht aber schließlich immer wieder bei der Erkenntnis, daß Raimund in seinem Stück zwar Rappelkopf durch Astragalus heilen lassen kann (falls man dem Happyend nicht den großen Zweifel aufbürdet, ob Rappelkopf sich wirklich ändern wird), nicht aber Raimund durch Raimund. An keinem seiner Stücke wurde so viel heruminterpretiert wie an diesem, zweifellos, weil gerade uns Postfreudianer der psychoanalytische Ansatz so anspricht, weil kranke Seelen so zeitlos sind, weil sie viel weniger das Biedermeiergewand tragen als andere Figuren. Ob Raimund aber im Rappelkopf nicht nur ein Stück grundlegender Menschenkenntnis, sondern auch ein Stück Selbsterkenntnis geliefert hat, muß letztlich offenbleiben. Natürlich war er intelligent genug zu wissen, was jeder erkennen mußte und Grillparzer so ausdrückte: „Raimund hatte den Vorteil, in der wunderlichen Hauptperson ein wenig sich selbst kopieren zu können.“[8] Aber Raimund selbst hat ja für einen großen Teil seines eigenen Menschenekels auch objektiv guten Grund; und selbst, wenn er in anderen Fällen sein eigenes sinnloses, oft verfolgungswahnsinniges Wüten erkannt haben sollte – doppelt tragisch, daß zwischen Erkenntnis und der Möglichkeit, sich selbst zu ändern, bekanntlich ein Abgrund klafft, den die wenigsten überwinden. „Selbsterkenntnis ohne die Fähigkeit der Besserung“, hat Arthur Schnitzler eine seiner persönlichen Eigenschaften definiert, und man kann sie wohl auch Raimund zuschreiben.

Auf jeden Fall ist Raimund schon allein durch die Tatsache seiner Bestimmung zum Dichter eine gespaltene Persönlichkeit: Einerseits ist er der Raimund, der wie alle anderen auch lebt, liebt, leidet, handelt, grübelt, verzweifelt, andererseits ist er notgedrungen Raimund, der Beobachter, wie könnte er sonst der Dichter sein, der Gestalter, der seinen Stoff selbstverständlich aus dem „Menschenmaterial“ um ihn herum nimmt. Die Gattin Rappelkopfs, später mit dem Namen „Sophie“ bedacht, damit die Gebildeten darin die „Weisheit“ wiederfinden sollen, die Herzensweisheit dieser geplagten Frau, heißt im Entwurf des Stücks „Antonie“: Huldigung an Toni, weil sich die Gewichte der täglichen Quälerei allmählich zu ihren Ungunsten verschieben, weil sie jetzt viel weniger dazukommt, diesen Ferdinand ihrerseits zu sekkieren, weil er immer schwerer zu behandeln ist? „Denn in der äußeren Form meines Charakters, in meinem Benehmen liegt nichts Einschmeichelndes“[9], hat er ihr schon zwei Jahre davor geschrieben, und das ist – andere Zeugnisse bestätigen es – gewiß wahr. Wenn auch vielleicht nicht ganz so tobsüchtig wie sein Rappelkopf, ist Raimund doch in zunehmendem Maß nur von jenen zu ertragen, die ihn lieben. Und tatsächlich – trotz seines Benehmens wanken Rappelkopfs Angehörige nie in ihrer Zuneigung zu ihm ...

Das „psychoanalytische“ Element des „Alpenkönigs“, für das sich die Nachwelt vordringlich interessiert, ist zwar das wichtigste, aber nur ein Element des Stücks und bei den Zeitgenossen gewiß nicht ausschlaggebend für den Erfolg. Rein äußerlich ist Raimund nach der „Gefesselten Phantasie“ und „Moisasurs Zauberfluch“ zur allgemeinen Erleichterung zum Volksstück zurückgekehrt, sogar zu einer Art Realismus, und die Familien- und Liebesszenen bringen etwas von bürgerlichem Rührstück bzw. Lustspiel ein, die Dienerfiguren von Habakuk und Lieschen sind stark und gelungen auf Komik hin profiliert.

In der Szene der Köhlerhütte, in die sich Rappelkopf zurückzieht, hat man dank der Tatsache, daß das „So leb denn wohl, du liebes Haus“ zur Musik von Wenzel Müller so starken Volksliedcharakter annimmt, die Sozialkritik der Szene gern übersehen. Heute erblicken wir darin eine Fortführung des harten Realismus, den Raimund schon in der Zeichnung des Gluthahn im „Moisasur“ hervorgekehrt hat – hier weiß man nicht, was schlimmer ist, das elende Milieu mit den hungernden Kindern und dem betrunkenen Vater im Bett, oder die Brutalität, mit der Rappelkopf sie vertreibt und als „Halbmenschen“ beschimpft. Das rührende Lied am Ende der Szene taucht das Grauen in die Idylle, sowie dann die Erscheinung der drei toten Gattinnen Rappelkopfs für die Zeitgenossen sicher nur die obligate lustige Gespenstererscheinung war, heute aber für Raimunds Begabung zur wahren Dämonie zeugt (wie etwa auch die Kegelszene im „Bauer als Millionär“).

Jedenfalls: Das Stück verfügt über genügend Ingredienzien des Vertrauten, Althergebrachten und Beliebten, um das Publikum nicht mehr, wie bei der „Phantasie“ und „Moisasur“, zumindest zu befremden, wenn nicht gar vor den Kopf zu stoßen.

Und wieder hat Raimund in diesem Stück die Natur als den vollkommenen großartigen Gegenentwurf zur Unvollkommenheit des Menschen dargestellt, und wenn Rappelkopf, nach dem Hinauswurf der Köhlerfamilie, sich nun in die Idee der Einsamkeit in der Natur hineinsteigert (und sich dabei mehr und mehr der Rage des „Monologs eines ungerecht Verfolgten“ nähert), so fühlt man die Verwandtschaft der Dramengestalt mit ihrem Schöpfer:

Jetzt bin ich allein, und ich will es auch bleiben,
Will mich mit der Einsamkeit zärtlichst beweiben,
Will gar keine Freunde als Berge und Felsen,
Verjag das Schmarotzergesindel wie Gelsen,
Will nie dem Geschwätze der Weiber mehr lauschen,
Da hör ich viel lieber des Wasserfalls Rauschen.
Zu Pagen erwähl ich die vier Elemente,
Die regen geschäftig die riesigen Hände.
Den Westwind ernenn ich zu meinem Friseur,
Der kräuselt die Locken und weht um mich her,
Und wenn ich ein hohes Toupet vielleicht schaff,
Frisiert mich der Sturmwind gleich à la Giraff.
So leb ich zufrieden im finsteren Haus –
Und lache die Torheit der Menschen hier aus.

Ich will nichts mehr hörn von den boshaften Leuten,
Verachte die Dummen und fliehe die Gscheidten.
Und ob sie sich raufen, und ob sie sich schlagen,
Und ob sie Prozesse führn und sich verklagen,
Und ob sie sich schmeicheln, und ob sie sich küssen,
Und ob sie der Schnupfen plagt, wie oft sie niesen,
Und ob sie gut schlafen, und was sie gegessen,
Und ob sie vernünftig sind oder besessen,
Und ob wohl in Indien der Hafer ist teuer,
Und obs in Pest regnt und in Ofen ist Feuer,
Und ob eine Hochzeit wird oder ein Leich:
Ha! das ist mir einerlei, das gilt mir gleich.
Ich lebe zufrieden im finsteren Haus
Und lache die Torheit der Menschen hier aus.

Und wollte die Welt sich auch gänzlich verkehren,
Und brächte der Galgen die Leute zu Ehren,
Und läge die Tugend verpestet am Boden,
Und tanzten nur Langaus die Kranken und Toten,
Und brauchten die uralten Weiber noch Ammen,
Und stünde der Nordpol in glühenden Flammen,
Und schenkte der Wucher der Welt Millionen,
Und würden so wohlfeil wie Erbsen die Kronen,
Und föcht man mit Degen, die ganz ohne Klingen,
Und flögen die Adler und fehlten die Schwingen,
Und gäbs eine Liebe, gereinigt von Qualen,
Und schien' eine Sonne, beraubt ihrer Strahlen:
Ich bliebe doch lieber im finsteren Haus
Und lachte die Torheit der Menschen hier aus.

Szene aus „Der Alpenkönig und der Menschenfeind“

Die geliebte Natur entfaltet allerdings auch ihre schaurigen Seiten, wenn Astragalus dafür sorgt, daß Rappelkopf beinahe ertrinkt – es hat große Bewunderung hervorgerufen, wie Raimund das Sprichwort vom „Wasser“, das einem „bis zum Hals“ steht, hier in anschauliche Bühnenaktion umgesetzt hat, um die Heilung des Rappelkopf zu erzwingen.

Und so wie Rappelkopf nicht nur ein individueller Krankheitsfall, sondern in seiner Beispielhaftigkeit als Menschenfeind schlechthin quasi eine „barocke Allegorie“ ist[10], so läßt Raimund ihn in der Schlußszene allgemeine Erkenntnisse formulieren, in dem Stil, daß die Erde im Grund nur ein Irrenhaus und daß Erkenntnis, vor allem Selbsterkenntnis, das höchste Ziel sei.

Dieser „Alpenkönig“ ist, nach ziemlich übereinstimmender Beurteilung, Ferdinand Raimunds bestes Werk. Es ist auch, die These sei hier gewagt, sein letztes gutes, sein letztes innovatives. Was nachher kommt, sind Kopien seiner selbst – die „Zauberkrone“ paraphrasiert den „Moisasur“, der „Verschwender“ den „Bauer als Millionär“. Nach dem „Alpenkönig“ bleibt Raimund stehen, weiter kommt er nicht mehr. Das ist keine Schande, wie oft soll man denn Gipfel stürmen, viele erreichen in ihrem Leben nicht einen einzigen. Aber was nun noch folgt, ist edelstes Stückwerk (in einzelnen „Verschwender“-Szenen), kein großes Stück mehr.

Der Direktor-Regisseur Raimund findet für die Einstudierung des „Alpenkönigs“ dank Steinkellers Wüten ein sehr reduziertes, vielfach kaum erprobtes Ensemble vor. Vor allem fehlt ihm natürlich die noch nicht wiederhergestellte Krones, denn das sehr „irdische“ Kammerkätzchen Lieschen wirkt wie eine Entschuldigung Raimunds dafür, ihr mit der

Szene aus „Der Alpenkönig und der Menschenfeind“

„Phantasie“ eine so falsche Rolle geschrieben zu haben. Da ist ein erdverbundenes, ein bißchen eitles, schalkhaftes, auch tratschsüchtiges Geschöpf, das entzückend wirken kann und dennoch ein paar Untiefen nicht verleugnet – die Krones, wie sie leibt und lebt. Raimund muß froh sein, daß man mit Elise Rohrbeck erst kürzlich eine Schauspielerin gewonnen hat, die den Anforderungen einer größeren komischen Frauenrolle gerecht wird.

Die andere Ersatzschauspielerin für die Krones hat man in Auguste Schreiber schon seit dem Frühjahr. Sie ist an sich weniger der naiv-schalkhafte als der sentimentale Typ, und darum paßt das ein bißchen weinerliche Malchen, Rappelkopfs glücklich-unglücklich verliebte Tochter, gut zu ihr.[11] Die „Theaterzeitung“ lobt, daß sie „jedes Schluchzen und Ächzen“ gut getroffen habe und „überhaupt alle zarten Schattierungen, die den Mädchen in solchen Fällen immer eigen sind.“[12]

Für die wirklich schöne Rolle der Gattin Sophie hat er glücklicherweise noch – gerade noch! – Katharina Ennöckl zur Verfügung, auch sie schon auf Steinkellers Abschußliste. Sie hat ihre Darstellungen im Lauf der Jahre immer mehr vertieft und verinnerlicht, und nun stehen Einfachheit und Harmonie dem Klischee der humorsprühenden Lokalschauspielerin gegenüber, ernste und anspruchsvolle Rollen kommen ihr zunehmend mehr entgegen als die konventionellen Aufgaben[13]. Wenn die Sophie auch ein wenig im Schatten steht, so ist es doch wichtig, daß diese Frau mit Anmut ihre Stellung behauptet, wie es die Ennöckl (nach dem damaligen Kritiker-Vokabular) weiblich zart und seelenvoll tut.[14] Es soll ihre letzte Raimund-Rolle sein – in weniger als einem halben Jahr wird Steinkeller, offenbar von dem Wunsch getrieben, niemand aus dem „alten“ Ensemble ungeschoren zu lassen, auch sie eliminiert haben.

Damit sind die drei wichtigsten Frauenrollen zufriedenstellend besetzt, und auch für eine Nebenrolle findet sich Anständiges: Das älteste Mädchen der Köhlerfamilie, jenes Salchen, die das „So leb denn wohl" anstimmt, geht an die mit dem Schicksal der Krones so vielfach verflochtene Antonie Jäger. Raimund hat bei dem Salchen vielleicht gleich an sie gedacht, denn sie gilt als eine der besten Sängerinnen des Hauses (besonders ihr „Jodeln" ist berühmt!), und singend muß sie hier wirken.[15]

Und wie steht es um die Herren? Als Alpenkönig ist Johann Baptist Lang eingesetzt, der vielleicht ein wenig Inspiration geliefert hat. Die Kritik lobt, daß er dem Rappelkopf die wahre Ruhe entgegensetzt – aber wenn es dann darum geht, diesen zu imitieren, ist Lang sicher auf der Höhe seiner Kunst.

Die große Komiker-Rolle des Stücks ist die des Dieners Habakuk, dessen langsame Dümmlichkeit nach Korntheuer zu rufen scheint. Aber Korntheuer ist, obzwar noch am Leben, für das Theater schon gestorben, die ungeschriebene Ignaz-Schuster-Sperre für Raimund-Stücke ist noch nicht aufgehoben (obwohl Raimund als Direktor das zumindest hätte probieren können), und so muß ein verhältnismäßiger Neuling versuchen, hier einzusteigen. Franz Tomaselli, seit Ende 1825 engagiert, hat in Raimund-Stücken bisher nur Nebenrollen bekommen – schon einen Diener, den Lorenz im „Bauer als Millionär", nur einen Schuster in der Bierhausszene der „Gefesselten Phantasie". Nun darf er den Habakuk spielen – und reüssiert in solchem Ausmaß durch sein „komisches Phlegma, seine ungezwungene, natürliche Tölpelhaftigkeit"[16], daß er einen Großteil der Lacher kassiert. Und „es würde auch manchem größeren Komiker schwerlich gelingen, sein drastisches: ‚Ich war zwei Jahre in Paris' zu erreichen, oder ihm die auch vom Dichter meisterhaft, ja unübertrefflich gezeichnete Szene nachzuspielen, in der er seine Gemütskrankheit klagt, weil ihm Rappelkopf verboten hat, jenes Sprichwort auszusprechen."

Für Tomaselli, von dem es allerdings hieß, er sei im Privatleben ein Mensch voll von Geltungsdrang und Allüren, der sich in napoleongleichem Gehaben gefiel[17], bedeutete der Habakuk also den Durchbruch – und die Krankheit bzw. der Tod Korntheuers die große Chance, zu einem der ersten Komiker des Hauses aufzusteigen. Im „Barometermacher" übernimmt er auch von Korntheuer den Tutu, im „Diamant" von ihm den Longimanus.

Landner (als Kutscher Sebastian), Kemeter (als Rappelkopfs Schwager) sowie Schaffer (als August Dorn) – er wird nach Ludolphs Kündigung den Narren in der „Gefesselten Phantasie" spielen – sind noch die Reste eines Ensembles, mit dem Raimund aus Erfahrung arbeiten kann. Tatsächlich ist, im Gegensatz zur letzten Raimund-Premiere, der „Gefesselten Phantasie", der Gesamteindruck des Abend bedeutend, man nennt die Darstellung „musterhaft"[18] und erinnert sich „seit geraumer Zeit keines so fleißigen Ensemblespiels und überhaupt keiner so gerundeten Darstellung auf dieser Bühne."[19]

Als Raimund das Stück später nach Prag verkauft, gibt er in einem Brief Regieanweisungen, die darum so interessant sind, weil man sicher

Freye Einnahme.

Heute Freytag den 17. October 1828,

wird im k. k. priv. Schauspielhause in der Leopoldstadt aufgeführt

unter der Direction des Ferdinand Raimund:

(Zum Vortheile des Unterzeichneten:)

Zum ersten Mahle:

Der Alpenkönig und der Menschenfeind.

Romantisch komisches Original-Zauberspiel in zwey Aufzügen

von dem Unterzeichneten.

Musik von Kapellmeister Wenzel Müller. — Gruppirungen von Pantomimenmeister Rainoldi. — Die neuen Decorationen von Dollinger und Institoris. Die Maschinen von Simonet. — Das Costüm neu.

Personen:

Astragalus, der Alpenkönig	Hr. Lang.
Linarius) Alpengeister	Hr. Glöggl.
Alpanor)	Hr. Swoboda.
Herr von Rappelkopf, ein reicher Gutsbesitzer	Ferd. Raimund.
Sophie, seine Frau	Dem. Ennöckl.
Malchen seine Tochter dritter Ehe	Dem. Schreiber.
Herr von Silberkern, Sophiens Bruder, Kaufmann in Venedig	Hr. Kemetner.
August Dorn, ein junger Maler	Hr. Schaffer.
Lieschen, Malchens Kammermädchen	Mad. Rohrbeck.
Habakuk, Bedienter)	Hr. Tomaselli.
Sabina, Köchin } bey Rappelkopf	Mad. Luks.
Sebastian, Kutscher)	Hr. Landner.
Christian Glühwurm, ein Kohlenbrenner	Hr. Wieser.
Marthe, sein Weib	Mad. Schack.
Salchen,)	Dem. Jäger.
Hänschen,) ihre Kinder	Kl. Müller.
Christoph,)	Dem. See d. j.
Andres,)	Kl. Babitsch.
Christians Großmutter	Dem. Böhm.
Franzel, ein Holzhauer, Salchens Bräutigam	Hr. Ziegler.
Victorien's Gestalt)	Mad. Schack.
Wallburga's Gestalt) Rappelkopfs verstorbene Weiber	Mad. Lucks.
Emerentia's Gestalt)	Mad. Schadetzky.

Alpengeister. Genien im Tempel der Erkenntniß. Dienerschaft in Rappelkopfs Hause.

Die Handlung geht auf, und um Rappelkopfs Landhaus vor.

Mad. Rohrbeck wird die Ehre haben, als neu engagirtes Mitglied zum ersten Mahle aufzutreten.

Dem Antheile und der Huld des verehrungswürdigen Publikums empfiehlt sich

Ferdinand Raimund,
Director dieser Bühne.

Billete für Logen sind bereits vergriffen; Billete für Sperrsitze aber in der Wohnung des Benefizianten, in der Praterstraße Nro. 503, zur Weintraube, im zweyten Stocke, die Thür rechts, und in Benko's Kaffehhause auf dem Stephansplatze zu erhalten.

Dem. Krones ist krank, und Hr. Korntheuer unpäßlich.

Theaterzettel der Uraufführung

annehmen kann, daß sie auch für seine eigene Wiener Inszenierungsarbeit verbindlich waren:[20]

„Bey dem Alpenkönig ist die genaue Ähnlichkeit der Person nicht unumgänglich, die Kleidung wirkt viel. Rappelkopf wird von mir nicht lokalisirt, und dürfte keine Rolle für HC Feistmantel seyn, welcher für die halblokale Rolle des Habakuk sehr paßt. Der Abschiedsgesang in der Köhlerhütte muß sehr langsam und mit bewegtem Gemüthe vorgetragen werden, und der betrunkene Köhler, sein Weib, Andres mit dem Wikelkinde müssen sich durchaus vor dem Gesang ohne Grimasse aus der Hütte entfernen. Das Gebell des Hundes in der Coulisse nachgeahmt, darf nicht wegbleiben. Das Weinen des Kindes ahmen wir durch eine Kindertrompete nach. Unter der 2ten Strophe von Rappelkopfs Lied in der Köhlerhütte verfinstert sich die Bühne. Wenn er nach der dritten hastig das Fenster öffnet und in den Wald hinausstarrt, ist dieser auf einer 2 Schritt entfernten Hinterwand im Abendroth glühend, gemalt, und wird durch 2 argandische Lampen deren Gläser mit Karmin überstrichen sind, von der Seite beleuchtet, so daß eine davon Rappelkopf bestrahlt. Ganz ferne verklingt kaum hörbar der Chor und die Saalkortine fällt langsam vor. Der Doppelgänger braucht nicht die Sprache Rappelkopfs zu kopiren sondern seinen heftigen mißtrauischen Charakter, darzustellen, höchstens den Gang nachzuahmen, weil der charakterisirt."

Obwohl gegen das Stück auch Einwände laut werden, überwiegt eindeutig die positive Beurteilung. Der „Sammler" preist uneingeschränkt „Raimunds außerordentliches, bewundernswürdiges Talent"[21], die „Wiener Zeitschrift" weist dem „Alpenkönig" „den ersten Platz unter allen bisherigen Werken des Herrn Raimund" an[22], und Metternichs Mitarbeiter Friedrich von Gentz, der die davorliegenden Stücke des Dichters noch nie gelobt hat, notiert nach dem Besuch, daß er dieses „sehr glücklich komponierte" und „vortrefflich aufgeführte" Werk „mit vielem Vergnügen gesehen" habe[23], womit Raimund auch die Ansprüche eines typischen Intellektuellen, die weit über reine Unterhaltung hinausgehen, erfüllt hat.

Das letzte Wort spricht wiederum das Publikum und es äußert sich so positiv wie seit dem „Bauer als Millionär" nicht mehr: Schon zwei Monate nach der Premiere am 17. Oktober gibt es die 30. Vorstellung, und das Haus ist immer „bis zum Erdrücken gefüllt; auf Logen und Sperrsitze muß man sich wochenlang voraus abonnieren, und noch keinen Tag sind unter 1000 fl. bei diesem Alpenkönig eingegangen."[24] Mehr kann Raimund für den verhaßten Steinkeller wirklich nicht tun.

Darüber hinaus hat Raimund als Dramatiker wieder ein Erfolgsstück anzubieten und muß folglich der damals üblichen Praktik gewärtig sein, bestohlen zu werden. Also tut er alles, um die Verbreitung des „Alpenkönigs", der wie alle anderen seiner Werke nicht gedruckt wird, als Manuskript zu verhindern. So lehnt er etwa den Antrag eines Musikalienhändlers aus Mannheim, der wohl sofort nach der Lektüre der Wiener Kritiken reagiert hat und bei Raimund bezüglich des Vertriebes anfragt, freundlich, aber bestimmt ab. Als Begründung nennt er ein Beispiel, wie Erfahrungen ihn mißtrauisch gemacht haben – „Übrigens hat sich schon vor einiger Zeit der dortige Schauspieler Herr Ritter um dieses Stück an mich gewendet und ohne es noch erhalten zu haben, es schon dem Herrn v. Cerf, Theater-Unternehmer in Berlin, um eine geringere Summe, als ich es zu senden vermag, angetragen."[25]

So ist es für Raimund auch bald wieder Zeit, eine Anzeige in die Zeitung zu setzen, daß nunmehr sechs Stücke aus seiner Feder in „rechtmäßiger Weise" nur von ihm bezogen werden können. „Er warnt daher die Herren Theaterdirektoren vor unerlaubtem Ankauf und erklärt, daß kein Besitzer dieser Stücke das Recht habe, sie zu verschenken, zu verleihen oder gegen andere Manuskripte zu vertauschen."[26]

Graz ist die erste Stadt, die – im Jänner 1829 – den „Alpenkönig" nachspielt, mit Johann Nestroy in der Rolle des Rappelkopfs, und man kritisiert die Köhlerhüttenszene mit dem Einwand, ein betrunkener, von seinen Kindern verhöhnter und verspotteter Vater gehöre nicht auf die Bühne.[27] Tatsächlich muß man sich wundern, daß die Zensur in Wien auf diese Szene zerrütteter Familienverhältnisse nicht reagiert hat. Eine gar nicht so unwahrscheinlich klingende Erklärung könnte es sein, daß es sich bei diesem Köhler um keine Standesperson handelte, für deren Ehre man sich bemüßigt gefühlt hätte einzuschreiten ... Zwei Monate später gastiert Nestroy als Rappelkopf in Preßburg. Aufführungen in Pesth (Mai) und Linz folgen, im November 1829 spielt man den „Alpenkönig" in Hamburg, im Mai 1830 in Berlin, und 1831 geht das Stück über den Kanal, nach London. München lernt den „Alpenkönig" erst anläßlich von Raimunds erstem Schauspieler-Gastspiel in der Isarstadt kennen, Lemberg (wo der „Alpenkönig" zum „Karpathenkönig" wird) und Salzburg folgen mit Aufführungen zu Raimunds Lebzeiten.

Und natürlich fehlen auch die Versuche nicht, sich an den Erfolg anzuhängen, sei es durch Nachahmung (Karl Meisls „Der Alpenkönig und die Mutter") oder durch Parodie – niemand verhindert, daß jene von F. X. Told denselben Titel trägt wie Raimunds Stück. Beide Werke werden im Theater in der Josefstadt gespielt, und die Wiener haben es besonders gern, wenn ihr geliebter Raimund bei solcher Gelegenheit von anderen Schauspielern kopiert wird ...

Raimund ist über Meisls Parodie übrigens besonders wütend, „es wurmte ihn fürchterlich", wie es in Meisls Memoiren heißt[28], „und er spielte sogar den Rappelkopf außer dem Theater. Wenn Meisl in das Kaffeehaus kam, wich er demselben aus und nannte ihn sogar den Surrogat-Alpenkönig." Angeblich hat Meisl daraufhin das Theater in der Leopoldstadt verlassen und ist deshalb zur Josefstadt übergewechselt.

Die Arbeit an einem neuen Stück, die Proben, die Premiere, schließlich die Resonanz – das sind Perioden seelischer Hochspannung, auf die solche der Ruhe folgen sollten. Raimund sind sie fast nie gegönnt, wenn er nicht sein Bündel packt und aus Wien flieht. Nach der „Alpenkönig"-Premiere kann er das nicht: Das Stück läuft und läuft und läuft, aber das genügt Steinkeller nicht. Raimund und Schuster, die ihm verbliebenen Stars, müssen andauernd spielen, Raimund auch – was er mittlerweile sehr ungern tut – in neuen Rollen schlechter Stücke von Gleich, Korntheuer, Wenzel Müller oder auch der für kurze Zeit gesundeten Therese Krones. Von den meisten dieser Abende gibt es nicht einmal Kritiken, keiner kommt über mehr als ein paar Aufführungen hinaus, während der „Alpenkönig" ebenso wie die älteren Raimund-Stücke und jene mit seinen Parade-Partien („Sylphide", „Die Fee aus Frankreich", „Pächter Valentin" oder „Das Gespenst auf der Bastei") das Repertoire beherrschen.

Den täglichen Betrieb aufrechtzuerhalten, wird immer schwieriger, weil Steinkeller nach wie vor im Ensemble wütet. Zum Jahreswechsel 1828/29 entläßt er wegen fortdauernder Erkrankung Friedrich Korntheuer, der nur für wenige Benefiz-Abende auf die Bühne zurück darf und Ende Juni 1829 stirbt. Ende März 1829 entläßt Steinkeller Katharina Ennöckl, die diesen Schlag durch ihre Eheschließung mit Adolf Bäuerle (sie heiraten kurz darauf am 3. Mai 1829) noch am besten übersteht. Da sie eine Unzahl von Rollen innehat, sind hektische Umbesetzungen an der Tagesordnung, aber andererseits ist man daran schon fast gewöhnt, Flexibilität zählt neben einem guten Gedächtnis zu den wichtigsten Erfordernissen eines in der Vorstadt wirkenden Schauspielers. Im April 1829 verläßt Johann Baptist Lang das Leopoldstädter Theater, und Josef Schaffer muß den Astragalus übernehmen, um die Aufführungsserie des

„Alpenkönigs“ nicht zu gefährden. Die Zeitungen berichten von einem „Vegetieren“ des Theaters – und daß „Herr Steinkeller selbst seinen Direktor, Herrn Raimund, am Bessern zu hindern“ scheint.[29]

Raimunds Fluchtmöglichkeiten sind beschränkt, aber er nützt sie. Wann immer er, selten genug, ein paar spielfreie Tage hat oder das Theater, wie in der Karwoche zwischen dem 12. und 19. April 1829, geschlossen ist, fährt er weg, immer öfter ins geliebte Gutenstein, zu Ostern von dort weiter nach Mariazell. In Gutenstein genießt er seit der Verfassung seines Gedichtes an den Ort geradezu hymnische Verehrung, und man ist bei diesem Besuch voll des Lobes besonders „über die Wahrheit der Szene in der Alpenhütte, deren Original sich in der ganzen Gegend hundertfach vorfände“.[30] Von Gutenstein wandert Raimund mit Kollegen Josef Kemeter in die Berge, fährt über Rohr nach Hohenberg, weiter über Türnitz nach Mariazell. Raimund bleibt mit besonderem Vergnügen im Gebirge, das er mehr liebt als das hügelige Land.[31]

Das ist allerdings nur ein kurzes Aufatmen, bevor der harte Wiener Alltag zuschlägt. Am 28. Mai 1829 – Raimund spielt den Fortunatus Wurzel, die Krones ist wieder einmal die Jugend – erhält er einen Besuch hinter der Bühne, der sich als folgenreich erweisen soll. Der da anklopft, ist Friedrich Ludwig Schmidt, der Direktor des Hamburger Nationaltheaters, der in Raimund sofort ein „Talent allerersten Ranges“ erkennt[32] und seine Bekanntschaft sucht. Er findet einen „liebenswürdigen Menschen, dessen Erscheinung sich mir unvergeßlich einprägte“[33], und als er anläßlich seines Wien-Aufenthalts noch den „Alpenkönig“ und den „Diamant des Geisterkönigs“ sieht, beschließt er, das erstgenannte Stück in Hamburg auf die Bühne zu bringen. Das ist nicht ohne Risiko für ihn; „bisher hatten nämlich süddeutsche Stücke im Norden selten Boden finden können, und es war daher in der Tat ein Wagestück, wenn ich es mit dem ‚Alpenkönig‘ probierte.“[34]

Schmidt führt das Stück am 25. November 1829 auf, und die befürchteten Einwände kommen tatsächlich. Der sachliche deutsche Geist fühlt sich von Raimunds poetischem Chaos zwar vage angesprochen, aber das letzte Verständnis zeigt man nicht dafür. Wäre Raimund nicht „Lokaldichter“, heißt es da in einer Rezension, „so möchte man in diese bunte Ideenwelt nur Ordnung und Verbindung hinein wünschen, um das Treffliche hervorgehen zu sehen ...“[35]

Vermutlich reift in Schmidt aber auch die Erkenntnis, daß der beste Anwalt des Dichters Raimund der Schauspieler Raimund ist. Aber noch hat sich dieser nicht entschlossen, sich von seinem Stammhaus und von Wien zu lösen ...

Wenn Raimund am 29. Juni, wieder zusammen mit Franz Fitzinger, seine diesjährige Sommerreise unternimmt, läßt er den unmittelbaren Tod Korntheuers hinter sich – vielleicht hat er die Nachricht noch gar nicht bekommen, als er abreist. Am 2. Juli sieht er in Linz seinen eigenen „Alpenkönig“ – für ihn die ungewöhnliche Erfahrung, einmal nicht auf der Bühne zu stehen, sondern ein eigenes Stück als Zuschauer zu erleben (wie bisher nur den „Moisasur“). Übrigens scheint die Ablehnung des

Kaiserhauses (wenn man ihm auch keinerlei Gunst bezeugt) gebrochen: Als sich der Hof im September in Linz befindet, verkündet schon am zweiten Tag nach der Ankunft der Theaterzettel, daß der „Alpenkönig" Raimunds „auf allerhöchsten Befehl" gegeben werde.[36]

Raimund bleibt zwei Tage in Linz, wo er von vielen Leuten „sehr freundlich und ehrenvoll" aufgenommen wird.[37] Der Weg führt ihn dann weiter über Kremsmünster nach Spital am Pyhrn-Paß. Über die Radstädter Tauern erreichen er und Fitzinger St. Michael im Lungau, wo sie die Höhe von Steyreck besteigen und über die Alpen nach Gastein wandern. Dort hält sie ein heftiger Regen zwei Tage lang im umschneiten Talkessel gefangen, bis sie dann über die Mallnitzer Tauern nach Obervellach gelangen. Dort trifft man wieder mit Raimunds Wagen zusammen.

Der weitere Weg führt über Kärnten nach Lienz, Brixen und Bozen. Ein Exkurs in die Dolomiten bringt sie zum Wurmserjoch, über das die berühmte Straße nach Bormio führt. Von dort geht es über Finstermünz an der Schweizer Grenze nach Landeck, vorbei an der Martinswand, und schließlich nach Innsbruck, wo er am 20. Juli eintrifft. Vom 21. bis 27. braucht er dann für die Reise nach Wien.

Am 29. Juli 1829 steht Raimund wieder auf der Bühne des Leopoldstädter Theaters und spielt den Rappelkopf im „Alpenkönig".

„DIE UNHEILBRINGENDE KRONE“

„Aus Purpurstoff konnt ich doch keinen Schlafrock schneidern?“

Am 25. August 1829 beginnt Raimund in Weidling ein neues Theaterstück. Er nennt es zuerst die „Glühende Krone“, dann „Die Unheil bringende Krone“ (unter diesem Titel ist es auch der Nachwelt geläufig), und später wird die Zensur verfügen, daß der Begriff „Krone“ an das Kaiserhaus gemahnt, was bekanntlich nicht sein darf, weshalb das tragisch-komische Original-Zauberspiel schließlich unter dem Titel „Die unheilbringende Zauberkrone oder König ohne Reich, Held ohne Mut, Schönheit ohne Jugend“ seine Uraufführung erleben wird.[1]

Raimund vollendet das Stück am 2. Oktober in Mödling. Von jenen dreien seiner Werke, mit denen sich die Nachwelt – und teils auch die Mitwelt – nicht befreunden kann, ist es das seltsamste. An der „Gefesselten Phantasie“ konnte man noch das Raimund am Herzen liegende Programmstück erkennen; am „Moisasur“ war noch manches Gelungene zu würdigen; aber wie fügt man dieses Drama um einen Shakespeareschen Gewaltmenschen in das Bild von Raimund ein, wenn man sich nicht entschließen kann, es weiter zu fassen als bisher? Raimunds letztes Stück wird der „Verschwender“ sein, hochgelobter Schritt zurück in seine Welt, in eine in diesem Rahmen mögliche Thematik. Der „Verschwender“ wird, weil er alles überglänzt, das Raimund-Bild so stark prägen, daß für anderes kein Platz ist. Am allerwenigsten für diese „Unheilbringende Krone“. Und doch hat er sie geschrieben, und man muß zumindest eine Antwort auf die Frage nach dem Warum suchen.

Vieles an dem Stück ist bei Raimund selbst vorgeprägt, nämlich im „Moisasur“. Dort wie hier gibt es das Nebeneinander hehrer überirdischer Welten, die nichts mehr mit den lustigen Geistern und Feen des Altwiener Volkstheaters (oder auch etwa des Raimundschen „Bauer als Millionär“) zu tun haben. Wieder gibt es gute und böse Mächte, und sie tragen ihre Kämpfe mit Hilfe von Menschen aus. Wieder ist, wie im „Moisasur“ Indien, ein pathetischer Schauplatz gewählt, diesmal das griechische Agrigent auf Sizilien. Und wieder steht die einfache Welt schlichter Leute, das Häuschen des Schneiders Zitternadel, in denkbar schärfstem Kontrast zu dieser Welt.

Und da ist noch die Figur des Feldherren Phalarius, an dem Raimund die Tragödie übermäßigen Ehrgeizes gestaltet. Das Vorbild des Shakespeare'schen Macbeth wurde genannt, man meint auch, das Beispiel von Grillparzers „Ottokar“ könnte Raimund gereizt haben, das Schicksal eines Maßlosen à la Napoleon zu gestalten. Aber warum Napoleon? Bei Grillparzer ist dieser aus dem „Ottokar“-Drama nicht wegzudiskutieren, Napo-

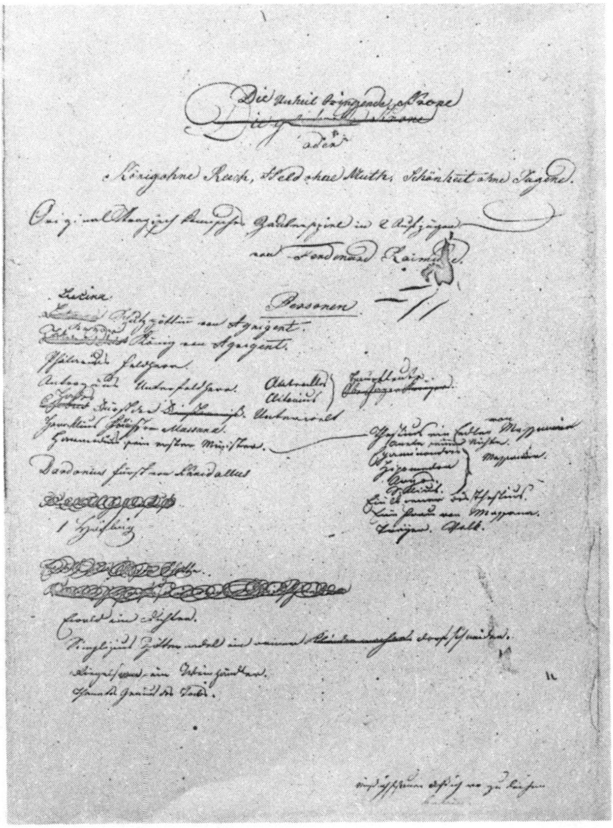

Titelblatt zu Raimunds Manuskript der „Unheilbringenden Krone“

leon war für Grillparzer Faszination und Abscheu zugleich und jedenfalls ein ganz persönliches Erlebnis – schließlich ging er nach Schönbrunn, um zuzusehen, wie der Verhaßte die Wachparade abnahm. Aber für Raimund bedeutet Napoleon gar nichts. Doch hat er nicht unmittelbar einen Mann vor Augen, der maßlos und zerstörerisch wütet – nämlich Rudolf Steinkeller? Es ist keinesfalls ausgeschlossen, daß er an ihn gedacht hat, daß er diesem, mittlerweile auch ihm längst Verhaßten vielleicht einen Spiegel vorhalten will.

Vor allem aber sucht Raimund wieder einmal das hohe Drama – vielleicht, weil der halbe Erfolg des „Moisasur“ darüber hinweggetäuscht hat, daß das Publikum dergleichen von ihm nicht annimmt, vielleicht aus keinem anderen Grund, als weil er muß. Er nimmt die Figur des Phalarius bitter ernst, wenn auf uns auch schon die Regiebemerkung, mit der er ihn vorstellt, erheiternd wirkt: „Phalarius tritt mit wild zurückschauenden Blicken hastig ein“, heißt es da. Ein Parodist könnte es nicht anders formulieren – und auch manches aus dem einleitenden Monolog über die „truggeraubte Ehre“ des Phalarius nicht. Und sofort steigt Raimund voll in die hochdramatische Handlung ein: Phalarius, der für Agrigent siegreich gekämpft hat, erwartet dafür die Krone. Sie soll aber dem rechtmäßigen Erben, dem jungen Kreon, zufallen. Dem fluchenden Phalarius erscheint Hades, in Lumpen gehüllt. Der antike Fürst der Unterwelt repräsentiert hier das Böse schlechthin, also teilt er Phalarius die Krone zu. Wie bei Raimund immer wieder, finden sich eingesprengte gedankliche Diamanten inmitten schwacher sprachlicher Tiraden. Beispielsweise, wenn Hades die Wirkung der Krone – sprich: der absoluten, totalitären Macht – schildert:

> Durch diese Kron, prangt sie auf einem Haupt,
> Wird dem, der sie erblickt, des Mutes Kraft geraubt.
> Ja, ihr Besitzer darf nur leise winken,
> Wer sich ihm naht, muß in den Staub hinsinken.
> Es wird der Baum mit üppig grünen Zweigen
> Sein duftend Haupt vor dieser Krone neigen.
> Des Waldes Tiere werden bang erzittern
> Und heulend sie in weiter Ferne wittern.
> Was er befiehlt, muß streng vollzogen werden,
> Und keiner lebt, der sie entwenden kann auf Erden.
> Selbst wenn er schläft, die sorgsam stille Nacht,
> Geschloßnen Augs, ihr Eigentum bewacht.
> Kein Speer, kein Dolch, kein Pfeil kann ihn erreichen.

Natürlich ist die Krone an eine Bedingung geknüpft – wie Faust das „Verweile doch" nicht aussprechen darf, darf Phalarius nie über die Lippen bringen, daß er eigentlich arm sei und „nichts als die Krone" besäße. Und während der Maßlose in seinem Haß triumphiert, zeigt Hades, nun ganz Fürst der Unterwelt, schwarz-griechisch gekleidet, sein wahres Gesicht:

> Denn ich habs beim Styx geschworen,
> Zu entvölkern diese Erd';
> Drum hab ich Phalar erkoren,
> Er ist dieses Auftrags wert.

Wenn Raimund auch in seinem eigenen Leben an höhere Kräfte und Zusammenhänge glaubt, dann hat in seinen Augen wohl jemand Steinkeller auserkoren, das Theater in der Leopoldstadt zu zerstören – oder tut man dem Dichter Unrecht, wenn man sein hohes Drama auf ein so handfestes Erlebnis zurückführt? Immerhin darf die Erschütterung über alles, was da an dem Haus geschieht, gewiß nicht unterschätzt werden ...

Daß die „Unheilbringende Krone" dramaturgische Schwächen hat, kann nicht geleugnet werden: Tatsächlich wird Raimund, der die Phalarius-Handlung mit so gewaltigem Furioso begonnen hat, dann seinen Helden schlicht und einfach verlieren. Er kommt im ganzen ersten Akt nicht mehr vor, und im zweiten auch erst nach einer Weile, damit man ihn im Kontrast mit Octavian erlebt, der früher Feldherr war, nun Bauer geworden ist und sein ganzes Glück über dieses einfache Leben verkündet. Wenn Phalarius ihn fragt, warum er nicht mehr herrschen wolle, bekommt er das Biedermeier-Credo zur Antwort:

Ich herrsche ja. Wer sagt, daß ich nur Diener bin?
Weißt du denn nicht, daß jedes Ding der Welt ein Herrscher ist?
Die Götter herrschen im Olymp mit hohem Sinn,
Die Könige auf Erd, so weit ihr Land nur mißt,
Der ganze Staat, wie es Gesetz und Fürst befiehlt,
Ein jeder dient und hat doch auch sein klein Gebiet.
Und so wird eines jeden Dieners Lust gestillt.
Der Sänger herrscht durch edlen Geist in seinem Lied,
Der Liebende in der Geliebten schwachem Herzen,
Der Vater wacht im Haus für seiner Kinder Heil,
Der Arzt beherrscht der Krankheit widerspenstige Schmerzen,
Der Fischer seinen Kahn, der Jäger seinen Pfeil.
Kurz, jeder hat sein Reich, wo seine Krone blitzt.
Der Sklave selbst an Algiers Stand, der ärmste Mann,
Der nichts auf Erd als seine Qual besitzt,
Hat einen Thron, weil er sich selbst beherrschen kann.

Aus dieser Szene resultiert wohl nicht zuletzt der immer wieder angeführte Vergleich zu Grillparzers „Ottokar", denn so, wie diesem Rudolf von Habsburg als Ideal gegenübersteht, hat Raimund hier den Gegensatz Phalarius/Octavian dialektisch stark herausgearbeitet.

Aber, wie gesagt, der Maßlose ist dem Stück ja weitgehend abhandengekommen: Nach dem düsteren Aspekt der Handlung führt Raimund die Lichtgestalt des Stücks ein, Lucina, die Schutzgöttin von Agrigent. Schon ihr Name besagt, daß sie eine Lichtgöttin ist, und tatsächlich vereinigt sie alle edlen Eigenschaften, ohne deshalb ganz blaß und langweilig geraten zu sein. Ganz im Gegenteil – man könnte die Theorie aufstellen, Lucina sei Raimunds interessanteste Frauengestalt überhaupt. Sie will Kreon, den wahren Herrscher, auf dem Thron wissen, und so stellt sie sich Hades entgegen. Als dieser ihr „in vornehmer Nichtachtung" erklärt, sie sei ein Weib, womit er impliziert, daß er sich mit ihr gar nicht erst einläßt, hält sie den „emanzipiertesten" Monolog, der je aus Raimunds Feder geflossen ist:

Ich bins, und weil ichs bin, bebt stolzer mir die Brust.
Ich bin ein Weib, des kräftigen Erdballs höchste Lust,
Ein Weib, um das der Brand von Troja hat geleuchtet,
Ein Weib, um das des Donnrers Aug sich mild befeuchtet,
Ein Weib, vor dem sich tief ganz Persien gebeugt,
Ein Weib, das einst ein Gott aus seinem Haupt gezeugt,
Ein Weib, das durch die Welt der Liebe Zepter schwingt,
Der Lieb, die auch zu deinem Felsenherzen dringt,
Ein Weib, das deinen Arm durch einen Kuß kann lähmen:
Das heißt, du bist ein Mann und kannst mich nicht beschämen.

Aber dieses Element ihres Charakters, dieser interessante Ansatz der Figur werden nicht weitergeführt.

Nun folgte die bekannte Situation: Lucina darf den Kampf aufnehmen und muß drei Bedingungen erfüllen. Sie sind wieder einmal abstrus genug: Wie der Untertitel besagt, verlangt Hades einen König ohne Reich, einen Helden ohne Mut und Schönheit ohne Jugend, und um diese Bedingungen zu erfüllen, müssen neue Figuren her und das Stück muß sich durch allerlei Situationen winden, bevor Lucina und mit ihr die Guten siegen können.

Nun werden zwei der Menschen eingeführt, an denen die Allegorien ihr Kräftemessen austragen: Simplizius Zitternadel, der verschuldete Schneider, und dessen Untermieter, der Dichter Ewald, der ihm gleichfalls die Miete schuldig bleibt. Ein Paar, das entschieden an Eduard und dessen Diener Florian im „Diamant des Geisterkönigs" erinnert. Dieser Ewald, der die erste Probe erfüllen muß, ist wieder einmal – wie die vordergründigen braven Helden Raimunds meist – recht blaß geraten.

Ihn führt Lucina nun in das Land „Massana", das nicht zuletzt deshalb an Messina gemahnt, weil Ewald die Krone, die er dort gewinnt, sofort wieder durch ein Erdbeben verliert – ein König ohne Reich. Nun wechseln im Lauf der Handlung Szenen ab, wie sie bunter kaum durcheinandergewürfelt sein könnten – grob-komisch die Auseinandersetzung von Zitternadel mit seinem Gläubiger Riegelsam, ungemein feierlich gemeint das Zusammentreffen Lucinas mit dem Genius des ewigen Schlafes, wie der Tod hier heißt. Bewunderung der Interpreten hat etwa die Szene erregt, wenn Ewald dem Fürsten von Massana, Heraklius, der sich in Leiden windet, einen sanften Tod beschert, wenn er mit Hilfe Lucinas Thanatos beschwört, der den König in ein erhabenes Jenseits (mit Genien, Rosen, Wolken und sanfter Musik) eingehen läßt. Hier ist es wieder, das Motiv vom sanften, schönen Tod. Dafür stürzt gleich anschließend zum Finale des ersten Aktes Massana unter einem Erdbeben zusammen, woraus man ermessen kann, daß Raimund wenigstens den Maschinenzauber des Vorstadttheaters auszunützen gedachte.

Der Held ohne Mut ist dann Zitternadel, der sich aus einem Zaubersee plötzlichen Heroismus angetrunken hat, um, durch die Luft zum nächsten Schauplatz reitend, den wütenden Eber von Kallidalos zu erlegen: Das tut er auch in erster Rage, aber dann bricht der Hanswurst in ihm durch, und der ist traditionsgemäß ein Feigling. „Kaum ist der Eber in seinem Blut dagelegen, ist er mir noch zwanzigmal so groß vorkommen als vorher, so daß ich zum zittern angfangt hab, und hab ihn gar nicht ansehn können mehr. Alles hat zwar geschrien: Halt, verweil, du großer Held! Aber ich hab mir gedacht, schreit zu, so lang ihr wollt, ich bin nicht der erste Held, der davongelaufen ist, und werd auch nicht der letzte sein, und bin fort"; schildert Simplizius Ewald, wie aus ihm der geforderte „Held ohne Mut" wurde.

Die „Schönheit ohne Jugend" ist dann die alte Aloe, die sich von Ewald nur zu gern einreden läßt, wie schön sie ist (eine äußerst amüsante Szene über eine komische ältere Frau, Vorstufe für die Eitelkeit des Holzweiberls, das dem Chevalier Dumont im „Verschwender" so gut gefallen wird). Bevor Aloe allerdings dem Fürsten Dardonius angetraut wird, macht Lucina dem Spuk ein Ende – die drei Bedingungen sind erfüllt, Kreon erhält die Krone, und Lucina darf die Eumeniden, die Rachegöttinnen, auf den mühsam wieder in die Handlung gebrachten Phalarius hetzen, um ihn an der Krone verzweifeln zu lassen. Da sie mehr oder minder die Funktion der Hexen in „Macbeth" haben, ist hier wieder der – für Raimund in diesem Fall doch recht belastende – Vergleich mit Shakespeare gegeben.

Zum Happyend trifft es sich, daß Ewald irgendwo am Wege – und wirklich nicht sehr beeindruckend – in Kallidalos dem Mädchen Atritia (der Nichte der verspotteten Aloe) begegnet ist, und unterwegs hat Simplizius Zitternadel zumindest für ein Duett in Massana Arete getroffen, die allerdings keine Dramaturgie nach Kallidalos schaffen konnte. Darum quittiert Simplizius die 1000 Goldstücke, die er für seine Dienste bekommt, mit der Bemerkung: „Jetzt richt ich eine Werkstatt auf, und heirat' die Göttin, das wird ein himmlisches Leben werden."

Die Schlußmoral verkündet der Chor: „Tugend findet froh den Lohn."

Das Stück ist enorm in seiner Ambition, und tatsächlich hat nur Shakespeare je dieses Nebeneinander von Hohem und Trivialem gewagt und gemeistert. Wird der barbarische Phalarius, der erkennen muß, wie todeseinsam Macht macht („Der Wunsch verarmt, ist die Erfüllung überreich"), Vorbild für Grillparzers Rustan, der ein Jahr später im „Traum ein Leben" den Ruhm als „leeres Spiel" erkennen wird? Soll der Untergang von Massana wirklich, wie spätere Interpreten annehmen wollten, wetterleuchtend den Untergang des Habsburgerreiches ankündigen? Ging es Raimund tatsächlich, wie auch gemutmaßt wurde, um die Krise der Führungspersönlichkeiten im 19. Jahrhundert[2] – ist „Die unheilbringende Krone" also ein politisches Stück?

Raimund selbst hat uns keine Erklärung geliefert, nur sein Stück, und es stellt sich als Rätsel dar. Die einzige Gewißheit, die man hat, ist die: Raimund nahm es bitterernst.

Das Theater in der Leopoldstadt braucht dringend einen neuen Erfolg. Doch Raimund hat „Die unheilbringende Krone" zweifellos für sich selbst, nicht für die Bedürfnisse des Theaters geschrieben. Aber nun ist er hier Direktor, er kann nicht wieder ins Theater an der Wien ausweichen, er muß versuchen, sein neues Stück an seinem Stammhaus herauszubringen: So setzt er die Premiere für sein Benefiz am 4. Dezember 1829 an.

Vorausgeschickt muß werden: „Die unheilbringende Krone" wird der größte Mißerfolg in Raimunds Karriere. Wie üblich hat sich das Publikum zur Premiere gedrängt[3], aber es ist eindeutig, daß die beiden Hervorrufe für Raimund am Schluß nur jene Höflichkeit darstellen, „die Raimunds sonstige Verdienste erheischen", und jenes Wohlwollen, „dessen er sich von jeher zu erfreuen hatte".[4] Aber einstimmig ist die Freundlichkeit des Publikums nicht, und es ist auch deshalb ärgerlich, weil eine Spieldauer von vier Stunden viel zu lang ist für das, was man in der Vorstadt zu sehen wünscht. Abgesehen davon kann das Publikum mit der Thematik des Stücks und dessen ernsten Szenen einfach nichts anfangen.

Man vermeint, Adolf Bäuerles Bosheit zu spüren (die sich noch ganz anders äußern wird), wenn die „Theaterzeitung“ berichtet, das Stück sei splendid ausgestattet gewesen, die Kostüme glänzender und geschmackvoller als gewöhnlich[5] – als habe Raimund seine Stellung gleichsam „mißbraucht“, um seinem Stück einen besonderen Vorteil zu verschaffen. Fast genüßlich wird dazu vermerkt, daß die neuen Maschinen allerdings „bei der ersten Vorstellung nicht so recht zusammengreifen wollten“.[6]

Mit der Besetzung hat Raimund seine Schwierigkeiten, denn allein an der Gestalt der Lucina zeigt sich, wie sehr eine Schauspielerin wie die leichtfertig entlassene Katharina Ennöckl dem Theater fehlt. Man engagiert nun Josefine Planer, die vom Typ her das ist, was man vielleicht eine „Salondame“ nennen würde, und die auch – wie einst die Ennöckl – als Spezialistin für Verwandlungsrollen gilt.[7] Bei ihrem Debut als Lucina lobt man die „Kunstgewandtheit“ ihrer Darstellung.[8]

Die gänzlich ernste Rolle des machtbesessenen Phalarius kann nicht aus dem Ensemble besetzt werden. Dafür wird ein „Herr Roll“ engagiert, von dem nicht einmal der Vorname bekannt ist und der kurz nach Raimunds Ausscheiden als Direktor das Theater wieder verläßt. Hier erntet er Lob für seine Deklamation und seine nicht zu übersehende Routine.[9] Für die Figur des Dichters Ewald setzt man einen gleichfalls ohne Vornamen auf die Nachwelt gekommenen Herrn Kramer ein. Er ist als „erster Liebhaber“ engagiert und bleibt gleichfalls nur kurz am Haus – Beispiel für das Fluktuieren eines Ensembles, das längst keines mehr ist.

Kleinere Rollen gibt es für bewährte Kräfte des Theaters, darunter für den als Habakuk so avancierten Tomaselli den Weinhändler Riegelsam. Elise Rohrbeck hat als spöttische Arete neben dem Simplizius von Raimund nur einen Auftritt[10], Auguste Schreiber ist als Atritia die sentimentale Heldin, und die erst kürzlich neu engagierte Elise Zöllner (auch sie spielt, wie fast alle Darstellerinnen des Hauses, der Krones die „Jugend“ nach) bekommt als komische Aloe eigentlich die – nach der Lucina – beste Frauenrolle.

Raimund gibt also den armen Dorfschneider Simplizius Zitternadel, und man fragt sich, warum dieser Dichter, der immer die im klassischen Stil „hohen“ Rollen anstrebte, nicht einmal gewagt hat, kühn den Phalarius zu spielen und auch als Schauspieler über seinen Schatten zu springen – gilt ihm doch ein problematischer Held tausendmal mehr als die lustige Figur. Aber als Schauspieler kennt er seine Grenzen und sprengt sie nie. Nur als Dichter läßt er sich die Flügel nicht stutzen, auch wenn er sie sich, wie Ikarus, an der Publikumsungunst verbrennt und tief, tief abstürzt.

Er ist also Simplizius, der arme Dorfschneider, die komisch-volkstümliche Kontrastfigur. Was bedeutet schon die Aussage, daß er die Rolle „mit seiner gewöhnlichen Kraft und Lebendigkeit, bis in die kleinsten Teile drastisch entwickelte“[11] – man weiß, daß er es kann und tut. Er hat schon wesentlich schwächere Werke als dieses gerettet, aber die schlechtesten Stücke eines Gleich, eines Bäuerle, eines Meisl haben sich nie der Sünde schuldig gemacht, ihr Publikum zu überfordern. Raimund hingegen liegt einfach nicht mehr richtig, er hat – um es negativ auszudrücken – den

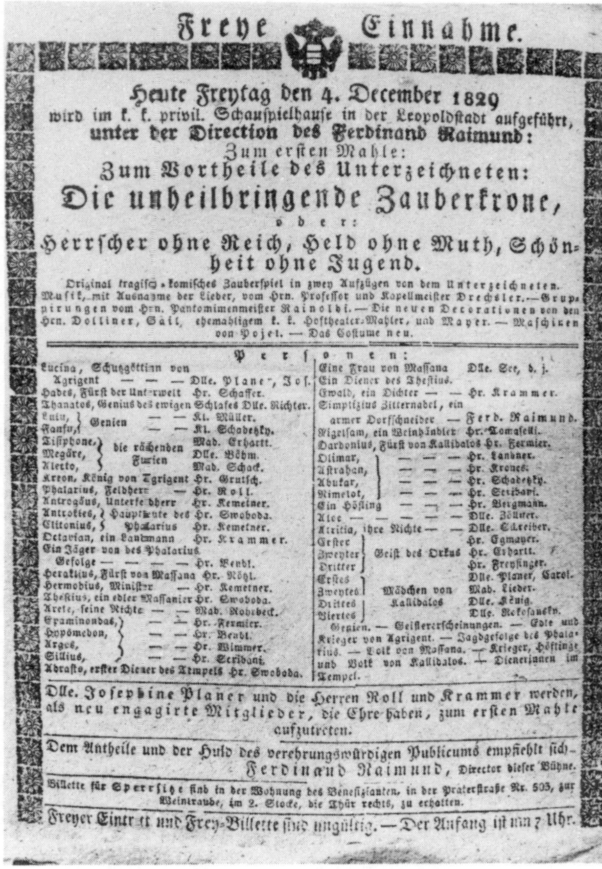

Freye Einnahme.

Heute Freytag den 4. December 1829
wird im k. k. privil. Schauspielhause in der Leopoldstadt aufgeführt,
unter der Direction des Ferdinand Raimund:
Zum ersten Mahle:
Zum Vortheile des Unterzeichneten:

Die unheilbringende Zauberkrone,
oder:
Herrscher ohne Reich, Held ohne Muth, Schönheit ohne Jugend.

Original tragisch-komisches Zauberspiel in zwey Aufzügen von dem Unterzeichneten. Musik, mit Ausnahme der Lieder, vom Hrn. Professor und Kapellmeister Drechsler. — Gruppirungen vom Hrn. Pantomimenmeister Rainoldi. — Die neuen Decorationen von den Hrn. Dolliner, Gail, ehemahligem k. k. Hoftheater-Mahler, und Mayer. — Maschinen von Pojet. — Das Costume neu.

Personen:

Lucina, Schutzgöttinn von Agrigent — — — Dlle. Planer, Jos.
Hades, Fürst der Unterwelt Hr. Schaffer.
Thanatos, Genius des ewigen Schlafes Dlle. Richter.
Luiu, } Genien — — Kl. Müller.
Fanfu, } — — Kl. Schadetzky.
Tisiphone, } die rächenden Furien Mad. Erhartt.
Megäre, } Dlle. Böhm.
Alekto, } Mad. Schack.
Kreon, König von Agrigent Hr. Grutsch.
Phalarius, Feldherr — Hr. Roll.
Antrogäus, Unterfeldherr Hr. Kemetner.
Antroktes, } Hauptleute des Phalarius Hr. Swoboda.
Clitonius, } Hr. Kemetner.
Octavian, ein Landmann Hr. Krammer.
Ein Jäger von des Phalarius Gefolge — — — — Hr. Wendl.
Heraklius, Fürst von Massana Hr. Röhl.
Hermodius, Minister — Hr. Kemetner.
Thestius, ein edler Massanier Hr. Swoboda.
Arete, seine Nichte — — Mad. Rohrbeck.
Epaminondas, } — — Hr. Fermier.
Hypömedon, } — — Hr. Wendl.
Arges, } — — Hr. Wimmer.
Sillius, } — — Hr. Scribani.
Adrasto, erster Diener des Tempels Hr. Swoboda.

Eine Frau von Massana Dlle. See, d. j.
Ein Diener des Thestius.
Ewald, ein Dichter — — Hr. Krammer.
Simplizius Zitternadel, ein armer Dorfschneider — Ferd. Raimund.
Mizelsam, ein Weinhändler Hr. Tomaselli.
Dardonius, Fürst von Kallidalos Hr. Fermier.
Olimar, } — — — Hr. Landner.
Astrahan, } — — — Hr. Krones.
Abukar, } — — — Hr. Schadetzky.
Nimelot, } — — — Hr. Scribani.
Ein Höfling — — — Hr. Bergmann.
Atee — — — — — Dlle. Zöllner.
Atritia, ihre Nichte — — Dlle. Schreiber.
Erster } Hr. Egmayer.
Zweyter } Geist des Orkus Hr. Erhartt.
Dritter } Hr. Freysinger.
Erstes } Dlle. Planer, Carol.
Zweytes } Mädchen von Kallidalos Mad. Lieder.
Drittes } Dlle. König.
Viertes } Dlle. Nekosansky.
Genien. — Geistererscheinungen. — Edle und Krieger von Agrigent. — Jagdgefolge des Phalarius. — Volk von Massana. — Krieger, Höflinge und Volk von Kallidalos. — Dienerinnen im Tempel.

Dlle. Josephine Planer und die Herren Roll und Krammer werden, als neu engagirte Mitglieder, die Ehre haben, zum ersten Mahle aufzutreten.

Dem Antheile und der Huld des verehrungswürdigen Publicums empfiehlt sich
Ferdinand Raimund, Director dieser Bühne.

Billette für Sperrsitze sind in der Wohnung des Benefizianten, in der Praterstraße Nr. 503, zur Weintraube, im 2. Stocke, die Thür rechts, zu erhalten.

Freyer Eintritt und Frey-Billette sind ungültig. — Der Anfang ist um 7 Uhr.

Theaterzettel der Uraufführung

Kontakt zum Publikum verloren, er macht – um es aus seiner Sicht zu sagen – einfach keine Zugeständnisse mehr. Dafür muß er sich mehr als tadelnd vorwerfen lassen, es sei „denn doch ein grober Mißgriff, in dem Haus der frohen Laune an Pest, Erdbeben, Todesfälle und gelbes Fieber erinnert zu werden“[12], wie sogar der sonst wohlgeneigte „Sammler“ schreibt – Todesfälle ja, wenn man über heuchlerische Witwer lachen kann, aber doch nicht so, daß etwa ernstlich die Frage nach dem Tod gestellt wird!

Raimunds „Abdankung“ ist in diesem Fall besonders interessant, weil sie gleichsam seine ideologische Rechtfertigung darstellt. Aus „Purpurstoff“ hätte er, nach wie vor als „Schneider“ vors Publikum tretend, doch keinen „Schlafrock“ schneidern können? Prophetisch der Ausspruch, den er ankündigt: „Schaut her! Der Schneider ist ja toll!“ Genau das bekommt er zu hören.

Die ganze Abdankung verdient zumindest von der Nachwelt Beachtung, wenn man schon annehmen darf, daß ihr die Mitwelt das Verständnis versagt hat, und sie zeigt auch, daß der Mißerfolg Raimund unerwartet trifft, da er die Formulierung „Der erste Tag bracht Glück!" eingebaut hat, also doch sicher gewesen ist, das Publikum überzeugen zu können:[13]

Ein armer Kleidermacher mußt es heute wagen,
Ihre Geduld mit Kronen aller Art zu plagen;
Ein Schneider auf dem Dorf, wer ihn nur sieht will lachen,
Erdreistet sich gar einen Hermelin zu machen?
Und doch mußt es geschehn, ich durft es nicht vermeiden,
Aus Purpurstoff konnt ich doch keinen Schlafrock schneiden?
Was war zu tun? Ich nahm mit Zittern meine Schere,
Und dacht, schneid zu, jetzt gilts deine Ehre!
Mir blieb noch goldner Zeug, den braucht ich nicht zu schonen,
Drum schnitt zum Überfluß, ich schnell noch ein'ge Kronen;
Als alles fertig war, ließ öffentlich ichs sehen,
Der rote Zeug, das Gold – die Leute blieben stehen –
Es kamen immer mehr, der ganze Platz war voll,
Und jeder rief: „Schaut her! Der Schneider ist ja toll!"
Doch, während Sie den Purpur ernsthaft so betrachten,
Dacht ich, es wär doch gut, wenn Sie dabei auch lachten;
Drum steckt ich durch den Hermelin manchmal den Kopf,
Da lachten Sie und schrien: „Seht doch den närrschen Tropf!"
Nun war mein Zeck erreicht; man weint und mußte lachen,
Was kann man auf der Welt, denn sonst noch viel mehr machen?
Der erste Tag bracht Glück! Nun will ich nur noch sehn,
Wie es mir künftig wird mit meiner Kron ergehn?
Sei's wie es sei! Vergeht auch Purpur, Kron und Glück:
So bleib doch ich und meine Dankbarkeit zurück.

Die Raimund-Forscher haben zu dieser „Unheilbringenden Krone" noch zwei über alle Maßen aufschlußreiche Dokumente zusammengetragen, sie stammen von Bauernfeld und Bäuerle und sagen Interessantes über Raimund – und über die Verfasser der fraglichen Memoiren bzw. des Briefes, um die es dabei geht.

Eduard von Bauernfeld ist bald nach der Premiere, gemeinsam mit Raimunds Freund Landner, der offenbar dessen permanenter Mittagsgast ist, zu Tisch geladen. Und er bekommt nun ein Beispiel dafür, wie sehr der Dichter an dem von allen ungeliebten Stück festhält, wie er es verteidigt, wie er alle Einwände, die ihn so reichlich getroffen haben, wegwischt.

Es ist aus mancherlei Zeugnissen bekannt, daß Raimund im Kreise von Menschen, die er für Freunde hält und denen er vertraut, offen seine Probleme bespricht. Er kann ja nicht ahnen, daß sich diese seine Gewohnheit später in Bauernfelds Memoiren so ausnimmt: „Es gibt Leute, die ihr liebes, oft so unbedeutendes Ich stets zum Mittelpunkt des Gespräches machen – das kam bei Raimund gewissermaßen gleichfalls vor", wenngleich Bauernfeld immerhin noch eine Erklärung dafür anbietet, die über bloße eitle Selbstbespiegelung hinausgeht, wenn er einschränkt: „... aber nur, weil es ewig in ihm gärte, weil er unablässig mit sich selbst und seiner Doppelkunst beschäftigt war."

Nun versucht Bauernfeld das durchgefallene Stück, in dem er persönlich nur Schwulst und Bombast findet, schonend zu kritisieren – aber da kommt er bei Raimund schlecht an. Dieser läßt nicht den geringsten Tadel gelten, und muß er bei Details doch Zugeständnisse machen, so ist ihm das eigene Werk wichtiger als jede Loyalität und er wendet sich heftig gegen seine Kollegen, die Schauspieler (wozu noch zu bemerken ist, daß eine zusammengestoppelte Besetzung wie diese einen Mann wie Raimund, nach gut zehn Jahren schauspielerischer Hochblüte auf dieser Bühne, rechtens zur Verzweiflung treiben mußte).

Es sind also die Schauspieler, „nur an Possen und derlei gewöhnt"[14], die ihm nach seiner Ansicht die ernsten und poetischen Szenen verdorben hätten. Bauernfeld gewinnt den Eindruck, daß sich Raimund von gewissen Effekten, die anderen nur pathetisch scheinen, Wunder versprochen hat, etwa von einer Tirade, in der Phalarius einen Löwen anredet. Daß sich danach in den schütteren Applaus auch leichtes Kichern gemengt hat, traf ihn schwer: „Warum hat das Publikum gelacht? Warum? Was ist daran zum Lachen?"

Und Bauernfeld schildert:[15]

„Hier sprang Raimund vom Tische auf und rezitierte den in Trochäen geschriebenen Monolog auswendig und mit flammendem Auge, mit den heftigsten Gestikulationen und mit einer heiseren Donnerstimme, die immer accelerato darauf losging, bis sie polternd-unverständlich erlosch, was eine kunstvoll nachgeahmte Seelen- und Körpererschöpfung des Helden hätte ausdrücken sollen.

Raimund hielt inne; Landner, den er als Löwen apostrophiert hatte, machte ein Schafsgesicht und ich wußte nicht, was ich sagen sollte, schwieg also und wartete die Dinge ab. Da stellte sich der tragische Komiker dicht vor mich hin und sagte mit dem Tone der tiefinnersten Überzeugung: ‚Sehen Sie, hätte der Mensch die Stelle so gesprochen, dann hätt' sie Furore machen müssen!'"

Bauernfeld hat seine Zweifel und denkt sich, daß das Publikum angesichts des heldenhaft deklamierenden Raimund erst recht gelacht hätte. Aber er findet wohl richtigerweise, daß er dem armen Raimund schon genug zugesetzt hat, und gibt ihm folglich recht, zumal ja stimmt, daß die Aufführung dem Stück nur zum Nachteil gereicht hat:

„Damit gab sich der kindliche Dichter zufrieden und umarmte mich von Herzen. Landner hatte während der ganzen Mahlzeit und wohl dreistündigen Diskussion den Mund nur zum Verschlingen geöffnet."

Aber nicht alle reagieren so gemäßigt und schließlich doch mit letztem Anstand wie Bauernfeld. Eine Handschrift aus der Sammlung von Raimund-Forscher Fritz Brukner, im Materialienband der großen Raimund-Ausgabe aufgenommen, offenbart den ganzen hemmungslosen Haß, den Adolf Bäuerle gegen Raimund empfindet. Es handelt sich bei diesem Dokument um einen unvollendeten und vielleicht nicht abgeschickten

Brief an Theodor Hell, den Herausgeber der „Dresdner Abendzeitung“, und reicht aus, um die Unversöhnlichkeit des Neiderfüllten zu charakterisieren, der nicht die Größe hat, das Format des anderen zu erkennen und anzuerkennen. Vielmehr ergießt er sich in schäumenden Tiraden auf den scheinbar Überschätzten, während er sich selbst offenbar unterschätzt und geringgeachtet fühlt.

Raimund ist in Bäuerles Augen ein „lächerlicher Abgott“[16] jener Leute, die (damit kommt er in falscher Bescheidenheit gleich zum springenden Punkt) seine, Bäuerles „schwache Verdienste vollends in den Schatten“ stellen. Er fühlt sich folglich „fast ganz verschüchtert“, wie er kriecherisch für einen Lobesartikel, den Hell ihm gewidmet hat, dankt, durch die „Geißelhiebe“, welche Raimunds Anhänger bei jeder Gelegenheit auf mich landen!“ Tatsächlich kann ja Bäuerle, so wie Meisl und Gleich, jetzt nicht mehr schlampige Dutzendware liefern, in der angenehmen Gewißheit, daß nichts Besseres da ist. Welch ein Genuß nun, erstmals von dem vollen Mißerfolg des Mannes, dem so viel „Weihrauch“ gestreut wurde, zu berichten![17]

„Vorgestern wurde sein neuestes Stück: ‚Die unheilbringende Krone‘ aufgeführt. Tausende von Götzendienern waren versammelt; diesen zweiten Shakespeare, wie sie ihn nennen, zum letzten Himmel emporzuheben; aber was tat ihr Götze; er ließ sie im Stiche; statt ein gutes Stück zu schreiben, schrieb er ein schlechtes, und die zahllosen Überschätzer, die wenn sie nicht gewaltsam aus ihrer Lethargie aufgerüttelt werden, gestanden sich, daß sie sich diesmal getäuscht, daß sie eine höchst schlechte Komödie binnen vier langen Stunden (so dehnte sich das Stück) verdauen mußten! –

Oder glauben diese Überschätzer im Ernst, dieser Raimund ist ein Shakespeare? Schämen sie sich nicht vor dem Ausland, welches auf den Kunstgeschmack im großen Wien überhaupt verächtlich hinblicken muß – wenn es solche Übertreibungen mit ansieht? Ist ein gesunder Sinn in diesen Stücken? Hat man das je gehört, daß ein Dichter fünf tragische Könige auf ein Volkstheater zu verpflanzen wagte, mit denen ein Schneidergeselle spielt und zu ihrer Rettung auf einem Ochsen durch die Luft reitet?! Hat man je gehört, daß die Zufriedenheit gegen den Haß einen Verfolgungskrieg führt, und die Jugend ihr Adieu sagend, gleich das Hohe Alter nach sich zieht? O geht weg mit solchen Alfanzereien, dem besseren Geschmack zum Hohn, und lacht dereinst nicht über euch selber, daß ihr wähnt, Leute mit einem kranken Gehirn seien Poeten, und Goethe und Schiller und jener englische Riese seien Schattengestalten gegen den Aschenmann Raimund.

Ehre dem Ehre gebührt, wenn Raimund bei seinen Volksstücken geblieben wäre; der Barometermacher, der Diamant des Geisterkönigs, das sind Gebilde, welche die komische Muse in’s Leben rief und eine ordentliche Handlung auf den Brettern erhielt. Ein ordentlicher Gang; ein unschuldiger Scherz, glücklich gehaltene – wenn auch längst verbrauchte – Charaktere, zwar Schlafrocksgedanken in einer Pantoffelsprache, aber für die Leopoldstadt immer gut, wo es Schauspieler gibt, die das Unverbesserlichste besser machen, aber diese ‚gefesselte Phantasie‘, diese

Mißgeburt; dieses zweiköpfige Ungeheuer Rita-Christine, welches links auf Stelzen geht, rechts im Bierhaus sich auf den Boden kollert, dieses ‚Feenmädchen', mit seiner Aquadofana-Moral, die man noch in sechs Monaten nicht aus den Knochen bringt; diese ‚unheilbringende Krone', dieses Mosaik von Schwulst und Trivialität, von Pathos und Fischweiberspaß; dieser ‚Moisasur' und ‚Alpenkönig', diese Musterkarten von Irrsinn und Begeisterung eines Betrunkenen; dieses Gemengsel von Flüchen, Verwünschungen, Sentenzen und Bajazzospässen; diese Hungersnot an natürlichen Motiven – ich muß auf ein anderes Thema kommen oder die Wiener beweinen, denen neugeprägte Kupferkreuzer wie Luisd'or aus der Münze erscheinen! –

Also diese ‚Zauberkrone' ist zum Teufel gegangen und das von Rechtswegen. Dieses, Freund, kann Ihnen eine liebe Notiz sein – denn wenn man auf dem Wienerberg steht, ist man noch nicht auf dem Himalaya, und wenn man Herr Raimund ist, ist man noch nicht Shakespeare. Übrigens sollte einer einmal hintreten und sollte sagen, was Lob heißt und Lobhudelei; die Wiener sind gescheite Leute, sie werden zu sich kommen, und ich wünschte es könnte mein Brief gedruckt werden – mit einem Eingang und Ausgang von Ihrer Hand – doch in die elegante Zeitung oder in die Leipziger Mode Zeitung oder in die Abendzeitung, weil man die hier am meisten liest, aber freilich dürfte man weder meinen Namen nennen, noch meine Stücke anführen, denn ich schwöre Ihnen, ich wäre hier meines Lebens nicht sicher.

Lassen Sie mich also an Ihrem Busen meinen Kummer ausschütten: ich habe niemand, dem ich vertrauungsvoll entgegentreten kann, überall würde man Neid für die Triebfeder meines Unwillen halten, und Gott ist mein Zeuge um baren Wahnsinn beneide ich niemand! Aber leid ist mir um die Bühne, die durch Raimunds Faseleien ins Elend stürzt; leid um den harmlosen Jokus, den dieser Napoleon in der Praterstraße zum Schergen des Lazaretts erniedrigt, und dem er den Fuß an den Hin . . ."

Hier bricht der Brief ab.

Natürlich muß die große Liebe und Bewunderung, die Raimund bei Leuten wie Costenoble und anderen, die nicht ohne Gewicht sind, erntet, eine negative Kehrseite haben. Davon gibt Bäuerle zweifellos den extremsten Ausdruck. Raimund hat, so sehr er zu Verfolgungswahn neigt, nicht völlig unrecht, wenn er sich von Feinden umgeben wähnt. Und diesen hat er mit der „Unheilbringenden Krone" die beste Handhabe für Häme, Mißgunst und Schadenfreude gegeben . . .

Aber auch jene, die Raimund so ehrlich hochschätzen wie Grillparzer, der extra noch die Protektion für einen Sperrsitz zur Premiere erbeten hat[18], vermögen ihm diesmal auf seinem Weg nicht zu folgen. Grillparzer notiert in seinem Tagebuch, gewiß vor allem in Hinblick auf dieses Stück, was er Raimund sagen will:[19]

„Zu Raimund. Das Ernste ist in Ihnen blos bildlose Melancholie; wie Sie es nach außen darzustellen suchen, zerfließt es in unkörperliche Luft. Im Komischen haben Sie mehr Freiheit und gewinnen Gestalten. Dahin sollte Ihre Tätigkeit gehen!"

Möglicherweise hat Grillparzer Raimund das auch einmal im persönlichen Gespräch angedeutet. Jedenfalls reagiert dieser so, als hätte er sich diese Worte (verletzt wohl!) zu Herzen genommen: Erst einmal mit langem Schweigen. Und dann mit dem „Verschwender".

Das – scheinbare – Versagen eines Mannes wie Raimund ist ebenso sehr eine öffentliche Angelegenheit wie seine Triumphe. Man geht nicht gleich zur Tagesordnung über – außer zu jener des Theaters, die besagt, daß erfolglose Stücke aus dem Repertoire verschwinden. Nur einen Monat lang hält sich die „Zauberkrone" auf dem Spielplan, und es wäre womöglich nicht einmal so lange gewesen, hätte der Direktor nicht Raimund geheißen (hier darf man einmal annehmen, daß er für sich agitiert).

Die Parodie läßt nicht lange auf sich warten. Schon am 9. Jänner 1830 schlägt Carl Carl im Theater an der Wien zu. Wer immer ihm auch die parodierende Posse „Die goldpapierne Zauberkrone oder Nichts ist unmöglich" geschrieben haben mag[20], er selbst tritt jedenfalls als „Phalarius, ein vazierender Feldherr" auf, und Wenzl Scholz ist „Zitternadel, ein Flickschneider, voller Spaß".

Raimund hat sich tatsächlich das allseitige Mißfallen zugezogen. Als man im September 1830 an der Leopoldstadt das Stück unter dem Titel „Die Zauberkrone oder Herrscher ohne Reich, Held ohne Mut", mit, wie es heißt, „nötigen Abkürzungen vom Verfasser der ‚Julerl'" (das ist Karl Meisl) wieder aufführt, ist Raimund schon nicht mehr Direktor des Theaters in der Leopoldstadt. Die Idee, er könnte erlaubt haben, daß Karl Meisl sein Stück „verbessert", ist einfach absurd.

EIN DIREKTOR DANKT AB

„Selten für seine Berufspflichten zu finden“

Der Mißerfolg der „Unheilbringenden Krone“ verschlechtert, soweit das überhaupt noch möglich ist, das Verhältnis zwischen Raimund und Steinkeller. Da das Stück nicht die großen Summen einspielt, die man von einem „neuen Raimund“ gewohnt ist, will Steinkeller das zugesicherte Honorar von 600 fl. nicht zahlen. Raimund muß sich an den Magistrat wenden, um zu seinem Recht zu kommen, die Summe also regelrecht einklagen.[1] Am 30. April 1830 läßt er Steinkeller, gleichfalls offiziell durch den Magistrat, wissen, daß er seine am 24. Jänner 1831 auslaufende Direktionstätigkeit am Theater an der Leopoldstadt keinesfalls verlängern werde.

Mittlerweile strebt auch der „Fall Krones“ seinem Finale zu. „Julerl, die Putzmacherin“ von Karl Meisl war am 12. September 1829 ihre vorletzte Premiere gewesen, „Frau von Drescherl oder die verlorene Brieftasche“ von Gleich am 30. Dezember 1829 ihre letzte. Beide Stücke sind große Erfolge, die „Julerl“ wird sofort ein Dauerbrenner, und mit der „Frau von Drescherl“ wäre es nicht anders gewesen, aber Rudolf Steinkeller setzt zu einem neuerlichen rabiaten Wüten an, das ihn nun, innerhalb von etwas mehr als einem halben Jahr, die drei letzten großen und zugleich wichtigsten Kräfte des Hauses kosten soll: zuerst Therese Krones, dann Ignaz Schuster, schließlich Ferdinand Raimund.

Was zwischen Steinkeller und der Krones genau vorgefallen ist, haben auch ihre Biographen und Dissertanten nicht herausbekommen können. Steinkellers „Unduldsamkeit“ und die „Brutalität, mit der er die Schauspieler seiner Bühne behandelt“[2] ist der Krones, die gewohnt war, wie ein Star auf Händen getragen zu werden, sicher zu viel geworden. Sie hat es mit ihren strahlenden 28 Jahren und ihrem Ruhm überhaupt nicht nötig, sich von Steinkeller länger quälen zu lassen, sie wird mit Angeboten überhäuft – Berlin, Prag, die anderen Wiener Vorstadttheater fragen an, und Therese Krones verlängert im Jänner 1830 ihren auslaufenden Vertrag mit der Leopoldstadt nicht. Für die großen Zukunftspläne, die sie gehegt haben mag, bleibt ihr allerdings keine Zeit mehr. Obwohl sie immer wieder krank ist, trifft dann im Dezember 1830 die Nachricht ihres Ablebens doch alle überraschend ...

Immerhin, Steinkeller hat die Krones nicht „entlassen“, aber zweifellos in hohem Maß provoziert. Raimund, absolut hilflos angesichts dieses Verhaltens, flieht in die Natur, so oft es möglich ist, und verschleißt seine Kräfte nicht mehr in einem Kampf, in dem er für sich und andere nichts mehr bewirken kann. Selbst wenn er Steinkeller das Beispiel des Phalarius vor Augen gestellt hat – dieser hat es nicht auf sich bezogen, hat nichts gelernt, und im wirklichen Leben stellt sich ihm niemand entgegen, nicht einmal Raimund/Simplizius ...

Am 23. Jänner 1830 ist die Krones letztmals an der Leopoldstadt aufgetreten – das mag für Theaterfreunde eine „Katastrophe" gewesen sein. Eine andere Katastrophe jedoch begibt sich in der Nacht vom 28. Februar auf den 1. März, als nach 13 Wochen, die die Donau zugefroren war, plötzliches Tauwetter einen Eisstoß auf dem Strom bewirkt und mehrere Vorstädte schwer überschwemmt werden, darunter die Leopoldstadt, die Jägerzeile, die Rossau, Lichtenthal, die Alservorstadt u. a., aber auch tiefergelegene Teile der Inneren Stadt. Die Überschwemmung richtet schweren Sachschaden an und kostet auch Menschenleben. Zeitgenössische Bilder zeigen das „Weintraubenhaus", in dem Raimund bekanntlich im 2. Stock wohnt, tief unter Wasser – möglicherweise reichte es aber nicht bis zu seiner Wohnung hinauf. Das Theater in der Leopoldstadt selbst, wo am Abend vor dem Unglück noch der „Alpenkönig" gespielt wurde, muß vom 1. bis zum 6. März geschlossen bleiben, bis die Wasserschäden beseitigt sind. Das Gelegenheitsstück für den 7. März heißt dann „Die Wassernot" ...

Den Schilderungen nach muß es eine schaurige Katastrophennacht gewesen sein, als nach Mitternacht das Wasser innerhalb weniger Minuten dramatisch zu steigen beginnt und alle Präventivmaßnahmen, die schon gesetzt wurden, wie Schrägen, Treppen und Kähne, wegfegt. Es ist stockfinster, und außerdem hebt ein heftiger Sturm an. Man weiß nichts von Raimund in dieser Nacht, wenn er zuhause war, ist er mit dem Schrecken und der Sorge um Toni davongekommen. Grillparzer hat das Grauen dieser Überschwemmung in seiner Novelle „Der arme Spielmann" festgehalten – es ist kein Stoff für Dramatiker. Immerhin, ein paar Stunden vor der Katastrophe noch ist Herrn Rappelkopf durch den Einsatz der Bühnemaschinerie das Wasser bis zum Hals gestanden.

Vom 4. bis zum 11. April 1830 ist das Theater der Osterferien wegen traditionellerweise geschlossen, und Raimund erweist sich als Mann spontaner Entschlüsse, wenn er am Palmsonntag früh bei Josef Schmidt (dem Reisegefährten der abgebrochenen Sommerfahrt von 1826) eintrifft. Tatsächlich ist es so früh, daß sich Schmidt noch „ganz in Neglige" befindet.[3] Raimund lädt ihn zu einer „Spazierfahrt nach Grätz" (die damalige Schreibung für Graz) ein, was selbst heutzutage, mit dreistündiger Bahn- oder Autofahrt von Wien aus, zumindest ein beachtlicher Ausflug ist. Nicht jeder hätte, zumal damals, als man noch sehr umständlich „reist", ohne Zögern ja gesagt und wäre innerhalb kürzester Zeit reisefertig gewesen. Schmidt jedoch, offenbar Junggeselle, tut es und erweist sich damit in diesem Jahr als idealer Reisegefährte Raimunds, der ihn dann auch auf seine Sommerreise mitnehmen wird. Und die Nachwelt muß Schmidt, wie schon vier Jahre davor, für ein ausführliches Tagebuch dankbar sein, das nicht nur detaillierten Einblick in die Reiseroute, sondern auch in Raimunds Seelenzustand gewährt.

Raimund hat Schmidt und seinen Kollegen aus der Leopoldstadt, Kemeter, zu dieser Fahrt eingeladen und offenbar einen eigenen Wagen

Das Hochwasser in der Leopoldstadt, in der Nacht von 28. Februar zum 1. März 1830

dafür gemietet, der täglich 14 fl. W. W. (14 Gulden Wiener Währung – die Krones bekam zuletzt für ein Auftreten 100 Gulden Wiener Währung Abendgage) kostet. Was mit Raimunds eigener Kutsche geschehen ist, geht aus keiner Andeutung hervor, aber für seine oftmaligen Ausflüge nach Gutenstein in späteren Jahren hat er zweifellos ein eigenes Gefährt.

Nach einem Mittagessen besteigen die drei Herren um 3 Uhr nachmittags den Wagen in Hietzing und kommen am selben Abend bis Wiener Neustadt. Raimund hat es offenbar wieder auf Fußwanderungen angelegt, denn tags darauf marschieren sie von Schottwien aus auf das Schloß Klamm und zu den Adlitzgräben und nachmittags dann durch dicken Nebel zu Fuß auf den Semmering. Auf der Paßhöhe werden sie von einem „tüchtigen Donnerwetter" heimgesucht[4] und nehmen folglich in Mürzzuschlag wieder den Wagen.

Abends versuchen Raimund und Kemeter dann in gemeinsamem Bemühen Schmidt in die Geheimnisse des Tarocks einzuweihen, aber dieser stellt sich eher ungeschickt an, was ihn zu der fast rührenden Anmerkung veranlaßt: „... aber ich werde es nie zur Vollkommenheit bringen, es geht mir im Kartenspiel wie mit allem Übrigen in der Welt."

Tags darauf ist es kalt, ja vereist, darum wandert die Herrenrunde nicht. Vielmehr fahren sie über Frohnleiten nach Graz, wo sie beim „Wilden Mann" absteigen.

In Graz macht Raimund einige Besuche, dann wandern sie zur Burg Gösting und auf den Jungfernsprung. Nachmittags besuchen sie das Joanneum. Der Führer will im Münzkabinett auch eine auf Raimund geprägte Münze zeigen, kann sie aber nicht finden – „wie staunte er nicht, als ich ihn mit dem Original bekanntmachte", vermerkt Schmidt in seinem Tagebuch. Abends machen sie es sich auf Männerart bei einem Bier gemütlich.

Tags darauf treten sie schon den Rückweg an, besteigen die Ruinen von Rabenstein und treffen beim Mittagessen in Frohnleiten „eine sehr artige Venuspriesterin von Wien (...), mit deren Geplauder wir uns gut unterhielten".[5] Auch das ist als Beweis dafür zu nehmen, wie locker sich Raimund in Tonis Abwesenheit fühlt. In Wien, dauernd unter dem Druck von Bespitzelung und Vorwürfen, hat er einmal sogar die Ausfahrt mit einem Bekannten abgelehnt, nur weil dieser dazu seine nicht angetraute Freundin mitnehmen wollte. Hier, vor Klatsch und Tratsch sicher, verhält er sich offenbar völlig unverkrampft. Und Schmidts mehrfache Hinweise auf „artige"[6] oder „freundliche"[7] Kellnerinnen zeigen, daß zumindest er persönlich einem Flirt nicht abgeneigt ist, ohne daß Raimund im geringsten „moralische" Entrüstung gezeigt hätte.

Am Abend kommen sie bis Aflenz, und tags darauf lassen sie den Wagen wieder leer fahren und wandern bei Seewiesen und dem Seeberg oft „durch mannshohe Schneewände".[8] Beim Anwesen des Erzherzogs Johann, dem Brandhof, warten sie auf den Wagen, vergeblich, marschieren weiter, warten wieder. Endlich kommt er mit großer Verspätung, weil es ihm ohne Hilfe nicht möglich war, durch den Schnee zu kommen.

In Mariazell kehren sie beim Bäcker ein, bekommen trotz des Karfreitags Fleisch angeboten, fasten aber „als gute Christen ... nach allen Regeln".[9] Nach Übermut und Entspanntheit klingt es, wenn die drei Herren beim Erlaufsee, zu dem sie nach Tisch hinspazieren, „einige Pistolen" abfeuern, doch dann, wiederum als gute Christen, abends das Heilige Grab in der Kirche besuchen.

Am Karsamstag gehen sie über den Josephsberg zum Lassingfall, trotz der Warnung eines Bauernjungen, daß sich der Weg in einem gefährlichen Zustand befinde. Sie lassen sich nicht abhalten und stehen dann in der Felsenschlucht, „worin die Lassing rauscht"[10], tatsächlich vor einem weggerissenen Weg: Sie müssen ein stockhohes, beinahe senkrechtes Felsenstück hinunterklettern, um zu einem schmalen, geländerlosen Balken zu kommen, der von diesem Felsen zu einem anderen auf der entgegengesetzten Seite führt. Darunter wälzt sich der Fluß „in beträchtlicher Tiefe", und dem armen Schmidt wird bei diesem Abenteuer grün vor den Augen ... Aber sie bestehen die Kletterei gut, kommen mittags nach Annaberg und erreichen, nach einer Verzögerung durch ein Gewitter, abends Lilienfeld.

Am Ostersonntag, dem 11. April 1830, fahren sie über Hainfeld nach Altenmarkt und gehen von da zu Fuß nach Gaaden. Abends sind sie wohlbehalten wieder in Wien. „Freund Raimund war sehr großmütig und ließ mich nicht einen Kreuzer bezahlen, auch war er ziemlich heiter und mehrte dadurch auch mein Vergnügen."[11]

Dann aber steht nichts mehr zwischen ihm und dem nächsten Kampf mit Rudolf Steinkeller.

Die folgenden Monate sind dadurch gekennzeichnet, daß Raimund noch vier neue, aber gänzlich unbedeutende Stücke durch sein Auftreten darin aufwertet. Wenn er am 15. April 1830 als Herr von Montefiascone in „Finette Aschenbrödel oder Rose und Schuh" auf der Bühne steht, so leistet er darin einer ambitionierten Kollegin Schützenhilfe. So wie sich Therese Krones selbst Stücke schrieb, tut es auch Auguste Schreiber, und es gelingt ihr wenigstens, Raimund eine Vorlage zu liefern, in der er in obligater Form brillieren kann.[12] Es folgt das Stück „Alcidor“ von Johann Eduard Gulden, worin Raimund in der Rolle des Bedienten Grünspan mit stürmischem Erfolg eine Arie aus „Die Stumme von Portici“ parodiert. Als Hausmeister Lorenz in „Alle haben's faustdick hinter den Ohren“ hilft er wieder einem Produkt von Meisl auf die Beine, und auch „Der schwarze Bräutigam oder Alles à la Mohr“ stammt aus dessen Feder. Die letzte Premierenkritik, die Raimund als Schauspieler in einem Stück erntet, das nicht von ihm selbst stammt, klingt wie ein beschwörender Abgesang, wenn da steht, er sei eine „wahre Perle für diese Bühne“.[13]

Die größte Sensation aber ergibt sich am 11. und am 18. Juni 1830, als zur Realität wird, was mehr als ein Jahrzehnt nicht möglich schien und auch niemand mehr für möglich gehalten hat: Raimund und Ignaz Schuster stehen zugleich auf der Bühne. Es ist beider Schwanengesang auf „ihre“ Leopoldstadt, als ob sie ahnen würden, daß es nicht mehr lange dauern wird. „Evakathel und Schnudi“, eine der ältesten, hundertfach gespielten Possen des Hauses aus der Feder von Hafner und Perinet, sieht neben Raimunds Prinz Schnudi auch den Pampstig von Ignaz Schuster. Es ist ein Fest für das Publikum, kurz bevor der Leopoldstädter Vorhang für beide fällt, und man kann annehmen, daß die jahrelange Rivalität nun auch wirklich ausgestanden ist, persönliche Ressentiments ausgeräumt sind, und daß es keine leere Geste ist, wenn sie am Schluß der Vorstellung Hand in Hand erscheinen.[14]

Sie wiederholen das Zusammenspiel ein paar Tage später, als Schuster im „Diamanten des Geisterkönigs“ die von Korntheuer kreierte Rolle des Longimanus übernimmt und den Kritikern „origineller“ erscheint als dieser, „entfernt von jeder Manier“.[15] Dazu der nun 40jährige Raimund in der Rolle des furchtsamen Dieners Florian Waschblau in einem Stück, das er als Dichter längst „überwunden“ hat, wo er aber als Darsteller mit derselben Unermüdlichkeit agiert wie eh und je.

Noch einmal entfaltet das Wiener Volkstheater seinen vollen Glanz, und berechtigter Nationalstolz spricht aus der Behauptung, „daß weder eine Volksbühne Deutschlands noch die Vaudevillebühnen in Paris größere Volkskomiker aufzuweisen haben als diese beiden Künstler Raimund und Ignaz Schuster sind“[16], obwohl man nicht dafür die Hand ins Feuer legen möchte, daß der Rezensent die Vergleichsmöglichkeiten auch aus eigener Anschauung besitzt.

Immerhin, Raimund und Schuster stehen zusammen auf einer Bühne, beide reif und abgeklärt genug, um nicht gegeneinander, sondern miteinander zu spielen, keiner nimmt dem anderen etwas weg, jeder kommt auf seinen vollen Applaus. Vielleicht mögen sie – aber das ist nur eine Vermutung – in diesem Augenblick bedauert haben, nicht schon früher miteinander gespielt zu haben, denn große Partner können einander ja bei richtiger, von keiner Rivalität verzerrten Einstellung ungeheuer anspornen.

Für solche Überlegungen ist es damals aber zu spät, sie haben keine

K. K. privil. Theater in der Leopoldstadt.

Heute Freytag den 11. Juny 1830
wird im k. k. privil. Theater in der Leopoldstadt aufgeführt,
unter der Direction des Ferdinand Raimund:
Mit neuer Besetzung.

Evakathel und Schnudi,
oder: Die Belagerung von Ypsilon.

Caricatur-Oper in 2 Aufzügen, in Knittelreimen von Perinet. Mit Tableaux und komischen Märschen. Musik vom Kapellmeister Wenzel Müller.

Personen:

Pamstig, Tartan-Chan von Ypsilon — — —	Hr. Ign. Schuster.
Evakathel, dessen Tochter — — — —	Mad. Rohrbeck.
Hirzepirzel, Befehlshaber — — — —	Hr. Krammer.
Schnackerl, Befehlshaber — — — —	Hr. Erhartt.
Steinvogelkopf, Ceremonienmeister — — —	Hr. Landner.
Baumschabel, Hofpoet — — — — —	Hr. Schaffer.
Zimbimberl, Evakathels Vertraute — — —	Dlle. Schreiber.
Schnudi, ein kalmukischer Prinz — — —	Ferd. Raimund.
Diedeltapp, sein Freund — — — — —	Hr. Kemetner.
Saperdipix, ein kalmukischer Feldherr — — —	Hr. Bendl.
Trillerina, eine Sängerinn — — — —	Dlle. Jäger.
Ballerina, eine Tänzerinn — — — —	Dlle. Planer, C.
Winziwinzi, ein kleiner Schutzgeist — — —	Hr. Fermier.
Ein Hetzmeister — — — — — —	Hr. Freisinger.
Ein Friseurbube — — — — — —	Kl. Baditsch.

Hetzknechte. — Numeros. — Gassenjungen. — Tartarische und kalmukische Soldaten. — Heiducken. — Husaren. — Sclaven. — Volk. — Rauchfangkehrer. — Pagen. — Zwerge.

Die Handlung geht in der Hauptstadt Ypsilon vor.

Ferd. Raimund und Hr. Ign. Schuster werden die Ehre haben, obige Rollen neben einander zu geben.

Freyer Eintritt und Frey-Billette sind ungültig. — Der Anfang ist um 7 Uhr.

Gedruckt in der Praterstraße Nr. 415.

Das erste gemeinsame Auftreten von Raimund und Ignaz Schuster

gemeinsame Zukunft mehr auf dem Theater. Steinkeller hat die Stirn, Ignaz Schuster zu entlassen, „nachdem er 29 Jahre und etliche Monate engagiert war“, wie Wenzel Müller in seinem Tagebuch vermerkt.[17] Für Schuster ist dieses Finale weniger tragisch, als es im Moment aussieht – denn Steinkeller wird nun bald das Weite suchen müssen, und eine der ersten Taten seines Nachfolgers wird es sein, Schuster wieder zurückzuholen. Während Raimund von der Leopoldstadt weg „in die Welt“ geht, kehrt Schuster an seinen angestammten Platz zurück, absolviert in den Sommern seine üblichen Gastspiele in Baden und Preßburg, und wird am 14. Oktober 1835 in „Sylphide“ der (dann schon längst verstorbenen) Krones letztmals auf der Bühne stehen: gerade in jener Rolle, die Raimund einst mit Riesenerfolg kreiert hat, dem Eustachius Wolferl, aber im Wiener Volkstheater kommt es auf solche Kleinigkeiten nicht an...
Schuster stirbt am 6. November 1835, ein knappes Jahr vor Raimund.

Schusters Entlassung bringt für Raimund zweifellos den Krug zum Überlaufen. Trotzdem ist er zu einem entschlossen: Er läßt sich durch die ganze Angelegenheit seine Sommerreise nicht verderben.

Tatsächlich hat Steinkeller Schusters Entlassung so placiert, daß die Bombe zwei Tage vor Raimunds Abreise platzt. Der Eigentümer ist der Ansicht, ein Direktor dürfe ein Theater in einer solchen Situation nicht allein zurücklassen. Raimund hat die Polizeibezirksdirektion Leopoldstadt aber schon verständigt, daß ihn während seiner Abwesenheit Landner vertreten wird[18], und hat die Einwände dagegen (daß Landner „wegen seiner persönlichen Individualität und auch in anderen Beziehungen für die Ausfüllung dieses Platzes nicht geeignet schien“[19]) schlechtweg nicht zur Kenntnis genommen. Auch so kann man mit Ämtern umgehen – und als Raimund weg ist, muß man Landner unter Ermahnungen eben gewähren lassen. Zurück bleibt jedenfalls ein wutschnaubender und rachebrütender Steinkeller, der es einfach nicht für möglich hält, daß sich Raimund so über ihn hinweggesetzt hat. Nun wartet er nur auf Raimunds Rückkehr, um den Schlußkampf zu starten. Seine strategische Haupt-Aktion: Er engagiert einen Raimund-Ersatz . . .

Raimund fährt am 1. Juli ab, wieder in einem Wagen, den er zu denselben finanziellen Bedingungen gemietet hat wie zu Ostern. Sein Begleiter ist der getreue Schmidt, der genau um die höchstgespannte Situation in Raimunds Leben weiß und sich fest vornimmt, „auf dieser Reise so heiter als möglich zu sein und mich durch keine Sorgen quälen zu lassen und auch Raimund von der zu großen Beschäftigung mit ernsten Gegenständen abzuhalten und soviel in meinen Kräften stünde, zur allgemeinen Heiterkeit beizutragen.“[20] Ein weiterer Reisegefährte ist noch Franz Pitznig, seines Zeichens Herzoglich Anhalt-Bernburgerischer Rat.

Ursprünglich wollte man um 4 Uhr früh aufbrechen, aber dann hat der Kutscher die nötigen „Flechten“ vergessen, um das Gepäck der Herren aufzupacken. Während er in die Stadt fährt, sie zu holen, frühstückt man im Wagnerschen Kaffeehaus, wo Raimund von Toni Abschied nimmt. Dann gehen sie zum Stephansplatz und besteigen den Wagen.

Sie fahren nach Wiener Neustadt, wo sie noch vor dem Essen in guter Laune den Kirchturm besteigen und mit dem alten Schuhflicker, der dort oben wohnt, heftig über dessen Behauptung streiten, die darunterliegende Brücke sei die höchste Österreichs. Bevor sie in Schottwien übernachten, besteigen sie noch die Veste Klamm und gehen ein Stückchen in den Adlitzgraben, „um als Wiener nicht ohne Grabenpromenad schlafen zu müssen“[21], wie Schmidt in seinem Tagebuch in Bezug auf den Wiener „Graben“, eine Nobelstraße, die zum Stephansdom führt, witzelt.

Tags darauf brechen sie um Viertel vor 5 Uhr auf und gehen über den Semmering, werden aber durch Nebel der Aussicht beraubt. Immerhin kommen sie diesmal trocken auf die Höhe, nicht, wie bei der Osterreise, im Unwetter. An der Grenze simulieren die Herren übermütig einen Kampf, bevor sie in die Steiermark hinübergehen. In Mürzzuschlag erblicken sie den Wagen „Ih. H. d. F. E. H.“ (Ihrer Hoheit, der Frau Erzherzogin) – es ist Marie Louise, Napoleons Gattin, mit ihrem Sohn, dem Herzog von Reichstadt, aber sie bekommen die kaiserlichen Herrschaften selbst nicht zu Gesicht.

Eine Raimund-Szene: Ein kleiner Bauernjunge ist eben im Begriff, sein

Morgenbrot mit einem an der Straße sitzenden Bettler zu teilen. „Gerührt über die Wohltätigkeit des kleinen Semmeringers nahmen wir ihn in unsern Wagen und führten ihn mit Triumph in sein(en) Schulort Spitel" – mit dem kommentierenden Hinweis: „In die Herzen der Mitwelt muß man sich ein bleibendes Denkmal bauen."[22]

Über Krieglach fahren sie nach Mürzhofen. Marie Louise war offenbar nur ein Teil des kaiserlichen Hofes – überall ist man damit beschäftigt, Vorbereitungen für den Empfang des Kaiserpaares höchstselbst zu treffen. Mit derselben Neugierde, mit der schlichte Gemüter auch heute noch „Kaiser schauen" würden, versucht die kleine Raimundsche Reisegesellschaft, das Herrscherpaar zu erblicken. Und tatsächlich – „Seine Majestät, unser guter Kaiser" wechselt eben die Postpferde, „er sieht recht wohl aus, war freundlich mit dem Beamten des Ortes, und die Kaiserin beschenkte eine alte Bettlerin mit einer Banknote", berichtet Raimund an Toni[23] – und keinen Hauch von Ironie vermag man aus dieser Bemerkung zu lesen. Schmidt überliefert noch zusätzlich die Information, daß der Kaiser eine graue Uniform trägt, die Kaiserin ein gelbes Kleid und einen gelben Hut.

Über Bruck geht die Reise weiter nach Leoben, wo die Herren „den riesenhaftesten Salat, den man sehen kann"[24], speisen und Nachtquartier nehmen.

Als sie um halb sechs Uhr früh abfahren, beginnt es heftig zu regnen. Über die Unannehmlichkeiten des damaligen Reisens kann man aus manchen Details ein deutliches Bild gewinnen – wenn etwa Schmidt schildert, daß Pitznig, der keinen Mantel bei sich hat, sich einen wachsleinenen Kragen umlegt, in dem sich der Fahrtwind so verfängt, daß er wie ein Ballon aussieht (und Pitznig sich, ganz abgesehen davon, wohl auch noch tüchtig verkühlt). Sein Hut wird ihm vom Wind weggerissen, und er muß ganz schön hinterherlaufen, um ihn wieder einzufangen.

Mittags in Knittelfeld regnet es so stark, daß sie das Wirtshaus nicht verlassen können. Und man verdankt Schmidt eine der seltenen Schilderungen von Raimunds „männlicher" Natur, wenn er schreibt: „(Wir) unterhielten uns im Innern (des Wirtshauses, Anm.) so gut wir konnten, nämlich mit einer ganz artigen Kellnerin, welche Raimund unter melancholischen Betrachtungen in eine Fensterecke drückte und sich, ich weiß nicht, auf was für eine Art, sehr gut mit ihr unterhielt, und es schien, als käme ihm das prosaische Knittelfeld wie ein Rosen- oder Veilchenfeld vor."[25]

Aber die „kurzen Freuden sind die süßesten", philosophiert der Tagebuchschreiber, und so fahren sie wieder ab, als das Wetter es zuläßt, und erreichen Judenburg. Von dort geht es weiter nach Weißkirchen, das in den Pfingsttagen ganz abgebrannt war, vorbei an der Bergruine Eppenstein nach Obdach, wo sie Nachtlager nehmen. Hier will Schmidt eine Kellnerin diesmal mit Pitznig verkuppeln, aber es klappt nicht ...

Das Wetter bleibt schlecht. Daher fahren sie am Sonntag, dem 4. Juli 1830, für ihre Verhältnisse spät, nämlich um 7 Uhr früh, ab und nehmen den Weg durch den Obdacher Graben, vorbei an den Ruinen von Raubritterburgen. Eine Menge Leute befinden sich auf dem Weg in die Kirche und grüßen höflich, so daß sich die Reisenden vorkommen, als wären sie der Kaiser persönlich, „immer mußten wir, die Hand am Hut, rechts und links danken, welches wir, wie natürlich, mit vornehmer Leutseligkeit taten.“[26]

Aus solchen Details ist leicht ersichtlich, warum sich Raimund seine Reisen nicht nehmen läßt – selbst wenn er in Wien die schlimmsten Verhältnisse zurückläßt, innerhalb weniger Tage löst sich der Psychoterror, es wird ihm leichter zumute, die Griesgrämigkeit weicht sogar fröhlicher Stimmung, wenn ihn nicht irgendeine Grübelei erhascht, und auch später werden Zeitgenossen, die mit Raimund auf dem Land zusammen sind (etwa der Theatermaler Michael Mayr mit ihm in Gutenstein), feststellen, wie sehr sich sein Wesen in der Natur zum Guten verändert.

Über Reichenfels, St. Leonhard und Schlatt kommen sie zu Mittag nach Wolfsberg im Lavanttal, wo Raimund und Pitznig nach Tisch den Grafen Rosthorn auf ihrem Schloß einen Besuch abstatten. Abends besuchen sie die Theatervorstellung, die von der Gesellschaft des Klagenfurter Theaters allerdings „in einem infamen Lokale“ bestritten werden muß.[27] Das hält Raimund vom Besuch nicht ab – sein Interesse am Theater ist elementar, er betrachtet es nie, wie viele Kollegen, nur aus dem engen Blickwinkel des ganz persönlichen Wirkens, sondern möchte vom Burgtheater bis zur letzten Schmiere möglichst alles sehen, süchtig nach diesem seinem Lebenselement.

Die Herren Rosthorn – Franz, Matthias und August, drei wohlhabende Brüder – sind begeistert über den berühmten Gast und nehmen sich alle Mühe, Raimund und seinen Freunden jegliche Gastfreundschaft zu erzeigen. Darauf beschließt man – Raimunds Reisen haben zwar Fixpunkte, dazwischen wird aber immer improvisiert –, noch einen Tag in Wolfsberg zu bleiben. Schon das Frühstück nehmen sie bei der Familie Rosthorn ein. Als Franz Rosthorn von seiner Besteigung des Großglockners erzählt, erwacht in Raimund heftige Lust, sich gleichfalls auf dieses Unternehmen einzulassen – „so wie überhaupt nur Wagstücke, besonders im Ersteigen von Bergen, ihn anlocken, dagegen hat er eine eigene Furcht vor Räubern und verrammelt in jedem Ort, wo wir schliefen, auf das sorgfältigste die Türen, und legte immer geladene Pistolen zu seinem Bett“, notiert Schmidt diesen Widerspruch, der eigentlich keiner ist. Raimund hat eben nur gelernt, die Menschen, nicht aber, die Natur zu fürchten.

Raimunds Versuch, Franz Rosthorn zu bewegen, er möge ihn auf den Glockner begleiten, schlägt allerdings fehl, denn dieser hat keine Lust auf eine Wiederholung des Unternehmens. Vormittags besichtigen sie die Hammer- und Walzwerke sowie die Hochöfen der drei Brüder, die allerdings nicht nur frühe Industrielle sind, sondern auch schöngeistige Ambitionen haben. August besitzt eine sehr eindrucksvolle Bibliothek, Franz bemerkenswerte Bilder, eine merkwürdige geognotische Sammlung (und eine liebenswürdige Frau).[28]

Bei der Besichtigung von Folterwerkzeugen im alten Amtsturm können sich die Reisenden so richtig freuen, in einem aufgeklärten Zeitalter zu leben, wo man nicht mehr „so leicht das unglückliche Opfer einer grausamen Willkür sein konnte“, wie Schmidt meint.[29]

Als die Gäste mittags bei Matthias Rosthorn speisen, entspinnt sich ein komischer, aber interessanter Streit zwischen dessen Frau und Raimund. Das Gespräch kommt auf die Medizin, und Rosthorns Gattin ist die Tochter eines nach konventionellen Methoden „allopathisch" arbeitenden Arztes. Raimund dagegen ist ein begeisterter Anhänger der „Homöopathie", die zu diesem Zeitpunkt erst jüngeren Datums und noch vielfach umstritten ist. Allerdings trifft der „Erfinder" der Homöopathie, Samuel Hahnemann, als er seine Theorien 1810 verkündet, auf eine Schulmedizin unerfreulichster Art. Da werden Arzneien aus vielerlei Ingredienzien zusammengemischt, mitunter aus Stoffen, die einander entgegenwirken und den Patienten nur schaden; da gibt es noch die alten Methoden der „Contrastimulierung" etwa durch Blutabnahmen; Brech- oder Abführmittel sind oft der Weisheit letzter Schluß. Dagegen verkündet die Homöopathie die Anwendung von Naturheilmitteln, und da alles, was mit Natur zusammenhängt, für Raimund ohnedies heilig ist, mußte er sich zu einem engagierten Anhänger solcher Behandlungsmethoden entwickeln. Dr. Lichtenfels hatte ihn schließlich solcherart geheilt – und sollte es nur ein Placebo-Effekt gewesen sein aufgrund der Überzeugung, daß ihm nur die geliebte Natur helfen könne. Raimund hat jedenfalls positive Erfahrungen damit gemacht und wirft sich für die Homöopathie in den Kampf.

Die Auseinandersetzung tut aber Raimunds guter Laune offensichtlich nicht den geringsten Abbruch. Man besichtigt in Golnitz ein weiteres Hammerwerk und versucht, ob man wohl die Arbeit der dort beschäftigten Schmiede übernehmen könnte, was kläglich fehlschlägt. Nach ein paar Gläsern guten Weins besteht Raimund darauf, „beim Nachhausefahren kutschieren zu wollen und ließ sich durchaus nicht davon abbringen. Ich war etwas besorgt, denn die Pferde waren jung und er mit dem Weg nicht bekannt, ich saß daher immer auf dem Sprung, jedoch kamen wir glücklich wieder nach Wolfsberg."[30]

Für den nächsten Tag verabredet man mit den Rosthorns eine Partie auf die Choralpe. Als Raimund und seine Begleiter um 4 Uhr früh erscheinen, sind die Jäger und Träger zwar schon da, nicht aber die Rosthorns selbst, die es einfach nicht für möglich gehalten haben, daß die Städter so früh aufstehen würden. Also geht es erst um 6 Uhr los. Franz und Matthias Rosthorn, zwei Jäger und zwei Träger begleiten die Gäste. „Raimund und Pitznig sehen kaum die Gewehre bei den Jägern, als sie wie rasend darüber herfielen, und jeder eines über die Schulter nahm, um sie geladen den Berg hinaus und geladen wieder herunter zu tragen", spöttelt Schmidt in seinen Tagebuch-Aufzeichnungen.[31]

Als sie bei der Eisenbrunnen genannten Quelle anlangen, ist der Homöopath Raimund in seinem Element und behauptet fortwährend, „es gebe nichts nervenstärkenderes" als solches Wasser.[32] Es wird ein kalter Ausflug in großartiger Landschaft, mit wunderbarer Aussicht. Da sich die Tiere des Waldes zu ihrem Glück verzogen haben, versucht man sich am Scheibenschießen, aber selbst dieses ruhige Ziel trifft Raimund nicht.[33]

Mit diesen Tagen in Wolfsberg enden die erhaltenen Tagebuchaufzeichnungen von Schmidt, die für die Nachwelt die rare Gelegenheit darstellen, Raimund ein paar Tage lang „hautnah" erlebt zu haben, aus den Augen eines Betrachters, dem Zuneigung und Wohlwollen keineswegs den Blick für das Wesen des Freundes getrübt haben.

Die Reise geht weiter nach Klagenfurt, wo Raimund erstmals Zeit findet, Toni einen Brief zu schreiben und ihr zu versichern, daß er sich wohl befinde und seine „Unannehmlichkeiten in Wien unterdessen aus dem Gedächtnis gejagt" habe.[34] Der Weg führt weiter nach Innsbruck, wo er Nachricht von Toni über einen „rachebrütenden Steinkeller" vorfindet:[35] „Vermutlich hat er meine gerichtliche Abdankung erhalten", mutmaßt Raimund, „und beginnt schon vor meiner Ankunft die Reihe der Neckereien, welche ich durch das Finale meines Kontrakts werde erdulden müssen."[36]

Von Innsbruck geht die Reise nach München, wo Raimund nicht nur die Naturschönheiten Bayerns erwarten, sondern auch mannigfaltige Ehrungen, die ihm zweifellos seelisch wohltun. Er, der in Wien nicht „burgtheaterfähig" ist und es zu seinen Lebzeiten auch nie sein wird, sieht sich hier von Johann Nepomuk Freiherr von Poissl, seit 1823 Intendant des Königlich Bayrischen Hoftheaters, mit aller Ehrerbietung empfangen. Sofort trägt man ihm an, in München zu gastieren, und Raimund – der das Ende an der Leopoldstadt vor Augen hat – sagt zu, unmittelbar nach Beendigung seines Wiener Vertrags nach München zu kommen. Da er den Februar nächsten Jahres nennt, heißt das, daß er zu diesem Zeitpunkt noch glaubt, er könne bis zum Schluß ausharren – eine Rechnung, die er ohne Steinkeller macht ...

Wie muß sich ein Künstler fühlen, der die Frage des Honorars anschneidet und von einem Intendanten die Antwort erhält, „kein Preis" sei ihm „zu hoch für einen wahren Künstler".[37] Daß die Dinge in München so günstig stehen, tröstet Raimund über Steinkellers „undankbare Behandlung"[38] hinweg und eröffnet ihm den Blick in eine Zukunft außerhalb Wiens. Zu erwägen ist, daß Raimund diesen seinen ersten Besuch in die bayrische Metropole unternahm, um die Gastspielsituation zu ventilieren. Die Begeisterung, mit der er auf das Angebot Poissls eingeht, zeigt jedenfalls, daß er dergleichen zumindest schon überdacht hat. Und auch in anderer Hinsicht zeigt sich München Raimund gegenüber von seiner besten Seite – so, wie er in Wien längst gesuchter Gast in ersten Häusern ist, gibt es auch hier schmeichelhafte Einladungen, etwa bei dem österreichischen Historiker Baron Hormayr, der seit 1828 in München lebt (Grillparzer hat aus dessen Geschichtswerken Quellenmaterial für seine Dramen geschöpft), oder bei dem dichtenden bayrischen Innenminister Eduard von Schenk.

Im übrigen erlebt Raimund an sich ein bekanntes Phänomen: Wie viele Wiener verspürt er, soviele Vorbehalte er gegen die Heimatstadt auch hegen mag, im Ausland heftigen Lokalpatriotismus. So sehr ihm München gefällt, „so kann ich keinen Vergleich mit meiner lieben Vaterstadt, mit meinem guten Österreich machen, dessen Wert man erst wahrhaft kennen lernt, wenn man reiset", schreibt Raimund an Toni[39] – und das ist keine „Abdankung" mit dem Ziel, jemandem zu schmeicheln, sondern die Feststellung eines Künstlers, der gelernt hat, unter Wien und den Wienern zu leiden, ohne selbst das Wienerische in sich tilgen zu können.

Raimund bleibt einige Tage in München, um die Kunstschätze der Stadt zu bewundern, und fährt dann über Gmunden und Ischl nach Wien zurück, wo er am 29. Juli in „Der schwarze Bräutigam" wieder auf der Bühne steht. Daß es in Frankreich in diesem Juli eine Revolution gegeben hat, geht an ihm vorüber, er nimmt es wahrscheinlich gar nicht zur Kenntnis. Grillparzer, der allerdings der ungleich politischere Kopf von beiden ist, schreibt damals in sein Tagebuch: „Die Franzosen haben ihren König verjagt, der, ihnen in die Zähne, versucht hat, die Verfassung zu brechen, und sie zu einer Art – Österreicher zu machen, was denn, bürgerlich und politisch genommen, offenbar das Schlimmste ist, was man irgend werden kann. Ich wollte, ich wäre in Frankreich und ein Eingeborener, ich wäre eben jetzt in Stimmung, mich für eine interessante Sache totschießen zu lassen . . ."[40]

Raimund hat keine politischen Gelüste, und er hat bestimmt auch keine Lust auf den Endkampf mit Steinkeller, der ihm nun bevorsteht. Aber ihm bleibt keine Wahl, und jetzt geht alles sehr schnell.

Rudolf Steinkeller hat in Raimunds Abwesenheit Eduard Weiß engagiert und ihm alle Raimund-Rollen (mit Ausnahme des Nachtigall in der „Gefesselten Phantasie", die nicht auf dem Spielplan steht) zugeteilt. So konnte er dafür sorgen, daß in Raimunds Abwesenheit der „Barometermacher", der „Diamant des Geisterkönigs", „Der Bauer als Millionär" und „Der Alpenkönig und der Menschenfeind" ohne Raimund auf dem Spielplan stehen – was schon eine Schikane für sich ist. Aber als Raimund nach seiner Rückkehr ganz selbstverständlich annimmt, daß er seine Rollen nun wieder übernehmen wird, verweigert man sie ihm.

Daraufhin beschwert sich Raimund bei der Polizeibezirksdirektion der Leopoldstadt – die für diese Auseinandersetzungen am Theater zuständig ist –, daß Steinkeller ihm seine Rollen nicht zurückgeben will, und bittet um seine Enthebung von der Direktion.[41] Die Behörde anerkennt diese Beschwerde und gesteht Raimund als Direktor zu, den Spielplan zu bestimmen. Um das zu sichern, soll der tägliche Theaterzettel erst gedruckt werden dürfen, wenn Raimund seine Unterschrift daruntergesetzt hat – was Steinkeller wütend als Eingriff in seine Kompetenzen betrachtet.

Zu Steinkellers Triumph kommt es aber schnell zu einem Eklat. Am 4. August soll Raimund den Theaterzettel unterschreiben, ist aber nicht zuhause anzutreffen und nach Aussage seiner Magd nicht vor 10 oder 11 Uhr nachts zu erwarten.

Am 5. August spielt Raimund in „Der schwarze Bräutigam" – es ist sein vorläufig letztes Auftreten auf diesen Brettern und jedenfalls sein letztes als Direktor dieses Hauses. Denn Steinkeller will für 6. das alte Stück „Oskar und Tina" ansetzen und Raimund, dem er die Hauptrollen in den eigenen Stücken nach wie vor verwehrt, damit zwingen, in einer läppischen Nebenrolle aufzutreten. Es ist dies typisch für Steinkellers Taktieren, und Raimund nimmt die Demütigung nicht hin. Er lehnt es ab, in „Oskar und Tina" zu spielen, worauf ihm Steinkeller mitteilt, er werde ihm aufgrund dieser Weigerung keine Gage mehr bezahlen.

Daraufhin tritt Raimund überhaupt nicht mehr auf. Zwar trägt der tägliche Theaterzettel des Theaters in der Leopoldstadt noch über einen Monat lang, bis einschließlich 9. September 1830, den Vermerk „Unter der Direktion Ferdinand Raimunds", aber schon vorher hat man wieder auf den alten Sartory als Direktor des Hauses zurückgegriffen. Steinkeller, laut Costenoble „mehr Vieh als Mensch"[42], hat gesiegt.

Nun gibt es auch Steinkellers Darstellung des Falles, die selbstverständlich aus seiner Sicht manipuliert ist. Trotzdem drängt sich bei einigen seiner Argumente die Frage auf, ob Raimund eigentlich ein guter Theaterdirektor war. Jedenfalls hat Steinkeller am 7. August 1830 in einem langen Gesuch an die Polizei-Hofstelle alles angeführt, was er gegen den Direktor Raimund vorzubringen hat.

Daß Steinkeller, wie er unschuldig vorgibt, nicht bekannt gewesen sein soll, warum Raimund gekündigt hat, braucht man ihm gewiß nicht zu glauben, wohl aber die Tatsache, daß er „durch den Austritt nur meinem eigenen Wunsch zuvorgekommen ist".[43] Dies begründet Steinkeller nun des langen und breiten, indem er Raimund beschuldigt, seinen Aufgaben als Direktor nicht bzw. nur mangelhaft nachgekommen zu sein.

Davor aber muß er versuchen, die Brüskierung Raimunds durch das Engagement von Eduard Weiß zu bemänteln und als aus seiner Sicht notwendig hinzustellen. Nach der „verunglückten, mit einem Kostenaufwande von 6 bis 7000 fl. gegebenen dramatischen Arbeit ‚Die unheilbringende Zauberkrone'" sei Raimunds Abgang vorherzusehen gewesen, führt Steinkeller aus (und das ist nun keinesfalls wahr!). Also sei, um Raimunds Fach so gut wie möglich zu besetzen, Eduard Weiß engagiert worden. Mit diesem habe er – wie er tückisch hinzufügt – den Erwartungen des Publikums nicht nur entsprochen, sondern habe sie sogar übertroffen, und Weiß habe während Raimunds Abwesenheit „durch die ganze Ferienzeit zur Zufriedenheit des Publikums und zum Frommen der Theaterkasse" fortgespielt.

Folglich versucht Steinkeller als logisch hinzustellen, was selbstverständlich nicht logisch ist: daß Weiß „seine" – also Raimunds – Rollen weiter behalten sollte und Raimund bis zu seinem Austritt nur in neuen Stücken beschäftigt würde. Daß Raimund sich dagegen verwahrte, stand ihm – laut Steinkeller – nicht zu.

Und nun setzten die Beschuldigungen ein. Steinkeller klagt Raimunds „Lebenslust und Selbstsucht" an, „zu deren Befriedigung das reichliche Einkommen von wöchentlichen 56 fl. C. M., freies Quartier und eine jährliche kostenfreie Einnahme ihm die Mittel darbieten". Und Raimund sei während der ganzen Zeit seiner Direktionstätigkeit „sehr selten für seine Berufspflichten" zu finden gewesen – er selbst, Steinkeller, habe ihn oft nicht vorgefunden, wenn er ihn benötigt habe.

Raimund habe überdies seine „dramaturgischen" Pflichten als Direktor vernachlässigt, sei den Dichtern dieser Bühne bei der Überreichung ihrer neuen Stücke nicht zur Hand gegangen, was vor seiner Zeit üblich war – ein seltsamer Vorwurf fürwahr. Raimund selbst, so berüchtigt heikel auf seine Stücke, hätte nie geduldet, daß ein anderer Hand daran legte – warum sollte er hinter den anderen herverbessern? Andererseits hat er,

Johann Sartory

noch in seinen Zeiten als Nur-Schauspieler, die Werke der „Dichter" durch seine Bearbeitungen erst möglich gemacht – aber das ist für ihn, seine Wirkung als Schauspieler, geschehen. Nachhilfe für Kollegen, die ihm – neidische – Konkurrenten sind, ist gewiß zu viel verlangt. Aber Steinkeller will, daß Raimund im Licht schäbigster Egozentrik erscheinen soll.

„Mit einem Wort", resümiert der Ankläger, Raimund „wirkte zum Vorteile des Inhabers gar nichts, sondern ist nur auf sein eigenes Interesse und die Befriedigung seiner Leidenschaften bedacht." Jeder Dichter des Hauses würde das gern bestätigen, meint Steinkeller. Kein Zweifel, wenn man an die Gefühle denkt, die Bäuerle, Meisl oder Gleich aus verschiedenen und doch letztlich ähnlichen Gründen gegen Raimund hegen ...

So sei denn sein, Steinkellers, Schaden durch Raimunds „Untätigkeit, Selbstsucht und Widersetzlichkeit bedeutend groß geworden"; er könne Raimund nicht mehr die Auswahl der Stücke überlassen, weil er dessen Urteil über fremde Werke kein Vertrauen schenke; er könne ihn die Stücke nicht mehr besetzen lassen, weil Raimund nur die ihm selbst gefälligen Rollen (und möglichst in eigenen Stücken) spielen will, während sein Kontrakt vorsieht, daß er alle ersten komischen Rollen spielen müsse; er könne ihm das „Polizeiliche" nicht mehr anvertrauen, „weil er fast nie zu finden ist – noch sich viel weniger im Theatergebäude aufhält, wo seine Gegenwart doch so oft dringend notwendig werden kann"; also könne Raimund, so Steinkeller in seiner Klage am 7. August 1830, unmöglich in seiner Stellung belassen werden und man möge doch wieder Johann Sartory in das Amt des Direktors einsetzen.

So ist es den auch geschehen, und Steinkeller gelingt es darüber hinaus, schlechte Stimmung gegen Raimund zu machen und einige Zeitungen dazu zu bringen, seinen Standpunkt zu vertreten. Die Mär von Raimunds Unfähigkeit und Eigennutz geht also um ...

Auch Aichner von Poßbach, der in der Polizeibezirksdirektion Leopoldstadt für das Theater zuständig ist, widmet Raimund in einem verspäteten Bericht keine gute Nachrede. Er bestätigt die Anschuldigung, Raimund sei bei den Generalproben fremder Stücke nicht erschienen, bis man ihn von Amts wegen ausdrücklich dazu aufgefordert hätte; er habe seine freien Tage häufig zu Ausflügen benützt, ohne auf seine notwendige Anwesenheit im Theater Rücksicht zu nehmen; und er habe vor allem bei Antritt seiner letzten Reise die Stellvertreterfrage durch Landner unzureichend gelöst.

Letztlich war es, laut amtlichem Bericht, „die von beiden Seiten aufgeregte Gemütsstimmung", die das anbefohlene gute Einvernehmen zwischen Steinkeller und Raimund nicht ermöglichte, wobei der Schwarze Peter allerdings Raimund zugeschoben wird: Er sei, so heißt es ausdrücklich, seinen Verpflichtungen als Schauspieldirektor nicht nachgekommen und schien „mit seinen Launen" auch nicht für die Stellung geeignet.[44]

All das hat schließlich nur eine gute Seite: Raimund muß Ende September die theatereigene Wohnung im Haus zur „Weintraube" (wo die Krones noch bis zu ihrem Tod wohnen soll) räumen. Und nun „erbarmt" sich die Familie Wagner seiner, indem man ihm erlaubt, in das Wagnersche Haus einzuziehen. Das bedeutet die Erfüllung seines nach wie vor sehnlichen Wunsches, mit Toni in eheähnlicher Beziehung unter einem Dach zu leben.

Leopoldstadt Nr. 588 lautet nun die neue Adresse, und Raimund zahlt seinen Beinahe-Schwiegereltern brav Miete. Der Biograph bedauert das Zusammenleben von Raimund und Toni aus selbstsüchtigen Gründen: Von nun an gibt es, mit Ausnahme von Reiseberichten, keine Briefe mehr zwischen ihnen, und das bedeutet den Verlust einer wesentlichen Quelle über Raimunds inneres und äußeres Leben.

Aber in seinem privaten Alltag mit Toni ist wenigstens eine Art Ordnung eingetreten.

DER GASTIERENDE STAR I

„Proteus der deutschen Bühne"

Raimund muß sich um seine Zukunft keine Sorgen machen. Seine Stücke werden nicht im Raum der Habsburger-Monarchie, sondern auch in Deutschland, neuerdings sogar in England gespielt. Noch immer muß er sich gelegentlich gegen „Räuber" zur Wehr setzen, etwa gegen den Inhaber einer „Privaten Geschäftskanzlei" namens Gabriel Glaß, der in der Singerstraße 901 residiert und offenbar einen schwungvollen Handel mit Raimunds Stücken betreibt. Die Abschriften kann er sich nur auf dunklen Wegen aus den Theatern verschafft haben. Raimund erhebt bei der Polizei-Oberdirektion Klage – ob er sein Recht in Form von Nachzahlungen bekommen hat, ist nicht bekannt.

Aber Raimund ist nicht nur als Dramatiker anerkannt und gefragt, sein Ruhm als Schauspieler erstrahlt so hell wie je. Er könnte nun, im September 1830, in Ruhe auf sein verabredetes Gastspiel in München im Februar 1831 warten.

Doch da erreicht ihn ein anderes Angebot, und Raimund greift zu, obwohl wieder Carl Carl sein Partner ist, und mit dessen skrupellosen Methoden hat er wahrlich schon Bekanntschaft gemacht (so habe dieser „Moisasur" einst abgesetzt, bevor eine weitere Zahlung an Raimund fällig geworden sei, behauptet Ferdinand von Seyfried, als Journalist ein intimer Kenner der Wiener Theaterszene).[1] Dennoch: Es ist ein Triumph, eben erst von seinem Stammhaus abgegangen zu sein, stolz erhobenen Hauptes zwar, aber mit viel Schmutz, den man ihm nachgeworfen hat – und knapp einen Monat später schon auf den Brettern des schließlich noch renommierteren Theaters an der Wien zu stehen.

Carl handelt freilich nicht aus Menschenfreundlichkeit, sondern aus purer Berechnung, wenn er Raimund einlädt – er streckt nicht dem Kollegen eine Hand hin, er denkt an seine Kassenrapporte, die einen Star wie Raimund wohl vertragen. Carl hatte 1828 die Leitung des Theaters in der Josefstadt zurückgelegt und sich ganz auf das Theater an der Wien konzentriert, in der Hoffnung, hier mit sich selbst und Wenzel Scholz als zweitem Komiker die großen Erfolge zu ernten. Die Rechnung ging nicht auf, das große Geld und der große Jubel stellten sich nicht ein.

Als Therese Krones vom Theater an der Leopoldstadt abging, verpflichtete Carl Carl sie für eine Gastspielserie, und siehe da, das Publikum zeigte sich entzückt und stürmte die Kassen. Es war ein Unglück, auch für Carl, daß die Krones im April 1830 wieder einmal schwer erkrankte und ihr Gastspiel abbrechen mußte[2] – tatsächlich sollte sie nie wieder auf den Brettern stehen.

Carl Carl

Wenzel Scholz

Carl, dem alles recht war, was Geld brachte (auch Tierdarsteller und ähnliche recht niedrige Schaustellungen verschmähte er auf den Brettern, auf denen man „Fidelio“ uraufgeführt hatte, nicht), sieht nun in Raimund eine große Chance. Er engagiert ihn, um neben Scholz und sich selbst einen dritten, vielmehr den künftigen ersten großen Komiker zu gewinnen. Und zweifellos hofft er, daß Raimund bleibt. Ein Gedankenexperiment: Wenn Raimund diesem Wunsch entsprochen hätte, wenn er nicht nur für gelegentliche Gastspiele, sondern als Ensemblemitglied gekommen wäre – hätte da in Wiens Theaterlandschaft einiges anders ausgesehen? Carl hätte sich beispielsweise nicht um einen anderen Komiker umsehen müssen, den er dann in Johann Nestroy finden sollte – jenem Nestroy, den er als Schauspieler und Stückeschreiber so gnadenlos ausbeuten wird und der als Darsteller wie als Dramatiker Raimunds Ruhm überstrahlen und diesem manche böse Stunde bescheren sollte . . .

Damals ist Nestroy noch ein Provinzschauspieler, der erst probeweise die Nase nach Wien hereingesteckt hat, der in Graz und Preßburg und später noch in Lemberg auch Raimund-Rollen spielt. Aber er ist in Wartestellung, hat zum Sprung angesetzt, während Raimund sich in der Situation des Stars befindet, der seine Bedingungen diktiert. Und so leistet er sich beispielsweise die Marotte (so schätzt es zumindest der immer wohlwollende Costenoble ein[3]), sein Gastspiel im Theater an der Wien ausgerechnet mit der „Gefesselten Phantasie“ zu beginnen, dem vom Publikum, nicht aber von seinem Schöpfer ungeliebten Stück. Immerhin, Raimunds Gedankengang ist leicht zu durchschauen: Auch „Moisasurs Zauberfluch“ war ein vom Raimund-Klischee abweichendes Stück, und es hatte im Theater an der Wien Erfolg. Warum sollte der Mißerfolg der „Gefesselten Phantasie“ nicht bloß darin bestanden haben, daß sie im falschen Haus, der Leopoldstadt, gespielt wurde – und warum sollte sich das Publikum des Theaters an der Wien nicht erneut verständnisvoll zeigen?

Überhaupt scheint dieses Gastspiel hier für ihn voll von Chancen. Raimund ist auch bereit, eines seiner bekannten Verwandlungskunststückchen zu spielen (Gleichs „Eheteufel auf Reisen"), bevor er zu einem ganz wichtigen Ereignis kommt: Jetzt kann er endlich selbst erstmals den Gluthahn spielen, den abgrundtief bösen Bauern in „Moisasurs Zauberfluch", den Carl seinerzeit hier für ihn kreiert hat und dessen Image mit der Figur weit besser zusammentrifft als jenes von Raimund ...

Um diese beiden Stücke mag es Raimund vor allem gegangen sein, aber Carl weiß, was er aus einem Raimund-Gastspiel herauspressen kann, und so läßt er, um dessen Auftreten zu garantieren, nacheinander den „Alpenkönig", den „Diamanten des Geisterkönigs", den „Bauer als Millionär" und auch noch den „Barometermacher" neu einstudieren, um nun – mit Ausnahme der „Unheilbringenden Krone", an die er wegen des noch frischen Mißerfolgs lieber nicht rühren möchte – einen geschlossenen Zyklus der damals vorliegenden Raimund-Stücke zu zeigen.

Dafür steigt Raimund auch in vorhandene Inszenierungen von Bäuerles „Der verschwundene Prinz", Meisls „Gespenst auf der Bastei" und „Fee aus Frankreich" ein und tritt zweimal in einer von Carl zusammengestellten „Galerie komischer Szenen" (die typischen Quodlibets) auf. Bis zum 23. Jänner 1831 steht er nicht weniger als 42mal auf der Bühne des Theaters an der Wien. Costenoble vermerkt zwar, daß Raimund bei Carl „mit Glück" gastiere, registriert aber dennoch Zischer: „Was will das Volk nur?"[4] Eine angesichts des Wiener Publikums, zumal des so emotionalisierten der damaligen Vorstadttheater, schwer zu beantwortende Frage.

Am 28. Oktober 1830 steht Raimund also in der „Gefesselten Phantasie" vor den Zuschauern im Theater an der Wien – und findet seine kühnsten Hoffnungen erfüllt, seine tiefsten Überzeugungen bestätigt. Nur das Leopoldstädter Ensemble war an dem Mißerfolg schuld, nicht sein Stück, von dem er nun lesen kann, daß es „die volle Anerkennung" fand, „welche es beanspruchen darf".[5] Raimund, von einem wahren Beifallssturm empfangen, muß in einer „Ich werd's euch schon zeigen!"-Stimmung gewesen sein, wenn er sich in der Szene mit der gefesselten Phantasie selbst übertrifft. Auch hat er, wie stets, aktuelle Anspielungen in den Text eingelegt und erobert am Ende, mit der „Abdankung", vollends sein Publikum, wenn er ihm in gewohnter Weise die bewährten Freundlichkeiten sagt. So erklärt er, daß er sich zwar nach diesem Gastspiel einige Zeit von Wien entfernen wird, „aber doch nie aufhören werde, nach der Huld meiner Vaterstadt zu ringen und sie als mein höchstes Gut zu achten."[6]

Dann folgt der Gluthahn. Raimund ist Routinier genug, um zu wissen, daß eine Rolle wie diese für einen ausgesprochenen Publikumsliebling wie ihn ihre kritischen Elemente hat. Dennoch ist er sich selbst als Dichter verpflichtet. Er spielt den bösen Bauern mit allen Nuancen, die man als lebensecht empfinden kann – „diese Wahrheit in Ton und Gebärde, dieses schlangenähnliche Winden in der Rede in niedern und plumpen Worten, dieser gewandte Geist in dem schwerfälligen Leib eines

Heute Samstag den 27. November 1830.
K. K. priv. Theater an der Wien.
[illegible]
Unter der Leitung des Direktors Carl.

Zum Vortheile des Ferdinand Raimund.
Zum ersten Mahle:
Der Diamant des Geisterkönigs.
Zauberspiel in zwey Aufzügen, vom Unterzeichneten.
Musik von Herrn Professor und Kapellmeister Jos. Drechsler. — Die neuen Decorationen von den Herren Jachimovicz und Pösendeiner. — Die Maschinen von der Ausführung des Herrn Sußbauer.

Personen:

Longimanus, Geisterkönig — Hr. Scholz.
Pamphilius, sein erster Kammerdiener — Hr. Ludolf.
Cephises, ein Magier, als Geist Hr. Stahl.
Eduard, sein Sohn — Hr. Gämmerler.
Florian Waschblau, dessen Diener F. Raimund.
Marianne, Köchin — Mad. Kneisel.
Erster } Nachbar von Eduard Hr. Gradl.
Zweyter } Nachbar von Eduard Hr. Weichart.
Veritatius, Beherrscher der Insel der Wahrheit — Hr. Spielberger.
Modestina, seine Tochter — Dlle. Vogel.
Aladin, sein erster Höfling — Hr. Röder.
Amina, eine Engländerinn — Dlle. Weiß.
Ofilis — Dlle. Swoboda.
Amazili — Dlle. Volkmann.
Zitta — Dlle. Rabe.
Lira — Dlle. Brutky.
Die Hoffnung — Dlle. Condorussi.
Ein Herold — Hr. Seipelt.
Colibri, ein Genius — Therese Wagner.
Erste } Trude — Mad. Holzapfel.
Zweyte } Trude — Dlle. Rudolph.
Zauberer Artaxerxes — Hr. Wessely.
Zauberer Muriosus — Hr. Krones.
Coliphonius, Wächter des Zaubergartens — Hr. Thyam.
Die Stimme des singenden Baumes — Dlle. Herbst.
Ein Grieche — Hr. Rosen.
Eine Griechinn — Mad. Matolay.
Fee Aprikosa.
Fee Amarillis.
Vulkarius, Feuergeist.
Der Winter.
Der Herbst.
Der Sommer.
Der Frühling.

Feuergeister. Luftgeister. Genien. Feen. Inselbewohner. Eduards Nachbarn. Wache.

Verehrungswürdige! Ihrer bekannten Huld und Wohlgewogenheit empfiehlt sich
dero ergebenster
Ferdinand Raimund.

NB. Heute ist der freye Eintritt für Jedermann ohne Ausnahme aufgehoben.

Die Casse wird um 5 Uhr eröffnet.

Billets zu Logen und Sperrsitzen sind in der Stadt, Klostergasse Nro. 1055, Vormittags von 9 bis 12, und Nachmittags von 3 bis 5 Uhr zu bekommen.

Im Theater an der Wien spielte Raimund in „Der Diamant des Geisterkönigs" an der Seite von Wenzel Scholz

ergrauten Bauern, alles dies war von ihm berücksichtigt, und er wußte es auf das treueste darzustellen", notierte der theaterfreudige Schriftsteller Heinrich Meynert[7]. Aber die Kritik vermerkt auch, wie es Raimund gelingt, Tücke und Bösartigkeit voll und stark auszuspielen, „ohne daß der komische Grundton im geringsten verletzt ward"[8] – zweifellos eine Leistung heikelster darstellerischer Balance.

Jahre später allerdings, als Nestroy den Gluthahn spielen wird, ihn zu sehr als Heuchler anlegt und nicht ganz überzeugt, wird nicht Raimund das Vorbild sein, gegen das er anspielt, sondern Carl Carl, der in der Erinnerung doch als meisterlichster Gluthahn-Interpret haften geblieben war.

Raimund spielt den Rappelkopf (mit Scholz als Habakuk), er spielt den Florian Waschblau, als den ihn das Publikum offenbar besonders liebt, an der Seite des Longimanus von Wenzel Scholz, und man ergötzt sich an dem brillanten Kontrast zwischen der Lebhaftigkeit des einen und dem Phlegma des anderen. Raimund spielt den Wurzel, und schließlich kommt noch der alte „Barometermacher" zum Zug, und obwohl man Raimund mittlerweile wirklich als großen Dramatiker kennengelernt hat, erntet das schlichte Anfängerstück nicht geringeren Enthusiasmus als seinerzeit bei der Uraufführung in der Leopoldstadt.[9]

Am 26. Jänner verabschiedet sich Raimund als Wurzel von den Wienern, erstmals, um für lange Zeit in eine andere große Theaterstadt zu gehen. Daß dieser Abend, vielleicht des schlechten Wetters wegen, nicht ganz voll ist[10], stellt eine Ausnahme dar. Dieses Gastspiel hat nämlich ein interessantes Phänomen gezeigt: Die Besucher dieses Theaters wollen Raimund in Raimund-Stücken sehen. Wenn er das „Gespenst auf der Bastei" spielt, ist der Jubel nur halb so groß[11], wenn er in der „Fee aus Frankreich" auftritt, ist das Haus nur halb besucht.[12] Und das zählt nun eigentlich wieder zu den guten Dingen, die man über das Publikum sagen kann. Hier unterscheidet es zwischen Glasscherben und Diamanten, und es sieht nicht ein, warum es Raimund in schlechten Stücken sehen soll, wenn es ihn auch in guten sehen kann ...

Raimund hat also bei Carl viel Erfolg gehabt und auch viel Geld verdient. Sein Problem war nur, wie in Korntheuer-Zeiten, das des zweiten Komikers. Diesmal ist er bisweilen tatsächlich im Schatten von Wenzel Scholz gestanden. „Das Volk ist ungerecht", findet Costenoble.[13] „Scholz ist ein Komiker von ganz entschiedener Kraft, aber auch immer nur der eine und ewig derselbe; Raimund hingegen führt die abwechselndsten Gestalten vor das Auge und ergötzt den Kenner durch die feinste Charakteristik."

Dieser Wenzel Scholz wird nicht als Raimunds Partner in die Geschichte eingehen, sondern als jener Johann Nestroys, der ihm Stücke auf den kugeligen Leib schreiben wird. Erst neben Nestroys spezifischem scharfem Intellekt wird die charakteristische Dümmlichkeit von Scholz am brillantesten herauskommen, obwohl Nestroy den Freund später auch (etwa als Peter Dickkopf in „Heimliches Geld, heimliche Liebe") durch abgründige Charakterstudien fordern wird. Voran aber ist Scholz lustig an sich, durch die Statur, die Ausstrahlung, die liebenswerte Naivität. Und er, der später in Nestroy zunächst durchaus den Konkurrenten riechen und sich erst nach anfänglichem Zögern mit diesem verbünden wird, ist für Raimund ein Kollege, an den dieser mit besten und dankbaren Gefühlen zurückdenkt: „Heiliger Scholz! der du mich so freundschaftlich an deine Seite treten ließest, und im Bewußtsein deines wahrhaften Verdienstes mir die Hand reichtest, zu dem Ehrenbunde, mit dir auf der Bühne zu glänzen, immer leuchtender wird der Strahlennimbus, den dir meine dankbare Phantasie ums Künstlerhaupt gedichtet hat."[14]

Die vollste Zufriedenheit mag das Gastspiel im Theater an der Wien aber Raimund deshalb gebracht haben, weil währenddessen anderswo sein Feind zugrundeging: Steinkeller hat nicht lange gebraucht, das Theater in der Leopoldstadt total herunterzuwirtschaften, und mußte am 17. Jänner 1831 Wien als „flüchtiger Bankrotteur"[15] verlassen. In diesem Fall haben Gottes Mühlen sich einmal nicht in der gewohnten Langsamkeit gedreht.

Für Raimund wäre es nun an der Zeit, nach München aufzubrechen, aber vorher muß er noch eine Ehrenschuld begleichen: Der Schauspieler Karl Ludolph, der ihm in der Leopoldstadt zu seiner vollsten Zufriedenheit (nach und besser als Korntheuer) den Narren gespielt hat und dann von Steinkeller gekündigt worden war, hatte sich bereit erklärt, diese

Rolle auch bei Raimunds Gastspiel im Theater an der Wien zu übernehmen. Carl hat sich bei dieser Gelegenheit finanziell so schmutzig gezeigt, wie es seine Art ist, so daß Raimund sich genötigt fühlt, Ludolph seinerseits Geld zuzusenden, mit Dank und der Bitte, „die Zufriedenheit des Publikums“ möge ihn „für den unwürdigen Preis entschädigen, für welchen Sie, aus Gefälligkeit gegen mich, in meinem Stück gastieren.“[16]

Raimund läßt sich überhaupt nie lumpen und ist grundsätzlich kollegial, auch zu jenen, die ihm gegenüber nicht eben diese Haltung einnehmen, wie sehr aber erst, wenn er weiß, daß ihm jemand ehrlich wohl will. So tritt er am 29. Jänner 1831 zu Ludolphs Benefiz im Theater in der Josefstadt auf und sichert ihm ein volles Haus. Es ist dies für Raimund ein kleiner Vorgeschmack von Rückkehr an dieses Theater, wo sein nächstes Stück, der „Verschwender“, uraufgeführt werden wird. Aber das kann damals noch niemand wissen, auch er nicht. Nach diesem Abend – Raimund spielt in „Doktor Kramperl“ und „Die Damenhüte im Theater“, Erfolge aus fast schon vergessenen Zeiten seiner Karriere – versichert er sich auch des Publikums von Wiens dritter Vorstadtbühne:[17]

„Als ich nach Wien kam, hatte ich das Glück, auf der damaligen Josefstädter Bühne mich durch vier Jahre ihres Beifalles zu erfreuen, und Ihre gütige Aufnahme hat mich heute überzeugt, daß meine geringen Leistungen noch nicht ganz aus Ihrem Gedächtnisse entschwunden sind. Nehmen Sie, Verehrungswürdige, dafür die Versicherung, daß das Andenken jener schönen Zeit und Ihrer heutigen Güte nie in meinem Herzen erlöschen wird.“

Damit ist für Raimund das Kapitel Wien erstmals seit Jahrzehnten abgeschlossen, und nun geht er auf neue Erfahrungen zu. Er wird sich in diesem Jahr 1831 mehr in Deutschland (München, Hamburg und wieder München) aufhalten als zu Hause.

Was bedeutet es, wenn ein in seiner Heimatstadt über alle Maßen berühmter Schauspieler in einer anderen Theaterstadt gastiert? Selbst heute, im Zeitalter des Fluktuierens nicht nur von Sängern, sondern auch von Schauspielern, mag es nicht ohne Probleme abgehen, mag sich ein Liebling von hier anderswo unerwartet kühl aufgenommen finden. Verschärft wird die Problematik, wo sich die Vielfalt der deutschen Sprachvarianten bzw. Dialekte dazwischenschiebt. Auch wir, die wir via Fernsehen mit den verschiedensten Idiomen konfrontiert werden, sehen die Kommunikationsschwierigkeiten zwischen Wienerisch und Kölsch, Berlinerisch und Bayrisch. Daß man den Kontrast humoristisch auswerten kann, hat manche Wiener Operette gezeigt, die über ihre „Berliner“ wie Exoten verfügte, und Raimund selbst hat ja im „Bauer als Millionär“ den Ajaxerle schwäbeln und den Bustorius mit ungarischem Akzent sprechen lassen, weil er wußte, wie sehr das Publikum dergleichen liebt. Andere Schauspieler des Altwiener Volkstheaters spezialisierten sich geradezu auf Akzente (man erinnere sich an die Ennöckl), und Raimund selbst gilt ja den Wienern als Meister darin, sich im Hochdeutschen mit gleicher Selbstverständlichkeit auszudrücken wie im Wienerischen, das er auf der

Bühne gegenüber dem Umgangston im Leben vermutlich noch forcierte, um seinem Vorstadtpublikum mit Sicherheit „nach dem Maul“ zu reden.

Und nun geht er nach München. Was erwartet ihn hier? Die „süddeutsche“ Verwandtschaft der Österreicher mit den Bayern ist oft betont worden, obwohl sie vielleicht keiner tiefgreifenderen Überprüfung standhält. Über eines besteht jedoch kein Zweifel: Raimund, denkender Schauspieler bis in die Fingerspitzen (was zu seiner spontanen Komödiantik keinen Widerspruch darstellt), hat sich über diese Problematik zweifellos den Kopf zerbrochen und schnell auf Gegebenheiten reagiert.

Anfang Februar 1831 fährt Raimund nach München, von der Kaiserstadt in die Königsstadt. Dort regiert seit 1825 König Ludwig I., Sohn jenes Max I. Joseph, der Bayern 1806 vom Kurfürstentum zum Königreich gemacht und die Kriegszeiten durchgestanden hat. Sein Sohn kann nur auf anderem Gebiet brillieren, wenn er kein Feldherr ist, will er Bauherr sein – als Raimund nach München kommt, wird überall gebaut, die Residenz ersteht, die Alte Pinakothek, Odeon und Glyptothek sind oder werden eben fertig, wenig später wird man die Gebäude der Staatsbibliothek und der Universität in Angriff nehmen: eine Aufbruchsperiode, wie sie Wien erst Jahrzehnte später in der sogenannten „Ringstraßenepoche“ erleben wird, ist hier zu registrieren. Dieser König liebt die Künste, nicht nur die Architektur, auch die Malerei, das Theater: Er und seine Gattin, Therese von Sachsen-Hildburghausen, werden sich Ferdinand Raimund ansehen, und über die Künste bzw. eine Künstlerin wird dieser Ludwig ja stolpern, wenn er 1848 wegen einer Tänzerin namens Lola Montez auf den Thron verzichten muß ...

Auf Anhieb ergibt sich für Raimund, als Dichter wie als Schauspieler, in München ein gravierender Unterschied zu Wien: Ist ihm zuhause das Hofburgtheater verschlossen, so öffnen sich ihm hier die Pforten des Königlichen Hoftheaters. Intendant Johann Nepomuk Freiherr von Poissl, der ihn im vergangenen Sommer so nachdrücklich eingeladen hat, erweist sich tatsächlich als hocherfreut, ihn zu sehen. 180 fl. pro Rolle und dazu ein Autorenhonorar von 25 Dukaten für jedes Stück aus seiner Feder, das ist eine Summe, für die es sich aufzutreten lohnt.

Raimund spielt in erster Linie Raimund, vier eigene Stücke, den „Bauer als Millionär“, den „Diamant des Geisterkönigs“, den „Alpenkönig und Menschenfeind“ sowie „Moisasurs Zauberfluch“, aber er ist hier ebenso bereit, sich als das zu zeigen, worin auch sein Ruhm besteht: nämlich als Virtuose. Er spielt also auch in Quodlibets, im „Eheteufel“, in den „Damenhüten“ und dem „Doktor Kramperl“, was nur zeigt, wie diese Trivialliteratur nicht an das Wiener Volkstheater gebunden war, sondern überall ihr Publikum fand. Raimund zeigt also den ganzen Raimund, er stellt den Virtuosen neben den Charakterdarsteller, wenn man es verlangt.

Die Theaterverhältnisse findet Raimund am Münchner Hoftheater nicht zum Besten. Natürlich legt er Wert darauf, seine Stücke selbst in Szene zu setzen, was man ihm gestattet. Er tut es mit der gewöhnlichen Unerbittlichkeit allen Beteiligten gegenüber, denn seine Ansprüche müssen hier in der Fremde ja womöglich noch größer sein als zuhause, und er merkt bald, daß man hier in München seine „Akkuratesse“[18] nicht gewohnt ist. Bei aller Achtung ihm gegenüber ist die Direktion nicht bereit, viel Geld für neue Dekorationen beizustellen, weshalb Raimund selbst in den Fundus steigt. Glücklicherweise findet er in diesem „ungeheuer großen Theater“[19] – für ihn, der nur die kleinen Wiener Vorstadtbühnen gewohnt ist, jedenfalls eine neue Erfahrung – so viele Dekorationen vor, daß er sich in allen Fällen behelfen kann. Raimund spielt sich also in München keinesfalls als der große Star auf, der Bedingungen stellt, sondern ist auch hier der Praktiker und Pragmatiker, der er in langen Jahren werden mußte.

Die Darsteller scheinen sich Raimunds Willen gern zu beugen, und er ist froh, in ihnen „willige und gefällige Individuen“ zu finden, die seine Stücke „gut und fleißig“ darbieten.[20] Als Probleme stellen sich bald zahlreiche Erkrankungen dar, mal dieser, mal jener, so daß kaum ein Stück von einer Vorstellung zur anderen in derselben Besetzung gegeben werden kann. Das stört den Perfektionsfanatiker Raimund beträchtlich – aber andererseits wird sein Aufenthalt in München durch eine eigene Krankheit auch beeinträchtigt.

Schon der Eröffnungsabend muß übrigens wegen Krankheiten im Ensemble verschoben werden: „Der Bauer als Millionär“ hätte am 18. Februar 1831 in Szene gehen sollen, aber es wird der 22., bis Raimund erstmals vor das Münchner Publikum tritt. Und selbst da will er noch nicht, wenn man einer oft kolportierten Geschichte aus der Raimund-Legende glauben will:[21]

„Raimund kam nach München. Die Proben seiner Dramen begannen, er leitete dieselben mit seiner bekannten Unermüdlichkeit, bis Alles klappte. ‚Der Bauer als Millionär‘ war an allen Straßenecken angekündigt; die Generalprobe ging vortrefflich. Schon in früher Nachmittagsstunde umlagerte ein neugieriges Publicum das Theater. Da, eine Stunde vor der Vorstellung, ließ sich, zu größter Verlegenheit der Direction, Raimund krank melden. Der Intendant schickte den Schauspieler Urban zu ihm, um Raimund zum Spielen zu bewegen. Auf dem Wege begegnete ihm Spindler, er bat ihn mitzukommen und alle Beredsamkeit anzuwenden. Spindler, der Raimund persönlich nicht kannte, entschloß sich als freiwilliger Parlamentär mitzugehen. Raimund lag im Bette, bis an den Hals zugedeckt, eine Schlafmütze auf dem Kopfe. Zwischen dieser und der Bettdecke schaute ein weinerlich klägliches Gesicht mit langer Nase hervor.“

„Ich stelle Ihnen“, begann Urban, „Herrn Spindler vor, der es recht sehr bedauert, Sie heute nicht spielen zu sehen, und mit mir kommt, um sich um Ihr Befinden zu erkundigen.“

Raimund erwiderte mit plötzlich heiteren Gesichtszügen: „Sie sind der Herr Spindler, der berühmte Romanschreiber? Mich freut es sehr, Sie kennen zu lernen.“

„Ich bedauere aber sehr, Sie nicht spielen zu sehen. Ich freute mich den ganzen Tag darauf. Es hätte mich sehr interessirt.“

„Wirklich, würde Sie das interessiren?“

„Mich und das ganze Publicum.“

„Ich bin aber krank, Sie sehen ja!"
„Nun, Ihr Auge ist klar, Ihr Aussehen nicht fieberhaft."
„Aber ich bin doch krank, wenigstens werde ich es sein, wenn ich die Bühne betrete. Es quält mich, ich kann die traurigen Gedanken nicht los werden. Ich werde krank sein!"
„Nun, Sie sind es aber nicht. Beherrschen Sie Ihre Stimmung."
„Ja das ist mein Unglück. Sie hätten mich gerne spielen gesehen? Aber jetzt ist es jedenfalls zu spät."
Urban benützte diese Zweifel Raimunds und erklärte rasch, daß es zwar gleich sieben Uhr sein werde, aber während der Ouverture, allenfalls während einer kleinen Pause, sei das Ankleiden möglich.
„Gut, so will ich spielen, dem Herrn Spindler zu Liebe, weil er mich so gerne spielen sehen möchte, und das freut mich herzlich. Aber eine Bedingung, sonst spiele ich nicht."
„Wir gehen jede ein."
„Sie müssen versprechen, nach dem Theater in einen Gasthof zu kommen, wo wir ungenirt mit einander plaudern können."
Raimund spielte eine Viertelstunde später mit unwiderstehlicher Laune den „Fortunatus Wurzel". Das Publicum jubelte Beifall. Die Mitternacht sah noch Raimund und Spindler in herzlich mittheilsamem Gespräche", schließt den Bericht.

Wie dem auch gewesen sein mag, Raimund tritt jedenfalls vor die, wie gemeldet, „überaus zahlreich versammelten Zuschauer"[22], und das gewiß nicht ohne Bangigkeit. Ob er auf Anhieb reüssieren kann? Gewiß, sein Ruhm ist ihm vorangeeilt und hat ihm den Weg geebnet. Aber nun muß er seinen einsamen allabendlichen Kampf um das Publikum, um Menschen führen, die er nicht kennt. Seine Persönlichkeit, sein Instinkt und wohl nicht zuletzt seine Routine lassen ihn gewinnen. Das Publikum ruft ihn schon während des Stücks immer wieder hervor, desgleichen am Schluß, und ist offenbar bester Stimmung. Man fühlt sich auch von dem Stück angesprochen, von der Gesamtwirkung der Aufführung. Die Wiederholung tags darauf findet vor nicht minder vollem Haus, mit nicht minder positiver Resonanz statt.

Nun hat man in München ja einen Raimund wohlbekannten Wiener in Erinnerung: Hier hat Carl Carl jahrelang Bäuerles Staberliaden gespielt und sie sich auf billigste Wirkungen zurechtgebogen. Man hat von Raimund wohl nicht viel Besseres erwartet und findet sich überrascht, so viel mehr geboten zu bekommen – einen philosophischen Komiker und Volksdichter, schwermütiger und auch rührender wirkend[23], als man es in diesem Genre gewohnt ist, einen charakterisierenden Darsteller ersten Ranges, der schon hier durch seine Fähigkeit, sich zu verwandeln, verblüfft: „Er schien als Greis gar nicht mehr der Vorige", heißt es im „Münchner Conversationsblatt", „als Aschenmann mag er wohl schwerlich zu übertreffen sein."[24]

Raimund hat sich in das Aschenlied für München passende Strophen eingelegt, wie er es ja immer, für jedes spezifische Publikum neu tut, und auch davon ist man hier besonders angetan.[25]

Vor allem aber ist Raimund erleichtert, daß sich die Sorge um die rein

Raimund als Wurzel in München

akustische Verständlichkeit als nicht existent zerstreut hat – aber doch wohl nur, weil er von Anfang an besonders darauf geachtet hat: „Ich gebe mir sehr viele Mühe, deutlich zu sein", schreibt er in einem Brief an Ludolph, „und das Publikikum ist mit meiner Verständlichkeit sehr zufrieden, während es über viele Mitglieder klagt."[26]

So ist der Münchner Einstand ein voller Erfolg, und es bleibt dem von Bäuerle-Freund Moritz Saphir herausgegebenen „Bazar für München und Bayern" überlassen, Bosheit zu verspritzen:[27]

„Da nun Herrn Raimunds Komik allein in der Fertigkeit, uns seine längsterdachten, auch manchmal mit Haaren herbeigezogenen Witze so vorzutragen, als seien sie ihm eben eingefallen, besteht, so können uns dieselben nicht mehr ergötzen. Sein Mienenspiel ist zu einseitig."

Da man aber bei Wienern untereinander immer geneigt ist, nach privaten Gründen für Protektion oder Abneigung zu suchen, kann diese Kritik gut ihren Grund darin haben, daß Raimund in München eine Einladung Saphirs zum Essen ablehnen muß, mit dem Hinweis, schon bei Baron Hormayr geladen zu sein[28] – und wer sieht sich schon gern übergangen, der am Ende mit dieser Einladung große Huld verkünden wollte und nun sieht, daß er für adelige Kreise, zu denen er selbst keinen Zutritt hat, hintangestellt wird? Moritz Gottlieb Saphir hat sich noch überall, in Wien, in Berlin und auch schon in München, durch seine scharfe, böse Zunge Feinde gemacht, er hat sogar den König von Bayern beleidigt und vor dessen Porträt Abbitte leisten müssen.[29] Sein Außenseitertum ist gewiß vor allem aus der nie zu bändigenden Lust an der Provokation erwachsen, aber er wird 1832 dennoch zum Christentum übertreten, um seinen Feinden wenigstens den Vorwurf seines Judentums nicht zu gönnen. Raimund ist nicht das einzige seiner permanenten Angriffsziele. Auch Bauernfeld gehört zu seinen Opfern – dieser wird später versuchen, sich zu rächen, indem er Saphir unverkennbar in seinem Lustspiel „Bäuerlich und romantisch“ als „Lakai Unruh“ auf die Bühne bringt und ihn den charakteristischen Satz sagen läßt: „Da ich das Schimpfen einmal zu meinem Metier erwählte, so blieb kein berühmter Mann von mir verschont.“[30] Raimund findet keinen Weg, sich an Saphir zu „rächen“ – er muß es bei dem eigenen Grimm und Ärger bewenden lassen, als Bestätigung seiner Meinung, von Feinden umgeben zu sein.

Ausnahmen gibt es natürlich trotzdem immer: So schließt Raimund in München mit dem Universitätsfiskal Dr. Simon Spengel (der später als Zeuge sein Testament unterschreiben wird), Freundschaft, und hier anerkennt er durchaus die ehrliche Zuneigung eines Menschen, der an allem, was Raimund betrifft, Anteil nimmt und mit dem er manche vergnügliche Stunde erlebt. Auch das muß, zum Kontrast, festgehalten werden.[31]

Raimund tritt nach dem „Bauer als Millionär“ im „Diamant des Geisterkönigs“, in „Damenhüte“ und „Doktor Kramperl“ auf, aber nach der „Diamant“-Vorstellung am 11. März fühlt er sich schlecht. Die Premiere des „Alpenkönigs“ ist für 22. März vorgesehen, aber während der Proben stellen sich bei Raimund heftige Kopfschmerzen ein. Wie er offensichtlich in einem Brief an Bäuerle schreibt und dieser es sofort in der „Theaterzeitung“ veröffentlicht, hat er eine Woche lang nicht geschlafen und nicht gegessen.[32] In einer solchen Krise, ob körperlicher, ob nervlicher Natur, ob beides, ist schwer zu entscheiden, bräuchte er natürlich einen homöopathischen Arzt, findet aber keinen in München. Daraufhin beschließt er, wie es in der „Theaterzeitung“ heißt, „sein eigener Arzt zu werden, um durch Luft, Wasser und Bewegung seine angegriffene Gesundheit herzustellen.“[33]

Dem Intendanten nennt Raimund „Zahnfieber“ als Grund dafür, daß er die Premiere des „Alpenkönigs“ vorläufig absagen muß.[34] Tatsächlich reist er in Begleitung eines nicht näher identifizierbaren „ärztlichen Freundes“ am 19. März ins Gebirge ab.[35] Münchner Zeitungen, offensichtlich auch mit Klatsch und Tratsch versorgt, berichten, die Hypochondrie, die Raimund schon vor einigen Jahren an den Rand des Grabes gebracht habe, sei wieder ausgebrochen und der Künstler nun von „düsterem Trübsinn“ befallen.[36]

Wie Raimund auf dieser Reise nach Partenkirchen und Garmisch „geheilt“ worden sein soll, ist wieder ein Teil der Raimund-Legende, und zwar von der allerkitschigsten Sorte, Vorläufer übelsten „Gartenlauben“-Stils, bezeichnend nur, weil es von der Popularität zeugt, die Raimunds Stücke damals schon weit über Wien hinaus errungen hatten:[37]

„Als Raimund sich das erstemal auf Gastrollen in München aufhielt, war er körperlich und geistig sehr herabgestimmt. Er nahm homöopathische

Moritz Gottlieb Saphir

Mittel, aber sie hatten nicht die gehoffte Wirkung. Es war im März und noch sehr rauhes Wetter; gleichwohl verordnete ihm ein ärztlicher Freund eine Reise ins Gebirge, da er wußte, wie sehr der Dichter an der Bergnatur hing und da er Luftveränderung und Zerstreuung für bessere Arzneimittel hielt, als die aus der Apotheke geholten. Raimund folgte dem Rate des Freundes und beide fuhren Tags darauf fort. Das Reiseziel war Partenkirchen und Garmisch.

Anfänglich war der Leidende ziemlich schweigsam; als aber allmählich die herrlichen Berggruppen näher herantraten, frische Luft seine Stirne umwehte und ihn stärkte, begann er mehr aufzutauen. Er wurde gesprächiger und der düstere Schleier, der sich über seinen Geist ausgebreitet hatte, begann sich zu lüften. Der Weg führte die zwei Reisenden über Benediktbeuren, Kochel, den Kesselberg hinauf. Zeitweise stieg Raimund aus, pflückte sich Erstlinge des Frühlings, die aus dem Schnee hervorsproßten, summte hier und da ein Liedchen und gestand seinem Begleiter, daß ihm nun wohler um das Herz sei. Gegen Mittag hielten sie vor dem Wirtshause zu Krün an. Hier wurde Halt und Mittag gemacht.

Als sie in die freundliche und geräumige Wirtsstube traten, erblickten sie an dem einen der Fenster ein großes Vogelhaus, in welchem ein schöner Steinrötel residierte, der gerade als die Gäste eintraten, mit seiner weichen klingenden Stimme ein Liedchen pfiff.

Raimund stutzte und blieb auf der Stelle einen Augenblick stehen. Die Tränen traten ihm in die Augen und mit einer tiefen Wehmut, und doch vermischt mit einem eigentümlichen Ausdruck freudiger Überraschung rief er, zum Vogel gewandt, aus: ‚Du guter Narr! kennst du auch den armen Raimund? Muß man denn überall, wo ich hinkomme, den armen Raimund kennen?' Darauf wischte er sich die Tränen weg, drückte seinem Freunde tief ergriffen die Hand und sagte: ‚Sehen S', da gefällts mir, da bin ich jetzt wie zu Haus.'

Und was war denn die Ursache der Ergriffenheit? Das Steinrötel ist bekanntlich ein sehr gelehriger Bergsänger, es ist merkwürdig wie leicht dieser schön gefiederte Vogel Melodien auffaßt und mit seiner herrlichen Stimme wiedergibt. Das Steinrötel in der Wirtsstube zu Krün hatte beim Eintritte Raimunds die ersten Takte der Melodie des Liedchens gepfiffen, mit welchem der ‚Bauer als Millionär' gleich beim Beginn der siebenten Szene jubelnd hereinkommt. Es beginnt mit den Worten:

‚Ja, ich lob' mir die Stadt,
Wo nur Freuden man hat.'

Sein dramatisches Märchen war also schon unter den einfachen Gebirgsleuten am Karwendel und Wetterstein bekannt und jenes fröhliche Lied ihnen so lieb geworden, daß man die Melodie einem Singvogel einlernte.

Raimund kehrte neugestärkt nach München zurück."

Eine verläßlichere Darstellung gibt es von Raimund selbst in einem Brief an Bäuerle:[38]

„Mit meiner Gesundheit steht es wieder besser, ich habe, wie ich dir schrieb, meine Reise ins Gebirg wirklich angetreten. Allein das hieße nach Kamtschacka reisen um eine Molkenkur zu brauchen, auf meiner ganzen Reise, hat mich ein immerwährendes Schneegestöber begleitet, ich kam also nur 6 Posten weit, gegen die Grenze von Tirol, und machte rechts um, nach München zurück. Hier nannte man mir endlich einen homöopathischen Arzt nach dem ich sandte. Wir besprachen uns, du weißt daß ich Professor der Hipochondrie bin, und gleich nach Einnahme des ersten Mittels hatte ich eine ruhige Nacht. Mit dem Apetitt sieht es noch schlecht aus, aber das wird sich bald geben, und ich hoffe nach Ostern wieder spielen zu können."

Tatsächlich reißt sich Raimund nach eigener Aussage „schnell genug"[39] aus seiner Krankheit, tritt am 4. April wieder im „Bauer als Millionär" auf und erhält gleich stürmischen Auftrittsapplaus, um ihn nach seiner Genesung wieder zu begrüßen.[40] Am 8. April läßt er nun „Der Alpenkönig und der Menschenfeind" folgen, der als Stück gleichfalls volle Anerkennung findet. Das „Münchner Conversationsblatt" nennt das Werk ein „sehr gelungenes psychologisches Gemälde"[41], in der „Flora" bewundert man es als „abgeschlossenes Charakterbild"[42], und Raimund selbst erntet wieder einmal höchstes Lob, nicht nur für die Virtuosität, mit der er Wut, Zorn, Ironie, Verzweiflung und Humor darbietet, sondern auch, wie er alle diese Elemente nie isoliert ausspielt, sondern zu einem Ganzen formt.[43] Raimund wiederholt seine Rappelkopf-Darstellung am 11. und 15. April sowie am 1. Mai 1831, und er hat aus ein paar Pannen der

Maschinerie, die bei der Premiere auftraten, sofort gelernt und diese für die Reprisen beheben lassen.[44]

Schon zu diesem Zeitpunkt hat sich der Münchner Gastspielruhm Raimunds weit über den deutschen Sprachraum verbreitet. Angebote treffen nicht nur aus der unmittelbaren Umgebung, Augsburg und Nürnberg ein, sondern auch aus Stuttgart, Breslau und Brünn.[45] Freiherr von Poissl beklagt sich bitter, daß Raimund drei Wochen ausgefallen sei, und so fixieren die beiden schon Ende April ein weiteres Gastspiel in München für den November desselben Jahres, wo Raimund bis Jänner 1832 nicht weniger als sechzehnmal auftreten soll[46], darunter auch in bisher nicht gezeigten Rollen. Poissl bietet ihm dieselben finanziellen Bedingungen wie diesmal, und er weiß sehr gut, warum er sich dieses Schauspielers versichert: Raimund ist beim Publikum so beliebt, daß das gegenwärtige Gastspiel um sechs weitere Auftritte bis 15. Mai verlängert wird.

Allgemeines Entzücken erntet er im „Quodlibet", diesen immer wiederkehrenden „bunten Abenden" ohne besonderen Anspruch, aber mit allen Möglichkeiten für Raimund, darstellerisch zu brillieren. Das Publikum stürmt die Vorstellung, viele müssen unverrichteter Dinge an der Kasse wieder abziehen, und sogar der Hof ist anwesend – „der König und die Königin sind sehr zufrieden und applaudieren lebhaft"[47], berichtet Raimund selbst. Das Publikum ist von seinen Verwandlungen so entzückt, daß „der ungeheure Applaus damit endete, daß Hr. Raimund nicht weniger als sechsmal hervorgerufen wurde, eine Auszeichnung, derer sich auf Münchens Bühne vor Hr. Raimund von ihrem Ursprunge an bis auf die gegenwärtige Zeit kein Künstler und keine Künstlerin rühmen kann."[48]

Ähnlich ist der Erfolg für die Verwandlungskunststücke in Gleichs „Eheteufel auf Reisen", ein Stück, das Raimund schon seit zehn Jahren in seinem Repertoire hat. Er verwandelt sich als Verschwender, Hausierer, Zerstreuter und Grobian für die Münchner so überzeugend, daß man ihn einen „Proteus der deutschen Bühne" nennt.[49]

Schließlich krönt Raimund sein erstes Auftreten in München mit einem seiner „Sorgenkind"-Stücke, um deren Anerkennung zu ringen er nie abläßt: „Moisasurs Zauberfluch". Es muß ihm eine besondere Genugtuung bedeuten, daß er auch für dieses Werk volle Anerkennung erringen kann[50], vermutlich nicht zuletzt deshalb, weil das Münchner Publikum in seiner Erwartungshaltung Raimund gegenüber keineswegs so starr festgefahren ist wie die Wiener.

Raimund, der Stück- und Auftrittshonorar der beiden „Moisasur"-Aufführungen dem Hoftheater-Pensionsfonds spendet[51], kann zufrieden an Ludolph schreiben:[52] „Man versichert mich, daß hier noch kein Schauspieler so volle Häuser, solche Wiederholungen der Vorstellungen und so enthusiastischen Applaus erweckt hätte", und die Presse bestätigt ihm das, wenn im „Wanderer" zum Finale seines Gastspiels zu lesen ist:[53]

„Raimund ist der Liebling des Publikums geworden, das anfangs in ihm einen gewöhnlichen Komiker erwartete, sich aber getäuscht fand und bald den wahrhaften Künstler in ihm erkannte, der auf jeder Bühne Deutschlands neben den ersten Talenten glänzen kann, und überall seinen Platz mit Ehren behaupten wird. Raimund hinterläßt das ehrenwerteste Andenken. Die Teilnahme des Publikums steigerte sich bis zu seiner letzten Rolle; kein Gast hat die Häuser fortwährend so gefüllt wie er, und alles sieht seiner Wiederkunft mit Freude entgegen."

Zum Abschied sagt Raimund zu seinem Publikum:[54]

„Verehrung(swürdige!)

Heute wird mir zum letztenmahl das Glück mich Ihres gütgen Beyfalles zu erfreuen. Ich habe diese Residenz mit banger Ungewißheit betreten und ich scheide von ihr mit frohem und zufriedenen Gemüthe, den Ihre hohe Güte hat mir die fremde Stadt zur Heymath umgewandelt. Doch der Mime ist ein Wandergott der [seine] Priester nirgend ruhen läßt und der auch mich aus dem geliebten Kreise treibt. Ich verlasse das hehre München den Strand der kühnen Isar, aber ich verlasse ihn mit freudigen Empfindungen denn ihre Wellen haben einem Glücklichen gerauscht. Möchte[n] Sie Verehrungswürdige meinem Nahmen in ihrem Gedächtnisse doch ein kleines Plätzchen der Erinnerung gönnen bis ich eine Stadt wieder begrüße, welche meinem dankbaren Herzen ewig unvergesslich bleiben wird."

Künstlerisch war Raimund in diesen Monaten in München wirklich glücklich, die Zuneigung, die ihm von Seiten des Publikums entgegenkommt, ist echt. Privat allerdings hat er auch wieder jeden Grund zu klagen, wie er glaubt. Da ist ausdrücklicher Ärger über Toni, die ihm offenbar kaum je schreibt, und noch größerer Ärger über einen Brief, der mit dem 20. Februar 1831 datiert und an Raimund in München gerichtet ist. Er muß ihn während dieses Gastspiels erreicht haben.[55] Absenderin ist die Frau, die noch immer seinen Namen trägt und die er tunlichst aus seinem Leben gelöscht hat: Luise.

Es ist ein Bettelbrief, der möglicherweise bei manchem Mitgefühl erregt hätte, nicht aber bei Raimund. Luise möchte nach Wien zurückkehren, nachdem sie „so lange vom Schicksal genötigt in der Fremde herumirren mußte".[56] Sie könnte nun von der Direktion des Leopoldstädter Theaters engagiert werden, stände da nicht Raimunds Ausspruch dazwischen, solange er lebt, würde das nicht geschehen. Sie appelliert an seinen edlen Charakter, ihr die Rückkehr nicht zu verwehren ... Raimund hat ihr sicher nicht geantwortet, und Luise bleibt in Lemberg. Wann immer die Rede auf seine Exfrau kommt, spricht er sich unversöhnlich böse über sie aus.[57]

Das Gespenst aus der Vergangenheit mag ihn aber letztlich weniger betroffen haben als die bösen Geister, die ihm in München ebenso begegnen wie in Wien und die wohl Mißgunst und Neid heißen – Neid der Erfolgloseren, der minder Begabten, auf Raimund, den auf allen Gebieten anerkannten Künstler.

In München ist es vor allem der Schauspieler Ferdinand Eßlair, 18 Jahre älter als Raimund, gebürtiger Schlesier, der nach Wanderjahren seit 1820 am Münchner Hoftheater engagiert ist. Übergroß und mit einer gewaltigen Stimme ausgestattet, ist er ein Tragöde alter Schule, ein Götz, Tell, Wallenstein und Lear. Er hält jene Hochmutsattitüde aufrecht, die in Wien Burgschauspieler wie Ludwig Löwe gepachtet haben, indem er erklärt, es zieme sich nicht, daß an einem Hoftheater solche Possen und Farcen gespielt würden[58] – obgleich Raimunds Stücke vieles der auch in München gezeigten Tagesware weit überragen.

Zu den gewiß erfundenen Briefen, die Frankl aus Raimunds Hand stammen läßt, zählt auch jener über Eßlair, der wahrscheinlich nur geschrieben wurde, um ein Motiv für Raimunds späteren Selbstmord zu konstruieren. Darin heißt es:[59]

„Heute habe ich einen furchtbaren Abend erlebt. Der berühmte Eßlair spielte am Hoftheater den Tell, eine seiner Forcerollen. Ich fliege ins Schauspielhaus, um die Künstlergröße anzustaunen, von welcher der Ruf so viel Günstiges erzählt. Was finde ich? Eine Ruine! Eine Ruine, zerfallen und ohne Spur ehemaliger Herrlichkeit. Ein alter Mann, zahnlos, kaum noch verständlich seine Aufgabe handwerksmäßig herablallend, und das Publicum, das den einst Gefeierten in anerkennungswerther Pietät mit einem Sturm von Applaus empfing, im Verlaufe der Darstellung eisig kalt lassend. Ich kann nicht beschreiben, wie schneidend wehe mir der Anblick that. Die Erscheinung berührte mich um so schmerzlicher, als ich erfuhr, daß nur Geldnoth den Greis dazu trieb, seine früher errungenen Lorbeeren selber in den Staub zu treten. Ach, welch' ein widerlicher Anblick ist doch ein alter Komödiant! Wird es mir einst auch so gehen? Von jetzt an will ich sparen, die Sorge für die Zukunft soll in Folge mein Cassenverwalter sein, und der heutige Tell möge ein warnend Schreckbild als Titelbild meines Ausgabebuches stehen. Ob es nicht besser wäre, mit einem raschen Pistolenschuß diesen Sorgen zuvorzukommen, während man noch auf dem Zenith des Ruhmes steht?"

Fest steht nur, daß Eßlair Raimund nach außen hin katzenfreundlich begegnet und ihm auch das Du-Wort anbietet[60], daß er es aber ist, der verhindert, daß die Hofschauspieler ein Fest für Raimund geben, indem er erklärt, er würde daran nicht teilnehmen. Immerhin bringen die Kollegen Raimund ein „brillantes Ständchen", wie er Costenoble erzählt[61], und dieser ärgert sich in seinem Tagebuch:

„Also Herr Eßlair glaubt wirklich, an Kunstwert über Raimund zu stehen? Wer einen Wallenstein so elend (...) geben kann, wie muß der aufschnellen, wenn man ihn und Raimund in eine gerechte Kunstwaage legt!"[62]

So gibt es auch in München dunkle Stunden, die in Wien noch in Raimund nachwirken, und so reist er wohl nicht ungern ab (wobei ihm die Intendanz noch 16 Dukaten für die Aufführungen des „Alpenkönigs" schuldig bleibt). Im Sommer, so hat er vor, will er ins Gebirge fahren und ein neues Stück schreiben.[63]

DER GASTIERENDE STAR II

„Der größte Mime, der uns je vorgekommen"

Raimund trifft am 19. Mai 1831 nach dreieinhalbmonatiger Abwesenheit in Wien ein. Seinen Plan, in Linz ein paar Gastspielabende zu geben[1], führt er nicht aus, obwohl man ihm 300 fl.(!) pro Rolle geboten hat. So bald wie möglich fährt er mit Toni nach Gutenstein. Sie waren lange genug getrennt, und nun, da sie ja auch in Wien zusammen wohnen, legen ihnen die Eltern nichts mehr in den Weg. Tonis Schwester Lotte fungiert daheim unfreiwillig als eine Art von Sekretärin, wenn Raimund ihr Briefe schickt, die sie weiterleiten soll, sie bittet, diverse Besorgungen zu erledigen, und sie schließlich ersucht, ihm die für ihn eintreffende Post nach Gutenstein nachzusenden.[2]

Raimund muß die Absicht, ein Stück zu schreiben, an unrichtiger Stelle geäußert haben, denn diese Meldung wird sofort kolportiert[3], um von ihm wieder dementiert zu werden.[4] Möglicherweise arbeitet er damals an einem Stück, das unter dem Titel „Die Gewitternacht auf dem Himalaya" durch die Raimund-Sekundärliteratur geistert.[5] Angeblich hat Raimund Jahre später, 1836, Nikolaus Lenau und dem Beamten, Zensor und Schriftsteller Emanuel Straube von dem Sujet erzählt. Es sollte davon handeln, daß sich Körper und Seele des Helden trennen und die Seele im vollen Bewußtsein ihres Erdenselbst verbleibt. Ein Hauptteil der Handlung hätte sich auf dem Gipfel des Himalaya abgespielt. Aber auch dieses Stück soll nicht gänzlich ernst geplant, sondern von komischen Szenen durchsetzt gewesen sein.

Straube – der die ganze Geschichte erzählt – sei von Raimund gefragt worden, was er von der Idee halte, und habe sie eine Ungeheuerlichkeit genannt. Angeblich zuckte Raimund zusammen und antwortete: „Sie haben recht, ich werde das Stück nicht schreiben, und damit basta!"[6]

Mag dies möglicherweise auch in den Bereich der Raimund-Legende zu verweisen sein – die Absicht, ein Stück zu schreiben, bestand, der „Verschwender" ist es noch nicht, und wenn Raimund dementieren läßt, so bedeutet das vielleicht nur, daß er spürt, mit dem Stoff nicht zurande zu kommen. Jedenfalls hat sich in Raimunds Nachlaß ein Heft mit Notizen gefunden[7], die zu diesem Stück gehören könnten. Hinweise über Konkurse und Krida weisen eher in Richtung des „Verschwenders", aber anderes, das im Werk endgültig nicht zu orten ist, mag sich darauf beziehen. Dieses Heft enthält übrigens auch den immer wieder zitierten Spruch „Ein tief Gemüt bestimmt sich selbst zum Leid"[8], den man mit Vorliebe auf Raimund selbst bezogen hat.

Abgesehen von der – möglichen – Arbeit an einem Stück beschäftigt

Raimund, den stets um seine Gesundheit Besorgten, etwas anderes: die Cholera. Diese tückische Krankheit hatte sich, von Indien eingeschleppt, zwischen 1817 und 1823 erstmals in einer Welle über Europa verbreitet. Die zweite Welle, innerhalb derer man sich gerade befand, dauerte immerhin von 1826 bis 1837. Landquarantänestationen hatten sich als ungenügend erwiesen, um die vor allem auf dem Seeweg hereinsickernde Seuche aufzuhalten. Damals greift man schon zu der Maßnahme der „Kontumaz", die auch Raimund bedrohen wird, daß nämlich Leute, die aus Gebieten kommen, wo die Cholera bereits herrscht, erst nach 40tägiger Beobachtung in cholerafreie Gebiete weiterreisen dürfen. Um sich solche Quarantäne zu ersparen, wird sich Raimund noch in diesem Jahr höchst französisch von Hamburg verabschieden ...

Aber im Moment will er die Cholera fliehen, die sich Wien zu nähern droht. Tatsächlich wird sie ab Mitte August in den Vorstädten, ab 15. September dann in Wien selbst ausbrechen. Raimund jedenfalls reist im Juli 1831 mit Toni in die Tiroler Alpen, wie er es schon lange beabsichtigt hat. In einem Brief an Therese Wagner, den er in Innsbruck an die Beinahe-Schwiegermutter schreibt, heißt es, er bewundere die grünen Berge, den blauen Himmel und leuchtende Gletscher, liebliche Täler, reinliche Hütten und drohende Felsen des stattlichen Tirol[9] – das klingt tatsächlich nach jener Tirol-Idylle, wie sie sich im Anschluß an Andreas Hofers Heldentod während der Napoleonischen Kriege verbreitet hat. Daß Raimund, ein besonderer Verehrer der Landschaft, von der majestätischen Schönheit gerade Tirols hingerissen ist, verwundert allerdings nicht und ist – Klischee hin, Klischee her – zweifellos ganz ernst zu nehmen. Seine Begeisterung muß ansteckend gewirkt haben, denn es gelingt ihm sogar, seine Kaffeehauspflanze Toni zur Besteigung der Martinswand zu bewegen. Auch ist hier weit und breit nichts von der bedrohlichen Cholera zu bemerken.

Ende Juli kehren Raimund und Toni nach Wien zurück, und er fährt der Cholera davon, als er am 11. August die Stadt mittels Eilwagen verläßt. Die hierbleiben, erleben eine schlimme Zeit, wie man es bei Grillparzer nachlesen kann. Dieser schreibt am 21. September 1831 in sein Tagebuch:[10]

„Die Cholera ist in Wien. Als sie entfernt war, fürchtete man sich; als sie zögerte zu kommen, ward man leichtsinnig, als sie eintrat, und von einzelnen wenigen Erkrankungsfällen mit einem ungeheuren Sprung an einem Tage anderthalbhundert erkrankten und verhältnismäßig viele daran starben, und noch dazu fast alle aus den besseren Ständen, ward das Entsetzen allgemein."

Grillparzer selbst, der meint, der Sache gelassen gegenüberstehen zu können, kommt in panische Gemütsstimmung, als ein Bekannter aus seiner unmittelbaren Umgebung, mit dem er am Tag zuvor gespeist hat, am nächsten Morgen tot ist. Er selbst bildet sich einen Cholera-Anfall ein, kokettiert mit der Idee des Todes und bleibt gesund. Raimund, Krankheiten gegenüber zur Hysterie neigend, hätte in Wien wohl in dauernder Todesangst gelebt. Die Seuche dauert hier bis Ende Februar 1832 an.

Raimund wird erst Mitte Jänner 1832 in Wien eintreffen. Im Moment befindet er sich auf der Reise nach Hamburg, wo er mit dem Stadttheater einen Gastspielvertrag abgeschlossen hat. Er nimmt den Weg über Berlin, wo er ein schon früher besprochenes Gastspiel am Königstädtischen Theater fixiert."[11] Da aber in Berlin auch die Cholera herrscht, dürfte er so schnell wie möglich wieder weitergereist sein.[12]

Raimund tritt in Hamburg am Stadttheater auf, einem 1827 nach Plänen von Karl Friedrich Schinkel erbauten Haus[13], das von Friedrich Ludwig Schmidt geleitet wird. Was die Stücke betrifft, so hält er sich an die in München gemachten Erfahrungen, beginnt mit dem „Bauer als Millionär", schickt „Alpenkönig" und „Diamant des Geisterkönigs" nach und zeigt sich auch im „Quodlibet" und im „Eheteufel". Dann möchte er hier noch die „Gefesselte Phantasie" spielen, aber die Cholera hält ihn ab.

Hamburg, die stolze Hanse-Stadt mit der bedeutenden Theatertradition, die sich auf einen Lessing und einen Friedrich Ludwig Schröder beruft, hat für Raimund keine Vorschußlorbeeren bereit, eher das Gegenteil. „Der Bauer als Millionär" ist im August 1830 hier bereits gespielt worden und glattweg durchgefallen. Man beurteilte das Stück damals als das „Allergewöhnlichste von der Welt" und als bar jeder Poesie.[14] Es handelte sich um eine trotz imposanten Maschinenzaubers sehr schwache Aufführung, vor allem der schlechten Besetzung wegen.[15] Immerhin hatte die Zeitschrift „Freischütz" damals den Anstand, nicht nur ihre schlechte Kritik, sondern auch einen Leserbrief abzudrucken, in dem die Hamburger Aufführung mit jener in Wien verglichen wurde und der Schreiber eine Lanze für Raimund brach.

Dennoch: Nicht nur, daß sich Raimund hier im äußersten Norden des deutschen Sprachgebiets und damit in einem mentalitätsmäßig wirklich fremden Milieu befindet, er muß auch noch gegen ein Vorurteil anspielen.

Natürlich nimmt sich Raimund sofort nachdrücklich der vorhandenen Inszenierung des „Bauers als Millionär" an, und das Ergebnis ist verblüffend. Ein Kritiker bekennt, „daß mir vieles, was mir in den früheren Vorstellungen dunkel und verworren schien, jetzt völlig klar geworden, so daß es diesem Werk nun durchaus nicht mehr an den gehörigen Motiven fehlt."[16]

Raimund tritt als Fortunatus Wurzel am 1. September 1831 erstmals vor das Hamburger Publikum. Ist er wirklich, wie es in den ersten Szenen scheint, „nicht ohne Schüchternheit"?[17] Man kann sich die Unsicherheit vorstellen, vor einem Publikum zu spielen, das man erst testen muß, um sprachlich Boden unter den Füßen zu finden. Hier muß ein gegenseitiger Prozeß der Annäherung stattfinden, denn natürlich kann sich auch Raimund nicht gänzlich verleugnen, muß mit seinem fremden Dialekt und einem Spielstil, der dem Publikum hier etwas dick aufgetragen erscheint, vor sie hintreten.

Aber als die Befangenheit von Raimund weicht, „da brachen die Schranken zusammen, welche Gewohnheit und Gebrauch zwischen Süden und Norden aufgestellt haben, und lauter Jubel und ein stürmischer Beifall, welcher sich ganz vorzüglich nach dem mit unbeschreiblicher Vortrefflichkeit vorgetragenen Aschenliede dartat, verkündete dem Meister den Sieg, den sein Genius davongetragen."[18]

Wieder hat sich Raimund passende Zusatzstrophen zum Aschenlied geschrieben, wieder findet er bei der Abdankung Worte, die ihm unweigerlich die Zuneigung jedes einigermaßen wohlwollenden Publikums eintragen müssen:[19]

„Verehrungswürdige! Bei meinem Gastspiele habe ich nicht die Absicht, mich mit dem vortrefflich hier Bestehenden zu messen, es ist nur ein Versuch, die Volkssitten und Sprache meines südlichen Vaterlandes im Norden hier zu zeigen. Ich bin ein Fremdling in jeder Hinsicht und fühle tief, wie sehr ich für Ihre milde, gastfreundliche Aufnahme zu danken habe. Ist es mir aber durch meine heutige Darstellung, bei der Befangenheit mich noch hinderte, wirklich gelungen, Ihnen einiges Vergnügen zu verursachen, so hoffe ich erst durch künftige Leistungen mir Ihre Zufriedenheit ganz zu verdienen."

Vor allem aber ist es Raimund, besonders da man sein Stück auch ohne ihn kennt und den Unterschied also beurteilen kann, gelungen zu zeigen, „wie innig das Charakteristische seiner Dichtungen mit seinem persönlichen Wesen verbunden ist"[20] – was auch für die Nachwelt eine Erkenntnis darstellen mag.

Die Hamburger mögen dann das Quodlibet nicht so sehr wie die Münchner. Deutlich zeigt sich, daß man Raimunds Virtuosität in diesem Bereich „niedriger Komik"[21] nicht übermäßig schätzt. Der Opernsänger Heinrich Dorn, mit dem Raimund während seines Aufenthalts in Hamburg persönlichen Umgang pflegt, nennt diese Szenenreihe „das vielleicht Stärkste . . ., was einem norddeutschen Publikum jemals von der Bühne herab geboten worden" war.[22] Nun, in der Szene als Wastel in der „Travestierten Zauberflöte" greift Raimund, der große, anerkannte Chrakterschauspieler, tatsächlich auf die elementare Hanswurst-Komik zurück, wenn er höchst drastisch vorführt, welche Unterleibs-Wirkungen der Genuß eines Karlsbader Sprudels haben kann.[23]

„(. . .) der Vorhang fiel, als Raimund im Begriff stand, seiner Schönen die erste Erklärung zu machen und schleunigst abgerufen wird. Ein jeder andere (. . .) wäre nach, vielleicht schon während einer solchen Szene unbarmherzig ausgepfiffen worden, aber Raimund bestand diesen Kampf als Sieger; und als er sich dem vor Lachen fast erstickten Publikum nochmals zeigen mußte, hatte er kaum die Zeit, seine Verbeugung zu machen . . . denn er wurde schon wieder schleunigst abgerufen!"

Es ist dies der Komödiant an sich, der sich hemmungslos sein Publikum „holt", selbst wenn es aus strengeren, kühleren Norddeutschen besteht. Raimund hat mehrere Varianten, diesen Abgang des Wastel zu spielen. Eine davon lautet:

„Wenn das Zwicken und Herumwurlen in meinen Gedärmen noch eine Weil dauert, so werd ich wohl's letzte Mal gespielt haben. Tausendsassa, nun, ich weiß auch, was recht ist, aber (vor Schmerzen winselnd) das ist zu dick, das ist zu grob! (Ab unter Grimassen.)"

Und eine andere geht so:

„Ich hab eine ordentliche Wasserleitung in mir, ich gschwüll schon auf wie eine altbackne gwakte Semmel."[24]

Das ist wienerische Drastik, eine Textvorlage, die im Grunde nichts besagt, was bedeutet, daß die ganze Wirkung der Szene nur aus Raimunds darstellerischer Potenz kommen kann.

Um dem Publikum aber ein echtes Wechselbad zu bieten, es die ganze Spannweite der Raimundschen Fähigkeiten auszukosten zu lassen, folgt zwei Tage später, am 9. September 1831, der „Alpenkönig". Auch dieses Stück ist in Hamburg schon bekannt, Schmidt hat es im November 1829 spielen lassen, und damals hat man es nicht sonderlich geschätzt.[25] Nun aber wächst es dank Raimunds Darstellung zu seiner vollen, auch tragischen Größe heran, und am Schluß heißt es laut: „Raimund heraus!"[26], was nicht als Hinauswurf, sondern als Auszeichnung gemeint ist.

Am 23. September hat dann der „Diamant des Geisterkönigs" Premiere, der erstmals in Hamburg gezeigt wird. Obwohl Raimund dank seiner Leistungen nun schon festen Boden unter den Füßen hat, erachtet man es doch als riskant, den Hamburgern mit einem solchen bunten Zauberspiel zu kommen, das allertypischeste Wiener Mentalität zu spiegeln scheint. Tatsächlich ist es für die Kritik dann „eine zuweilen höchst barocke Zusammenstellung des Ungereimten"[27], aber nichtsdestoweniger erntet dieses Stück den bisher stürmischesten Beifall.

Das Publikum verliebt sich nämlich in Raimund als Florian Waschblau, in dessen Phantasie und Humor, „daß wir uns den Hypochondristen nicht denken können, der durch die Darstellung desselben aus seinem Trübsinn nicht herauszureißen wäre."[28] Raimund selbst beurteilt seinen Erfolg als „ohngefähr der nämliche wie in München."[29] Er wiederholt den „Diamant" noch dreimal und tritt am 8. Oktober im „Eheteufel" auf, wieder mit dem so oft erreichten Effekt, ein „Machwerk" durch sein Spiel zu retten und das Publikum geradezu zu elektrisieren.[30]

Auch hier in Hamburg gehen für Raimund künstlerische Erfolge mit privatem Mißbehagen Hand in Hand. Wieder einmal hört er fast nichts von Toni, aber obwohl er ihre ärgerliche Schreibfaulheit kennt, muß er diesmal doch befürchten, sie könne ein Opfer der Cholera geworden sein. Sehr nervös verfolgt er die Situation, und er registriert genau, als, 12 Meilen von Hamburg entfernt, in Dänemark ein sonderbarer Brechkrampf ausbricht. Raimund rechnet sich aus, daß die Krankheit in einer Stadt wie Hamburg mit ihren engen Straßen, den zahlreichen Kellerwohnungen und der permanenten Feuchtigkeit besonders wüten wird.

Kurz, er ist also immer auf dem Absprung, und als der erste Krankheitsfall in der Stadt gemeldet wird, bricht er am 8. Oktober ohne Abschied von irgendjemandem sozusagen bei Nacht und Nebel auf. Ganz abgesehen von der Angst, die er vor der Krankheit hat, bedrückt ihn die Vorstellung, am Ende hier 40 Tage in Kontumaz gehalten zu werden. Also hinterläßt Raimund Direktor Friedrich Ludwig Schmidt nur ein kurzes Schreiben, in dem er „höchste Notwendigkeit" für die Abreise postuliert und bittet, man möge ihm sein Honorar, seine Bücher und Noten nachsenden.

Ganz wohl ist ihm natürlich nicht dabei, Hamburg „so feig und abschiedslos"[31] verlassen zu haben. „Furcht, die sich auf die Beine macht, bleibt doch immer etwas Lächerliches und die lieben Hamburger haben etwas Besseres um mich verdient als diese Cholera-Desertion."[32] Das schreibt Raimund später von München aus an A. W. Just, der nicht näher identifiziert werden konnte, aber jedenfalls ein Mann war, mit dem er viel verkehrt und schöne Elbe-Spaziergänge unternommen hat.

Raimund hat allerdings mit seiner „Flucht" guten Instinkt gezeigt – er ist kaum weg, da bricht die allgemeine Panik aus.[33] Und die Hamburger nehmen es ihm auch nicht übel, daß er so mir nichts, dir nichts, weg ist, sondern sprechen die Hoffnung aus, er möge im nächsten Jahr wiederkehren und dann, wie beabsichtigt, auch in der „Gefesselten Phantasie" spielen.

Und nach all dem Lob, das man ihm gespendet hat, schickt man ihm noch eine Hymne nach, die umso höher zu werten ist, da sie von Menschen kommt, die mit seiner Kunst mentalitätsmäßig gar nicht vertraut sind – aber möglicherweise gerade darum geeignet, sie höher und objektiver einzuschätzen als jene Menschen, die Raimund zu nahe sind, um ihn völlig klar zu beurteilen:[34]

„Wir können jetzt, nachdem wir ihn in 12 Darstellungen mit großer Aufmerksamkeit beobachteten, nicht umhin, hier ganz offen das Bekenntnis abzulegen, daß Raimund der größte Mime ist, der uns je vorgekommen, einen Ausspruch, den wir selbst nicht einmal auf Deutschland beschränken. Wir hatten Gelegenheit, in Frankreich und England die vorzüglichsten darstellenden Künstler zu bewundern, aber wir müssen gestehen, daß an Genialität der Auffassung, Vielseitigkeit, vor allem aber an Wahrheit in der Darstellung, Raimund sie, nach unserer Ansicht, alle übertrifft. Hätte er die äußeren Mittel, er wäre eben so groß als Tragiker, als er als Komiker ist, denn ihm wohnen zu jenem alle Elemente inne."

Raimund reist über Frankfurt und Stuttgart direkt nach München, wo er am 27. Oktober 1831 eintrifft. Ob er hier sein Gastspiel antreten wird, macht er von der „Dame Cholera" abhängig, „denn je mehr sie mich flieht, desto liebevoller behandelt sie mich".[35] Tatsächlich hat sie München noch nicht erreicht, und Raimund würde folglich am liebsten gleich auftreten. Aber an dem Hoftheater herrscht nicht die lockere Flexibilität, die Raimund von der Wiener Vorstadt her gewohnt ist, wo man adhoc disponiert: Er muß die drei Wochen abwarten, bis sein Gastspiel vertragsgemäß beginnt.[36] Das hat nur den einen Vorteil, daß er wegen seiner in Hamburg gebliebenen Garderobe, die auf sich warten läßt, nicht in Verlegenheit gerät.

Am 14. November 1831 tritt Raimund im „Bauer als Millionär" wieder in München auf. Die Theaterkassiere versichern ihm, das Haus sei seit seiner Eröffnung noch nie so überfüllt gewesen.[37] Selbst Raimund ist über den jubelnden Beifall überrascht, mit dem man ihn empfängt: Er kann ihn selbst nur mit jenem vergleichen, der ihm nach seiner langen Krankheit in Wien entgegenkam. Im Aschenlied singt er aktuelle Cholera-Strophen mit dem Resümee:[38]

„Frau Cholera, verzisch',
Nach München darfst du nicht!

Dich jagt der Aschenmann,
Mit seiner Krück davon!
Kein Aschen!"

was großen Jubel erregt. Am nächsten Tag besagt ein Gerücht, die Krankheit sei in der Stadt, aber Raimund will es nicht glauben und bricht seinen Aufenthalt nicht ab. Tatsächlich bleibt er, wie vorgesehen, rund zwei Monate in München.

Er spielt diesmal nicht sehr oft, nur 16mal, das ist fast nichts für einen Mann, der gewohnt ist, bisweilen jeden zweiten Tag auf der Bühne zu stehen. Zu seinen schon hier bekannten Stücken – dem „Bauer als Millionär", dem „Diamant des Geisterkönigs" und dem „Alpenkönig und Menschenfeind" – kommt diesmal noch die „Gefesselte Phantasie" dazu, die in München noch nie gespielt worden ist. Man nimmt das Stück überraschend günstig auf, wohl vornehmlich Raimunds wegen, weil man die Nachtigall-Szenen vor allen anderen schätzt.[39]

Außerdem tritt Raimund in einigen Virtuosenstücken auf, u. a. im „Eheteufel", der „Fee aus Frankreich" und dem „Gespenst auf der Bastei", das hier ein „Gespenst im Englischen Garten", aber deshalb auch nicht besser geworden ist.[40] Übrigens – den Berliner Dialekt, den er in einer der Szenen hören läßt und den ihm die Wiener ohne weiteres abgenommen haben, glauben ihm die Müncher nicht ganz; sie kennen vielleicht mehr originale Berliner. Aber das ändert nichts an dem für Raimund nun schon gewohnten Erfolg.

Raimund beendet sein zweiter Münchner Gastspiel mit demselben Stück, mit dem er es begonnen hat, dem „Bauer als Millionär". An diesem 10. Jänner 1832 muß bei geöffneten Türen gespielt werden, so zahlreich drängt sich das Publikum. Am Ende fliegen Raimund Kränze und Gedichte entgegen, und der Beifallssturm folgt ihm bis in die Kulisse. Verständlich, daß er infolgedessen „nirgends lieber zu Hause (ist) als in München"[41] – Wien natürlich ausgenommen. Dort trifft er am 15. Jänner 1832 wieder ein.

Was hat Raimund, der in der Entfernung immer zum begeisterten Wiener wird, außer der Cholera noch bewogen, seiner Heimatstadt so lange den Rücken zu kehren? Zwei konkrete Gründe dafür sind auszumachen. Damals wie heute wurde und wird der im Ausland errungene Ruhm in der Heimat höher geschätzt als jener, den man sich zu Hause erwirbt. Ein Raimund, der fast täglich in der Leopoldstadt zu besichtigen ist, wird zwar heiß geliebt, ist aber fester, zu fester Besitz – und als solcher nicht so begehrenswert wie der Raimund, der anderswo Ruhm geerntet hat. Dann kann man auf sein „Eigentum" schließlich besonders stolz sein. Diesen Mechanismus erkennt Raimund, und auch darum zieht es ihn immer wieder fort.

Der zweite Grund ist pekuniärer Natur. Es wurde schon erwähnt, daß man in einer Welt ohne Pensions- und Krankenversicherung lebt. Im Alter besitzt man nur, was man sich selbst zurückgelegt hat. „Daß mir meine Reisen Geld tragen und das einzige und sicherste Mittel sind, mein Alter vor Mangel zu schützen, ist gewiß“, schreibt Raimund an seine Bekannte Therese Isenflamm, und er bittet ihren Bruder Karl um Rat, wie er rund 4000 fl. Conventionsmünze, die er bei diesen Gastspielen zu ersparen hofft, anlegen soll, damit sie auch Zinsen bringen.[42]

Und wenn er Geld denkt, denkt er Toni, die ja im Falle seines plötzlichen Todes keinesfalls automatisch seine Erbin wäre – die sperrige Toni, die ihn immer und immer ärgert, weil sie nicht schreibt, weil sie nach all den Jahren imstande ist, sich fremd und abweisend zu gebärden, weil sie vermutlich eifersüchtig ist, da sie ja nie wissen kann, wie und mit wem er bei seinen Reisen seine Freizeit verbringt. Und wenn er noch so „brav“ ist, wozu er längst neigt, sie wird ihm mißtrauen. Und doch ist diese Toni sein Schicksal, und darum hat Raimund am 8. Dezember 1831 in München sein Testament aufgesetzt, in dem er sie zur Universalerbin erklärt:

Im Nahmen der heiligsten Dreyfaltigkeit!

In der Ueberzeugung, daß das Ende unseres irdischen Lebens den göttlichen Rathschlüßen heimgegeben ist, und um für diesen Fall alle meine weltlichen Angelegenheiten, vollkommen geordnet zu wissen, habe ich Ferdinand Raimund aus Wien, dermalen mich zu München in Baiern aufhaltend, beschlossen, meinen letzten Willen, und zwar nach dem der Stadt München, hinsichtlich der Testaments Gezeugen, zustehenden altherkömmlichen Privilegio und mit der ausdrücklichen Anordnung zu verfassen, daß Derjenige, oder Diejenige oder Diejenigen, welche im gegenwärtigen Testamente lukrativ bedacht ist, und hiegegen irgend einen Streit, eine Beanständung oder Hinderniß zu erheben gewillt sind, ohne weiters dessen, womit sie bedacht gewesen wären, ein für Allemahl beraubt, und verlustig seyn sollen.

Ich verordne demnach, aus meinem freyen, vollkommenen, selbsteigenen, letzten Willen, und bey vollkommenen ungehinderten Gebrauch, meiner Vernunft und meines Gemüthes, wie folgt:

Erstens. Ich will, daß man meinen Leib drey Tage nach meinem Hinscheiden, nach den Gebräuchen meiner Kirche, der römisch-katholischen, einfach und ohne Gepränge zur Erde bestatte.

Zweytens. Ich will, daß meine Erbe, das heißt meine Erbinn, an die Armen der Stadt Wien, ein Legat ausbezahle von Ein Hundert Gulden Wiener Währung. Drittens was die

Erbeinsetzung

als die Hauptsache eines Testamentes betrifft, ernenne ich hiemit, zu meiner Haupt und Universal Erbinn klar und ausdrücklich die Demoiselle Antonie Wagner, ehlige Tochter, des wohllöblichen Herrn Caffetier Wagner und dessen Ehefrau Theresia Wagner in der Leopoldstadt dermalen nächst der Schlagbrücke in deren eigenen Behausung wohnend, und will, daß besagte Erbinn diesen meinen letzten Willen, in allen Punkten, getreu und redlich vollziehe. Viertens. Trage ich, besagter Haupt und Universal Erbinn hiemit auf, daß dieselbe pünktlich und unverkürzt ausbezahle, die nachfolgenden Legate, als nähmlich:

Erstens. Meiner von mir gerichtlich getrennten Ehefrau, Louise Raimund gebornen Gleich, ein Legat von fünfhundert Gulden Conventions Münze, welches ich ihr als ein Andenken hinterlasse.

Zweytens. Soll mein Schwager, der bürgerliche Schneidermeister, Benesch in Wien, welcher meine verstorbene Schwester Nannette Raimund zur Ehefrau hatte, ein Legat haben, von Drey Hundert Gulden, Conventions Münze, und eben so sollen

Drittens: Die Kinder welche der eben benannte Benesch während seiner Ehe, mit meiner Schwester erzeugt hatte, ein Legat von Fünf Hundert Gulden Conventions Münze und zwar Jedes derselben, eine solche Sume ausbezahlt erhalten.

Viertens. Befehle ich meiner Haupt und Universal Erbinn, daß sie auf Lebensdauer der Witwe des bürgerlichen Friseurs, Anna Räuschel, dieselbe zum Zeichen meiner Dankbarkeit mit Wohnung Kleidung, und Ernährung wohl versorge, und derselben nebstbey, noch ein Legat von Drey Hundert Gulden Conventions Münze aus bezahle.

Ich habe diesen meinen letzten Willen salva clausula codicillari eigenhändig geschrieben, unterschreibe denselben, eigenhändig, und habe als Testaments Gezeugen, nach Münchner Stadtrecht und mit dem Eröffnen daß Gegenwärtiges, meinen wahren und unumstößlichen letzten Willen enthalte, eigends erbethen, den königlich bairischen Ökonomie Rath und Ritter des Civil Verdienstordens der bairischen Krone dann, Lizentiaten beyder Rechte, Herrn Heinrich Ludwig von Spengel, so wie den Doctor beyder Rechte, und Fiscal der königlichen Ludwig Maximilians Universität zu München Herrn Simon Heinrich von Spengel und habe, von besagten Gezeugen, gegenwärtiges Testament in meiner Gegenwart eigenhändig unterschreiben lassen. So geschehen zu München in Baiern, am 8ten Monatstage Dezember des Jahres nach Christi Geburt, Ein tausend Acht Hundert und Ein und Dreyßig.

Ferdinand Raimund

Als eigens erbetener Testaments-Gezeuge und unterrichtet, daß Gegenwärtiges des Herrn Ferdinand Raimund aus Wien wahren und letzten Willen enthalte, datum uti supra.

H: L: von Spengel

Als eigens erbetener Testaments Gezeuge und unterrichtet, daß Gegenwärtiges des Herrn Ferdinand Raimund aus Wien, wahren und letzten Willen enthalte, datum uti supra.

Dr. S. H. Spengel

Wien, im Jänner 1832. Raimund ist wieder da. Costenoble ist erfüllt von den Triumphen des Freundes, die er in Zeitungsmeldungen miterlebt hat. Fälschlich meint er (kennt er Raimunds „verkehrte“ Reaktionen noch immer nicht?), der Freund müsse im Hochgefühl des Erreichten regelrecht schweben – er, den man in Wien so oft hinter Schuster genannt hat, er, den manche Burgschauspieler über die Achsel angesehen haben, nun

Raimunds Testament

in den großen deutschen Theaterzentren München und Hamburg als einer der größten lebenden Schauspieler erkannt und gepriesen!

Aber was tut Raimund? Mißgelaunt pflegt er seine Komplexe, kann sich über Positives nicht freuen, sucht vielmehr krampfhaft nach Negativem, das er natürlich immer findet. Costenoble kann es nur betrüblich finden, „daß Raimunds Frieden nicht vergrößert wird durch alle seine Künstlerprogressen; daß er noch immer eifert: die Welt halte ihn für einen Komiker, da er doch von der Natur zum Tragöden geschaffen sei.“[43] Und da man ihm diesen auf der Bühne nicht glaubt, lebt er ihn zu seiner eigenen Qual . . .

Dabei könnte er sich doch darüber freuen, daß Burgschauspielerin Sophie Schröder, Grillparzers bewunderte Sappho und Medea, seine Auslandstriumphe sehr wohl zur Kenntnis nimmt und ihn jetzt, wie Costenoble es formuliert, „würdig“[44] empfängt – immer weniger Kollegen leisten es sich, auf Raimund herunterzuschauen. Er könnte es auch entspannend finden, nach all den Jahren der Erb- und Erzfeindschaft nun mit Ignaz Schuster gemütlich in Wagners Kaffeehaus zusammenzusitzen.[45] Und ein anderer als Raimund hätte sich vermutlich darüber gefreut, daß man ihm die Direktion des Königstädtischen Theaters in Berlin anträgt, auch wenn es für seine Einsicht zeugt, sich nach seinen diesbezüglichen Erfahrungen nie mehr in eine Direktionsaufgabe einzulassen.[46] Und nicht jeder findet, wie Raimund, nach seiner Rückkehr aus der Ferne in den Zeitungen hymnische Begrüßungen vor.[47]

Aber nein, all das bedeutet ihm nichts, wohl aber nagt er an den Feindseligkeiten Eßlairs in München, und er „grämelt"[48] so herum, daß er sogar Costenoble ärgert: „Raimund ist und bleibt der alte Hypochonder. Da hat er nun von allen Seiten Ehre, und ist doch nicht zufrieden."[49]

Vor allem aber kann er nicht ohne Arbeit sein. Als das nun unter der Leitung von Karl von Marinelli stehende Theater in der Leopoldstadt wegen einer Benefizvorstellung zugunsten der brotlosen Familien Wiens an ihn herantritt[50], ist er gern bereit, sich seinen Wienern nach einjähriger Pause wieder zu zeigen. Und diese sind so begierig auf ihn, als kennten sie ihn nicht schon seit Jahren, fast schon Jahrzehnten auswendig – ein Phänomen dieser Stadt, die nicht müde wird, Schauspielerlieblinge immer wieder zu sehen, und in ihren ältesten Paraderollen gar am liebsten ... (Das läßt sich gerade am Beispiel von Raimund-Rollen auch bis in die jüngste Vergangenheit verfolgen – wenn Josef Meinrad und Inge Konradi auch in höheren Lebensjahren noch Valentin und Rosa im „Verschwender" spielten, steigerte das höchstens noch die Anteilnahme des Publikums.)

Sobald das Gastspiel in der Leopoldstadt bekannt wird, ist der Andrang nach Logen und Sperrsitzen enorm, und man bietet sehr hohe Preise, um Raimund wieder einmal als Florian im „Diamant des Geisterkönigs" zu sehen[51] – und an seiner Seite, wie schon einmal, Ignaz Schuster als Longimanus. Man hätte ein Amphitheater gebraucht, um schließlich alle Interessenten unterzubringen. „Wie Herr Raimund empfangen wurde, wie oft und stürmisch er hervorgerufen wurde, wissen die Anwesenden; den Abwesenden können wir keinen Begriff davon beibringen."[52]

Man weiß ja, daß es die einzige Gelegenheit für längere Zeit ist, Raimund wieder spielen zu sehen, und das macht er auch in seiner Abdankung unmißverständlich klar:[53]

„Ich habe noch nie eine Gelegenheit mit höherer Freude aufgegriffen als die heutige, die mir das Glück gewährt, nach langer Trennung wieder zu erscheinen. Doch nicht wie sonst erscheine ich, nicht als ein Hausgenoß, dem man nur freundlich zunickt, weil man ihn ja täglich sieht. – Ein Fremdling bin ich hier, ein Gast, der einkehrt in dem lieben Haus, das ihn dreizehn Jahr umschirmt; der vieles wiederfindet, manches wohl vermißt, der schnell nur einen Becher, überfüllt mit Gunst, in raschen Zügen leert, gerührt den Wanderstab ergreift und weiter eilt. Ein Wanderer bin ich, der vorüberzieht, den Pilgerstab hab ich mit Myrthe reich umwunden, und mit des Dankes ewig grünem Efeu. So scheid' ich, ausgerüstet mit dem festen Sinn der Wiederkehr, und wie sich auch mein Schicksal mag gestalten, was mir die Zeit auch raubt, sie wird es nie vermögen, in meinem Herzen die Erinnerung von Ihrer Liebe zu vertilgen."

Gedichte und Huldigungen fliegen ihm zu, und schon geht das Gerücht, Raimund bleibe in Wien und werde im Theater an der Wien gastieren – aber da hat er, unruhevoll, schon wieder seine Sachen gepackt und ist am 10. März 1832 abgereist. Nach Berlin.

Raimund nimmt den Weg über Breslau, wo er länger als vorgesehen bleibt – nicht, um das Angebot, hier zu gastieren, wahrzunehmen, sondern weil er erkrankt und zwar an „gewaltigem Kopfschmerz".[54] Diese nervösen Krankheiten werden häufiger und sind gewiß mit dem andauernden Streß zu erklären, den er sich selbst auferlegt. Die lieben Wiener ergehen sich, als sie von Raimunds Verbleib in Breslau hören, gleich in den wildesten und unterhaltendsten Spekulationen: „Fürchtet Raimund Berlin?"[55]

Es bereitet Bäuerle zweifellos ein bissiges Vergnügen, diese Frage in den Raum zu stellen und Raimund wenig später noch kräftigen Ärger zu bereiten. Als er nämlich Ende des Monats tatsächlich in Berlin eintrifft, meldet die „Theaterzeitung", er werde dort „nur bei erhöhten Preisen spielen".[56] Tatsächlich hat die Direktion des Königstädtischen Theaters diese Preiserhöhung veranlaßt, um den Ruhm des Gastes finanziell entsprechend auszunützen.

Raimund stehen solche Spekulationen allerdings fern: Er stellt die Direktion des Hauses vor das Ultimatum, die Preiserhöhungen entweder rückgängig zu machen, oder er würde gar nicht auftreten. Das wirkt, und man fügt sich, wenn auch ungern, seinem Wunsch.[57] In Wien allerdings liest man dank der Bäuerleschen Manipultation des Tatbestands nur, die Direktion in Berlin habe sich veranlaßt gefühlt, die Preiserhöhungen zurückzunehmen – woraus unweigerlich der Eindruck entstehen muß, das sei geschehen, weil Raimunds Gastspiel nicht den erwarteten Zuspruch fand. Erst nach einer Berichtigung im „Wanderer"[58] erklärt auch die „Theaterzeitung", daß die Preistreiberei allein auf Raimunds Wunsch unterblieben sei ...

Berlin, 1832 – das ist eine ungemein lebhafte Großstadt, in ihrer Geselligkeit vielleicht noch von biedermeierlichem Gepräge, aber nach Ende der Napoleonischen Kriege hat auch hier der Aufschwung begonnen, Schinkel, Rauch und Lenné geben der Stadt auch baulich ein neues Gesicht. Noch sind Preußens Könige nicht die Deutschen Kaiser, aber Preußens späte Gloria drückt sich dennoch darin aus, daß das Militär hier eine ungleich größere Rolle spielt als zur gleichen Zeit in Wien, und in den Konditoreien, die für Berlin etwa dasselbe bedeuten wie für Wien die Kaffeehäuser, treffen sich nicht nur Beamte und Literaten, sondern auch die Militärs, die einander mit ihren Kriegserinnerungen an 1813 bis 1815 zu übertrumpfen suchen. Die Aristokratie bleibt unter sich, und das sogenannte gewöhnliche Volk – in Wien immer noch zu einem guten Teil Raimunds Publikum – amüsiert sich in „Tabagiern" (Lokale, wo Raucherlaubnis herrscht) und in allerlei Tanzsälen.

Für dieses Publikum spielt Raimund in Berlin nicht. Hierher hat man ihn nicht als den „Volksschauspieler“, sondern als den Dichter und den berühmten Charakterdarsteller eingeladen. Demzufolge habe man noch niemals, wie die Zeitungen berichten, „eine so lange Reihe von eleganten Equipagen auf dem Alexanderplatz vorfahren sehen, als bei der zweiten und dritten Aufführung des ‚Alpenkönig‘ und des ‚Bauer als Millionär‘.“[59]

So verschieden die „Berliner Luft, Luft, Luft“ und das „Wiener Lüftchen“ auch sein mögen, zwischen den beiden Städten gab es eine theatralische Wechselbeziehung, die durch alle Zeiten zu verfolgen ist und die sicher auch Raimund geholfen hat. Joseph Spitzeder und Heinrich Ludwig Schmelka, die beliebten Komiker Berlins, haben in Wien „gelernt“, der Berliner Friedrich Beckmann wird später ein Liebling des Burgtheaterpublikums, Wiener Possen und Figuren sind den Berlinern nicht unbekannt, auch Ignaz Schuster hat (1829) als Staberl schon hier gastiert (allerdings ohne besonders zu reüssieren), und nach Raimund wird auch Nestroy nach Berlin kommen. Man hat dort für die Wiener Schauspieler eine eindeutige Vorliebe.

Raimund hat nun schon sein festes Gastspiel-Repertoire. Er kommt natürlich vor allem mit eigenen Rollen – als Florian (damit debutiert er in Berlin), als Wurzel, Nachtigall, Rappelkopf. Außerdem ist er immer bereit, sich in Quodlibets als virtuoser Verwandlungskünstler zu präsentieren und, darüber hinaus, gelegentlich auch in bewährt komischen Allerweltsstücken aufzutreten (hier an einem Abend in Korntheuers „Alle sind verheiratet“ und Gleichs „Doktor Kramperl“).

Dafür, daß Raimund in Berlin nicht, wie üblich, als Fortunatus Wurzel, sondern als Florian debutiert, gibt es eine Erklärung: Sein „Diamant des Geisterkönigs“ ist im November 1830 hier am Königsstädtischen Theater in einer offensichtlich verheerenden Aufführung in Szene gegangen, und ein Bekannter, Eduard Maria Oettinger, hatte ihm das Debakel ausführlich in einem Brief geschildert.[60] Er hätte, so Oettinger, das Stück nicht erkannt, hätte er es nicht schon in Wien gesehen. Die Berliner Aufführung verhalte sich zur Wiener „wie ein Gallapfel zu einer Ananas, wie Bieressig zur Liebfrauenmilch.“[61] Spitzeder, der beliebteste Buffo der Stadt, outrierte den Florian, und obwohl er den Vergleich mit Raimund nicht aushielt, war er es wohl, der den Abend rettete (falls davon überhaupt die Rede sein konnte). „Kommen Sie nach Berlin – setzen Sie den ‚Diamant‘ in die Szene – spielen Sie den Florian“, hatte Oettinger damals gebeten[62], und kein Zweifel, daß Raimund diese Aufgabe auf der Seele brennt, als er nach Berlin kommt.

Und doch, wenn alles äußerlich den Gastspielerfahrungen in München und Hamburg ähnlich sein mag, so ist für Raimund Berlin doch etwas anderes. Erstmals wagt er es nicht, mit seinem originalen wienerischen Dialekt vor das Publikum zu treten. Hier will er als „hochdeutscher“ Komiker erscheinen – und verrechnet sich total.[63] Seiner ureigensten Wirkung beraubt, beeindruckt Raimund kaum, und der Schriftsteller Karl von Holtei, der auch in der Vorstellung ist, vermerkt, „die Berliner hätten ihn radikal durchfallen lassen, wenn nicht ein Dutzend seiner Verehrer, die ihn eben in Wien verehren lernen, und zu denen auch ich gehörte, mit wirklich riesenhafter Anstrengung für ihn ins Zeug gegangen wären.“[64]

So wird ein Debakel vermieden, und Raimund, der ja von einem Publikum und dessen Reaktionen etwas versteht, kann sich darauf einstellen. Dennoch – es gibt Kritiker, die ihn auf Anhieb bewundern, Fachleute, die schon nach dem einleitenden Florian Waschblau erkennen, daß hier kein Allerweltskomiker seine Aufwartung macht.

Interessant ist die Beschreibung, wie Raimund dem Kritiker des „Freimütigen“, einer Berliner Zeitschrift, allein von seinem Äußeren her und in seinem Habitus erscheint:[65]

„Hr. Raimund ist ein Schauspieler von nicht vorteilhafter Theaterfigur, aber auch von der andern Seite von keiner so possierlichen, die von selbst zum Lachen auffordert, nicht groß, nicht schlank, nicht dick, nicht verwachsen, nicht agil, ihm geht eine klangreiche Stimme ab, seine ist belegt, er kämpft mit Buchstaben, die Buffo-Bonhomie, die Freundlichkeit, die zuweilen auf den ersten Blick gewinnt, gehen ihm ab, – seine Augen sind dafür zu klug, ohne doch besonders sprechend zu sein, – ihm fehlt die angeborne komische Kraft, wie sie die Natur zuweilen schafft, man weiß nicht woraus, und auch die Witzesblitze, die frappieren und fesseln, glaubten wir nicht an ihm zu erkennen.“

Und trotz dieser Einschränkungen kommt der Rezensent zu dem Schluß, Raimund sei „der größte Komiker, den wir je sahen“.[66] Und als Erklärung gibt auch er, wie viele andere, den Ernst an, der in Raimunds Darstellung, zumindest bei seinen eigenen Rollen, dahintersteckt: „Der Spaß war über dem Spaß.“

Und Raimund darf sich auch hier, wo keine Wiener Freunde walten, als Dichter mit Shakespeare verglichen sehen. Auch in diesem frühen Stück offenbart sich dem gewissenhaften Beobachter „Raimunds schöpferischer Geist“[67], und rät ihm, nicht dem Publikum nachzugeben, sondern zu warten, bis dieses auf ihn eingehe: „Das Wahre siegt immer.“

Raimund hat natürlich artige, auf Berlin gemünzte Strophen bereit, die die Zuschauer für ihn einnehmen, und er lernt aus den tastenden Versuchen des ersten Abends. Es ist kein Sieg, keinesfalls der gewohnte Triumph, aber eines ist jedenfalls klargeworden: Da ist kein Possenreißer aus Wien gekommen, sondern ein ernstzunehmender Schauspieler, auch wenn hier noch diesseits und jenseits der Rampe Verständigungsschwierigkeiten herrschen.

Holtei übrigens, der Raimund-Verehrer, hat mit diesem auch ein privates Erlebnis, das er in seinen Memoiren mitteilt und das Raimund ein gutes Zeugnis als Mensch und Kollege ausstellt:[68] Holtei steht eben vor der Uraufführung eines seiner Stücke, „Trauerspiel in Berlin“. An diesem Abend kommt Raimund zu ihm und sagt:

„Ich weiß, wie einem zu Mute ist, der ein neues Stück geben läßt, deshalb komme ich jetzt zu Ihnen, um ihre Angst ein wenig zu zerstreuen.“

Holtei erklärt ihm, daß er der Uraufführung gar nicht beiwohnen wolle, was Raimund kaum glauben kann. Tatsächlich aber geht Holtei nicht zur Premiere, sondern irrt in Berlin umher. Als er nach Hause kommt, erzählen ihm seine Kinder, eben sei ein fremder Herr dagewesen, habe den Kopf zur Haustür hereingestreckt und gerufen:

„Es geht gut, stürmischer Beifall!"

Darauf sei er gleich wieder verschwunden, und Holtei erkennt aus der Schilderung des Herrn, daß es Raimund war, der offensichtlich aus der Premiere weggelaufen ist, um dem Kollegen die beruhigende Meldung zu bringen und damit seine Pein zu verringern ...

Raimunds zweiter Berliner Abend findet erst neun Tage später statt. Vermutlich braucht er viel Zeit, den „Bauer als Millionär" besonders sorgfältig in Szene zu setzen, um nichts zu riskieren, auch, um seinen eigenen Ansprüchen gerecht zu werden, obwohl die Aufführung dieses Stücks 1830 in Berlin, ebenfalls mit Spitzeder in der Raimund-Rolle, nicht ganz so schlimm ausgefallen war wie der „Diamant".[69]

Als Raimund als Fortunatus Wurzel vor die Berliner tritt, siegt er sofort, und die Kritiker vermuten, es hätte auch keine Anfangsschwierigkeiten gegeben, hätte er mit dieser Rolle begonnen.[70] Dennoch hat er die Erfahrung eines „hochdeutschen" Florian gebraucht, um als Wurzel dem Wiener Dialekt freien Lauf zu lassen. Raimund riskiert es, daß ihn die Berliner nicht ganz verstehen, und so kommt es auch. Aber kann nicht auch „fremdsprachiges" Theater, selbst wenn einem manche sprachliche Pointe entgeht, voll und ganz überzeugen, zumal bei einem Schauspieler wie Raimund, bei dem Körpersprache und Ausstrahlung so stark sind?

Das Publikum jedenfalls zeigt sich von den poetischen Momenten des „Bauers" mehr und mehr gefesselt, von dem Ernst, der aus der Handlung hervorschimmert, völlig überzeugt. Es mag schon etwas bedeuten, daß ihn die Berliner nach dem Aschenlied „enthusiastisch" rufen[71], und auch seine Regie ist in der alten Inszenierung deutlich zu spüren, wenn es heißt, daß die „Anordnung des Ganzen" durch ihn sehr gewonnen habe.[72]

Die Kritik zeigt sich wiederum sehr begeistert, aber Raimund spürt genau, daß er auf diesem Terrain behutsam vorgehen muß: Seine Abdankungen sind stets sensibles Reagieren auf die jeweilige Situation. So sagt er an diesem Abend zu den Berlinern:[73]

„Als Bauer weiß ich gut, auf einen Hieb fällt nie ein Baum.

Man springt nicht auf den Gipfel, man erklettert ihn, so kann ich auch die Eiche Ihrer Gunst nur nach und nach erklimmen nur früher wird es mir gelingen, wenn sich die Zweige so wie heute, freundlich zu mir niederbeugen."

In Berlin, wo das Publikum mehr intellektuell als emotionell reagiert, ist Raimund mit seinem Quodlibet-Abend – er wird hier „Der Karneval unter der Spree" betitelt – nicht allzu gut beraten. Die Kritik nennt die bunte Aneinanderreihung seiner üblichen Szenen einfach „Machwerke", und bei aller Anerkennung seiner virtuosen Wandlungsfähigkeit will man ihn in solchen Rollen eigentlich nicht sehen.[74]

Raimunds nächstes Auftreten findet am 27. April mit dem Rappelkopf statt, und Berlin bleibt für den Erfolgs- und Siegesgewohnten ein sprödes Pflaster. Wenn man den Aufzeichnungen des „jungdeutschen" Dichters Karl Gutzkow glauben will, so spielt Raimund „seinen eigenen ‚Menschenfeind' vor leeren Bänken. Man konnte annehmen, daß ihm die bitteren Verwünschungen des Schicksals, von denen Rappelkopf, der wienerisierte Timon, durch den ‚Alpenkönig', der niemand anders als Kaiser Franz im Inkognito sein sollte, geheilt wird, so recht von Herzen kamen."[75]

Bei früherer Begegnung war den Berlinern das Stück „langweilig" vorgekommen[76] – vielleicht ein Grund, von Raimunds Darstellung nicht die Rettung zu erwarten. Andererseits widerspricht Gutzkows Bemerkung vom „leeren Haus" jener der Vossischen Zeitung, die von einer „überfüllten" Premiere berichtet.[77] Die Spernersche Zeitung wiederum registriert ein „eben nicht sehr zahlreiches Publikum"[78], aber das bezieht sich auf die letzte Vorstellung am 12. Juni. Es ist nicht ganz leicht, sich aus den Widersprüchen ein klares Bild zu verschaffen.

Wesentlich jedoch ist, wie Raimund – der ja immer zur düstersten Beurteilung der Lage neigt – die Sache selbst darstellt. Und er schreibt immerhin an Karl Ludolph: „Daß es mir in Berlin, wenn ich die namenlosen Hindernisse und anfänglichen Kabalen vieler Schauspieler der Königsstadt bedenke, noch brillanter als in München und Hamburg geht, dürfen Sie mir glauben."[79]

Auch hier begegnet er einem vertrauten Gefährten des Erfolgs: dem Neid. „Ich hatte hier große Feinde zu beschämen", berichtet Raimund in einem Brief an einen Bekannten in München, „aber es ist mir gelungen. Zu meinen Vorstellungen findet sich das nobelste und gebildetste Publikum von Berlin ein."[80]

Lügt er sich in die Tasche? Als er in Korntheuers „Alle sind verheiratet" und Gleichs „Doktor Kramperl" auftritt, wird er vom Verriß der Stücke (von „völligem Geistesbankrott" der Verfasser ist die Rede[81]) nur mit Mühe ausgenommen. Da entsprechen die Ansprüche, die sein Stück „Die gefesselte Phantasie" stellt, hier schon besser. Das Publikum erscheint zahlreich, man lobt das Stück als poetischer als alle anderen Raimunds, ja, man rügt sogar die Wiener und empfiehlt ihnen besseres Verständnis für das Werk.[82] Raimund begeistert trotz Heiserkeit, aber da sein ganzes Herz ja nicht dem Nachtigall, sondern seinem Stück gilt, muß es ihn besonders beglückt haben, daß die Kritik vorschlägt, die „Gefesselte Phantasie" auch nach Raimunds Gastspiel im Repertoire zu behalten.

Am 7. Juni 1832 tritt Raimund noch in einem Quodlibet auf, am 12. Juni verabschiedet er sich in „Der Alpenkönig und der Menschenfeind" von den Berlinern:[83]

„Verehrungswürdige! Lange war es mein Wunsch, mein geringes Talent in dieser erhabenen Königsstadt zu versuchen; ich habe es gewagt, und Ihre Güte hat mir die fremde Stadt zur Heimat umgewandelt. Doch der Mime ist ein ewiger Wandergott, der seine Priester nirgends ruhen läßt; so verfolgt auch mich die Zeit, weil ich die Stunden zu verkürzen trachte, und treibt mich fort aus dem geliebten Kreis. Ich verlasse das kunstsinnige Berlin, aber ich verlasse es mit freudigen Empfindungen und die Wellen der Spree haben einem Glücklichen gerauscht! Möchten Sie, Verehrungswürdige, mir doch in Ihrem Gedächtnisse nur ein kleines Plätzchen der Erinnerung gönnen, wenn ich schon ferne bin von einer Stadt, welche meinem dankbaren Herzen ewig unvergeßlich bleiben wird."

Tatsächlich ist das Gastspiel im Rückblick ein Erfolg, wenn auch ein schwer erkämpfter. Dafür scheinen Bewunderung und Verständnis dann auch tiefer gewesen zu sein als anderswo:[84]

„Wie fremd sich Wien und Berlin, wie verschieden ihre Sitten, Scherze, ihre Idiome sein mögen, vor solcher poetischer Wahrheit und Naturtreue muß jedes Herz aufgehen, und die Sprache des lieblichen Humors, der heitern Wehmut, der lächelnden Rührung bleibt immer und überall verständlich", resümiert die Preußische Staatszeitung.

Und als Raimund am 22. Juni 1832 im heimatlichen Wien eintrifft, so hat er vielleicht das Zeitungsblatt aus der „Vossischen Zeitung" vom 14. Juni bei sich, worin dem hämischen „Freund" Bäuerle die Leviten gelesen werden:[85]

„Zum Schluß haben wir einem Wiener Redakteur Hrn. Bäuerle, ein Paar Worte zu sagen, nämlich: wenn derselbe nun einmal in seiner ‚Theater-Zeitung' nachdruckt, und auch die in diesen Blättern über Hrn. Raimund erschienenen Berichte – so wie früher viele andere – sich nachdrücklich angeeignet hat, so möge besagter Hr. Bäuerle dies künftig wenigstens auf literarisch-rechtliche Weise tun, und nicht alles so verstümmeln, daß man wohl bemerkt, er hege Animosität gegen Hrn. Raimund, wie er dies auch zu bemänteln sucht. Druckt er künftig den Tadel nach – und so, daß er ihn selbst zu verstärken sucht! – dann ist es auch seine Schuldigkeit, die Motive und das ausgleichende Lob folgen zu lassen, wie er Beides in den von ihm nachgedruckten Artikeln findet."

TONI II

„Wilde Ehe“

„Der wird noch toll oder bringt sich um.“[1]

Es ist Costenoble, der dies feststellt. Immer wieder muß er dasselbe Verhaltensmuster an Raimund erkennen: Der Freund kehrt ruhmesbekränzt von Gastspielen heim und wird dabei „immer melancholischer und ungenügsamer“.[2] „Alle Ehrenkränze machen ihm keine Freude mehr“, aber der Erfolg anderer kann ihn ärgern . . .

Auch Raimunds Hundephobie bekommt Nahrung. Nun, da man keine Angst mehr vor der Cholera haben mußt, steht die Tollwut offenbar wieder als – akute? – Bedrohung vor ihm, ist ständig präsent. Als Landner Raimund besucht, wird er von dessen Hund in den Finger gebissen.[3] Raimund gerät völlig aus dem Häuschen und besteht darauf, daß Landner einen halben Liter Milch und eine Flasche Wasser zu sich nimmt. Die Tollwut wird ja auch als „Wasserscheu“ bezeichnet, und ob man Flüssigkeit verträgt, gilt als Beweis dafür, daß man noch nicht tollwütig sei. Wie so manches an Raimund pathologische Züge gewinnt, verstärkt sich seine Angst vor der Tollwut, wobei er sich bis zu seinem bitteren Ende selbst Hunde hält.

Immer deutlicher wird auch, daß es Raimund, wenn er nicht im Theater auftritt, in Wien nicht aushält. Er ist kaum eingetroffen, fährt er schon wieder fort. Am 5. Juli melden die Zeitungen, Raimund werde eine Erholungsreise nach Salzbrunn, einem Kurort im Riesengebirge, antreten, und von dort gleich zu einem weiteren Auslandsgastspiel weiterreisen.

Diesmal fährt Raimund ausnahmsweise nicht allein. Toni, halb offiziell seine Frau, hat es mittlerweile offenbar satt, immer zu Hause zu sitzen, monatelange Trennungen nur mit ein paar Briefen zu überbrücken. Die Beziehung der beiden hat gehalten. „Ich bin kein gewöhnlicher Bursche, der seiner Liebe überdrüssig wird, wenn er seine Wünsche gekrönt sieht, und hinläuft, um einen neuen Gegenstand durch die Glut der Beredsamkeit, die seine unreinen Wünsche befeuern, zu belügen und zu verführen“, hat Raimund 1826 an Toni geschrieben[4], und tatsächlich hält er unerschütterlich zu ihr. Er sei ein „Gegner der ungetreuen Zeit, die mich durch ihren Wechsel nicht besiegt“[5], hat er ihr an anderer Stelle versichert. Auch wenn er behauptet, „ich bin ein Sonderling geworden, aus Liebe zu dir“[6], ist das nicht falsch.

Am 5. Juli nimmt das Paar den Eilwagen nach Troppau[7] und fährt von dort per Extrapost weiter nach Salzbrunn. Offenbar haben sie kein Zimmer vorbestellt, und als sie ankommen, finden sie den Kurort überfüllt. Für die erste Nacht ist tatsächlich nicht mehr als ein Strohlager aufzutreiben. Raimund muß froh sein, daß der Wirt vom „Goldenen Löwen“ ihm und Toni ein Dachstübchen einräumt, das er bis dahin für zu erbärmlich gehalten hat, um es zu vermieten. Auf diesem engen Raum streiten Raimund und Toni „bisher jeden Tag einmal“[8], wie er ihrer Schwester Lotte nach Wien schreibt.

Mancherlei trägt zur schlechten Laune bei. Es ist heiß, und die beiden fühlen sich in ihrem Dachstübchen wie in den Bleikammern von Venedig.

Brief Tonis an ihre Schwestern aus Salzbrunn

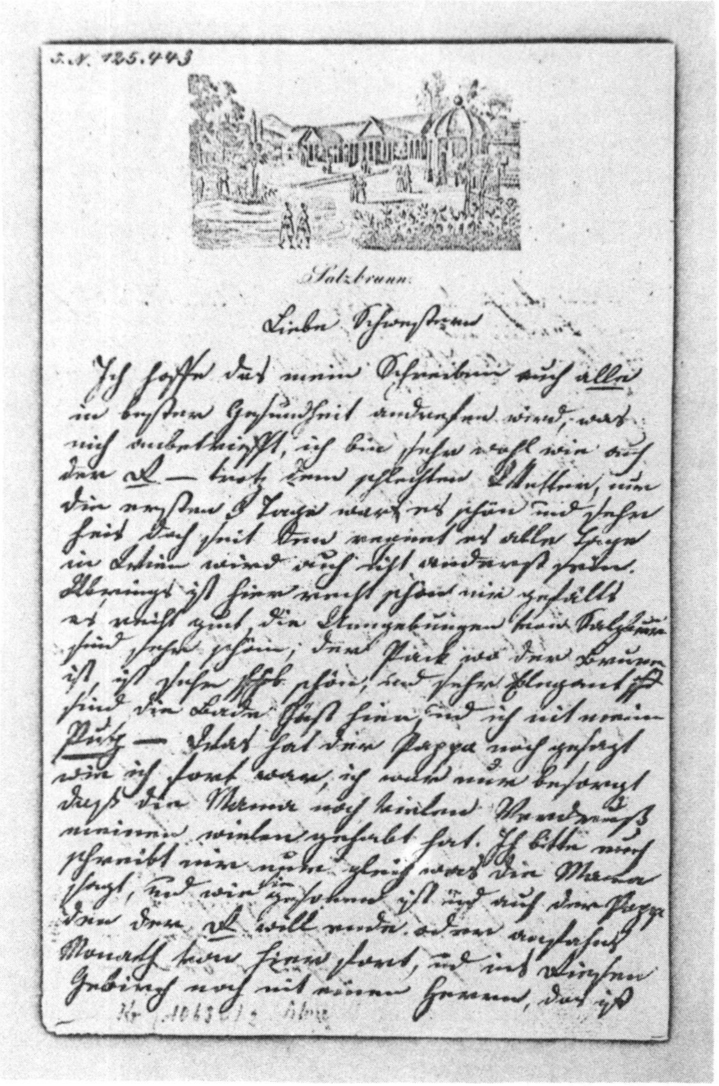

Salzbrunn

Liebe Schwestern

Das Essen ist schlecht, aber teuer. Man benimmt sich in diesem Badeort so förmlich, „daß sich selbst die Berliner darüber beklagen", wie Raimund meint.[9] Es gibt keine Hinweise auf den gesellschaftlichen Umgang des Paares, aber sie sorgen jedenfalls ängstlich dafür, wie aus einem Brief Tonis an ihre Schwestern hervorgeht, daß man sie auch für verheiratet hält. Gemütlich ist das Versteckspiel gewiß für keinen.

Als Raimund Anfang September zu seinem zweiten Gastspiel nach Hamburg fährt, nimmt er Toni diesmal mit. Während eines Aufenthalts von knapp zwei Monaten tritt er seltsamerweise nur achtmal auf und – mit Ausnahme eines Quodlibet-Abends am 16. September – nur in eigenen Stücken. Wieder beginnt er mit dem „Bauern", setzt mit „Alpenkönig" und „Diamant" fort und bringt dann die „Gefesselte Phantasie", die bei seinem letzten Gastspiel der Cholera zum Opfer gefallen ist.

Überhaupt weiß Raimund, daß er dem Publikum für seine plötzliche Abreise noch eine Erklärung schuldig ist, und er gibt sie ihm: Bei der Wiederholung des „Aschenliedes" legt er eine Strophe ein, die besagt: „Ich liebe diesen Platz, Doch nicht die Kontumaz"[10], und das Publikum verzeiht.

Es ist ziemlich genau ein Jahr her, daß Raimund hier war – wie reagieren die einst gewonnenen Hanseaten auf das Wiedersehen? Die Zeitung „Freischütz" schreibt:[11]

„Er ist wieder da, der Mann der genialen, schöpferischen Komik, hat uns am Mittwoch begrüßt als Fortunatus Wurzel und sich vom ersten Augenblick seines Erscheinens überzeugen können, wie fest sein Andenken beim lieben Publikum gewurzelt hat. Begrüßung, da capo-Rufe des Aschenliedes, Hervorrufe, kurz, alles, was liebes Publikum seinen Lieblingen auf den Brettern, die da die Welt bedeuten, zu geben hat, ist ihm in reichem und wohlverdienten Maaße geworden."

An den „Bauer als Millionär" schließt sich der „Alpenkönig" an, wieder bei gedrängt vollem Haus, wieder hohe Anerkennung erntend.[12]

Der Florian Waschblau folgt, und obwohl dieses Publikum sehr wohl zwischen den eben gesehenen Meisterwerken und diesem fröhlichen früheren Stück zu differenzieren versteht, weiß man die problemlosere, die Lachmuskeln mehr reizende Dienerrolle wieder hoch zu schätzen.[13]

Und nun greift Raimund auch hier zur „Gefesselten Phantasie", in der Hoffnung, sein Stück – wie in Berlin – vor einem anderen Publikum als dem von Wien rehabilitieren zu können. Und tatsächlich – wenn auch die Zuschauer angesichts der verschiedenen Elemente der Handlung ein wenig befremdet scheinen, die Kritik ist begeistert.[14] Man ist sich darüber im klaren, daß dieses Stück nicht so eindringlich populär sein kann wie die beiden schon gezeigten Meisterwerke, hält es jedoch für eine von Raimunds „allervorzüglichsten"[15] Dichtungen, die man gleich hinter den „Alpenkönig" reiht. Man ist in Hamburg auch bereit, die Figur des Nachtigall als negative Erscheinung zu begreifen, als „leibhaftes Zerrbild künstlerischer Eifersucht in der niedrigsten Region, die leibhaftige Ironie edler Bestrebungen und Leidenschaften"[16] – und man kreidet es dem Dichter nicht an, daß er plötzlich nicht so „sympathisch" einherkommt.

Hat das Publikum bei der Premiere noch mit leichtem Befremden reagiert, so weiß man bei den Reprisen schon, daß man sich auf etwas Neues einzustellen hat und würdigt es entsprechend. Und so fühlt sich Raimund in Hamburg wohl, und seine Toni offenbar auch, die das Fremdartige der großen Hafenstadt zu genießen scheint (wann ist sie je ein bißchen weiter aus Wien herausgekommen?), die „reichen Segelschiffe, welche die majestätische Elbe wie große Schwäne durchziehen", wie er an Tonis Mutter schreibt.[17]

In Hamburg verkehren die beiden mit dem Schauspieler Friedrich Dahn, den Raimund später an den Burgtheaterdirektor Deinhardstein empfiehlt[18], und mit dem Opernsänger Heinrich Dorn, der in seinen Memoiren das Verhältnis Raimund–Toni beschreibt, wie er es offensichtlich erlebt hat. Nun, da es eheähnlich geworden ist, dürfte es sich zu seinen Gunsten verändert habe. Eine Toni, die immer um Raimund ist, kann ihn nicht quälen, indem sie sich rar macht, sie ist vielmehr nun seinen Launen, seinen schlechten Launen ausgesetzt.

Dorn bestätigt das für den Hamburger Aufenthalt, wenn er vermerkt, daß die Hypochondrie Raimund nie „recht lebhaft werden" ließ.[19] Nur manchmal, im Freundeskreis, geht er aus sich heraus, wenn er „Vorlesungen" hält, wie Dorn es nennt, die dann offenbar Privatvorstellungen seines Temperaments werden.

Dorn lernt eine „originelle dicke Toni" kennen, die „mit ihrem Ferdinand wie mit einem kranken Hühnchen" umgeht:[20]

„[Sie] war seine stete Begleiterin auf Reisen, sie packte seinen Koffer, sie arrangierte seine Garderobe, sie überhörte ihm die Rollen, sie transchierte seinen Braten, sie holte die Manuskripte herbei; aber sie sah auch nach der Uhr, wenn es für ihren kränklichen Freund Zeit wurde, bettwärts zu schreiten."

Auch in Hamburg kommt Raimund eine Krankheit dazwischen, und so ist es wohl zu erklären, daß er, als das Gastspiel am 22. Oktober 1832 mit dem „Diamant des Geisterkönigs" endet, im ganzen nur achtmal gespielt hat. Sollte das Publikum beim zweiten Mal nicht mehr so voll auf ihn angesprochen haben, ist es den Zeitungsmeldungen jedenfalls nicht zu entnehmen – in diesem Fall hätte es vermutlich auch kein drittes Gastspiel gegeben.

Jedenfalls muß Raimund viele Abschiedsvisiten machen[21], bevor er mit Toni Hamburg verläßt und sich langsam auf den Heimweg macht. Tatsächlich erwägt er, vielleicht an einem der Theater, die sein Weg berührt, spontan ein Gastspiel zu geben, aber die Hof-Theater sind für solche spontane Dispositionen nicht flexibel genug. In Hannover hätte man vier Wochen gebraucht, um eines seiner Stücke neu herauszubringen, und so viel Zeit will er doch nicht investieren.

Als Raimund mit Toni am 15. November 1832 nach viermonatiger Abwesenheit in Wien eintrifft, ist zum ersten Mal seit Jahren kein weiteres Gastspiel mehr in Sicht. Tatsächlich wird er erst wieder gefragt sein, wenn er mit dem „Verschwender" ein neues Stück und mit dem Valentin eine neue Rolle anbieten kann.

Wien bedeutet nun schon seit einiger Zeit den gemeinsamen Haushalt mit Toni. Hat sich die stets nörgelnde, unzufriedene Geliebte wirklich zur sorglichen Hausfrau gewandelt, wie Dorn sie schildert? Sicher hat sie das Zanken nicht verlernt, ebenso sicher aber bringt sie für die ersehnte Rolle der Gattin – nun ist fast kein Unterschied mehr – auch Eignung mit. Nur die vorbildliche „Dichtergefährtin“ ist sie nicht, in keiner Phase ihres Lebens. Es gibt Raimunds bitteren Ausspruch Costenoble gegenüber, als dieser ihm vorhalten will, wie glücklich er sei:[22]

„Haben 's jetzt g'redt? So lassen 's mi a reden! Sie sein vüll glücklicher, als i; Sie haben a rosenfarbnes Bluet, das allweil lusti in Ihne uma lauft; haben z'Haus a guets Weibla und schöni Kinder, wie i hör. Was hab' i? Ruhm? No ja. 's is halt wahr. Aba was hab i z'Haus? Nix. Wann i mi'm Spülln ferti bin, so find i' a eifersüchtige, dummi Person, die mi z'Tod seckiert.“

Kein Kompliment für Toni, aber sie hat auch kein leichtes Leben. Sie trägt die Verpflichtung einer Gattin (und das Zusammenleben mit dem störrischen Raimund ist nicht leicht), vermißt aber deren Rechte. Sie ist immer nur ein „Kebsweib“ neben dieser Luise, die es unabänderlich gibt, um derentwillen man Raimund im Ausland (es passierte in Braunschweig) zur Polizei zitiert hat, weil Madame Raimund mit einem des Diebstahls bezichtigten Dienstmädchen durchgereist sei ...[23]

Nein, nie wird Toni die Madame Raimund sein, hingegen die ewige Geliebte, und das nicht einmal so romantisch wie Grillparzers Kathi Fröhlich, keineswegs so hoch und hehr wie unbekannterweise die „unsterbliche Geliebte“ von Herrn Beethoven, schließlich ihrem Beinahe-Mann nicht annähernd so nützlich wie Madame Weiler ihrem Nestroy, der sie auch nicht heiraten kann. Die Weiler hat wenigstens Kinder, Toni nicht, obwohl es diesbezüglich Gerüchte gibt[23] – aber weil das Schicksal manchmal gerecht(?) ist, wird die Weiler von ihrem Nestroy bei jeder Gelegenheit betrogen, Toni von ihrem Raimund nicht, da paßt sie schon auf.

Dennoch, es bleibt eine verkehrte Situation, und das lebenslang.

„Raimund war mit seiner Geliebten, einer Kaffeewirtstochter, in Hamburg. Da haben wir das Elende des Katholizismus. Diese Menschen könnten nun glücklich miteinander verheiratet sein, und müssen in einer wilden Ehe leben, weil der arme Raimund mit einem bösen Satan kopuliert ist, von welchem ihn nur der Tod trennen kann“, notiert Costenoble.[24]

Möglicherweise wäre Toni, konventionell, wie sie nun einmal ist, mit ihrem Verehrer Collet doch glücklicher geworden – vielleicht hat Raimund die Beziehung nur zum beiderseitigen Leid ertrotzt ...

IN NESTROYS WIEN

Den Pegasus in Lerchenfeld zur Tränke geführt

Direktor Carl hat den Komiker gefunden, den er so dringend benötigt: Sein Name ist Johann Nestroy, und er ist auch für Raimund kein unbeschriebenes Blatt mehr. Dieser Nestroy hat schon zahlreiche Male Raimund-Rollen gespielt, in Graz, Preßburg und Lemberg. Er war Longimanus, Wurzel, Nachtigall und Rappelkopf, er wird später auch der Gluthahn sein.

Nach einem Gastspiel 1829 an der Josefstadt und dem Versuch, 1830 im Kärntnertortheater in seiner ursprünglichen Profession, nämlich als Opernbassist, zu reüssieren, ist Nestroy Mitte 1831 für dauernd nach Wien gekommen und hat mit Carl einen Vertrag unterzeichnet. Nestroy ist ein vitaler, in seinen Grundzügen bösartiger Komödiant, ganz anders als der gemütvolle, fast metaphysische, jedenfalls besinnlich philosophische Raimund. Aber Nestroy füllt schnell die Kassen so überzeugend wie Raimund, und Carl sieht nicht ein, warum er, der – von dessen Gastspiel her – alle Raimund-Stücke auf dem Repertoire hat, nicht die Möglichkeit nützen soll, die Hauptrollen nun von Nestroy spielen zu lassen.

In Berlin hat Raimund ein Brief von Karl Ludolph erreicht, der besagte, Direktor Carl habe ihm (allerdings nur für ein Viertel der Einnahme!) die „Gefesselte Phantasie“ als Benefiz angeboten. Raimund durchschaut den Schachzug sofort: Indem Carl ihn bei seiner bekannten Freundschaft und Dankbarkeit für Ludolph packt, will er das Stück freibekommen. Und das bedeutet, Raimund in Wien durch Nestroy nachspielen zu lassen.

Das will dieser nicht dulden. Raimund hat nichts gegen zweitrangige Schauspieler, die in seinen Rollen ihr Glück versuchen, indem sie ihn imitieren. Aber sein Instinkt warnt ihn richtig vor einem, der auf andere Art genauso genial ist wie er. Vor allem geht es ihm darum, daß die Tendenz des Schauspielers Nestroy grundsätzlich darauf hinausläuft, seine Figuren in ihrem Charakter zu diffamieren. Er sucht seinen Weg über die satirisch-böse Analyse, während Raimund dem zutiefst Menschlichen in seinem Widerspruch auf der Spur ist. Und vor allem dagegen wehrt sich Raimund. Er habe, schreibt er an Ludolph, „allen Respekt vor HE Nestroi, wenn er auch gar keinen vor mir hat, aber wenn meine Stücke, so lange sie noch ungedruckt sind, an der Wien aufgeführt werden, so wünsche ich, daß die Hauptrolle in meinem Geiste gegeben wird, wodurch die Stücke allein in ihrer wahren Gestalt erscheinen, wie es sich hier in Berlin deutlich beweist.“[1]

Aber dieser Nestroy will nicht nur als Schauspieler auf Raimunds Spuren wandeln, er versucht sich auch als Dramatiker. Und er ist nicht

Johann Nestroy

der gewissenhafte Dichter wie sein Konkurrent, er fetzt schnell etwas hin, teils genialisch, teils geschludert, nur auf die Aufführungswirkung hin. Die Literaturgeschichte hat ihr Urteil schon gefällt: Was Martin Greiner so formuliert – Nestroy sei „ärmer an Phantasie“ als Raimund, „aber unendlich viel reicher, überquellend und unerschöpflich an Geist“[2] –, ist als Urteil über die beiden Dichter zahllose Male wiederholt worden; vielleicht aus keinem anderen Grund, als weil es wahr ist.

„Schludrig“ ist der geistvolle Nestroy nicht nur als Schreiber – er kümmert sich weiter nicht mehr um seine Stücke, sobald sie aufgeführt sind, und im Gegensatz zu Raimund auch nicht weiter um seine Mitspieler. Nestroy interessiert sich für Nestroy, Raimund fürs Theater.

Ein origineller Einfall, für Raimund seit dem „Bauer als Millionär“ verbindliche Forderung an die eigene Kreativität, ist für Nestroy so gut wie nie vonnöten – er bearbeitet fremde Vorlagen. Ja, sein erstes sogenannte Stück, der „Zettelträger Papp“, hat Raimunds Figur aus jener Szene geerbt, worin dieser als Austräger von Theaterzetteln den Hamlet travestiert.

Seither hat Nestroy schon mehrere Stücke geschrieben, die unterschiedlich Erfolg hatten – „Die Verbannung aus dem Zauberreich“, „Der Tod am Hochzeitstag“, „Der gefühlvolle Kerkermeister“, „Nagerl und Handschuh“ (eine Parodie von Auguste Schreibers „Finette Aschenbrödel“, das Stück, das Raimund 1830 in der Leopoldstadt als männlicher Hauptdarsteller aus der Taufe gehoben hat), „Der konfuse Zauberer“. Carl hat schnell bemerkt, daß er in Nestroy einen Künstler gefunden hat, den er doppelt auspressen, als Schauspieler wie als Stückeschreiber unter harte Verträge nehmen kann, einen Massenproduzenten und Schnellschreiber, der ohne höhere künstlerische oder gar ethische Ansprüche, wie sie Raimund stellt, Rollen schreibt – sich selbst, Wenzel Scholz und Carl auf den Leib. In „Lumpazivagabundus“ werden sie alle drei nebeneinander auf der Bühne stehen und mit einem Meisterwerk (das Nestroy dank seiner Genialität durchaus auch aus der Feder rutscht) eine neue Zeit einläuten.

Dieser Nestroy ist kometenhaft aufgetaucht, während Raimund, der zu lange weg war, in Wien plötzlich nicht mehr existent ist. Das dürfte der Grund sein, warum er unmittelbar nach seiner Rückkehr nach Wien handelt. Schon zwei Tage nach seiner Ankunft melden die Zeitungen, daß Raimund mit Direktor Stöger vom Theater in der Josefstadt einen Gastspielvertrag abgeschlossen hat.[3] Damit gliedert sich Raimund in den Konkurrenzkampf ein, der wieder neu an den Vorstadtbühnen herrscht. Im Theater in der Leopoldstadt setzt Direktor Marinelli wieder auf Ignaz Schuster; das Theater an der Wien hat Nestroy; aber das Theater in der Josefstadt nimmt Raimund mit offenen Armen auf, zumal Johann August Stöger erst seit August 1832 der Pächter des Hauses ist und dem Publikum etwas bieten muß. Übrigens hat Nestroy bei Stöger in Graz gespielt, bevor er zu Carl ging, der auch Stögers Vorgänger an der Josefstadt war (die danach mehr schlecht als recht interimistisch geführt wurde) – ein Karussell.

Stöger, der die Josefstadt neu renovieren ließ[4], setzt vor allem auf ein Opernrepertoire und fällt im Schauspiel, wie sich schnell herausstellt, ganz hinter Carls Theater an der Wien zurück. Welches Glück für ihn, Raimund zu bekommen, der immer noch ein Fixstern ist, durch Abwesenheit und Auslandserfolge doppelt interessant geworden. Auch wird lanciert, daß Raimund für das Theater in der Josefstadt ein neues Stück schreiben werde[5], was zu diesem Zeitpunkt allerbestenfalls ein Plan sein kann, denn Raimund beginnt mit der Arbeit am „Verschwender“ erst im Oktober des Jahres 1833.

Vorerst aber verschiebt sich das Josefstädter Gastspiel auf den Jänner 1833, weil Raimund wieder einmal „unpäßlich“ ist – die Wien-Krankheit, der Druck, den diese Stadt auf ihn ausübt? Gerüchte sind sofort bei der Hand, indem die „an Tritschtratsch reichen Wiener ihn für verrückt erklärten“, wie Costenoble in seinem Tagebuch festhält. Zum wievielten Male versucht er, Raimunds Charakter zu analysieren, in Freundschaft und Zuneigung, die Kritik nicht ausschließen? Das Grundübel ist, meint Costenoble, übertriebener Ehrgeiz: Nichts stellt Raimund zufrieden, kein Lob erlöst ihn von seinen Selbstzweifeln, jeder Autritt verursacht ihm seelische Höllenqual.[6] „Normales“ Leben außerhalb seiner Arbeit scheint Raimund nicht möglich: Toni bietet ihm keinen seelischen Ausgleich, und seitdem er von einem Gastspiel zum anderen gehetzt ist, wurde ihm auch der Trost der Natur nur selten zuteil. Kurz, Raimund ist in Wien in einem sehr schlechten Zustand. Und sein brennender Ehrgeiz gebietet ihm zweifellos, sich die Stadt, die mittlerweile einem anderen, und gerade diesem Nestroy, zugefallen ist, zurückzuholen. Der Streß ist zweifellos enorm.

Raimund stützt sein Gastspiel im Theater in der Josefstadt, das er nach der zweimonatigen „Unpäßlichkeit" beginnt, auf den „Bauer als Millionär" und den „Alpenkönig". Er spielt die beiden Stücke den Jänner und Februar 1833 hindurch, und erst im März setzt er mit drei Quodlibet-Abenden und drei Vorstellungen des „Diamanten des Geisterkönigs" (eine davon sein Benefiz) neue Akzente.

Raimund ist also wieder da. F. C. Weidmann, ein wenig bedeutender Dramatiker-Kollege, der sich für die „Theaterzeitung" auch journalistisch betätigt, registriert bei der Premiere des „Bauer als Millionär" am 10. Jänner 1830 das überfüllteste Haus, das es in der Ära Stöger bisher gegeben hat.[7] Der erwartete Applaussturm empfängt Raimund bei seinem ersten Auftritt: Die legendäre Liebe der Wiener ihren Schauspieler-Lieblingen gegenüber versagt auch hier nicht. Die Couplets, die sich auf seine Heimkehr nach Wien beziehen, entzücken – es gehört zu den lebendigsten Elementen seiner Texte, unmittelbar zielgruppenbezogen zu sein.[8] Man meint nur zu bemerken, daß Raimund seinen Dialekt „veredelt" habe[9], nicht unwahrscheinlich, möglicherweise eine Gewohnheit, die er sich angesichts des deutschen Publikums anerzogen hat.

Costenoble ist inmitten der amüsierten Zuschauerschar:

„Raimund hat als Millionär Wurzel wieder ungeheuer gefallen, und als Aschenmann, so oft er sein Lied repetieren mußte, einen neuen Text gesungen. Weil man ihn aber gar zu oft: encore, rief, so sang er endlich, daß es Zeit wäre zum Souper zu gehen."

Wieder einmal hat Raimund dafür gesorgt, daß die Aufführung sich sehen lassen kann. Wenn alle Darsteller viel Lob ernten, so weiß man, welche streng ordnende Regiehand dahintersteht. Grotesk scheint der Nachwelt, daß in Stögers Mehrspartentheater Sänger als Schauspieler fungieren müssen: Friedrich Demmer, der den Ajaxerle spielt, ist Tenor, Herr Preisinger (Bustorius) sonst Buffo. Aus Herrn Rott (Lorenz) wird später ein bekannter Charakterkomiker.[10] Stöger, der sich schon durch die Renovierung des Hauses den Ruf besonderer Großzügigkeit erworben hat, stellt diesen angesichts der Ausstattung erneut unter Beweis und darf dafür am Schlußapplaus partizipieren.[11]

Manche, die daran gezweifelt haben mögen, ob ein Stück, das in Wien bereits an die 170mal gespielt worden ist, noch seine Anziehungskraft haben könnte, sehen sich überrascht: Logen und Sperrsitze sind andauernd ausverkauft, die Nachfrage hält an, und man kann höchstens spekulieren, ob das Interesse dem Wert des Werkes oder dem beliebten Darsteller-Verfasser gilt[12] – eine Frage, die nicht schwer zu beantworten sein dürfte.

Bei der neunten Vorstellung erkrankt Demoiselle Falkheim, die die Zufriedenheit gespielt hat, und am 26. Jänner stirbt diese Schauspielerin im Alter von nur 20 Jahren nach kurzer Krankheit an „hysterischen Krämpfen"[13], wie gemeldet wird. Das ist sicher ein Schock für die

Mitglieder der Produktion, aber die Show muß weitergehen, und Raimund kann nicht mehr tun, als ihr im Aschenlied am 27. Jänner eine Erinnerungsstrophe zu widmen.

Allerdings gerät der Spielplan ein wenig ins Schleudern, und Raimunds zweite Premiere, „Der Alpenkönig und der Menschenfeind", kommt nicht, wie vorgesehen, am 1., sondern erst am 8. Februar heraus. Bis dahin hat er den „Bauer als Millionär" immerhin bereits 14mal gespielt und sich vom Publikum bestätigen lassen, daß er noch nicht ganz von gestern, aus und vorbei, ist.

Was den „Alpenkönig" betrifft, so erscheint es allen, als zeige Raimund jetzt den besten Rappelkopf, den es je gab. Demmer (als Alpenkönig) und Rott (als Habakuk) können auch angesichts großer Vorbilder befriedigen, und die Ausstattung von Dekorateur Neefe wird meisterhaft, ja, genial genannt.[14] Die Premiere ist seine Benefizvorstellung, und so kommt ein Teil des Beifalls auch auf ihn. Im Rahmen dieser Josefstädter Aufführungsserie erlebt das Stück übrigens das Wiener Jubiläum der 100. Vorstellung.

Am 12. März wirkt Raimund mit seinen bekannten Rollen in einem Quodlibet mit. Es ist eine Benefizvorstellung für die Mutter der verstorbenen Schauspielerin Falkheim[15], und solchen Ansuchen, zu wohltätigen Zwecken zu spielen, entzieht sich Raimund nie. Noch einmal also Schneeweiß, Wastel, Ydor, Kratzerl und Papp – und den Kratzerl vielleicht nicht ohne eigene besinnliche Gedanken, denn mit dieser Rolle hat es hier, vor fast zwei Jahrzehnten, begonnen, damals wurde der Publikumsliebling und Charakterschauspieler Raimund entdeckt, und noch immer findet man ihn in solchen Rollen unübertrefflich.[16]

Raimunds Benefizabend gilt dem „Diamant des Geisterkönigs", aber wenn auch alle Logen und Sperrsitze vergriffen sind, so scheint doch das wankelmütige Parterrepublikum, das sich sonst am Vorstellungstag um die Karten drängelt, vielleicht auch prügelt, an diesem schönen Frühlingsabend des 28. März 1833 zum großen Teil beschlossen zu haben, lieber in den Prater zu gehen, als seinen Liebling zum x-ten Mal als Florian zu betrachten.[17] Aber Raimund kämpft mit ausgesuchter Laune um die Gunst derer, die gekommen sind.

Raimund beendet sein Josefstadt-Gastspiel nach 32 Abenden am 14. April 1833. Noch hat man ihm den Erfolg bestätigt. Und doch ist seine Zeit als König des Wiener Vorstadttheaters vorbei – in doppelter Hinsicht. Man huldigt einem anderen. Ein paar Tage vor seiner letzten Vorstellung in der Josefstadt ist Raimund mit Bauernfeld, wie dieser in seinen Erinnerungen schreibt, durch die Stadt promeniert. Dabei sieht er einen Anschlagzettel, der die Aufführung von Nestroys „Lumpazivagabundus oder Das liederliche Kleeblatt" ankündigt.

„So einen gemeinen Titel hätt' ich nicht niederschreiben können", soll Raimund zu Bauernfeld gesagt haben.[18]

Und doch muß er dieser „Gemeinheit", die Nestroy in seinen Augen verkörpert und die er wenigstens aus seinen eigenen Stücken heraushalten will, in jeder, also auch in dieser Hinsicht weichen. Carl Carl versucht es noch einmal, von Raimund ein Raimund-Stück ohne den Hauptdarsteller Raimund zu bekommen. Diesmal spekuliert er darauf, daß Raimund und Scholz seit ihrem gemeinsamen Auftreten im Theater an der Wien kollegial verbunden sind. Und tatsächlich – als Wenzel Scholz ihn für seine Benefizvorstellung um den „Diamant des Geisterkönigs“ bittet, kann er nicht gut nein sagen. Vielleicht läßt man ihn über die Besetzung im unklaren, vielleicht meint er, Scholz werde, wie damals an Raimunds Seite, den Longimanus spielen. Aber Scholz erscheint als Florian auf der Bühne, und als Geisterkönig erscheint, in seiner hageren Länge sicher an Korntheuer gemahnend, Herr Nestroy ... Es ist geschehen, der Rivale hat nun auch in Raimunds Stadt (wenn sie es noch ist) die Raimund-Rolle gespielt, und es mindert den Ärger kaum, daß es nur für einen Abend war (denn Raimund überläßt sein Stück ausdrücklich nur für die eine Benefizvorstellung von Scholz).

Mit dem „Lumpazivagabundus“ gelingt Nestroy ein unsterblicher Wurf, ein Stück, das ungeachtet seiner dramaturgischen Schwächen zu einer großartigen Typologie österreichischer Charaktere emporwächst, ein ironisiertes Zauberspiel mit großer satirischer Kraft in seiner Menschengestaltung. Da ist er nun, der erste, der sich messen kann und wie jeder Nachkommende mit dem Vorgänger verglichen wird. Wie leicht war es einst, schnell zu erkennen, wie sehr Raimund die kleinen Drei, Bäuerle, Meisl und Gleich, überflügelt hat. Nun ist Raimund das natürliche Maß für Nestroy. Und es erheben sich Stimmen – Costenoble notiert vor allem die Meinung des Journalisten Ignaz Jeitteles –, daß Nestroy Raimund nicht zuletzt deshalb überrage, weil er nicht versucht habe, sich, wie jener, in den Wahn zu versteigen, er sei ein poetisches Genie ...[19] Die Erdgebundenheit des „Lumpazi“ steht fest auf dem Boden allgemeinen Verständnisses, da kann gar niemand von angestrebten Höhen purzeln und sich weh tun.

Und doch – nichts gegen den „Lumpazi“! Und wie die Zukunft zeigen wird, haben Raimund und Nestroy – neben vielen anderen Lebensparallelen – auch in ihrem Schaffen manches gemeinsam: Beide schreiben ihr Meisterwerk, Raimund mit dem „Alpenkönig“, Nestroy mit dem „Talisman“; beide schreiben ein sehr gutes Stück: Raimund mit dem „Bauer als Millionär“, Nestroy mit dem „Zerrissenen“; und beide schaffen, abgesehen von wackliger Dramaturgie, Meisterfiguren: Raimund im „Verschwender“, Nestroy im „Lumpazi“. So fremd sie einander in der Weltanschauung sein mögen – sie haben mehr gemeinsam, als es den Anschein hat. Auch in ihrer privaten „Bürgerlichkeit“: Ist es nicht ein- und dasselbe Phänomen, daß hier zwei im Privatleben eher gedrückte, jedenfalls gar nicht lebensfrohe oder übersprudelnde Persönlichkeiten, die zu Selbstzweifeln und Melancholie neigen, abends auf die Bühne steigen – und andere Menschen sind, sprühend vor Vitalität, das Publikum mitreißend, brillant, oft hemmungslos, Jubel provozierend?

Aber am schönsten ist es für die Mitwelt, Raimund und Nestroy gegeneinander auszuspielen, das heizt die Kaffeehausdiskussion ungemein an, und die Kritiker schärfen ihre Formulierungskunst, wenn Saphir etwa später, im Vergleich mit Nestroys „Zu ebener Erde und erster Stock“ meint, Raimund zäume seinen Pegasus im Äther auf und führe ihn dann in Lerchenfeld zur Tränke ...[20] (was – strenggenommen – gar nicht so unrichtig ist). Dabei ergibt sich allerdings der groteske Fall, daß gerade Leute wie Jeitteles und Saphir, die mit Hilfe von Nestroy auf Raimund herabsticheln, Nestroy eigentlich auch nicht leiden können!

Die Zeitungen melden im Juni 1833, Raimund sei nach Graz abgereist, um dort zu gastieren, aber es gibt keine Belege dafür, daß dieses Gastspiel tatsächlich stattgefunden hätte. Vielmehr zieht sich Raimund bei jeder Gelegenheit nach Gutenstein zurück, vielfach auch mit Toni.[21] Kaffeehausgerüchte im September besagen, Raimund habe sich erschossen, was den guten Costenoble schwer erschreckt – aber noch nicht wahr ist.[22] Seltsam immerhin, wie die Wiener geahnt zu haben scheinen, daß es mit Raimund kein gutes Ende nehmen wird. Oder handelt es sich hier um ein Phänomen unbewußter wechselseitiger Beeinflussung? Natürlich hat auch Raimund diese Gerüchte gehört – und dabei vielleicht die Idee, einmal durch Selbstmord zu enden, in seiner zu allem Düsteren leicht beeinflußbaren Seele fixiert.

Aber noch ist es nicht so weit. Noch gilt es einen Versuch gegen Nestroy, einen Versuch, zu zeigen, daß Raimund noch da ist. Im Oktober 1833 beginnt Raimund, den „Verschwender“ zu schreiben.

„DER VERSCHWENDER“

„. . . all de poetischen G’danken“

„Szenen aus dem Leben eines Verschwenders“ notiert Raimund auf dem Titelblatt jener 80 Großfolio-Seiten, auf denen er – mit wenigen Korrekturen – sein letztes Stück niederschreiben wird. Wieder ist der Dichter Helfer für den Chronisten, schreibt vor den Anfang des ersten Aktes „Am 17. October 1833“, an den Schluß des ersten Aktes „den 28. October“, an den Beginn des zweiten „Begonnen den 18. November“, an den Schluß des zweiten „Gaaden am 27. November“, und an den Schluß des dritten: „Raimund Gaaden, den 2. December“. Lange Zeit war man in dem Wienerwaldort Gaaden stolz darauf, Fremden das „Verschwender“-Zimmer zu zeigen, wo Raimund gedichtet hat.

Aus dem Manuskript geht auch hervor, daß die Personen des Stücks nicht von Anfang an für ihn feststehen, die Fee Cheristane (dieser Name kommt in einem Stück von Gozzi vor) hieß ursprünglich Luisane, Flottwell will er erst Flitterstein nennen (der Name geht dann an eine Nebenfigur über) und dann Flottbeck, bevor er auf die endgültige Version kommt. Valentin und Rosa sollten eigentlich Kilian und Lenchen bzw. Babette heißen, Raimund hat sich dann für individuellere Namen entschieden. Im ersten Akt war noch eine arme Witwe vorgesehen, die Raimund wieder streicht.[1]

Bei wenigen Dichtungen Raimunds hat die Forschung so intensiv nach Vorbildern gesucht wie hier. Das Schicksal eines echten Grafen von Fries wurde ausgeforscht[2], dessen Untergang in Wien natürlich Tagesgespräch war: Moritz von Fries, 1777 geboren, war elfjährig Universalerbe eines Millionenvermögens, darunter der Herrschaften Vöslau und Orth in Niederösterreich sowie zweier fränkischer Rittergüter. Er schaffte es, ungeheure Summen auszugeben und ein Riesenvermögen, das für unerschütterlich galt, in einem Vierteljahrhundert zu verschwenden – durchaus nicht nur für Vergnügungen wie Geselligkeiten und Gelage, sondern auch für wertvolle Kunstwerke und in wahlloser Hilfsbereitschaft, jedem gebend, der ihn bat. Nicht zuletzt wurde Fries ein Opfer der Ausbeuter. Es bestehen hier tatsächlich Ähnlichkeiten mit Raimunds Flottwell, dessen Verschwendungssucht bei allem Leichtsinn ja nicht durchaus negativ ist, sondern Elemente von menschlicher Großzügigkeit in sich birgt. Im April 1832 starb Fries, dessen Los viel besprochen wurde, und die Nachwelt hat die – weder zu beweisende noch zu widerlegende – Vermutung aufgestellt, Raimund könnte von diesem Schicksal zur Verfassung des „Verschwenders“ inspiriert worden sein.

Nebenbei finden sich natürlich weitere Legenden zur Entstehung, die

Das „Verschwender-Zimmer" in Gaaden

Carl Glossy aufgezeichnet hat[3], und weitere Vorbilder für die Figur, zumal der „Verschwender" als stehender, für die Besserung hochgradig geeigneter Typ ja im Wiener Volkstheater häufig aufzufinden ist. Es gibt ein Stück von Goldoni und eines von Destouches, die Inspirationen geliefert haben könnten, und im Taschenbuch des Theaters in der Leopoldstadt auf das Jahr 1829 (eine Art Jahrbuch mit Verzeichnis der Mitwirkenden, deren Bildern und allerlei belletristischen Beiträgen) fand sich die Novelle „Der junge Verschwender und seine Frau"[4], ohne Autorenangabe aus dem Englischen übersetzt, die zumindest das Motiv bringt, wenn in der Novelle auch der Held William schließlich durch seine Gattin Hortensie zur Mäßigung gebracht wird – so schlicht ist Raimunds Flottwell nicht auf bürgerlichen Umgang mit Geld zu reduzieren.

„Der Verschwender" zählt zu jenen Stücken Raimunds, die nicht in der Feenwelt beginnen, sondern auf der Erde: Ein Fest wird bei Flottwell gefeiert, der „Held" wird indirekt aus den Aussagen der Diener und sich um Aufträge bewerbenden Baumeister charakterisiert, und schon ist klar, daß dieser Flottwell ein Ausgebeuteter und Betrogener ist. Er selbst tritt übrigens erst auf, nachdem noch Valentin und Rosa als „Was sich liebt, das neckt sich"-Diener- und Liebespaar eingeführt sind, und schließlich erweist sich die Zauberwelt im Erscheinen der Fee Cheristane und ihres dienstbaren Geistes Azur als nur mehr rudimentär vorhanden. Mit einigen Kunstgriffen hätte Raimund vermutlich ganz darauf verzichten können, aus Cheristane – der Flottwell seinen Reichtum verdankt – überhaupt ein überirdisches Wesen zu machen. Aber zu fest wurzelt er in der eigenen Tradition, zu sehr braucht er die Figur des Azur, der Flottwell als

Warnung, als sein späteres, verarmtes Ich vor den Augen herumspazieren muß, um das „zaubrische“ Element, das sich in diesem Fall mit dem metaphysischen deckt, entbehren zu können.

Cheristane also, die Flottwell geliebt hat, muß ihn nach den Gesetzen ihrer Welt verlassen, sie verschwindet auch nach diesem Finale des ersten Aktes auf lange Zeit von der Bühne (und das mittels einer Hebevorrichtung, die sie über den See „wegfliegen“ läßt – noch einmal das beliebte Maschinentheater) und wird erst am Ende zu einem Mini-Auftritt wiederkehren. Soviel zum ersten Akt, eine vollendete Exposition.

Aber das Drama läuft nun nicht geradlinig weiter. Immer wieder wurde darauf hingewiesen, daß Raimund hier sein erstes Stationendrama geschrieben hat. Die drei Akte sind weit voneinander entfernt, der zweite spielt drei Jahre nach dem ersten, der dritte gar zwanzig Jahre nach dem zweiten, und im Grunde ist jeder für sich geschlossen. Nicht zu übersehen auch der Bruch, daß das Publikum einen erschütterten Flottwell zurückläßt, der offenbar untröstlich ist, daß seine große Liebe ihm entschwand („O Gott! Laß mich in meinem Schmerz vergehn!“ waren seine letzten Worte), und beim Aufgehen des zweiten Aktes das Schloß in Festesglanz findet und Flottwell fest entschlossen, eine im Stück nicht näher vorgestellte Amalie zu heiraten. Durch diesen Akt schreitet bedrohlich Azur als Bettler, Valentin und Rosa wiederholen ihre Streitereien, der Chevalier Dumont hat seine köstliche Szene mit einem alten Holzweiberl, Flottwell zeigt sich von seiner verschwenderischesten Seite (schenkt wie ein Fürst, und als die Dame seines Herzens die kostbare Vase nicht nehmen darf, gibt er sie seinem Kammerdiener), und am Ende gibt es eine Entführung Amalies durch Flottwell, und es ist zweifelsfrei klar, daß er seinen ganzen Besitz zurückläßt und der schurkische Kammerdiener Wolf ihn beerbt. Es handelt sich um einen schwachen, zersplitterten Akt, dessen größte Qualität vielleicht darin besteht, daß er in seiner Hektik das unstete Wesen Flottwells, den das Geld offensichtlich nicht glücklich macht und der wie zwanghaft damit herumwirft, spiegelt.

Der dritte Akt ist dann Raimunds Meisterstück. Er präsentiert die „Tischlerstube“, die Handlung verlagert sich von den Schwerpunkten Cheristane–Azur im ersten und Flottwell im zweiten Akt nun ganz auf Valentin, der dem Publikum auch als ein anderer gegenübertritt. Zwei Akte lang war er, sehr persönlich und unendlich liebenswert, ja doch der Kasperl, die lustige Figur. Jetzt ist er gereift, jetzt steht das große Charakterporträt da, das zum Sinnbild der Treue schlechthin wird. Valentin hat Rosa geheiratet, ist Tischler geworden, die Familie hat fünf Kinder und bringt sich mehr schlecht als recht, aber fröhlich und bescheiden durch – ein Idyll, das durch den Humor, den die Kinder einbringen, wohltuend kontrapunktiert wird, und das sofort aufhört, ein Idyll zu sein, sobald Rosa auftritt.

Ist sie Raimunds Toni-Porträt? Steht ihm die eigene zänkische Gefährtin vor Augen, als er zeigt, wie Rosa aus dem herzigen Mädel zur kalt rechnenden, nachtragenden, durchaus auch zur Bösartigkeit neigenden ältlichen Frau geworden ist? Eine Strindberg-Figur hat Hans Weigel sie

Szene Flottwell-Valentin

Szene Dumont-Holzweiberl

genannt, und man kann sie so spielen und damit dem dritten „Verschwender"-Akt eine Kontur geben, die Valentins Biedermeier-Lebensweisheit, wie er sie hier so deutlich ausspricht, ein bißchen in Frage stellt. Seit „Brüderlein fein" ist nichts so berühmt geworden wie Valentins Hobellied, die in schlichtesten Worten philosophische Betrachtung über den „Wert des Glücks", in wenigen Strophen zusammengefaßte Weltanschauung – und weil sie am Ende des gesamten Raimundschen Ouevres steht, hat man dieses „Das Schicksal setzt den Hobel an und hobelt alle gleich" als Raimunds resignierendes Schlußwort genommen. War es das wirklich? Er weiß doch nicht, wie bald er sterben wird, daß er nie wieder etwas schreiben wird ...

Daß Raimund privat dann doch der Moralist ist, der meint, man müsse Überheblichkeit des Menschen (und als solche stellt sich Flottwells Verschwendungssucht dar) nicht auch noch belohnen, zeigt sich in einem Brief an den Hamburger Intendanten F. L. Schmidt. Warum denn Flottwell im dritten Akt als totaler Bettler heimkehren müsse, bestraft durch den Verlust von Frau und Kind, der nur Valentins Treue wiederfindet und zur Sicherheit ein kleines Vermögen und Cheristanes Trost, im Tod mit ihr vereinigt zu werden, fragt Schmidt, könnte man nicht menschlicher mit ihm umgehen? Aber Raimund meint:[5]

„Was Sie über den Schluß bemerken, möchte ich dadurch entschuldigen, daß es nicht meine Absicht ist, den Verschwender Flottwell für sein zwar edles, aber zu wild leidenschaftliches Herz am Ende seiner verfehlten Laufbahn belohnen zu lassen; eigentlich müßte er untergehen. Nur vor der unverdienten Schmach und dem empörenden Undanke der Menschen wollte ich ihn geschützt wissen. Mit dem Lohn seiner (nicht

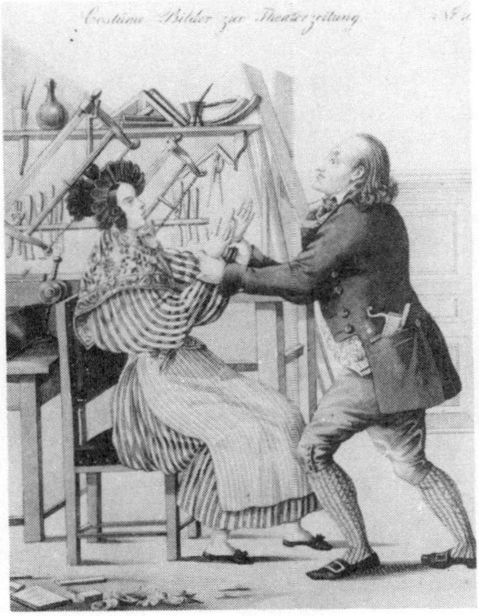

Szene Rosa-Valentin

Konradin Kreutzer

immer aus wahrer Tugend hervorgehenden) Großmuth ist er an den Himmel gewiesen.

Die Kinder sind ja durchaus nicht böse, und Valentins Treue ein seltener Fund für einen herabgekommenen Übermüthigen. Der Gedanke mit dem Wiederfinden seiner Tochter wäre bei einer anderen Anlage des Stückes gewiß ein schöner, versöhnend wirksamer, aber Cheristanens (der Fee) Macht auf Erden endet ja für immer, als sie diese, die letzte Perle opfernd, verläßt. Azur, Cheristanens dienstbarer Geist, begleitet ihn nur als sein verarmtes Ich ein Jahr. Entschuldigen Sie, daß ich so breit geworden bin. Ich will nicht behaupten, daß ich Recht habe, aber das wären ungefähr die Gründe, die ich zu meiner Entschuldigung anzugeben wüßte . . ."

So hat Raimund in seinem Stück wieder einen Menschen geprüft und in die Schranken gutbürgerlichen Verhaltens zurückgeholt. In dieser Haupthandlung um den Verschwender findet sich nichts Neues. Neue Akzente setzt er im dritten Akt, wenn er – wie bisher noch nie – den einfachen Mann schlechthin in den Mittelpunkt stellt, nicht den einfachen Mann als lustigen Diener und als dekorativen Schnörksel für die ernste Hauptfigur, sondern als Schicksal für sich. Costenoble weiß das zu würdigen, wenn er erkennt, was in diesem Valentin steckt und wie Raimund diese Figur überhöht: „Sein Tischler Valentin ist nur ein ganz gemeiner Mensch nach Rangordnung der kultivierten Welt, aber wie weiß unser Künstler diesen Niedriggeborenen durch den Zauber seines hochpoetischen Spieles zum allerhöchst geborenen Wesen zu verklären – in welch einer Glorie von Menschenwürde, Größe und Edelmut den tief empfindenden Handwerker hinzustellen!"[6] Und es ist eben nicht nur Raimunds Spiel, die Kraft liegt im

Text und in der Figur selbst, sonst hätten nicht Generationen von Valentin-Interpreten diese Verklärung vom äußerlich schlichten Menschen zum hohen Seelenadel (bei aller Wahrung seiner Einfachheit der Sprache und des Wesens!) nachvollziehen können.

„Der Verschwender", das neue Werk nach überlanger Pause, wirft die grundsätzliche Frage auf, ob Raimund dem Zeitgeist Tribut gezollt hat – sind geistige Strömungen, wie sie auf der Ebene seines Schaffens durch Nestroy verkörpert werden, spurlos an ihm vorübergegangen, hat er etwas davon angenommen, in seine eigene Vorstellungswelt eingebracht? Im Gegenteil. Es scheint, als sei Raimund gerade im Gegensatz zu seiner Zeit – die folglich über ihn hinweggegangen ist – erstarrt, als wollte er justament zeigen, daß er noch der Alte ist, ein Mann mit unverändertem Weltbild. Gerade die ethischen Werte, deren Zerbröckeln er im Zeitgeist verkörpert sieht, stellt er im „Verschwender" besonders hoch. In seinem Stück ist Raimund ein Bewahrer, der „Verschwender" steht für das Sichbescheiden seines Schöpfers. Und da Raimund kein naiver Künstler war, kann man in diesem Werk weltanschauliches Konzept sehen: Die künstlerische Innovation fehlt diesem „Verschwender", sein Programm ist, im Widerspruch zur Epoche, konservativ. Die Tischlerstube mag eng sein, aber Raimunds letzter Anspruch an einen „guten" Menschen ist groß und weit.

Raimund hat also ein neues Stück geschrieben, hat – wofür er auch von der Nachwelt viel gelobt werden wird – nach dem Debakel der „Unheilbringenden Zauberkrone" die Beziehung zum Volkstheater wiederhergestellt, erweist sich trotz schwankender Dramaturgie (ein perfekter Baumeister von Stücken ist er sein Leben lang nicht) als Meister seines Stoffes, zumindest insofern es ihm um dessen geistige und moralische Struktur geht – und das alles zu einem Zeitpunkt, da in Wien immer noch die Frage diskutiert wird, ob Raimund eigentlich der Verfasser seiner Stücke sei!

Die Zeitschrift „Der Freimütige" ergreift Raimunds Partei und veröffentlicht auch am 14. Dezember 1833 Raimunds „Selbstbiographie", deren Echtheit viel angezweifelt wurde. Aber es ist – wie schon festgestellt – anzunehmen, daß Raimund im Fall einer Fälschung Protest erhoben hätte, wie er ja oft Unwahres, das über ihn geschrieben wird, berichtigt.

Ende Dezember melden die Zeitungen die Fertigstellung von Raimunds neuem dramatischen Produkt, noch unter dem später abgeänderten Titel „Bild aus dem Leben eines Verschwenders".[7] Und wenn Raimund am 6. Jänner 1834 sein zweites großes Gastspiel an der Josefstadt beginnt, so nur, um nun den „Verschwender" hier uraufzuführen, obwohl er zuerst, wie üblich, den „Bauer als Millionär" und den „Alpenkönig und Menschenfeind" spielt (und auch einmal im Quodlibet auftritt). Im Jänner jedoch und bis zur Premiere am 20. Februar setzt er 31 Proben an.

Raimund beanpurcht alles, was das Theater an Dekorateuren und Ausstattern zu bieten hat. Hermann Neefe, gleich alt mit Raimund, früher Theatermaler am Theater an der Wien und nun seit 1832 unter Stöger an der Josefstadt, ist ein in Wien für seine Ausstattungen bestbekannter

Mann (und darum wird es später, als Michael Mayr den „Verschwender" in der Leopoldstadt ausstattet, für diesen das höchste Lob sein, wenn man ihm zugesteht, Neefe übertroffen zu haben). Neefe baut Dekorationen, die als „schöpferisch" gepriesen werden[8], und die Ausstattung am Schluß des ersten Aktes, in dem Cheristane durch die Luft schweben muß, trägt dem dafür verantwortlichen Herrn Mößner Extraapplaus ein:[9] „Die Maschinerie ging prompt vonstatten", lobt man[10], denn das ist ja beim damaligen Stand der Technik, der keine automatische Hydraulik kennt, sondern nur die kräftigen Arme der Bühnenarbeiter, durchaus keine Selbstverständlichkeit und spricht für die eiserne Probenarbeit Raimunds.

Auch die Kostüme gefallen, hingegen wird bemäkelt, daß die Tanzeinlage in der Ballszene des zweiten Akts durch eine Balletteinlage in Ballettkostüm erfolgt.[11] Wie penibel Raimund auf jede Kleinigkeit achtet, beleuchtet eine Geschichte, von der man nicht weiß, ob man sie der Raimund-Legende zuordnen soll – aber warum sollte jemand dergleichen erfinden? Frankl schildert sie so:[12]

„Noch bei der Generalprobe am Tage der Aufführung gab es eine fatale Scene. Der auftretende Jägerchor hatte schwarze Kappen auf. ‚Die müssen ja naturgelb sein!' rief Raimund fast in Verzweiflung. ‚Die müssen noch hergestellt werden!' Der Regisseur Fritz Demmer stellte ihm vor, daß es schon drei Uhr und bis zum Beginne der Vorstellung nicht möglich sei. ‚Fritz, goldener Fritz', bat Raimund, ‚erweise mir den Liebesdienst, ich werde Dir ewig dankbar sein. Meine Illusion wäre gestört.' Demmer versprach dem aufgeregten Freunde, den Wunsch, wenn irgend möglich, erfüllen zu wollen. Als er nach einer halben Stunde zum Kappenmacher kam, war dieser schon in voller Arbeit, die schwarzen Kappen in grüne umzuwandeln. ‚Die müssen ja naturgelb werden!' sagte Demmer. ‚Verzeihen, Euer Gnaden!' erwiderte der Schneider, ‚just war der Herr Raimund da und hat grüne Kappen angeschafft.'"

Für die Musik steht Raimund nun kein Wenzel Müller mehr zur Verfügung, denn dieser gehört zur Leopoldstadt, aber Stöger kann ihm keinen Geringeren als Konradin Kreutzer bieten, der von 1833 bis 1840 an der Josefstadt als Kapellmeister engagiert ist. Mit ihm hat Stöger einen guten Griff getan, wie sich im Jahr darauf, mit der Uraufführung der Oper „Das Nachtlager von Granada", herausstellen soll.[13] Als gesichert gilt jedoch, daß Raimund auch diesmal zumindest Mit-Komponist ist, daß er Kreutzer die Melodien des Hobelliedes, des Jägerliedes und des Bettlerliedes vorgegeben hat. Darüber hinaus aber ist Kreutzers Begleitung und auch Instrumentation reichlich, wird stimmungsbildend viel eingesetzt und erinnert uns heute tatsächlich an Filmmusik besserer Art, da sie mehr leistet, als nur einzelne Liedchen zu begleiten.

Wieder einmal gelingt es Raimund, die Darsteller, die er vorfindet, in seinem Sinn zu einem Ensemble zu verschmelzen. Karl Wilhelm Fischer gibt den Flottwell „voll Wärme und Leidenschaft", nur im dritten Akt nach Meinung der Rezensenten zu gebeugt.[14] Wenn manche Zuseher ihn mit Burgschauspieler Löwe vergleichen, fühlt sich allerdings Costenoble in seiner eigenen Würde als Burgschauspieler angegriffen: „Hr. Fischer sagt einige Rollen nicht übel – greift mit seinen Aktionen aber viel zu weit und heldenartig aus; und wo der Wendepunkt des Charakters eintritt – wo er als Bettler erscheint, da ist es mit dem Latein dieses deklamierenden Schauspielers vollends zu Ende. Applaus fehlte ihm nicht – er schrie ja tüchtig ...“[15] Von Madame Fischer, die die Cheristane spielt, heißt es, sie sehe wunderschön aus und deklamiere trefflich[16], aber auch hier ist Costenoble anderer Meinung und beurteilt die Dame („man sagt, ein Kebsweib des erstgenannten Schauspielers – die unter dem Spitznamen der Polizeilotte famos geworden ist“) vernichtend: „Ich fand widerliche, oft kreischende Deklamation.“[17]

Fritz Demmer, der offiziell auch als Regisseur fungiert hat, weil Raimund an der Josefstadt diese Stellung ja nicht innehat, spielt den intriganten Kammerdiener Wolf nach Meinung der Presse als feinen Gauner, nach Meinung Costenobles „in unerträglicher Manier seines früheren Heldenpathos dem Hörer ins Ohr geschroben“.[18]

Die Szene zwischen Wilhelm Walter als Dumont und Madame Schmidt als Holzweiberl, mit der sich Raimund inszenierungsmäßig besondere Mühe gemacht hat (und die bis heute eine der darstellerisch unwiderstehlichsten des Stücks ist), hat viel Erfolg.

In der Nebenrolle des Baumeister Sockel ist ein junger Schauspieler zu sehen, der in der Folgezeit vor allem in Raimunds Rollen ein großer Liebling der Wiener wird: Karl Rott.[19]

Doris Dielen, die später dann in Dresden Hofschauspielerin wird und in nahe Beziehung zu dem König von Sachsen tritt (was dort zu dem Extempore führt „Man liegt ja auf der Dielen ganz kommod“[20]), ist Raimunds Valentin wohl nicht die völlig ideale Partnerin, aber man attestiert ihr zumindest „wirksamen Humor“.[21]

Raimund selbst als Valentin ist natürlich das Wunder der Aufführung. So unmittelbar er das Publikum erreicht, so genau hat er sich jedes Detail der Rolle erarbeitet. Frankl schildert Raimunds Überlegungen angesichts der tatsächlich unendlich heiklen Wiedersehensszene Flottwell–Valentin. Was sagt man, was sagt ein Valentin in einem solchen Augenblick, nach zwanzig Jahren?[22]

„Ich erinnere nur an die Scene, in welcher der Tischlermeister Valentin seinem früheren Herrn, dem nun verarmten Verschwender begegnet, ohne ihn gleich zu erkennen, und mit der Bemerkung: ‚Ein armer Mann!‘ in die Tasche greift, um ihm ein Almosen zu geben. Nun aber erkennt er ihn und weiß, zu Tode erschrocken, kein anderes Wort als ‚Gnädiger Herr!‘ hervorzustammeln. Er unterdrückt das Weinen, um nicht durch Mitleid zu kränken, er versucht Freude über das unverhoffte Wiedersehen auszudrücken, dabei ist er bemüht, das Almosen heimlich in der Westentasche zu verstecken. ‚Gnädiger Herr!‘ ruft er, und in diese unscheinbaren Worte legte Raimund den vollen, bewältigenden Zauber seiner Darstellungsgabe. Es war ein Triumph der Schauspielkunst, kein Auge im Zuschauerraum blieb trocken, und jedes Herz war von freudiger Wehmuth erschüttert. Ich sprach mit Raimund von dieser Wirkung. Er äußerte: ‚Mir ist’s mit den zwei Worten seltsam ergangen. Als ich sie niederschrieb, kamen sie mir gleichgiltig vor. Ich wußte, daß ich in dieser Situation, der bitter-schmerzlichen Wiedererkennungsscene, nicht viele

K. K. pr. Theater in der Josephstadt.

Heute Donnerstag den 20. Februar 1834.
Zum ersten Male:

Der Verschwender.

Original-Zaubermährchen in drey Abtheilungen von Ferdinand Raimund.
Musik von Conradin Kreutzer, Kapellmeister dieses Theaters.
Die Decorationen sind von Herrn Neefe, Decorateur dieses Theaters.
Die Schlußdecoration des ersten Actes und der Saal mit Aussicht im 2. Acte von Herrn Mößner.
Die figuralischen Gegenstände von Herrn Schilcher.
Die Ausführung der Maschinen vom Theatermeister Herrn Georg Weber.
Costume neu nach Angabe des Herrn Garderobe-Inspectors Joseph Reinhofer.

Personen der ersten Abtheilung.

Fee Cheristane . . . . Mad. Fischer.
Julius v. Flottwell, ein reicher Edelmann . . . Hr. Fischer W.
Wolf, sein Kammerdiener . . Fr. Demmer.
Valentin, sein Bedienter . . Hr. Raimund.
Rosa, Kammermädchen . . Dlle. Dielen.
Chevalier Dumont, } Flottwell's Freunde: Hr. Walter.
Herr v. Bralling, Hr. Breisinger.
Herr v. Helm, Hr. Gradl.
Herr v. Walter, Hr. Korn.
Gründling, } Baumeister . . Hr. Bergmann.
Sockel, . . Hr. Rott.
Fritz, } Bediente . . Hr. Fischer Aug.
Johann, . . Hr. Brava.
Azur, dienstbarer Geist der Fee Cheristane.
Freunde Flottwell's. Dienerschaft. Jäger. Genien.

Personen der zweiten Abtheilung. 3 Jahre später.

Julius v. Flottwell . . . Hr. Fischer W.
Chevalier Dumont . . . Hr. Walter.
Herr v. Walter . . . Hr. Korn.
Ein Gast . . . Hr. Ottinger.
Präsident v. Klugheim . . Hr. Dietrich.
Amalie, seine Tochter . . Dlle. Schlemmer.
Baron Flitterstein . . . Hr. Kindler.
Wolf, Kammerdiener . . Fr. Demmer.
Valentin . . . Hr. Raimund.
Rosa . . . Dlle. Dielen.
Ein Haushofmeister . . Hr. Demmer Vat.
Ein Juwelier . . Hr. Breisinger.
Ein Arzt . . . Hr. Werkowitsch.
Betty, Kammermädchen . . Dlle. Herzog.
Fritz, Flottwells Diener . . Hr. Fischer Aug.
Ein Kellermeister . . Hr. Neumann.
Ein altes Weib . . Mad. Schmidt.
Ein Bettler . . Hr. Koch.
Max, } Schiffer . . Hr. Brava.
Thomas, . . Hr. Gradl.
Tänzer. Tänzerinnen Gäste.

Personen der dritten Abtheilung 20 Jahre später.

Fee Cheristane . . . Mad. Fischer.
Julius v. Flottwell . . Hr. Fischer W.
Herr v. Wolf . . . Fr. Demmer.
Valentin Holzwurm, ein Tischlermeister . . Hr. Raimund.
Rosa, sein Weib . . Dlle. Dielen.
Liese, } seine Kinder . . Dlle. Wirdisch.
Michel, . . Aloys Ruzicka.
Hansel, } seine Kinder Anton Neumann.
Hiesel, Heinr. Baumgärtner.
Pepi, 4 Jahre alt Kl. Neumann.
Ein Gärtner . . . Hr. Frey.
Ein Bedienter . . . Hr. Korn.
Ein Bettler . . . Hr. Koch.
Bediente. Nachbarsleute. Senner und Sennerinnen.

Freier Eintritt ist ungiltig.

Der Anfang ist um halb 7 Uhr.
Gedruckt in der Wollzeile Nr. 782

Theaterzettel der Uraufführung

Worte machen dürfe. Als ich sie aber für die Darstellung einstudirte und, mir die Scene vorspielend, die Worte aussprach, ergriff mich plötzlich dabei ein heftiges Weinen. Da wurde ich aufmerksam, daß in der Scene und in den Worten eine starke Kraft liegen müsse, die mich selbst, so oft ich auch diese Rolle spiele, immer wieder ergreift.‘"

Man spürt, wie ein Mann wie Costenoble angesichts des Raimundschen Valentins um Worte ringt, wie er von einem Superlativ zum anderen taumelt, wie er vergleichsweise die Leistungen seiner großen Burgtheaterkollegen wegwischt, um Raimund noch darüber zu stellen, und wie er schließlich, wunderschön, resümiert: „Ich habe seit Jahren nicht so lebhaft-jugendlich im Theater empfunden wie heute, und ich ging, trotz Schnee, Regen und Kälte, mit innerer und äußerer Wärme, wie im Freudentaumel, nach Hause."[23]

Die Premiere ist vom Publikum so überlaufen, daß Karl Meisl später zu seiner „Verschwender"-Parodie ein Vorspiel mit dem Titel schreiben wird: „Hier sind Billetts und Logen und Sperrsitze zu bekommen, zur Vorstellung des ‚Verschwenders'."[24] Die Aufführung dauert volle vier Stunden, was für damalige Verhältnisse überlang ist, aber in diesem Fall keine Sekunde lang zur Unruhe des Publikums führt, so sehr herrscht gespannte Aufmerksamkeit.[25] Die Stimmung ist glänzend, Raimund wird mit Jubel empfangen, muß nicht nur das Auftrittslied, sondern in der Folge alle Couplets wiederholen. Eindeutig scheint nur, daß man die Funktion des Azur nicht begreift, daß erst retrospektiv klar wird, daß dieser ein Jahr in Flottwells Leben verkörpern soll – was ja auch komplizierter ist als der schlichte Gedanke, daß er Flottwell warnend vor Augen führt, wie es ihm, vom Verschwender zum Bettler geworden, dereinst ergehen wird. Am Ende der Vorstellung ruft das Publikum Raimund achtmal hervor. Der Vorhang fällt über einem triumphalen Abend.

Tags darauf wird im Kaffeehaus von nichts anderem gesprochen als von dem „Verschwender". Costenoble gerät mitten in die streitenden Geister. Jeitteles, mittlerweile traditioneller Herummäkler an Raimund, gerät an einen Enthusiasten, der ihm über den Mund fährt:[26]

„Sö, mit all' Ihnerer G'lehrsamkeit kinnen nit einseghn, was für a herrlich's Stuck uns der Raimund geben hat. Nit allanig der Wortwitz ist z'loben, und die Einfachheit, und d'Moralität ohne Langweilikeit, sondern a all' de poetischen G'danken. I bin völli irr' word'n am Raimund – so ä Dichter hätt' i nimmermehr in ihm g'sucht."

Jeitteles muß offenbar die Antwort schuldig bleiben, und Costenoble notiert zufrieden, „der böseste Feind ist nicht im Stande, den Triumph des lieben Dichters zu verkleinern. Heil ihm!"[27]

Das Thema „Verschwender" bleibt im Kaffeehaus tagelang aktuell. Der Erfolg des Stücks reißt nicht ab. Schnell hat es sich herumgesprochen, daß es hier in der Vorstadt wieder einmal etwas „Besseres" (in jeder Hinsicht) zu sehen gibt, und so findet sich auch zahlreich Publikum ein, das sonst nicht in Lokalstücke geht.[28] Der Andrang auf Logen und Sperrsitze, von dem die Zeitungen übereinstimmend berichten[29], wird von Bäuerle in seinem Raimund-Roman drastisch ausgeführt. Er schildert, welche Macht dem Logenmeister des Hauses plötzlich erwächst, weil er über die „Verschwender"-Karten zu verfügen hat:[30]

„Dieser Logenmeister war eine eigene Erscheinung.

Er war grob, wie nicht bald Jemand in einer untergeordneten Stellung, roh und ungeschliffen gegen das Publicum, das er sozusagen brandschatzte und keck, selbst gegen Personen von Ansehen.

Und Alles ließen sich die Leute gefallen, wenn sie nur Raimund's ‚Verschwender' sehen konnten.

Eines Tages kam ein Gesandtschaftsrath zu diesem ungehobelten, interessirten Menschen.

Sie haben mir seit acht Tagen eine Loge zugesagt. Kann ich sie endlich haben? fragte der Gesandtschaftsrath.

Es sind keine da! schnauzte der brutale Patron den Rath an.

Ich weiß, mein Herr, versetzte dieser, daß man Ihnen mehr bezahlen muß, als der Preis ist. Wie viel muß man Ihnen bezahlen, wenn man endlich eine Loge erhalten will?

Das weiß ich nicht, das müssen Sie wissen, erwiderte der Logenmeister womöglich noch ungeberdiger.

Sind fünf Gulden als Douceur genug.

Fünf Gulden? Ich hätte heute schon zehn Gulden mehr für eine Loge haben können – ich war nicht zu Haus'. Das heißt, ich ging nicht darauf ein.

Sie sollen fünfzehn Gulden als Geschenk erhalten. Ist das genug?

Kommen Sie in acht Tagen wieder. Vielleicht habe ich eine Loge für Sie!

In dieser Weise ging der Logenmeister mit dem Publicum um."

Raimund spielt und spielt und hat folglich nur selten Gelegenheit, den Frühling auszunützen, um etwa mit Walter, dem Darsteller des Dumont, einen Ausflug nach Gaaden, den Entstehungsort des „Verschwenders", zu machen. Walters Schilderungen lassen zwei Episoden ins Auge fallen. Die eine zeigt Raimunds zwiespältige Beziehung zum Ruhm. Im Gasthof von Gaaden entdeckt er nämlich, daß in der Wirtsstube ein Bild von ihm hängt, das Verehrer von ihm angebracht haben. Raimund besteht nun darauf, daß es abgenommen wird, und auf die Frage, warum, antwortet er: „Die Leute könnten glauben, ich selbst hätte mir's hinhängen lassen."[31]

Es ist ihm also unerträglich, für eitel gehalten zu werden.

Als Raimund mit Walter durch den Friedhof des Ortes geht, verhält er sich zwar nicht ganz so wie Hamlet, er begnügt sich damit, mit dem Stock an herumliegende Totenschädel zu stoßen (der Friedhof muß in einem ziemlich verwahrlosten Zustand gewesen sein), findet aber, wie Walter es ausdrückt, angesichts dieser Zeugen der Vergänglichkeit „Stoff genug zu mancher eigentümlichen Bemerkung" und ist auf dem Heimweg recht deprimiert: „Nun ist's wieder aus mit unserer Freude", bemerkt er, als sie die Natur mit der Stadt vertauschen müssen.[32]

Raimund weiß ja aus Erfahrung, daß hier immer irgendwelche Bitterkeiten auf ihn warten. Diesmal trägt ihm der Klatsch zu, Bäuerle habe behauptet, Raimund hätte Ideen und Worte aus dessen Stücken in seinem „Verschwender" benützt. Die Beflissenheit, mit der ihm Bäuerle brieflich versichert, „eine solche Gemeinheit" sei ihm nie in den Sinn gekommen[33], legt eher den Verdacht nahe, daß es doch so war, zumal man seine Behauptung „Ich bin nicht gewohnt, ausgezeichnete Talente zu verkleinern", mühelos Lügen strafen könnte. Es ist Bäuerle aus bloßer Berechnung an Raimunds Freundschaft gelegen, die er jedoch nie wirklich erringt.

Bäuerle wird wohl auch hinter einer rund um den „Verschwender" entfesselten Fehde gesteckt sein. Triumphiert Costenoble, Raimund sei der Held des Tages[34], notiert Fürstin Melanie Metternich nur positive Eindrücke über das Stück[35], und kann selbst Burgschauspieler Löwe, sonst gern ein Raimund-Kritikaster, die Bewunderung darüber nicht verbergen[36], so sind natürlich die „Neidharte" und „Neidhämmel", wie Costenoble sie nennt[37], in Aufruhr, die schon nach der Premiere gemeint haben: „I ärger' mi recht über d'Wiener, daß s' über nix so a Spektakel machen kinna."[38]

Nun hat der Literat Heinrich Adami einen langen und über alle Maßen bewundernden Artikel über den „Verschwender" ausgerechnet in Bäuerles „Theaterzeitung" geschrieben[39], wieder einmal – was nie gut tut – den Vergleich mit Shakespeare beschwörend. Aber in Literatenkreisen herrscht längst, vom großartigen Bildungsstandpunkt der Herren aus, die Meinung vor, der „Verschwender" sei ein simples, belangloses, nur durch Raimunds Darstellung überhaupt möglich gemachtes Stück. Und so bewahrheitet sich, wie Costenoble, der Treueste der Treuen, sich zu seinem Erstaunen sagen lassen muß, „daß Raimund eine größere Zahl von Feinden habe, als man glauben wollte".[40]

Und diese schlagen tatsächlich zu. Am 4. April 1834 veröffentlicht Braun von Braunthal, einer der sich in Wien herumtuenden Literaten, in den „Feierstunden" einen Artikel unter dem Titel: „Auch ein Wort über Raimunds ‚Verschwender'".[41] Ein Mann wie Braun, der Gedichte schreibt, sich selbst zu einem „Faust" versteigt und stets geneigt ist, sich zu überschätzen[42], kann – ebenso wie ein Bäuerle – den überdimensionalen Erfolg eines Raimund nicht ertragen. Besonders hinterrücks, nämlich unter dem Vorwand der Objektivität, meint er das Bild Raimunds, des „Autodidakten" und „Naturdichters"[43] (die ganze Verachtung der sogenannten „Gebildeten" liegt darin) zurechtrücken zu müssen. Der Verschwender sei ein Stillstand in Raimunds Wirken, also ein Rückschritt, heißt es da[44], der Idee fehle es an Originalität, die Form sei veraltet. „Raimund überschätze sich nicht, und wir werden ihn schätzen", schreibt er.[45]

Das Publikum ist anderer Ansicht. Zwei Tage nach dem Erscheinen dieses Artikels geht die 26. Vorstellung des „Verschwenders" als Raimunds Benefiz unter jubelndem Beifall in Szene[46], und auch Raimunds Freunde melden sich zu Wort: Im „Sammler" wird Raimund heftig in Schutz genommen, gleichfalls das in Bezug auf ihn als „blind" bezeichnete Wiener Publikum[47]. Man entschuldigt sich in Gedichtform („Es hat Kritik sich zwar an dir versündigt"[48]), man vermerkt nachdrücklich, „Der Verschwender" habe „gefallen, entzückt, begeistert, ohne Greuel, ohne Selbstmord, ohne Wahnsinn, ohne Pferde und andere Bestien, und – was das Meiste sagt – ohne Gemeinheit".[49] Der Andrang zu dem Stück wird als „bis an die Wut grenzend"[50] beschrieben, und die Einnahme von 20.000 Gulden Conventionsmünze für die Aufführungsserie spricht eine beredte Sprache.

Vermutlich hätte der „Verschwender" nicht nach der 42. Vorstellung am 27. April 1834 enden müssen, aber August Stöger legt mit diesem Datum seine Direktion an der Wiener Josefstadt zurück. Wie im Fall des Königstädtischen Theaters in Berlin hat es auch hier Gerüchte gegeben, Raimund werde die Direktion übernehmen[51], aber er denkt natürlich nicht daran. Stöger geht nach Prag und wird Raimund für ein Gastspiel später dorthin holen, was sie schon damals ausmachen. Allerdings verzögert sich die Sache mehrmals.

Was bleibt nach dieser ersten „Verschwender"-Serie? Die Josefstadt selbst, die nun von dem Ehepaar Leopold und Theresia Hoch übernommen wird (sie haben sich vorher am Theater in Baden erprobt), versucht mit einer Parodie des „Verschwenders" aus Karl Meisls Feder Geld zu machen. Raimunds Bewunderer nennen ihn nun endgültig ein Genie.[52] Und bei den anderen kommt es in Mode, Raimund für den überschätzten Liebling eines verblendeten Publikums zu halten.

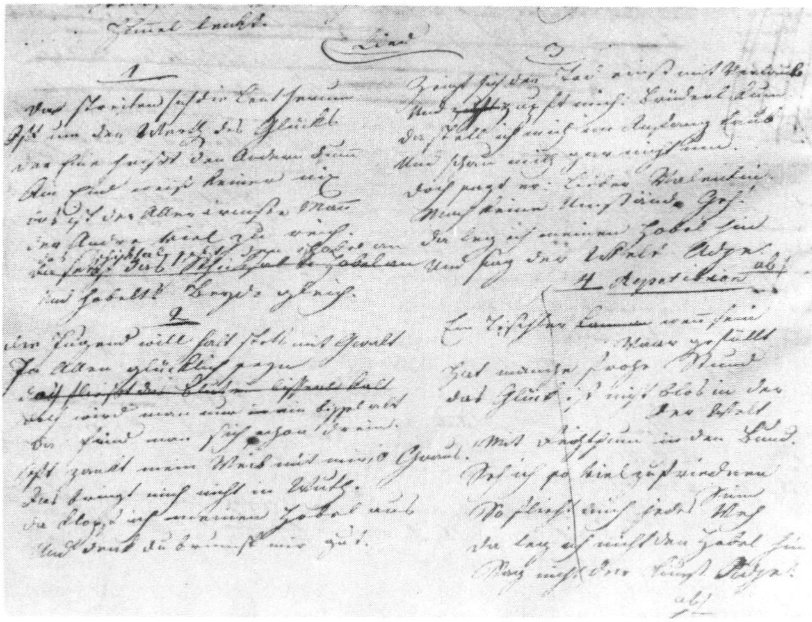

Handschrift des „Hobellieds“

Seit Raimund nach seinen bewegten Wanderjahren wieder fester in Wien ansässig ist, zieht es ihn regelmäßig in die Gegend südlich der Stadt. Seine Kreise sind dabei immer weiter geworden, von den Vorstädten über die Orte, die auch heute noch als südliche Sommerfrischen gelten, bis er Gutenstein zu seinem Lieblingsort erkoren hat. Westlich von Pernitz gelegen, im Süden von Schneeberg und Hoher Wand beschattet, in der weiteren Umgebung des ihm persönlich so wichtigen Wallfahrtsortes Mariazell, wohin er mit Toni die erste gemeinsame Reise unternommen hat, um den eheähnlichen Treueschwur zu erneuern – hier in Gutenstein wird Raimund spät, zu spät, noch ein Zuhause finden, wie er es sich erträumt hat.

Forschungen haben, wie erwähnt, ergeben, daß sein Großvater aus Gutenstein stammte, aber es ist nicht bekannt, ob Raimund das wußte. Es hätte vermutlich auch keinen Unterschied gemacht. 1825 kann man Raimunds Anwesenheit in Gutenstein erstmals nachweisen, damals kommt er hierher, um sich von seiner Nervenkrise zu erholen. 1827 schreibt er am 1. Mai sein Gedicht auf den Ort, das diesem – noch bevor er sich hier niederließ – zu großartiger „Publicity“, wie wir heute sagen würden, verhilft. Als er 1829 auf der Reise nach Mariazell hier durchreist, schreibt er in einem Brief an Toni schon „mein geliebtes Gutenstein“.

Seine Verbundenheit mit diesem Platz führt dazu, daß ihn die Naturkatastrophe – verheerende Unwetter und Überschwemmung –, die Gutenstein im September 1833 heimsucht, wie ein persönliches Unglück betrifft und er auch Hilfsmaßnahmen in Form von Wohltätigkeitsveranstaltungen organisiert.[53] Damals schreibt er sein zweites Gutenstein-Gedicht, eine große, breite Schilderung des Unglücks, und er, der aus bekannten Gründen grundsätzlich nichts von sich drucken läßt, verfügt die Vervielfältigung des Gedichts in Einzeldruck. Raimund-Forscher Glossy, der diesen Tatbestand recherchiert hat, fügt auch hinzu, daß die ganze Auflage innerhalb von wenigen Tagen vergriffen war und ihr Reinerlös den Bewohnern von Gutenstein zugute kam.

Im Sommer 1834 bringt Raimund einen großen Teil seiner Zeit in Gutenstein zu. Einer seiner Ausflüge in die Umgebung führt ihn nach Reichenau am Fuß der Rax, in den „Thalhof", wo später auch noch andere Dichter wie Schnitzler und Altenberg weilen werden, und dort hinterläßt Raimund im Fremdenbuch eines seiner (sprachlich schwachen) hymnischen Gedichte, die von seiner nie abnehmenden Naturschwärmerei zeugen. In der Nähe von Gutenstein ist auch die Malerfamilie Gauermann ansässig, mit der er Umgang pflegt, ebenso mit dem Maler Franz Rechberger, der bei einem seiner Gutenstein-Aufenthalte ein Ölgemälde von Raimund anfertigt: die Haare lockig, die Augen groß und ein wenig starr, um den Mund ein seltsames Lächeln. Der Porträtist mag hier ein wenig geschmeichelt haben, läßt wenig von der verdüsterten Gemütsstimmung ahnen, die von dem über 40jährigen berichtet wird und die gewiß auch in seinen Zügen ihren Niederschlag gefunden hat.

Unterkunft in Gutenstein findet Raimund im sogenannten Oberjägerhaus, Markt 21, einem herrschaftlichen Wirthaus, desgleichen im Bärenwirtshaus, Markt 58, wo er beim Gastwirt Franz Washuber ein eigenes Zimmer hat, oder auch im Gasthof Huber – und mit Sicherheit sind alle überaus stolz, den berühmten Gast allein, mit seiner Toni oder mit Freunden zu beherbergen.

Im Jahr 1834 erfährt Raimund, daß in der Nähe von Gutenstein, zum Gemeindegebiet des benachbarten Pernitz gehörig, ein Anwesen zu verkaufen ist, das einmal den Hofnamen „Im Grassach" geführt hat und schon 1582 in den Dokumenten aufgeschienen ist. Seit 1614 kennt man die Namen der Besitzer. Das auf dem Anwesen ursprünglich stehende Haus wurde im Türkenjahr 1683 niedergebrannt. Als der Besitz 1803 an den Spitalsmeister Joseph Wilfsfeyer aus Wien kam, begann dieser, ein schönes Landhaus zu bauen. Er starb am 30. September 1830, beerbt von Theresia Weber, die das Haus 1832 dem Bäckermeister Johann Georg Trappel aus Wien verkaufte. Dieser sollte sich allerdings – wie dann auch Raimund! – nur zwei Jahre daran erfreuen können. Er starb am 16. Mai 1834, und seine Witwe war genötigt, das Haus zu verkaufen.

Das hört Raimund, und er ist sofort interessiert. Am 5. September 1834 unterzeichnet er den Kaufvertrag. Er bezahlt 4000 Gulden für die Liegenschaft und 550 Gulden für die Einrichtung der sieben Zimmer des Hauses (zu denen noch Nebenräume kommen). Zu dem Besitz gehören noch 8 Joch Acker, 7 Joch Wiesen und Hutweiden und 22 Joch Wald.

„Das Haus ist geräumig, solid und nobel erbaut und möbliert", schreibt der Theatermaler Michael Mayr, der Raimund im April 1835 für ein paar Tage in die Villa begleitet, wohin Ludolph und Tomaselli gleichfalls

Raimunds Villa in Pernitz

geladen sind, „hat einen großen Garten, bedeutende Äcker und Wiesen, ein Wirtschaftshäuschen dabei, dann einen Berg mit dickem Nadelwald, Gängen, Aussichten, Lusthäuschen, Einsiedelei etc., der dicht am Hause sich erhebt. Prächtige Aussicht von den Fenstern und Balkon, eine herrliche Lage, ist für eine Herrschaft nobel genug und freuet mit Recht Raimund. Und kann dies wohl auch, da er es selbst verdient und im Ankaufe äußerst wohlfeil war. Mag er es lange genießen, ich gönne es ihm."[54]

Raimund-Forscher Hadamowsky berichtet, Raimund habe ein solennes Eröffnungsfest für sein Haus gegeben:[55] Mit einem großen Festmahl wurde der „Einstand" gefeiert, zu dem neben der Gutsherrschaft und den lokalen Größen auch viele Freunde Raimunds aus Wien geladen und gekommen waren. Raimund saß zwischen zwei Damen: der Gutsherrin Gräfin Hoyos und Frau von Ulensky; neben Graf Hoyos hatte sich auch der vermögende Matthias von Rosthorn eingefunden. 66 Personen waren erschienen und 14 Reden wurden gehalten. Als Fünfzehnter kam Raimund selbst zu Wort. Alle Wiener Theater waren durch prominente Mitglieder vertreten: das Burgtheater durch Heinrich Anschütz, das Kärntnertor-Theater durch Ludwig Cramolini, Sophie Schoberlechner, Josef Staudigl. Vom Theater an der Wien waren Johann Nestroy und Wenzel Scholz gekommen, auch die Kollegen und Kolleginnen aus dem Leopoldstädter Theater hatten sich eingefunden. Kapellmeister Josef Drechsler, Adolf Bäuerle mit Frau, der hübschen Katharina Ennöckl, die Maler-Brüder Gauermann, Haßlwander und der Freund aus der Wandertruppenzeit Josef Kindler saßen in der Runde. Auch Franz von Marinelli war unter den Festgästen.

Raimunds Hauskauf spricht sich schnell herum, aber der Dichter hat es nicht gern, daß man ihn für reich hält. Als der Journalist Wiest (zu dessen Spezialitäten es gehört, Raimund zu kopieren) einmal im „Sammler" über Raimunds „Villa" schreibt, hält ihn Raimund auf der Straße an:

„Apropos – Sie! Was haben S' denn da g'schrieben in Ihrem Blatt? – I sitz' auf meiner Villa! – Hab i 'ne Villa! A klaan's Landhaus hab i, und koani Villa!"[56]

Freunde wissen es besser, vor allem Mayr, der Raimund des öfteren auf dem schönen Sitz besucht und die Aussicht von allen möglichen Seiten zeichnet. Er notiert im April 1835 Raimunds Klagen, das Publikum möge ihn weniger als früher, wer ihn nicht hasse, beneide ihn, man nenne ihn einen reichen Mann und er sei doch nicht vor Armut im Alter gesichert, niemand liebe ihn ...[57] kurz, auch Mayr muß sich das Klageregister anhören, der wohltätige Einfluß von Gutenstein und der Natur wirkt also nur bedingt.

In den Memoiren des Schauspielers Franz Wallner findet sich ein Brief, den Raimund angeblich zu dieser Zeit (ein Datum ist nicht angegeben, wohl aber Gutenstein als Ort) an Michael Mayr geschrieben haben soll. Er ist nicht in den Gesammelten Werken enthalten, und es ist nicht leicht, über die Echtheit zu entscheiden: Die Quelle ist obskur, aber die Aussage mit der ständigen Angst um ein gesichertes Alter scheint Raimund-gemäß genug zu sein, daß man das Zitat wagen will:[58]

Lieber M.!

Ich habe über unser neuliches Gespräch viel nachgegrübelt und gefunden, daß Sie complett Unrecht haben. Sie meinten: „ich habe keine Ursache zum Kummer, ich brauche nur einmal zu spielen, um hundert Gulden C.-M. zu verdienen, das Publikum trage mich auf den Händen, ich wäre ein wohlhabender Mann, hätte keinen Menschen, für den ich zu sorgen brauche, – während Sie mit zahlreicher Familie den Monat mit sechzig Gulden leben und in beständiger Furcht sein müßten, durch irgend ein unglückliches Ereigniß, den Bruch einer Hand etc. sich und Ihre Familie zu Bettlern zu machen." Sie reden, wie Sie es verstehen, das was Sie quält, würde mich glücklich machen. –

Wahr ist's, ich verdiene für die Rolle hundert Gulden! glauben Sie, ich freue mich darüber? – Ich komme nach Hause, Niemand kommt mir entgegen, ich werfe meine hundert Gulden in den Kasten, eine mürrische Magd schiebt mir mein Bischen Essen hin, ich lege mich zu Bette. – Eine verfehlte Stelle in meiner Rolle, ein Moment, in welchem ich mir selbst nicht genügte, erhält mich die ganze Nacht wach, unglücklich und in fieberhafter Aufregung, ich habe Niemand, mit dem ich meine sparsam zugemessenen Freuden, meine – ich kann's nicht leugnen und nicht ändern – oft selbst geschaffenen, aber um so peinlicheren Leiden theilen könnte, mir kommt kein liebendes Weib entgegen, ich kann nicht, wie Sie, mich mit einer Schaar froher Kinder um eine Schüssel Kartoffeln setzen – wer weiß, ob auf meinem Grabe einst ein Hund heulen wird. Sie sagen, ich sei ein wohlhabender Mann! Das ist nicht so, obwohl man es allgemein glaubt!

Ich habe wohl etwas erspart, aber noch lange nicht so viel, um ohne meine Kunst leben zu können. Und gesetzt – so eben fällt mir ein Traum ein, eine Vision – nennen Sie es, wie Sie wollen. – Es sind zwanzig Jahre verflossen, wir – ich und Sie – haben uns während dieser Zeit nicht gesehen, plötzlich begegnen wir uns eines Tages, arm, alt und im elendesten Zustande. Sie rufen entsetzt aus: „Raimund." Ich stoße Ihren Namen mit einem Schrei des Schreckens aus. – So finden wir uns wieder als – Bettler! – „Nun so wollen wir denn unser trauriges Tagewerk zusammen antreten!" – Gesagt, gethan! Wir gehen zusammen auf ein stattliches Haus zu und ziehen die Klingel! Ein Dinstmädchen öffnet, erkennt zufälliger Weise die um Almosen Flehenden und meldet ihrer Herrin, daß zwei Arme an der Thüre stehen, worauf diese mit dem Befehl antwortet: „Gieb Jedem einen Groschen."

„Ja, Euer Gnaden, das sind keine gewöhnlichen Bettler – der Eine ist der Schauspiele Raimund vom Leopoldstädter Theater, und der Andere ist der sonst so brave Maler M . . ."

„So, antwortet die Gnädige, dann gieb dem Maler M. zwei Groschen und dem Raimund nichts, denn der hätte sich während der Zeit seines Wirkens genug ersparen können.

Sehen Sie, lieber M., so würde die Welt sprechen, wenn ich durch einen unglücklichen Zufall jetzt außer Stand gesetzt würde, mein Brod ferner zu verdienen, während Sie in gleicher Lage, erhöhte Achtung, freundliche Untersützung finden würden; wer von uns Beiden ist nun in jeder Hinsicht der Beneidenswerthe? Sie und tausendmal Sie! – Und so genießen Sie denn das Glück, welches das Geschick in seiner rosigsten Laune über Sie ausgegossen, und lassen Sie nebst den lieben Ihrigen ein kleines Plätzchen frei in Ihrem Herzen für Ihren

freundschaftlich ergebenen
Ferdinand Raimund.

Und doch – im Juni 1836, zweieinhalb Monate vor seinem Tod, findet Mayr Raimund in Gutenstein „bedeutend froher als je". „Er fängt sogar zu witzeln an und das ist viel."[59] Raimund läuft wie eine Gemse über die Berge, genießt die Natur, scheint unbeschwert. Bestimmt kein Selbstmordkandidat – und dennoch schießt er sich ein paar Wochen später eine Kugel in den Mund. Viel früher, als jeder gedacht hätte, wird das geliebte Gutenstein zum Ort seiner letzten Ruhestätte.

DIE SCHATTEN SENKEN SICH

„Da leg ich meinen Hobel hin“

Er verdiene täglich 25 auf den Hintern, meint Costenoble fröhlich und vornehmerweise auf Latein, wenn er nicht anerkenne, was das Schicksal ihm geschenkt habe: Es ist der Herbst 1834, und Raimund, der frischgebackene Hausbesitzer, pflegt wiederum eine Melancholie.[1] Toni geht ihm offenbar auf die Nerven, während er gleichzeitig darunter leiden dürfte, keine richtige Familie zu haben. Seinem Valentin im „Verschwender“ hat er fünf Kinder zugeteilt, und sie sind wirklich lieb ausgefallen. Nicht ausgeschlossen, daß er sich auch solche wünschen würde.

Daß der Ruhm etwas Schwankendes ist, erfährt der alternde Raimund (wenn er auch nach unseren Begriffen mit Mitte 40 gerade erst auf seine „besten Jahre“ zugeht) in zunehmendem Maße. Da ist nicht nur Nestroy, von dem Franz von Marinelli, der Direktor der Leopoldstadt, sagt, er habe den Raimund „bissen“ (gebissen)[2], daneben strahlen neue Sterne – und wie schnell das geht! Im Theater in der Josefstadt hat sich der Raimund wohlbekannte Berliner Schriftsteller Karl von Holtei als Schauspieler und Dramatiker etabliert, der zusammen mit seiner Gattin Luise auftritt und rasch hoch in die Publikumsgunst einsteigt.

Möglicherweise ist Raimund deshalb am Josefstädter Theater plötzlich nicht mehr gefragt, so daß ihm nur übrigbleibt, was er seit seinem Abgang von der Leopoldstadt tunlichst vermieden hat – nämlich wieder dort aufzutreten. Er schließt mit Franz von Marinelli einen Vertrag ab, einen seiner obligaten, der ihm allerdings nicht nur die meisten seiner eigenen Rollen garantiert, sondern ihn auch in vielen seiner alten Erfolge auf diesen Brettern erscheinen läßt, im „Pächter Valentin“ und im „Eheteufel“, in den „Spadifanklern“ und im „Gespenst auf der Bastei“, im „Berggeist“ und in „Lindane“. Raimund tut das wohl nicht zuletzt deshalb, um alle jene Mäuler zu stopfen, die behaupten, er wolle nur mehr in seinen eigenen Stücken spielen.[3]

Aber zweifellos ist es der „Verschwender“, auf den es Raimund ankommt, dieses Stück, das er so nachdrücklich sich selbst reserviert. Schon im März 1834, dreieinhalb Wochen nach der Premiere, hat er eine allgemeine Warnung an die Theaterdirektoren herausgegeben, es zu spielen, weil er es sich selbst vorbehalte.[4] Auch Marinelli erhält, über Raimunds Gastspiel hinaus, keinerlei Rechte am „Verschwender“. Kein Zweifel: Er will wieder im Ausland gastieren. Immer wieder denkt er an sein finanziell nicht gesichertes Alter, zumal ihn das Haus in Gutenstein doch eine beträchtliche Summe gekostet hat. Raimund hat die wechselnde Publikumsgunst miterlebt – und er ist nur so viel wert, wie ein

Direktor, ein Publikum für ihn bezahlt. Er, der früher leichter mit dem Geld umgegangen ist, wird nun ökonomischer, obzwar er kein Talent hat, ein Knicker zu sein.[5] Jedenfalls will Raimund Geld verdienen.

Und das tut er auch bei Marinelli. Raimund schließt für nicht weniger als ein halbes Jahr ab und steht vom Oktober 1834 bis zum Mai 1835 immerhin 86mal auf den Brettern jenes Hauses, das wie kein anderes mit seinem Leben und seiner Karriere verbunden ist.[6] Es ist eine Rückkehr, die sich rundum pekuniär auszahlt, denn sein Auftreten verschafft „der tätigen Direktion die vorteilhaftesten Einnahmen".[7]

Raimund findet unter den Männern noch einige Schauspieler, die er von früher her kennt oder die seine Partner waren. Der alte Sartory ist immer noch da, Fermier, Tomaselli, Landner und Ludolph, der wieder den Narren in der „Gefesselten Phantasie" gibt.[8] Unter den Damen zeugt nur Elsie Rohrbeck von früheren Raimund-Zeiten.

Bei seiner Rückkehr an die Leopoldstadt kommt Raimund in engeren Kontakt mit dem Theatermaler Michael Mayr. Dieser ist sechs Jahre jünger als er, gelernter Faßbinder, den die Liebe zum Theater in den Chor des Theaters an der Wien brachte. Die dortigen Dekorationsmaler entdeckten seine Begabung zum Zeichnen und Malen, er sattelte um, arbeitet an der Werkstatt der Hoftheater und wurde 1831 als Ausstatter an das Theater in der Leopoldstadt engagiert. Schon davor, in Raimunds Leopoldstädter Zeit, hat er an der Herstellung der Dekorationen zur „Gefesselten Phantasie" und zur „Unheilbringenden Krone" mitgearbeitet.

Nun gestaltet er für Raimund, sehr zu dessen Zufriedenheit, die „Verschwender"-Dekoration, von der man ihm sagt, sie übertreffe jene der Josefstädter Uraufführung. Mayrs Tagebücher zeigen, wie sehr Raimund sich auch diesbezüglich um jedes Detail kümmert und durchaus sachkundige Wünsche äußert.[9] Wenn Raimund sich freut, ist er von spontaner Herzlichkeit. Als er nach der Beleuchtungsprobe von der Dekoration begeistert ist, „küßt" er Mayr „sehr feurig" und „sagte mir viel Herzliches, was dieser Mensch viel besser trifft als hundert andere".[10] Überhaupt ist der Eindruck, den Mayr von dem berühmten Raimund empfängt, der denkbar beste: „Es wird kaum einen Schauspieler wieder geben, der so innig herzlich gemütlich ist und dessen bürgerlicher Umgang so ganz von aller Komödienspielerei frei ist wie Raimund."[11]

„Der Verschwender" ist das einzige Raimund-Stück, das in der Leopoldstadt neu in Szene gesetzt werden muß, alle anderen sind ja noch von früher im Repertoire. Karl Quandt spielt einen temperamentvollen Flottwell[12], Adele Peroni die Cheristane, Lang den Bettler, Ludolph den Kammerdiener Wolf. Die Rosa an der Seite von Raimunds Valentin ist Elise Rohrbeck.

Die Premiere am 6. Februar 1835 an der Leopoldstadt zieht das Publikum gewaltig an – möglicherweise gibt es hier viele Leute, die nie den Weg in die Josefstadt finden und den „Verschwender" noch gar nicht gesehen haben. Schon um 4 Uhr nachmittags drängen sich die Interessenten an den Toren.[13] Die Aufführung wird ein strahlender Triumph. Die Kritik vermerkt, Marinelli habe die Ausstattung so glänzend ausfallen lassen, daß er den Titel des Werks fast beschäme.[14] Dafür wird Mayr ungeteilter Beifall, auch von den Kollegen zuteil, der ihn glücklich macht – und zwei Wochen später in ein Wechselbad der Empfindungen stürzt, als er vernehmen muß, Raimund sei in die Kanzlei des Theaters gestürzt und habe ihn, Mayr, dort verklagt.

Man erkennt hier Raimund, den cholerisch aufbrausenden Fanatiker des Theaters, der ungeachtet seiner Zuneigung für Mayr überhaupt nicht überprüft, wenn der Klatsch ihm zuträgt, Mayr habe behauptet, die „Verschwender"-Dekoration sei so teuer, daß das Theater einen Verlust erleiden müsse. Zwar fügt er hinzu, er könne es eigentlich von Mayr nicht glauben, aber tatsächlich ist dieser – und zurecht – von Raimunds Verhalten doch sehr enttäuscht:[15]

„Indes ist es doch von Raimund wahrlich nicht hübsch, er kam durch drei Wochen täglich ein, auch ein paarmal auf die Malerey, weiß mein Quartier und hätte, da er doch fast täglich spielt, mir durch einen Arbeitsmann oder durch Landner Botschaft sagen lassen [können], zu ihm zu kommen, wo selbst er mir hätte sagen können, was man ihm weismachte. So aber hinlaufen, wie ein unbesonnener, unerfahrener Junge, ohne zu prüfen, oder sich um die Wahrheit zu kümmern, hinlaufen und verklagen, das ist etwas, das selbst sein Krankheitszustand nicht entschuldigt."

Die Angelegenheit klärt sich als Intrige auf, die am Ende alle Beteiligten viele Nerven gekostet hat. Die Harmonie zwischen Mayr und Raimund stellt sich wieder her, aber nicht alle Menschen sind so anständig und gutmütig wie dieser Maler. Auf solche Art wird sich Raimund viele Feinde gemacht haben.

Läßt der Erfolg der Leopoldstädter „Verschwender"-Premiere die Zeit stillstehen, ist alles wie früher? Nicht ganz. Schon ein paar Tage später können Raimunds Gegner im Kaffeehaus zufrieden feststellen, daß der „Verschwender" hier doch nicht so zieht wie seinerzeit in der Josefstadt.[16] Immerhin finden allein im Februar 16 Wiederholungen statt, im April gibt es die 30. Aufführung, aber nun bekommt man schon gemütlich Karten.[17]

Übrigens ist Raimunds Gastspiel im März unterbrochen worden: Kaiser Franz ist am 2. gestorben. Raimunds Erschütterung hat sich mit Gewißheit in Grenzen gehalten. Nie wurde das Odium von des Kaisers Abneigung, die ihm so viel verbaut hat, ausgelöscht, und zu einer Zeit, da seine Freunde meinten, der „Verschwender" sei doch wahrlich burgtheaterwürdig, wußte jeder doch, daß dies nicht der Fall sein konnte, so lange der Kaiser lebte.

Der Kaiser ist nur einer von den Toten, die nun folgen – am 3. August stirbt Wenzel Müller, Raimunds künstlerischer Gefährte vieler Jahre (wenn man auch aus dessen Tagebuch eigentlich nicht – wie etwa zweifelsfrei bei Schmidt oder Mayr – schließen kann, daß er Raimund besonders gemocht hat). Und im November wird Raimund, kaum von seinem Münchner Gastspiel zurückgekehrt, den Tod von Ignaz Schuster erfahren. Die Schatten senken sich – und er ist der nächste.

Raimunds Gastspiel im Theater in der Leopoldstadt endet am 14. Mai mit einer „Verschwender"-Aufführung. Bevor er nach München fährt, wo er sein drittes Gastspiel absolvieren wird, zieht er sich noch nach Gutenstein zurück. Daß die Presse kolportiert, er habe ein weiteres Werk vollendet, an das er nur letzte Feile anlegen müsse, ist reines Wunschdenken, und er dementiert auch heftig.

Raimund, der für seinen Ärger immer Gelegenheit findet, verläßt Wien ganz in Düsterkeit über die „Bekrittelungen einzelner Schmierer“[18], wird aber auch in München, wo er am 18. September 1835 sein letztes Gastspiel in dieser Stadt beginnt, neben viel Lob auch einiges davon finden.

Er beginnt wieder mit dem „Bauer als Millionär“, wird stürmisch empfangen, hat sein Sprüchlein bereit, und als der Beifall gar nicht aufhören will, improvisiert er so geschickt, daß ein Jubel ausbricht, wie man ihn hier lange nicht erlebt hat.[19] Es folgt der „Alpenkönig“, und dann stellt Raimund am 30. September den Münchnern seinen „Verschwender“ vor.

Und das Stück wird durchaus nicht uneingeschränkt gelobt. Was die Münchner dabei am meisten stört, ist die Tatsache, daß die Wiener Raimund mit dem unglückseligen Emblem des „zweiten Shakespeare“ geschmückt haben. So bedeutend finden sie den „Verschwender“ eigentlich nicht, heben die Szene Dumont-Holzweiberl und den dritten Akt als Höhepunkte hervor, der Rest will nur in Grenzen gefallen.

Natürlich trägt Valentin den Sieg davon:[20]

„Raimund als darstellender Künstler, als Komiker, ist einzig in seiner Art und gerade als ‚Valentin‘ entfaltet er seine Meisterschaft und seine Genialität; man ist hier so wie in allen Rollen in denen Raimund auftritt, versucht zu glauben, er müsse diese Rollen und es könne sie auf der ganzen Welt niemand so geben als gerade Raimund. Seine Mimik ist so beredt, so lebendig und bezaubernd, daß er alle gefangen nimmt. Alle reißt er zur höchsten Bewunderung hin, und das Gemüt stimmt er durch die Wahrheit seiner Charakterzeichnung bis zur Rührung, ja selbst zu Tränen.“

Die Vorstellung rundum entfaltet Hoftheater-Glanz[21], und Raimund ist unverändert Liebling des Publikums, das das Haus bei jedem seiner Auftritte bis „zum Erdrücken“ füllt.[22]

An seinem Abschiedsabend, dem 2. November 1835, ist Raimund–Valentin über die Zuneigungsbeweise der Münchner zu Tränen gerührt, obwohl er natürlich nicht ahnen kann, daß man sich nicht wiedersehen wird. Er dankt dem Publikum und den Kollegen – und trifft gerade rechtzeitig in Wien ein, um am Begräbnis von Ignaz Schuster teilzunehmen ...

In Wien hat er mittlerweile wieder an Terrain verloren. Nestroy hat sein Stück „Zu ebener Erde und erster Stock“ herausgebracht, eines seiner zweifelsfrei gelungenen Produkte. Viele entscheiden nun zu Ungunsten Raimunds wie Burgschauspieler Ludwig Löwe, der sich offenbar freut, diesen neuen Nestroy über alle Raimundstücke zusammen stellen zu können.[23] Costenoble, für den diese Nestroy-Komödie nur ein „zusammengescharrtes Possenspiel“ ist[24], versteht die Welt nicht mehr (wenngleich auch er sich in der Stille seines Tagebuches zu der Notiz hinreißen läßt, die beiden ersten Akte des „Verschwenders“ verdienten keine besondere Bewunderung[25]). Aber wenn er den „Alpenkönig“ gegen Nestroys Werk in die Waagschale legt, „so möchte ich mich nicht in solche Lufthöhe schnellen lassen, worin ich geistig das jetzt so bewunderte Produkt des Theaters an der Wien erblicke!“[26]

Aber der Wiener Zeitgeist ist gegen Raimund, und das spürt dieser auch. 1848 ist noch weit, aber mit Nestroy hat das neue Weltbild in der Kaiserstadt Einlaß gefunden. Folglich nimmt Raimund die Einladung für ein weiteres Gastspiel in Hamburg an. Stuttgarts Antrag schlägt er höflich aus, nicht ohne die Hoffnung auszudrücken, er könne bei anderer Gelegenheit, vielleicht in Verbindung mit Frankfurt, darauf zurückkommen.

Noch bevor er nach Hamburg geht, realisiert sich endlich eine frühere Abmachung, über deren zögerndes Zustandekommen Raimund schon so ärgerlich war, daß er groben Undank witterte: Stöger, dessen Josefstädter Direktion er mit dem „Verschwender“ regelrecht gerettet hatte, hat das Prager Auftreten nicht und nicht fixiert. Aber nun ist es so weit. Raimund gibt im Jänner 1836 noch ein zehntägiges Gastspiel an der Leopoldstadt, wobei er neunmal den Valentin spielt[27], dann reist er nach Prag ab. Niemand kann ahnen, daß man ihn an diesem 20. Jänner 1836 in seiner Heimatstadt das letzte Mal auf der Bühne gesehen hat.

Sofern er es in seinen frühen Wanderjahren nicht berührt hat, ist Raimund erstmals in Prag, der Stadt mit der großen Musik- und Theatertradition. Jenes Ständetheater, das August Stöger nun leitet, war das erste „feste“ Theatergebäude der Stadt gewesen. Es hatte die Uraufführung von Mozarts „Don Giovanni“ gesehen. Hier hatte Carl Maria von Weber gewirkt, und zu Beginn des Jahrhunderts nannte Ludwig Tieck das Ständetheater „die vielleicht vorzüglichste“ aller Bühnen.[28] Zögernd erst regen sich nationalistische Stimmen, die Aufführungen in tschechischer Sprache verlangen, noch ist es eine Stadt deutscher Kultur, die Raimund empfängt.

Johann August Stöger hat in Prag noch kein Raimund-Stück auf dem Repertoire, also muß der Dichter alle, in denen er aufzutreten wünscht, den „Bauer als Millionär“, den „Diamant des Geisterkönigs“, den „Alpenkönig“ und den „Verschwender“, erst neu in Szene setzen, was zeitraubend ist und ihn zwingt, Friedrich Ludwig Schmidt um Aufschub zu bitten. Er wird dann von Prag direkt nach Hamburg weiterreisen – damals gibt es keine „eisernen“ Stacheldrahtgrenzen, die wie heute zu grotesken Umwegen zwingen.

Das kunstsinnige Prager Publikum weiß aus Berichten längst, was es von Raimund zu erwarten hat, und stürmt die Eröffnungsvorstellung des „Bauers als Millionär“ am 6. Februar 1836. Noch nie, so stellen die Zeitungen fest, ist in Prag ein Künstler zwölfmal hervorgerufen worden, noch nie hat ein Gast bei seinem ersten Erscheinen einen solchen Erfolg erlebt.[29] Dieser setzt sich beim „Diamant des Geisterkönigs“ fort, wobei sich das Publikum auch durch heftiges Schneegestöber nicht vom Besuch der Vorstellung abhalten läßt. Das Stück ist in der Stadt schon gespielt worden, aber durch die Raimundschen Proben erscheint es wieder einmal wie neu.

Raimund versichert dem Publikum der „Königsstadt“ Prag (wo die Habsburger Könige von Böhmen sind), er fühle sich hier wie in Wien, „ganz dieselbe Liebe, dieselbe auszeichnende Teilnahme, dieselbe Empfänglichkeit für jedes Wort und jede Gebärde.“[30] Besondere Begeisterung erregt er dann als Rappelkopf, wobei er als „Iffland der Zauberspiele“ bezeichnet wird.[31] Bedenkt man, daß Iffland als erster tragischer Schauspieler Deutschlands gilt, so ist das ein nicht mehr zu steigerndes Lob.

Auch hier in Prag zeigt sich Raimund zweimal in seinen bekannten Quodlibets und genießt die Verzückung des Publikums angesichts seiner virtuosen Wandlungsfähigkeit. Und dann steht, als sein Benefiz, die erste Vorstellung des „Verschwenders“ am 28. Februar bevor: „Ganz Prag ist auf dieses Stück gespannt; und wenn das Theater 100 Logen besäße, sie wären schon alle genommen. Man freut sich hier über einen zugesicherten Sperrsitz wie über eine Terne in der Lotterie.“[32]

Dreierlei erhöht die übliche Spannung: Daß dieses Stück, wie Stöger verlauten ließ, besonders glanzvoll ausgestattet werden soll; daß man es noch nicht kennt; und daß der Theaterzettel verheißt, dieses Werk werde nur in Raimunds Anwesenheit mit ihm, dann aber nicht mehr gespielt. Auch hier hat er sich die Rechte vorbehalten, bis er seinen großen Gastspielbogen gezogen hat. Stöger holt übrigens zur Sicherheit die Darsteller von Flottwell und Dumont, Fischer und Walter, aus Wien.[33]

Die Zeitschrift „Bohemia“ gibt einen lebendigen Bericht über den Wirbel am Premierenabend:

„Selbst der ungewöhnliche Anfang (6½ Uhr) mochte zur Spannung der Neugierde beitragen. Schon eine Viertelstunde vor sechs Uhr konnte man ohne Anstrengung und mannigfaltige Fährlichkeiten nicht auf die mittleren Sperrsitze gelangen. Umsonst riefen die Billeteurs des Parterres ihr flehendes: ‚Haben Sie die Güte!‘ Es erhob sich ein komischer Krieg aller gegen alle; man mußte über Barrieren und Bänke steigen, und das laute, fröhliche Gewühl auf der Galerie gab dem ganzen Gemälde einen noch komischeren Anstrich . . . Man konnte nicht satt werden, Hrn. Raimund zu rufen. Selbst als er allein erschienen war, und mit Bezug auf die Idee seines Stückes gedankt, und einen Teil seiner Auszeichnungen der sorgfältigen Mitwirkung unserer Schauspieler und der vortrefflichen Ausstattung zugeschrieben hatte, wollte ihn das Publikum noch ein Mal sehen. Hr. Raimund ist am 28. Februar von dem Prager Publikum so ausgezeichnet worden, wie die größten Bühnenkünstler, die in dem letzten Jahrzehnt Gastrollen gegeben haben.“

Und ein Bericht aus der „Theaterzeitung“ ergänzt, wie ungewöhnlich groß die Publikumsgunst ist, die sich hier über Raimund ergießt:[34]

„Wenn andere Künstler vom ersten Range, vier bis fünf Mal in einem Abende verlangt werden, so ruft man ihn, jedesmal nach dem Aschenliede allein fünf bis sechs Mal hervor, und bei der ersten Darstellung des Verschwenders (zu welchem bis zur fünften Wiederholung keine Loge und kein Sperrsitz mehr zu haben sind) . . . wurde der Dichter und Schauspieler während und auch nach dem ersten Akt sechs Mal, im dritten sieben Mal und im ganzen etwa fünfzehn bis sechzehn Mal gerufen . . .“

Besonderes Pech ist es unter solchen Umständen, daß sich Raimund bei der Premiere den Fuß verstaucht, die nächste Vorstellung also erst am 3. März stattfinden kann. Raimund liegt zwei Tage und Nächte mit Eisumschlägen[35], obwohl er selbst darauf brennt, wieder aufzutreten. Er spielt den „Verschwender" noch bis 13. März, im ganzen neunmal, und dann hat er es eilig, seine Hamburger Verpflichtungen einzuhalten.

Über Dresden kommend, trifft Raimund am 24. März in Hamburg ein – und von Anfang an scheint etwas nicht zu stimmen. Es ist Raimunds drittes Gastspiel hier, könnte fast etwas von Routine an sich haben, und als er am 4. April erstmals – als Wurzel – wieder auftritt, meint man eine gewisse „Preßhaftigkeit"[36] an ihm zu entdecken und tadelt ihn auch sanft, der „liebe Gast (schien) sich nicht gleich wieder erinnert zu haben, was das hiesige Theater zum Behuf der Deutlichkeit erfordert, er sprach oft zu schnell, wodurch dann bei dem fremden Idiom dem nicht ganz scharfen Gehör wohl einiges entging".[37] Einschränkungen also, wenn auch keine bedeutenden – vor allem die Ansprachen an das Publikum, die Freude über die Wiederkehr, die er bei der Reprise des Aschenliedes ausdrückt, und der bescheidene Dank am Ende verfehlen ihre Wirkung nicht.

Was Raimund bewegen kann, am 9. April nicht einmal das ganze Quodlibet, sondern nur den Tiroler Wastel aus der „Brunnenkur" zu spielen, dessen Unterleibsprobleme den Hamburgern schon seinerzeit peinlich waren, ist schlechtweg nicht zu erklären. Jedenfalls fühlt er sich zu diesem Zeitpunkt schon nicht ganz gesund, und als dann die Premiere des „Veschwenders" verschoben werden muß, wird Raimunds „Heiserkeit" als Grund dafür angegeben.

Und am 18. September 1836 geschieht dann das Unglaubliche: „Der Verschwender" gefällt den Hamburgern schlicht und einfach nicht. Man entnimmt es den Kritiken ganz deutlich: Hätten sich nicht leidenschaftliche Anhänger des Schauspielers Raimund im Zuschauerraum befunden, wer weiß, wie evident das Debakel geworden wäre, das sich schon während der Vorstellung an der Unruhe und dem „schwankenden Interesse"[38] des Publikums abzeichnet. Eine zischende Partei macht sich jedenfalls Luft – eine Resonanz, die Raimund schon fast vergessen hat, so lange ist sie ihm nicht begegnet, und wenn, so galt sie den schlechten Possen, die er in der Leopoldstadt retten mußte, und nicht ihm als Autor. Und wie sehr muß es ihn treffen, auch hier in Hamburg (in einer im übrigen durchaus wohlmeinenden Rezension) lesen zu müssen, daß die Grundidee des Nestroyschen „Lumpazivagabundus" dem Kritiker weit einleuchtender dünke als die des „Verschwenders" . . .[39]

Valentin ist es wieder, der rettet, was zu retten ist, die Erkennungsszene – „Mein gnädiger Herr!" – wirkt auch hier „elektrisch"[40], die Tischlerstube verfehlt auf die Wohlmeinenden nicht ihre ergreifende Wirkung, aber ein Teil des Publikums bleibt auch dabei kühl.

Ein Mann mit Raimunds Erfahrung, der das Metier des Theaters so gut kennt, kann natürlich nicht (auch wenn er persönlich noch so getroffen sein sollte) vor einem Mißerfolg einfach davonlaufen. Er spielt am 21. und 24. weitere „Verschwender"-Aufführungen, muß aber erkennen, daß der Zuschauerraum nicht voll ist, und als er sich bei der Kassa erkundigt, stellt sich heraus, daß sich das Auftreten für ihn pekuniär nicht lohnt. Jetzt weiterzumachen, würde doppelte Frustration bedeuten, zumal er mit Friedrich Ludwig Schmidt einen offenen Vertrag ausgehandelt hat, der ihn auf keine feste Anzahl von Auftritten festlegt.

Natürlich könnte er wieder „Bauer", „Diamant" und „Alpenkönig" spielen, aber Raimund will nicht mehr. Am 24. April bittet er Schmidt brieflich, die nächste Vorstellung als seine letzte zu betrachten. Tatsächlich spielt er den „Verschwender" dann noch zweimal, am 27. April und am 1. Mai.

An diesem 1. Mai 1836 steht Raimund in Hamburg zum letzten Mal in seinem Leben auf der Bühne – als Valentin, wo er die beziehungsreiche Strophe zu singen hat:

Zeigt sich der Tod einst mit Verlaub
Und zupft mich: Brüderl kumm
Da stell' ich mich im Anfang taub
Und schau mich gar nicht um.
Doch sagt er: Lieber Valentin
Mach keine Umständ Geh!
Da leg ich meinen Hobel hin,
Und sag' der Welt Adje!

Die Raimund-Legende hat ihm über diese Abschiedsvorstellung in Hamburg schwere Todesahnung gelegt. „Ich weiß nicht, warum ich beim Spielen dieser Rolle immer so ergriffen bin", soll Raimund zu dem Flottwell-Darsteller gesagt haben. „Das Hobellied besonders stimmt mich immer traurig; die Leute werden es für Komödie halten, aber es ist leider bitterer Ernst. Ich habe mir da selbst mein Totenlied geschrieben."[41]

Seltsame Marginalie zu diesem Hamburger Aufenthalt, von dem Raimund am 14. Mai 1836 nach Wien zurückkehrt. Als Costenoble ihn am 3. Juni zusammen mit Toni in Hietzing trifft, geht das Gespräch um manches – um die Langeweile, die Costenoble empfindet, wenn er im Burgtheater vor hochadeligem Publikum spielen muß, um Ignaz Schuster, von dem Raimund jetzt nur in den höchsten Tönen spricht, und um das Hamburger Gastspiel. Und siehe da, Raimund „erklärte diese freie Stadt für die erste nach Wien. [. . .] Nicht genug konnte er davon sprechen, wie gut man ihn aufgenommen."[42]

Offensichtlich hat Raimund, der so oft schlecht gestimmt ist, wenn er große Erfolge zu verzeichnen hat, den eindeutigen Hamburger Mißerfolg des „Verschwenders" schlicht und einfach verdrängt. Im übrigen aber stimmt nach wie vor, was Costenoble immer wieder feststellt:

„Der Wurm ewiger Unzufriedenheit und des Grämelns haust unverwüstbar in seinen kranken Eingeweiden."[43]

DAS ENDE

„. . . was so elend mich gemacht“

Bisweilen setzt das Leben Akzente, wie man sie effektsicheren Romanciers vorbehalten glaubt. Das letzte Werk, das von Raimund existiert, ein Gedicht, entsteht im August 1836 in Gutenstein und trägt den Titel „Das letzte Lied“. Es sind acht Strophen zu je vier Zeilen, eine A-B-A-B gereimte Elegie, deren letzte Strophe wirklich ergreift, wenn man sie für eine Ahnung des erst 46jährigen halten muß, daß vielleicht bald alles zu Ende sein könnte:

> In des Lebens Sommertagen,
> sinkt die Freude mir in Nacht;
> und nur ihr will ich es klagen,
> Was so elend mich gemacht.

Von Mai bis August pendelt Raimund zwischen Wien und Gutenstein. Im Herbst will er wieder bei Marinelli in der Leopoldstadt gastieren.[1] Gastspielanträge liegen vor, Graz macht sich Hoffnung, daß Raimund einmal den Weg ins dortige Theater findet.[2] Der letzte erhaltene Geschäftsbrief Raimunds ist eine Absage, in Stuttgart zu gastieren, da er für diesen Winter schon abgeschlossen habe.

Von der damaligen Zeit wird berichtet – aber vielleicht ist auch das eine jener retrospektiv als passend erfundenen Geschichten, die man in das Reich der Legende verweisen muß –, daß sich Raimunds Hypochondrie zu dauernder übertriebener Furchtsamkeit steigert. Schon um halb acht Uhr abends soll er in seiner Villa in Pernitz alle Türen und Fenster so fest zugeschlossen haben, daß ihn selbst der Postbote mit einer wichtigen Nachricht nicht dazu bewegen kann, wieder zu öffnen. Auch geht er angeblich damals nie mehr ohne Pistole außer Haus.

Mitte August, nach einer Quelle am 15., nach einer anderen am 25., wird Raimund von seinem eigenen Hund in die Hand gebissen. Auch dieser Hund ist Teil der Legende geworden. Frankl meint[3], der große schwarze Bullenbeißer habe „Hüon“ geheißen. Raimund hätte ihn einmal ins Kaffeehaus mitgenommen. Dort sei es zu einer rührenden Szene zwischen Herr und Hund gekommen, als Hüon auf Raimund zusprang und ihm die Pfoten auf die Schultern legte. Daraufhin habe ihn Raimund umarmt und geküßt und erklärt: „Sehen Sie, der ist mein einziger Freund!“

Was nach diesem Hundebiß geschehen ist, wird von vielen Seiten und sehr verschiedentlich geschildert. Hier soll nun der Versuch unternommen werden, so gut wie möglich chronologische Übersicht in das Geschehen zu bringen. Dabei ist nicht zuletzt der Bericht des Wundarztes Rollett (so grotesk seine Rolle im weiteren auch sein mochte!) eine verläßliche Grundlage, da er sehr bald zur Tragödie herangezogen wird und über weite Strecken Augenzeuge des Falles ist.[4]

Ende August

Raimund wird von dem „großen Bullenbeißer" in seiner Gutensteiner Villa leicht in die linke Hand gebissen – so leicht, daß sich später bei der Obduktion nur zwei winzige Andeutungen von Wunden am kleinen und am Mittelfinger finden.[5] Es ist zu bezweifeln, daß Raimund das Ereignis auf der Stelle wichtig genommen hat. Er ist anschließend mit Toni nach Mariazell gereist – theoretisch möglich, daß er es tut, weil er damals schon aufgrund der Wunde Angst vor der Tollwut hat und die Muttergottes um Hilfe bitten möchte. Wahrscheinlicher ist, daß diese Ängste erst ausbrechen, als Raimund auf der Rückfahrt nach Wien bei seinem Haus Station macht und den Hund nicht mehr vorfindet. Man hat ihn erschlagen und verscharrt, weil ihn der dortige Hirte für „toll" gehalten hat. Der Hund hat auch ein Mädchen gebissen, das Raimund-Forscher allerdings später als alte Dame bei bester Gesundheit vorgefunden haben ...[6] Von da an muß Raimund jedoch fest davon überzeugt gewesen sein, von einem tollwütigen Hund gebissen worden zu sein.

Die Nacht vom 29. auf den 30. August:

Raimund und Toni treffen in Pottenstein ein, wo sie im Gasthof „Zum Hirschen" des Wirtes Schönbichler ein Zimmer nehmen. Es gibt romanti-

Das Sterbehaus in Pottenstein

sche Darstellungen darüber, daß Raimund am Nachmittag, nach der Nachricht vom Tod des Hundes, auf der Stelle nach Wien fahren wollte. Von einem schweren Gewitter überrascht, verweigerte der Kutscher die Weiterfahrt, und sie mußten in Pottenstein Station machen. Hier jedenfalls bestellt Raimund schon für 5 Uhr früh den Wagen, um nach Wien weiterzufahren. Von Selbstmordabsicht gibt es keine Spur.

Raimund bleibt die ganze Nacht wach und beobachtet sich ununterbrochen selbst. Als Symptom für die Tollwut gilt ihm die Wasserscheu, auf deren Anzeichen er wartet. Man muß sich nun die eskalierende panische Angst eines Menschen mit lebhafter Phantasie vorstellen, der meint, von Tollwut befallen zu sein. Er erinnert sich vermutlich genau an die schreckenerregenden Schilderungen, wie er sie in dem medizinischen Buch von einst gelesen hat:[7]

„... empfindet der Gebissene ein Jucken oder einen stumpfen, zuweilen auch reißenden Schmerz in der Wunde, oder an dem Ort wo sie gewesen. Dieser geschwillt, wird roth und bricht wieder auf. Der Schmerz verbreitet sich in der Folge auf das ganze Glied. Der Kranke verlieret den Appetit, er wird schwach und ist beständig frösterlich, oft bricht ihm ein kalter Schweiß aus. Er bekommt Herzklopfen, er schläft wenig, im Schlaf erschrickt er oft und wird durch fürchterliche Träume beunruhiget. Sein ganzes Betragen ist furchtsam und schwermüthig. Dieses ist die erste Stufe der Krankheit.

Jene Zufälle vermehren sich, der Kranke bekommt Hitze, brennenden Durst, Schmerzen im Schlund, auf der Herzgrube und in den Gedärmen, er bricht die Getränke und einen zähen, grünen und gelben Unrath weg, seine Stimme wird heiser. Bald verabscheuet er alles Flüssige, bisweilen möchte er gerne trinken; er ist aber nicht im Stande es zu thun. – Die Berührung, der Anblick des Wassers, oder auch nur der Gedanke davon, macht ihm gewaltige Angst. Feste Dinge verschluckt er zuweilen; allein er fährt zusammen und bekommt Convulsionen, wenn man ihm Wasser an den Mund bringt. Der Unglückliche behält seinen Verstand, nur zuweilen hat er wilde ausschweifende Einbildungen, die aber äußerst selten bis zur Wuth aufsteigen. Dann tritt ihm der Schaum für den Mund, er knirscht mit den Zähnen, seine Blicke sind wild und schreckhaft, er fliehet in einer fürchterlichen Angst aus einem Winkel in den andern. Dieser traurige Zustand kann drey bis sieben Tage dauern, endlich stirbt der Unglückliche unter Ohnmachten und Zuckungen."

Wenn er sich nun vorstellt, unter solchen Qualen elend umzukommen, nachdem er seiner Umwelt ein fürchterliches Schauspiel geboten hat, kann man nachfühlen, daß Raimund dies mehr fürchtet als den Tod selbst.

Um 4 Uhr nachts steht Raimund auf, öffnet das Fenster und klagt über ein ungewöhnliches Gefühl der Hitze, außerdem der Angst und der bangen Furcht, wie er es noch nie empfunden hat. Toni wird, obwohl allerlei gewöhnt, entsprechend erschrocken gewesen sein. Anschließend tut sie etwas ganz Natürliches: Sie nimmt ein Glas und geht, um frisches Wasser zu holen.

Wenn Raimund nun zu seiner Waffe, einem „Terzerol" (eine sehr kleine Art von Pistole), greift, ist keine Spur von vernünftigem Gedanken mehr in ihm. Er muß fest davon überzeugt sein, elend zugrundezugehen, so daß er lieber schnell Schluß machen will. Als er sich das Terzerol in den Mund schiebt und durch den Gaumen in den Kopf schießt, als wollte er sich sein gepeinigtes Gehirn herausblasen, geht es wohl nur darum, der Qual ein Ende zu setzen, mit letzter Panik das Ende mit Schrecken dem Schrecken ohne Ende vorzuziehen.

Wäre Raimund umgesunken und tot gewesen, die Mit- und Nachwelt stünde – besonders, da von Tollwut keine Rede sein kann – noch immer vor einer Tragödie besonderen Ausmaßes. Was aber nun geschieht, ein qualvolles, etappenweises Sterben über Tage hinaus und bei vollem Bewußtsein, übertrifft an Grausamkeit alles, was ihm am Ende die Tollwut beschert hätte. Raimund wollte vor namenloser Qual davonlaufen – und bereitet sie sich selbst.

Es gibt Theorien, daß jeder Selbstmörder, jeder Mensch, der imstande ist, eine solche Tat überhaupt zu setzen, es früher oder später auf jeden Fall tut, daß es letztlich egal ist, was das auslösende Moment ist. Bei Raimund hat die Umwelt immer schon vermutet, er werde verrückt oder würde sich umbringen, so heftig und extrem haben Gemütsbewegungen in ihm gewütet. Nimmt man die Voraussetzungen her, die Erwin Ringel für Selbstmordkandidaten aufstellt, dann muß man Raimund tatsächlich als potentiellen Selbstmörder bezeichnen.

Die Einengung der Wertwelt hat sich bei ihm vollzogen, als er sich auf das Theater und sein Künstlertum konzentriert, hier aber nur wahrnimmt, was ihm Unzufriedenheit schaffen kann, also etwa die Tatsache, kein Tragöde zu sein – obwohl er nie versucht hat (nichts leichter als das), sich selbst eine tragische Rolle zu schreiben. Raimunds zahlreiche Erkrankungen scheinen hier unter die Selbstaggressionen zu fallen, die der Selbstzerstörung vorausgehen. Daß Raimunds persönliche Beziehungen eingeengt sind, ist unbestreitbar – die idealistische Liebe von einst hat dem Alltag nie standgehalten, nun lebt er mit Toni, mehr durch Gewohnheit als durch Verständnis verbunden, nebeneinander.

Es gibt genügend Aussagen über die innere Fremdheit, die er empfindet und die groß genug ist, um sich menschlich bindungslos zu fühlen. Auch „dynamische“ Einengung ist bei Raimund gegeben, doch hier hat die Natur als Korrelativ zu seiner Obsession des Theaterspielens heilsam gewirkt – und hätte die finale Katastrophe vermutlich noch einige Zeit hinausgezögert.

Der tatsächliche Selbstmord findet dann aufgrund situativer Einengung statt. Ringel nennt hier das Beispiel der Menschen, die sich krebskrank wähnen – und tatsächlich bringen sich mehr um, die es sich einbilden, als solche, die es sind. Die Tollwut ist der „Krebs“, der Raimund bedroht. Und als es nun so weit ist und er sich total ohnmächtig fühlt, setzt er den Schlußpunkt – überdies zu einem Zeitpunkt, da er seinem Horoskop zufolge zu unüberlegten Handlungen neigt.[8]

Hätte sich das Syndrom der von Ringel aufgestellten „Einengungen“ verschärft, wäre ein Selbstmord Raimunds zu einem anderen Zeitpunkt zumindest nicht völlig unwahrscheinlich gewesen.

Tatsächlich findet die Tat in jenen frühen Morgenstunden des 30. Augusts statt.

Der Schuß ertönt, als Toni mit dem Wasserglas ins Zimmer zurückkommt. Sie überblickt auf der Stelle, was da geschehen ist, denn sie läuft zum offenen Fenster und ruft laut um Hilfe. Der Wirt Schönbichler kommt gelaufen und sieht Raimund, das Terzerol in seiner Hand, umgesunken in seinem Blut auf dem Bett. Sollte er den Unglücklichen wirklich, wie es im Bericht des Wundarztes steht, gefragt haben, „Raimund! Was haben Sie getan?“, so beantwortet sich diese Frage jedenfalls von selbst.

Costenoble hört später eine dramatische Version der Szene, was nur beweist, wie blumig man das vermutlich tausendmal erzählte Ereignis ausschmückt:[9]

„Er war mit seiner Antonie nach Pottenstein gekommen, als ein Gewitter ihn nötigte im Wirtshause zu übernachten. Mitternachts fährt Raimund auf und schreit: ‚Mir wird nicht gut – ich halts nicht aus – hole mir ein Glas Wasser!‘ – Und während die Wagner geht, fällt auch schon der Schuß. Der Wirt eilt ins Zimmer und ruft: ‚Herr von Raimund was ist? Wie gehts Ihnen?‘ – Raimund steht vom Bette auf; tritt vor den Wirt und sagt: ‚Schlecht!‘ und dann sinkt er zurück aufs Lager und der Blutstrom erfolgt.“

Ein Arzt, Dr. Holzer, wohnt im Wirtshaus selbst, um den Ortswundarzt Dr. Kaibel wird geschickt. Die Ärzte finden, daß die Kugel des Terzerols im Gaumen steckengeblieben ist. Raimund ist rechtsseitig gelähmt, darum kann man die Waffe nur schwer aus seiner Hand lösen. Aus Mund und Nase fließen Blut, aus dem gepeinigten Körper entweicht Urin.

Während die Ärzte Raimund säubern, gibt er mit der Hand ein Zeichen, daß er schreiben wolle: Es gelingt ihm, die Worte „Gott anbeten“ hinzukritzeln – der Schriftzug wurde später mehrfach abgebildet. Raimund, der fromme Katholik, der sich nie gegen Gott, Religion oder Kirche (auch nicht, als sie ihm mit ihrem gnadenlosen Scheidungsgesetz das Leben vergällt) gewendet hat, ist also zweifellos nicht „wahnsinnig“, wie manche später befinden wollen, um ihn von dem Makel des bewußten Selbstmordversuchs zu befreien. Diese Worte scheinen zu beweisen, daß ihm in der höllengleichen Situation, in der er sich nun als lebender Leichnam befindet, ziemlich klar ist, was er getan hat.

Die beiden Ärzte versuchen nun, mit kalten Umschlägen um den Kopf die Schwellungen über Raimunds Augen zu beheben und die Schmerzen zu lindern. Sie erwarten das baldige Ende.

30. August

Die Nachricht erreicht in einer für die damalige Zeit bemerkenswerten Schnelligkeit Wien, wo sofort die Gerüchte dramatisch überschwappen und Raimund teils für noch lebendig, teils für schon tot erklärt wird.

In Pottenstein hat Toni Wagner nach Dr. Rollett, der in Baden praktiziert, geschickt. Er kommt gegen Mittag an und findet Raimund in beklagenswertem Zustand. Die Augenlider sind geschwollen und schwarzblau von gestocktem Blut, das der Sterbende mit der linken Hand immer wieder wegzuwischen versucht. Auch greift er sich immer wieder zum Mund. Rollett findet schnell heraus, warum. Raimund, der bei vollem Bewußtsein ist, doch ohne sprechen zu können (später bringt er auch noch ein paar Worte heraus), macht auf Aufforderung des Arztes gehorsam den Mund auf. Rollett kann mit dem Zeigefinger dem Kanal, den die Kugel geschlagen hat, hinter den Schneidezähnen durch den Gaumen in den Kopf folgen, ohne auf die Kugel zu stoßen. Aber er findet zahllose Trümmer und Splitter von durch den Schuß geborstenen Knochen. Drei davon hängen in den Mund hinab und erschweren das Atmen, indem sie die Zunge verletzen. Mühsam holt Rollett die Knochensplitter mit einer Schere heraus, worauf Raimund frei atmen und trinken kann. Mit der linken Hand nimmt er das Glas und trinkt wiederholt – er hat keinerlei Scheu vor Flüssigkeit . . .

Rollett, der gleichfalls Eisumschläge verordnet, außerdem antiphlogistische (entzündungsmildernde) Mixtur und Mandelmilch, kann auch nichts anderes tun, als Toni den wahrscheinlichen baldigen Tod Raimunds anzukündigen.

31. August

In ganz Wien gibt es kein anderes Gesprächsthema als Raimunds Tat, obwohl man noch nichts Genaues weiß. Schmidt ist natürlich der Held, denn er kann die Geschichte der gemeinsamen Reise erzählen, die Raimund vor zehn Jahren aus Tollwut-Angst abgebrochen hat, und er repetiert die Erzählung immer wieder. Auch Kollegen, die Raimund zwiespältig gegenüberstanden wie etwa Löwe,[10] scheinen ehrlich erschüttert. Praktische Gemüter überlegen, womit Marinelli die Leopoldstadt füllen will, wenn er keinen Publikumsmagneten Raimund mehr zum Gastieren hat, an dem sich die Wiener nicht und nicht sattsehen konnten, was immer er auch spielte.

An diesem Tag beichtet Raimund zum ersten Mal. Die Aufzeichnungen von Pater Cyrill M. Eitzenberger, dem damaligen Prior des Gutensteiner Servitenklosters, besagen: „Nach Verlauf eines Tages kam er (Raimund) zu seiner zwar schwachen, aber doch hinlänglichen Besinnung, daß er den Priester kannte und mit Zeichen der vollkommenen Reue auf die Beichtfragen mit Zeichen seine Sünde bekannte. Obwohl noch nicht fähig, das Hochwürdigste zu empfangen, besserten sich doch nach ein paar Tagen seine Umstände, daß er schon etwas deutlicher reden, folglich besser beichten und die heilige Wegzehrung empfangen konnte.“[11]

Am Nachmittag trifft Dr. Rollett zu einer neuerlichen Visite ein. Zu seinem offen eingestandenen Erstaunen findet er den Patienten nicht tot, sondern bei vollem Bewußtsein. Die Obduktion wird ergeben, daß die Kugel keine „edlen“ Teile des Gehirns[12] verletzt hat, wodurch es Raimund auferlegt ist, sein Ende zu erkennen und mitzuerleben. Noch kann er vor allem mit der linken Hand deuten. Rollett nimmt ihm einen weiteren Knochensplitter aus dem Mund.

Die Tatsache, daß Raimund allen anderslautenden ärztlichen Prognosen zum Trotz noch lebt, weckt in Toni möglicherweise die verzweifelte Hoffnung, er könne diesen mörderischen Anschlag auf sich selbst überleben.

1. September

Zwei prominente Ärzte aus Wien treffen ein. Es sind Wiens führende Chirurgen dieser Zeit, Johann Seibert, seit 1818 Magister und Primarchirurg am Allgemeinen Krankenhaus, und Prof. Joseph Freiherr von Wattmann, der geadelte Leibchirurg des Kaisers, Direktor des Operationsinstituts in Wien. Zweifellos haben sie sich eine Notoperation überlegt, aber angesichts des Zustandes des Patienten davon Abstand genommen. Selbst im Zeitalter der Laserchirurgie würde es Schwierigkeiten machen, eine so tief im Kopf sitzende Kugel operativ zu entfernen, wie erst damals, wenn selbst die größten Kapazitäten auf diesem Gebiet es nicht wagen. Sie sind offenbar keine Homöopathen, denn sie legen dem Patienten, noch ganz nach der altmodischen Methode verfahrend, unter den Augenlidern, hinter den Schläfen und hinter den Ohren Blutegeln an.[13] Warum Raimunds Arzt, Dr. Lichtenfels, nicht am Krankenbett erscheint, ist nicht bekannt.

2. September

Aufgrund der Pottenstein-Fahrt der Chirurgen hält sich in Wien das Gerücht, Raimund sei operiert worden, man habe die Kugel entfernt, und seine Lebenslust kehre schon wieder.[14] Tatsache ist an all dem nur, daß Raimund mit großer Sorgfalt darauf achtet, daß alle Anweisungen der Ärzte ausgeführt werden.[15] Was mag nun in ihm vorgehen, welch ein Widerstreit zwischen Hoffnung und Verzweiflung in diesem von schweren Schmerzen gepeinigten, großteils zur Stummheit verurteilten Mann? An diesem Tag empfängt er Besuch: Der Journalist und Schriftstellerkollege Weidmann, immer einer seiner großen Bewunderer, ist gekommen.

3. September

Weidmann, der Augenzeuge, auf den sich alle stürzen, berichtet in Wien, Raimund gehe es gut und er hoffe auf Genesung.[16] Die Ärzte hätten eine Operation für unmöglich erklärt, aber die Kugel würde sich von selbst herabsenken. (Das beruht wohl auf der Erfahrung von Kriegsverletzten, daß Kugeln, die im Körper bleiben, zu „wandern“ beginnen können, was aber keineswegs geschehen muß.)

Costenoble, der alle diese Auskünfte hoffnungsfroh in seinem Tagebuch notiert, erfährt später, daß Weidmann alles bewußt beschönigt, wenn nicht sogar lügnerisch dargestellt hat: Nie befindet sich Raimund außer Lebensgefahr, nie gibt es auch nur einen Schein der Rettung. Gewiß ist nur, daß er die Tat zutiefst bereut.[17]

5. September

In Wien geht das Gerücht, Raimund sei schon so weit hergestellt, daß er nach Wien transportiert werden könne. Tatsächlich aber hat Raimund an diesem Tag, um dreiviertel vier Uhr nachmittags, ausgelitten. „Er soll sanft eingeschlafen sein“, notiert Costenoble:[18]

„Deine reine Seele war lauter Wohlwollen für alle Menschen, und vorsätzlich hast du nie ein Herz betrübt, während man das deinige mit

Schmerzenswunden bedeckte. Du bliebst in allen Verhältnissen des Lebens ein schuldloses Kind, und ein guter Engel wird dir eine freundlichere Wohnstätte anweisen, als dir auf Erden zuteil wurde. Du hattest Ruhm und Ehre hienieden und Liebe überall, und dennoch warst du unglücklich durch trübe Mischung deiner Lebenssäfte. Zur Trauer wurdest du geboren und die Freude berührte dein Herz nur selten. Wohl dir, daß du hinüber bist. Aber wir sind zu beklagen, daß du der Kunst entnommen – zu früh entnommen wurdest. Ob die Seelen Korntheuers, Schusters, der Krones und Ludwig Devrients in höheren Sphären dich wohl liebevoll empfangen werden können? Du bist abgetreten von der Weltenbühne – zwar gewaltsam; aber auf dem Kulminationspunkte deines Wirkens. Wohl dir!"

6. September

Als die Nachricht von Raimunds Tod Wien erreicht, herrscht nur die eine Meinung: Gut, daß er es überstanden hat. Man konnte sich nicht einen von einem solchen Schuß „geheilten", von allen angegafften Raimund vorstellen.

Sofort interessiert die Frage am meisten, was wohl aus seinem Vermögen wird. Allgemein heißt es, er habe seine Geliebte zur Universalerbin eingesetzt und seiner Frau nur den Pflichtanteil vermacht. Tatsächlich ist im Testament für Luise ein Legat von 500 Gulden vorgesehen.

Am Nachmittag findet die Obduktion von Raimunds Leichnam durch Rollett, Holzer und Kaibel im Gasthof selbst statt. Der starke und wohlgenährte Körper, der Zeugnis davon ablegt, daß sein Besitzer gesund war (und seine Krankheiten immer nur Ausdruck seiner seelischen Konflikte waren), befindet sich in einem bedauernswerten Zustand, der Rücken ist stellenweise ganz wundgelegen.[19] Als sich die Ärzte dem Schädel zuwenden, finden sie, daß der Schuß die beiden Oberkieferbeine, das Pflugscharbein und die Nasenmuscheln sowie einen großen Teil des Sieb- und Keilbeins zertrümmert hat. Hingegen stehen die Zähne fest, die Zunge und der hintere Gaumen sind unverletzt, wodurch es Raimund möglich war, noch zu schlucken und ein paar Worte herauszustoßen. Er hatte sich tatsächlich mit diesem Schuß so verheerend getroffen, daß er noch sieben Tage lang leben und bei Bewußtsein sein konnte.

Die Eingeweide geben ein normales Bild mit Ausnahme einer unnatürlich großen Leber (obwohl Raimund kein Trinker war) und einer außerordentlich kleinen Milz. Rollett, der diese beiden Abnormitäten in dem Obduktionsbericht vermerkt, macht sie im Sinn der damals noch herrschenden „romantischen" Medizin dafür verantwortlich, daß durch sie Raimunds „Anlage zur Melancholie bei seiner so mächtigen Gemütsbewegung und Einwirkung leicht Verrücktheit hervorbringen konnte", woraus er meint, deutlich schließen zu können, „daß sich der unglückliche Herr Ferdinand Raimund in einem Anfalle von Verrücktheit erschossen habe".

Am Ende der Obduktion, bei der auch Anton Rolletts damals 17jähriger Sohn Hermann, später Schriftsteller, mitwirkt, geschieht etwas, was Rollett im Obduktionsbericht nicht vermerkt: Er sägt Raimunds Schädeldecke ab, um sie seiner „reichhaltigen Sammlung von Präparaten“ beizufügen – und beschert dem grausamen Tod des Dichters damit noch ein schauriges Nachspiel ...

Die Herren legen nun den bereits sehr verwesten Leichnam in den Sarg und würden ihn am liebsten schon tags darauf begraben lassen, aber „die Bekannten des Verstorbenen“, also wohl voran Toni, haben den 8. September für das Begräbnis festgesetzt, so daß man Sägespäne und Chlorkalk über die Leiche streut und den Auftrag gibt, auch die Totenkammer von Pottenstein, wohin man Raimund bringt, bis zum Begräbnis zweimal täglich mit Chlorkalk auszuräuchern.

An diesem 6. September wird nicht nur die irdische Hülle des Ferdinand Raimund zerstückelt, es wird auch das Testament verlesen, das vom Wagnerschen Kaffeehaus herbeigebracht wurde. Die Herrschaft Merkenstein, die administrativ für die Gegend zuständig ist, hat es vom Magistrat Wien angefordert, und Dr. Bach, Joseph von Catharin und Theresia Wagner haben es zu Gericht gebracht.

In diesem in München verfaßten Testament, worin er ein einfaches Begräbnis wünscht, bestimmt Raimund eindeutig als Haupt- und Universalerbin seine Toni.

7. September

Während Raimunds Körper in der Totenkammer von Pottenstein liegt, werden zu Handen seiner Erbin Toni viele Rechnungen ausgestellt: von Dr. Holzer für „2 Nacht und 48 Tagvisiten, ferner über 3 Konsultationen und das Beiwohnen der landgerichtlichen Obduktion“; von Dominikus Kaibel für die Behandlung; vom Apotheker Adalbert Schmidinger für die Medikamente.[20] Rollett hat sein Konto für Visiten, Sektion, Sektionsbericht und Fahrtspesen von Baden nach Pottenstein schon tags davor ausgestellt.[21]

8. September

Als Ignaz Wagner, Tonis Bruder, an diesem Tag in Begleitung eines Doktoranden der Chirurgie, eines gewissen Schilling, bei Dr. Rollett auftaucht, hat er nicht die Bezahlung der Rechnung im Sinn. Er fordert vielmehr die Herausgabe von Raimunds Cranium (Schädeldecke), Rollett hat sich bereits einen Gipsabdruck davon hergestellt. Als wahrer Besessener der Schädellehre ist sein größter Stolz, in seiner Sammlung einige Objekte aus den Beständen von Franz Joseph Gall, der diese Disziplin begründet hat, zu beherbergen.

Für Rollett ist Raimunds Cranium zweifellos ein wertvoller Besitz, und darum weist er die Forderung von Ignaz Wagner mit der – bestimmt nicht richtigen – Bemerkung zurück, er habe ein Recht gehabt, sie an sich zu nehmen, und würde sie gegebenenfalls auch nur jemandem aushändigen, den er kenne.

Um die Geschichte von Raimunds Schädeldecke zu Ende zu erzählen, muß man vorausgreifen: Catharin strengt im Namen der Erben eine Klage an, der Rollett mit dem „Gewohnheitsrecht“ entgegnet, Leichenteile von Selbstmördern ohne Verwandtschaft an sich zu nehmen, wie es auch im

Raimunds Grab in Gutenstein

Allgemeinen Krankenhaus in Wien gehandhabt werde. Als man ihm erklärt, das Cranium solle dem Pathologischen Museum des Allgemeinen Krankenhauses einverleibt werden, gibt er es zurück. Tatsächlich aber erhält es Toni Wagner, nachdem ihre Bevollmächtigten versichert haben, man werde Raimunds Schädeldecke einem „hiesigen Institut" widmen. Daran denkt sie allerdings nicht – und betreibt einen seltsamen Privatkult, der zu einer Frau mit ihrer geradezu strotzenden „Normalität" kaum passen will.

An diesem 8. September fahren mehrere Wiener Bekannte Raimunds, an der Spitze Ludwig Löwe, um 4 Uhr früh in Wien ab, damit sie um 10 Uhr vormittags Pottenstein erreichen. In der dortigen Totenkammer machen sie Raimund an seinem offenen Sarg ihre Aufwartung.[22] Der Anblick ist nach der erfolgten Sektion fürchterlich, besonders der des Hinterhaupts beraubte Schädel, der den Blick auf das offene Hirn freigibt, wirkt entsetzlich. Zweifellos haben Toni und ihr Bruder diesen Anblick schon früher erlitten, worauf sich Ignaz Wagner zu Dr. Rollett auf den Weg machte ...

Raimunds Leichenbegängnis dauert einen halben Tag. Der Sarg wird um 12 Uhr mittags in der Kirche von Pottenstein eingesegnet. Der Weg führt nach Pernitz, wo andere Geistliche den reuigen Selbstmörder in seinem Sarg segnen. Später werden manche Katholiken dennoch empört sein, daß die Kirche es diesem Raimund so leicht macht ...

Der Leichenzug verfügt sich in das Tal von Gutenstein, vorbei an

Raimunds Haus. Wie Löwe später Costenoble berichtet, spielen sich hier ungemein rührende Szenen ab, die davon zeugen, wie beliebt der „arme, gute Herr“ durch seine Großzügigkeit bei den Einheimischen der Gegend war.

Wieder wird der Sarg, diesmal in Gutenstein, in die Kirche getragen, und eine illustre Gesellschaft folgt ihm, die Serviten mit ihrem Prior, dann Marinelli an der Spitze einer Abordnung bekannter Schauspieler Wiens. Nur Freund Costenoble ist nicht gekommen – er hat niemanden gefunden, dem er sich hätte anschließen können, und einen Wagen allein konnte er sich nicht leisten.[23]

Nach der Totenmesse begibt man sich auf den Friedhof, wo Raimunds Gutensteiner Freunde von den Serviten die Erlaubnis erhalten hatten, ihm eine Gruft auszumauern.

Als der Sarg hinabgesenkt werden soll, ist der Augenblick für eine große Szene von Hofschauspieler Löwe gekommen.

„Ist denn niemand hier, der eine Rede hält? Niemand will reden?“ ruft er der Trauergemeinde zu. „Gut, so rede ich! Nur eine Minute laßt mich nachdenken!“

Daraufhin setzt er sich auf einen Stein und stützt den Kopf nachdenklich in die Hand. Dann erhebt er sich, tritt zur Gruft und hält eine so perfekt rührende Rede, daß sich keiner des Schluchzens enthalten kann. Jeder kauft ihm die „Stegreifimprovisation“ ab, inklusive seiner in Tränen erstickten Stimme – nur Costenoble dreht es, als er davon hört, den Magen um, er ist wütend über die Affektation, weil Kollegen ihm berichten, daß Löwe die Rede sehr wohl vorausformuliert und wie eine Rolle einstudiert hat.

Löwe legt einen Lorbeerkranz auf den Sarg, und während dieser mit Erde bedeckt wird, singen Marinelli, Michael Mayr und zwei weitere Angehörige des Theaters in der Leopoldstadt ein von Marinelli komponiertes Quartett, das sich an der Melodie von „So leb denn wohl, du stilles Haus“ aus dem „Alpenkönig“ orientiert.

Michael Mayr schreibt später in sein Tagebuch: „Ich habe bei keiner Leiche mehr wahrhaftige Rührung und Teilnahme, auch mehr ernste Stimmung und Anständigkeit gefunden als bei dieser. Gott segne Raimunds Asche!“[24]

Die Gerüchte machen aus Raimunds verschwundener Hirnschale gleich den ganzen Schädel, aber eine Haydn-Geschichte wird es nicht, obwohl Toni Wagner Costenoble mit Raimunds Cranium ein Erlebnis bereitet, das nicht frei von Schaurigkeit ist.

Als er sie am 5. April 1837 besucht, um für Schmidt in Hamburg bei ihr eine Abschrift des „Verschwenders“ zu bestellen (wobei sie sich zu seinem Erstaunen als äußerst geschäftstüchtig, um nicht zu sagen gierig, erweist[25]), holt sie plötzlich ein verschlossenes Kästchen hervor und fragt ihn:

„Grausen Sie sich nicht, den Schädel unseres Raimund zu sehen?“[26]

Es schaudert Costenoble tatsächlich, aber er hätte sich geniert, es offen zuzugeben. Und so blickt er in das geöffnete Kästchen, „und die Hirnschale entstieg ihrem Gewahrsam. Es war ein merkwürdiger Moment in meinem Leben!“

Toni reicht nun die leere Hirnschale des Menschen, der in Costenobles Inneren noch so lebendig ist, den Händen des Freundes. Die durch den Anschlag der Kugel dünnere Stelle zeichnet sich deutlich an der Schädeldecke ab.

Toni weint heiße Tränen, und Costenoble fällt zum Trost nur ein, sie auf die Wiedervereinigung mit dem Geliebten im Jenseits zu vertrösten. Da blickt Toni (nach Costenobles Schilderung) lächelnd und mit weinendem Auge zum Himmel und sagt:

„Das ist es, was mich aufrecht hält – die Hoffnung eines Wiederfindens oder Wiederahnens in anderen Regionen.“

Toni Wagner läßt Raimund 1837 in Gutenstein ein Grabdenkmal errichten. Sie selbst überlebt ihn um 43 Jahre. Die Sympathien der Umwelt und auch der Nachwelt genießt sie nicht, und wenige halten dem Vorwurf, sie sei Raimunds nicht würdig gewesen, den Hinweis entgegen, wie schwer es war, mit ihm zu leben.

Raimunds Cranium, neben dem Kästchen, in dem Toni Wagner es aufbewahrte

Toni ist die Nutznießerin von Raimunds Vermögen und Nachlaß – sie erhält das Haus in Gutenstein und das Barvermögen, das sich auf 13.294 Gulden 5 Kreuzer Conventionsmünze beläuft[27], mit der Auflage, alle Gebühren zu erlegen und alle Legate auszuzahlen. Sehr bald nach Raimunds Tod erscheinen seine Stücke erstmals im Druck.

Trotzdem verbringt Toni den Rest ihres Lebens nicht als wohlhabende Witwe. Ihre Mutter gerät aus Gutmütigkeit in ernste finanzielle Schwierigkeiten und muß für einen Wechsel geradestehen, für den sie gebürgt hat. 1840 muß Mutter Wagner ihr Vermögen von dem des Gatten entflechten, um wenigstens etwas zu retten, und Konkurs anmelden. 1841 erliegt Herr Wagner einem Schlaganfall. Toni verliert einen großen Teil ihres Geldes und haust mit dreien ihrer Schwestern zusammen.[28] Sie hütet Raimunds Nachlaß, indem sie ihn verborgen hält – so wie die Hirnschale.

Für die Instandhaltung von Raimunds Grab kann Toni nichts mehr tun. 1852 lassen Verehrer des Dichters es zum ersten Mal renovieren. 1867 werden Raimunds Gebeine erstmals umgebettet. Toni, zum alten, ärmlichen Fräulein verschrumpelt, besucht das Grab letztmals Mitte der siebziger Jahre.

1877 gestattete sie, daß ein Verein von Raimunds Freunden das Grab erneut renoviere, behält sich aber vor, an seiner Seite bestattet zu werden. Als sie zwei Jahre später, am 25. März 1879, stirbt, geschieht dies allerdings nicht. Toni Wagner findet auf dem Zentralfriedhof ihre letzte Ruhestätte.

Carl Glossy und August Sauer, später zwei der bedeutendsten Raimund-Forscher, wenden sich wegen des Nachlasses des Dichters an die Schwestern Wagner. Aber Aloisa, Maria und Theresia hatten, als sie die Wohnung wechselten, einen großen Teil der Sachen als „Altpapier“ verkauft, andere Kisten solchen Inhalts verbrannt. Einzelne Papiere konnten gerettet werden – man hatte Wurst darin eingewickelt. Andere Briefe verkauften sie, als sie deren Wert entdeckten, stückweise.

Raimunds Cranium kann Glossy nach Tonis Tod erwerben, aber auch hier herrscht die seltsame Tendenz, diese Hirnschale zu behalten, statt sie zu beerdigen: Das geschieht jedenfalls noch nicht, als das Grab 1902 restauriert und die Leiche erneut umgebettet wird.

Glossy hinterläßt das Cranium seiner Tochter, der Burgschauspielerin Blanka, diese wiederum vermacht es ihrem Gatten, dem Laryngologen Dr. Schwarz, und nach dessen Tod übergibt es dessen zweite Gattin im Jänner 1969 dem Historischen Museum der Stadt Wien. Erst dann steht der Vereinigung von Raimunds – nun ohnedies nur mehr spärlichen – Überresten mit ihrer Hirnschale nichts mehr im Wege. Sie findet am 6. September 1969 in einer von der Raimund-Gesellschaft veranstalteten Feier statt, wobei Raimunds Leichnam unter den Klängen von „Brüderlein fein“ nun seine hoffentlich endgültige Ruhe findet.

Nachwort

Man könnte über Ferdinand Raimunds „Nachleben" ein Buch verfassen, das dieses vorliegende an Umfang übertreffen würde. Allein die Schilderung der Trauerfeierlichkeiten, die veranstaltet wurden, müßten Seiten um Seiten füllen. Es folgt auf dem Theater die Epoche der Raimund-Kopisten, voran Eduard Weiß und Franz Wallner, Schauspieler, die Raimund – der dem Publikum noch in Erinnerung war – täuschend nachahmten. Es beginnt sich der Anekdoten- und Legendenkranz um sein Leben zu schlingen. Raimund geht der Nachwelt nie so gänzlich verloren, wie es Nestroy lange Zeit beschieden ist, obwohl er erst ein knappes halbes Jahrhundert nach seinem Tod – 1885 mit dem „Verschwender" – erstmals im Burgtheater einzieht. 1889 wird in Wien ein Theater seines Namens gegründet und mit der „Gefesselten Phantasie" eröffnet (heute ein Operetten-Haus, von dem man nicht weiß, ob es zum wienerischen Stück zurückfinden wird). Neue „Raimund"-Schauspieler wachsen heran, nun gänzlich originell, von keinem Vorbild mehr belastet, sie heißen Girardi, Tyrolt, Hermann Thimig, Josef Meinrad und – als eine der wenigen Frauen, die diesen Titel verdienen – Inge Konradi, die Rosa einer Generation (oder am Ende mehrerer). Raimund bleibt, abgesehen von dem Interesse, das die Wissenschaft ihm widmet, auf den Bühnen lebendig, zumindest in Österreich.

Die Rezeption eines Dichters machte eine umfassende Biographie nötig – zumindest 150 Jahre nach seinem Tod. Dank für die Hilfe an der Arbeit daran habe ich vor allem drei Damen auszusprechen, Frau Elfriede Mareiner, die aus dem reichen Material der Raimund-Gesellschaft, die ihr von Prof. Gustav Pichler gleichsam hinterlassen wurde, großzügig Material zur Verfügung stellte, Frau Dr. Edda Fuhrich-Leisler vom Institut für Theaterwissenschaft in Wien, die immer wieder beim Besorgen von Sekundärliteratur hilfreich war; und vor allem Frau Dr. Annie Haberkalt, diesem Buch nicht nur die ambitionierteste Lektorin, sondern dankenswert auch für viele Recherchen bei Ämtern, in Instituten sowie in Bibliotheken zuständig. Darüber hinaus gilt mein Dank auch Professor Franz Stoß, dem Präsidenten der Raimund-Gesellschaft, Hans Weigel für seine stete Ermutigung, Bücher und Hinweise, nicht zuletzt auch meinem Mann, Heiner Wesemann, der mir sehr geholfen hat.

Ich widme dieses Buch schließlich meiner Mutter, in tiefer Dankbarkeit dafür, daß sie in den Jahren, in denen ich mehr mit Ferdinand Raimund beschäftigt war als mit meiner Familie, meinen Sohn betreut hat.

Wien, im Mai 1985 Dr. Renate Wagner-Wesemann

OBERMEDIZINALRAT
DR. HEINZ FIDELSBERGER
Prakt. Arzt - Medizinjournalist - Schriftsteller
1090 WIEN, VIRIOTGASSE 6
☎ 84 94 892, 84 97 773

Wien, 28.2. 1985

Sehr geehrte Frau Doktor !

Raimund wurde um 5 Uhr früh geboren, das entspricht einem Aszendenten von 26 Grad Zwillinge. Merkur ist der Geburtsgebieter, er steht unmittelbar vor dem Aufgang im Zeichen Krebs (Phantasievoll bis verträumt, gefühlsorientiert, oetische Ausdrucksweise)
Neptun im Zeichen der Waage (wirklichkeitsfremd, oft verschwommenes Weltbild) steht in vorzüglichem Trigon zum Aszendenten, womit die ganze Phantasie und geistige Beweglichkeit einen großartigen Schwung erhält. Die Sonne selbst im Zwillingszeichen bereits im zwölften Haus gibt die Neigung, sich immer wieder - in die Natur- zurückzuziehen.

Das Neue gestaltend versinnbildlicht der Uranus im dritten Haus. Brillante Ausdrucksweise mit vielen originellen Einfällen. Humor !

Jupiter und Mars im vierten Haus geben die Unstetheit bei der Gründung einer Familie, eines eigenen Haushaltes.

Der Geburtsgebieter Merkur wird vom Saturn quadriert. Damit wird der Saturn zum großen Schicksalsbringer und das zeigt sich in bestechender Weise.
Am Tag, als er die Luise Gleich heiraten mußte (8.4. 182o) stand der Saturn exakt an der gleichen Stelle wie im Geburtshoroskop, nämlich vier Grad Widder. Das ist grundsätzlich die schlechteste Konstellation,um eine Ehe abzuschließen. Die Toni Wagner hatte die Venus auf drei Grad Fische- der Mars Raimunds auf zwei Grad Jungfrau steht damit in Opposition. Das ist der große Liebesaspekt, wo man allerdings erst mit Schwierigkeiten zusammenkommt. Beide sind aber durch ein Jupitertrigon (Wagner im Widder) und Raimund im Löwen miteinander verbunden.

Der erste Auftritt Raimunds am 13 April 1814 ging mit guter Besetzung des Schützezeichens (in dem der Deszendent liegt) vor sich, Neptun und Uranus im Schützen. Die Venus ging durch das zehnte Haus. (Im Geburtshoroskop ist die Venus mit dem Jupiter in der herrlichsten Weise gebunden.)

Die sogenannte Nervenkrise begann mit dem Eintritt des Saturns in das Geburtszeichen Zwillinge, erreichte den Höhepunkt beim Übergang des Saturns über die Sonne auf zehn Grad Zwillinge. Das schockierende Erlebnis im Sommer 1826 stand ebenfalls unter der Saturnwirkung, Saturn stand exakt auf dem Aszendenten.

Der Selbstmord war beim Eintritt Neptuns auf die mentale Achse III- IX, exakt in Opposition zum Uranus im Löwezeichen. Der laufende Uranus selbst stand nahe der Himmelsmitte, immer ein Zeichen für eine plötzliche und unüberlegte Handlung.

Mit besten GRüßen

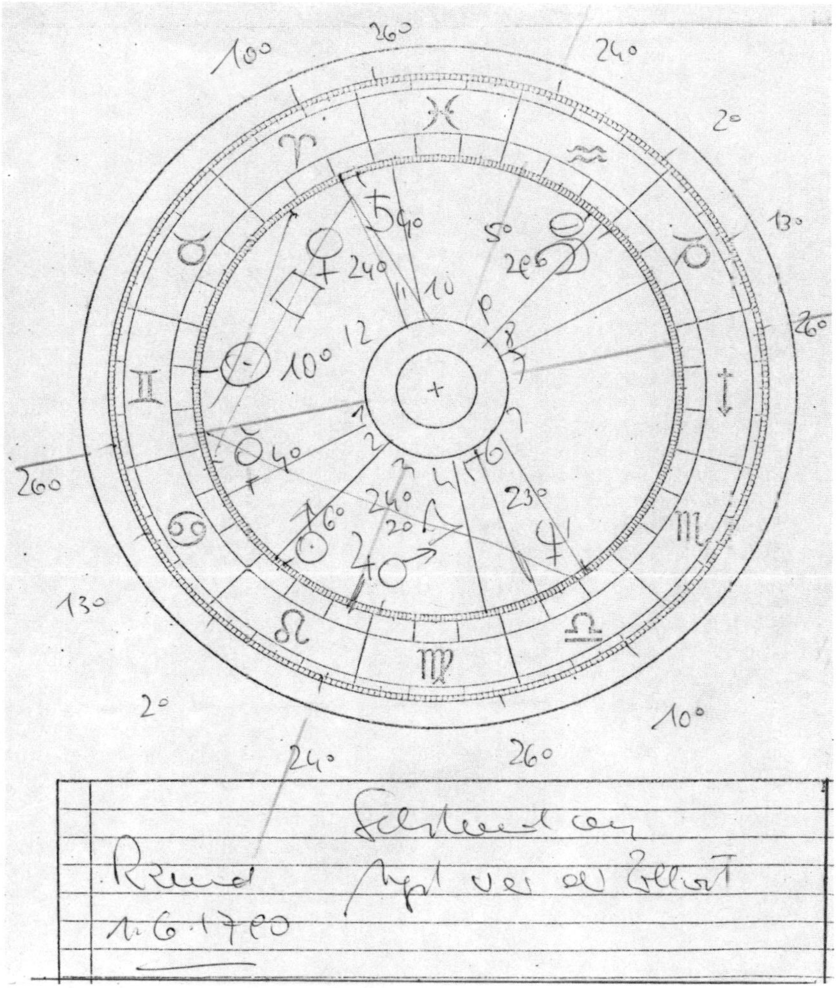

Raimunds Horoskop, erstellt von Dr. Heinz Fidelsberger

Anmerkungen

1. Kindheit und Jugend

[1] Dazu verwahrt die Raimund-Gesellschaft eine Anzahl von Zeitungsausschnitten aus dem Jahre 1913, worin u. a. Carl Glossy seine Argumentationen über das Geburtshaus ausführt.
[2] Ferdinand Raimund, Sämtliche Werke, Historisch-kritische Säkularausgabe (künftig zitiert als „SW"), Band IV, p. 548
[3] Vgl. dazu: Franz Hadamowsky, Das Lebensbild, Einleitung zu: Ferdinand Raimund, Werke in zwei Bänden, 1984, Band I, p. 35
[4] Heinz Politzer, Grillparzer, 1972, p. 21
[5] Ludwig August Frankl, Zur Biographie Ferdinand Raimunds, 1884, p. 10
[6] Friedrich Schreyvogl, Das Burgtheater, 1965, p. 37
[7] Zitiert in: Wilhelm Kosch, Deutsches Theaterlexikon, 1953 ff., p. 1161
[8] Frankl, p. 16 f.
[9] In: Richard Smekal (Hrsg.), Ferdinand Raimunds Lebensdokumente, 1920
[10] SW III, p. 337 f.
[11] SW IV, p. 321
[12] Kosch, p. 1681

2. Wanderjahre

[1] Wiener Theater des Biedermeier und Vormärz, Katalog des Österreichischen Theatermuseums, 1978, p. 31
[2] SW V, p. 88
[3] SW V, p. 664
[4] Smekal, p. 5
[5] ebenda, p. 8
[6] SW V, p. 9
[7] Wilhelm Börner, Ferdinand Raimund, 1905, p. 11
[8] SW V, p. 762
[9] SW III, p. 289
[10] Kosch, p. 1133
[11] SW V, p. 40
[12] SW V, p. 762
[13] Gustav Pichler, Das „Mitbestimmungsrecht" anno 1812 oder Ferdinand Raimund als Betriebsrat? In: Raimund-Almanach 1971, p. 90 ff.
[14] SW V, p. 4
[15] SW V, p. 8
[15] Smekal, p. 17
[17] Geza Staud, Ferdinand Raimund in Ungarn. In: Maske und Kothurn, Heft 14, 1968, p. 279
[18] Martin Greiner, Zwischen Biedermeier und Bourgeoisie, 1953, p. 19

3. An die Josefstadt

[1] Anton Bauer, Das Theater in der Josefstadt zu Wien, 1957, p. 34 f.
[2] SW V, p. 11
[3] SW V, p. 982
[4] Louise Raimund, Ferdinand Raimund wie er war. In: Illustrierte Wiener Zeitschrift für Wissenschaft, Kunst, Literatur und Mode,

1855 (Die Raimund-Gesellschaft besitzt eine Kopie dieser sehr raren Zeitschrift.)

5 SW V, p. 13
6 SW V, p. 15
7 Börner, p. 18
8 Adolf Bäuerle, Ferdinand Raimund, 1855, p. 7
9 SW V, p. 17
10 SW V, p. 26
11 ebenda
12 SW V, p. 18
13 Wiener Theater . . ., p. 31
14 Vgl. Karl Goedecke, Grundriß zur Geschichte der deutschen Dichtung, Band 11, 1953, p. 87
15 Eleonora Schneck, Karl Ludwig Costenoble, Diss. Wien 1934, p. 96
16 Goedecke, ebenda
17 Friedrich Langer, Adolf Bäuerle. In: Wiener Theater . . ., p. 73 ff.
18 SW V, p. 22
19 ebenda
20 SW V, p. 24
21 SW V, p. 23
22 SW V, p. 31

4. Adam Kratzerl – der Durchbruch

1 SW V, p. 27
2 Heinz Kindermann, Ferdinand Raimund, 1943^2, p. 90 f.
3 SW III, p. 39
4 SW V, p. 25
5 SW V, p. 28
6 ebenda
7 SW V, p. 32
8 SW V, p. 33
9 Eduard Castle, Zur Einführung in Ferdinand Raimunds Werke, Sonderdruck, 1903, p. 37
10 SW V, p. 51
11 SW V, p. 48
12 SW V, p. 49
13 SW V, p. 50
14 SW V, p. 51
15 Bauer, Josefstadt, p. 40
16 SW V, p. 55

5. An der Leopoldstadt

1 Heinrich Börnstein, Fünfundsiebzig Jahre in der Alten und Neuen Welt, 1881, p. 134
2 Edith Futter, Die bedeutendsten Schauspielerinnen des Leopoldstädter Theaters in der Zeit von 1800 bis 1830, 1970, p. 277
3 Futter, p. 289
4 SW V, p. XXXIII
5 Norbert J. Mayer, Ignaz Schuster, Diss. Wien 1966, p. 16
6 ebenda, p. 19
7 ebenda, p. 15 f.
8 Bäuerle, p. 121
9 SW V, p. 57
10 SW V, p. 44
11 ebenda
12 SW V, p. 47
13 SW V, p. 59
14 SW V, p. 62
15 SW V, p. 63

6. Raimund und die Frauen

1 Constant von Wurzbach, Biographisches Lexikon des Kaisertums Österreich, Band 24, 1872, p. 264
2 Eduard Bauernfeld, Erinnnerungen aus Alt-Wien, o. J., p. 165
3 Futter, p. 10
4 SW IV, p. XXXII f.
5 SW IV, p. XXXIII
6 SW III, p. 342
7 SW III, p. 343

[8] Franz Endler, Wien im Biedermeier, 1978, p. 22
[9] Memoiren des patriotischen Volks- und Theaterdichters Carl Meisl, hrsg. von Franz Ullmayer, Wien 1868, p. 23
[10] Bäuerle, p. 98 ff.
[11] Zitiert in: Gustav Pichler, Raimund und Nestroy als Arrestanten. In: Raimund-Almanach 1980, p. 35 f.

7. *Luise*

[1] Louise Raimund, a. a. O.
[2] ebenda
[3] Goedecke, p. 105
[4] Futter, p. 108
[5] Gustav Gugitz, Die Ehetragödie Ferdinand Raimunds, 1956, p. 8
[6] Gugitz, p. 10
[7] Gugitz, p. 13
[8] Gugitz, p. 14
[9] Futter, p. 106
[10] Futter, p. 117
[11] Bäuerle, p. 172
[12] SW V, p. 113
[13] Gugitz, p. 20
[14] SW IV, p. XLIV
[15] SW IV, p. 7
[16] Bäuerle, p. 180
[17] SW V, p. 127
[18] SW V, p. 123
[19] Hadamowsky, Lebensbild, p. 47
[20] Futter, p. 126
[21] SW IV, p. XLVII
[22] SW IV, p. XLVIII
[23] SW IV, p. L
[24] SW III, p. 351
[25] Futter, p. 125
[26] SW V, p. 178 f.
[27] Frankl, p. 38
[28] SW IV, p. 60
[29] SW IV, p. 61
[30] SW IV, p. 66
[31] SW V, p. 191
[32] SW IV, p. 80
[33] Ernst Scheibelreiter, Raimunds Gattin. In: Raimund-Almanach 1959, p. 45

8. *Toni I*

[1] SW IV, p. 33
[2] SW IV, p. 3
[3] SW IV, p. 6
[4] Bäuerle, p. 166
[5] Clemens von Bernau, Brüderlein fein, o. J., p. 12
[6] SW V, p. 125
[7] SW IV, p. 7 f.
[8] SW IV, p. XLV
[9] SW IV, p. 10
[10] SW IV, p. 12
[11] SW IV, p. 23
[12] SW IV, p. 11
[13] SW IV, p. 15
[14] ebenda
[15] ebenda
[16] SW IV, p. 26
[17] SW IV, p. 28
[18] SW IV, p. 17
[19] SW IV, p. 29
[20] SW IV, p. 31
[21] SW IV, p. 36
[22] SW IV, p. 42
[23] SW IV, p. 43
[24] SW IV, p. 45
[25] SW IV, p. 48
[26] SW IV, p. 84
[27] SW V, p. 207
[28] SW IV, p. 86
[29] SW IV, p. 52
[30] SW IV, p. 84

9. *Theatergeschichten I*

[1] SW V, p. 65
[2] SW V, p. 68
[3] SW V, p. 66
[4] SW V, p. 66

[5] ebenda
[6] SW V, p. 69
[7] SW V, p. 68
[8] SW V, p. 70
[9] SW V, p. 71
[10] SW V, p. 72
[11] SW V, p. 73
[12] SW V, p. 74
[13] ebenda
[14] SW V, p. 75
[15] SW V, p. 83
[16] SW V, p. 91
[17] SW V, p. 94
[18] SW V, p. 103
[19] Futter, p. 120
[20] SW V, p. 105
[21] SW V, p. 106
[22] SW V, p. 107
[23] Futter, p. 121
[24] SW V, p. 110
[25] SW V, p. 119
[26] SW V, p. 116
[27] ebenda
[28] Bäuerle, p. 182
[29] SW V, p. 130
[30] SW V, p. 135
[31] SW V, p. 140
[32] SW V, p. 149
[33] SW V, p. 148

10. Theatergeschichten II

[1] Rudolf Holzer, Die Wiener Vorstadtbühnen, 1951, p. 18
[2] SW V, p. 996
[3] Holzer, p. 19
[4] SW V, p. 182
[5] SW IV, p. 48
[6] Willibald Alexis, Wiener Bilder, 1833, p. 74
[7] SW V, p. 161
[8] SW V, p. 160
[9] Futter, p. 60 ff.
[10] SW V, p. 170
[11] SW V, p. 164
[12] SW V, p. 150
[13] SW V, p. 170
[14] SW V, p. 187
[15] Kosch, p. 1136
[16] Kosch, p. 775
[17] SW V, p. 203
[18] SW V, p. 202
[19] SW IV, p. 66
[20] ebenda
[21] SW V, p. 202
[22] SW V, p. 201
[23] SW V, p. 200
[24] SW V, p. 203
[25] SW IV, p. 67
[26] Liselotte Bittner, Ensemble um Raimund am Leopoldstädter Theater 1817–1830, Diss. Wien 1948, p. LXXXI
[27] Bittner, ebenda
[28] ebenda
[29] SW V, p. 206
[30] SW V, p. 208
[31] Bittner, p. LVI
[32] SW IV, p. 96
[33] SW IV, p. 97
[34] SW IV, p. 99
[35] ebenda
[36] SW V, p. 214
[37] SW V, p. 217
[38] SW V, p. 215

11. „Der Barometermacher auf der Zauberinsel"

[1] SW V, p. 213
[2] Goedecke, p. 72
[3] In: Emil Aldor, Therese Krones, Diss. Wien 1934
[4] SW IV, p. 25
[5] SW V, p. 226
[6] SW V, p. 227
[7] Meisl, p. 27
[8] SW IV, p. 103
[9] SW IV, p. 104
[10] SW IV, p. 105
[11] SW V, p. 227
[12] Jürgen Hein, Ferdinand Raimund, 1970, p. 70
[13] Gustav Pichler, Ein vergessener Raimund-Komponist. Zum 100.

Todestag von Philipp Jakob Riotte. In: Raimund-Almanach 1956, p. 38 f.
[14] SW V, p. 220
[15] SW IV, p. 106
[16] Bäuerle, p. 220
[17] Frankl, p. 29
[18] SW V, p. 227
[19] SW V, p. 225
[20] SW V, p. 224
[21] Futter, p. 91
[22] SW V, p. 229
[23] SW V, p. 225
[24] SW V, p. 223
[25] SW V, p. 224
[26] SW V, p. 225
[27] SW V, p. 226
[28] SW V, p. 232
[29] Goedecke, p. 262
[30] Frankl, p. 33
[31] SW IV, p. 454

12. Flucht in die Natur

[1] Futter, p. 327
[2] SW V, p. 236
[3] Futter, p. 166
[4] Futter, p. 168
[5] Futter, p. 170
[6] Futter, p. 171
[7] Futter, p. 169
[8] SW V, p. 238
[9] SW IV, p. 123
[10] SW IV, p. 113
[11] SW IV, p. 97
[12] SW IV, p. 114
[13] SW IV, p. 115
[14] SW IV, p. 115
[15] SW IV, p. 124
[16] SW IV, p. 116
[17] SW IV, p. 118
[18] SW IV, p. 123
[19] ebenda
[20] SW IV, p. 324
[21] SW IV, p. 343
[22] SW V, p. 228
[23] SW IV, p. 129
[24] ebenda
[25] SW IV, p. 130
[26] SW IV, p. 337
[27] SW IV, p. 93
[28] SW IV, p. 94
[29] SW IV, p. 135

13. „Der Diamant des Geisterkönigs“

[1] SW V, p. 242
[2] SW IV, p. 136
[3] SW IV, p. 139
[4] SW IV, p. 146
[5] Hans Tietze, Alt-Wien in Wort und Bild, 1926, II, p. 85
[6] SW IV, p. 145
[7] SW IV, p. 149
[8] SW IV, p. 150
[9] SW IV, p. 154
[10] SW IV, p. 148
[10a] Bauernfeld, p. 164
[11] Hans Weigel, Ferdinand Raimund oder Die Flucht in den Zwiespalt. In: Flucht vor der Größe, 1960, p. 52
[12] SW V, p. 278
[13] Alfred Möller, Ferdinand Raimund, 1923, p. 74
[14] SW V, p. 250
[15] Frankl, p. 42
[16] SW V, p. 244
[17] SW V, p. 249
[18] ebenda
[19] SW V, p. 245
[20] ebenda
[21] SW V, p. 248
[22] SW V, p. 246
[23] SW V, p. 247
[24] SW V, p. 254
[25] SW V, p. 251
[26] Karl Gladt, Friedrich J. Korntheuer, Diss. Wien 1934, p. 17
[27] Möller, p. 79
[28] SW IV, p. 172
[29] ebenda
[30] SW IV, p. 206

14. Beginn der Krankheiten

[1] SW V, p. 279
[2] SW IV, p. 166
[3] SW IV, p. 168
[4] SW IV, p. 171
[5] Bittner, p. 35
[6] SW V, p. 283
[7] ebenda
[8] SW IV, p. 306
[9] SW IV, p. 305
[10] SW IV, p. 159
[11] SW IV, p. 192
[12] SW IV, p. 198
[13] ebenda
[14] SW IV, p. 192
[15] Herbert A. Mansfeld, Wiener Theaterleute auf Wanderschaft. In: Jahrbuch der Gesellschaft für Wiener Theaterforschung, Band XI, 1959, p. 72
[16] Mansfeld, p. 141 f.
[17] SW IV, p. 346
[18] SW IV, p. 307
[19] SW IV, p. 348
[20] ebenda
[21] ebenda
[22] ebenda
[23] SW IV, p. 350
[24] ebenda
[25] SW IV, p. 307
[26] SW IV, p. 309
[27] SW IV, p. 201
[28] SW IV, p. 203
[29] SW IV, p. 204
[30] SW V, p. 284
[31] SW IV, p. 205
[32] SW IV, p. 207
[33] SW IV, p. 208
[34] SW III, p. 435
[35] SW V, p. 286
[36] Futter, p. 202
[37] SW V, p. 286
[38] SW V, p. 288
[39] SW V, p. 288 ff.
[40] SW IV, p. 211
[41] SW IV, p. 216
[42] SW IV, p. 219
[43] SW V, p. 254
[44] SW V, p. 255
[45] SW IV, p. 222

15. Die Zwangsvorstellung eines Lebens

[1] SW IV, p. 229
[2] ebenda
[3] SW IV, p. 230
[4] SW IV, p. 231
[5] SW V, p. 294
[6] SW IV, p. 320
[7] SW IV, p. 323
[8] SW V, p. 295 ff.
[9] SW IV, p. 352
[10] SW V, p. 296
[11] SW V, p. 297
[12] SW V, p. 708
[13] SW V, p. 298
[14] SW V, p. 299
[15] SW IV, p. 325
[16] SW V, p. 302
[17] SW IV, p. 244
[18] SW, III, p. 283
[19] SW V, p. 300 f.

16. „Der Bauer als Millionär"

[1] SW IV, p. 267
[2] SW IV, p. 238
[3] Wilhelm und Hiltraud Ast: Du, mein geliebtes Gutenstein, o. J., p. 31
[4] Kindermann, p. 242
[5] SW V, p. 319
[6] SW V, p. 315
[7] SW IV, p. 329
[8] Bittner, p. 40
[9] Futter, p. 352
[10] Bittner, p. LXXII
[11] Futter, p. 204 f.
[12] SW V, p. 314
[13] SW V, p. 315 f.
[14] SW V, p. 356
[15] Kosch, p. 321
[16] SW V, p. 321
[17] Hadamowsky, p. 59
[18] SW IV, p. 353 f.
[19] SW V, p. 354
[20] ebenda
[21] SW IV, p. 454
[22] SW IV, p. 455

[23] SW V, p. 324
[24] SW V, p. 327
[25] SW V, p. 330

17. Die Krones und die Geselligkeit

[1] SW IV, p. 274
[2] ebenda
[3] Emil Pirchan, Therese Krones, 1942, p. 17
[4] Aldor, p. 38
[5] ebenda
[6] ebenda
[7] ebenda
[8] Meisl, p. 18
[9] Therese Krones zum 50. Todestag, Katalog Nr. 78 des Historischen Museums der Stadt Wien, 1980, p. 67
[10] ebenda, p. 68 f.
[11] ebenda, p. 69
[12] Frankl, p. 24 f.
[13] ebenda, p. 4
[14] SW IV, p. 269
[15] SW IV, p. 267
[16] Bauernfeld, p. 162 f.
[17] ebenda, p. 163 f.
[18] Frankl, p. 7
[19] Friedrich Anton von Schönholz, Traditionen zur Charakteristik Österreichs, 1844, Band II, p. 274, und Caroline Pichler, Denkwürdigkeiten aus meinem Leben, 1914, Band 2, p. 590

18. „Moisasurs Zauberfluch"

[1] SW V, p. 1002
[2] SW V, p. 368
[3] SW V, p. 369
[4] ebenda
[5] Kurt Kahl, Raimund, 1967, p. 64
[6] Kindermann, p. 145
[7] Hein, p. 44
[8] SW V, p. 374
[9] SW V, p. 378
[10] SW V, p. 803
[11] SW V, p. 378
[12] SW V, p. 371
[13] SW V, p. 378
[14] SW V, p. 376
[15] SW V, p. 383
[16] SW V, p. 384
[17] Fritz Brukner, Ferdinand Raimund in der Dichtung seiner Zeitgenossen, 1905
[18] SW V, p. 378
[19] SW V, p. 379
[20] SW V, p. 386
[21] SW V, p. 391
[22] SW V, p. 392

19. „Die gefesselte Phantasie"

[1] Hein, p. 40
[2] SW V, p. 685
[3] SW V, p. 400
[4] SW V, p. 405
[5] SW V, p. 401
[6] SW V, p. 404
[7] SW V, p. 407
[8] Futter, p. 353
[9] SW V, p. 401
[10] ebenda
[11] SW V, p. 407
[12] Futter, p. 216
[13] SW V, p. 406
[14] SW V, p. 398
[15] SW V, p. 399
[16] ebenda
[17] ebenda
[18] Kahl, p. 57
[19] SW IV, p. 371

20. Theaterdirektor

[1] SW V, p. 421
[2] SW V, p. 422
[3] Aldor, p. 61
[4] ebenda, p. 59
[5] Futter, p. 218
[6] Pirchan, p. 84

[7] SW V, p. 1004 f.
[8] SW V, p. 397
[9] SW III, p. 358
[10] SW III, p. 359
[11] SW V, p. 516
[12] SW III, p. 360
[13] SW III, p. 362
[14] ebenda
[15] SW III, p. 363
[16] SW III, p. 366 f.
[17] SW V, p. 424
[18] Carl Glossy, Kleinere Schriften, 1918, p. 359
[19] SW V, p. 426
[20] ebenda
[21] Möller, p. 80
[22] Gladt, p. 136
[23] Futter, II, p. 28
[24] Futter, II, p. 29
[25] SW IV, p. 371
[26] SW IV, p. 281
[27] Pirchan, p. 87
[28] SW V, p. 433
[29] SW IV, p. 358
[30] SW IV, p. 362
[31] ebenda
[32] SW IV, p. 357
[33] SW IV, p. 363
[34] SW IV, p. 364
[35] SW IV, p. 357
[36] ebenda
[37] ebenda
[38] SW IV, p. 356 f.
[39] SW IV, p. 356
[40] SW IV, p. 358
[41] ebenda
[42] SW IV, p. 359
[43] ebenda
[44] ebenda
[45] ebenda
[46] ebenda
[47] SW IV, p. 556
[48] SW IV, p. 360
[49] ebenda
[50] SW IV, p. 361
[51] ebenda
[52] SW III, p. 367
[53] Futter, p. 357
[54] Futter, Anhang, p. 26
[55] SW V, p. 85
[56] SW V, p. 488
[57] SW V, p. 487 f.

21. „Der Alpenkönig und der Menschenfeind“

[1] Heinz Politzer, Zauberspiegel und Seelenkranker. Ferdinand Raimunds „Alpenkönig“. In: Das Schweigen der Sirenen, 1968, p. 204
[2] SW IV, p. 356
[3] Bittner, p. 35
[4] Hein, p. 49
[5] SW III, p. 239
[6] SW IV, p. 363
[7] Erwin Ringel, Psychotherapie auf der Bühne. In: Programmheft des Grazer Schauspielhauses zu „Der Alpenkönig und der Menschenfeind“, 1973
[8] SW V, p. 789
[9] SW IV, p. 240
[10] Hein, p. 48
[11] Futter, p. 29
[12] Futter, p. 30
[13] Futter, p. 367
[14] Futter, p. 354
[15] Futter, p. 17
[16] SW V, p. 442
[17] Bittner, p. 24
[18] SW V, p. 437
[19] SW V, p. 441
[20] SW IV, p. 372
[21] SW V, p. 440
[22] SW V, p. 444
[23] SW V, p. 461
[24] SW V, p. 463
[25] SW IV, p. 368
[26] SW IV, p. 458
[27] SW V, p. 464
[28] Meisl, p. 29
[29] SW V, p. 490
[30] SW IV, p. 369
[31] SW IV, p. 370
[32] SW V, p. 802
[33] ebenda
[34] ebenda
[35] SW V, p. 471
[36] SW V, p. 470
[37] SW IV, p. 377

22. „Die unheilbringende Krone“

[1] Hein, p. 50
[2] Kindermann, p. 406
[3] SW V, p. 507
[4] ebenda
[5] ebenda
[6] ebenda
[7] Bittner, p. 76
[8] Bittner, p. LXXXII
[9] Bittner, p. 47
[10] Futter, p. 26
[11] SW V, p. 507
[12] SW V, p. 509
[13] SW V, p. 511
[14] SW V, p. 517
[15] SW V, p. 518
[16] SW V, p. 513
[17] SW V, p. 513 ff.
[18] SW IV, p. 469
[19] SW V, p. 516
[20] SW V, p. 523

23. Ein Direktor dankt ab

[1] SW III, p. 379
[2] Aldor, p. 72
[3] SW III, p. 291
[4] SW III, p. 292
[5] SW III, p. 293
[6] SW III, p. 292
[7] SW III, p. 293
[8] ebenda
[9] SW III, p. 294
[10] ebenda
[11] SW III, p. 295
[12] SW V, p. 529
[13] SW V, p. 534
[14] SW V, p. 532
[15] ebenda
[16] SW V, p. 533
[17] SW V, p. 534
[18] SW III, p. 370
[19] SW III, p. 371
[20] SW III, p. 296
[21] SW III, p. 297
[22] ebenda
[23] SW IV, p. 385
[24] SW III, p. 298
[25] SW III, p. 299
[26] SW III, p. 300
[27] SW III, p. 301
[28] SW III, p. 302
[29] SW III, p. 303
[30] SW III, p. 304
[31] SW III, p. 303
[32] SW III, p. 304
[33] SW III, p. 307
[34] SW IV, p. 386
[35] SW IV, p. 387
[36] ebenda
[37] ebenda
[38] ebenda
[39] SW IV, p. 388
[40] Franz Grillparzer, Werke in 6 Bänden, hrsg. von Eduard Castle, o. J., Band 6, p. 142
[41] SW III, p. 371
[42] SW V, p. 534
[43] SW III, p. 372
[44] SW III, p. 383

24. Der gastierende Star I

[1] Ferdinand Seyfried, Rückschau in das Theaterleben Wiens seit den letzten fünfzig Jahren, 1864, p. 70
[2] Aldor, p. 74
[3] SW V, p. 542
[4] ebenda
[5] SW V, p. 411
[6] SW V, p. 540
[7] SW V, p. 393
[8] SW V, p. 392
[9] SW V, p. 231
[10] SW V, p. 807
[11] SW V, p. 806
[12] SW V, p. 807
[13] SW V, p. 560
[14] SW IV, p. 420 f.
[15] SW V, p. 1002
[16] SW IV, p. 303
[17] SW V, p. 561
[18] SW IV, p. 399
[19] ebenda
[20] ebenda
[21] Frankl, p. 21 ff.
[22] SW V, p. 808

[23] SW V, p. 336
[24] SW V, p. 337
[25] ebenda
[26] SW IV, p. 399
[27] SW V, p. 337 f.
[28] SW IV, p. 383
[29] Moritz Gottlieb Saphir, Halbedelstein des Anstoßes, hrsg. von Walter Zitzenbacher, 1965, p. 12
[30] ebenda, p. 16
[31] Glossy, p. 382
[32] SW IV, p. 395
[33] ebenda
[34] SW III, p. 394
[35] SW V, p. 565
[36] SW V, p. 564
[37] SW V, p. 565 f.
[38] SW IV, p. 381
[39] SW IV, p. 398
[40] SW V, p. 567
[41] SW V, p. 477
[42] SW V, p. 478
[43] ebenda
[44] SW V, p. 809
[45] SW IV, p. 400
[46] SW IV, p. 484
[47] SW IV, p. 398
[48] SW V, p. 547
[49] SW V, p. 152
[50] SW V, p. 810
[51] SW V, p. 569
[52] SW IV, p. 397
[53] SW V, p. 810 f.
[54] SW V, p. 568
[55] SW IV, p. 473
[56] ebenda
[57] SW V, p. 601
[58] SW V, p. 569
[59] Frankl, p. 26
[60] SW IV, p. 398
[61] SW V, p. 570
[62] ebenda
[63] SW IV, p. 400

25. Der gastierende Star II

[1] SW, IV, p. 399
[2] SW IV, p. 401
[3] SW V, p. 571
[4] SW V, p. 811
[5] SW V, p. 572
[6] Rudolf Prisching, Ferdinand Raimunds Fragment „Eine Nacht auf dem Himalaya. In: Raimunds Dramatische Werke, hrsg. von Gustav Pichler, 1960, Band 2, p. 395
[7] SW III, p. 261
[8] SW III, p. 267
[9] SW, IV, p. 404
[10] Grillparzer, Werke, Band 6, p. 160
[11] SW V, p. 572
[12] ebenda
[13] Kosch, p. 681
[14] SW V, p. 333
[15] SW V, p. 335
[16] SW V, p. 340
[17] SW V, p. 341
[18] ebenda
[19] SW V, p. 572
[20] SW V, p. 343
[21] SW V, p. 550
[22] SW V, p. 551
[23] ebenda
[24] SW III, p. 35
[25] SW V, p. 470
[26] SW V, p. 480
[27] SW V, p. 261
[28] SW V, p. 263
[29] SW IV, p. 406
[30] SW V, p. 153
[31] SW IV, p. 410
[32] ebenda
[33] SW V, p. 813
[34] SW V, p. 574
[35] SW IV, p. 409
[36] ebenda
[37] SW IV, p. 411
[38] SW IV, p. 412
[39] SW V, p. 413
[40] SW V, p. 576
[41] SW IV, p. 416
[42] SW IV, p. 415
[43] SW V, p. 480
[44] SW V, p. 582
[45] SW V, p. 583
[46] SW V, p. 581
[47] SW V, p. 578
[48] SW V, p. 583
[49] ebenda
[50] ebenda
[51] SW V, p. 814
[52] SW V, p. 815
[53] SW V, p. 584
[54] SW V, p. 588
[55] SW V, p. 587
[56] SW V, p. 588

[57] SW V, p. 816
[58] ebenda
[59] SW V, p. 817
[60] SW IV, p. 485
[61] SW IV, p. 486
[62] SW IV, p. 488
[63] SW V, p. 591
[64] ebenda
[65] SW V, p. 265
[66] SW V, p. 266
[67] SW V, p. 268
[68] Möller, p. 61 f.
[69] SW V, p. 331
[70] SW V, p. 344
[71] SW V, p. 347
[72] ebenda
[73] SW V, p. 590
[74] SW V, p. 555
[75] SW V, p. 591
[76] SW V, p. 471
[77] SW V, p. 481
[78] SW V, p. 483
[79] SW IV, p. 420
[80] SW V, p. 423
[81] SW V, p. 219
[82] SW V, p. 414 f.
[83] SW V, p. 593
[84] SW V, p. 819
[85] SW V, p. 592 f.

26. Toni II

[1] SW V, p. 594
[2] ebenda
[3] Möller, p. 81
[4] SW IV, p. 251
[5] SW IV, p. 280
[6] SW IV, p. 247
[7] SW IV, p. 425
[8] ebenda
[9] SW IV, p. 426
[10] SW V, p. 349
[11] ebenda
[12] SW V, p. 484
[13] SW V, p. 274
[14] SW V, p. 419
[15] SW V, p. 420
[16] SW V, p. 419
[17] SW IV, p. 428
[18] SW IV, p. 431
[19] SW V, p. 812
[20] ebenda
[21] SW IV, p. 429
[22] SW V, p. 671
[23] SW V, p. 601
[24] SW V, p. 673
[25] SW V, p. 596

27. In Nestroys Wien

[1] SW IV, p. 419
[2] Greiner, p. 32
[3] SW V, p. 596
[4] Bauer, p. 65
[5] SW V, p. 596
[6] SW V, p. 598
[7] SW V, p. 597
[8] SW V, p. 351
[9] SW III, p. 351
[10] Bauer, p. 66
[11] SW V, p. 826
[12] ebenda
[13] SW V, p. 827
[14] SW V, p. 828
[15] SW V, p. 555
[16] SW V, p. 557
[17] SW V, p. 829
[18] SW V, p. 598
[19] SW V, p. 605
[20] SW V, p. 685
[21] SW IV, p. 443
[22] SW V, p. 601

28. „Der Verschwender"

[1] Angaben im Anhang der Glossy/Sauer-Ausgabe von 1903, 3. Band, p. 311
[2] Egon Komorzynski, Das Urbild des Verschwenders. In: Raimund-Almanach 1959, p. 18 ff.
[3] Glossy, p. 361
[4] Abgedruckt bei Richard Smekal, Grillparzer und Raimund, 1920, p. 223
[5] SW IV, p. 440
[6] SW V, p. 635

7 SW V, p. 837
8 SW V, p. 610
9 ebenda
10 SW V, p. 622
11 SW V, p. 621
12 Frankl, p. 27
13 Bauer, p. 67
14 SW V, p. 620
15 SW V, p. 637
16 SW V, p. 620
17 SW V, p. 637
18 ebenda
19 Glossy, p. 367
20 Möller, p. 111
21 SW V, p. 610
22 Frankl, p. 13
23 SW V, p. 637
24 Klaus Siedl, Theater in der Josefstadt, Direktion Johann August Stöger, „Der Verschwender“. In: Maske und Kothurn, X, 1963, p. 106
25 ebenda, p. 107
26 SW V, p. 622
27 SW V, p. 623
28 SW V, p. 621
29 SW V, p. 840
30 Bäuerle, p. 310
31 SW V, p. 668
32 ebenda
33 SW IV, p. 489
34 SW V, p. 633
35 SW V, p. 632
36 SW V, p. 633
37 SW V, p. 632
38 SW V, p. 623
39 SW V, p. 627
40 SW V, p. 640
41 SW V, p. 847
42 Nagl/Zeidler/Castle, Deutsch-österreichische Literaturgeschichte, 1914, II, p. 971
43 SW V, p. 847
44 SW V, p. 848
45 SW V, p. 850
46 SW V, p. 643
47 SW V, p. 850
48 SW V, p. 645
49 SW V, p. 854
50 SW V, p. 856
51 SW V, p. 837
52 SW V, p. 669
53 Ast, p. 17
54 SW III, p. 318
55 Hadamowsky, Lebensbild, p. 71
56 SW V, p. 700
57 SW III, p. 319
58 Franz Wallner, Aus dem Tagebuch eines alten Komödianten, 1845, p. 34 f.
59 SW III, p. 322

29. Die Schatten senken sich

1 SW, V, p. 671
2 SW V, p. 1018
3 SW V, p. 859
4 SW IV, p. 461
5 SW III, p. 319
6 SW V, p. 670
7 SW V, p. 859
8 SW V, p. 860
9 SW III, p. 310 f.
10 SW III, p. 311
11 SW III, p. 312
12 SW V, p. 863
13 SW V, p. 673
14 SW V, p. 865
15 SW III, p. 314
16 SW V, p. 674
17 SW V, p. 867
18 SW V, p. 679
19 SW V, p. 868
20 SW V, p. 651
21 ebenda
22 SW V, p. 653
23 SW V, p. 686
24 ebenda
25 ebenda
26 ebenda
27 SW V, p. 689
28 Kosch, p. 1789
29 SW V, p. 353
30 SW V, p. 274
31 SW V, p. 485
32 SW V, p. 693
33 SW V, p. 873
34 SW V, p. 694
35 Raimund, Werke, hrsg. von Franz Hadamowsky, Band 2, p. 521
36 SW V, p. 354
37 ebenda
38 SW V, p. 655
39 SW V, p. 656
40 SW V, p. 660
41 Börner, p. 91
42 SW V, p. 702
43 SW V, p. 701

30. Das Ende

[1] SW V, p. 706
[2] SW V, p. 690
[3] Frankl, p. 31
[4] SW III, p. 387 ff.
[5] SW III, p. 393
[6] Emil Walter, Ferdinand Raimund und seine dramatischen Volksmärchen, o. J., vorletzte Seite
[7] Heinrich Felix Paulizky, Anleitung für Landleute zu einer vernünftigen Gesundheitspflege, 1791, p. 418
[8] Horoskop, erstellt von Dr. Heinz Fidelsberger für Ferdinand Raimund
[9] SW V, p. 710
[10] SW V, p. 706
[11] Ast, p. 35
[12] SW III, p. 395
[13] SW III, p. 392
[14] SW V, p. 709
[15] SW V, p. 713
[16] SW V, p. 710
[17] SW V, p. 713
[18] SW V, p. 712
[19] SW III, p. 393
[20] SW III, p. 391
[21] SW III, p. 397
[22] SW V, p. 714
[23] SW V, p. 713
[24] SW III, p. 325
[25] SW V, p. 781
[26] SW V, p. 780
[27] SW III, p. 412
[28] SW IV, p. LXIV

Literaturverzeichnis

Ahrens, Helmut: Bis zum Lorbeer versteig' ich mich nicht. Johann Nestroy – sein Leben, 1982
Aldor, Emil: Therese Krones, Diss. Wien 1934
Alexis, Willibald: Wiener Bilder, 1833
Arnold, Robert F.: Ferdinand Raimund in England, 1902
Ast, Wilhelm & Hiltraud: Du, mein geliebtes Gutenstein, o. J.
Bauer, Anton: 150 Jahre Theater an der Wien, 1952
Bauer, Anton: Das Theater in der Josefstadt zu Wien, 1957
Bäuerle, Adolf: Ferdinand Raimund, 3 Bände, 1855
Bauernfeld, Eduard: Erinnerungen aus Alt-Wien, o. J.
Bergauer, Josef: Auf den Spuren berühmter Menschen in Wien, 1949
Bernau, Clemens von: Brüderlein fein, o. J.
Bittner, Liselotte: Ensemble um Raimund am Leopoldstädter Theater 1817–1830, Diss. Wien 1948
Börnstein, Heinrich: Fünfundsiebzig Jahre in der Alten und Neuen Welt, 1881
Börner, Wilhelm: Ferdinand Raimund, 1905
Brody, Agnes: Die Elemente des Stegreiftheaters bei Raimund, Diss. Wien 1953
Brukner, Fritz: Ferdinand Raimund in der Dichtung seiner Zeitgenossen, 1905
Buchmann, Bertrand Michael: Der Prater, 1979
Castelli, Ignaz Franz: Memoiren meines Lebens, 1861
Castle, Eduard: Zur Einführung in Ferdinand Raimunds Werke. In: Sämtliche Werke in drei Teilen, 1903
Castle, Eduard: Raimund und Toni Wagner. Einleitung zu: Sämtliche Werke, Band 4, 1926
Costenoble, Carl Ludwig: Aus dem Burgtheater. Tagebuchblätter, 1889
Czeike, Felix: Leopoldstadt, 1980
Endler, Franz: Wien im Biedermeier, 1978
Erdmann, Walter: Ferdinand Raimund, 1943
Fink-Töbich, Grete: Das Schicksal setzt den Hobel an, 1969
Frankl, Ludwig August: Zur Biographie Ferdinand Raimunds, 1884
Futter, Edith: Die bedeutendsten Schauspielerinnen des Leopoldstädter Theaters in der Zeit von 1800 bis 1830, 1970
Geschichte und Ergebnisse der Zentralen amtlichen Statistik in Österreich 1829–1979, Heft 550
Gladt, Karl: Friedrich J. Korntheuer, Diss. Wien 1934
Gladt, Karl: Zwischen Raimund und Nestroy. Joseph Friedrich Korntheuer. In: Raimund-Almanach 1959, p. 46–53
Gladt, Karl: Moisasurs Zauberfluch – Moisasurs Hexenspruch. In: Raimund-Almanach 1963, p. 83–106
Glossy, Carl: Kleinere Schriften, 1918
Goedeke, Karl: Grundriß zur Geschichte der deutschen Dichtung, Band 11, 1953
Gregor, Joseph: Geschichte des österreichischen Theaters, 1948
Greiner, Martin: Zwischen Biedermeier und Bourgeoisie, 1953
Grillparzer, Franz: Werke in sechs Bänden, hrsg. von Eduard Castle, o. J.

Gugitz, Gustav: Die Ehetragödie Ferdinand Raimunds, 1956
Hadamowsky, Franz: Wesen, Entwicklung und Vollendung der schauspielerischen Persönlichkeit Ferdinand Raimunds. In: Sämtliche Werke, Band 5/1
Hadamowsky, Franz: Zur Geschichte des Theaters in der Leopoldstadt. In: Ferdinand Raimund, Sämtliche Werke, Band 5/2, p. 991 f.
Hadamowsky, Franz: Das Theater in der Wiener Leopoldstadt, 1934
Haimerl, Josef: Ferdinand Raimund, seine Vorgänger und Zeitgenossen, Diss. Wien 1912
Hampel, Robert: Ferdinand Raimunds Vorfahren. In: Raimund-Almanach 1956, p. 34–37
Hampel, Robert: Probleme der Raimund-Genealogie. In: Raimund-Almanach 1959, p. 69–74
Hein, Jürgen: Ferdinand Raimund, 1970
Hein, Jürgen: Das Wiener Volkstheater, 1978
Helmensdorfer, Urs (Hrsg.): Ferdinand Raimund, Das Mädchen aus der Feenwelt oder Der Bauer als Millionär. Text und Materialien zur Interpretation, 1966
Hofmannsthal, Hugo von: Einleitung zu: Ferdinand Raimunds Lebensdokumente, 1920
Holtei, Karl von: 40 Jahre, 1843/44
Holzer, Rudolf: Die Wiener Vorstadtbühnen, 1951
175 Jahre Wiener Burgtheater, o. J.
Kahl, Kurt: Raimund, 1967
Kahl, Kurt: Johann Nestroy oder Der wienerische Shakespeare, 1970
Kahn, Brigitte: Leopold Huber und sein Theater, Diss. Wien 1934
Kalkschmidt, Eugen: Biedermeiers Glück und Ende, 1977
Keil-Budischowsky, Verena: Die Theater Wiens, 1983
Kindermann, Heinz: Ferdinand Raimund, 1943[2]
Kindermann, Heinz: Theatergeschichte Europas, Band 5, 1962
Kleindel, Walter: Österreich. Daten zur Geschichte und Kultur, 1978
Komorzynski, Egon: Das Urbild des Verschwenders. In: Raimund-Almanach 1959, p. 18–24
Kosch, Wilhelm: Deutsches Theaterlexikon, 1953 ff.
Krammer, Jenö: Ferdinand Raimund und Ungarn. In: Raimund-Almanach 1967, p. 16–30
Krüger, Renate: Biedermeier, 1979
Kubasta, Hedwig: Die Bildung der Raimund-Legende, Diss. Wien 1937
Langer, Friedrich: Adolf Bäuerle. In: Wiener Theater des Biedermeier und Vormärz, 1978, p. 73 ff.
Leitich, Ann Tizia: Damals in Wien, o. J.
Magris, Claudio: Der habsburgische Mythos in der österreichischen Literatur, 1966
Mansfeld, Herbert A.: Wiener Theaterleute auf Wanderschaft. In: Jahrbuch der Gesellschaft für Wiener Theaterforschung, Band XI, 1959, p. 72–172
Mayer, Norbert J.: Ignaz Schuster und die Entwicklung des Schauspiels von Laroche zu Raimund im Wandel der theatralischen Gattungen des Volkstheaters, Diss. Wien 1966
Meisl, Carl: Memoiren des patriotischen Volks- und Theater-Dichters Carl Meisl, hrsg. von Franz Ullmayer, Wien 1868
Michalski, John: Ferdinand Raimund, 1968 (englisch)
Möller, Alfred: Ferdinand Raimund, 1923
Nadler, Josef: Grillparzer, 1952
Nagl/Zeidler/Castle: Deutsch-Österreichische Literaturgeschichte, Band 2, 1914
Newald-Grasse, Anny von: Therese Krones, 1930
Obermayer, August: Ferdinand Raimund. In: Tausend Jahre Österreich, Band 2, p. 39–44, 1973
Orel, Alfred: Die Gesänge der Märchendramen in den ursprünglichen Vertonungen. Einleitung zu: Sämtliche Werke, Band 4

Paradeiser, Karl: Adolph Bäuerle als Dramatiker, Diss. Wien 1930
Pemmer, Hans: Das Bürgerspitalzinshaus und seine Bewohner im Vormärz. In: Schriften zur Heimatkunde Wiens, 1969
Perfahl, Jost (Hrsg.): Wien Chronik, 1961
Pichler, Caroline: Denkwürdigkeiten aus meinem Leben, 1914
Pichler, Gustav: Ein vergessener Raimund-Komponist. Zum 100. Todestag von Philipp Jakob Riotte. In: Raimund-Almanach 1956, p. 38 f.
Pichler, Gustav: Ferdinand Raimund. In: Neue Östereichische Biographie, Band 10, 1957, p. 9 ff.
Pichler, Gustav: „In der Liebe unnennbarem Reich". Ist Raimund heute noch modern? In: Raimund-Almanach 1959, p. 7 ff.
Pichler, Gustav: Der unbekannte Raimund, 1962
Pichler, Gustav: Das „Mitbestimmungsrecht" anno 1812 oder Ferdinand Raimund als Betriebsrat? In: Raimund-Almanach 1971, p. 90 ff.
Pichler, Gustav: Raimund und Nestroy als Arrestanten. In: Raimund-Almanach 1980, p. 35 ff.
Pichler, Gustav: Raimund und die Musik. Nachwort zu: Ferdinand Raimund, Dramatische Werke, Band II, p. 391 f.
Pirchan, Emil: Therese Krones, 1942
Politzer, Heinz: Zauberspiegel und Seelenkranker. Ferdinand Raimunds „Alpenkönig". In: Das Schweigen der Sirenen, 1968, p. 185–205
Politzer, Heinz: Grillparzer oder Das abgründige Biedermeier, 1972
Prisching, Rudolf: Ferdinand Raimunds Anfänge. In: Jahresbericht des Kommunal-Gymnasiums Mährisch-Ostrau 1901/02, p. 4–35
Prisching, Rudolf: Ferdinand Raimunds Fragment „Eine Nacht auf dem Himalaya". In: Raimunds Dramatische Werke, hrsg. von Gustav Pichler, 1960, Band 2, p. 394–399
Ferdinand Raimund: Sämtliche Werke. Nach den Original- und Theatermanuscripten hrsg. von Carl Glossy und August Sauer, 3 Bände, 1903[3]
Ferdinand Raimund: Sämtliche Werke, hrsg. von Eduard Castle, 1903
Ferdinand Raimund: Sämtliche Werke. Historisch-kritische Säkularausgabe, hrsg. von Fritz Brukner und Eduard Castle, 6 Bände, 1924–1934
Ferdinand Raimund: Sämtliche Werke, hrsg. von Friedrich Schreyvogl, 1960
Ferdinand Raimund: Werke in zwei Bänden, hrsg. von Franz Hadamowsky, 1984
Raimund-Almanache aus den Jahren 1956, 1957, 1959, 1963, 1971, 1976, 1980
Raimund, Louise: Ferdinand Raimund wie er war. In: Illustrierte Wiener Zeitschrift für Wissenschaft, Kunst, Literatur und Mode, 1855
Rauscher, Otto: Ferdinand Raimunds Leben in Bildern, 1936
Rieder, Heinz: Wiener Vormärz, 1959
Ringel, Erwin: Psychotherapie auf der Bühne. In: Programmheft des Grazer Schauspielhauses zu „Der Alpenkönig und der Menschenfeind", 1973
Rommel, Otto: Ferdinand Raimund und die Vollendung des Alt-Wiener Zauberstücks, 1947
Rommel, Otto: Die Alt-Wiener Volkskomödie, 1952
Saphir, Moritz Gottlieb: Halbedelstein des Anstoßes, hrsg. von Walter Zitzenbacher, 1965
Sauer, August: Ferdinand Raimund. In: Allgemeine Deutsche Biographie, Band 27, 1888
Schaumann, Frank: Gestalt und Funktion des Mythos in Ferdinand Raimunds Bühnenwerken, 1970
Scheibelreiter, Ernst: Raimunds Gattin. In: Raimund-Almanach 1959, p. 38 ff.
Schlögl, Friedrich: Vom Wiener Volkstheater, 1884
Schmidt-Klimesch, Franziska: Gutenstein. Chronik eines Ortes, o. J.
Schneck, Eleonora: Carl Ludwig Costenoble, Diss. Wien 1934
Schönholz, Friedrich Anton von: Traditionen zur Charakteristik Österreichs, 1844
Schreyvogl, Friedrich: Das Burgtheater, 1965

Schrott, Ludwig: Herrscher Bayerns, 1974[2]
Seyfried, Ferdinand: Rückschau in das Theaterleben Wiens seit den letzten fünfzig Jahren, 1864
Siedl, Klaus: Theater in der Josefstadt, Direktion August Stöger, „Der Verschwender". In: Maske und Kothurn, X, 1963, p. 106 f.
Smekal, Richard: Grillparzer und Raimund, 1920
Smekal, Richard (Hrsg.): Ferdinand Raimunds Lebensdokumente, 1920
Staud, Geza: Ferdinand Raimund in Ungarn. In: Maske und Kothurn, XIV, 1968, p. 271
Tietze, Hans (Hrsg.): Alt-Wien in Wort und Bild, 1926
Vancsa, Kurt: Raimund in Niederdonau, o. J.
Wallner, Franz: Aus dem Tagebuch eines alten Komödianten, 1845
Walther, Emil: Ferdinand Raimund und seine dramatischen Volksmärchen, o. J.
Weigel, Hans: Das Tischlerlied. In: Raimund-Almanach 1959, p. 25–28
Weigel, Hans: Ferdinand Raimund oder die Flucht in den Zwiespalt. In: Flucht vor der Größe, 1960
Weyr, Siegfried: Wien. Zauber der Vorstadt, 1969
Wiest, Franz: Aus der Mappe eines deutschen Journalisten, 1848
Wondrusch, Else: Ferdinand Raimunds Schaffen im Spiegel der Wiener Presse, Diss. Wien 1947
Wurzbach, Constant von: Biographisches Lexikon des Kaisertums Österreich, Band 24, 1872
Ziak, Karl (Hrsg.): Unvergängliches Wien, 1964

AUSSTELLUNGSKATALOGE

Ferdinand Raimund. Katalog der 17. Sonderausstellung des Historischen Museums der Stadt Wien, 1965
Therese Krones zum 150. Todestag. Katalog Nr. 78 des Historischen Museums der Stadt Wien, 1980
Wiener Theater des Biedermeier und Vormärz. Katalog des österreichischen Theatermuseums, Biblos Schriften, Band 97, 1978
Wiener Theater. Katalog der 30. Sonderausstellung des Historischen Museums der Stadt Wien, 1971
Das Wiener Kaffeehaus. Von den Anfängen bis zur Zwischenkriegszeit. Katalog Nr. 145 des Historischen Museums der Stadt Wien, 1980
Wien 1800–1850. Empire und Biedermeier. Katalog der 26. Sonderausstellung des Historischen Museums der Stadt Wien, 1969

Bildnachweis

Bildarchiv der Österreichischen Nationalbibliothek 2, 11, 15, 20, 27, 33, 37, 43, 47, 49 (2), 65, 82 (2), 83 (2), 89, 97 (2), 105, 113 (2), 133, 135, 161, 167 (2), 176, 178 (2), 179 (2), 181, 183, 186, 187, 195 (2), 233, 255 (2), 257, 265, 279, 293, 302 (2), 303 (2), 311, 313, 325
Historisches Museum der Stadt Wien 39, 70, 121 (1), 149, 158, 198, 241, 252, 333

Die übrigen Bilder wurden dankenswerterweise von der Raimund-Gesellschaft zur Verfügung gestellt.

Zeittafel

1970

1. Juni: Ferdinand Jakob wird als zwölftes oder dreizehntes, jedenfalls letztes Kind des Ehepaares Jakob und Katharina Raimann, geb. Merz, in der Wiener Vorstadt Maria Hilf Nr. 10 („Hirschenhaus") geboren.

1796

Die Eltern übersiedeln in die Innere Stadt, in das Bürgerspital-Haus.

1797

Ferdinand besucht die Schule St. Anna.

1798

6. Jänner: Luise Gleich wird als Tochter des Beamten und Schriftstellers Joseph Alois Gleich geboren.

1799

30. Dezember: Antonie Wagner wird als Tochter des Kaffeehausbesitzers Ignaz Wagner geboren.

1802

26. März: Raimunds Mutter Katharina stirbt an „Lungenbrand".

1804

29. November: Raimunds Vater Jakob stirbt an „Lungenbrand".

1805

Ferdinand Raimund wird Lehrling bei dem Zuckerbäcker Jung auf der Freyung. Abends verkauft er als „Numero" auf der Galerie des Burgtheaters, vielleicht auch des Theaters in der Josefstadt, Süßigkeiten.

1808

Raimund verläßt die Stellung bei Jung und versucht, als Schauspieler unterzukommen. Versuche in Meidling und Preßburg bleiben erfolglos.

1809

Raimund findet ein Engagement bei der Hainschen Schauspieler-Gesellschaft in Steinamanger.

1810

Raimund ist in Ödenburg engagiert.
5. März: Erster erhaltener Theaterzettel mit Raimunds Namen besagt, daß er als

Mitglied der „hiesigen Schauspieler-Gesellschaft unter der Leitung des Herrn Felix Frasel“ in „Der eiserne Mann oder Die Drudenhöhle im Wienerwalde“ mitwirkt.

1811

13. Oktober: Erhaltener Theaterzettel aus Raab, wo Raimund als Mitglied der Kunzischen Schauspieler-Gesellschaft die Titelrolle in „Pumpernickels Hochzeitstag“ spielt.
Raimund ist Mitglied der Gruppe von Christoph Kunz, der im Sommer in Raab und im Winter in Ödenburg spielt.

1812

Raimund setzt sich in Raab mit einigen Kollegen dafür ein, daß Kunz für sein Theater eine Flugmaschine erwirbt.

1814

Raimund wird an das Theater in der Josefstadt in Wien engagiert.
13. April: Raimunds Wiener Debüt als Feldkümmel in „Die Belagerung von Saragossa“ von Kotzebue.
15. April: Raimunds zweites Auftreten als Franz Moor in Schillers „Räubern“.
26. Juni: Raimund spielt den Geßler in Schillers „Wilhelm Tell“.
Juli: Raimund tritt im Sommertheater in Meidling auf.

1815

28. März: Durchschlagender Erfolg als Adam Kratzerl in „Die Musikanten vom Hohen Markt“ von Gleich. Seine Partnerin ist Luise Gleich.
August: Raimund gastiert mit mäßigem Erfolg am Theater in der Leopoldstadt.

1816

Februar: Raimund erhält am Theater in der Josefstadt die Funktion eines „Regisseurs“.
August: Raimund gastiert wieder im Theater in der Leopoldstadt und im Theater von Hietzing.

1817

Februar: Raimund gastiert im Theater in der Leopoldstadt.
Sommer: Raimund gastiert im Theater in Hietzing.
August: Raimund gastiert im Theater in Baden.
September: Raimund gastiert im Theater an der Wien.
11. Oktober: Raimund, der das Theater in der Josefstadt im Juli verlassen hat, tritt erstmals als Ensemblemitglied im Theater in der Leopoldstadt auf.

1818

Frühjahr: Beziehung zu der Schauspielerin Therese Grünthal.
20. Mai: Offene Auseinandersetzung zwischen Raimund und Therese Grünthal im Zuschauerraum des Josefstädter Theaters, wobei er sie schlägt.
Anfang Juni: Raimund sitzt deswegen eine dreitägige Arreststrafe ab.
Juli bis September: Gastiert immer wieder im Theater in Baden.

1819

Frühjahr: Raimunds Porträt und sechs Rollenbilder erscheinen, ein sicheres Zeichen der Popularität.
April: Raimund lernt Toni Wagner kennen und verliebt sich in sie.

Juli: Gastspiele in Baden.
Herbst: Luise Gleich wird an das Theater in der Leopoldstadt engagiert.
Winter: Raimund wirbt um die Hand von Toni Wagner und wird abgewiesen. Beginn der Freundschaft mit Burgschauspieler Carl Ludwig Costenoble.

1820

Jänner: Raimund wird „bedeutend krank“, Luise Gleich pflegt ihn. Sie wird schwanger, und man drängt Raimund zur Ehe.
4. April: Raimund erscheint zur anberaumten Hochzeit nicht. Daraufhin veranstaltet das Publikum ein Spießrutenlaufen und pfeift ihn allabendlich wild aus.
8. April: Raimund heiratet Luise Gleich.
1. Juni: Toni gewährt Raimund anläßlich seines Namenstages briefliche Versöhnung.
7. Oktober: Amalia, die Tochter von Luise und Raimund (?), wird geboren.

1821

10. Jänner: Tochter Amalia, die von den Eltern in Kost gegeben wurde, stirbt.
Frühjahr: Leopold Huber, der Direktor des Theaters in der Leopoldstadt, geht in Konkurs. Raimund bleibt am Theater, obwohl er günstige andere Anträge hätte.
16. Juli: Luise verläßt Raimund und zieht zu ihrem Vater.
Juli: Raimund gastiert in Baden.
August: Raimund gastiert im Theater an der Wien.
Johann Friedrich Korntheuer wird an das Theater in der Leopoldstadt engagiert.
10. September: Raimund und Toni Wagner geloben einander vor der Mariensäule in Neustift ewige Treue.
20. September: Raimund wird am Theater in der Leopoldstadt zum „Regisseur“ ernannt.
1. Dezember: Luise reicht die Scheidung ein.
Dezember: Therese Krones wird an das Theater in der Leopodstadt engagiert.

1822

14. Jänner: Raimund und Luise werden geschieden.
April: Raimund schließt mit dem Theater in der Leopoldstadt einen neuen, finanziell sehr günstigen Kontrakt über zehn Jahre ab.
28. November: Das Publikum buht Raimunds Benefizvorstellung aus.

1823

Jänner: Raimund gastiert im Stadttheater von Preßburg.
7. Februar: Luise verläßt das Theater in der Leopoldstadt.
Juli: Raimund gastiert in Baden. Dabei besucht das Kaiserpaar erstmals eine Raimund-Vorstellung.
Herbst: Raimund unternimmt mit Toni eine Wallfahrt nach Mariazell. Als Karl Meisl Raimunds Benefizstück nicht zu dessen Zufriedenheit verfaßt, schreibt dieser „Der Barometermacher auf der Zauberinsel“ im Oktober/November selbst.
18. Dezember: Uraufführung von „Der Barometermacher auf der Zauberinsel“ im Theater in der Leopoldstadt, Raimund spielt den Bartholomäus Quecksilber.

1824

Februar: Raimund muß sich gegen die Gerüchte verteidigen, er habe den „Barometermacher“ nicht selbst geschrieben.
April: Raimund, der sich Pferd und Wagen gekauft und einen Kutscher angestellt hat, unternimmt eine Kurzreise nach Graz.
Juli: Raimund reist zuerst nach Mariazell, wo er Toni trifft, dann weiter nach Graz. Gastspiele in Baden.

2. September: „Der Barometermacher auf der Zauberinsel“ wird in Prag gespielt.
9. September: „Der Barometermacher auf der Zauberinsel“ wird in Ofen gespielt.
Herbst: Raimund schreibt „Der Diamant des Geisterkönigs“.
17. Dezember: Uraufführung von „Der Diamant des Geisterkönigs“ im Theater in der Leopoldstadt, Raimund spielt den Florian Waschblau.

1825

12. März: „Der Barometermacher auf der Zauberinsel“ wird in Brünn gespielt.
16. März: „Der Barometermacher auf der Zauberinsel“ wird in Graz gespielt.
Ende Mai: Nach einer Aufführung von „Der Diamant des Geisterkönigs“ verabschiedet sich Raimund vom Publikum. Ein seit mehr als einem Jahr latentes Nervenleiden bricht aus, und er versucht es mit homöopathischen Behandlungsmethoden zu bekämpfen.
Juni: Kurze Reise nach Ischl.
Sommer: Raimund pendelt zwischen den Vororten Wiens hin und her.
August: Kurze Fahrt allein nach Mariazell.
7. Oktober: Erstes Wiederauftreten nach mehr als viermonatiger Krankheitspause.

1826

März: Raimund arbeitet an „Der Bauer als Millionär“.
April und Mai: Jeweils einige Tage in Gutenstein.
13. Juni: Raimunds Schwester Anna stirbt.
Juli: „Der Diamant des Geisterkönigs“ in Graz, mit Nestroy in der Rolle des Longimanus.
30. Juli bis 6. August: Reise mit Josef Schmidt, die wegen Raimunds panischer Tollwutangst plötzlich abgebrochen wird.
1. September: Raimund wird von seinen Verehrern mit einem Lorbeerkranz und einer für ihn geprägten Medaille geehrt.
9. Oktober: Raimund schließt das Stück „Die gefesselte Phantasie“ ab.
Herbst: Raimund gehört zu jenen Schauspielern, die sich gegen die Übernahme des Theaters in der Leopoldstadt durch Direktor Carl Carl wehren.
13. Oktober: „Der Diamant des Geisterkönigs“ wird in Lemberg gespielt.
10. November: Uraufführung von „Der Bauer als Millionär“ im Theater in der Leopoldstadt, Raimund spielt den Fortunatus Wurzel.
21. November: „Der Diamant des Geisterkönigs“ wird in Preßburg gespielt.

1827

Februar: Severin Jaroszynski ermordet Johann Conrad Blank und wird drei Tage später festgenommen.
19. März: Raimund beginnt „Moisasurs Zauberfluch“.
29. März: Raimund fungiert – neben Grillparzer, Schubert u. a. – als Fackelträger bei Beethovens Begräbnis.
27. April: „Der Bauer als Millionär“ wird in Prag gespielt.
1. Mai: Anläßlich seines siebenten Besuchs in Gutenstein verfaßt Raimund das Gedicht „An Gutenstein“.
30. Mai: Raimund vollendet in Weidling am Bach den ersten Akt von „Moisasurs Zauberfluch“.
Zwischen 12. und 20. Juni vollendet Raimund in Weidling am Bach „Moisasurs Zauberfluch“.
5. Juli: „Der Diamant des Geisterkönigs“ wird in Triest gespielt.
Sommer: Raimund verhandelt wegen der Aufführungsmöglichkeiten seiner beiden neuen Stücke („Die gefesselte Phantasie“ und „Moisasurs Zauberfluch“).
30. August: Severin Jaroszynski wird hingerichtet.
25. September: Uraufführung von „Moisasurs Zauberfluch“ im Theater an der

Wien. Erstmals wirkt Raimund in einem seiner Stücke nicht mit. Direktor Carl spielt die Rolle des Gluthahn.
November: „Moisasurs Zauberfluch“ hat keinen Erfolg in Pesth.
Der Pole Rudolf Steinkeller kauft das Theater in der Leopoldstadt.

1828

8. Jänner: Uraufführung von „Die gefesselte Phantasie“ im Theater in der Leopoldstadt, Raimund spielt den Nachtigall.
14. Februar: Raimund wird in Zusammenhang mit seiner Ernennung zum Direktor des Leopoldstädter Theaters zur Polizei zitiert.
12. April: Hundertste Vorstellung des „Bauers als Millionär“ in Wien.
17. April: Raimund wird Direktor des Theaters in der Leopoldstadt.
26. April: „Moisasurs Zauberfluch“ wird in Preßburg gespielt.
Mai: Raimund beginnt das Stück „Der Alpenkönig und der Menschenfeind“.
23. Mai: Wiederaufnahme der „Gefesselten Phantasie“ mit einigen neuen Darstellern.
Juli: Raimund reist mit Franz Fitzinger über Mariazell, Berchtesgaden, Gastein, Innsbruck und Graz nach Wien. In seiner Abwesenheit hat Steinkeller zahlreiche Darsteller entlassen.
4. September: „Der Bauer als Millionär“ wird in Brünn gespielt.
17. Oktober: Uraufführung von „Der Alpenkönig und der Menschenfeind“ im Theater in der Leopodstadt, Raimund spielt den Rappelkopf.

1829

23. Jänner: „Der Alpenkönig und der Menschenfeind“ wird in Graz gespielt.
24. März: Fünfzigste Vorstellung des „Alpenkönigs“ in Wien.
28. März: „Der Alpenkönig und der Menschenfeind“ in Preßburg mit Johann Nestroy in der Rolle des Rappelkopf.
3. April: „Der Bauer als Millionär“ wird in Leipzig gespielt.
Mitte April: Raimund in Mariazell.
3. Mai: Adolf Bäuerle heiratet Katharina Ennöckl.
17. Mai: „Der Alpenkönig und der Menschenfeind“ in Pesth.
21. Mai: „Der Bauer als Millionär“ in Preßburg mit Johann Nestroy als Fortunatus Wurzel (er spielt später auch den Nachtigall in der „Gefesselten Phantasie“).
28. Mai: „Der Alpenkönig und der Menschenfeind“ in Ofen.
Der Theaterdirektor Friedrich Ludwig Schmidt sieht Raimund in Wien in „Der Bauer als Millionär“ und lädt ihn zu einem Gastspiel nach Hamburg ein.
28. Juni: Friedrich Korntheuer stirbt.
Juli: Raimunds Ferienreise über Linz (wo er eine Vorstellung des „Alpenkönigs“ sieht), Kärnten, Osttirol, Bozen und Innsbruck.
August: Johann Nestroy tritt erstmals in Wien auf.
25. August: Raimund beginnt in Weidling am Bach das Stück „Die unheilbringende Krone“.
September: Raimund arbeitet an der „Unheilbringenden Krone“ in der Brühl.
2. Oktober: Raimund beendet „Die unheilbringende Krone“ in Mödling.
16. November: „Die gefesselte Phantasie“ wird in Linz gespielt.
25. November: „Der Alpenkönig und der Menschenfeind“ wird in Hamburg gespielt.
4. Dezember: Uraufführung von „Die unheilbringende Krone“ im Theater in der Leopoldstadt, Raimund spielt den Simplicius Zitternadel.

1830

Februar: Hochwasserkatastrophe, die Leopoldstadt ist schwer betroffen.
4. März: „Der Bauer als Millionär“ wird in Berlin gespielt.
14. März: „Die gefesselte Phantasie“ wird mit wenig Erfolg in Prag gespielt.

8. April: „Der Bauer als Millionär" wird in polnischer Sprache in Warschau gespielt.
4. bis 11. April: Raimund reist nach Graz.
15. Mai: „Der Alpenkönig und der Menschenfeind" wird in Berlin gespielt.
11. Juni: Raimund und Ignaz Schuster treten in „Evakathel und Schnudi" erstmals gemeinsam im Theater in der Leopoldstadt auf.
18. Juni: Raimund und Ignaz Schuster (als Longimanus) erstmals gemeinsam in „Der Diamant des Geisterkönigs".
Juli: Raimund reist nach München, wo er zu einem Gastspiel eingeladen wird.
Nach seiner Rückkehr legt Raimund die Direktion des Theaters in der Leopoldstadt zurück.
5. August: Tritt letztmals hier als engagiertes Mitglied auf.
11. August: „Der Bauer als Millionär" wird in Hamburg gespielt.
9. September: Raimund steht letztmals als Direktor auf dem Theaterzettel der Leopoldstadt.
September: Raimund verläßt seine Wohnung im „Weintrauben"-Haus und zieht zu Toni Wagner, in das Kaffeehaus ihres Vaters.
28. Oktober: Raimund beginnt als Nachtigall in der „Gefesselten Phantasie" ein Gastspiel im Theater an der Wien.
5. November: Raimund spielt im Theater an der Wien erstmals den Gluthahn in „Moisasurs Zauberfluch".
27. November: Raimund spielt im Theater an der Wien in „Der Diamant des Geisterkönigs" (mit Wenzel Scholz als Longimanus).
11. Dezember: „Der Diamant des Geisterkönigs" wird in Berlin gespielt.
15. Dezember: Raimund tritt im Theater an der Wien in „Der Bauer als Millionär" auf.
28. Dezember: Therese Krones stirbt.

1831

15. Jänner: Raimund in „Der Barometermacher auf der Zauberinsel" im Theater an der Wien.
24. Jänner: „Der Alpenkönig und der Menschenfeind" wird in englischer Sprache in London gespielt.
26. Jänner: Raimund beendet sein Gastspiel im Theater an der Wien.
Februar: Raimund reist nach München.
22. Februar: Raimund beginnt sein erstes Gastspiel am Hoftheater München als „Bauer als Millionär".
März: Raimund erkrankt, unterbricht das Münchner Gastspiel und fährt in die Berge.
8. April: Raimund spielt den Rappelkopf in „Der Alpenkönig und der Menschenfeind" in München.
21. April: „Der Alpenkönig und der Menschenfeind" wird unter dem Titel „Der Karpathenkönig und der Menschenfeind" in polnischer Sprache in Lemberg gespielt.
14. Mai: Raimund beendet sein Gastspiel in München als Gluthahn in „Moisasurs Zauberfluch".
Sommer: Raimund verbringt den Sommer mit Toni teilweise in Gutenstein, dann reisen sie weiter nach Tirol.
11. August: Raimund reist über Berlin, wo er ein Gastspiel abschließt, nach Hamburg.
1. September: Raimund beginnt als Wurzel in „Der Bauer als Millionär" sein erstes Gastspiel in Hamburg.
9. September: Raimund spielt in Hamburg den Rappelkopf.
23. September: Raimund spielt in Hamburg den Florian Waschblau.
8. Oktober: Raimund verläßt Hamburg fluchtartig, aus Angst vor der Cholera.
26. Oktober: „Der Diamant des Geisterkönigs" wird in Breslau gespielt.

27. Oktober: Raimund trifft, von Hamburg kommend, über Frankfurt und Stuttgart in München ein.
14. November: Raimund beginnt als Wurzel sein zweites Gastspiel am Münchner Hoftheater.
8. Dezember: Raimund macht in München sein Testament, in dem er Toni Wagner zur Universalerbin einsetzt.
Dezember: Raimund lehnt den Antrag, die Direktion des Königstädtischen Theaters in Berlin zu übernehmen, ab.

1832

10. Jänner: Raimund beendet sein zweites Münchner Gastspiel und trifft am 15. in Wien ein.
21. Februar: Einmaliges Auftreten im Theater in der Leopoldstadt in „Der Diamant des Geisterkönigs" (neben Ignaz Schuster).
9. März: Raimund verläßt Wien, muß krankheitshalber eine Zeitlang in Breslau verweilen und trifft Ende März in Berlin ein.
4. April: Beginnt als Florian Waschblau in „Der Diamant des Geisterkönigs" sein erstes Gastspiel in Berlin.
13. April: Spielt als zweite Rolle den „Bauer als Millionär".
27. April: Spielt den Rappelkopf im „Alpenkönig".
26. Mai: Spielt den Nachtigall in „Die gefesselte Phantasie".
12. Juni: Beendet das Gastspiel in Berlin und trifft am 22. in Wien ein.
Juli: Mit Toni in Salzbrunn zur Sommerfrische, sie reisen gemeinsam nach Hamburg.
5. September: Beginnt sein zweites Hamburger Gastspiel als Wurzel, spielt in der Folge noch Rappelkopf, Florian Waschblau und Nachtigall.
22. Oktober: Beendet das Hamburger Gastspiel und reist über Hannover nach Wien, wo er Mitte November ankommt.
Herbst: Raimund erkrankt.

1833

10. Jänner: Raimund beginnt ein dreimonatiges Gastspiel im Theater in der Josefstadt.
25. Februar: Im Rahmen dieses Gastspiels findet die hundertste Vorstellung von „Der Alpenkönig und der Menschenfeind" in Wien statt.
14. April: Josefstadt-Gastspiel nach 32 Abenden beendet.
10. Mai: Im Theater an der Wien findet eine Benefizvorstellung des „Diamanten des Geisterkönigs" für Wenzel Scholz statt, in deren Rahmen Nestroy als Longimanus erstmals in Wien in einem Raimund-Stück auftritt.
Sommer: In der Umgebung von Wien, teilweise in Gutenstein.
September: Unwetterkatastrophe in Gutenstein. Raimund läßt sein Gedicht „An Gutenstein" drucken und spendet den Erlös aus dem Verkauf den Opfern.
17. Oktober: Beginnt, den „Verschwender" zu schreiben, der großteils in Gaaden entsteht.
2. Dezember: Vollendet den „Verschwender".

1834

6. Jänner: Raimund beginnt sein zweites großes Gastspiel im Theater in der Josefstadt.
4. Februar: „Der Bauer als Millionär" wird in böhmischer Sprache in Prag gespielt.
20. Februar: Nach 31 Proben Uraufführung von „Der Verschwender" im Theater in der Josefstadt, Raimund spielt den Valentin.
27. April: Raimund beendet sein Josefstadt-Gastspiel mit der 42. Vorstellung des „Verschwenders".
12. Juli: „Der Bauer als Millionär" hat in Frankfurt keinen Erfolg.

5. September: Ferdinand Raimund kauft in Pernitz ein Landhaus.
23. Oktober: Raimund beginnt ein Gastspiel am Theater in der Leopoldstadt mit dem „Alpenkönig". Es folgen „Der Diamant des Geisterkönigs", „Die gefesselte Phantasie", „Der Bauer als Millionär" und „Der Verschwender" (6. Februar).

1835

Frühjahr: Raimund pendelt zwischen Wien und seiner Villa auf dem Land.
14. Mai: Beendet sein Gastspiel am Theater in der Leopoldstadt.
Sommer: Gerüchte, daß er an einem neuen Werk arbeitet.
18. bis 25. August: Kurzgastspiel mit dem „Verschwender" im Theater in der Leopoldstadt.
18. September: Raimund beginnt mit dem „Alpenkönig" sein drittes Gastspiel in München.
30. September: Spielt erstmals in München den Valentin im „Verschwender".
2. November: Beendet das Münchner Gastspiel.
6. November: Tod von Ignaz Schuster.

1836

5. bis 20. Jänner: Gastspiel mit dem „Verschwender" im Theater in der Leopoldstadt – letztes Auftreten in Wien.
6. Februar: Raimund beginnt sein erstes Gastspiel in Prag mit „Der Bauer als Millionär", es folgen „Der Diamant des Geisterkönigs", „Der Alpenkönig und der Menschenfeind" und „Der Verschwender".
13. März: Raimund beendet sein Gastspiel in Prag und reist weiter nach Hamburg.
4. April: Raimund beginnt sein drittes (und letztes Gastspiel) in Hamburg mit „Der Bauer als Millionär".
18. April: „Der Verschwender" wird in Hamburg kein Erfolg. Raimund bricht in der Folge sein Gastspiel frühzeitig ab.
1. Mai: Raimund steht als Valentin in Hamburg zum letzten Mal in seinem Leben auf der Bühne.
14. Mai: Raimund trifft in Wien ein und verbringt den Sommer zum Großteil auf dem Lande.
15. (oder 25.) August: Raimund wird von seinem Hund leicht in den Finger gebissen.
30. August: In panischer Angst, der Hund könnte tollwütig gewesen sein (wie man ihm berichtet), schießt sich Raimund in Pottenstein, wo er auf der Reise von Pernitz nach Wien übernachtet, in den Mund.
5. September: Nach tagelangem Todeskampf stirbt Ferdinand Raimund am Nachmittag.
6. September: Während der Sektion sägt Dr. Rollett Raimunds Hinterkopf ab. Der Schädelteil gelangt später in den Besitz von Toni Wagner.
8. September: Raimund wird auf dem Friedhof von Gutenstein begraben.

1837

Jänner: Raimunds Werke erscheinen, herausgegeben von Johann Nepomuk Vogl, erstmals im Druck.

1855

6. August: Luise Raimund stirbt in Wien an Cholera.

1879

25. März: Toni Wagner stirbt in Wien.

Personenregister